本书编委

陈志敏　苏长和　刘季平　竺乾威　徐以骅　臧志军　陈明明

刘建军　郭定平　张建新　熊易寒　张　骥　李瑞昌　郑　宇

政治世界的治理与秩序

纪念复旦大学政治学一百年教师文集

陈志敏　苏长和　主编

复旦大学出版社

内容提要

本书是复旦大学国际关系与公共事务学院为纪念复旦大学政治学建立一百周年而出版的教师文集。

文集收录了学院教师发表的近七十篇学术论文（限于篇幅，大部分论文在收入本书时都进行了删改），分三个方面展示了复旦大学政治学系、国际政治系、公共行政系、外交学系教师们在各自学科领域所取得的研究成果，展现了复旦政治学人正文相济、臻于郅治的追求。

文集第一部分"政治：价值与理论"，着力思考政治的价值与理论基础、中国政治学学科建设与发展、中国政治学自主知识体系建设等议题；第二部分"国家：制度与治理"，聚焦国家治理、社会治理、政府创新、治理国际比较等议题；第三部分"世界：体系与秩序"，关注中国国际关系理论、国际体系变革、全球治理改革、国际秩序建设等议题。

前言：正文相济 臻于郅治

这是复旦大学国际关系与公共事务学院为学院政治学百年庆编选的纪念性教师文集。

复旦大学政治学系创立于1923年，今年正好一百年。复旦政治学的百年，可谓薪火不息、政心赓续。1923年秋建立的政治学系，归属于文科，当时复旦大学的文科下设政治学系等7个系。1925年，复旦大学行政院决定在政治学系基础上设置社会科学科，下设政治学、社会学两系。1927年政治学系内设政治、法律、市政三组。1930年4月，学校内部还成立了复旦政治学会。在1952年的院系调整中，复旦大学政治学系、法律系与其他9所高校的法律、政治等系合并组成华东政法学院。同年，根据教育部通知，复旦大学增开了马列主义基础课程，建立了教研室。1957年，中国革命史教研组和马列主义基础教研室合并为社会主义教育教研室。1960年夏，学校在社会主义教育教研室基础上，同时从中文、历史、哲学、经济系抽调师资力量，成立了马列主义教育系。1962年1月，马列主义教育系向学校递交报告，希望把马列主义教育系定名为政治学系。同年4月，教育部批复同意，复旦大学马列主义教育系改名为政治学系。1963年12月，为适应国际形势变化，加强对外国问题的研究，中共中央外事小组、中央宣传部联合向中央提交报告，并经毛泽东主席批示同意，在北京大学、中国人民大学和复旦大学成立国际政治系。根据这个指示，1964年1—2月，复旦大学将政治学系改名并正式成立国际政治系，该系成为国内最早成立的三个国际政治系之一。1980年，复旦大学国际政治系在全国率先恢复了政治学专业，建立了政治学教研室，招收政治学专业本科生。1984年，根据教育部要求，复旦大学设立了思想政治教育专业；1988年设立行政学专业。2000年11月，学校在原国际政治系的基础上建立了国际关系与公共事务学院，下设政治学系、国际政治系、公共行政系；2009年又增设了外交学系。

一百年政心赓续，一百年砥砺奋进。经过百年发展，复旦大学政治学形成了大政治学学科群的学科生态。今天的国际关系与公共事务学院，拥有政治学、公共管理学、国家安全学、区域国别学等多个学科，彼此和合共生，融合发展，蔚为壮观。

彰往考来，我们感慨万千。值此复旦政治学百年之际，学院决定编一本纪念性文集，庆贺学院政治学百年。2005年时，为了庆贺复旦大学成立一百周年，学院曾经编选出版了《政治与人》教师文集，其中收录了40多篇教师文章。我们在编这本纪念文集时，为了避免重复，决定《政治与人》中收录过的文章不再重收，重点呈现近20年来学院教师的一些论文成果。这本文集以《政治世界的治理与秩序》为主书名。编者发现，教师们选送的近70篇文章，合在一起，正好体现了复旦政治学人正文相济、臻于郅治的追求。这些文章重视从政治的价值与理论、国家的制度与治理、世界的体系与秩序等视角，展现对美好政治的求索精神，这同2005年出版的《政治与人》文集相映成双。为体现传承性和连贯性，我们决定仍然按照《政治与人》的分类逻辑，将近70篇论文分为"政治：价值与理论""国家：制度与治理""世界：体系与秩序"三大部分。两本文集合在一起，更能整体地展现复旦政治学人一以贯之的追求及复旦政治学的学术风格。

思源志远，我们不敢懈怠。面向新的一百年，复旦政治学人使命在肩，任务不可谓不艰巨。这本文集既是向百年来对复旦政治学作出卓越贡献的前辈们的感恩和致敬，也是对当下复旦政治学人的鞭策和激励。将复旦政治学发展得更好、更强，以复旦学派立于学林，是对百年复旦政治学的最好传承。

编　者
2023年9月9日于复旦大学

目　　录

政治：价值与理论

曹沛霖　走向世界的中国政治学　/　003
孙关宏　中国特色与世界文明　/　010
林尚立　现代国家认同建构的政治逻辑　/　014
陈明明　作为知识体系建构的中国政治学　/　041
刘建军　《政治逻辑》写作说明　/　051
陈周旺　中国政治学的知识交锋及其出路　/　057
桑玉成　政治发展的规划与预期　/　066
唐亚林　使命型政党的分析范式建构　/　076
汪仕凯　政治大一统的创造性转化　/　086
郑长忠　有机政治建设的政党使命　/　096
竺乾威　政府主导下的多方合作　/　107
李春成　行政伦理两难的成因　/　116
洪　涛　生命，还是生命的技术—权力化？　/　125
仼军锋　修昔底德式的"悲剧诗"与霍布斯式的"立法诗"　/　132
陈　云　平等主义思潮及其反思　/　141
陈玉聃　斯多亚学派的世界主义及其现代意义　/　146
包刚升　民主的阴暗面？　/　157
李海默　柏克关于代表理论"回应性"问题的新阐释　/　165
胡　鹏　文化变迁及其影响下的世界　/　175
庄梅茜　西方后物质主义价值观及其批判　/　183
刘　晔　全球化、公共性与国际新政治　/　192

唐世平　社会科学的基础范式 / 201

左　才　政治学研究中因果关系的四种不同理解视角 / 221

唐　莉　中国社会科学国际影响力与学术话语权研究 / 231

国家：制度与治理

郭定平　政党中心的国家治理 / 243

李瑞昌　国家战略和政府治理形态的统筹 / 252

唐贤兴　政策工具的选择与政府的社会动员能力 / 261

韩福国　中国社会主义复式协商民主的程序设计 / 276

胡业飞　国家治理与创新的长周期演化 / 285

吴澄秋　中国经济治理模式的演进及前景 / 294

李　辉　地方纪检监察"协同监督"的机制设计与能力提升案例研究 / 304

陈晓原　市场经济与中国地方政府的职能转型 / 316

熊易寒　产业生态与城市流动儿童教育政策的包容性 / 329

朱春奎　社会性别主流化与国家治理现代化 / 339

陈水生　中国城市公共空间生产的三重逻辑及其平衡 / 349

周凌一　纵向干预下的地方政府协同治理 / 360

郑　磊　数字治理的"填空"与"留白" / 369

敬乂嘉　刘春荣　上海的居委会直选与城市基层治理 / 377

张晓栋　台湾地区政治极化与信息渗透的分析 / 386

孙小逸　理解城市治理邻避冲突中政府回应的差异化模式 / 400

李　寅　当代美国经济不平等的缘起 / 409

张　平　房地产税政府层级归属的理论依据与美国经验 / 418

臧志军　试析日本政党政治的危机 / 427

郑　宇　贫困治理的渐进平衡模式及其国际启示 / 437

世界：体系与秩序

徐以骅　开启国际关系研究的新路径 / 449

陈志敏　国家治理、全球治理与世界秩序构建 / 454

顾声毅　和平共处五项原则应该成为国际新秩序的基础 / 463

肖佳灵　当代中国外交研究"中国化" / 469

潘忠岐　"势"及其对于理解国际政治和中国外交的独特价值 / 479

陈玉刚　在公域领域中国必须有自己的战略考虑 / 488

余博闻　"改革方法论"与中国的全球治理改革方略 / 490

苏长和　中国大国外交的政治学理论基础 / 498

倪世雄　中美国际关系理论的比较研究 / 508

张建新　后西方国际体系与东方的兴起 / 513

殷之光　作为帝国主义话语的新自由主义及其全球化神话构成的历史考察 / 522

朱杰进　崛起国改革国际制度的路径选择 / 532

陈　拯　霸权国修正国际制度的策略选择 / 543

薄　燕　安理会气候变化与安全辩论 / 551

沈　逸　后斯诺登时代的全球网络空间治理 / 561

黄　河　多边贸易体制变革下的区域公共产品供给与中国角色 / 568

黄以天　制造业国际分工对发展中国家减排政策的双重影响 / 575

包霞琴　20世纪90年代后日本修宪论及其特点分析 / 585

银培萩　"金智复合体"与美国外交政策的克制主义转向 / 593

张楚楚　中国与中东国家的基础设施合作 / 603

贺嘉洁　东盟的规范性影响力及其在南海问题中的作用 / 613

俞沂暄　多样性世界秩序的形成及其未来 / 621

张　骥　人类命运共同体的政治外交逻辑 / 630

政治 8 价值与理论

走向世界的中国政治学

复旦大学国际关系与公共事务学院教授　曹沛霖

在20世纪最后的20年里，当代中国政治学经过恢复、补课和重建，作为一门独立的学科终于建立起来了，由此中国走出了有政治而没有政治学的状态。在这一过程中，政治学的发展有过波折，但总的来说，政治学科的理论体系、教学体系、科研体系等方面，经过从无到有的发展已奠定了良好的基础。当然，如果从新世纪的视角来看，可能面对的挑战要比其他社会科学严峻得多。政治学界对当代中国社会主义市场经济发展提出的政治问题，对政治体制改革要解决的政治问题，对经济全球化带来的政治问题，对冷战后如何建立政治新秩序的问题，等等，都深感很难从理论上做出有说服力的回答及提出可行的对策，这就是通常人们所说的理论缺乏强劲的解释力。不过，我们也应该看到，这种挑战也是机遇，任何社会科学的理论都是在社会实践中发展的，在解决社会问题的过程中前进的。因此，我们必须把握机遇，尤其当今日中国的政治学还是一个新生学科之际，它可以从走向科学、走向实践、走向世界的思路着眼，在中国社会主义现代化发展的实践中进行理论建设和方法创新，创立有中国特色的政治学。

走向科学。说中国政治学没有科学体系，当然是不正确的；但认为中国政治学科学体系已经很完备了也是不正确的。经过20年的努力，中国政治学已经有了一个科学体系，但需要进一步完善。这不仅因为中国重建政治学的时间尚短，而且从历史上看，中国政治学就有先天不足的弱点。中国和西方国家一样，自古就有非常丰富的治人和治于人的政治思想和政治实践。但是，与西方国家不同，中国从来没有把丰富的政治思想和政治实践经验作为学术进行思考和研究，更没有运用这些要素构建政治学，直到中国近代化开始以后，主张维新变革的先驱们才从"西洋"和"东洋"把政治学引进中国。后来俄国十月革命一声炮响，马克思列宁主义传播到中国，再加上中国传统的政治思想，这可以说是形成现代政治学的三个源头。但是，当时的所谓政治学，实际上是照搬西方的政治学，是拿来主义政治学。

新中国成立后，本该在马克思列宁主义的指导下，发展中国的政治学。可是，正当面临发展机遇的时候，政治学却被误解成伪科学。似乎政治学只属于资产阶级，无产阶级只要有马克思主义，就不需要政治学。由此，中国哲学社会科学学科体系中政治学长期为缺门。正是因为政治学长期被误解，多年被忽视，所以在社会政治生活中，"左"的思想任意解释"政治"，被曲解了的"政治"又反过来助长"左"的思想。结果，一方面是社会生活中政治泛化，另一方面是政治概念狭隘化。简言之，社会生活中什么现象都是政治，而政治就是阶级斗争，按此逻辑，"十年浩劫"就难以避免。这个政治逻辑的后果，不能不说是没有政治学的政治中国的悲剧。

我们要使中国政治学理论体系更加完善，政治学就必须走向科学，在马克思主义、毛泽东思想、邓小平理论的指导下，建立有特定研究对象的政治学理论体系，克服政治泛化和政治概念狭隘化的影响。政治学不能什么都研究，不能把什么社会现象都作为政治现象来研究。而且，随着学科的发展，现有学科的分化、交错、综合，各学科内容总是发展的，不是固定不变的。行政学本是政治学的一部分，但随着行政学发展为独立的学科，政治学就没有必要把行政学按原样包容在政治学学科体系中，尽管行政学仍然不能割断与政治学的关系，但这只是学科之间的关系。另一种发展情况是，随着政治学与经济学等学科的交叉发展，运用经济学理论和方法研究政治学问题的公共选择理论，自然就会成为政治学理论体系的一部分。总之，政治学理论体系建设需要不断完善，不断创新。理论创新是科学发展的本质。政治学理论的科学本质也是这样。没有理论创新，就不能科学地解释政治生活中发生的新现象，更不可能科学地解决政治生活中提出的新问题。

政治学对政治社会中的新现象、新问题缺乏解释力，解决这个问题的根本出路在于理论创新。在这一点上，任何科学都是相同的。当代中国经济学如果抱守计划经济理论，不进行理论创新，不建立社会主义市场经济理论，它就不可能解释社会主义市场经济条件下的经济问题。政治学本来就是有时代特征的，有不同阶级属性。不同时代的政治学具有不同时代特征的中心内容。当前，中国转型期政治就是当代政治学研究的中心内容，同时，也只有通过研究转型期政治，科学地回答政治生活中的问题，并由此上升到理论认识，才可能进一步完善具有中国特色的政治学理论体系。这也是中国政治学走向科学发展的必由之路。

政治学研究走向科学，建立有中国特色的政治学理论体系，必须坚持历史唯物主义的观点，总结前人的经验，尊重前人研究成果，根据学术研究规范，在前人研究的基础上研究新问题，避免在低水平上进行简单的重复，政治学研究的理论创新和尊重前人的成果是一致的。实际上，当前关于中国政治学理论体系在学术界还是有不同见解的，在这方面，政治学也可以进行百家争鸣，在大的理论体系中可以有不同的学派、学说。政治学不同于政治，一个政党在政治上必须保持一致，但政治学在政治学说、政治理论上是可以百家争鸣的，是应该有不同学派的，政治学是一门科学，它是受科学发展规律支配而发展的。

走向实际。科学研究的本质是发现问题和解决问题。政治学作为科学走向实际，解决政治生活中的问题是科学本质的要求。走向实际应该包括认识和实践两个方面，就是说，政治理论要接受实践的检验，同时要在实践中认识真理，修正错误，丰富理论，不断完善自己的理论体系。在当前从计划经济体制向社会主义市场经济体制转型的过程中，随着社会主义市场经济的发展，以及接踵而来的社会、政治的变化，本来在计划经济体制下用来解释和认识社会政治现象和问题的学说和理论已经不能适应新的变化的需要，因此，这就要求政治学在实践中提出新的认识，进行理论创新。从计划经济体制向社会主义市场经济体制转型对政治学提出的问题，首先是在国家学说上如何回答解释国家与社会关系的问题。在计划经济条件下，经济资源主要通过国家中央集权的计划来进行配置，国家和社会基本上是重合的，这主要体现于"单位制"的形式。在那时，"单位"具有双重的职能，既行使国家职能，也行使社会职能。党组织（支部或党委）建在"单位"上，实行高度的一元化领导。其结构和机制也很简单，一份"红头文件"，就可以从上到下全部动员起来。在社会主义市场经济条件下，政治学不得不面对国家与社会分离后出现的新现象、新问题。国家计划配置经济资源的职能随着市场经济的发育和成熟而逐步弱化，最后也许只保留公共经济领域里的极小部分的职能。对此，政治学研究当然要义不容辞地作出科学的解释，政治学界在这方面已经做了许多研究工作，在理论上也取得了一定的进展。

但是，现实中的问题比人们所看到的和所想到的要复杂得多。随着国家与社会的分离，国家已不可能再像"单位制"的条件下那样对社会进行控制。例如，在乡村的某些地方宗法势力的回潮，还有城乡某些地区黑社会性质势力的猖獗。从经验上说，这是当前中国国家与社会分离后出现的新的政治现象和问题。但是，从理性上说，这之间并没有什么必然的关系。只是对政治研究来说，必须从科学上回答和解决类似这样的问题。乡村这种现象的出现，尽管有中国传统政治历史原因，但是最根本的还在于随着乡村经济体制的改革，未能及时相继推进社会结构的重建和以村民自治为核心的乡村政治发展。事实上，自从乡村实行"家庭联产承包责任制"以后，社会经济资源就逐步转归社会支配，由此，国家本来借以控制乡村的经济基础让出去了，而乡村本来依靠国家维持的社会结构松懈了，但又没有及时进行社会重新整合，建立新的结构，以致在某些地方，或某些地方的某些方面出现结构的薄弱部分，由此，传统的以血缘关系为基础的宗法势力乘虚而入。在某些城乡特别是其接合部，黑社会性质势力的出现也不外乎是这样的原因。显然，这些实际中的问题都是政治学应该研究的对象。从政治学的视角看这些问题，可以说是政治发展中的现象，在社会经济转型期必然会带来作为上层建筑的政治上的不适应，这并不是从集权计划经济向社会主义市场经济转型的必然结果，恰恰说明了经济体制改革后必须及时相应地对政治体制进行改革。其实，邓小平同志早就看到这一点，并且明确指出："现在经济体制改革每前进一步，都深深感到政治体制改革的必要性。不改革政治体制，就不能保障经济体制改革的成果，不能使经济体制改革继续前进，就会阻碍生产力的发展，阻碍四个现代化的实现。"[①]

同时，从这些政治现象中还可以清楚地看到，政治学研究面对实际应担起的历史任务是非常繁重的，不仅要从理论上解释这些现象，分析这些现象生成的原因，更重要的还要运用政治学理论来解决由这些现象所产生的问题。在解决问题的过程中丰富自己，进行理论创新。如果还是从国家与社会的关系来说，在国家与社会分离以后，我们就不得不把传统的国家政治建设分成两条路径来思考和设计。其中一个是国家政权建设，一个是社会建设。对前者的认识和实践我们有充分的理论准备和经验；对后者，特别是以社会主义市场经济为经济基础的社会，毋庸讳言，我们不但经验不足，而且理论准备也不足。由此，我们不能不把社会基层民主政治作为政治学研究的重点领域。它的现实意义不用多说，就以"专项打黑"这个举措为例，这样做确实必要，可以为民除害，大快人心，为一方保平安，但是没有社会建设，不可能根治这样一些由社会机体不健全而产生的"癌变"现象。因为，社会本身没有制止和打击黑势力的组织力量。如果我们的社会建设取得成效，基层民主自治制度健全起来了，党的政治思想领导作用加强了，人民

[①] 《邓小平文选》（第3卷），人民出版社1993年版，第176页。

群众当家作主了，就有利于社会主义现代化的实现，政治安全、经济安全、社会安全的局面也就形成了。

政治学走向实际，研究社会生活中现实的政治问题是政治学发展的动力，政治学研究实际的政治问题是作为一门独立存在的学科应承担的历史任务。同时，政治学也只有这样，才能使自己的理论体系不断完善，保持学术生气，不断理论创新，走向学术前沿。

走向世界。当代中国政治学走向世界不仅是对社会主义中国作为世界民族之林的一员应有的要求，而且政治学作为一个学科本来就是世界性的，尽管政治学具有鲜明的阶级性，各国的政治学也都各自具有本国的特色。但是，政治学并不排斥在各国之间进行学术上的交流，吸收别国有用的研究成果。政治学发展的历史经验早已表明，无论是西方国家的政治学，还是东方国家的政治学，无不从古希腊亚里士多德所创建的政治学理论体系中汲取养分。例如，亚里士多德在《政治学》这部古典巨著中关于政体的分类及其分类思想直到今天对东西方国家的政治学仍有着深刻的影响，而且都已把它作为研究政体形式的学术规范。当然，东西方国家对政体形式的研究和分类在价值理性上是有根本差异的，然而在工具理性上还是有许多相同之处的。

纵观中国政治学发展史，政治学最早就是从西方传过来的。近20年来政治学的恢复和重建事实上也引进了当代西方政治学研究成果，如分析工具和政治学中的某些新的话语都来自西方政治学。政治学走向世界，从根本上说，就是要吸收全人类创造的优秀文化成果，一个国家在经济上闭关锁国，与世隔绝，必然停滞落后。其实在政治和文化上道理也是一样的，政治上自我封闭和文化上与世隔绝同样也会造成停滞不前，落后守旧。当然，吸收世界优秀的文化成果，并不等于照搬西方，全盘西化。如何吸收人类的一切优秀的文化成果，马克思已经做出了榜样。列宁也曾精辟地说过，"马克思主义就是共产主义从全部人类知识中产生出来的典范""凡是人类社会所创造的一切，他都用批判的态度加以审查，任何一点也没忽略过去，凡是人类思想所建树的一切，他都重新探讨过，批判过，于是就得出了那些被资产阶级狭隘性所限制或被资产阶级偏见束缚住的人所不能得出的结论"。[①] 在这里，人们可以清楚地看到，马克思之所以能得出自己独特的结论，不仅在于马克思的天才，而且更重要的在于他尊重人类思想所建树的一切。要建立有中国特色的政治学，就要走向世界。邓小平建设有中国特色的社会主义理论就是以中国打

---

① 《列宁选集》（第4卷），人民出版社1972年版，第347页。

开国门、实行改革开放的实践为基础。中国特色的社会主义理论的核心是不抱守集权的计划经济,运用在西方发育和发展起来的市场经济来建设我们的社会主义,这就是我们的特色,是根本不同于苏联、东欧社会主义的特色。可以断言,随着我国社会主义现代化的推进,人民生活普遍达到小康水平,将会越来越显示出其特色。

中国政治学走向世界应该包括认识世界,研究世界政治中的现实问题。邓小平同志在提出政治学"需要赶快补课"时,实际上就已经赋予中国政治学研究世界政治的历史任务。随着改革开放的深化,中国政治学不研究世界政治,不研究外国政治就不可能真正地为中国政治服务,为中国社会主义现代化服务,为中国的政治安全和经济安全服务。对复杂的世界政治和纷繁的外国政治的研究要摆脱就事论事的研究,政治学应该提供研究框架,发展面对世界政治和经济现实的国际政治经济学,进行有中国特色的理论创新。其实在国际上政治学和世界政治研究本来就是密切结合在一起的,研究世界政治和国际政治的大家们首先都是政治学家。中国把政治学与国际政治分开来,是在中国没有政治学的情况下一种带有误解性的习惯分法,政治学本来就包括世界政治,从这个意义上说,政治学研究走向世界本是不成问题的问题。

特别是随着经济全球化进程的加快,中国政治学走向世界的任务更重了。当然,经济全球化问题可以像马克思那样用纯经济的观点来分析,也可以具体到用效益与成本的观点来把握对中国的挑战和机遇。但是,从政治学来说,它首先应该运用政治学理论作经济全球化的政治分析,也许人们最先可能想到的是国家主权问题,我们不能轻易听信随着经济全球化民族国家主权逐步淡化的说法,这是一个关系国家安全的严肃的政治问题。政治学应该进行历史的、现状的研究。国家主权是不可分割、不可转让的。但是,今天国家主权的形式和概念确实与民族国家初始阶段有所不同,这些涉及各国利益的政治问题,是中国政治学走向世界应该研究的问题,不仅在中国要有政治学家的声音,而且在世界上也应该有中国政治学家的声音。

中国政治学走向世界,积极吸收世界优秀文化和参与世界发展是一方面,还有同样重要的另一方面即应该把中国政治学推向世界,把研究中国政治和中国学者研究世界的成果推向世界。中国政治学虽然起步要落后于西方政治学好多个世纪,甚至其间政治学发展路径曲折,环境恶劣,步履艰难,但是,中国从古至今的政治思想、政治文化、政治哲学都有着极为丰富的资源,特别是我国改革开放以后的政治发展,都是很值得政治学进行研究并推向世界的。其实这些方面已引起国外政治学家和汉学家们的注意,并且已有不少很有学术价值的专著出版。中国政治学不能说没有做这方面的工作,但投入的力量还远远不够。在这方面,应该说,我们是大有作为的。中国政治学应该对世界做出贡献。

中国政治学在发展,新世纪中国政治学应该走向科学,走向实际,走向世界,取得更大的发展。

(本文原载《天津社会科学》2001年第2期,原标题为《新世纪中国政治学的"三个走向"》)

中国特色与世界文明

复旦大学国际关系与公共事务学院教授　孙关宏

20世纪80年代,邓小平提出建设中国特色的社会主义,到现在已经二十几年了。最近中共十七大又提出要高举中国特色社会主义伟大旗帜,表明我们党坚持走建设中国特色社会主义伟大道路,一以贯之,持之以恒,并且不断走出新的水平,新的高度。为了更好地高举这一伟大旗帜,我们有必要进一步理解"中国特色社会主义"的含义。

中国特色社会主义包括"中国特色"和"社会主义"两个核心概念。

"社会主义"的概念较难界定,邓小平曾说过,我们搞了几十年社会主义,但对什么是社会主义,还没有完全搞清楚。他还说过,不要争论,概念不清楚,并不影响我们的行动,我们认为正确的路,走下去就是了。

中国特色与社会主义是两个同位概念的结合,一般不互相解释,而是互相补充,如果互相解释,容易同义反复。我尝试从"中国特色社会主义"概念所隐含着的对应性概念——普遍性的世界文明来解读"中国特色"的含义和意义。

中国特色是相对世界文明而言的,当我们在社会主义建设(或国家建设)中还没有清楚地意识到要融入世界文明时,是不会有中国特色概念的。直到改革开放以后,邓小平想到要借鉴世界先进文明来建设社会主义的时候,他才第一次使用了中国特色的概念。大致的意图是引进世界文明时要为我所用,要与中国的实际情况相结合,要有具有中国民族特点的表现形式。所以,可以说,中国特色就是在社会主义建设中引进世界文明与中国实际情况相结合的产物,没有世界文明,也就没有中国特色。

胡锦涛在十七大报告中说:"新时期最鲜明的特点是改革开放。"他称为"历史上从未有过的大改革、大开放",使中国"面向现代化、面向世界、面向未来"。胡锦涛的这句话其实是对中国特色的最好诠释。因为中国特色是在改革开放过程中逐步形成的。什么是"大改革"?大改革不是一般具体问题上的改革,而是带有根本性的大规模的改革,改革那些不适应社会主义生产力快速发展的经济体制和政治体制。什么是"大开放"？大开放不是某一领域的开放，而是在经济、政治、社会文化各个领域的全方位开放。当然，大改革大开放局面的形成有一个逐步发展的过程。那么，改革和开放为什么一起提呢？因为改革和开放是互相依存、互相促进的关系。改革是开放的前提，没有改革就没有开放，而开放则是改革的基本路径和根本保证。

改革开放的必然要求和发展逻辑是使中国走向世界，走现代化道路，从而开辟崭新的未来。邓小平在20世纪80年代的一次谈话中精辟地阐明了改革与开放的辩证关系。他说："从一九五七年下半年开始，我们就犯了'左'的错误。总的来说，就是对外封闭，对内以阶级斗争为纲，忽视发展生产力，制定的政策超越了社会主义的初级阶段。一九七八年我们党的十一届三中全会对过去作了系统的总结，提出了一系列的方针政策。中心点是从以阶级斗争为纲转到以发展生产力为中心，从封闭转到开放，从固守成规转到各方面的改革。"[①] 可见在极"左"路线占主导地位的年代，对内固守成规与对外封闭是互相呼应，难分难解的。同样，恢复了马克思主义的正确路线以来，对内改革与对外开放也是不可分割、互相依存的。邓小平早年曾经留学法国，这对他以后主政时世界眼光的形成无疑有重要影响。他不是把社会主义中国孤立起来看待，而是把她看成整个世界的一个重要组成部分，认为中国的发展离不开世界。他冷静客观地看到中国与世界发展程度的差异，坦率地承认中国落后，然后虚心学习，急起直追。早在"文化大革命"中，邓小平对"四人帮"把他派代表团出国访问学习人家的先进技术说成崇洋媚外感到深恶痛绝。20世纪80年代，他多次指出要学习国外先进的科学技术以及管理方法。他说："现在世界上的先进技术、先进成果我们为什么就不能利用呢？我们要把世界一切先进技术、先进成果作为我们发展的起点。"[②] 他说："任何一个民族、一个国家，都需要学习别的民族、别的国家的长处，学习人家的先进科学技术。"并进一步指出："我们不仅因为今天科学技术落后，需要努力向外国学习，即使我们的科学技术赶上了世界先进水平，也还要学习人家的长处。"[③] 邓小平的这种开放的虚怀若谷的心态跃然纸上。他语重心长地说："现在的世界是开放的世界。中国在西方国家产业革命以后变得落后了，一个重要原因就是闭关自守。新中国成立以后，人家封锁我们，在某种程度上我们也还是闭关自

---

① 邓小平：《邓小平文选》（第3卷），人民出版社1993年版，第269页。
② 邓小平：《邓小平文选》（第2卷），人民出版社1994年版，第111页。
③ 同上书，第91页。

守,这给我们带来了一些困难。三十几年的经验教训告诉我们,关起门来搞建设是不行的,发展不起来。""这就要求对内把经济搞活,对外实行开放政策。"①

在这段话里,邓小平把我们为什么要坚定地实行改革开放政策的深刻历史背景交代得很清楚。并指出,这条对内实行改革、对外实行开放的道路,就是有中国特色的社会主义道路。邓小平不仅要求中国人民虚心学习国外的先进科学技术,还进而提出,要借鉴人类创造的一切文明成果。他在1992年的南方谈话中指出:"社会主义要赢得与资本主义相比较的优势,就必须大胆吸收和借鉴人类社会创造的一切文明成果,吸收和借鉴当今世界各国包括资本主义发达国家的一切反映现代社会化生产规律的先进经营方式、管理方法。"② 邓小平进一步从制度的高度,借用比较的方法,要求借鉴西方国家的经验。他在著名的《党和国家领导制度的改革》一文中深刻总结了我党历史上所犯错误的原因。他认为"不是说个人没有责任,而是说领导制度、组织制度问题更带有根本性、全局性、稳定性和长期性"③。他说:"斯大林严重破坏社会主义法制,毛泽东同志就说过,这样的事件在英、法、美这样的西方国家不可能发生。他虽然认识到这一点,但是由于没有在实际上解决领导制度问题以及其他一些原因,仍然导致了'文化大革命'的十年浩劫。这个教训是极其深刻的。"④ 他所说的党和国家的领导制度和组织制度实际上涉及政治体制改革的内容。并且在比较中承认西方国家的制度有比我们高明的地方,并认为资本主义制度所能解决的问题,社会主义也应当能解决。

邓小平的这篇文章是他全部著作中最精彩和最重要的文章之一。他在这篇文章中所提出的党和国家领导制度改革的思想是他留给中国共产党人和中国人民的宝贵思想遗产。我们回顾一下,改革开放以来的历史,我们所取得的许多伟大成就都是与引进世界先进文明分不开的,包括文明的理念与文明的制度。改革开放、市场经济改变了中国。从20世纪80年代,特别是从90年代以来,中国从经济领域到政治领域、文化领域和社会生活领域发生了日新月异的历史性伟大变革。

中国加入了世界人权组织、世贸组织、世卫组织,积极参加联合国的活动,积极参加地区性和世界性的重大会议,积极举办世界性体育盛会。2007年我们成功举办了特奥会,2008年我们举办奥运会,2010年办世博会。中国正在融入世界。中国人的衣食住行

---

① 邓小平:《邓小平文选》(第3卷),人民出版社1993年版,第64—65页。
② 同上书,第373页。
③ 邓小平:《邓小平文选》(第2卷),人民出版社1994年版,第333页。
④ 同上。

和整个社会生活都发生了巨大变化。据说中国使用手机的人数是世界第一，中国上网的人数可能也名列世界前茅。这些都表现中国人在追求现代化、力图同世界接轨方面，正在急起直追，大有后来居上的势头。当然，我们也不要自满，我们仍然是发展中国家，离发达国家的标准还有很大距离，我们还有不少落后的地方。

总的来说，中国特色是中国融入世界先进文明的过程中自然而然地逐渐形成的，不是事先人为构建起来的。正像西方许多国家在政治、经济、社会、文化上都有自己特点一样。特色与共性是融合在一起的。可以说是你中有我，我中有你。我们想要表达的中国特色主要有两个：一是我们以马克思主义为指导思想，意识形态是一元的；二是我们是共产党一党领导、一党执政。但即使这两个中国特色也离不开世界文明。

就第一个特色而言，马克思主义是西方文明的产物，只要我们真正信奉和坚持马克思主义，我们就要重新认真研读马克思和恩格斯的原著，挖掘能指导我们前进的理论资源，包括以改革开放的背景和心态来对待马克思主义。

我们再看第二个特色：中国近现代政党的出现，中国共产党的成立，都是世界文明传播到中国的结晶。中国共产党领导的中国革命的胜利，也是同世界文明的背景分不开的。20 世纪 80 年代以后就更是如此，我们党提出的一系列战略口号和政治体制改革，例如从革命党到执政党，执政党建设中依法执政、民主执政、科学执政；社会主义建设中，从物质文明和精神文明建设到政治文明建设、社会和谐建设；政府建设中的职能转变、机构改革、依法行政、文明执法、宏观调控、建立服务型政府等。中共十七大报告中，我们提出坚定不移地发展社会主义民主政治，提出人民民主是社会主义的生命。可以说没有哪一样同学习世界文明的优秀成果没有关系。

一位全国政协常委说得好，我们强调"中国特色"走自己的道路，但是我们不是关起门来搞社会主义，也要顺应"世界潮流"。从科学发展观的要求来看，中国特色不是固定不变的。中国共产党在前进，中国政府在前进，中国人民在前进。只要我们改革开放的总政策不变，我们就一定会持续不断地学习世界先进文明的成果，同时也为丰富世界文明作出自己的贡献，并逐渐形成和优化自己的特色。当然，这个过程是漫长的，是不能操之过急的，必须通过渐进的一点一滴的改革来实现。所以对中国的未来，我们寄希望于持续开放，寄希望于渐进改革，寄希望于虚心学习。

（本文原载孙关宏著：《中国政治文明的探索》，复旦大学出版社 2019 年版）

现代国家认同建构的政治逻辑

复旦大学国际关系与公共事务学院教授　林尚立

不论是把人定位为天生的政治动物，还是定位为天生的社会动物，其现实存在一定是在四种力量规范下形成的：一是自然，二是组织，三是制度，四是价值。现实的人是这四大规范力量共同作用的产物，但同时也是创造这些规范的力量。人类社会发展以追求人的自由与解放为核心取向，人类历史从古代迈入现代的根本标志就是：人从一种被决定的力量逐渐解放为一种决定性的力量。于是，人成为现代社会与现代国家的逻辑起点。由此，人的观念、权益与行动，就自然成为社会与国家建构与发展的决定力量。现代国家认同问题就是由此形成的。可见，现代国家对国家认同的需求，不是源于国家的整合性与统治性，而是源于人的独立性与自主性。

简单讲，国家认同就是人们对其存在其中的国家的认可与服从，其反映的是人与国家的基本关系。对国家而言，它决定着国家的合法性基础，进而决定着国家的稳定与繁荣。在人成为主体力量的时代，人对国家的认可与服从，一定不是国家强力的产物，而是人与国家之间有机互动的结果，其内在的逻辑是：人是国家的主体，建设国家；国家最大限度地满足人的生存与发展基本需求。据此，国家认同问题，就不单是人们的国家观念或国家意识问题，而是国家建设本身的问题。没有合理、有效的国家建设，就不可能形成具有广泛社会和文化基础的国家认同。所以，本文的基本假设是：现代国家认同的建构，在很大程度上取决于现代国家结构体系的内在合理性及其自我完善能力。

一、现代国家与国家认同

认同是基于人的心理、思想与信仰形成的，其逻辑起点源于人的自我认知。所以，

"认同"问题最早是由心理学提出的。① 人的现实存在，不是孤立的，而是社会存在。人的自我认知一定基于其社会存在以及由此形成的社会关系。换言之，人是通过他者来认知自身的，因而，对他者的认知直接关系到自我认知，而认知他者的逻辑起点一定在自我。正是在这种自我与他者所建构的关系中，人们才能判定我来自何方、处于何处、走向何方。对他者的认知，就构成人们的基本认同。这种认同对象可以是个人的，也可以是集体的，如组织、集团与共同体。于是，就有了权威认同、组织认同、族群认同、阶级认同以及国家认同等。可见，认同是人的社会存在必然产生的心理与精神要素，是人的生存与生活之本。至于每个人认同什么，则取决于每个人的实际社会存在及其心理和精神取向。亚里士多德认为，人是天生的政治动物，必须过政治生活。② 从这个逻辑出发，人们在政治生活中所形成的国家认同，是人们现实存在必不可少的心理与精神要素。

马克思认为，人即使不是政治动物，至少也是社会动物。③ 这表明人的现实存在一定是社会存在；而到目前为止人的社会存在，必然趋向组织国家，从而决定其社会存在的另一方面，即作为国家成员的政治存在，过政治生活。国家认同就是在这种政治存在中形成的。然而，国家作为人类文明的产物，在历史上有一个发展的过程，从而形成了马克思所指出的"古代国家"与"现代国家"之分。在不同时代的国家，国家认同的形成及其对国家的意义是完全不同的。

在马克思看来，"古代国家"与"现代国家"之间的差别，不是历史时期的差别，而是构成国家的人的类本质的差别。"古代国家"是以人的共同体存在为基础的，换言之，构成"古代国家"的人是"共同体人"，在马克思看来，这与古代国家的所有制——不论是公有还是私有，都是共同体的公有或共同体的私有——直接相关。

马克思指出，在古代，"土地是一个大实验场，是一个武库，既提供劳动资料，又提供劳动材料，还提供共同体居住的地方，即共同体的基础。人类素朴天真地把土地当作共同体的财产，而且是在活劳动中生产并再生产自身的共同体的财产。每一个单个的人，只有作为这个共同体的一个肢体，作为这个共同体的成员，才能把自己看成所有者或占有者"。④ 与古代相反，"现代国家"是以人的独立存在为基础的，换言之，构成"现代国家"的人是"个体人"。马克思认为，随着工业革命以及以自由劳动与资本结合的资本主

---

① ［加拿大］查尔斯·泰勒：《自我的根源——现代认同的形成》，韩震等译，译林出版社2001年版。
② 马克思实际上是认同亚里士多德对人的现实存在的这种判断的。
③ 《马克思恩格斯全集》（第44卷），人民出版社2001年版，第379页。
④ 《马克思恩格斯全集》（第30卷），人民出版社1995年版，第466页。

义生产形态的出现，人摆脱共同体的存在，成为独立的同时也是"孤立的个人"，并由此构成了市民社会。马克思指出，资产阶级革命所带来的"政治解放一方面把人归结为市民社会的成员，归结为利己的、独立的个体，另一方面把人归结为公民，归结为法人"。① 人的类本质从"共同体人"发展为"个体人"，决定了"古代国家"与"现代国家"有天壤之别，集中地体现在人与国家的关系上。对此，马克思有过精辟的分析："在古代国家中，政治国家构成国家的内容，并不包括其他的领域在内，而现代的国家则是政治国家和非政治国家的相互适应。"② 因而，在古代国家中，"国家的物质内容是由国家的形式设定的。每个私人领域都具有政治性质，或者都是政治领域；换句话说，政治也就是私人领域的性质。在中世纪，政治制度是私有财产的制度，但这只是因为私有财产的制度就是政治制度。在中世纪，人民的生活和国家的生活是同一的，人是国家的现实原则，但这是不自由的人"。③ 只有到了现代，人民的生活与国家的生活才实现了分离。所以马克思说，"国家本身的抽象只是现代才有，因为私人生活的抽象也只是现代才有。政治国家的抽象是现代的产物"。④ 这里所说的"政治国家"就是国家制度，就是现代国家体系，它是基于现代社会发展需求而建构起来的一套用于保障个体与社会权益、维护和推进整个共同体发展的制度体系。由此，我们可以得出结论：在"古代国家"，人与国家是一体的，国家决定人的现实存在；在"现代国家"，人与国家是二元存在的，人的自主性决定国家的现实存在。在马克思看来，具有自主性和独立性的"这种人，市民社会的成员，是政治国家的基础、前提"。⑤ 从这个意义上讲，在前现代国家，实际上不存在以国家为对象，以决定国家制度合法性为取向的国家认同问题。

然而，仅仅从"古代国家"与"现代国家"内在差别来把握现代国家认同是不够的。因为，认同是人得以现实存在的基本属性，生活在"古代国家"的人仍然存在认同问题。要深入把握现代国家认同问题，就必须辨析古代国家与现代国家在认同上的具体差异。这就需要进一步考察"古代国家"与"现代国家"在组织形态上的差异。从历史发展进程来看，"现代国家"自然是从"古代国家"发展而来的，但从内在属性与组织形态来看，"现代国家"与"古代国家"则完全是两种类型的国家。用安东尼·吉登斯

---

① 《马克思恩格斯全集》（第3卷），人民出版社2002年版，第189页。
② 同上书，第41页。
③ 同上书，第42—43页。
④ 同上书，第42页。
⑤ 同上书，第187页。

(Anthony Giddens)的观点来看，它们之间的历史关系是一种断裂的关系，现代国家"是一种以特别突出的方式与前现代性国家形成鲜明对照的社会类型"。① 它们之间形成鲜明对照的关键点，除了前面提到的人与国家关系有本质不同之外，就是国家的组织形态存在巨大差异。

"古代国家"组织形态形成的逻辑，可以从亚里士多德关于古代城邦形成的历史逻辑中看到影子。亚里士多德认为，"城邦的长成出于人类'生活'的发展"，其背后的逻辑是：男女组成家庭，若干家庭组成村坊，若干村坊组成城邦。② 按照这样的逻辑，国家作为一种政治共同体，是人们集聚而成的，换言之，人群的聚合产生国家。实际上，中国人也是按照这样的逻辑来解释国家的，有"集家成国"之说。马克思和恩格斯不否认人群在特定区域内聚合是产生国家的基础，但强调这种聚合之所以产生拥有公共权力的国家，是因为这种聚合在带来发展的同时，也带来冲突，其中包括阶级冲突。国家的使命就是协调冲突，从而使聚合起来的人们能够共存，共同发展。然而，人类最初的聚合往往是基于血缘和地缘关系形成的共同体，其要么是"部落"，要么是"族群"（ethnic group）。由于支撑"部族国家"的力量直接来自维系部族的共同语言、共同信仰、共同文化传统以及共同心理所形成的文化资源，所以，菲利克斯·格罗斯（Feliks Gross）又将这种国家视为建立在"文化-民族"基础上的国家，他认为这个"文化-民族"就是我们今天所说的种族（ethnics）。很显然，在"古代国家"中，人们对国家的认同可以说完全基于人们所秉承的共同文化，人们对自身族群身份的认同与其对国家的认同具有内在一体性。至于被征服的部落和族群对征服国家的认同，则基于征服的政治逻辑而形成，这其中除了强力因素之外，也有文化的因素。

然而，现代国家组织形态形成的逻辑则完全不是如此。它不是基于血缘的或地缘的自然关系纽带形成的，而是基于特定的制度性安排形成的，其出发点就是：通过一套制度体制将一定区域的人民整合为一个能够共享制度安排的统一共同体。这与基于人类组织自然演化而形成的"古代国家"不同。"现代国家"具有很强的主体建构性，这个主体就是构成国家的全体人民，其族群结构可以是单一族群的，也可以是多个族群的。在这样的国家建构逻辑中，同一族群的人们或不同族群的人们，基于对作为共同意志产物的

---

① ［英］安东尼·吉登斯：《现代性的后果》，田禾译，译林出版社2000年版，第11页。
② ［古希腊］亚里士多德：《政治学》，吴寿彭译，商务印书馆1983年版，第4—10页。

国家主权的认同而汇聚在一起,① 共同支撑主权下形成的国家制度,并使其成为维护和保障个体与社会的有效力量。人们把在这样的国家建构逻辑中汇聚在一起的全体人民,称为民族(nation),② 并将由此所形成的现代国家,称为民族国家(nation-state)。显然,这种民族是基于国家制度的政治安排所形成的,有人将其视为"国家民族",以区别于支撑"古代国家"的"文化民族"。③ 在现代政治逻辑中,这个"国家民族"与拥有现代国家主权的人民是同义语。④ 在马克思看来,现代社会之所以会出现这样的国家建构逻辑,关键在于经济与社会的发展促进了人的自主,从而使人摆脱了对组织或共同体的依赖,在"纯粹私有制"的基础上成为社会领域独立的个体。由这样的个体所构成的"市民社会",马克思称之为"现代社会"。现代国家就是应这种现代社会而产生的,用马克思的话来说,"现代国家是与这种现代私有制相适应的"产物。⑤

综合上述分析,现代国家具有这样三大基本特点:其一,它以现代社会为基础,以构成国家的每个人拥有政治平等的政治解放为历史和逻辑前提;其二,它以现代国家主权为核心,以建构全体人民能够共享并获得发展保障的国家制度体系为基本的组织框架;其三,它以公民权的保障为机制,将社会的全体成员聚合为具有共同政治纽带的共同体,即民族或民族国家。现代国家的这三大特点,决定了构成国家和人民的国家认同(national identity),其既是现代国家建构的基础与前提,也是现代国家维系和繁荣的保障。由此可以断言,国家认同是现代国家的生命所在,失去了国家认同,现代国家也就失去了所有意义。

---

① 英国学者埃里克·霍布斯鲍姆(Eric Hobsbawm)特别指出:"'民族'的建立跟当代基于特定领土而创生的主权国家(modern territorial state)是息息相关的,若我们不将领土主权国家跟'民族'或'民族性'放在一起讨论,所谓的'民族国家'(nation-state)将会变得毫无意义。"(参见[英]埃里克·霍布斯鲍姆:《民族与民族主义》,李金梅译,上海人民出版社 2000 年版,第 10 页)
② 关于"民族"这个概念内涵在西方文化中的演变及其在现代民主政治中与"人民"概念之间深刻的内在关系,英国学者埃里克·霍布斯鲍姆在其《民族与民族主义》一书中作了详细的历史考察和学术分析。(参见[英]埃里克·霍布斯鲍姆:《民族与民族主义》,李金梅译,上海人民出版社 2000 年版)
③ 德国学者作了这种区分:"除去一些特例,人们可以将民族分为文化民族(Kulturnation)与国家民族(Staatsnation)。前者主要基于某种共同的文化经历而凝聚起来;后者首先建立在一种普遍的政治历史与法则的统一力量之上。"(参见[德]弗里德尼希·梅尼克:《世界主义与民族国家》,孟钟捷译,上海三联书店 2007 年版,第 4 页)美国学者格罗斯与德国学者弗里德尼希·梅尼克(Friedrich Meinecke)都用这种区分来分析现代民族国家。(参见[美]菲利克斯·格罗斯:《公民国家——民族、部族与族属身份》,王建娥、魏强译,新华出版社 2003 年版)
④ [英]埃里克·霍布斯鲍姆:《民族与民族主义》,李金梅译,上海人民出版社 2000 年版,第 21—22 页。
⑤ 《马克思恩格斯文集》(第 1 卷),人民出版社 2009 年版,第 583 页。

二、现代国家认同的建构

在现代政治中，国家认同协调的是人民与国家之间的关系。现代国家的权力来自人民，人民与国家的关系直接决定着国家的合法性，即决定着国家的生存与发展。只有获得人民支持和社会合作的国家政权，才是稳定与有效的国家政权。由此可见，国家认同是现代国家的生命所在。

然而，国家认同不仅是现代国家生存与发展的需求，它同时也是生活于现代国家中的每个公民的需求。在现代化日益将全球社会凝聚成为一个共同体的时代，任何个人虽然可以在全球的空间中安排自己的生活，然而，这种自主与自由是以必须拥有特定国家的公民身份为前提的。同时，独立自主的现代人，不像前现代人那样是以天地自然为其生存的最后底线，而是以特定政府提供的最基本生存保障为其生存的最后底线。这两点决定了，当今世界的任何人都必须有国家的归宿。虽然现代人的独立与自主赋予其选择国家的权利，但没有赋予其不选择国家的自由。这种自主选择背后就蕴含着国家认同。从这个角度讲，国家认同也是现代人得以生存与发展的前提所在。正如有些人宣称的那样，国家认同"乃是他们个人安身立命最基本而不可或缺的认同所在，是他们赖以为生的社会价值所系"。① 与此同时，我们也应该看到，现实中存在的个人，不论其法律上拥有多大的自主与自由，其与生俱来的种族属性及生命成长的最基本社会形态属性则是无法选择的，而这些属性往往构成每个人建构其国家认同最基本的心理与文化背景。正如马克思所说的历史不可能随意创造一样，每个人的国家认同建构也不是随意的。

强调国家认同对现代国家与现代人所具有的不可或缺性，关键是要表明：对任何社会来说，国家认同的建构，不是单向的行动，而是双向的行动，既有赖于国家对民众的国家认同的建构，也有赖于个人建构自己的国家认同。在这种双重建构中，人的主体性及其所形成的选择是基础，而国家为每个人生存与发展所营造的整个国家结构体系是关键。据此，现代国家认同是个体在接受、参与并分享国家制度体系过程中所形成的对国家制度体系及其决定的自我身份（公民身份）的认同。根据这个定义，可将国家认同分为三个层面：第一个层面是对建构现代国家有决定意义的国家制度体系的认同；第二个

---

① ［英］埃里克·霍布斯鲍姆：《民族与民族主义》，李金梅译，上海人民出版社2000年版，第5页。

层面是对这个制度体系所规定的公民身份和权利的认同;第三个层面是对国家制度体系所建构出来的具有现实社会基础的整个政治共同体本身的认同,简单讲,就是对人们生活其中的国家这个政治共同体的认同。

这三个层面中,第一个层面的认同最为根本,并由此引出现代国家认同建构的第一个现实政治基础——民主。马克思指出:"现代国家同这些在人民和国家之间存在着实体性统一的国家的区别,不在于国家制度的各个不同环节发展到特殊现实性","而在于国家制度本身发展到同现实的人民生活并行不悖的特殊现实性,在于政治国家成了国家其他一切方面的制度"。① 因而,在现代国家打破了人民与国家之间存在着的实体性统一结构之后,现代国家就从具体的社会生活(用马克思的概念讲,就是物质国家)中抽象出来,国家制度就不再直接等同于人们的生活,在超越人们生活自主性基础上拥有相对的自主性,成为在整体上保障社会成员生存、生活与生产的外在制度体系。正是这种抽象和自主性,使得国家制度要获得真正的存在与发展,就必须赢得人民的认同。因为,人民是建构国家制度的主体,是国家权力的唯一来源。所以,现代国家认同的现实政治基础一定是民主。只有基于民主原则发展起来的现代国家,才有现代国家认同问题。在马克思看来,在现代化和民主化过程中,国家本身的抽象所形成的相对自主与私人生活的抽象所形成的个体社会存在的相对自主是相辅相成的共生关系,正是在这样的关系中,现代国家建设才能形成对国家认同的需求。

既然现代国家认同的现实政治基础是民主,那么现代国家认同的建构,就一定是从民主建构开始的。这意味着任何试图现代化和民主化的国家,要建构一个有效的国家制度体系,就必须牢牢地守住民主的根本:即国家权力来自人民,人民是国家的主人。只有守住了这个根本,现代国家制度体系才能得到确立与巩固。因为,只有在民主的条件下,人们对国家的认同才是内在的和巩固的,其逻辑是:在民主的条件下,人民是真正的主权者,因而,人民对国家主权的认同,实际上就是对人民自身的认同。这意味着国家与人民的相互自主性,只是构成现代国家对国家认同的内在需求;而要真正形成人民将国家放在心中,从而全力支撑与拥护国家制度体系的国家认同,就必须是人民基于人民主权逻辑所形成的国家认同。在卢梭看来,基于主权在民,人民的意志公意化为国家主权,国家主权获得了绝对的权力,当这种权力从全体人民利益出发运行的时候,人民

---

① 《马克思恩格斯全集》(第3卷),人民出版社2002年版,第43页。

对国家的认同，实际上是对人民共同意志所形成的公意的认同，即对自身整体意志的认同。① 所以，只有在真正的民主条件下，国家认同才能获得现实的主体性，才能内化为人民的价值与信仰。

真正的民主自然体现为人民决定国家事务，国家保障人民的进步与发展，而其具体体现，不仅是一种价值，更重要的是基于这种价值所形成和运行的一套国家制度。这种国家制度首先保障人民的权利，其次规范国家的权力，使其成为能够维护和保障人民权利的力量。然而，从工具层面来看，这样的国家制度必须既拥有保障人民权利的功能，同时又拥有保证国家保障个体权利、维护公共利益、促进人与社会整体发展的功能。马克思认为，这样的国家制度将形成于"政治国家和非政治国家之间的妥协，因此它本身必然是两种本质上相异的权力之间的一种契约"。② 这里所说的非政治国家，实际上就是基于人们的现实生产与生活所形成的社会。这就意味着真正民主的建构，一旦落实到具体的社会与国家，不仅要考虑民主内在价值与原则的要求，而且要充分尊重社会的现实。因而，基于纯粹民主的价值和原则，而不是基于国家与现实社会妥协所产生的"一种契约"的国家制度，一定是无根无源的，能给人们带来幻觉，但不能得到人们最终的认同。

由此，就引出国家认同建构的第二个前提与基础，即国家制度的现实合理性，或者说，国家制度所决定的整个国家结构体系的现实合理性。国家结构体系就是构成国家的各个要素以及国家部分与整体所形成的具有内在一体性的结构安排，而实现这种安排的就是国家制度。国家结构体系借助国家制度而形成，但不等于制度本身；国家制度借助国家结构体系而运行，但不能替代国家结构体系。因而，它们之间是一种辩证统一关系：国家制度必须以一定的国家结构体系，即历史与现实所决定的国家各要素之间的关系为基础；与此同时，国家各要素之间的关系要获得合理化存在，就必须通过合理有效的国家制度来实现。在马克斯·韦伯（Max Weber）的理论中，不论是国家结构体系还是其背后的国家制度的合理性，都应该属于工具合理性。在现代化的过程中，对任何一个国家或国家政权来说，只有比较充分地实现了国家结构体系及其背后的国家制度的价值合理性与工具合理性的有机统一，才能得以最终的稳定与巩固。在民主化使民主的价值合理

---

① ［法］卢梭：《社会契约论》，何兆武译，商务印书馆2003年版，第31—42页。卢梭这里的分析蕴含着辩证逻辑。恩格斯对卢梭分析平等问题时所同样体现出来的辩证力量，给予了积极的肯定，认为这种辩证的说法与马克思在研究中所运用的方法，具有"完全相同的思想进程"。参见《马克思恩格斯文集》（第9卷），人民出版社2009年版，第148页。
② 《马克思恩格斯全集》（第3卷），人民出版社2002年版，第73页。

性几乎成为既定选择的前提下，对于各国来说，工具合理性的关键就是解决在一定的社会中用什么样的国家结构体系及其背后的国家制度来实现民主。美国人在现代国家建设方面的成功，就在于美国一开始就将国家建设建立在充分考虑美国的国情与民情基础上。《联邦党人文集》开宗明义就向美国国民提出要求："时常有人指出，似乎有下面的重要问题留待我国人民用他们的行为和范例来求得解决：人类社会是否真正能够通过深思熟虑和自由选择来建立一个良好的政府，还是他们永远注定要靠机遇和强力来决定他们的政治组织。如果这句话不无道理，那么我们也许可以理所当然地把我们所面临的紧要关头当作是应该作出这项决定的时刻；由此看来，假使我们选错自己将要扮演的角色，那就应当认为是全人类的不幸。""如果我们的选择取决于对我们真正利益的明智估计，而不受与公共利益无关的事实的迷惑和影响，那就万分幸运了"。① 显然，这里所说的"真正利益"，既有美国人的一般利益，也有社会各阶级的利益，更有美国作为一个整体所蕴含的国家利益。

然而，任何利益的形成，其背后都一定有价值选择；同时，任何利益都在特定的关系结构中存在，并受这种关系结构所决定，如村落的关系结构、族群与宗教的关系结构、阶层的关系结构、地区之间的关系结构等。这决定了任何国家制度建立所需要的深思熟虑，一定离不开这个国家制度所针对族群的社会、历史与文化。无数的历史事实表明，能够得以持久成长并不断巩固的国家制度，都一定与其所对应的社会、历史、文化形成了内在的契合。在这种契合中，国家制度及其所决定的国家结构体系既是特定的社会、历史和文化产物，同时又是特定的社会、历史和文化得以维系和发展的动力与保障。正因为有了这种契合，国家制度也就能够建构起具有稳固社会心理和文化传统的国家认同。因为，对这个国家的国民来说，这种社会、历史与文化是与生俱来的，交融于他们的生命与意识之中。实践表明，虽然这种契合是现代国家建设的内在要求，但要形成这种契合不是很容易的，不仅需要时间，而且需要智慧、勇气与能力。法国大革命是成功的，但大革命之后法国社会与人民却陷入帝制与共和不断交替的痛苦之中，其背后的症结在于，法国无法创立一种既能保障集中统一又能充分满足多元纷争的现代民主制度，以适应法国利益取向高度多元化的社会结构。直到1958年，戴高乐创建"超总统制"，② 法国

---

① [美] 汉密尔顿等：《联邦党人文集》，程逢如等译，商务印书馆1980年版，第3页。
② 人们习惯于把法国的体制称为"半总统制"，这主要因为法国的体制是总统制与议会内阁制的结合；然而，从法国建构这种体制的出发点来看，法国体制中所包含的总统制应该看作是"超总统制"，因为，在这种体制中，法国总统所拥有的超然权力要大于美国总统。

才比较好地实现了这种契合性。"戴高乐认为,他的人民过分倾向于分裂。因此,他认为,一个庄重的强迫选举人选择政府的选举制度和一部庄重的责成政府实施统治的宪法,会有助于使法国人民更有凝聚力和更庄重"。① 戴高乐指出:"为了使国家理所当然地成为法兰西统一、实现全国最高利益、全国人民持续进行政治活动的工具,我认为必要的条件是,政府绝不可从议会产生,换句话说,不是从各政党产生出来,而应由全国人民直接委任的一个超党派的元首遴选出来,而这位元首具有计划、决定和行动的权能。如果不是这样的话,那么,由于我们的个人主义、我们的分歧和过去的不幸给我们遗留下来的分裂因素,我国所有的那些无组织的倾向,就会再一次使国家陷入这样一种处境:各种变化无常的思想意识产生对抗,部门间存在竞争,政府对内对外的措施似乎既不能持久又毫无价值。既然事实证明我国之所以能够取得胜利只能依靠这样一种权威——它有能力克服一切分歧,并且考虑那些摆在它面前的有关现在与将来的问题,因而我认为此后我要进行的重大的斗争,目的在于赋予法兰西一个能够肩负其命运的共和国。"基于此,"法国人民在拥护第五共和国时,却没有那种暗中的盘算。对群众来说,关键在于建立一种既尊重其自由又有能力行动和负责的制度"。② 由此可见,任何一种国家制度要赢得国民认同,根植于人们的心中,首先应该根植于特定的社会、历史与文化,从而孕育和发展其内在的合理性。法国是如此,美国也是如此。托克维尔在分析美国民主时,是从美国最基层的乡镇自治开始写起的,他发现,美国的民主制度是从基层社会生长起来的,有相当厚实的社会与文化基础。

然而,对于许多国家来说,之所以建立现代民主制度,在很大程度上是因为现代化将其卷进了现代化和民主化的潮流,建构现代民主制度已成为其在这个时代和这个世界生存的历史性选择。但在具体的实践中,这些国家一旦触及民主建构,马上就面临如何跨越"建造民主"制度与"运用民主"制度之间存在的峡谷。如果跨不过去,"建造民主"要面临失败,同时"运用民主"也就无从谈起;而跨越这个峡谷的关键,就是如何将民主制度建立在特定的历史、社会与文化之上。实践中,那些凭借某种民众的激情、某种绝对的理念以及某种政治的投机而"建造民主"的国家,最终的命运都是跌入峡谷——不是国家碎裂,就是一切从头来过。在这样的境况下,国家认同也就成了一句空

---

① [美]安吉洛·M. 科迪维拉:《国家的性格:政治怎样制造和破坏繁荣、家庭和文明礼貌》,张智仁译,上海人民出版社2001年版,第43页。
② [法]夏尔·戴高乐:《希望回忆录》,《希望回忆录》翻译组译,中国人民大学出版社2005年版,第6—7、34页。

话，游荡在人们心中的可能仅仅是最粗浅的民族主义。

可见，对于每个人来说，要建构国家认同，必须还要有第三个前提条件，就是能够享受国家制度所带来的自由、发展与幸福。人是社会的主体，人的生产与生活组成社会。人与社会发展所需要的秩序和保障通过国家来完成。因而，任何国家实际上都是在对现实社会的重新组织和安排基础上形成的。所以，有人把国家视为"'政治上'有组织的社会"。[①] 国家在政治上对社会的组织就是通过国家制度来完成的，其实质就是对人与社会关系的再组织。亚里士多德在 2 000 多年前就十分明确地指出，所谓政治制度，不过是"全城邦居民由以分配政治权利的体系"。[②] 这决定了人的现实存在，不仅有自然的存在，社会的存在，而且有政治的存在，因而，人的生存、生活与发展，不仅取决于自然、社会、历史与传统，而且还取决于当下的国家制度对其实际存在的安排。这种安排直接触及人们的生存与发展条件，关乎人民的自由与发展的空间。现代民主赋予人们所有的自由权利虽然都离不开国家，都依赖国家，但同时也赋予了人们自由选择国家归属的权利。[③] 这决定了任何人都必须有国家认同建构。至于对具体国家的认同，则取决于由其迁徙自由而形成的对具体国家的选择。这种选择除了情感、习惯、信仰与文化因素之外，就是自我利益与发展的需要。换句话说，在现代民主的条件下，对任何公民来说，其对国家制度的认同，一定要考虑国家制度所给予的自由空间、保障条件与发展可能，否则，人们对国家的认同与支持是相当脆弱的。所以，美国学者 S. M. 李普赛特（Seymour Martin Lipset）认为，现代民主政治系统的稳定，必须基于这个政治系统所拥有的合法性与有效性的有机统一。在这种统一中，政治系统不仅能在价值上符合社会大多数人的意志，而且能够创造惠及社会大多数人的发展绩效。[④] 由此可见，国家制度给予人的自由与发展多大的空间和多少的保障，是人们建构其国家认同的重要依据与基本动力。

综合上述分析，我们可以得出结论：在全球化、现代化与民主化的大时代背景下，围绕现代国家建设所形成的国家认同建构，一定以民主为基本前提，以国家制度及其所决定的国家结构体系的全面优化为关键，最后决定于认同主体的自主选择。从根本上讲，

---

① [奥]汉斯·凯尔森：《法与国家的一般理论》，沈宗灵译，中国大百科全书出版社1996年版，第213页。
② [古希腊]亚里士多德：《政治学》，吴寿彭译，商务印书馆1983年版，第109页。
③ [英]齐格蒙特·鲍曼：《免于国家干预的自由、在国家中的自由和通过国家获得的自由：重探 T. H. 马歇尔的权利三维体》，载郭忠华、刘训练编：《公民身份与社会阶级》，江苏人民出版社2007年版，第320—336页。
④ [美]西摩·马丁·李普赛特：《政治人——政治的社会基础》，张绍宗译，上海人民出版社1997年版，第55—60页。

国家认同是人们在与社会、国家的互动中自我建构起来的，其本质是对自我与国家之间存在的内在一体性的认同。这种一体性，不仅缘于血缘、地缘以及历史传统，而且缘于人们的利益与意志。基于人民主权所建构的现代民主就是强调人民建构国家、国家服务人民，这其中所形成的一体性，正是人们建构国家认同最基本的价值前提和逻辑前提。有了这个前提，人们所形成的具体国家认同，则取决于人们生活其中的国家制度及其所决定的国家结构体系。

三、国家结构体系与国家认同的互相塑造

用于描述或提炼现代国家形态的概念不少，如政治国家、民族国家、政治系统等等，这些概念主要用于分析国家与社会关系以及国家运作本身，力图对国家作一个整体性的抽象和把握。因而，这些概念无法用来分析和把握人们基于十分具体、细微、深切感受与认知所积累起来的国家认同。美国学者本尼迪克特·安德森（Benedict Anderson）把民族或民族国家视为"一种想象的政治共同体"，这表明人们的国家认同多少带有想象的成分。然而，对于每个人来说，其国家认同不仅仅体现为对国家这个政治共同体及其所决定的自我身份的认同，更重要的是体现为对其所参与的国家结构体系的认同，而这种认同一定是在人们与国家结构体系的具体互动中逐渐形成的。可以说，国家认同不是"想象"的产物，而是人与国家有机互动的产物。在这种有机互动中，人们是通过对国家内涵要素的感知来认知和把握国家的。这决定了人们对国家的感知以及情感，很大程度上取决于人们所感受的国家各构成要素及其相互关系的合理性和影响力。于是，对国家认同的建构及其内在逻辑的考察，就必须引入一个考察维度，这就是国家结构体系。正如前面已经指出的，现代国家结构体系都是通过法律与制度巩固下来的，因而，国家结构体系的背后，必然伴随着国家制度。在国家与人、制度与人的有机互动中，国家结构体系的质量决定着其塑造民众国家认同的能力；反过来，国家认同的形成过程也塑造着国家结构体系。如果这种关系抽象为人与制度的互动关系，其相互塑造关系也就看得很明白了。实际上，任何具体的国家形态，都是在国家制度与人民的相互塑造中形成和确立的。

于是，在民主的前提下，民众的国家认同问题，就可以从一个侧面转换为国家结构体系的质量及其对民众的塑造（或者说对公民的塑造）的问题。从这种转换出发，任何

国家要塑造广泛而深入的国家认同，其前提和基础不在于对公民的塑造，而在优化塑造公民的国家结构体系及其背后的国家制度。否则，再强大的公民教育与公民塑造，也维护不了国家的持久统一与稳定。美国教授苏珊娜·巴罗斯（Susanna Barrows）就认为，民族意识的形成不能用刻意强制的手段，否则负面效果将可能在长久之后爆发，南斯拉夫就是一例。以瑞士及法国的某些地区为例，留给地方某种程度的自我发展空间，并不见得对民族（或国家）的认同不利。而且，民族认同既有由上而下的方式，也有由下而上的途径。① 她的这种观察在一定程度上说明了国家结构体系对国家认同所具有的独立价值和重要作用。

要把握国家结构体系，就必须首先把握现代国家本身。如果把现代国家视为从政治上重新组织起来的社会（或共同体），那么，就可以从两个面向来把握现代国家：一是将国家视为用于重新组织社会的那套制度体系，也就是马克思所说的政治国家或国家制度；二是将国家视为经过国家制度重新组织之后的政治共同体，也就是作为共同体的实在国家。罗伯特·麦基佛（Robert Maciver）就是从第二个面向来定义国家的："国家是一个联合体，通过政府用强制力和公布的法律实施自己的行为，在一个疆域划定的共同体内维持社会秩序统一的外部前提。"② 这两个面向侧重不同，第一个面向侧重现代国家的本质，第二个面向侧重现代国家的实体。但其蕴含的内在逻辑是共同的：首先，都以国家与社会二元结构为前提；其次，都将国家制度视为塑造现代国家这个政治共同体的力量；最后，都将现代国家的成长过程视为用现代国家制度重新将社会聚合为一个有机政治共同体的过程，用马克思的话来说，就是国家与社会达成"一种契约"的过程。③ 所以，如果从现代国家建设来看，完全可以将现代国家视为国家通过一套制度体系将国家内部各个要素重新整合为一个有机整体的过程，而在这个过程中，国家与社会不断互动，以至于具体的国家制度都不过是国家与社会达成"一种契约"的产物。这决定了任何具体的国家制度都是对国家与社会的具体要素所做出的制度性安排，而这种安排的合理性，不仅取决于制度的逻辑，而且取决于所安排要素之间结构关系的现实逻辑。在具体的国家建设实践中，这两个逻辑是相互作用、相互影响的。例如，中央与地方关系的制度安排及其所决定的国家结构形态，与现实存在的中央与地方的权力关系、利益关系、认同关

---

① 台湾"中研院"近代史研究所编：《认同与国家：近代中西历史的比较》，1994年，第554页。
② R. M. Maciver, *The Modern State*, London: Oxford University Press, 1947, p.22.
③ 《马克思恩格斯全集》（第3卷），人民出版社2002年版，第73页。

系之间就存在着紧密的互动关系。许多时候,现实结构关系及其内在逻辑会迫使既有的制度安排发生变化,甚至摧毁既有的制度安排,如一个国家从单一制结构变成联邦制结构,从联邦制结构变成邦联制结构,反过来的逆向变化情形也是存在的。由此可见,作为一个政治共同体存在的现代国家,其呈现给人们的一定是两个层面:一个层面就是国家制度;另一个层面就是国家制度所协调、维护的各相关要素之间形成的结构关系,这就是本文所强调的国家结构体系。

对于生活在现代国家之中的人们来说,每个人既在现代国家制度下,也在现代国家结构体系之中。与此相应,国家认同既包含着对国家制度的认同,也包含着对国家结构体系的认同。前者更多的是从价值出发,往往可以超越现实利益考虑来确立认同;而后者更多的是从现实的情感与利益出发,取决于人们对具体国家结构体系的认知与感受。在人们的国家观念与意识之中,这两个层面的国家认同,既可能是一致的,也可能是冲突的。这种冲突是十分复杂的,最基本的是两种状态:一种是认同国家制度,但不满意国家结构体系;一种是认同国家结构体系,但不完全认同国家制度。最糟糕的情形是,人们对国家制度以及国家结构体系同时存在认同危机,这必将导致国家陷入风雨飘零的境地。由此可见,从国家认同建构的角度看,现代国家建设必须是国家制度建设与国家结构体系优化的有机统一。在民主化成为国家建设既定目标的前提下,国家制度建设就必须紧扣国家结构体系的优化来展开:以制度合理性与有效性,来优化国家结构体系;以国家结构体系的整体优化来落实和巩固国家制度,民主就是由此得到巩固的。

简单讲,国家结构体系是建构现代国家过程中各相关要素所形成的结构关系的总和,是支撑现代国家并保障其稳定与活力的基本结构体系。这个结构体系出发的原点是人。作为国家成员的政治人,首先是现实的存在,即处于社会关系之中;其次是历史的存在,即处于历史的规定性与历史的创造性之中;最后是精神的存在,即处在用自己的价值和理想观照的现实之中。人是国家的尺度,基于人的三种存在,国家结构体系就必须从三个维度来安排和优化。这三个维度就是:空间的维度、时间的维度以及超越时空的价值的维度。

从时间的维度看,国家结构体系面临的基本问题就是如何合理安排这个社会与国家的过去、现在与未来的关系。这其中,大而化之地讲,涉及传统与现代、现实与理想等问题;进入具体领域,涉及国家对过往历史的逻辑编排、对重大事件的态度、对历史作用和影响的把握,涉及国家对当下的历史定位、对未来取向的把握以及对国家和民族命运的设定等等。纵观世界各国，不论国家的意志源自何方，都一定要对其所处的历史与时代做出必要的把握。这一方面是为了解决国家从何而来、走向何方，以及国家应该担当何种时代使命的问题；另一方面是为了解决国家现有制度的选择所具有的历史与时代合理性问题。国家与制度的诞生有多少的历史合理性基础，直接关系到国家与制度有多少的合法性资源。马克思的伟大作品《路易·波拿巴的雾月十八日》深刻分析了当年欧洲资产阶级国家如何借助历史的资源为其现实的革命建构合理性与合法性，从而创造新历史、新政权、新国家。在马克思的逻辑中，国家政权之所以要这样做，是因为虽然"人们自己创造自己的历史，但是他们并不是随心所欲地创造，并不是在他们自己选定的条件下创造，而是在直接碰到的、既定的、从过去承继下来的条件下创造"。① 因而，要建构现实的合理性，就必须建构现实在历史中的合理性。在这个过程中，确实存在让历史为现实政治服务的可能，但这却是国家与生俱来的权力。国家在这方面的能力与水平，直接决定着国家建设的能力与水平。

从空间的维度看，国家结构体系面临的基本问题就是如何合理安排好国家组织与建设所面临的最基本的关系，具体包括：国家与社会（或政党、国家与社会）的关系，军队与国家的关系，立法、行政与司法的关系，政府与市场的关系，政治与宗教的关系，民族与宗教的关系，中央与地方的关系，阶级与阶层的关系，党派之间的关系，国有与私有的关系，国内与国际的关系，等等。一个国家的具体形态直接取决于国家处理这些关系所确立起来的国家结构体系。国家的根本制度与具体制度都直接参与到这些关系的安排与处理中，并成为整个国家结构体系的制度支撑。细究这些关系的背后，无不与具体的利益相关，因而，国家在空间维度所建构起来的结构关系，实际上是对整个国家利益关系的安排与协调。这种安排与协调将最终决定在这个利益结构体系之中每个公民的权利大小、自由空间与发展资源。现代国家公民身份直接取决于国家对这些关系的安排与协调。现代国家发展的逻辑表明，现代化与民主化使公民身份要素不断充实与丰富。用 T. H. 马歇尔（T. H. Marshall）的研究来说，18 世纪公民身份要素仅包含公民权利这一层；到了 19 世纪，增添了政治权利这一层；到了 20 世纪，又增添了社会权利这一层，从而在今天形成了三大权利要素的有机统一。② 实际上，伴随着公民身份中权利要素的增

---

① 《马克思恩格斯选集》(第 1 卷)，人民出版社 2012 年版，第 669 页。
② [英] T. H. 马歇尔：《公民身份与社会阶级》，载郭忠华、刘训练编：《公民身份与社会阶级》，江苏人民出版社 2007 年版，第 3—60 页。

加，公民与国家结构体系之间的关系也就更加全面和深入。在当今世界，公民与国家结构体系之间的关系已基本成为国家建设的普遍范式。在这样的范式下，国家结构体系在决定公民身份与权利的同时，也直接决定着公民对国家本身的认知与认同。

从价值的维度看，国家结构体系面临的基本问题就是如何将当代人类基本价值合理地安排进具有特定历史与文化的社会之中，并使其成为社会认同、国家遵从的国家核心价值体系。在这方面，马克思和恩格斯有一段经典的论述得到普遍的认同：① "统治阶级的思想在每一时代都是占统治地位的思想……他们作为一个阶级进行统治，并且决定着某一历史时代的整个面貌，那么，不言而喻，他们在这个历史时代的一切领域中也会这样做，就是说，他们还作为思维着的人，作为思想的生产者进行统治，他们调节着自己时代的思想的生产和分配；而这就意味着他们的思想是一个时代的占统治地位的思想。例如，在某一国家的某个时期，王权、贵族和资产阶级为夺取统治而争斗，因而，在那里统治是分享的，那里占统治地位的思想就会是关于分权的学说，于是分权就被宣布为'永恒的规律'"。② 这里，马克思和恩格斯实际上指出了统治阶级意识形态与价值建构是任何统治的内在要求。这个逻辑放到现代国家认同建构上也是完全成立的。在马克思和恩格斯看来，国家意识形态与价值体系的建构，既是为了思想统治，同时也是为了统治与统治制度本身，即为统治本身以及统治所需要的制度体系提供有力的价值支撑，从而获得社会认同和牢固的社会基础。所以，任何现代国家都必须建构相应的国家核心价值体系，而任何国家的核心价值体系都必须对基本的价值形成合理的结构安排，明确价值的优先顺序。这对于引导人们的国家认同和协调整个社会的观念与行动具有十分重要的作用。实践表明，核心价值的缺乏或者价值顺序的混乱往往是社会和政治危机的潜在根源。托克维尔指出："为了使社会成立，尤其是为了使社会欣欣向荣，就必须用某种主要的思想把全体公民的精神经常集中起来，并保持其整体性。"③ 显然，这种整体性就来自价值与思想体系内在结构的合理性与有机性，而其内在逻辑，不仅取决于价值本身，更为重要的是取决于社会的现实逻辑。

综合上述分析，国家结构体系对国家认同的影响是极为深刻的，它从人们的历史与文化背景、人们的现实生存与发展状态以及人们的价值观念等方面影响和左右着人们的

---

① 英国社会学家吉登斯在分析意识形态与国家关系的时候，就是以马克思这个论断为参照范式的。（参见[英]安东尼·吉登斯：《民族—国家与暴力》，胡宗泽等译，生活·读书·新知三联书店1998年版，第90—98页）
② 《马克思恩格斯选集》（第1卷），人民出版社2012年版，第178—179页。
③ [法]托克维尔：《论美国的民主》（下），董果良译，商务印书馆1991年版，第524页。

国家认同。但必须指出的是，从现代国家建设的逻辑来看，由于现代国家的主体是人民，国家权力来自人民，所以从整体上讲，国家结构体系与国家认同之间实际上存在着相互塑造的关系。例如，人们完全可以用公民权利的普遍范式来影响国家结构体系的建构与发展。当然，对于个体来说，在其国家认同形成过程中，国家结构体系所产生的作用是决定性的。

既然国家结构体系与国家认同之间具有相互塑造的关系，那么对国家建设来说，不论是国家认同的强化，还是国家结构体系的优化，都具有同等重要的价值和意义。在这一点上，美国著名政治哲学家约翰·罗尔斯（John Rawls）关于正义观念与社会基本结构之间关系的理论能够提供很好的理论佐证。罗尔斯指出："一种公开的正义观，正是它构成了一个组织良好的人类联合体的基本条件。""对我们来说，正义的主要问题是社会的基本结构，或更准确地说，是社会主要制度分配基本权利和义务，决定由社会合作产生的利益之划分的方式。所谓主要制度，我的理解是政治结构和主要的经济和社会安排。""社会基本结构之所以是正义的主要问题，是因为它的影响十分深刻并自始至终。在此直觉的概念是：这种基本结构包含着不同的社会地位，生于不同地位的人们有着不同的生活前景，这些前景部分是由政治体制和经济、社会条件决定的。"① 可见，正义观念与社会基本结构之间是相互决定、相互塑造的，这与国家认同与国家结构体系之间的关系是完全一样的。所以，正如"一个组织良好的社会是持久的，它的正义观念就可能稳定"②一样，一个结构体系合理的国家是稳定的，与其相应的国家认同也自然是深入与巩固的。

四、从国家认同检视国家建设

从古到今的西方政治学基本理论，都将培育与制度相适应的公民作为政体建构与国家建设的关键所在。所以，不论是古希腊的柏拉图、亚里士多德，还是近代的卢梭、孟德斯鸠以及现代的柏特兰·罗素（Bertrand Russell）、约翰·杜威（John Dewey）等，都无不强调任何政体都要守住政体的基本原则，都要建构公民教育的基本体系。在孟德斯鸠看来，所谓政体的基本原则实际上是政体得以支撑和运作的国家价值取向与精神基

---

① [美]约翰·罗尔斯：《正义论》，何怀宏等译，中国社会科学出版社1988年版，第3、5页。
② 同上书，第441页。

础,① 其现实的承载者就是公民，而配置的途径就是公民教育。在这样的学说和理论下，公民对政权、制度与国家的认同，在很大程度上取决于建构与政体性质相适应的公民教育体系与国家意识形态。这个经典的西方政治理论至今依然成立。但是，任何人都不能因此将国家认同的建构完全寄托在国家意识形态层面的教育与宣传上。实际上，对国家认同建构来说，这种宣传教育不是本，而是末，真正的本在于这种宣传与教育所服务的国家制度是否为创造国家认同提供了可能。托克维尔在分析美国政治的时候就发现，美国国家结构体系中地方分权布局对美国人的国家认同产生具有深刻的影响："我最钦佩美国的，不是它的地方分权的行政效果，而是这种分权的政治效果。在美国，到处都使人感到祖国的存在。从每个乡村到整个美国，祖国是人人关心的对象。居民关心国家的每一项利益就像自己的利益一样。他们以国家的光荣而自豪，夸耀国家获得的成就，相信自己对国家的成就有所贡献，感到自己随国家的兴旺而兴旺，并为从全国的繁荣中获得好处而自慰。他们对国家的感情与对自己家庭的感情类似，而且有一种自私心理促使他们去关心州。"② 虽然这里多少有点言过其实，但却道出了现代国家建设的一条真理：人们的国家情怀与国家认同，很大程度上取决于国家是否合理地安排了人与社会、人与政府以及人与国家的基本关系。这种安排就是现代国家建设的基本使命与任务所在。

所以，国家认同蕴含在国家建设之中，既是国家建设的出发点，也是国家建设的归宿。国家建设的水准决定国家认同状况，反过来，国家认同状况反映着国家建设的水准。这决定了国家建设在努力改善国家认同的同时，也必须时时从国家认同的角度来检视国家建设面临的问题与挑战，从而将国家制度的健全、国家结构体系的优化与国家认同的深化有机地统一起来。从这个角度讲，现代国家建设实际上是一项系统工程，即实现人、制度与政治共同体有机统一的系统工程。基于此，判定一个国家建设与发展水平的高低，甚至判定一个国家肌体的健康与否，显然不是单项的制度标准所能确定的，而是要综合考察这个系统的实际状态。在这种考察中，从国家认同来检视国家建设无疑是一个重要的维度。

本文之所以强调从国家认同来检视国家建设，关键是要表明，任何一个现代国家建设，都不是一种机械性、模式化的建设，它实际上是一个社会、一个民族在现代化过程

---

① [法] 孟德斯鸠：《论法的精神》（上），张雁深译，商务印书馆1963年版，第19页。
② [法] 托克维尔：《论美国的民主》（上），董果良译，商务印书馆1991年版，第105页。

中的一种自我实现，是一种新社会、新国家与新文明的创造。在这个过程中，人们顺现代化的潮流而动，接受现代文明的基本原则和精神，但是人们对其理解与把握，都是从人们所处的现实状态与时代背景出发的，因而，其在各国的实际内涵是在不断变化和发展的。所以，现代国家建设实际上是一个持续的历史过程，虽然现代国家基本框架的搭建及实现稳定运转是现代国家建设的基本任务，但并不意味着现代国家建设就终止于这个基本任务的完成。因为，在现代政治逻辑下，人与社会是决定国家的力量，而不同时代的人们都对其所需要的国家有自己的期望和要求，都要求他们所处时代的国家解决他们那个时代人们所面临的困难与挑战。既然每一个时代的人们都希望有符合自己时代要求的国家，那么每一个时代的人们都自觉或不自觉地用自己的愿望和想象来塑造自己的国家，从而都面临着改造国家与建设国家的任务。经历了第一次世界大战的痛苦之后，英国思想家罗素发表了《社会改造原理》，要求重塑国家，使其成为能够将人民的占有性冲动转化为创造性力量的国家，并由此来抑制战争的危险。① 当然，正如马克思所指出的那样，这种想象和改造不是随心所欲的，都只能"在直接碰到的、既定的、从过去承继下来的条件下"展开。② 由此可见，不断地被塑造、被建设是现代国家的内在属性，任何现代国家都处于国家建设的过程中；不同的是，有的国家已经成型，有的国家尚在成型之中。所以，从国家认同检视国家建设：一是要检视现代国家体系是否成型；二是要检视持续不断的国家建设的新趋向与新使命。在这种检视中，关键的视点不是国家认同的强弱，而是国家认同的内在结构体系。这是在国家认同与国家结构体系相互塑造中形成的，与国家结构体系具有内在的对应性。基于这种对应性，从国家认同的内在结构体系出发，人们能够比较准确地把握国家建设实际面临的任务与挑战。这是从国家认同检视国家建设的根本意义所在。

如前所述，国家认同的出发点是自我，它包括了自我的意志以及生存与发展的现实要求。因而，人们从不同的层面和维度来感受和认知国家及其与自我的关系，从而形成国家认同的结构体系，由此所形成的综合则构成人们整体的国家认同。但必须指出的是，人们实际形成的国家认同，并非完全基于自我以及个体对国家的功利要求。因为，国家认同往往与人们必然拥有的原始族群认同纠缠在一起，而这种族群认同的内在支撑并非

---

① 罗素认为，私有财产和国家是现代世界两个最有势力的制度，它们因为权力过大，都已变成对生活有害的力量。为此，罗素提出了改造现代国家的系统设想和建议。(参见[英]柏特兰·罗素：《社会改造原理》，张师竹译，上海人民出版社2001年版，第23—42页)
② 《马克思恩格斯选集》(第1卷)，人民出版社2012年版，第669页。

自我意志与感受，也不是人们的利益满足，更多的是天然的情感与内在的信仰。① 但是，在现代国家，基于国家与社会的分离、政治与宗教的分离以及政治与行政的分离，国家与人民都更多地从公民身份出发来建构其国家认同，国家强调的爱国主义一定是以尊重宪法和民主为前提的。所以，人们的国家认同虽然无法脱离其所在族群的历史与传统，但其对国家生活的参与和评价还是能适度超越族群认同，从而使国家认同与族群认同有了一定程度的剥离。否则，当年美国比较政治学家加布里埃尔·A. 阿尔蒙德（Gabriel A. Almond）与西德尼·维巴（Sidney Verba）进行的公民文化研究就缺乏应有的逻辑前提与现实基础。② 这也是本文提出以国家认同检视国家建设的前提与基础。

对于每个人来说，现代国家认同是从其所拥有的公民身份出发的。按马歇尔的理论，现代国家公民身份由三大权利体系决定：公民权利、政治权利与社会权利。换言之，公民是在追求与实现这些权利的过程中与国家结构体系及其背后的国家制度进行有机互动，从而确立自己的国家认知与认同的结构体系的。与公民权利体系相对应，人们的国家认同结构体系，必然包含三个层面：首先是主权与宪法认同层面，这与公民权利相关；其次是制度与法律认同层面，这与政治权利相关；再次是福利与政策认同层面，这与社会权利相关。但必须指出的是，任何国家的公民不仅仅是一种社会或制度的产物，而且也是一种文化和历史的产物。这决定了公民对国家制度体系所决定的公民身份的认同，不可避免地需要文化力量与信仰力量的支撑，因为，人们对国家制度体系的认同首先是对其秉承的价值、理想与目标的认同。所以，国家认同结构体系中一定还包含作为建构国家认同基础的第四层面：价值与信仰认同层面。对于个人来说，这四个层面尽管有其内在的逻辑联系，但在人们具体的精神与观念中，是以连带、交叠与混合的状态存在的。然而，对于国家建构公民的国家认同来说，其内在的层次性和逻辑性则是十分鲜明的，从上到下依次是：主权与宪法认同层面、制度与法律认同层面、价值与信仰认同层面、福利与政策认同层面。这样的层次结构是由现代国家建构与维系的内在逻辑决定的。现代国家建设与发展的实践也充分表明，国家是在从上到下逐层地建构和巩固公民的国家

---

① 美国学者罗伯特·杰克曼（Robert Jackman）认为："作为国家政治制度合法性关键所在的国家认同，只不过是种族认同的一种特殊情况。"（参见［美］罗伯特·杰克曼：《不需暴力的权力：民族国家的政治能力》，欧阳景根译，天津人民出版社2005年版，第137页）
② 阿尔蒙德与维巴认为，公民文化虽然是现代与传统的混合文化，但是其基于公民参与政治过程形成，而在现代政治体系中，这种政治参与可以被视为公民利益输入政治系统的政治过程。（参见［美］加布里埃尔·A. 阿尔蒙德、西德尼·维巴：《公民文化》，徐湘林等译，东方出版社2008年版）

认同过程中走向巩固和成熟的。当国家终于在价值与信仰层面有效地确立起公民的国家认同时，国家制度及其所创造的国家一体性也就真正地深入人心，一种普遍的爱国心与共同信仰也就能得到有效的发育和成长，国家与社会也就因此走向巩固。① 国家成长到这个阶段，福利与政策影响公民利益所带来的国家认同危机，犹如风吹大树，动摇的不是根本，而是枝叶。2008年金融危机爆发以来，陷入财政与福利危机的一些发达国家民众的表现多少证明了这一点。他们不会拷问国家制度体系本身，而是不停地责难执政的政府，于是，国家认同危机完全变成政府认同危机。

考察当今世界各国的发展，人们常常用民主的巩固与否来判定国家建设与发展的水平，并将实现民主巩固作为国家建设的基本目标。实际上，这个检视与判断模式与从国家认同结构体系来检视国家建设具有内在的一致性。因为，任何一种制度最终得以巩固，不是靠制度背后的权力以及制度本身的力量，而是靠人们对制度的认同和信仰。只有根植于人们心灵与信仰中的制度才是最为稳固的制度。相较于"民主巩固"的视角，从国家认同检视国家发展水平，不仅能够判定国家制度体系是否达到巩固状态，而且能够比较好地分析在任何现代国家所面临的实际问题和挑战及其应对中国家建设的重点与路径。

国家建设是现代国家的常态，只是不同的国家有不同的任务和使命。正如胡安·J. 林茨（Juan J. Linz）等人指出的那样，判定一个政体是巩固的民主政体，并没有排除其将来崩溃的可能。② 制度巩固的国家与制度尚未巩固国家之间在国家建设上的差别，仅仅是国家建设使命的差别。前者的使命是提升和优化国家的能力，后者的使命是不断巩固国家的根本，即根本的制度体系。相比较而言，后者的国家建设是全面性的，往往必须在四个层面同时展开；而前者的国家建设则是专项性的，根据国家发展的实际状态，在某个层面具体展开。在全球化时代，发达国家的国家建设更多的是在福利与政策层面展开。尤尔根·哈贝马斯（Jürgen Habermas）就认为，这个层面的国家建设是战后发达国家解决资本主义经济与资本主义民主之间的冲突，避免国家危机的关键所在。他说："如

---

① 托克维尔指出："一个没有共同信仰的社会，就根本无法存在，因为没有共同的理想，就不会有共同的行动，这时虽然有人存在，但构不成社会。因此，为了使社会成立，尤其是为了使社会欣欣向荣，就必须有某种主要的思想把全体公民的精神经常集中起来，并保持其整体性。"社会建构如此，国家建设也是如此。【参见［法］托克维尔：《论美国的民主》（下），董果良译，商务印书馆1991年版，第524页】

② ［美］胡安·J. 林茨、阿尔弗莱德·斯泰潘：《民主转型与巩固的问题：南欧、南美和后共产主义欧洲》，孙龙等译，浙江人民出版社2008年版，第6页。

何解决把经济效率同自由和社会保障,即把资本主义同民主结合起来的问题,关键在于实行某种致力于在高就业水平下比较全面地推行福利和社会保障的政策。"① 所以,战后发达国家都将建设和维持福利国家作为国家建设的基本任务。

对于必须进行全面性的国家建设的许多发展中国家来说,从国家认同检视国家建设,对于准确把握国家建设战略议程有积极的意义。因为,基于前面提到的国家认同结构体系与国家结构体系之间存在着一定的对应与相互塑造关系,国家就能在这种检视中寻找到国家建设的战略基点,并形成相应的战略安排。例如,仔细考察冷战结束后出现的新兴经济体国家,虽然这些国家都处于经济快速发展的状态,但从国家认同与国家结构体系相互塑造的逻辑来看,不同国家的国家建设战略议程是不同的,有的国家必须解决国家制度的历史与现实合理性问题;有的国家必须解决国家结构体系的内在一体化问题;有的国家必须解决福利与社会政策问题,等等。和许多发展中国家一样,作为一个新兴经济体大国,中国正处于全面性的国家建设时期,也面临着如何建构合理有效的国家建设战略议程问题。

五、现代国家认同建构的中国议程

中国是一个文明古国,同时又是一个年轻的现代国家;中国是一个正全面融入全球体系的国家,同时又是一个力图创造自己独特制度与价值的国家;中国是一个社会分化与个体化不断增强的国家,同时又是一个正致力于建构制度与推进一体化进程的国家。这是社会转型与国家成长必然经历的一个历史时期。在这个时期,国家建设在成长的同时,面临着各种可能的发展陷阱;与此相应,国家认同在不断建构的同时,面临着认同危机、身份困惑以及价值缺失的挑战。这是国家成长最有活力的时期,但同时也是国家成长的最艰难、最关键的时期。不论是发达国家成长的历史,还是发展中国家的发展经验都表明,把握好这个时期,关系到国家建设与成长的最终质量,从而关系到整个民族的未来。中国要把握好这个时期,最关键的就是整体推进国家建设。具体来说,就是实现国家制度建设、国家结构体系优化与国家认同建构的有机统一。

也许与世界历史上其他的文化与文明相比,在中国传统文化与政治中,人与国家的

---

① [德]尤尔根·哈贝马斯:《超越民族国家?——论经济全球化的后果问题》,载[德]乌·贝克、哈贝马斯等:《全球化与政治》,王学东等译,中央编译出版社2000年版,第72页。

关系可能是最为紧密的，其基础有三：其一，在中国的传统文化中，家与国具有同构性，国家是集家而成的政治共同体；其二，中国是一个传统文化和制度早熟的国家，在围绕着"修齐治平"的中轴所建立起来的生活体系之中，国家力量深入到人们的人生理想与生活实践之中；其三，中国是一个以世俗生活为主体的国家，国家是组织、协调和主宰世俗世界和世俗生活的唯一力量。所以，传统中国所凝聚起来的中华民族虽然是一个"文化民族"，但这个民族却是以"国家"为核心的，尽管这个"国家"不是现代国家。传统中国的这种状态完全不同于其他民族与国家的前现代状态。可以说，在中国迈向现代国家的时候，中华民族就不仅仅是一个"文化民族"，它实际上也是一个"政治民族"，即基于政权与制度力量而聚合在一起的民族。这种"政治民族"与现代国家所形成的"国家民族"的不同之处在于：它是用政权，而不是用主权的力量来聚合不同的族群；它靠亲疏与朝贡，而不是靠平等与制度来聚合不同的族群。尽管如此，这种"政治民族"的历史积淀，还是为中国人建构现代民族国家提供了不一般的国家观念。比较鲜明地体现为两点：其一，民众与国家具有相互的依存性。民众将国家视为民之父母，必须关爱民众、为民作主；与此同时，国家视民为国之本，以"民为邦本"为治国原则。其二，虽然人们离不开国家，但国家不是最终目的，最终目的是超越国家的天下。由此，天下就成为国家现实存在的合法性依据所在。① 而在中国的政治逻辑中，天下之本在人心所向，其境界是共存、包容与交融。因此，尽管中国建构的现代国家与传统帝国在制度形态上没有任何的衔接关系，但中国人在建构现代国家，形成现代国家认同的时候，还是将历史与文化传承下来的国家观念带到现代的实践之中。这种独特的国家观念为中国人建构现代国家认同提供了最重要的心理与文化模板。认识到这一点，就能够理解为什么从千年专制帝国中走出来的中国人能够很快让民主共和的思想在心中扎根，并成为现代国家认同最基本的价值基础。②

前面的分析已经表明，现代国家认同的建构，离不开现代国家制度及其所决定的国家结构体系的建构、优化与巩固。以1911年辛亥革命为历史起点，100多年的中国现代国家建设实践先后经历了两大时代、两大形态：第一个时代就是1949年前的革命时代，其形态是建设资产阶级民主共和国；第二个时代就是1949年之后的建设时代，其形态是

---

① 赵汀阳：《天下体系》，江苏教育出版社2005年版，第43—62页。
② 1954年，刘少奇在《关于中华人民共和国宪法草案的报告》中明确指出："辛亥革命使民主共和国的观念从此深入人心，使人们公认，任何违反这个观念的言论和行动都是非法的。"（《刘少奇选集》（下），人民出版社1981年版，第135页）

建设社会主义人民共和国。这两个时代、两大形态，虽然差异很大，但还是具有一定的历史与制度的延续性。然而，对于国家认同建构来说，这种延续性的影响十分有限；相反，它们之间的巨大差异性使得中国建构现代国家认同的进程出现了某种历史性断裂。因为，1949年之后，中国人是在中国共产党所建立的新社会、新国家的基础上重新建构新的国家认同的。

中国历史发展的结构和逻辑，决定了当代中国人的国家认同是基于其在三个时空中形成的国家认知和国家观念复合而成的：第一个时空自然是中国千年历史与传统的时空，这个时空建构了中国人对"文化中国"的认同及其独特的国家观念；第二个时空是鸦片战争以来中国从传统帝国迈向现代国家历史的时空，这个时空建构了中国人对现代共和国的认同；第三个时空就是1949年以来中国社会主义革命与建设实践的时空，这个时空建构了中国人对社会主义中国的认同。第三个时空所形成的国家认同对当下的国家建设与发展最为关键，但中国的发展表明，人们在第一、第二时空所建构的国家认同对国家建设也是至关重要的。在第一个时空所形成的国家认同，一方面构成了中华民族的共同心理与文化基础，另一方面维系和保证了国家大一统特性的精神与信念基础。[①] 在第二个时空所形成的国家认同，则保证了中国现代国家建设不是衔接在中国的传统帝国之上，而一定是衔接在现代文明之上。正是这两个层面的国家认同使中国在近代的曲折进程中，维系了国家的内在统一与现代化、民主化的发展取向。所以，中国人要在第三时空形成稳定的国家认同，就离不开第一、第二时空对国家认同的建构作用。

当下，中国人所要认同的现代国家是社会主义国家。社会主义国家在中国的存在，虽然有历史的必然性，也有制度的合法性与实践的合理性，但依然还是不完善、不成熟的。因此，国家认同依然需要积极的建构与深化。正如前面所分析的，国家认同建构不是孤立的政治行动，作为国家建设的重要方面，它一定与现实的国家结构体系及其背后的国家制度的健全密切相关，需要相互借力、相互塑造。这就需要国家认同建构的战略议程，明确从何入手、建构什么以及行动顺序。基于前面分析的国家认同与国家结构体系相互塑造的原理，中国国家认同的建构战略议程应该从优化国家结构体系入手，其基础则在于国家民主的成长与国家制度的健全与完善。鉴于此，中国国家认同建构的战略议程应聚焦于以下四大方面。

---

① 姜义华：《中华文明的根柢——民族复兴的核心价值》，上海人民出版社2012年版，第10—61页。

第一,从学理上阐释中国现代国家产生与发展的历史逻辑及其规定。人们认同国家的最重要的前提,就是对其所面对国家的现实合理性的认同。对于任何国家来说,其现实合理性,除了其现实有效性之外,很大一部分还取决于其历史必然性。这就意味着,现代国家诞生的历史必然性以及相应手续的合法性对人们认同现代国家具有至关重要的作用。在这方面,中国现有的阐述逻辑与内容的说服力随着时代的发展越发虚弱,原因在于其视角是革命的视角,其范式是意识形态的范式。不能说清楚现实国家从何而来、为何而来以及如何而来,那国家就无法确立其存在的现实合理性。在英国哲学家罗素看来,研究和说明清楚这些,"对任何有关我们自己地位的意识、对任何摆脱于我们自己教育上的偶然境遇,都是不可或缺的"。① 为此,中国应该从现代化与现代国家建设的视角出发,在学理研究的基础上,科学而严谨地呈现出中国现代国家,尤其是社会主义中国诞生和成长的历史必然性与历史规定性。在中国的国家建设中,这个问题已经超越学术的范畴,其本质是政治问题,即党和国家以比"革命"更大的范畴与时代逻辑来阐述中华人民共和国得以诞生和发展的内在历史逻辑。解决了国家诞生的历史必然性与合理性,伴随国家诞生而形成的相应现代国家制度,即社会主义国家制度的内在合理性也就有了相应的历史基础。当然,社会主义国家制度的内在合理性,除了需要历史基础之外,还需要理论基础。

第二,从理论上阐释国家及其国家制度的价值合理性与工具合理性。理性化是现代文明发展的内在动力与现实追求。民主与法治是现代国家理性化的具体体现。所以,在现代文明的背景下,人们将国家作为理性的产物来看待和评判。要成为理性化的国家,就必须做到价值合理性与工具合理性的有机统一。具体来说,就是在确立大家认可的国家价值取向之后,必须有一套能够达成价值合理性的有效制度安排与制度运行,即工具合理性。显然,价值合理性与工具合理性的有机统一,不仅要体现在理论逻辑上,而且要体现在实践逻辑上。相比较而言,理论逻辑上的解决更具有全局性的价值,因为,它能够为具体的实践提供明确的方向与任务。所以,托克维尔说:"建立在一个容易加以界说的简单原则或学说之上的政府,虽然不是最好的政府,但无疑是最强大和最长命的政府。"② 这个道理对中国国家认同建构是富有启示的。中国虽然在实践中获得了应有的制度自信,但是这种制度自信背后的理论力量仍有待加强。例如,对于人民民主的中国政

---

① [英]柏特兰·罗素:《论历史》,何兆武等译,生活·读书·新知三联书店1991年版,第1页。
② [法]托克维尔:《论美国的民主》(上),董果良译,商务印书馆1991年版,第185页。

治制度安排与现代民主价值和制度之间的内在一致性，还缺乏有说服力的理论支撑。这正如马克思所言，理论只要说服人，就能掌握群众，就会变成物质力量。① 因而，对国家认同建构来说，非常需要能够说服人、掌握群众的国家与国家制度的理论建构。

第三，从制度上优化国家内部的结构关系以实现多元化与一体化的共存发展。在现代国家体系中，人们对国家的最真切需求主要有两个：一是自由，实现自主而多元发展；二是平等，从而实现有保障的自由。这种保障来自两个方面：其一是平等，以避免不平等对自由的直接伤害；其二是福利，以保障拥有自由的人能够获得除自然给予之外的最基本生存保障。这两个需求自然形成国家发展的两大趋向：一是多元化，二是一体化。其共存的基础就是合理的制度安排及其对国家内部结构关系的优化，诸如政党、社会与国家的结构关系，其关键是政党的角色定位与功能定位；中央与地方的结构关系，其关键是中央与地方的职能配置；民族关系，其关键是民族平等权利的制度实现方式；城乡结构关系，其关键是城乡一体等。实践表明，其中的任何一种结构关系出现问题，都会对国家认同产生深刻的影响。因为，在整个国家系统中，这些结构关系之间具有深刻的连带关系，某一种关系失衡，就会带来其他关系的失衡。所以，优化国家内部结构关系，固然需要具体的制度设计，但更需要国家整体的规划和安排。这就需要理论和战略。

第四，在政策上体现和实践国家发展与治理的基本价值。国家认同的主体是现实生活中的人，而人对国家的最直接感受就是政策及其所产生的治理，这些关系到人们的切身利益。所以，国家要赢得人们的认同与信任，就必须有高水平的治理与政策能力。对于国家来说，政策水平的高低，不仅取决于它解决老问题的效力，而且取决于它避免引发新问题的能力。这就要求政策能够平衡好方方面面的利益，同时更为重要的是能够紧紧地守住人们公认的核心价值，使政策不仅体现核心价值，而且实践核心价值。在中国这样地区差异较大、利益多元的社会，政策的简单化，不但不可能解决问题，而且还会引发新的问题，从而引发社会与国家、民众与政府之间的紧张。为此，政策制定者应该充分发扬中国的两大民主资源：一是群众路线与群众工作；二是协商民主实践。这两大民主资源，既能拉近政府与民众、国家与社会的关系，也能够最大限度地提高政策的适应性以及体现和实践国家基本价值的能力，减少政策可能产生的负面效应。许多国家在治理中出现的认同危机，往往不是制度引发，而是政策引发，但是，政策引发认同危机

---

① 《马克思恩格斯选集》（第1卷），人民出版社2012年版，第9—10页。

到了一定程度，就变成制度问题。到了这个程度，国家认同就会面临巨大的挑战。

六、结　语

　　现代国家认同是人与国家有机互动的产物。认同出于自我，是情感、观念、信仰与理想的复合体，不论其形成过程多么复杂，都离不开认同的主体与客体之间的相互作用。现代国家认同是在现代与全球化所构成的大时空中存在的，不仅认同的主体拥有这样的大时空，国家实际上也拥有这样的大时空。在这样的大时空中，人与国家都经历了多重的现代化和全球化洗礼，因而不论是认同主体对国家的选择，还是国家对认同主体的接纳，都不再完全局限于特定的族群、文化、宗教、制度所形成的规定性，它们之间是相互开放的系统。冷战结束后，网络化的拓展与深化，进一步促进了这种相互开放。在这样的大背景下，任何社会的现代国家认同建构，不论从国家来讲，还是从个人来讲，除了有赖于不可缺少的公民教育之外，在很大程度上还有赖于国家建设的整体水平。对于日益全球化和网络化的现代公民来说，国家内部体系的合理性与国家在全球体系中的独特性与先进性，必然日益成为决定其国家认同取向的重要因素。因而，在21世纪的今天，国家认同建构不能脱离国家的建设与发展，对国家认同建构具有重要影响的国家意识形态，也只有充分融合在国家建设之中才能对认同起作用。缺乏应有的国家认同，现代国家必然陷入危机；而在快速变迁的时代，一代人的国家认同已不能完全决定新一代人的国家认同，所以，持续不断的国家建设将是现代国家得以存续和发展的关键所在。从这个意义上讲，具备提升和巩固国家认同的国家建设能力，将成为各国立足当今世界的关键所在。

（本文原载《中国社会科学》2013年第8期）

作为知识体系建构的中国政治学

复旦大学国际关系与公共事务学院教授　陈明明

一般认为,作为学科意义上的政治学,是讲究逻各斯形而上学的西方学术传统的结果。工业革命和民族国家兴起以后,西方以"范畴"取代具体的世界,以"概念"完成对事物的抽象,通过比较而形成"一般性"界定,进而建构起普遍性的"知识体系"。这是一种把知识纳入"科学的"叙事形式的知识生产方式。科学必须抽象,没有抽象便没有总体把握,但知识必须能够还原为历史,没有历史便没有理解。于是在和西方相对的其他世界,很早就发生了另外一种知识生产方式,即把知识纳入"历史的"叙事形式。"一切关于实在的知识,都是从经验开始,又终结于经验。""我们的一切思想和概念都是由感觉经验所引起的,它们只有在涉及这些感觉经验时才有意义。"[①] 知识的源头站着的是经验,经验以历史的形式升华并使之体系化,构成了另外一种知识体系。在这个意义上,以《左传》《战国策》《资治通鉴》《贞观政要》等为代表的一系列治安策就是古代中国的政治学,因为它是中国传统治理经验的精心总结,故而是中国政治知识体系的独特呈现。进入"师夷长技以制夷"的海通时代,中国人开始和西方进行对话,展开了向西方学习的运动,西方自由主义对中国成功的制度建设可能乏善可陈,但对中国现代政治知识的建构却影响深远。及至唯物史观的传入,通过不断的社会政治革命,终于奠定了以马克思主义"国家和法"理论为指导的人民民主共和制度,同时也划定了中国政治知识形态的改造、重组和选择性发展的政治空间。这个过程是中国现代政治学的创立过程,在知识谱系上,西方自由主义、马克思主义和中国传统的经世主义构成了中国政治学学理资源的三大来源。但是,它的问题意识、价值取向、发展动力仍然植根于中国的土壤,本质上是中国经验以及中国经验凝聚而成的中国观念的产物,具有鲜明的历史和民族

---

① 《爱因斯坦文集》(第1卷),商务印书馆2009年版,第445、366页。

特点。

任何经验总是特定的个人或族群在一定结构约束下解决其内部及其与环境互动关系的经历与体验，经验作为历史的凝聚，是基于时代需要而发生，随着时代变化而变化的。经验是否具有"世界意义"，要看这个"世界"在历史的演进中是否曾有过或是否至今仍面临着同样或相似的问题。例如，人类早期国家的形成，在生存资源匮乏和生产力落后的状态下，很大程度不得不受制于自然环境的约束，反映了人与自然进行集体性抗争的特点。这在中国表现为治水当为先民生存的第一要务。无论是《史记》的记载（"甚哉，水之为利害也！"）、《管子》的策论（"善为国者，必先除其五害，除五害，以水为始。"），还是李冰的兴修都江堰、汉武帝的指挥治黄工程，历代政府都把水利的存废与国运的兴衰联系在一起。大一统中央集权国家的形成，虽被"地理决定论"批判者所诟病，其和自然灾害的频繁出现具有内在关联却是不争的事实，是族群出于生存需要，在严酷环境下长期探索自觉选择的结果。这种大一统国家首先是建立在敬畏自然的基础上，然后形成"天地之大德曰生"① "万物均，百姓平矣"② 的天道观。这是中国文明——中国经验的内化——最重要的特征之一。"大禹治水"只是人与自然关系的一个隐喻，国家治理和百姓生活的关联才是人试图解决自身困境的历史选择，在这个选择过程中，大一统的国家和作为最高自然法则的共生、均平、互助，是中国生民在长期同甘共苦岁月中凝结的独特经验和观念。尽管在资本主义全球扩张的世界历史的书写中被轻忽、被低估甚至被遮蔽，但它们（即或不是前者）对于面临同样困境的其他"世界"仍然具有某种超越时空的意义，并构成了反思现代性的强韧动力。

正如以上所言，中国现代政治学的问题意识、价值取向、发展动力仍然植根于中国土壤，在中国政治学知识体系的建构中，"朝向光走的时候，不要忘了后面有影子"，③ 历史始终是认识和理解中国经验的独特性和普遍性，以及中国经验与中国政治学内在关联的前提。马克思在《德意志意识形态》中表达过一个深刻的观点：以前各世代所遗留下来的"一定的物质成果，一定数量的生产力总和，人和自然以及人与人之间在历史上形成的关系"，虽会被新的一代所改变，但是这些东西"也预先规定新的一代的生活条件，使它得到一定的发展和具有特殊的性质"。④ 哪怕是全新的一代，他们在创造新生活时也

---

① 《易·系辞下》。
② 《管子·白心》。
③ 艾青：《花与刺》，载林贤治、陈锡忠：《哲理诗》，春风文艺出版社1986年版，第52页。
④ 《马克思恩格斯选集》（第1卷），人民出版社1972年版，第43页。

做不到绝不保留先前历史遗传下来的"积淀"。"站在现实历史的基础上"观察中国政治学的前世与今生，便有了如下几个认知和判断。

中国政治学是超大规模之国家的政治学。原初形态的中国起自中原，即使在秦汉，这块土地及其繁衍的人口规模在世界史上也是罕见的，后经历代王朝开疆拓土，至清已形成一个族群众多、体量巨大、边界日益清晰的"疆域国家"（李怀印语）。广土众民且民族成分多样带来的异质性和不平衡性无疑对统治和治理构成极大的压力。历史上的大帝国，如建立在军事征服基础上的波斯帝国、罗马帝国等均因力有不逮无法维系地方、行省、民族的凝聚力而最后分崩离析不复存在，唯有中华帝国虽经分裂和战乱却始终保持了大一统的形态，统治精英的产生方式及其和民众的联系、中央集权的统治方式及其和地方社会的互动不能不说是最大的原因。前者以科举选官制度为标志，后者以士绅乡治制度为范例，这两项制度实际上把政治权力、社会权力和文化权力融为一体，一方面满足了大型复杂社会上下流动的需要，保持了统治阶层的合理更替，另一方面满足了国家因物质通信技术限制而不得不实行简约统治的需要，因而大大降低了超大国家的治理成本。超大国家的社会政治形态，从身份角度说，是一个官本位的社会；从管理角度说，是一个行政化的社会；从结构角度说，是一个组织化的社会。① 这种特点强化了知识阶层对大一统的认同，创造性地将帝国的统治问题在组织和制度上做了化繁为简、化难为易的"知识性"处理，是王朝崩溃后大一统很快得以重建的基础。现代中国是建立在旧日帝国疆域之上的民族国家，中央集权体制的生命力之强，乃至在新中国成立后70年间维持其党治国家的体制基本不变。② 关注并充分揭示其中的内在联系是中国政治学自我拓展其研究空间的重要途径。

中国政治学是悠久历史之国家的政治学。中国是一个文明未曾中断、文脉源远流长的国家。历史悠久造就了三个最重要的品质：一是发达的史学思维，二是恢宏的天下观念，三是鲜明的历史复兴意识。史料的丰富，史籍的浩瀚，使"史"和"治"浑然一体，治史的功能被归结为究天人之际，通古今之变，修史的意义在于知更替、明得失、正人伦，古典的政治学具有浓厚的史论色彩。天下观念就是从这种历史和文明中衍生出来的。天下是一种文化空间的差序格局，它以中心（中原）文明领先者的姿态，辅之以压倒性

---

① 阎步克：《以"制度史观"认识中国历史》，载王绍光：《理想政治秩序：中西古今的探求》，生活·读书·新知三联书店2012年版，第151页。
② 李怀印：《中国是怎样成为现代国家的》，《开放时代》2017年第2期。

的经济和军事实力,塑造并主导了由不同族群、宗教组成的政治秩序。天下也是一个包容开放的体系,中央王朝在中心区域实行郡县制的同时,承认边缘地带不同族群的文化差异性和政治自主权,采取羁縻、怀柔、安抚的政策,维持了帝国统一的世界想象。天下观念造就了世界史上独一无二的历史文化民族,这个民族以"天将降大任于斯人也"的神圣使命感,当国家和民族处于危亡或衰败之时,知识人抱持拯救信念,笃信"五百年必有王者出","如欲平治天下,当今之世,舍我其谁也",① 民族复兴成为政治运动强劲的动力。这种深厚的历史意识深刻地影响了中国政治学的价值取向。

中国政治学是尊重权威之国家的政治学。与自由主义认为国家天然具有滥用权力的倾向,对构成国家的政府有本能的戒惕,因而主张"最小的政府是最好的政府"的观念不同,中国传统上把国家视为一种对生民赋有保护性义务的共同体,并不以国家为恶,"国"和"家"在组织上是同构的,义理上是相通的,伦理上是可欲的,所以才有把中央集权的大一统看作是"天地之常经,古今之通谊"(董仲舒)的说法,由此形成对权威的尊重,体现为族群集体主义、伦理国家主义。中国人对权威的尊重以"国泰民安""政通人和""丰衣足食""河清海晏"等想象为前提,即这些治理目标的实现有赖于权威。把中央集权视为"专制"只是近代政治思想的产物。佐藤慎一说,"在甲午战争以前,清朝不仅没被视为专制政体,而且被看作世界上少有的以德治主义为原理的政治体制。这在众多的知识人之间是公认为理所当然的事情"。② 中央集权与专制主义的确只隔着一层窗户纸,在"协和万邦"建构大一统的过程中的确有王权的贪婪与专横,但中央集权体制的另一面,即制衡多元复杂的利益,控制交易成本的上升,抑制财富的两极分化,这种最古老也最持久的政治经验甚至被视为传统时代的"现代"因素,③ 在以民族国家为基本单位的当代世界,有没有值得中国政治学继续挖掘的价值?

中国政治学是世俗文化之国家的政治学。伏尔泰说过,中华民族是人类社会唯一有文字完整记录自身发展历史的民族,中国人把天上的历史和地上的历史结合起来,其历

---

① 《孟子·公孙丑下》。
② [日]佐藤慎一:《近代中国的体制构想》,载[日]沟口雄三、[日]小岛毅主编:《中国的思维世界》,孙歌等译,江苏人民出版社2006年版,第583页。钱穆也坚决反对将中国传统政治制度定性为"君主专制",在他的笔下,汉以后的制度逐渐转向"士人参与之新局面",从而变成所谓"士人政府"。参见钱穆:《国史大纲》(上册),商务印书馆1999年版,第148—149页。
③ 福山甚至说:"我们现在理解的现代国家元素,在公元前3世纪的中国也已到位。""如要研究国家的兴起,中国比希腊和罗马更值得关注,因为只有中国建立了符合马克斯·韦伯定义的现代国家。尤其与地中海的欧洲相比,中国早已发明一套非人格化和基于能力的官僚任用制度,比罗马的公共行政机构更为系统化。"[美]弗朗西斯·福山:《政治秩序的起源》,广西师范大学出版社2012年版,第19、21页。

史书写却不曾有过神启和奇迹的虚构，也未曾发生其法律秩序被某个宗教团体所左右的事情。① 作为编年史记载的"强大而文明的帝国"，中国发展出了一种非宗教的世俗主义的生活方式，在观念上重视实践和体验，相信此岸的道德修养必有来世的福报，在知识上尊奉孔孟、熟读圣贤，融政治与历史于一体，在文化上形成知行合一、经世致用、明道救世的事功主义。中国不是一个宗教国家，没有基督之下万民平等的"普世主义"，但作为一个世俗国家，中国并非没有超越性的精神，天道就是中国人的超越性的精神世界，这种超越性精神始终不脱离尘世生活，即天道和世道是统一的，天道以民生为本，世道以均平为要，所以中国有天道之下的众生平等。这种平等被析产继承制、军功爵制和科举制所加持，奠定了中国社会平民化的性质（"王侯将相宁有种乎"），中国社会虽然具有宗法、礼俗的"封建等级"结构，但其平民化特征仍然明显，这是导向政治变革的重要触媒。在中国，由于其平等观念建立在世俗基础上，所以，这个社会保持了相对开放的流动性特征，这种流动性特征是"反封建"的，帝国的稳定不仅依赖于统治者的政治、行政和军事力量，而且有赖于生民对自身状况的认知和判断，有赖于社会的民情及其应时而变的要求，在这个意义上，前述被许多人作为定论的"专制政体"的维系是不能仅仅建立在统治者的权力意志上的。中国的"民情"——体现为世俗文化的社会习俗，尤其是知识精英的诉求，无疑是中国政治学理解中国何以为中国的起点之一。

中国政治学是变法图强之国家的政治学。中国不仅是世界上历史最悠久的国家之一，也是世界上发生变革最多的国家之一。"天地革而四时成，汤武革命，顺乎天而应乎人，革之时，大矣哉"。② 从春秋战国商鞅变法、赵武灵王胡服骑射，到秦汉郡县制、隋唐三省六部制，从北宋王安石改革到晚清洋务运动、维新变法和预备立宪，有记载的大大小小的变革不下百次，尽管变革有失败，有恶名，但"以数千年大历史观之，变革和开放总体上是中国的历史常态"。③ 变革在中国多被赋予正面积极的意义。中国人尊重权威，但并不是没有国家"批判意识"，当国家背离了对生民的保护义务，就是违背了"天命"，"苍天已死，黄天当立"，国家失去了"合法性"，人民的反抗就是天命的昭示，重大的改革就是天命的回归。代表天命转移的反暴君行动或以暴烈的方式，或以相对和平的方式维系了国家的存续和生机。革命或改良的思想资源实际上来源于中国的世俗文化，是天

---

① ［法］伏尔泰：《风俗论》（上册），商务印书馆1996年版，第74—75页。
② 《周易·革卦》。
③ 习近平：《在庆祝改革开放40周年大会上的讲话》（2018年12月18日），《人民日报》2018年12月19日。

道和世道的交相作用,其重要的功能保全了大一统的共同体,保存了中国社会的平民化性质。这种平民化的社会性质是从内部颠覆"封建结构"的古代"社会主义"的要素,就其与革命、改良等变革的亲和状态而言,可以看作是近代以来一系列革命运动(包括向西方学习)更容易成功的原因。近代以来的大革命被一些人认为是玉石俱焚的运动,但大革命并没有中断中国社会的平民化传统,毋宁说,大革命是平民运动的产物。没有大革命对旧制度的摧枯拉朽,对土地、财富的重新分配,对新秩序的再造,当代中国快速而大规模的现代化、工业化、城市化是难以想象的。这和那个与之比肩体量相当的亚洲邻国形成鲜明对照。马克思100多年前对该国现状的提问——如果亚洲社会没有这样一个变革,人类能不能完成自己的使命?[①]——是站在世界史高度的世纪之问,其中深含的问题意识和批判意识,成为包括中国在内的不发达国家民主革命和民族革命的警世之言。中国政治学如果要撰写一部属于自己的《变革社会中的政治秩序》(这本西方人纵论第三世界政治变革的著作深刻影响了几代中国学人,堪称比较政治学的重要经典),恐怕不能不从历史中国和世界中国的相杀相爱中思考中国变革与现代化的关系,仔细梳理给中国带来巨变的昨日革命和今日改革的得失。

中国政治学是治理优先之国家的政治学。按照一些学者的观点,中国是一个讲究政道而不是侧重政体的国家,政道指治世的原则和手段。[②] 和古代西方人的观念不同,优良的"城邦"不取决于政体的形式,而取决于政道的落实,政道的好坏需要以治理的绩效来衡量。中国由此发展出了治理中心主义。城邦实际上产生不出治理中心主义,后者注定是超大国家的内在要求和产物:疆域辽阔、地理各异、人口众多、族群多样、生态不均的大型复杂社会,民生为第一要务,均衡为秩序之基,治理为万事之首。这种治理,首先要解决价值问题,故有"大道之行也,天下为公",[③]"昔先圣王之治天下也,必先公,公则天下平矣",[④] 公天下是社会治理的道义基础;其次要解决组织问题,因为"政者正也",所谓政治,无正不治,于是便有"选贤与能,讲信修睦,故人不得亲其亲,不得子其子",在选官上就是科举制,在用人上就是尚贤制;第三要解决治理方式问题,无论德治、礼治、法治、吏治、绅治,在政治上皆着眼于超大国家能在多大程度上解决国家和社会的长治久安,正是在这一点上,中国表现出了不同于从古希腊城邦政治发展起

---

① 马克思:《不列颠在印度的统治》,《马克思恩格斯选集》(第2卷),人民出版社1972年版,第68页。
② 王绍光:《理想政治秩序:中西古今的探求》,生活·读书·新知三联书店2012年版,第89页。
③ 《礼记·礼运》。
④ 《吕氏春秋·贵公》。

来的西方的政治评价标准:"好政府"既不是管得最少的有限政府,也不是竞争性选举产生的代议制政府,而是能够有力回应百姓民生需求的政府。前者在今天一般被视为民主的标志,后者则通常被界定为民本的特征。如何调适民主和民本之间的张力,如何安顿它们在国家治理体系中的位置,同样是中国政治学关切的重大问题。

在西方的经验中,所谓现代问题是由科学和方法的新观念来界定的,新观念对于所有知识领域都有决定性的影响。这对于中国政治学知识体系的建构构成了压力。毫无疑问,中国政治学的发展需要科学化,即把观察和实践所得之"发现",用符合科学方法形成的"概念""理论"使自己的知识建构具有和世界对话的普遍化的特征,但即使如此,它也仍然是在历史中展开的。知识生产不是一个单纯的思维活动,而是一个和包括前人生活经验在内的人的生存事实相关联的意义结构,这一意义结构被历史意识所照亮便具有某种强制性,于是知识生产及生产体系不能不表现出自己的独特性。在开放的时代,这就使得中国政治学知识体系的建构处于普遍性和独特性的紧张之中。对于这种紧张的调适和克服,大体上有三种思路:其一是普遍主义的思路,相信这个世界存在着终极的普遍适用的价值和标准,支撑这种信念的是人的一般人性和普遍需要,因而对社会生活方式、参与公共事务的制度和公共权力形态的认知和评价守持着唯一的绝对的尺度。不难看出,普遍主义本质上是一种一元论的观点,按照这个思路,欧美政治文明已经以现代性展示了它的所谓"普世"内涵,政治学的知识建构只能在这个视野下才能被认为是"现代"的或"走向现代"的。这个思路当然不能被接受,不仅是因为它内含的把资本逻辑的价值诉求作为"普遍人性"的哲学观其实不过是一个特殊文明的表达,而且因为它对另一个文明的伟大传统的视而不见违背了知识建构的客观法则。其二是多元主义的思路,支持这个思路的是以人的个性、认识的主体性和价值的特殊性为基础的,多元主义认为这个世界不存在唯一的终极不变的价值和标准,认识世界的方法和关于客观世界的知识是多样的,解决问题的方法不是唯一的,而是多样的,[①] 这相当程度契合了中国政治学知识体系建构的正当性论证。但多元主义处理各种认知和价值问题时,对主体的特殊性的极端强调容易使其坠入相对主义的泥淖,在政治学的知识建构上实际上取消了科学客观的准则。其三是多元-普遍主义思路,即承认多样性是事物的基本形态,物之不齐,物之情也,在这个世界里,知识不是一成不变的,而是开放的;任何观念和思想不是终

---

① [美]威廉·詹姆士:《多元的宇宙》,转引自俞可平:《当代西方政治哲学流派评析》,《安徽大学学报》1992年第3期。

极的，而是不断经受批判和检验而发展的。社会、制度和文化的多样化存在对社会的进步是有价值的。所谓一般的人性和普遍的需要都植根于人和自然互动的历史之中，其作为历史发展洗尽铅华的积淀而表现为具体的共同性。由是之故，多元-普遍主义并不在普遍性与独特性之间取非此即彼的割裂态度，而是在承认普遍性是对独特性的通约的同时，提醒人们注意到普遍性是寓于独特性之中的，并通过独特性表现出来，没有脱离独特性的普遍性，没有独特性就没有普遍性。正是因为这种关于普遍性与独特性关系的观念才使普遍性获得正确的理解，使独特性获得更大的包容，因而可以为中国政治学知识体系的自主性建构提供合理的立场和有力的支持。

正如一切文明都是具体的人类经验的体现那样，独特性源自人类对其生存环境的具体反应和改造之道。雅典的民主政治是城邦国家市民解决商业利益问题的产物，古代中国的集权政治是超大国家解决"救灾""吃饭"问题的选择；源起于封建城市自治传统的欧洲市民社会发展为抗衡国家侵害的"堑壕体系"（葛兰西语），植根于家族互助伦理的中国乡土社会却长期和王朝国家保持良好的关系；以反映和综合社会"部分"群体利益诉求而问鼎国家权力的西方政党，即使在大众化政党的时代仍始终维持着其"部分"（the parts）的特征，但传到中国并从政治斗争中存续下来的政党，却作为"整体"（the whole）的代表履行着和传统儒生集团类似的"执政团队"的功能；以宗教信仰、国家语言、印刷科技、传播媒介、权利平等制造一个具有集体身份的"想象的共同体"，是西方民族型构的主要方式，而基于血缘、亲情、乡土、风俗、文化对个人的强大的约束力和感召力而形成的"自然共同体"，则是中华民族成长的主要形态。这些差异性（独特性）都可以追溯到人类居住环境的影响以及人类同环境的互动，正是从这些互动中产生出最早的国家、制度、管理、礼仪，它们构成了并制约着以后国家发展的轨迹。弗雷德里克·沃特金斯（Frederick Watkins）说："像梭伦之类的领袖人物，如果生在东方，必然会满足于以伦理典范去型塑社会，但是在希腊，他们却发现做个立法者，以适当的宪政改革消弭城邦的派系纷争，才是最能一展长才的方法。"① 政治知识的发展走上不同的道路，是不同的历史经验造成的，不论在学理的层面如何展示，都离不开由特定环境所制约的特定的生存方式，骨子里仍然是一个"鞋要合脚"的问题，因此按照多元-普遍主义的思维，我们既然可以尊重和理解地中海特殊地理环境下发展起来的城邦"公民政体"，又

---

① ［美］弗雷德里克·沃特金斯：《西方政治传统——近代自由主义之发展》，李丰斌译，新星出版社2006年版，第5页。

有什么理由不尊重和理解黄河流域农耕文化孕育成长的大型复杂社会的"王正月，大一统"？既然可以学习和传承西方政治传统的"自由、民主、法治"的精神，又有什么理由不去整理和批判性接续帝国政治留下的"公天下、致中和、举贤能、施仁政"的遗产？

中华民族以超大国家、悠久历史、广土众民存在于这个世界，历经苦难而不坠，置于死地而后生，必定是有其"普遍的"道理的。中国政治学应该是这个道理的最有力的政治阐述。这个道理的终极性指向是什么呢？我们看到，无论在唯物史观的视野下，还是出于自由主义契约论的假设，抑或是在社会达尔文主义的语境中，人和自然的关系都是最基本的关系，人和自然关系的政治性质都是影响国体形态、制度特征和国民性的潜在的决定性因素，为解决人和自然关系而选择的资源配置方式都是共同体形成的第一动力，而追求长治久安、政通人和、天人合一、物阜民丰都是政治理想的起点。现代社会的生产方式和科学技术已经取得巨大的进步，但人和自然的关系发生本质上的改变了吗？2020年新冠病毒疫情席卷全世界，一下子把政治打回古老的原形，政治的终极问题依旧在拷问着社会经济关系和与之对应的社会组织形式：何者为适？边界何方？这其实是以自然警示（天兆/天谴）的名义给政治学一个返土还乡的机会。"知识的系统化不可能在密封的船舱中进行，因为一切真理都是互为条件的。"(A. N. 怀特海语)① 这种建立在人和自然关系上的认识和由此做出的选择，只要满足生命至上的至简大道，实际上就具有超越时代、超越民族、超越国界的价值，换句话说，不同族群、集团、国家的经验，作为与自身生存环境的交互作用的产物，在生存和发展的规则下，其所有的成功，以及成功显现的独特之处都闪烁着"普遍性"的光芒。

由此而论，中国政治学的言说，中国政治学知识体系的建构，在这个全球一体化且多元化的时代，所应做的是通过和西方政治学的对话相互激发、相互学习、相互比较，努力创造新的内容和形式，谁的知识传统更具有开放性、包容性，更能满足安全、尊严与富足的善治要求，谁的文化、制度和价值就能在人类社会现实的政治建构中发挥更大的作用。总而言之，"周虽旧邦，其命维新"，中国政治学植根于一个具有伟大传统的国度，又面对一个充满不确定性但仍有希望的世界，在知识变革创造的历史潮流中，不仅要看到江面上百舸争流千帆竞发的景象，积极调整姿势，汇入其中，力争上游，而且要

---

① 转引自[美]欧文·拉兹洛：《系统、结构和经验》，上海译文出版社1987年版，第153页。

听清江底深流撞击礁岩传来的潮声,知道自己从何而来,到何处去,在竞争中保持足够的自尊、自信和自省能力。

(本文原载《江苏社会科学》2020年第5期,原标题为《作为知识体系建构的中国政治学:经验、历史及其意义》,收入本文集有删改)

《政治逻辑》写作说明

复旦大学国际关系与公共事务学院教授　刘建军

继《政治的逻辑：马克思主义政治学原理》出版之后，复旦政治学人在马克思主义中国化和时代化的理论工作中不断耕耘，集二十余年研究成果撰写了《政治逻辑：当代中国社会主义政治学》。

开宗明义，本书不是对当代中国政治发展进程的分析，也不是对当代中国政治体系与政治制度的研究，而是把当代中国社会主义政治作为一个整体性的研究对象，从中提取当代中国社会主义政治学的基本原理与基本规律。同理，本书不是致力于单一层面的研究范围的拓展和研究方法的创新，而是致力于政治知识体系的突破与贡献。一言以蔽之，本书可以说是继复旦大学前辈学者所开创的马克思主义政治学原理这一学科体系之后，复旦政治学同仁面对中国致力于推进国家治理体系与治理能力现代化这一新时代交出的一份答卷。我们希冀通过这一知识化的努力、原理性的提炼、体系性的构建为世界范围内的政治学界呈现出一个别开生面的理论画面。

当代中国社会主义建设无疑是人类历史上最为壮阔的实践。因为这一实践的展开有其三个方面的背景：一是没有中断的超长历史和文明体系，二是拥有14亿人口的超大型社会，三是拥有广阔地域的超大型国家。在以上三重场景相互重叠和相互交织的国家或文明体中推进现代化建设，可以说亘古未有。更为重要的是，以上三重背景又同中国与世界的交织、社会主义世界的起伏跌宕、全球化进程的推进，以及互联网时代的来临等重大变革叠加在一起，为中国社会主义现代化道路的展开增加了难以估量的复杂性。但是，中国就是在这一前无古人的事业中取得了巨大的成功。在没有现代化对象可以模仿、没有现代化道路可以借鉴、没有现代化模式可以复制的宏伟大业中，中国打开了现代化的新出口。这正是中国模式、中国道路和中国经验的魅力之所在，更是当代社会主义政治学魅力之所在。

那么，我们不禁要问，中国模式的现代化实践为什么能超越传统和超越西方呢？中国人为什么能够凭借自己的勤劳和智慧打开崭新的、且让一直居住在现代化大厦顶端的西方人百思不得其解的出口呢？

本书就是在直接面对以上疑问的基础上，萌发了构建当代中国社会主义政治学这一知识体系的冲动。因为当代中国社会主义现代化的伟大实践和伟大成果首先得益于选择了正确的道路、制度和治理模式。政治起到了现代化发动机的作用，党作为最高政治领导力量是聚合民心、凝聚能量的引擎。首先应当明确的是，社会主义，作为一种学说、理论、价值和道路，规定了当代中国政治发展的轴线。正是沿着这一轴线，以人民为中心也就顺理成章地成为中国共产党和国家治理的宗旨。于是，本书提出了"政治是创造美好生活的基本形式"这一初心性、宗旨性的重大命题。这一命题的背后包含着我们重新定义政治的知识化努力，即政治不是价值的权威性分配，也不是多种政治力量的同台竞争和尔虞我诈，更不是资本保持其垄断地位的护身符，政治的初心和宗旨在于人民美好生活的创造。正如经济不是追求利益的最大化而是"经世济民"，文化不是凸显优势地位的霸权而是人与自然、人与人的共生，也就是《易经》中所说的："刚柔交错，天文也；文明以止，人文也。观乎天文，以察时变，观乎人文，以化成天下。"知识和文明的贡献不仅在于数量的增加，更在于标准的确立。达此目标的路径就是重新定义世界，重新确立标准，重新为自然、社会与政治"立法"。基于此，我们提炼出了实现美好生活的形态和主体，即有机统一的政治形态和不忘初心、回归初心的行动者。故本书贯通性、统领性、纲领性的命题就是：党的领导、人民当家作主和依法治国的有机统一。有机统一的政治的背后实际上说明当代中国社会主义政治形态是一种政治合成，一种政治创造，一种政治发明，更是一种新型的政治文明。作为最高政治领导力量的政党是当代中国通向现代化进程中最为重要的政治行动者。中国共产党不是西方政治学理论视野中的政党，她与竞争性、对抗性体系中的政党完全不同，她是"不忘初心、牢记使命"的先进政治力量，这就是习近平在党的十九大报告中所说的"不忘初心，方得始终。中国共产党人的初心和使命，就是为中国人民谋幸福，为中华民族谋复兴。"中国的历史、文化以及近代遭遇铸就了中国依靠坚强正确的领导求取人民幸福和民族复兴的政治基因。如果说党的领导、人民当家作主和依法治国的有机统一是本书统领性的命题，那么"中国共产党领导是中国特色社会主义最本质的特征"就是本书最核心的命题。因此，当代中国社会主义政治就不是像西方政治学那样去测算选举胜利的概率，去绞尽脑汁地搜寻选区划分的技巧与策略，去关注竞选胜利之后的职位分配，而是聚焦人民幸福和民族复兴的实现。正是沿着这一思路，我们承担起了重新定义民主的使命。即民主不是华丽政治剧场的表演，也不是对抗性政治体系中的相互否决，更不是资本逻辑统驭下的权力分享和权力分配，民主是"民意连续性的表达与实现"。连续性、不间断的表达民意和实现民意的过程就是全过程人民民主的实践。在这样的政治逻辑的世界中，本书就完成了重新定义政治和重新定义民主的任务。政治从根本上来说就是"政通人和、国泰民安"，这既是社会主义本质的政治呈现，也是社会主义精神的外化成果，更是社会主义目标的最终落实。政通人和的前提是全过程人民民主中的人民当家作主，国泰民安的前提就是中国共产党领导的国家治理体系和治理能力的现代化。"政通人和、国泰民安"就成为政治的初心要义。这正是本书试图构建的当代中国社会主义政治学体系的原点。

基于此，我们提出了如下十四个重大政治命题，它们构成了当代中国社会主义政治学的基本体系和基本原理：

（1）政治是实现人类美好生活的基本形式；

（2）当代中国社会主义政治形态是党的领导、人民当家作主和依法治国的有机统一；

（3）党是最高政治领导力量，党的领导是中国特色社会主义的最本质特征；

（4）人民规定国家制度，国家制度实现人民当家作主；

（5）中国特色社会主义法治国家追求政治性与规范性相统一；

（6）国家治理体系与治理能力现代化是中国政治发展的总体目标；

（7）社会主义公有制是实现共同富裕的制度基础；

（8）国家与社会是共生关系；

（9）马克思主义是社会主义国家的理论武器；

（10）党对军队的绝对领导是政治建军的根本原则；

（11）协商与团结是中国政治运作的基本机制；

（12）自我革命是中国共产党的政治品格；

（13）民族复兴是中国人民的共同意愿与共同目标；

（14）构建人类命运共同体是人类社会的共同价值。

以上十四个命题的逻辑组合和逻辑推演而成的当代中国社会主义政治学体系，是价值论、宗旨论、形态论、制度论、动力论和目标论的统一与整合。当代中国政治学实际上就是社会主义政治学。社会主义是主导当代中国政治的"大道"。所谓政治逻辑，指的就是政治的根本、政治的灵魂、政治的道理。从这个角度来说，民族复兴、美好生活、共同富裕、消灭贫困等，均是当代中国"社会主义"大道的展示。资本主义政治学宣扬的合法性旗帜，背后是追逐权力、分享权力的"术"；社会主义政治学宣扬的人民政权与人民民主，是展示社会主义精神的"道"。西方人说的民主和平论、霸权稳定论、集体安全论就是"术"，人类命运共同体就是"道"。政治之术的背后是力量与计谋的组合，政治之道的背后是价值和情感的彰显。所以，本书的价值基点就是社会主义，目标是揭示社会主义政治之根本，即社会主义政治逻辑。政治是实现人类美好生活的基本形式，是当代中国社会主义政治学的宗旨。这既是对分配论、制衡论、对抗论政治观的超越与否定，也是回归政治之本意、重新为政治注入灵魂与关怀的使命与追求。当代中国社会主义政治形态是党的领导、人民当家作主和依法治国的有机统一。有机统一的政治形态包含两点：一是有机性，二是统一性。有机性展示了政治机体的唇齿相依，统一性展示了政治能量的聚合与投放。有机统一是中国合一文化、整体性思维在政治形态中的落实与展现。那么，这一有机统一的政治形态是如何运转的呢？这就是党的领导、人民当家作主与依法治国。党作为最高政治领导力量担负着完全不同于竞争性、对抗性政治体系中政党的使命。中国共产党不是居于权力之家，而是居于人民之家。当代中国政治体系不是为纳税人服务，而是为人民服务，换言之，当代中国社会主义政治体系不是按照资本的逻辑在运转，而是按照人民当家作主的逻辑在运转。依法治国是中国步入现代国家的重要表征，是现代化社会主义国家的基本治理形态。这就是当代中国社会主义政治学的三个重大命题：第一，党是最高政治领导力量，党的领导是中国特色社会主义的最本质特征；第二，人民规定国家制度，国家制度实现人民当家作主；第三，中国特色社会主义法治国家追求政治性与规范性相统一。由此可见，当代中国政治体系包含着完全不同于西方政治学和其他文明体系的新型范式，因为它不是在神与人、国家与社会、集体与个人、自我与他者的对立逻辑和区隔逻辑中构建起来的，而是在有机统一、关联主义和良性互动的逻辑中生成的。以"分"彰显众意是西方政治的逻辑，以"合"汇聚民心是中国政治的逻辑。这就是钱穆先生在《国史大纲》序言中所说的：西方当务于"力"的战争，中国常务于"情"的融合。① 在"分"的格局中必然要靠强力获取和巩固优势地位，在"合"的体系中必然要靠民心、民意的支持与养育追求整体性的安康与幸福。有

---

① 钱穆：《国史大纲》（上册），商务印书馆2010年版，"引论"，第23页。

机统一、关联主义和良性互动的逻辑得益于中国文化的滋养，得益于当代中国现代化成果的巩固，也得益于人民的认同与支持，更得益于中国共产党对治国理政之规律的把握。

沿着价值论、宗旨论、形态论的步伐，本书提出了落实社会主义原则与精神、保证党的领导、人民当家作主和依法治国有机统一的制度保障和制度体系。这就是如下五个重大命题的出场：第一，国家治理体系与治理能力现代化是中国政治发展的总体目标；第二，社会主义公有制是实现共同富裕的制度基础；第三，国家与社会是共生关系；第四，马克思主义是社会主义国家的理论武器；第五，党对军队的绝对领导是政治建军的根本原则。当然，任何国家的政治发展都不是平坦的，任何国家的政治体系都不是静止不变的。这样一个极为重要的问题便跃然纸上，那就是当代中国社会主义政治发展的动力何在？这也是本书贯彻辩证唯物主义和历史唯物主义方法论的重要体现，那就是对当代中国社会政治发展动力原理的呈现。基于此，本书提出了协商与团结是中国政治运作的基本机制、自我革命是中国共产党的政治品格这两个命题，从中我们可以发现当代中国拥有完全不同于西方资本主义国家、苏联及东欧等其他一些地区的社会主义国家的政治发展动力机制。任何政治都是有其目标指向的，正如马克思主义政治学最终指向共产主义和自由人的联合体一样，当代中国社会主义政治学的目标指向则是通过如下两个命题体现出来的：第一，民族复兴是中国人民的共同意愿与共同目标；第二，构建人类命运共同体是人类社会的共同价值。

尤其需要说明的是，本书不是纯粹文本的产物，而是在历史与现实、文本与实践、中国与世界、范式与经验这四重维度的相互贯通中，去发现和揭示当代中国社会主义政治学原理。这主要是基于以下四个方面的考虑：第一，当代中国社会主义政治是在历史与现实的交融、现实对历史的超越中逐渐落实下来的，它既包含着历史的惯性，也拥有超越和突破的品格。第二，当代中国社会主义政治是在文本与实践的相互结合、相互参照、相互修正过程中落实下来的。政治领袖的文本规定了当代中国社会政治的基本原则，中国波澜壮阔的实践又不断催生着政治文本和政治理论的创新与发展。第三，当代中国社会主义政治不是像古代中国政治那样具有相对锁定的发展空间，它从立国的那一刻起，就与世界紧密地联系在一起。所以，本书把中国与世界的关系作为揭示和发现当代中国社会主义政治学原理的一条重要轴线，并且将它贯穿始终。第四，当代中国社会主义政治学的最大贡献就在于它实现了对诸多理论范式的突破甚至否定。许多被西方政治学奉为圭臬的范式在中国这块土地上失去了它以往的傲慢与自负。本书沐浴在超越西方政治学范式这一地平线之上闪耀着的社会主义政治学的光芒之中。综上所述，《政治逻辑》所揭示的十四个重大命题的逻辑关系、逻辑关联与以上四重写作背景的关系可以通过图1得以完整呈现。

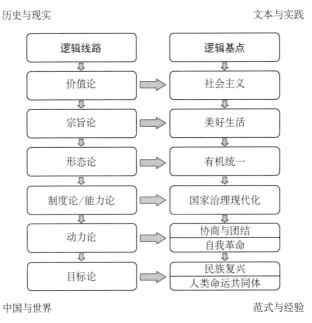

图1 十四个重大命题的逻辑关系图

本书是集体合作而成的成果。本书所有编写人员都是从复旦大学政治学这个家园中走出来的，他们汲取了复旦大学政治学的智慧与灵感，与复旦大学政治学有着永远不能割断的血肉联系。复旦大学政治学既有精彩而绚丽的发展历程，也有崇高而光荣的使命。因此，本书编写者由一个志同道合的团队和集体组成。作为主编之一，我感谢他们的辛勤劳动和艰苦探索。

实事求是地说，我们的探索和思考还是初步的。我们希望我们的努力为当代中国社会主义政治学贡献绵薄之力，我们也希望当代中国社会主义政治学能够为人类政治知识体系添砖加瓦，使之成为人类政治知识世界中一颗耀眼的星辰，为人类探究政治现象的奥秘、分析政治现象的本质、揭示政治现象背后的规律提供智慧和启迪。因为在全球化时代，重新发现社会主义政治，重新彰显社会主义政治，重新提炼当代中国社会主义政治的原理，乃是引导走向人类命运共同体的灿烂曙光和耀眼航标。

（本文原载刘建军等主编：《政治逻辑：当代中国社会主义政治学》，上海人民出版社2022年版，收入本文集有删改）

中国政治学的知识交锋及其出路

复旦大学国际关系与公共事务学院教授　陈周旺

一、知识交锋，还是范式更替？

无可否认，从 21 世纪之初迄今的十多年，是中国政治学特别重要的一个时期。新老交替、学科重整、方法演进，几乎都集中发生在这段时间，以至于这个时期很容易被错误地认为，是一个在外部"刺激-反应"模式下的突变过程，而忘记这是过去一代中国政治学人多年耕耘积累的结果。本文要揭示的，是中国政治学者早在之前就预告了中国政治学可能面临的转型，并且有意识地推动和加快了这一进程，也正是因为如此，这十多年的"知识交锋"才得以成为可能。

新的以定量统计方法为主导的政治科学，对已有的政治学学科发展模式发起了挑战，这甚至被认为是一种发展趋势。[①] 这样一来，中国政治学学科的分化就显得比较严重。重点高校的政治学学科，凡坚持原有的学科框架的，均以政治思想史，尤其是西方政治思想史为主攻方向；凡是海外政治学博士拥有量达到一定规模的重点高校，则逐渐向经验研究和比较研究转型。

海外政治学博士都经历国外政治科学的系统训练，熟练掌握定量统计研究方法。他们具备一定的能力来对抗政治学之外学科对政治学的"蚕食"，由于在研究方法上并不逊色，他们可以在社会科学领域为政治学争取话语权。同时，他们对本土业已形成的学术资源分配格局依赖程度较低，致力于在 SSCI 发表论文，但其研究成果如何为国内学术界所接纳，仍然是任重道远，部分海归学者也会寻求在其他学科领域的刊物发表中文论文。

[①] 参见王绍光：《中国政治学 30 年：从取经到本土化》，《中国社会科学》2010 年第 6 期；郁建兴：《关于政治学发展的自我反思与中国政治学的建构》，《教学与研究》2005 年第 5 期。

由于国内已经普遍接受了SSCI体系,以这些海外政治学博士为主力的研究团队,显然对于所在学科的学科评估是有帮助的。

但是另一方面,国内政治学学科发展对此还不能完全跟上节奏。以政治思想史为学科重点的政治学专业院系,若缺乏经过相应的语言和文史哲基础训练的厚实师资,便无法与国外同行进行有效的对话;以政治科学为重点的政治学专业院系,若原来的教学体系无法满足科学训练的需要,不能适时调整,海归学者在教学科研上都将无用武之地;以公共管理为重点的政治学专业院系,则要在全国铺天盖地的公共管理丛林中摸爬滚打,适者生存。

在这种条件下,中国政治学不得不主动求变。为了给政治科学更好的平台,各重点高校纷纷建立比较政治系,或者建立比较政治研究中心。一些条件成熟的高校,专门给本科生和硕士生开设政治学研究方法课程,吸引更多年轻学生转向统计学路径。国内一些重点高校,也陆续推出政治学类集刊。尽管集刊论文一直没有被评价体系所认可,致使其举步维艰,但集刊毕竟能够为政治学论文提供专业的评审,而为广大政治学者所认同。

上述这些变化,是不是意味着中国政治学一次跨越式的飞跃,见仁见智。然而本文的重点在于指出这些发生在中国政治学十年间的变化,远非"范式更换",充其量只是"知识交锋"。① 下文将指出,政治科学对中国传统政治学缺乏"实证性"的批评,从一开始就是一个误解,所谓本质性的"范式更换"其实不存在。"范式更换"的表述,等于在两种知识体系中给出了一个基本判断,即政治科学的知识是更先进、更有效的,而传统的政治知识更落伍、更缺乏解释力。这种判断,至少在目前看来,既不适宜也不公正,因为两者的差异不是在解释力上,而是在知识体系本身的扩张功能上,两种知识体系共存、拉锯的现实,将在相当长时间内持续,并且在学术市场上构成竞争。

二、整全性知识与专门性知识

为了论述方便,我们把20世纪80年代恢复政治学学科之后建立的政治学知识体系称为"老"政治学,把新近勃兴的政治科学知识体系称为"新"政治学。所谓"新""老",

---

① "知识交锋"这一术语取自〔英〕佩里·安德森:《交锋地带》,郭英剑、郝素玲译,中国社会科学出版社2008年版。

并非优劣评判标准，而仅仅是指政治学发展阶段的先后次序而已。本文更无以"新"代"老"的进化论立场，做出"老"政治学已经过时的判断。相反，根据"知识交锋"的立场，我们宁可将"老"政治学与"新"政治学放在同一个平台中来加以检审："老"政治学代表的是一种整全性（synthetical）知识体系，而"新"政治学代表的是一种专门性（specialized）知识体系。

脱胎于政治思想教育，中国政治学的首要任务，就是要与前者有所甄别，建立自己的学科标识和身份。完成这个使命谈何容易，实际上迄今也没有彻底将"政治（科）学"与"政治课"区分清楚。政治思想教育较偏重于对意识形态合法性的理论论证，政治学要与之区分，就只能立足于政治实践，注重对实际政治制度和运作机制的考察，总结其规律，提出理论指导。在这个意义上，"实证性"其实是重建中国政治学最基本的路径，中国政治学从一开始就是实证的、经验取向的，并以此区别于政治思想教育。批评某些政治学研究过于偏重"理论性"，无异于说它们未摆脱政教思维的窠臼，实非政治学学科本意。当时的政治学专业学生，并不乏统计学和社会调查的训练，也有意识地将这些研究方法用于自己的分析之中。指责中国政治学排斥"实证"，实在有失公允。当然，中国政治学确乎有一支既无实证志趣，又企图与政教专业"划清界限"的力量，他们纷纷转向了研究西方政治思想，以之为"政治理论"而引人关注，在当时颇形成一股风潮。

初建时期的政治学虽志存高远，无奈先天不足，不得不与其他学科藕断丝连。由于正处初创阶段，课程体系并不成熟，学科领域也不够完整，很大程度上都还得仰赖于其他学科的支持，历史学、经济学和社会学的课程，可以占到政治学课程的半壁江山，在其助力下更使政治学具实证特质。这固然与政治学学科的不成熟有关，但客观上却造就了中国政治学的"整全性"特征，而这种"整全性"，正耦合了戴维·伊斯顿所描述的政治科学之"整合性"（integration）趋向。

以"整全性"为导向的政治学，注重多学科训练，形成整全知识结构。由于中国政治学还没有成熟到可以形成自己独特的方法论和课程体系，当时对未来政治学研究者的培养，无论志在实证抑或思想史者，均着眼于所谓"全面培养"，希望他们能够在精研政治学经典的同时，掌握整全的社会科学知识。在课程设计上，注重经典研读与系统知识灌输并重的模式。彼时的政治学专业学生，基本上都是从政治思想史开始，逐渐学习历史学、经济学、国际关系学、行政学、社会调查方法、人类学的导论性知识，博采众长。尽管对各个学科知识都是浅尝辄止，但基本上可以做到面面俱到，无明显专业隔阂。

这种学术训练，通常是以文本阅读以及枯燥无味的导论性知识灌输为主，故易给人重空洞理论、轻经验实证的印象。这实在是一种误解。因为彼时中国政治学讲求"研""习"结合，在研究上主张要"用事实说话"，也就是无论是致力于思想史研究还是现实政治研究，均须将论证建立在对材料的严格搜集和整理基础之上。至于专业学习，则是锻造理论框架、淬炼问题意识的过程，旨在为研究打基础。彼时政治学者被要求用经验事实参照理论，通过寻找理论与现实之间的差距，去发现问题及解决问题。因此，在整全性知识体系下训练出来的学者，通常都是问题先行，而不会理论先行。同样面对一种全新的研究方法，"老"政治学考虑的，是中国的现实和理论中究竟发生了什么差异，需要用这种方法来研究；"新"政治学则更多考虑中国有哪些现实可以被套用这种研究方法。概言之，"老"政治学更多是从具体到抽象，而"新"政治学更多是从抽象到具体。

受整全性知识训练的影响，当政治学研究者对中国政治或者其他政治现象进行分析的时候，就不自觉地诉诸政治、经济、社会和文化等多个层面，而这些都是他们在学生时代就有一定程度的涉猎和把握的，运用起来也不至于南辕北辙。这就很容易将中国的政治学推向宏观政治分析的方向。

这种宏观的政治分析，注重整体性、战略性和框架性的分析。[①] 它不是有意为之，似乎是为了给改革开放初期的中国提供政治学视角的政策建议。其实不然。宏观政治分析的形成，是整全性知识体系训练下投身于现实政治问题研究的应有之义。回顾当时的政治学，主要还是围绕"国家-社会"关系，从宏观的视野为把握中国政治发展的整体方向提供战略性的思考，既形成了一些"主义"的争论，也产生了一些对中国政治发展进程有影响的概念与理论，比如国家自主性[②]、合法性[③]、制度创新[④]，等等。在"结构-功能主义"影响下，一些特定的术语构成了中国政治学的常用语，比如"结构""系统""资源""发展""功能"，等等。中国政治学者运用这些带有"现代化"色彩的概念，去审视中国政治制度改革的过程和成果，提出他们的建议，也形成了那个时代特定的"问题意识"。

---

① 参见林尚立：《政治学与政治发展：中国政治学发展 20 年》，《政治学研究》1998 年第 2 期。
② 关于"国家自主性"，参见时和兴：《关系、限度、制度：政治发展过程中的国家与社会》，北京大学出版社 1996 年版。
③ 关于"合法性"，参见胡伟：《合法性问题研究：政治学研究的新视角》，《政治学研究》1996 年第 1 期。
④ 关于"制度创新"，参见林尚立：《行动者与制度效度：以文本结构为中介的分析》，《经济社会体制比较》2006 年第 5 期。

新一代接受国外研究方法训练的政治学者，不满足于对政治现象的宏观分析，希望用更加数量化、标准化、模型化的研究取而代之，从而构成了对"老"政治学的挑战。

与整全性知识的教育相比，专门性知识对基础性文献的要求也同样高，甚至更高。所不同的是，阅读基础性文献，对于专门性知识是"学习"，而不是"研究"本身，以掌握本学科最基本知识，以及通过业师传授，明确自身在既有学术系谱中可能所处的位置为主要目的。与之对照，分析工具的掌握，与"研究"是直接相关的，不仅要求学，还要求学以致用。学生当然会花更多的精力在分析工具的琢磨上，而将文献的研习作为一种应付课程和应付评审的需要。

事实上，无论是课程教学还是论文评审，对文献阅读的要求之高，都近乎"不可能的任务"，这也是促使研究者不得不选择专门化道路的一个重要理由。一方面，当知识走向专门化，该研究领域最新文献更新的数量相对较少，研究者可以及时掌握；另一方面，在专门性知识体系下，文献脉络相对比较清晰，无须研究者重复检索文献。更有甚者，每个细分的专门领域各有一两套权威的"资料书"，逐年修订，更是学生和研究者手中至宝，可以节省很多翻阅文献的精力。

在这种训练下，鲜有学生直接通过文献的精微阅读来产生出问题意识，研究更仰赖于分析工具。学生宁可将重心投入在研究方法的修习上。研究水平的高低，是否"训练有素"，不是以掌握的知识量来衡量，而是直接取决于研究工具的先进与否。专门性知识的生产是一种标准化、程序化的流水线作业：检索文献，发现不足，提出假说，统计验证，得出结论。

中国社会科学包括政治学的发展，是以卷入全球化知识体系为前提的，国外成熟的学科体系与话语霸权、知识世界的再殖民化过程，对致力于自主发展的中国社会科学构成挑战。在此情势下，专门性知识与整全性知识的共存与冲撞不仅不可避免，而且两者交叉重叠又互相砥砺的交锋，本身也决定了中国社会科学以及政治学学科重塑的走向。

三、寻求共识：中国经验

平心而论，"老"政治学与"新"政治学仅就解释力而言并无高下之分，应该说是各有长短，亦各有侧重。但就知识体系的扩张能力而言，"老"政治学则处于下风。

在解释上，"老"政治学仰赖于对理论的精研，以及对于概念的充分诠释。概念使用的好坏，取决于概念本身的解释力和内涵的丰富性。诸如"系统""资源""功能"这样的概念，已经被"老"政治学发挥到了极致，其外延也不断被拓展。"老"政治学关怀的是中国经验，因此概念的运用不能脱离中国政治的实际，不能过于深奥晦涩，导致知识上画地为牢。各种舶来的概念，经过整全性知识的改造，均具有了"中国语境"下的新意涵，比如"治理""协商民主"等。"新"政治学对于概念的厚爱，较之"老"政治学，可谓有过之而无不及。遵从专门性原则的论文，总是炮制出各种晦涩、不明所以的概念，写作风格也倾向于生涩，通顺流畅并非其追求。

"老"政治学经常要对政治现实发声，但通常都不要求高度专业，往往也不够精细，而只能做整全性、指导性的宏观解读，有时难免不接地气。然而，相对于在文献中爬梳的老派学者，那些将研究建立在数据统计基础上的新锐学者，与政治社会现实的脱节尤甚。尽管科学化、标准化程度更高，但这些精致的研究往往无助于人们理解复杂的社会事实，对于政治这么一个系统性的问题，过于专门化的解读总难免知其一不知其二，只见树木，不见森林。当学术产品已经出自流水线的程式化生产，生产效率自然更高，同时也就可以罔顾现实生活的羁绊了。

对于学科建设的意义而言，"老"政治学在知识训练中，更强调研究者个体素质的匹配，对研究者本人的学术"涵养"要求更高。涵泳于学术思考，是研究者的基本生活方式。在整全性知识体系下，由于个体差异大，学科没有标准，研究水平难以判别高下。对个体的依赖也导致学科体系欠缺稳定性，包括学术的传承也缺乏可持续机制，一不小心就容易出现人才断层。但是另一方面，"老"政治学的学科体系一旦建立和巩固，就很难被后来者轻松超越，因为学科的累积速度非常慢，赶超者永远在赶超。

相较而言，专门性知识的学科体系，稳定性大大提高：一是学科建设不再过度依赖于不确定的个体素质，研究者只要掌握分析工具，无论贤愚，皆可成为"可造之才"。二是产出比较稳定，相应的训练一定会有相应的成效，生产周期也大大缩短，年轻学者比较容易通过专业化的训练脱颖而出，人才不易断层，这恐怕是"新"政治学最明显的优势。

目前，两种知识体系共存于尚未臻于成熟的中国政治学，并且在日趋残酷的学术市场上开始了激烈的竞争，关键问题就在于找到"新""老"政治学的"重叠共识"，而这一共识唯有存在于两者交锋最激烈的地带，那就是对中国经验的解读。

在中国经验面前，"新""老"政治学遭遇的问题是一样的，那就是数据资料碎片化的缺陷。① 研究者经常会被质疑：第一，中国的政治事实能不能被统计数据充分地体现出来？第二，学者所掌握的统计数据是不是可靠？第三，通过统计分析呈现出来的相关性分析，是不是中国政治的真实问题？"新"政治学对这些质疑大多无视，或许是出于对普遍化知识、模型、分析工具的迷信。一些海外的中国政治研究者，对于中国问题哪怕是一无所知，也相信他们的分析工具完全可以用来分析中国问题，这是可以理解的。② 但是同样的信念如果发生在中国研究者身上，就令人难以苟同了。研究者坚定地相信，他们已经成熟的统计学分析方法，是可以解决传统上有关中国调查对象的种种扭曲数据的问题，甚至说统计学的伟大使命正在于此。只能说这是社会科学家的天真。在数据资料不确切、不完整的条件下，强行照搬国外的实证方法来进行中国政治研究，研究结论会发生程度不一的偏差，要冒巨大的学术风险。

"老"政治学研究者可没有这种天真的态度，他们认为中国政治是复杂的。为了思考中国政治的复杂性，他们宁可一定程度上牺牲研究的所谓"科学性"，即，并不强求实证数据的完整性与系统性。前已述及，中国政治学的起步阶段，即以经验研究为其安身立命之本，以区别于相近学科。就此而言，依托整全性知识体系的"老"政治学本质上并不排斥经验研究，仅仅是在调查研究和资料分析上欠缺系统的方法，且常常满足于对数据资料的初级产品加工。出于这种习惯，对于碎片化的数据资料，"老"政治学常采取将就的态度，而依仗整全性知识体系的理论框架来把握问题。

换言之，"老"政治学强调的是以理论指导现实，而"新"政治学更强调去解释现实；前者试图在中国经验的基础上去创造一种理论，而后者更希望在解释中国经验的过程中去发现理论。从学术研究的目的来看，两者都有其价值，也无高下之分，只是努力方向不同，因而也并非不可跨越以达到取长补短之功。本文认为至少在以下四个方面，可以在两者之间找到一些重合点。

第一，无论是哪一种政治学，只要是严谨的学术研究，至少都承认，对中国经验事实的理论总结，应建立在对数据资料充分掌握和理解的基础之上。即使客观上做不到，或者方法上有不足，但不应成为疏于找寻资料，使结论流于空泛的正当理由。目前的现状是，面对有缺陷的数据，"老"政治学凭学养来化解，"新"政治学要么裹足不前，要

---

① 耿曙、陈玮：《比较政治的案例研究：反思几项方法论上的迷思》，《社会科学》2013 年第 5 期。
② 这方面比较典型的例子就是 Gary King, Jennifer Pan, and Margaret E. Roberts, "How Censorship in China Allows Government Criticism but Silences Collective Expression," *American Political Science Review*, Vol. 107, No. 2, 2013, pp. 1-18.

么将错就错，这确实都不是令人满意的解决方案。在现有条件下穷尽寻找数据资料的努力，是政治学应抱持的共有信念。同样，当研究是建立在尽可能的资料占有基础之上的，就应得到充分的尊重，而不能动辄以某种所谓"科学性"的条条框框来加以否定、排斥。

第二，在现成数据不完整的条件下，无论"新""老"学者，都应将精力放在社会调查上，亲自去搜集数据，强化对现实问题的体认。"眼见为实"是中国政治学者应遵奉的基本准则。跑田野、搜寻资料，与"新"政治学的实证研究信条并不相悖，其实也是"老"政治学多年来一向推崇的做法。目前的困境在于，新锐学者由于长久不接触中国社会，容易在中国田野的复杂性面前却步，而满足于从现成的数据库中，比如从国家统计局的数据、各种年鉴、政府报告中寻找资料。"到田野中去"应该是政治学者共同的要求。①

第三，即使政治学者们都到田野中去了，但是大规模数据调查执行难度较高，无论是课题开展过程中人、财、物的关系，以及学者与研究对象的关系，在中国都要相对复杂得多，因此政治学者自己拿到足够丰富的第一手资料的可能性相对较低。要解决这个问题，质性研究是一个突破口。② 事实上，近年来随着对研究方法的重视，跨学科学者的"侵略"以及海外人才的引进，中国政治学定量研究的水准进步很快。反观质性研究虽也有科学方法傍身，却一筹莫展，好的质性研究难得一见。中国是一个有着悠久统计学历史的国度，统计学在政治学之外的其他学科中应用十分广泛，因此中国政治学者掌握统计学方法、用于量化研究并非难事，真正有难度的是质性研究。幸运的是，无论"新""老"政治学，都可以容纳质性研究，质性研究亦可以克服目前中国政治学在数据搜集和分析上的缺陷。③ 使宏观政治学与微观政治学向中观政治学的"中层理论"④ 靠拢并非不可能，通过个案的因果机制的发现，可以提升"老"政治学的"科学性"，也弥补了"新"政治学仅停留于相关性分析的局限性。说得极端一些，"新""老"政治学之所以还处在交锋中，很大程度上是因为质性研究的水准没有实质的提高。

第四，除了以上这些，面对碎片化的数据资料，我们是否就束手无策，只能绕路而

---

① 参见［丹麦］玛丽亚·海默、［丹麦］曹诗弟主编：《在中国做田野调查》，于忠江、赵晗译，重庆大学出版社2012年版。
② 国内质性研究较早的推动者之一为陈向明。参见陈向明：《质的研究方法与社会科学研究》，教育科学出版社2000年版。
③ 耿曙、陈玮：《比较政治的案例研究：反思几项方法论上的迷思》，《社会科学》2013年第5期。
④ 关于默顿"中层理论"在中国的适用，参见杨念群：《中层理论》，江西教育出版社2001年版。

行了呢？诚然，即便是质性研究，也同样要面对资料的碎片化问题，政治学者可以通过某种方式一时绕开它，但不能彻底解决它。无论是"老"政治学还是"新"政治学，都应该从自身的角度，思虑如何应对中国政治研究的这个突出问题，发展出一种针对中国数据不完整性的研究方法，去搜集、整理和编织碎片化的经验数据，① 而这绝不是单纯靠优化统计方法、给数据打打补丁可以做到的。相比同单位的研究对象，中国的经验数据更加多元化、更具有开放性，哪怕是报刊杂志的新闻材料、邻里之间的街谈巷议，等等，都有可能成为政治学研究的素材。知其不可为而为之，档案史学研究已经率先迈出了一大步。历史学者通过对碎片化的史料、档案材料的剪裁、加工，可以构建出一套逻辑严密的史学解释来，这值得政治学者借鉴。历史学与政治学在碎片化史料的运用上，唯一的不同，也许就在于对比较的重视与否，史学不太注重通过比较来发展出一种理论；但政治学则务求通过对现有资料的比较，抽象出一般化的解释模型来。

其实无论是"新"政治学还是"老"政治学，在应用于中国经验的时候，都共有一份学术雄心，即希望通过对中国经验的解读，对既有的、基于西方经验的理论模式提出新的挑战，在吸取前沿的研究成果基础上，尽量摒弃西方学术系谱的话语霸权，杜绝学术上的再殖民化趋势，真正立足于中国现实提出适用于中国发展道路的大理论来。在这一点上，中国政治学者应该共勉。

（本文原载《政治学研究》2017 年第 5 期，收入本文集有删改）

---

① 中国实证研究的困难与解决办法的提出，参见寇艾伦等主编：《当代中国政治研究：新材料、新方法和实地调查的新途径》，中国社会科学出版社 2014 年版。

政治发展的规划与预期

复旦大学国际关系与公共事务学院教授　桑玉成

一

社会发展和社会演进是一个全面推进的进程。在我国改革开放之后的一段时间里，邓小平强调了经济体制改革、政治体制改革和社会全面改革的意义，也始终强调物质文明建设和精神文明建设"两手都要抓、两手都要硬"的发展战略。后来，我们党又提出"物质文明、政治文明、精神文明"三个文明共同推进、协调发展的战略。尽管从宏观战略或总体设计上来说，重视社会的全面改革和全面发展是党和政府一贯的思想和主张，但是在实际的社会发展进程中，政治、经济、文化以及社会的不平衡发展却往往又是一种常态。导致这种不平衡发展的原因是多方面的，其中一个重要原因是：在大多数情况下，对于经济建设（发展）、文化建设（发展）等，人们可以制定规划，基于这样的规划和进程，还可以得到相对确定的预期。然而，相对而言，社会对政治发展目标和进程进行规划的难度要大得多。甚至可以认为，几乎在任何时代和任何社会，政治发展的规划和预期一直是人类所面临的困境和难题。

所谓政治发展的规划，主要是指在一个特定时期和一个特定国度执掌国家政权的政治领袖或统治集团，积极主动地把握政治发展的规律，适应时代发展的潮流，以其独特的慧眼和高超的政治智慧，对其国家的政治发展进程和步骤作出部署，提出政治发展的总体目标和分步目标，并通过具体的工作举措，推进实现既定目标的进程。从另一个角度看，如果社会有了相对确定的政治发展规划，那么社会成员对整个社会的政治发展目标及进程也就具有了心理预期。

可以看到，政治发展的规划和预期是一个问题的两个方面。在社会发展的特定历史时期，人们基于国家的政治状况和生产力以及经济基础的现实状况，对政治发展的目标、进程和步骤作出规划，当能使社会成员对未来一定时期的政治发展确立相对明确的预期。对政治发展的明确预期，是社会稳定发展的重要社会心理基础。就是说，如果有了对政治发展相对明确的预期，社会成员就能够对政治发展及其所决定的经济、文化等发展的持续性和稳定性有所期待和把握，并以此奠定社会稳定的社会心理基础。

二

政治发展是一种理论，也是一种进程，而且还是一种政治理想。广义而言，政治发展可以被视为人类的政治文明进程，视为人类美好政治理想和政治价值观在实际政治生活中得以运用和体现的进程。现代意义上的政治发展，首先源于政治学者在 20 世纪六七十年代以来对发展中国家的政治研究所提出的理论。这一理论产生的现实背景是：在二战以后的一段时期内，随着民族独立运动的掀起，在亚非拉广大地区，一些原来的殖民地国家纷纷宣告独立，成立新的民族国家。而对这样的国家来说，由于长期接受的是殖民主义的统治，所以缺乏自己的政治实践和政治经验，因而普遍面临政治结构不健全、政治功能弱化、政治不稳定、政治腐败和衰败等方面的问题。在这样的背景下，一些学者提出了很多关于这些国家如何推进政治发展，以建立稳定和良好政治秩序的理论和主张。

不同学者对政治发展有不同的理解和描述，但是大致来说，政治发展表明了如下一些基本走向：一是现代政治文化的世俗化进程，即通过有效的教育和传播，使民主、法治、公平、正义、人权、自由等现代政治理念和政治价值得以普及，使其成为所有社会成员特别是政治行为主体的思想基础和行为基础；二是政治结构与功能的分化、专化与整合以及政府能力的提高，即通过有效的政治设计，建立起职能清晰、结构合理的政治组织，并提高其政治制度化的水平，进而提高政府治理社会的能力；三是民众政治参与的普遍性和有效性，即在人民主权原则的支配下，以规范的选举制度作为政治录用的基本准则，使合法选民能够通过选举等规范的渠道，实现对政府以及政策的直接或间接的影响与控制。可以看到，政治发展包含了诸如政治原则、政治结构、政治文化、政治生活等多个层面及多个领域的文明和进步，但是其核心的问题，应该是政治的民主化进程以及由此带来的政治民主化程度。或者可以这样认为，尽管政治发展不仅仅是指政治的民主化，但是政治民主化是政治发展所有问题的核心和基础，政治发展中其他很多领域的文明和进步，正是由政治民主化进程以及政治民主化程度所推动并决定的。

在近代乃至现代人类政治史上，总体而言，政治发展中经过人为规划的案例颇为罕见，也即大多数的政治发展是在非规划、无预期的情况下被动地发生的。之所以如此，主要是因为：根据马克思主义经典作家的观点，任何一个国家的统治集团最为根本的统治目的，正是为了维护其既定的统治，包括其统治秩序和统治制度，而任何政治发展都意味着对既定统治秩序和统治制度的冲击和挑战。因此，在这个意义上，马克思主义经典作家均认为，统治集团往往不太可能成为一国政治发展的动力。当然，他们也认为，经济基础决定上层建筑，因此，当社会的经济基础发生变动以后，现存的上层建筑即体现出与其经济基础不适应的情况，这时候就需要上层建筑也随之发生变革。政治发展反映了社会变革的要求，但是如果统治集团不能顺应社会变革的要求而主动推进政治发展的进程，那就可能会给社会的健康发展带来影响，甚至也会直接影响既定统治秩序的持续稳定和发展。

在现代世界的政治发展史上，有过一些国家通过一定的规划来推动国家的政治发展的案例。大致有以下三种情况：

第一，当社会经济发展以及文化发展提出了政治发展的要求，在国内不同政治力量经过一段直接或间接的矛盾和冲突之后，不同的政治力量经过一定的程序达成妥协，并就政治发展的一些基本问题提出共同的主张和方案，从而启动政治发展的进程。

第二，特定的国家在脱离殖民主义统治之后，在宗主国的直接帮助下，仿效宗主国或其他发达国家的政治模式，建立起必要的政治结构和政治制度，以实现一定程度的政治发展。在20世纪六七十年代，大多数的新兴民族独立国家采取了这样的政治发展模式。

第三，在一种特定的政治环境下由外力推动进行的政治发展，如战后的日本就是这种情况。

三

尽管一些学者研究了国家政治发展的动力或原因，但是由于政治发展本身具有的复杂性和多变性等因素，所以，人们实际上很难通过较为规范的逻辑，来说明一些特定国家政治发展的具体原因或动力。这是因为，一国的政治发展不仅取决于其特定时期的社会经济、文化以及政治等现实状况，而且还取决于这个国家的历史和传统及其对政治所能起到的不同程度的影响，甚至更取决于当时能够推动政治发展的领袖集团以及其他政治人物的政治价值、政治智慧和政治勇气等主观因素。

仅仅从逻辑上分析，一国政治发展的内在动力和原因可以通过以下四个视角进行分析。

一是基本理论的视角。如上所述，根据马克思主义关于社会基本矛盾的学说，生产力决定生产关系，经济基础决定上层建筑，一个社会正是在这种社会基本矛盾的运动中得以发展的。在政治发展的背后，必然存在着生产力的发展以及由此而带来的经济基础的变更。

二是宏观实践的视角。从这个角度我们可以认为，一个社会的经济发展以及体制转型对政治发展提出了特定的要求。正如我国的情况，随着我国改革开放以及由此带来的社会经济的发展以及人们物质生活水平的提高，政治发展的动力实际上已经形成。

三是社会压力的视角。政治发展理论认为，之所以提出发展中国家的政治发展问题，在很大程度上是由于在政治不发展的情况下，原有的政治体系面临着前所未有的社会压力。从外部情况来看，除了上述由于经济发展以及经济体制的变革对原有上层建筑带来了一定的冲击之外，社会的利益分化、利益冲突和矛盾以及其他的种种社会问题所引发的社会压力比以往明显增多；从内部情况来看，政治制度化程度跟不上发展的需求，政治腐败和衰败问题得不到很好的解决并且有可能愈演愈烈，政治认同危机和社会信任危机也随之产生并逐步发展，等等，这些使维系政治体系的成本日益提高且难度越来越大。这些都对现存政治体系提出了挑战，从而对政治发展提出了要求。

四是主体推动的视角。政治发展的实际动力既产生于客观的发展需求，同时也可能来源于政治主体的推动。尽管从归根结底的意义上说，是社会基本矛盾运动奠定了社会发展的基础，是人民群众创造了历史，推动了历史的发展。但是从具体的历史时代和具体的国度来看，一定政治主体对政治发展和社会发展的积极推动，其意义也是毋庸置疑的。

四

这里需要研究的问题是：就我们这样一个特定情况来说，政治发展需不需要规划？

能不能制定规划？是否具有规划？其可能带来的不同影响又将如何？

固然，从世界各国政治发展的历史经验来看，还是有相当部分国家的政治发展是在非规划状态下进行和完成的。在这样的情况下，一定的国家和人民被动地接受了政治发展的进程和事实。但是，这种非规划的政治发展，一般来说通常会导致两个方面的问题：一是政治发展的不确定性和不稳定性。一些国家的政治发展进程表明，在被动地接受政治发展进程的情况下，一般总是伴随着骚乱、暴动、抗议等无序状态，这种情况程度不同地给社会经济文化的健康发展和人民的正常生活带来严重的影响。二是社会成员对政治发展的前景缺乏预期，并因此而不能建立稳定的政治认同感，这种情况在社会的发展和转型期表现得尤为突出。

有必要指出的是，在现代社会，特别是在社会主义条件下，思考并制定相对确定的政治发展规划，应该说已经具备了条件。分析起来，主要有以下几个方面。

首先，在现代社会，已经具备了关于政治发展的认知条件和知识基础。在人类政治发展史的很长时期内，人们之所以常常是被动地接受政治发展的进程和结果，一个很重要的原因，是人们普遍缺乏关于政治及政治发展的认知条件和知识基础。现代社会是充分开放的社会，被称为进入了知识社会的时代。而所谓知识社会的时代表明，人们不仅对自然的认识已经达到了一定的高度，而且对社会的发展、社会经济发展以及政治发展的规律等也有了足够的认识。在这样的背景下，应该说人们可以认识社会发展的一般规律，可以认识经济发展和文化发展对政治发展所提出的要求，可以认识政治发展对社会发展以及社会文明和进步的积极意义，也可以通过科学的政治设计，规划政治发展的目标和进程，使社会的政治发展在可以掌控的进程和秩序中得以推进。

其次，一些国家政治发展的历史和现实，从不同角度为我们的政治发展提供了直接或间接的经验和教训。人类社会的发展有特定的法则和规律，在马克思主义经典作家的毕生奋斗中，揭示人类社会发展的法则和规律，为人类社会找到顺应历史和时代潮流的制度体系和生产方式，是其重要的使命。在当代所谓全球化的背景下，国家间的文化、价值乃至于制度体系的交流和渗透已经是当今时代的一个重要特征。马克思、恩格斯在《共产党宣言》中，揭示了全球化进程的一般原因和过程，并且深刻地指出，这种全球化的过程"物质的生产是如此，精神的生产也是如此"。[①] 尽管很多思想家都认为，不同的

---

① 《马克思恩格斯选集》（第1卷），人民出版社1995年版，第276页。

国度由于历史传统和文化的不同,所以事实上不可能适用同一的政治发展模式,但是毫无疑问,人类存在着一些共同的政治价值观和政治理想,这些政治价值观和政治理想需要在不同的政治发展模式中得到体现。

最后,中国共产党人从来就将推动社会主义的政治发展视为自己的使命和责任。作为人类历史上的一个先进政党,共产党以马克思主义理论为指导,积极探索并实践无产阶级乃至于全人类的解放运动。中国共产党已经在这一探索和实践中,取得了积极的成果和辉煌的成就,在我们这样一个人口众多的国度里建立起了社会主义制度,并且通过改革开放,创造了经济发展的奇迹。同时,中国共产党人也以发展民主为己任,积极探索社会主义的政治发展模式,着力加强社会主义民主政治建设,积极推动社会主义政治文明的发展。我们有理由相信,中国共产党带领全国人民取得了经济发展的伟大成就,同时也有能力创造政治发展的奇迹,从而无论是在经济发展还是在政治发展方面,都能够为人类作出积极的贡献。所以从这个角度来看,推动政治发展,从来就是中国共产党人的使命和责任。据以这种使命和责任,我们可以避免非规划的政治发展进程,可以规避非规划的政治发展进程对社会健康发展所带来的消极影响,可以主动地将政治发展纳入我们整个社会发展的进程之中。

五

作为我国改革开放的总设计师,邓小平在提出经济体制改革以及经济发展战略的同时,也提及我国政治发展的战略构想和规划的一些基本问题。邓小平关于政治发展的战略和规划中,包含了两个方面的精辟思想。

其一,在制定我国改革开放的重大国策时,邓小平始终将经济改革与政治改革放到同等重要的地位上。他指出:"改革是全面的改革,包括经济体制改革、政治体制改革和相应的其他各个领域的改革。"[①] 邓小平注意到,经济和政治始终是社会系统中相互联系、相互制约的两个最为重要的方面,而且政治往往渗透于经济之中,经济也渗透于政治之中。因此,一方面,经济改革和经济发展改变了政治上层建筑赖以建立的经济基础,因而需要政治的变革和发展;另一方面,要顺利地推进经济体制改革,促

---

① 《邓小平文选》(第3卷),人民出版社1994年版,第237页。

进社会生产力的发展，也必须进行政治体制改革。这正是邓小平全面改革思想的基本立足点。

其二，邓小平认为，推进政治体制改革和政治发展，是反思"文化大革命"教训给予我们的基本结论。十年"文化大革命"在给中国人民带来巨大灾难的同时，也给我们带来了沉痛而又深刻的教训。在"文化大革命"结束之后，我们党很快地拨乱反正，并针对越来越严峻的国民经济形势，果断地作出了工作重心转移的战略决策。这对于扭转濒临崩溃的经济形势来说，是极为必要的。然而，如何从政治上总结"文化大革命"的经验教训，也是邓小平一直思考的问题。1980年8月，在回答一位外国记者关于如何避免类似"文化大革命"那样的错误的问题时，邓小平深刻指出："这要从制度方面解决问题。我们过去的一些制度，实际上受了封建主义的影响，包括个人迷信、家长制或家长作风，甚至包括干部职务终身制。我们现在正在研究避免重复这种现象，准备从改革制度着手。我们这个国家有几千年封建社会的历史，缺乏社会主义的民主和社会主义法制。现在我们要认真建立社会主义的民主制度和社会主义法制。只有这样，才能解决问题。"①

1980年8月18日，邓小平在中央政治局扩大会议上作了题为《党和国家领导制度的改革》的长篇报告，专门论述了政治体制改革的问题。这一报告于1980年8月31日经中央政治局讨论通过，成为我国进行政治体制改革的纲领性文件，从而也构成了邓小平政治发展战略思想的基本内容。我们可以非常清楚地看到，这篇关于政治体制改革的建设性纲领，完全包含了邓小平对"文化大革命"的深刻反思以及如何以此为教训来推进政治发展的主张。邓小平指出："党和国家现行的一些具体制度中，还存在不少的弊端，妨碍甚至严重妨碍社会主义优越性的发挥。如不认真改革，就很难适应现代化建设的迫切需要，我们就要严重地脱离广大群众。""从党和国家的领导制度、干部制度方面来说，主要的弊端就是官僚主义现象，权力过分集中的现象，家长制现象，干部领导职务终身制现象和形形色色的特权现象"。②他还指出，由于对这些问题长期以来没有足够的认识，所以"成为发生'文化大革命'的一个重要原因，使我们付出了沉重的代价。现在再也不能不解决了"。③

---

① 《邓小平文选》(第2卷)，人民出版社1994年版，第348页。
② 同上书，第327页。
③ 同上书，第329页。

根据邓小平关于政治体制改革的构想和规划，我们党在推进政治发展方面，作出了许多积极的努力。1987年党的十三大将政治体制改革作为会议的主题，提出了关于我国政治体制改革的长远目标和近期目标，使政治体制改革开始从后台走向前台，提上了党和国家工作的议事日程。邓小平高度肯定了党的十三大在关于政治体制改革方面所作出的部署，所以尽管后来国家的政治生活发生了一些变化，但邓小平还是强调了"十三大报告一个字都不能改"的原则立场。党的十六大坚持了邓小平关于推进政治体制改革的战略构想，进一步提出了"物质文明、政治文明、精神文明"三个文明协调发展的战略。在2007年召开的党的十七大上，胡锦涛又强调，要坚定不移地发展社会主义民主政治，并指出：人民民主是社会主义的生命。发展社会主义民主政治是我们党始终不渝的奋斗目标，要坚持中国特色社会主义政治发展道路，坚持党的领导、人民当家作主、依法治国有机统一，坚持和完善人民代表大会制度、中国共产党领导的多党合作和政治协商制度、民族区域自治制度以及基层群众自治制度，不断推进社会主义政治制度自我完善和发展。可以看到，自从改革开放以来，历届党中央均提出了很多我国政治发展的原则、战略和目标，现在的问题是：我们要按照这些原则，制定切实可行的发展规划和步骤，一步一步地去实现这些目标，以实现党中央制定的关于我国政治发展的战略构想。

六

人们注意到，多少年以来，我国在政治发展问题上存在的一个主要问题就是：理念有余而制度建设不足；目标有余而具体规划不足；口号有余而实际行动不足。无论是过去的两个文明"两手都要抓、都要硬"，还是"三个文明"协调发展战略，抑或现在的经济建设、政治建设、文化建设、社会建设等"四大建设"，这当中，除了"政治"这一块以外，其他的几乎都不同程度地有具体的规划，甚至也有具体的指标和步骤，而唯独政治发展尚没有具体的规划、步骤和举措。邓小平在1979年就提出了"没有民主就没有社会主义"的重要命题，中共十六大也提出了"中国共产党人一向以民主为己任"的价值和理念，十七大又进一步提出"人民民主是社会主义的生命"，可见我们对民主之于社会主义重要性的认识是如此之坚决、如此之深刻，但是如何在实际的政治进程中推进民主，却需要我们提出具体的规划和步骤。

中共十七大很多关于政治发展的构想具有战略性意义，譬如，"建议逐步实行城乡按相同人口比例选举人大代表"，可以认为，这是实现权利平等的重要举措。但是，仅就这一个举措而言，需要我们作出整体性的思考和规划。譬如，如何"逐步实行"？如何解决实现这种权利平等以后带来的其他问题？再如，十七大明确提出要"善于使党的主张通过法定程序成为国家意志"，这同样需要通过切实的制度和程序才能将其落到实处。

加强政治发展的战略研究，制定切实的政治发展规划，从目前的情况来看，需要解决的主要问题是：第一，进一步明确我国政治发展的总目标。我们需要进行深入的思考并形成广泛的共识，找出我国政治发展中存在的主要问题，按照政治发展的普遍规律，确定我国政治发展的总体目标。第二，将我国政治发展总目标进行必要的分解，形成近期可执行目标。第三，按照近期可执行目标，提出具体的方案和步骤。第四，着力解决一些当前党和国家领导体制和管理体制中的具体问题。在推进政治发展的整个过程中，确立牢固的问题意识是非常必要的。改革是为了克服弊端，发展是为了解决问题。为此，着力解决一些党和国家领导体制和管理体制中存在的基本问题，本身就是政治发展的出发点所在。

政治发展规划可以包含一些具体的目标和时间表。譬如，按照党的十七大关于逐步实现城乡按相同人口比例来产生人大代表的建议，我们可以将这个"逐步"进行一些细化；按照党中央关于建设法治国家的要求，我们可以通过一个具体的时间系列提出规划，如在10年、20年或者更长的一段时间内，使我们国家的法治建设达到一个很高的水平。

通过上述关于政治发展战略和规划的思考、研究，致力于将我们的很多政治理想和政治价值付诸实践，以推进我国的政治发展，从而也推进我国社会的全面发展。在这方面，我们非常有必要重温上述提及的1980年邓小平的那篇非常重要的"8·18"讲话。这篇题为《党和国家领导制度的改革》的文章，揭示了党和国家领导体制存在的一系列问题，并提出了改革和发展的原则性构想。应该说，邓小平当时提出的很多原则性构想至今依然具有十分重要的意义，因为我们至今依然面临着政治体制改革和政治发展的重大任务，当年邓小平所揭示的党和国家领导体制中存在的一些问题，在今天看来还没有得到完全解决。因此，需要我们站在历史的高度，提出具体的规划、方法和步骤。更为重要的是，如果没有对上述问题的思考和研究，我们的人民将不能较为清晰地看到我国政治发展的前景,我们的社会将缺乏关于政治发展的预期。在经济发展方面,我们制定了很多规划,人民对未来的前景充满了期望和憧憬。但是同时,我们的人民如果对中国政治发展的未来缺乏预期,那么也就因此而有可能缺乏对政治的热情,这将是影响社会健康发展和持续稳定的重要因素。

(本文原载《探索与争鸣》2008年第10期,收入本文集有删改)

使命型政党的分析范式建构

复旦大学国际关系与公共事务学院教授　唐亚林

1921年，中国共产党成立，这标志着近现代中国发展史上的新型政治主体与领导力量的诞生。100年来，中国共产党将马克思列宁主义与近现代中国实际相结合，不仅建立了独立自主的中华人民共和国，而且开创了中国特色社会主义事业发展的新时代与新格局。

中国共产党的成功，有许多宝贵的经验。毛泽东同志在总结中国共产党成立18年的经验时，提出了"统一战线、武装斗争、党的建设"之"三大法宝说"。① 后来，他在为纪念中国共产党成立28周年所撰写的文章《论人民民主专政》中，又对"三大法宝说"做了进一步丰富和完善："我们有许多宝贵的经验。一个有纪律的，由马克思列宁主义的理论武装的，采取自我批评方法的，联系人民群众的党。一个由这样的党领导的军队。一个由这样的党领导的各革命阶级各革命派别的统一战线。这三件是我们战胜敌人的主要武器。这些都是我们区别于前人的。依靠这三件，使我们取得了基本的胜利。"②

然而，这一由中国共产党带领中国人民自我创造的，关于中国共产党作为新兴政治发展主体与国家核心领导力量的独特性角色与作用的新型政党理论范式，长期以来被理论界、知识界忽视，并淹没在西式政党理论的分析框架与知识体系传播的泥淖中，值得我们去重新认识并予以系统化重构。

一、基于经验与理论的比较考察：只是作为国家与社会的"连接中介"的现代政党的论断是否真的成立

现代西方民主理论研究的代表人物罗伯特·达尔（Robert Dahl）与现代西方政党理

---

① 《毛泽东选集》（第2卷），人民出版社1991年版，第606页。
② 《毛泽东选集》（第4卷），人民出版社1991年版，第1480页。

论研究的代表人物 G. 萨托利（Giovanni Sartori），对于政治派别或政党的认知，基本上定位于获胜上台执政的政党得到了"民众的授权"① 以利于政策的有效执行，与成为"社会和政府之间的核心中介组织"② 以塑造政治社会这两大认识。这两大认识也获得了西方学术界的普遍认可，即现代政党是国家与社会的"连接中介"。然而，对比经验观察与理论分析，我们不禁要问，事实真的是如此吗？

（一）从经验观察对比中看现代政党的地位和作用

政党是现代政治的产物。现代西方国家政党的产生，有两种起源：一种是从立法机构内部的派系逐渐演化而来；另一种产生于立法机构外部，由社会运动的团体或社会阶级的利益集团演变而来。前者的代表，主要有19世纪欧洲的保守党和自由党，属于干部党；后者的代表，主要有社会党和代表新兴工人阶级和宗教利益的政党，如英国工党、德国社会民主党、意大利（天主教）人民党和爱尔兰民族党，属于群众性政党。③

从时间维度看，现代西方国家的政党与政党制度形态的产生，均大大晚于现代西方民族国家的形成过程，但到近代以后政党在地方和国家政治生活中的作用日趋凸显，并深深地嵌入到国家政治生活之中；从制度维度看，现代西方国家政党在现代西方政治制度体系中的地位和作用，有一个从被怀疑到逐渐得到认可并卷入现代政治过程的制度化过程；从实际运作维度看，现代西方国家的主要政党与政党制度深嵌于州层级与联邦层级的国家高层政治生活之中。

对于无产阶级政党来说，其使命不仅在于领导无产阶级通过暴力革命的方式，"使无产阶级上升为统治阶级，争得民主"，而且在于"将利用自己的政治统治，一步一步地夺取资产阶级的全部资本，把一切生产工具集中在国家即组织成为统治阶级的无产阶级手里，并且尽可能快地增加生产力的总量"。④ 苏维埃社会主义共和国联盟（苏联）的历史实践如此，中华人民共和国的历史实践亦如此，均是通过先建立无产阶级政党再建立社会主义国家政权的方式，走出了由政党主导国家建设与发展的人类社会发展模式的新路。

从上述历史、现实比较分析中，我们可以得出与西方学术界普遍流行的理论原理与

---

① ［美］罗伯特·达尔：《论民主》，商务印书馆1999年版，第145页。
② ［意］G. 萨托利：《政党和政党体制》，王明进译，商务印书馆2006年版，第2页。
③ ［英］戴维·米勒等：《布莱克维尔政治学百科全书》（修订版），中译本主编：邓正来，中国政法大学出版社2002年版，第561页。
④ 《马克思恩格斯选集》（第1卷），人民出版社2012年版，第421页。

知识体系所不同的四大判断：在现代西方国家中，一是所谓"政党只是属于社会范畴，且在国家之外"的判断，是一种不准确的认识和定位；二是所谓"政党只是国家与社会的连接中介"的判断，同样也是不准确的认识和定位。在现代社会主义国家中，一是无产阶级政党先是创建了无产阶级国家，后是再造了社会主义社会；二是无产阶级政党起到了领导国家和社会的关键作用，成为社会主义现代化建设的根本领导力量。

（二）从理论分析对比中看现代政党的地位和作用

对政党的性质与功能等的理论分析，现代西方国家政治家与理论家们虽然存在不同的认知，可在将其看成是"一种有组织的联合体"上却是高度一致的。像18世纪保守主义者埃德蒙·伯克（Edmund Burke）认为，"政党是人们联合起来，根据一致认同的某种特定原则，通过共同努力来促进国家利益的一种团体"。[①] 只是这种将国家利益或者公众利益作为政党追求的主要目标的理论或者制度设计，在现代西方各国政治实践中，发生了蜕变，走向了庸俗功能化，其蜕变主线可以概括为从政策差异到意识形态差异再到党派利益差异的转化过程。

与此相对应的是，对于马克思主义政党来说，首先，政党具有阶级属性，代表着不同阶级或阶层的意志，通过执掌或参与国家政权的方式，将自己的意志转换成能够满足所在阶级或阶层需求的公共政策体系。其次，无产阶级的利益就是自己的利益，实现无产阶级的根本利益就是无产阶级政党的根本价值追求。再次，无产阶级政党通过组织广大无产阶级和人民群众，用崇高的理想、科学的理论和严格的纪律武装自己、指导群众，领导国家政权建设和社会主义现代化建设，为实现人的全面发展与人类伟大解放的伟大使命而奋斗，是马克思主义政党的立身之本。

综上所述，从中外政治界与学术界关于政党性质与功能等的理论分析比较来看，所谓现代政党只是作为国家与社会的"连接中介"的说法，既脱离了现代西方国家政治的实际，又不符合社会主义国家政治的实际，不仅在理论上而且在实践中都是站不住脚的。

二、基于政党功能类型的政党性质光谱的重构

通过对不同政党功能的分类考察，我们可以为政党性质光谱的重构以及新型政党理

---

① [英]艾伦·韦尔：《政党和政党制度》，谢峰译，北京大学出版社2011年版，"导言"第11页。

论分析范式的创建,奠定理论与实践基础。

(一) 基于赢取选票、分配职位的政党功能考察

现代西方国家政治家与学者们往往避而不谈现代政党的性质,只是从政党的功能视角来对政党进行分类。现代西方政党理论研究的代表人物萨托利对政党的认识做了一个从性质到功能的开创性转换分析。首先,从宗派到政党演化的历史过程看,其发现政党不是宗派。其次,基于多元主义的观点,他视政党为整体的部分,即政党代表的是部分利益,是表达的渠道。最后,他提炼了关于政党的经典功能理论概括:"政党首先且最主要的是表达的手段:它们是工具,是代理机构,通过表达人民的要求而代表他们。"①

萨托利关于政党是"代表机构"与"表达工具"以及"政党是社会和政府之间的核心中介组织"的功能性理论提炼,成为当今西方政界与学术界关于政党的最经典理论表达。在萨托利前后,西方政界与学术界相继从功能视角提出了相关观点:一是"自愿联合并赢取政权、分配职位说",主要代表人物有马克斯·韦伯(Max Weber)等。二是"分配职位、凝聚利益说",主要代表人物有艾伦·韦尔(Alan Ware)等。三是"与环境相互作用说",主要代表人物有爱泼斯坦等。

(二) 基于政治理想的政党功能考察

根据政治理想背后的意识形态属性的强烈程度以及政治理想与政党角色、政党纲领、政党路线、政党政策、政党责任等结合程度,可以将包括马克思、恩格斯在内的诸多理论家的观点归结为三种代表性观点。

一是"为争夺职位荫护的事业而斗争说",如马克斯·韦伯通过把政党分为群众性政党与世界观政党②的方式,视群众性政党为"官职庇护的组织",视世界观政党为"想服务贯彻有实质内容的政治理想"的组织。

二是"基于选举民主的对信众的教义规训说",如奥斯汀·兰尼(Austin Ranney)根据政党的意识形态特质及其型塑政党态度和运作的作用的比较考察,将政党分为教义规训型政党(Missionary Parties)与当选经纪型政党(Broker Parties),③ 前者重视通过选举

---

① [意] G. 萨托利:《政党和政党体制》,王明进译,商务印书馆 2006 年版,第 56 页。
② 有人将"群众性政党"与"世界观政党"翻译为"职位庇护型政党"和"意识形态政党"。
③ 有人从字面上将二者翻译为"使命政党"(Missionary Parties)与"掮客政党"(Broker Parties),从原文所表述的内容来看,不甚准确,故做了重新翻译。

活动而赢得信众对政党教义的真理性信奉,后者则力主尽可能多地代表不同的利益与意识形态而推出更多的候选人。①

三是"基于消灭私有制的人类伟大解放说",即以马克思、恩格斯为代表的马克思主义者,主张政党是特定阶级利益的代表,是为夺取和执掌政权、实现人类伟大解放而成立的政治组织,有着鲜明的意识形态、政治理想、基本纲领、路线方针、战略政策、使命责任等,有着严密的组织体系和严格的组织纪律,其最终理想是"代替那存在着阶级和阶级对立的资产阶级旧社会的,将是这样一个联合体,在那里,每个人的自由发展是一切人的自由发展的条件"。②

列宁强调了无产阶级政党是无产阶级的先进部队,是无产阶级和劳动群众的领导者和组织者。无论是在民主革命中,还是在社会主义革命和社会主义建设中,都必须毫不动摇地坚持党的领导权,坚持以马克思主义理论为指导,用科学理论武装党员的头脑,并结合本国的实际,依据不断发展变化的实际确定自己的路线、政策和策略。③

以中国共产党人为代表的马克思主义政党,将马克思主义基本原理同中国具体实际相结合,赢得了中国革命的胜利,建立和完善社会主义制度,并形成了以毛泽东思想、邓小平理论、"三个代表"重要思想、科学发展观、习近平新时代中国特色社会主义思想为标志的重大理论创新成果,让政党的政治理想在不同的历史阶段得到了有机的实现,并累积了向下一阶段奋斗目标迈进的物质性、精神性与制度性动力体系。

(三) 基于政党功能类型划分的政党性质光谱的建构

西式政党理论将政党视为"国家与社会的连接中介",只是起到了"代表机构"与"表达工具"的作用之看法,既忽视了政党所内蕴的包括政治理想在内的价值性作用,又忽视了无产阶级政党所拥有的"自我认知、自我塑造、自我期许、自我实现的能动力"的政党主体性作用。④

基于对古今中外现代政党功能类型的划分思考,以及对政党所具有的阶级属性特征

---

① Austin Ranney, *Governing: An Introduction to Politic Science* (Fourth Edition), Englewood Cliffis: Prentice-Hall, Inc. 1987, pp. 165-166.
② 《马克思恩格斯选集》(第1卷),人民出版社2012年版,第421—422页。
③ 中共中央马克思恩格斯列宁斯大林著作编译局编:《列宁专题文集:论无产阶级政党》,人民出版社2009年版,第3页(编辑说明)。
④ 唐亚林:《从党建国体制到党治国体制再到党兴国体制:中国共产党治国理政新型体制的建构》,《行政论坛》2017年第5期。

分析，同时结合马克思主义政党将政治理想与政党角色、政党纲领、政党路线、政党政策、政党责任等一体化贯通的情况，我们可以得出一个基本结论，即政党不仅是作为国家和社会的中介组织的功能性机构，而且是带有强烈意识形态属性与社会现实改造属性的主体性机构，并形成了由政党性质与政党功能有机互动的政党性质光谱。

在图1所示的政党性质光谱中，作为政党，最基础性的原点表现是"国家与社会的中介"，光谱往左的功能性（工具性）导向是作为选举性机构的存在，其核心功能在于赢得选票、争夺执政权、分配职位等，而光谱往右的价值性导向是作为政治理想组织的存在，其核心功能是在保持与环境互动的过程中，实现对国家和社会的领导，进而为实现人类伟大解放的政治理想奠定物质性、精神性与制度性基础。在整个政党性质光谱中，越往左，政党的意识形态属性越弱，政党的价值性与主体性也越弱，而越往右，政党的政治理想属性越强，政党的主体性越强，政党的政治理想与政治角色、政治纲领、政党路线等的结合度也就越强。

图1　政党性质光谱图

三、使命型政党：基于性质、功能与使命"三位一体"的新型政党理论分析范式建构

即使建构了政党性质光谱图，关于政党的类型分析仍存在巨大缺陷：一是既有政党理论的贫困，无法有效解释马克思主义政党的独特地位和作用；二是缺乏从多维度且统一标准下对现实运作中的中西政党的对比分析；三是缺乏从人类社会现代化的宏观历史视角去创新性建构关于新型政党理论分析范式的勇气和眼光。

（一）现代西方国家"竞争型政党"与当代中国"使命型政党"的比较分析

通过前述分析，现代西方国家政党与中国共产党不仅在根本意识形态领域，而且在理论假设、理论基础、关系结构、组织原则、角色地位、使命责任、政治形态、发展道路等维度，均存在巨大差异，由此可建构一个基于现代西方国家"竞争型政党"与中国共产党"使命型政党"的新型政党分类模式（见表1）。

表1 现代西方国家政党主要类型与当代中国政党主要类型比较

区别	类型	
	西方国家政党	中国共产党
名称	竞争型政党	使命型政党
假设	理性人	党性人
基础	委托-代理制	代表-信心制
关系	政党与充当选民的支持者（党员）	政党与服务于人民的宗旨信仰者（党员）
本质	选票本位观	人民本位观
组织	松散结盟制	紧密科层制
原则	寡头统治制	民主集中制
机制	精英-大众制（依附型）	群众路线制（团结型）
情感	理性官僚制（去人格化）	情感治理制（鱼水关系）
作用	部分利益的代表 连接国家与社会	整体利益的代表 领导国家与社会
角色	社会多元体系的一元 代表与表达	代表与表达 整合与分配 服务与引领
地位	执政党与在野党 主要党派按照议席与政府职位分配，嵌入高层政治之中	执政党与多党合作 领导核心地位
使命	党派利益（为执政而生存）	人的全面自由发展与人类伟大解放（最低纲领与最高纲领）
责任	执政履行竞选承诺（未必兑现） 在野进行制衡	人民幸福、国家繁荣、民族复兴、世界和平
形态	分权导向型竞争-党派政治	合力导向型使命-责任政治
道路	资本主义非均衡化现代化发展道路	社会主义均衡化现代化发展道路

第一，从理论假设看，现代西方国家政党建立在理性人假设基础之上，将个体视为个人权利与利益最大化的主体，政党只是为争夺执政权、分配职位而来，而中国共产党则是建立在"全心全意为人民服务"的"党性人假设"基础之上。①

---

① 唐亚林：《当代中国政治发展的逻辑》，上海人民出版社2019年版，第302—303页。

第二，现代西方国家通过委托-代理制契约方式，建立作为委托人的个体将自身的部分权利让渡给由选举产生的代理人组成的共同体管理机构，实现对国家和社会的统治与管理，相应地，党员也是通过委托-代理制契约方式，将部分权利让渡给由选举产生的职业政党从业人员组成的政党组织，而政党组织实行松散结盟的组织方式，日常党务的运作实行寡头统治制，其政党与党员的关系是政党与充当选民的支持者的关系，走的是"精英-大众制"路线，奉行的是"选票本位观"。

在长期的中国革命、建设与改革历史实践中，广大党员与中国共产党及其领导的国家与政府之间形成了双向有机互动、彼此高度信任、整体团结合力的委托-信心制关系，① 即新型代表-信心制关系，而执政党实行的是以民主集中制为运作原则的紧密科层制，执政党与党员之间是政党与服务于人民的宗旨信仰者之间的关系，走的是群众路线制，奉行的是"人民本位观"。

第三，在现代西方国家，政党是社会多元体系的一元，只是作为部分利益的代表，执政党与在野党之间的关系是统治阶级内部权力、利益与政策之间的制衡关系，政党的使命在于党派利益至上，政党政治实行的是分权导向型竞争-党派政治形态。

中国共产党作为全体人民整体利益的最高代表，通过最低纲领与最高纲领的有机统一，不仅肩负着代表与表达、整合与分配、服务与引领的"三合一"职责，而且肩负着促进人民幸福、国家繁荣、民族复兴、世界和平"四合一"发展目标的历史责任，建构了合力导向型使命-责任政治形态。

（二）基于性质、功能与使命"三位一体"的"使命型政党"——新型政党理论分析范式建构

在性质、功能与使命"三位一体"基础上，可以建构一个关于"使命型政党"② 的新

---

① 唐亚林：《顺天应人：人心政治的"源"与"流"》，《天府新论》2021年第1期。
② 笔者是国内学术界最早提出"使命型政党"这一理论概念的。所谓使命型政党，建立在超越被资本、利益、地方、党派、泡沫民意等绑架的，以"为人民服务"为根本宗旨的党性人（组织）假设基础之上，体现组织先锋队的性质，具备领导国家和社会的地位，承担代表与表达、分配与整合、服务与引领等复合角色，发挥领导和建设国家现代化的作用，实现人的全面自由发展和人类最终解放的使命等多重目标于一体，将政党发展、国家发展和世界发展密切结合，历经从"党建国体制"到"党治国体制"再到"党兴国体制"的体制变迁，展现将政党工具理性、价值理性与主体理性三者有机统一以及党性（良心）、制度（良制）与治理（良治）三者有机结合。使命型政党集中地体现在以马克思主义为指导，反映共产党执政规律、社会主义建设规律和人类社会发展规律三大规律认识，具备自我革命品质的中国共产党身上。参见唐亚林：《社区治理的逻辑：城市社区营造的实践创新与理论模式》，复旦大学出版社2020年版，第9页（丛书总序——人心政治：探寻中国治理的奥秘）。

型理论分析范式（见图 2）。

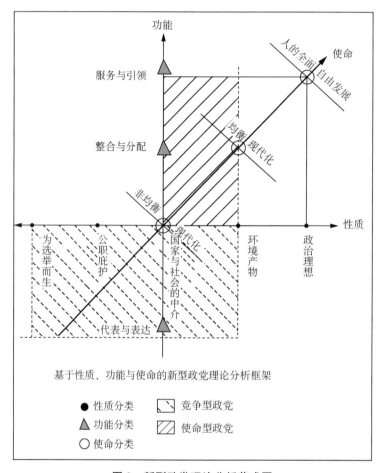

图 2　新型政党理论分析范式图

从与政治理想相结合及政党性质看，"使命型政党"代表的是人民整体利益，奉行的是人民本位观，通过政治理想引领国家发展，与"竞争型政党"代表的是部分人的利益、奉行的是选票本位观、靠公职庇护与分配维持执政地位相对。

从实现国家与社会整体发展程度的政党功能看，"使命型政党"不仅具有"竞争型政党"的"代表与表达"功能，而且还具有"整合与分配""服务与引领"的功能，不是作为"国家与社会的连接中介"，而是"国家与社会的最高政治领导力量"。

从实现人的全面自由发展程度的政党使命看，"使命型政党"是在保持与社会环境有机互动的过程中，将实现人的全面自由发展与人类伟大解放的伟大使命有机地融入"最低纲领与最高纲领"相统一的目标体系之中，与"竞争型政党"只是为了满足和保障部分人利益与党派利益、为了赢得执政地位相对。

四、"在伟大斗争中锻炼自己"：使命型政党的发展之道

使命型政党所拥有的主体理性，集中体现在国家现代化发展模式之上，就是"政党对理论、道路、制度、文化的自我选择、自我塑造、自我建构、自我实现的能动力，也表现为政党领导与参与国家建设的能级与能量，同时体现为政党将工具理性、价值理性与主体理性相结合的能动力"。①

毛泽东在《〈共产党人〉发刊词》一文中，提出在"建设一个全国范围的、广大群众性的、思想上政治上组织上完全巩固的布尔什维克化的中国共产党"的过程中，"党经历了许多伟大的斗争。党员、党的干部、党的组织，在这些伟大斗争中，锻炼了自己"。②

大国大党大发展，是当代中国的最鲜明特征。在推进"使命型政党"建设的过程中，党员、党的干部、党的组织和党的中央领导集团构成了"使命型政党"的四大支柱。其中，党员是根本力量体系，党的干部是主干力量体系，党的组织是关键力量体系，党的中央领导集团是智慧力量体系的代表，这四者一体化于中国共产党领导国家与社会的现代化发展全过程。

建构使命型政党的新型政党理论分析范式以及推进使命型政党建设，有助于当代中国在马克思主义政党领导国家与社会的发展过程中，走出一条完全不同于现代西方发达资本主义国家的、以"良心+良制+良治"为复合目标的人类社会现代化发展新路，奠定人类社会文明新形态的理论、实践与制度基础。

（本文原载《政治学研究》2021年第4期，原标题为《使命型政党：新型政党理论分析范式创新与发展之道》，收入本文集有删改）

---

① 唐亚林：《当代中国政治发展的逻辑》，上海人民出版社2019年版，第327页。
② 《毛泽东选集》（第2卷），人民出版社1991年版，第603—604页。

政治大一统的创造性转化

复旦大学国际关系与公共事务学院教授 汪仕凯

一、问题的由来

中国是有着深厚文明底蕴和悠久政治传统的国家，虽然在近代由于落后而被强制性地纳入到资本主义世界体系之中，不得不建立新的治理形式以适应由现代国家组成的国际体系，但是在历经战乱和分裂后最终仍然整体转型为现代国家，因此当代中国国家同古代王朝国家有着内在的一致性。如何理解古代王朝国家向现代国家整体转型的过程以及结果，构成了中国政治学研究的根本问题，这不仅是因为关于这个问题的答案必须是对一种深层结构的延续和变革的理论解释，而且是因为关于这个问题的答案从基础上决定着我们对当代中国国家制度、政治过程、治理绩效的正确理解。

中国国家的深层结构是政治大一统，政治大一统是中国最为根本的国家传统，中国是以政治大一统的王朝国家步入近代历史的。政治大一统是一种深层结构，一方面是因为政治大一统是在历史中形成和发展的，早已成为了中国政治文化中的基本价值；另一方面是因为古代中国国家是以政治大一统作为内在支撑的，政治大一统制约着王朝国家的再造，而政治大一统的重建则是王朝国家复兴的关键。质言之，政治大一统从根本上制约着古代中国国家，并且是古代中国国家的核心构成。

政治大一统对于古代中国国家的根本制约作用，同样贯穿在中国现代国家建构的历史过程中。对于中国现代国家建构来说，政治大一统仍然是其根本所在。自晚清以降，中国现代国家建构不断遭到挫折的基本原因就在于未能在新的历史条件下重建政治大一统。其中的挑战则是，近代中国的先进分子虽然普遍认识到要建构一个现代国家，并且必须是一个大体上延续了清王朝国家的、统一的现代国家，然而却未能充分认识到中国现代国家建构的关键是重建政治大一统,并且是一种同古代政治大一统有着实质联系,但是又存在根本差异的新政治大一统。能否建构新政治大一统是中国现代国家建构能否成功的关键,中国现代国家必须以新政治大一统作为深层结构,但是新政治大一统必须由新政治主体在历史条件约束下利用新政治资源来创造。这个创造过程就是对古代政治大一统进行创造性转化,正是因为经过了创造性转化,新政治大一统才既延续了古代政治大一统的本质,又同古代政治大一统存在显著差异。

二、政治大一统的内涵

政治大一统是古代中国国家的深层结构。政治大一统发端于西周,形成于秦汉,并在后世不断发展完善。但是,中国古人对大一统的系统思考,则很可能晚于大一统的历史实践,一般认为《春秋公羊传》首发大一统之义理,《春秋公羊传》对大一统义理的阐发,重点在于尊王,实质是从王(周文王)与政治秩序之间的关系来界定大一统。

后世思想家围绕着大一统进行了丰富的思想创造,一方面对大一统的历史实践产生了影响,另一方面又同大一统的历史实践形成了巨大差异。如果不受制于少数思想家头脑中的思想观念,而是从大一统的历史实践出发,可以认为大一统指的是一种得到了天命护佑和民心支持的政权在统一的广大疆域中建立的统治秩序。大一统的内涵具体包括三个方面:首先,大一统是一种在广大疆域中建立的统治秩序。其次,大一统所代表的统治秩序得到了天命和民心的支持,也就是具有强大的正当性。最后,得到了天命和民心支持的、在广大疆域中建立的统治秩序是由政治中央集权的制度体系支撑起来的,也就是说,政治中央集权的制度体系是统治秩序和天命、民心之间的枢纽,它之所以能够支撑起广大疆域中的统治秩序乃是由于它符合天命、民心,故而进一步赋予统治秩序以正当性。

本文之所以特别关注大一统的政治内容,并且要以政治大一统的创造性转化为研究议题,主要是基于以下两个方面的原因:一方面是因为笔者认为政治是大一统的核心内容,相对于经济、文化、社会等要素来说,政治更为重要。而且在大一统的历史中,它的政治内容发展得最为成熟,所以可以说大一统其实就是或者主要是政治大一统。另一方面是因为中国在由古代国家向现代国家整体转型的历史进程中,大一统的很多要素和内容，例如天下秩序、华夷之别等，都被历史进程所淘汰，但是大一统的政治内容却得到了创造性转化，形成了新政治大一统，进而成为当代中国社会主义国家的深层结构。

所谓政治大一统就是指一种政治中央集权的高度耦合的制度体系。具体而言，古代政治大一统就是指以皇权为中心，以郡县制、官僚制、选官制、儒家意识形态为基本要素组成的，以政治中央集权为本质的高度耦合的制度体系。可以说，以皇权为中心的中央集权是政治大一统的中轴，而以皇权为中心的中央集权实际上就是政治中央集权，因此政治中央集权就构成了政治大一统的本质。正是以政治中央集权为本质的高度耦合的制度体系支撑了疆域广大的古代国家，进而言之，政治大一统构成了古代国家的深层结构。

政治大一统的本质是政治中央集权。政治中央集权是政治性质的中央集权，所谓中央集权就是说中央享有最高权威地位和拥有最大权力，所谓政治性质就是指中央集权是政治主体运用政治程序通过政治过程完成的。政治中央集权不同于行政中央集权，行政中央集权是通过官僚制实现的，垂直命令系统是行政中央集权的关键，强制则是行政中央集权的保障。而政治中央集权则强调不同政治主体之间的互动，互动是利益平衡和凝聚共识的政治过程，中央集权就是在这种互动中实现的，因此，政治中央集权就不是命令的简单垂直贯彻，而是权威从下往上、从四方向中心汇聚支持力量，也就是使中央在社会力量中建立了支持基础。这种汇聚有着多样的形式和过程：既包括民众的参与，又包括下层组织的参与；既包括中央开展的意见征集和情况调查，又包括民众和地方为争取中央的政策和资源支持而进行的竞争。

中国共产党运用民主集中制实现了政治大一统的创造性转化，其中的关键是重构新的政治中央集权。在政治大一统的创造性转化中，中国共产党是主体力量，民主集中制是基本资源，并且只有在以社会革命的方式创建现代国家的过程中，中国共产党才能运用民主集中制完成政治大一统的创造性转化。进而论之，一方面民主集中制在中国共产党内建立了政治中央集权，将中国共产党塑造成高度内聚的整体，进而使中国共产党成为社会革命的领导核心；另一方面民主集中制能够在社会革命中将多民族共同体的绝大多数成员凝聚起来成为人民，从而使多民族共同体以人民这一形态完整地进入现代国家即社会主义国家之中。

三、中国现代国家建构的历史内涵

将多民族共同体完整带入现代国家是中国现代国家建构的历史内涵，为了创造性回应这一历史规定性，就需要利用以中国共产党领导为核心的政治中央集权的组织网络，将多民族共同体的绝大多数成员凝聚起来成为人民，从而以人民为基础建立现代国家。政治大一统的创造性转化是内生于中国现代国家建构的历史过程的，它是对中国现代国家建构必须实现将多民族共同体完整保存下来这一历史规定性的创造性回应，新政治大一统就是这种创造性回应的结果。

现代国家是更为有效的政治框架和组织模式，西方国家的强盛及其世界扩张决定了古代国家的末路。当与西方民族国家相遇时，清王朝遭受了一系列失败并被强制性地纳入到资本主义世界体系之中，中国必须在王朝国家崩溃的基础上学习西方的政治经验建构现代国家。现代国家以直接统治为核心特征，具体言之，它将政治统治的基础直接建立在民众认可或者默认的基础上，因此，现代国家必然同民众形成直接的互动，建立直接的联系，直接面对民众的诉求和挑战，直接负责民众的安全和福利。直接统治说明现代国家与普通民众之间存在着广泛和紧密的联系，这就意味着普通民众必然是现代国家建构的基本力量。

在中国现代国家建构中，普通民众不仅是现代国家建构的基本力量，而且由于中国现代国家建构的特殊性，普通民众在现代国家建构中的重要性相对于西方国家来说更为突出。中国现代国家建构的特殊性可以归纳为以下两个方面：第一，古代政治大一统决定了中国现代国家建构要以多民族共同体为基础，大一统是中国之轴，失去了大一统，中国也就失去了整体存续的基础与价值。第二，在中国近代，没有任何社会集团能够独自完成中国现代国家建构的历史任务，这就意味着要将千年古国整体转型为现代国家，就只能从组织普通民众入手，依靠民众的力量，将规模巨大的民众最大程度地组织成一个整体，进而将这个整体变成多民族共同体的政治基础。

中国现代国家建构的特殊性内在地具有两重紧张关系：一方面中国现代国家建构诚然要以多民族共同体为基础，并且必须将多民族共同体整体上组织到现代国家的政治框架之内，但是多民族共同体事实上处在分裂状态；另一方面现代国家建构突出了普通民众的基础作用，但是广大中国民众却被限制在各种旧的政治与社会结构中。这些紧张关系引发了社会革命，而社会革命则必然形成广泛深入动员民众的状态，于是保存多民族共同体的需要、普通民众的基础作用、广泛深入的组织化动员就在社会革命中统一起来，所以社会革命为解决中国现代国家建构的内在紧张关系提供了历史机遇。

社会革命的特性说明它能够满足中国现代国家建构的需要，因而成为中国现代国家建构的基本方式。具体而言，首先，社会革命能够以广泛组织化动员将民众凝聚起来，从而将民众置于中国现代国家建构的基本力量之地位；其次，社会革命能够将民众塑造成为强大的革命力量，从而为战胜现代国家建构面对的强大敌人提供保障；再次，社会革命能够借助广泛的社会与政治冲突深入中国社会内部，在多民族共同体事实上处在四分五裂的情况下重新塑造多民族共同体，从而为中国现代国家建构提供基础；最后，社会革命能够创造新的社会结构与政治结构，在解决政治危机的基础上解决社会危机，从而实现现代国家建构的目标。概而论之，社会革命既是缩短中国现代国家建构的目标与多民族共同体四分五裂的现状之间距离的有效手段，又是克服中国现代国家建构历史进程中的政治危机和全面危机的不二法门。

中国现代国家建构要以社会革命的方式进行，社会革命则必须以中国共产党为领导。中国共产党是先锋队性质的政党，这种特殊性质决定了中国共产党能够胜任社会革命的领导角色，并且推动社会革命深入发展最终获得胜利。中国共产党的先锋队性质决定了它不仅要以领导社会革命为己任，而且能够提供社会革命所必需的支持条件。这些支持条件包括，基于人类社会发展规律和中国实际相结合而提出的正确理论指导、基于对社会革命形势的恰当分析而形成的正确战略和有效行动策略、基于自身组织体系和党员干部队伍而凝聚起来的强大革命力量、基于高度集权特性而锻造出来的强有力指挥中枢和高效率行动单元。中国共产党是马克思列宁主义的先锋队理论同中国革命的具体实践结合的产物，一方面中国共产党全面吸收和坚持了先锋队理论的精髓，另一方面中国共产党立足中国社会革命的实际情况，创造了从思想上建党、群众路线、统一战线、农村包围城市等新要素。新要素将中国共产党建设成为更为发达、严整、有效的组织。因此，中国共产党使先锋队在理论上的巨大作用通过中国现代国家建构的历史过程充分地发挥了出来。

中国共产党对社会革命的领导集中体现在，它将中国民众最大程度地组织起来，并且以自身为核心将中国民众凝聚成为一个整体。中国民众凝聚成整体是通过庞大的组织网络实现的，这个组织网络是由中国共产党和外围组织共同组成的，并在中国共产党领导下不断扩大。随着中国社会革命深入发展，越来越多的民众参与到社会革命的历史进程中，中国共产党将广大民众团结在自身领导之下，塑造了一支能够战胜国内外敌人的强大革命力量，并以由绝大多数民众凝聚成的人民为基础建立了人民共和国，最终实现了将千年古国整体转型为现代国家这一宏伟目标。

四、以民主集中制重建政治中央集权

民主集中制是民主基础上的集中制，集中的重点是党中央集中统一领导，并且党中央集中统一领导需要在民主基础上的集中和集中指导下的民主相统一的过程中实现。民主和集中紧密结合是民主集中制的根本，一方面，民主集中制必须以民主为基础，这里的民主就是指，民众以及下级组织的广泛政治参与以及意见的充分表达、广泛协商。因为广大民众是社会革命的动力和现代国家建构的基本力量，激发并发展民众的积极性和创造性始终是中国共产党领导必须处理的至关重要的问题，所以必须在现代国家建构的过程中尊重广大民众的主体地位、保障广大民众的参与权利、维护广大民众的切身利益。另一方面，民主集中制必须以中央集权为目的，中央集权就是指"部分应当服从整体"，最高层的中央组织具有最终的决策权和最大的执行权。因为广大民众对于社会革命和现代国家建构的参与必须以集体形式取得整体效应，没有中央集权就不可能将高度离散的中国民众凝聚成人民，也就不可能有集体力量和整体效应。

民主和中央集权是民主集中制的两个相辅相成的构成要素，不以民主为基础的集中是不具有正当性的，而不以中央集权为目的的民主则是无效的。民主集中制的实质就是政治集中，其实践就是构造政治中央集权，只不过中央集权必须以民主为基础才能实现。民主基础上的中央集权就是政治中央集权。民主的基础性地位决定了民主集中制实现的中央集权只能是政治性质的，它集中反映为中国共产党坚持人民至上，始终走同广大群众密切结合的道路，中国共产党在将广大群众组织和团结在自身领导下并且将广大群众凝聚成为人民的过程中成为最高政治权威、最高政治领导力量。

政治中央集权必须以民主为基础，一方面需要民众的广泛参与、下级组织与上级组织的积极互动，另一方面承认社会的多元化、利益的多样化、中央对地方的授权、国家对社会的赋权、政府对市场的让权。因此，民主集中制同中国政治生活中层次复杂的要素、多元互动的过程、灵活多样的关系是并行不悖的，这些本身就属于民主的范畴，事实上，正是丰富的民主内容保障了政治中央集权的灵活、高效、正确，否则民主集中制不足以充当重建政治大一统进而保障千年古国整体转型为现代国家的基本资源。

由民主集中制规定的政治实践包括两个相互衔接的过程，一个是自下而上的民主基础上的集中，另一个是自上而下的集中指导下的民主，集中居于枢纽位置从而将民主基础上的集中和集中指导下的民主联系在一起，进而组成了一个能够循环的完整的政治过程。贯穿在这个政治过程之中的是政治中央集权，正是由于政治中央集权，中国共产党才成为高度内聚的整体，广大民众才能够在中国共产党领导下以民主集中制凝聚成高度内聚的整体。首先，民主集中制是中国共产党的根本组织原则。作为根本组织原则的民主集中制，使中国共产党发展成具有发达组织体系的整体。其次，民主集中制是中国共产党的根本领导原则。作为根本领导原则的民主集中制，使中国共产党成为由中央集中统一领导的行动协调、高效的整体。最后，民主集中制是中国共产党的根本活动原则。作为根本活动原则的民主集中制，使中国共产党发展成为具有强大生命力、活力和战斗力的整体。

中国共产党在民主集中制支撑下，将静态的、层级不同的、数量众多的组织整合成为动态的、行动协调一致的、高度统一的整体。民主集中制使中国共产党获得了巨大能力，它将工人阶级、农民阶级、城市小资产阶级、民族资产阶级团结在自己领导之下，以自身为领导核心将中国广大民众凝聚成为整体。由中国共产党领导和民主集中制凝聚和巩固的整体，就是以政治中央集权的制度体系支撑的人民。社会主义国家是人民的制度化形态，而人民则是社会主义国家的内在实体力量。

人民民主专政是社会主义国家的国体，实行人民民主专政的力量只能是人民。广大民众在中国共产党领导下凝聚成为人民，进而掌握国家政权和行使政治权力，是社会主义国家的本质。既然社会主义国家的国体是由中国共产党以民主集中制作为政治支撑从而塑造成型的，那么作为国体组织形式的政体必然也是以民主集中制作为根本原则的。在新国家建立之后领导制定宪法时，毛泽东贯彻了他在革命年代提出的理论，宪法就是要将"人民民主国家已经巩固地建立起来了的事实"体现为政体，也就是说政体必须反映和巩固国体。众所周知，宪法规定人民代表大会制度是中国的政体，各级人民代表大会则以民主集中制为根本原则组织起来，作为人民代表大会执行机关的政府同样以民主集中制为根本原则。由此可见，中国共产党将民主集中制带给了中国的社会和国家，民主集中制贯穿在国体、政体、政府之中。

社会主义国家以中国共产党为领导核心，中国共产党不仅依靠民主集中制成为了具有高度内聚性的整体，而且在将民主集中制贯穿到国体、政体、政府之中的基础上，将人民同政治制度融合在一起，因此中国共产党和民主集中制就成为社会主义国家政治制度的核心要素。同时，由于中国共产党在民主集中制的基础上凝聚了人民，并且成为人民的领导核心，所以中国共产党与民主集中制共同构造了政治中央集权，人民就是以政治中央集权的制度体系塑造和巩固的。

五、社会主义国家与政治大一统的创造性转化

中国共产党在领导社会革命创建社会主义国家的历史进程中，重构了以政治中央集权为本质的政治大一统。新政治大一统同样具体表现为高度耦合的制度体系，它仍然是社会主义国家的深层结构，而社会主义国家则是新政治大一统的外在表现形态。新政治大一统延续了古代政治大一统之本质即政治中央集权，但是这种政治中央集权完全是一种新的政治中央集权，这就是说，两种政治大一统是在创新中延续从而辩证地衔接在一起的，社会主义国家的政治大一统是对王朝国家的政治大一统进行创造性转化的结果。

创造性转化是林毓生在探讨中国传统的当代前景时提出的概念，他认为中国传统需要进行创造性转化才能重建中国人文、发扬中国文化。尽管创造性转化是一个复杂的概念，但是林毓生给出了基本解释。他认为它必须是创造的，即必须是创新的，这种创造需要精密而深刻地了解我们的文化传统，在深刻了解交互影响的过程中产生了与传统辩证的连续性，在这种辩证的连续中产生了对传统的转化，在这种转化中产生了我们过去所没有的新东西，同时这种新东西与传统又辩证地衔接。中国共产党通过民主集中制创造的新政治大一统，非常切合创造性转化的思路。

首先，社会主义国家的政治大一统延续了政治中央集权，但是掌握政治中央集权的主体不是皇权而是中国共产党，中国共产党领导构成了政治中央集权的核心。中国共产党不仅通过民主集中制实现了党的政治中央集权，而且通过民主集中制将党的政治中央集权和国家的政治中央集权同构在一起。为了进一步巩固政治中央集权，中国共产党联合各民主党派以及其他力量代替儒家官僚充任国家机关的各个职位，以干部人事制度代替选官制度，以中国化马克思主义代替儒家意识形态，以党委、党组、领导小组等多种机制实现党对国家与社会的领导。

其次，社会主义国家的政治大一统和王朝国家的政治大一统都塑造了多民族共同体，但是社会主义国家的政治大一统是在凝聚人民的基础上塑造多民族共同体的。人民构成了社会主义国家的政治基础，社会主义国家的政治制度要以巩固人民为目的。人民在政治上的统一意味着人民是整体性质的政治力量，也就是说，中国共产党领导的社会革命将古代政治大一统塑造的多民族共同体完整地保存了下来，这是当代中国国家同古代中国国家之间的延续性；但是，完整保存下来的多民族共同体，不再是过去那种缺乏成熟的内在制度化联系的古旧形态，而是通过社会主义国家的政治制度重新组织的多民族共同体即中华民族共同体。

再次，社会主义国家的政治大一统和古代政治大一统都是高度耦合的制度体系，但是社会主义国家的政治大一统是耦合程度更高的制度体系。新政治大一统是以民主集中制为基本要素的，民主集中制贯穿在中国共产党、国体、政体、政府之中，所以社会主义国家的政治制度由于民主集中制而具有了内在统一性。与此同时，中国共产党是社会主义国家的领导核心，党的领导也全面贯彻在国家机构之中，党通过自己的组织网络、领导体制、执政机制，不仅进一步增强了民主集中制所发挥出来的治理能力，而且同民主集中制形成了合力，共同强化了社会主义政治制度的内聚性、统一性、协调性。

复次，社会主义国家的政治大一统汲取了现代国家的政治框架中的基本资源，因而能够同现代国家的政治框架相适应。现代国家的政治框架中最为重要的资源就是民主，民主至少意味着民众对政治过程持续广泛有影响力的参与。政治大一统的创造性转化是在广大民众作为基本力量的社会革命中完成的，由民主集中制构造的政治中央集权也是在民众广泛参与的基础上形成的，因此民主同新政治大一统是直接联系在一起的。能够将政治大一统同民主结合起来的新政体就是贯彻了民主集中制的人民代表大会制度。人民代表大会制度是人民当家作主的根本制度形式，人民通过人民代表大会制度获得政治平等、自由发展、公平正义，进而言之，新政治大一统为中国人民创造了自由和平等的发展空间。由此可见，人民代表大会制度体现了现代国家的民主原则，所以社会主义国家的政治大一统也可以被称为现代政治大一统。

最后，社会主义国家的政治大一统创造性地同人民民主紧密联系在一起。实现了创造性转化的政治大一统不仅体现了现代国家的民主原则，而且体现了社会主义国家的人民当家作主原则。没有政治大一统这种政治中央集权的高度耦合的政治制度体系，就很难巩固作为整体性质的政治力量的人民；同样，没有必须将广大民众凝聚成人民这一根本需要，就没有社会革命这一使政治大一统得以创造性转化的历史过程。作为社会主义国家的根本政治制度和政体形式，人民代表大会制度通过贯彻民主集中制，从而将中国共产党领导下的人民民主制度化，在此基础上为人民掌握国家政权、实现人民当家作主提供了根本制度保障，因此人民代表大会制度其实就是政治大一统主要的表现形式。进而论之，新政治大一统和人民民主通过人民实现了有机统一，社会主义国家的政治大一统就是人民民主的政治大一统。

六、结　语

新政治大一统是依靠现代国家的政治框架、以民主集中制为基本要素、围绕中国共产党领导而形成的高度耦合的制度体系。中国共产党领导和民主集中制共同实现了政治大一统的创造性转化，新政治大一统是中国共产党在领导社会革命的过程中运用民主集中制的产物，是中国共产党对于中国政治发展做出的最为巨大的贡献之一。政治大一统的创造性转化说明具有数千年历史的中国政治文明的根基得到了延续，它既为中国特色社会主义政治发展道路提供了深厚的历史基础，从而赋予中国特色社会主义政治发展道路自主性和合理性，又为中国特色社会主义政治制度提供了基于中国传统和现代世界资源交融创新发展的文明根基，进而赋予当代中国国家治理和中华民族伟大复兴至关重要的政治支撑。

（本文原载《社会科学》2023年第5期，原标题为《政治大一统的创造性转化：对中国共产党领导现代国家建构的解释》，收入本文集有删改）

有机政治建设的政党使命

复旦大学国际关系与公共事务学院教授　郑长忠

围绕公共权力建构和运行而形成的结构称为政治结构，而完善政治结构的一个重要标志就是其组成要素的有机化，因此，我们称处于这种状态下的政治为有机政治。人类社会发展到现代，政治结构分化为政党、国家和社会三个结构性要素，其中，政党是现代政治结构实现有机化的关键。以英美为代表的原发性现代国家，现代政治结构要素生成顺序是社会—国家—政党或国家、社会胶着发展而政党最后出现。然而，在作为后发国家的中国从古典向现代转变的过程中，现代政治结构要素生成顺序却是政党—国家—社会，政党不仅是勾连国家和社会的中介性力量，而且还成为国家建设和社会建设的领导性力量。随着改革开放的深入，现代社会在中国迅速崛起，不仅对现代国家建设产生了影响，而且也对中国共产党的领导提出了新的要求，因此，有效适应这一变化，重构党与社会的关系，以推动中国政治有机化，不仅成为中国共产党所面临的一项全新历史性政治任务，也成为其自身发展的本质性规定。从 21 世纪初起，网络社会开始在中国快速出现，使现代社会发展呈现加速趋势，这意味着社会发展不仅在内容上而且在时间上都对中国共产党提出紧迫要求，而对于中国共产党来说，则必须快速回应这一要求，在未来十年全面提升自身能力和推进自身发展，以加快中国政治的有机化进程。

一、走向有机政治：中国政治发展的方向

政治结构有机化是政治形态成熟和完善的基本标志，对于现代政治来说，就是政党、国家和社会之间形成一种有机互动关系。现代政治发展逻辑和中国政治历史逻辑决定了当代中国政治结构需要经历要素主体生成、要素相互磨合和要素有机互动三个阶段。当

前，中国政治已完成了第一阶段任务，开始进入第二阶段，因此，以有机政治为目标并尽量缩短和顺利度过第二阶段，就成为下一阶段中国政治发展的战略内容。

（一）有机政治：现代政治的本质规定

服务于社会共同体管理的非强制性公共权力随着人类诞生而出现，围绕着公共权力构建和运行就形成了政治结构，不过这时政治结构与社会结构是同构的，但在逻辑上存在着区别。[1] 随着私有制的出现和阶级矛盾的激化，一部分非强制性公共权力就开始向强制性公共权力转变，围绕着强制性公共权力而形成的虚幻共同体即国家就诞生了。[2] 这时政治结构与国家结构、社会结构开始分野，而政治结构包含了国家结构与社会结构。其中，国家诞生之后，另一部分的非强制性公共权力就转化为社会权力被保留在社会共同体内，公共权力就由强制性公共权力即国家权力所专有。在政治结构中，只要是围绕公共权力构建和运行所产生的权力关系，就被称为政治权力关系。这就意味着社会权力一旦进入政治结构空间就被转化为一种政治权力，国家权力由于本身就是公共权力，自然就是政治权力。

虽然国家诞生之后政治结构就分化为国家与社会，但是在古代这种分野并非十分清晰，强制性公共权力也并非由国家完全专属。在西方，随着绝对主义国家出现，强制性公共权力才被国家逐渐收回。[3] 同时，随着资本主义发展，具有相对自主的市民社会开始出现，因此，到了17、18世纪，政治结构内国家与社会分野才逐渐明晰。然而，国家与社会分野的明晰化也带来了国家与社会的疏离与对抗。从18世纪末到19世纪中期，在缓解矛盾的过程中，作为勾连国家与社会的中介性力量的政党就被催生出来。这时，政党、国家与社会作为现代政治结构的要素主体就全部生成了。随后经过近百年的磨合，西方主要发达国家的现代政治有机化才基本实现。

上述分析使我们得出以下结论：政治结构完善需要经历要素的主体生成、相互磨合和有机互动三个阶段，而政党、国家和社会有机化是现代政治结构完善和成熟的重要标志和本质规定。

---

[1] 摩尔根正是在这一意义上，将国家诞生之前的社会结构与权力运行方式，称为古代政治结构和政治方式。详见［美］路易斯·亨利·摩尔根：《古代社会》，杨东莼等译，商务印书馆1977年版，第4页。
[2] 王沪宁主编：《政治的逻辑——马克思主义政治学原理》，上海人民出版社1994年版，第154—155页。
[3] ［美］贾恩弗朗哥·波齐：《国家：本质、发展与前景》，陈尧译，上海世纪出版集团2007年版，第41—51页。

（二）当代中国政治结构变迁的历史逻辑

辛亥革命爆发标志着在现代化浪潮冲击之下日益衰微的中国古典国家的最终完结。在现代国家建设过程中，"一盘散沙"的社会特征与民族独立、国家统一和现代化建设等任务与社会组织化诉求之间的矛盾，导致中国社会内在地对组织力和现代性产生追求。经历短期军阀政治之后，以国民党为代表的兼具现代性和组织力的政党就成为创建国家的领导力量，中国由此进入了党建国家的历程。但是，国民党阶级基础及其组织的先天缺陷，使其无法承担起应有使命，历史最终选择了中国共产党。

中华人民共和国的成立标志着民族独立和国家统一任务的基本完成，但是现代化建设任务尚未开始。为了克服现代化建设对组织化的诉求与传统社会特性的矛盾，中华人民共和国成立后，中国共产党就在宏观上建立了以国家权力为基础的计划经济体制，在微观上建立了以党组织为核心的单位社会体制，使社会获得高度组织化，从而为现代化建设奠定了基础。对组织化的单纯追求以及对社会主义的理解失误，导致了中国共产党对国家和社会的简单统合，使刚建立的国家的功能被政党所替代。高度组织化虽然可以为现代化建设提供组织化基础，却不能为现代化建设提供持续发展动力，为此中共中央作出改革开放决定。

改革开放后，中国共产党同时推动政治体制和经济体制的改革，前者以党政分开为诉求，后者以建立市场经济为目的。通过以党政分开为重点的政治体制改革，国家主体开始恢复，人大、政府建设获得实质性发展，法律成为协调社会关系的主体规则。市场经济体制建立后，多元所有制在中国出现，导致单位社会体制、社会成员与职业共同体之间的关系从依附向契约转变，随着网络社会的到来，大量的话语公共空间和行动组织空间开始出现，在利益、行动和逻辑上具有相对自主性的现代社会基本形成。至此，作为现代政治结构三大要素的政党、国家和社会在中国基本生成。

（三）政党、国家与社会的有机互动：中国政治发展的方向

随着要素主体基本生成，中国政治将进入要素相互磨合期，即政党、国家与社会之间彼此适应和磨合的阶段。由于现代社会刚刚生成，现代国家也处于初步发展阶段，而政党刚从一元化统合阶段发展过来，政治结构从整体上来看是不成熟的，因此，在要素磨合阶段，将可能出现许多冲突和矛盾。这就决定着，按照有机政治建设的内在要求，

尽量缩短要素相互磨合期，顺利进入要素有机互动阶段，将是下一阶段中国政治发展的最重要任务。

在中国现代政治结构要素中，政党最早产生，而其他两个是在政党推动和建构下发展起来的，因此，政党不仅扮演着国家和社会的中介角色，而且还承担建构国家和社会的职责。依此逻辑，如果政党能够不断根据国家和社会发展要求推动自身发展，那么中国政治结构要素的相互磨合期就有可能以有别于西方原发性现代国家的方式得以快速和顺利度过，并形成具有中国特色的有机政治模式。

二、有机政治建设的领导力量：中国共产党的定位

政党是有机政治建设的关键，这是现代政治发展的一般规定，而这一规律在中国的作用，是通过现代政治发展规律、社会主义原则和中国政治历史逻辑共同演绎得以实现的。

（一）政党：有机政治建设的关键要素

政党、国家和社会是现代政治结构的基本要素，从现代政治结构发展逻辑及其内在机理来看，我们认为，政党是促进现代政治结构有机化的关键。

从生成逻辑来看，政党是在现代国家与现代社会处于严重疏离和剧烈对抗阶段，为了缓和矛盾并推动政治结构发展而诞生的一种制度性安排，因此，政党作为现代政治结构有机化的关键是历史和逻辑相统一的本质规定。

从政治功能来看，政党是以获得或参与国家政权为目的的，而政党与利益集团的最大区别就是政党以"作为整体的部分"代表社会来寻求国家政权，[①] 在表达社会利益的同时使国家相对自主性得以维护，从而能够承担起勾连国家和社会的职责。

从组织特性来看，政党为了实现获得或参与国家政权的目的，首先必须通过对社会的动员和整合从而获得民众的支持，因此，政党就在与国家和社会互动过程中逐渐发展出能够深入社会的功能和结构，并在此基础上有效嵌入国家结构，从而使政党成为最具组织力和渗透性的现代政治组织。

---

① ［意］G. 萨托利：《政党与政党体制》，商务印书馆2006年版，第54—56页。

从具体经验来看，政党诞生后，政党政治就成为现代政治形态的一个基本规定。虽然当今世界绝大部分国家都有政党，但是并非所有国家政治都处于稳定和有机状态。同样，在原发性现代国家的发展历程中，也并不是所有的时期政治都处于稳定和有机状态。诚然，影响政治发展的因素是复杂和多样的，但是从国内政治结构因素来看，政党是其关键。如果我们倒过来考察，就会发现现代国家中政治处于相对稳定和有机状态时，一定是其政党制度及其运行模式与社会结构和国家结构比较吻合，同时，政党也是处于有为状态的。

（二）党建国家与社会主义原则：党的领导的历史规定与价值规定统一

马克思主义认为资本和劳动是现代社会中一对具有轴心意义的规定力量，资本和劳动的人格化集合就是资产阶级和工人阶级。为了维护自身利益，在传统和现代力量的较量过程中，现代社会矛盾性力量也开始进一步分化，作为社会力量的政治代表，在资产阶级政党诞生不久之后，工人阶级政党也在国际共产主义运动的推动下诞生和发展。由此，作为经典原发性的两类政党在同一历史时期相继诞生。资产阶级政党出现是以缓和资本主义初期国家和社会矛盾为诉求的，因此，对于原发性现代国家中的资产阶级政党来说，从其诞生起就更多地被赋予了勾连国家与社会的中介性、整合性使命；而对于工人阶级政党来说，其诞生目的就在于改造既有的社会与国家，实现人类解放，因此，逻辑和现实都赋予其先革命、后建构的使命。这就导致在工具层面上双方虽然都具有现代的政治组织力和动员力，但是工人阶级政党较资产阶级政党来得更强。[1]

随着现代化浪潮涌进中国，政党也传入中国。在古典帝国崩溃之后，高度组织力和强烈现代性的特征使政党成为现代国家建构的主导力量。在中国，政党出现时所面临的是革命传统力量建设以及建构现代国家和现代社会的任务，因此，高度的革命性和建构性特征使工人阶级政党特别是列宁主义政党契合了后古典的中国社会和政治发展的需求。这就导致按照列宁主义政党方式改造后的中国国民党和本身就是工人阶级政党的中国共产党成为大革命时期的主导政治力量，但是中国国民党的阶级基础和先天缺陷导致其不论是在革命性方面，还是在组织力方面都无法承担起领导中国建构现代国家和现代社会的使命，因此，历史使命最终落到中国共产党身上。

在历史使命的完成过程中，中国共产党是基于国情，遵循共产主义运动逻辑和社会

---

[1] 陈琦：《衰落还是转型——当代西方政党的发展变化研究》，中国传媒大学出版社2010年版，第30页。

主义原则来推动现代国家和现代社会建设的。马克思主义认为人类社会遵循着从低级向高级发展的规律，在从资本主义向共产主义跨越的过程中需要经过社会主义阶段。为了保证社会发展的共产主义历史方向，在社会主义阶段需要由马克思主义政党来领导，并利用共和国形式，通过国家力量来改造和发展社会，最终实现共产主义。因此，中国政治历史逻辑和现代政治逻辑使中国选择了中国共产党作为建构现代国家和现代社会的领导力量，也就意味着选择了社会主义作为自身发展的价值内容和发展道路。无论是中国政治历史逻辑和现代政治发展逻辑，还是共产主义运动逻辑和社会主义原则，都决定了中国共产党必须承担起现代国家和现代社会的建构和领导的任务，这就是党的领导的历史规定性与价值规定性有机统一的具体内容。

（三）政治结构有机化的领导力量：党的领导的理论规定与现实规定统一

党建国家的历史逻辑决定了，中国共产党在中国现代政治结构要素生成阶段扮演着领导者和推动者角色，这一判断的根据在前文分析中已作说明。同样，我们认为在现代社会发展和现代国家建设的逻辑作用下，在要素磨合阶段乃至有机互动阶段，中国共产党依然还将起着领导和推动作用。

一是社会发展需要中国共产党的整合和引领。社会多元化是现代社会的重要标志之一，而多元社会不能得到有效整合就有可能产生严重冲突乃至分裂，因此，对多元社会进行整合就成为必要。在中国，从现实力量以及成本对比来看，这一整合由中国共产党来完成，都是最为现实、最为合适以及最为有利于社会发展的选择。

二是国家建设和发展需要中国共产党的推动和领导。政党之所以会出现，就是因为现代社会已经发展了，而国家还跟不上，为了缓解彼此的疏离和对抗而诞生的。究其本质，政党就是通过整合社会来推动国家发展的一种制度性安排。党建国家逻辑决定了，随着现代国家在中国生成，如何使其能够不断回应社会而发展自己，除了国家自觉外，还必须由中国共产党来领导和推动。因此，我们认为，要缩短并顺利度过政党、国家和社会的磨合阶段，中国共产党作为领导和推动力量就必不可少。

基于同一逻辑，我们认为，为了维护政治结构的有机化，磨合期之后的有机互动阶段依然还需要由中国共产党来领导和推动。

（四）有机政治建设与政党发展：中国共产党使命实现的组织逻辑

当代中国政治结构是在中国共产党领导和推动下生成与发展的，而为了推动政治结构发展,中国共产党必须根据国家与社会的发展不断进行自我调整。由于中国政治结构要素生成经历了一个发展过程,因此,政治结构发展对中国共产党的发展要求不是一次性提出,而是根据政治结构每一要素生成后所引起的整体政治结构变化而不断提出的。对于中国共产党来说,要实现每一阶段的历史使命,就必须根据这些要求调整自己、发展自己。然而,这种调整和发展不是局部和零星的,而应是系统和整体的。正是在这一意义上,毛泽东同志将党的建设称为"伟大工程"。从一定意义上说,根据政治结构变化而不断推动自身发展,对于中国共产党来说,不仅是在政治结构要素生成阶段应该如此,而且其还应贯穿在政治结构磨合阶段和有机化阶段,即整个现代政治发展的全过程。

三、重构党与社会关系:未来十年中国政治建设的重点

我们认为目前中国政治处于政治结构要素生成阶段结束和要素磨合阶段开始的时期,政治结构要素之间将产生相互磨合,而磨合重点将在政党与社会之间展开。因此,在政治结构进入要素磨合阶段的相当长一段时间内,以建立新的关系为目标而推动政党与社会之间互动,将成为中国政治发展和建设的一个重点内容。

(一) 从"党政分开"到"新的伟大工程"提出:在政治复原与政治创新之间

中华人民共和国的成立标志着由中国共产党领导人民所创建的现代国家在中国诞生了,然而,诞生并非就意味着建成了,还需要一个成长过程。在中国,要保证现代国家顺利成长,还需要解决国家自身发展以及政党与国家关系两方面的问题,其中,后者是前者的前提。

从1949年《共同纲领》的通过到1954年《中华人民共和国宪法》的颁布,标志着法律意义上的现代国家建设开始,而1956年党的八大提出执政党建设命题,说明中共开始着手构建现代国家制度背景下的政党与国家关系。然而,随后的"反右"和"文革"中断了这一进程。"文革"结束后,中共决定重启这一进程,1980年提出党和国家领导制度的改革,其重点就是解决"反右"之后所形成的"党政不分"和"以党代政"等问题,推动"党政分开"。① 经过了数轮以职能转变为中心的党政机关机构改革以及推动人大制

---

① 《邓小平文选》(第2卷),人民出版社1994年版,第320—343页。

度和其他制度建设等,建立在宪法基础上的国家结构体系不断发展,作为政治结构要素的国家结构基本生成。同时,党政关系也逐渐理顺,2002年党的十六大再次提出了执政党建设命题,标志着现代国家制度背景下的政党与国家关系基本建立。

中国共产党推动现代国家发展和理顺党政关系,是在政治体制改革和党的建设两个维度下进行的。在党政不分的条件下,理顺党政关系与推动国家成长的关键,当然在于改革政党领导方式和领导制度,因此,理顺党政关系既是整体政治改革问题,同样也是党的建设问题。为此,党的十四届四中全会将党的建设上升为"新的伟大工程",并且认为这一工程是"以邓小平同志为核心的第二代中央领导集体开创的"。[①] 不过,改革开放后党的建设问题,除了因与国家关系变化而调整自身之外,还包括因社会发展而调整自身的内容。在改革开放初期,国家和社会都处于复原状态,而社会主体性尚未生成,重点在于通过政党自觉来调整政党与国家关系,使国家得以发展。党的十四大之后,改革开放深入和市场经济体制建立所带来的根本性冲击,使社会变化因素对国家和政党都产生巨大影响。所以,十四大之后,政党建设和政治建设问题,就必须同时考虑政党、国家与社会之间的互动。

(二)"新的伟大工程"与中国政治结构发展:全面创新政治形态的政党逻辑

党的十四大之后,市场经济体制建立和对外开放深化使作为政治结构要素的现代社会逐渐生成和发展。在回应现代社会不断提出的新要求的过程中,中国共产党围绕着"新的伟大工程"的总体目标,开始有步骤地推动自身创新和发展,并推动了中国政治形态的整体发展:一是通过提出"三个代表"思想和强调执政能力建设,推动政党组织功能从新中国成立初期和计划经济时期的建立国家制度和组织社会力量为主,向运行国家制度和表达社会意志为主转变。二是通过提出和谐社会建设任务,推动政党整合社会模式从传统以政党一元化整合模式向以政党主导的多元合作整合模式转变。三是提出科学发展观以及社会主义核心价值体系,这标志着政党开始在价值层面上对不断获得自主性的个体以及日益获得独立性的社会予以肯定,并开始全面探索与转型后社会发展相适应的价值体系,以及着手探索国家意识形态的构建。

---

① 中共中央文献研究室编:《十四大以来的重要文献选编》(中),人民出版社1997年版,第957页。

(三) 市场经济深化与网络社会生成：具有相对自主性的社会生成

如果说"新的伟大工程"是市场经济体制建立之初，政党为全面适应市场经济体制而在组织形态发展方面所作的一项战略部署的话，那么，要在新时期全面深化落实这一部署，就必须对随后的社会结构变迁情况进行整体和深入地把握。

改革开放以来，中国社会实际上经历了两次转型：第一次是由市场经济体制建立所引起的基于制度变迁而导致的社会结构变迁；第二次是由网络社会形态到来所引起的基于技术革命而导致的社会结构变迁。市场经济建立和网络社会生成使具有相对自主性的社会在中国快速崛起，从而使现代政治结构中的社会要素得以生成。

第一次社会结构转型导致两方面后果：一是使所有制多元化，在经济领域开始形成基于市场经济体制而形成的自我组织化力量，由此改变了计划经济时期形成的基于单位社会体制的以政党作为组织化基础的社会组织模式；二是市场经济体制建立和全球化浪潮冲击，使社会成员基于市场的契约原则，一方面进入了原子化生存状态，另一方面主体意识也因此日益高涨。

第二次社会转型也导致了两方面后果：一是互联网技术使社会的空间存在从传统的单一物理空间向现在的兼具物理空间和虚拟空间转变，从而导致人们交往方式发生了巨大变化。二是互联网技术导致人们可以基于兴趣、价值或利益而在网络中去中心、及时性地实现跨区域的大范围自我组织，形成了以话语交流为内容的新型公共空间以及以现实行动为诉求的新型组织空间，从而使市场经济所造成的原子化社会成员因此而自我组织起来，社会自主性有了强大的新型组织化基础。

(四) 重构党与社会关系：未来十年有机政治建设的战略重点

随着具有相对自主性的社会快速崛起，从政党建设来说，中国共产党就必须根据社会成员新的交往方式和社会结构的新的特征，对其组织形态予以调整，重构与社会的关系。

从有机政治建设角度来看，作为政治结构中最后生成的要素，具有相对独立性的社会生成之后，就要求除了政党外，国家也必须与之形成有效互动。由于中国共产党是中国的执政党，因此，要推动国家与社会之间实现有效和有机互动，首先要求政党必须与社会建立有机关系。因此，不论是基于中国共产党的自身发展，还是基于中国政治的整体发展，重构中国共产党与社会之间的关系，就成为未来工作中十分重要的政治任务。由于政治发展基本上是以十年为单位，更重要的是在市场化、全球化和网络化三重驱动下，现代社会将会以加速度方式在中国发展，如果政党与国家不能快速予以回应，将会放大政治结构要素的磨合期中既有的不适应因素，从而给整个政治发展带来破坏性后果，因此，我们认为重构中国共产党与社会之间的关系应该成为未来十年中国政治中最重要的战略任务。①

以重构党与社会关系为支点，实现全面推进党、国家与社会之间相互合作、有效互动的有机政治生成，对于中国共产党来说，本质上就是要推动社会的力量和社会逻辑成为政党建设与国家建设的动力和逻辑依据，并在此过程中实现自身发展，从而使党成为平衡国家与社会的根本支撑力。然而，发挥社会力量的作用，并非意味着对政党和国家的否定或是削弱它们的作用，而是要求党和国家根据社会逻辑进行调整与发展，使自身的作用能够得到有机和合理的发挥。这就意味着，在有机政治条件下，党、国家和社会之间既要有有机联系，还应充分发挥各自功能，即党、国家和社会应该是处于"三强"基础上的有机联系状态。中国共产党在中国政治体系中的核心地位，决定了要达到这一目标，根据社会发展要求和国家建设逻辑来提高党的能力建设就成了这个战略发展的枢纽性选择。

四、结　论

政治结构要素之间处于相互反应和有效互动的有机化状态是政治形态成熟的标志，我们称处于该状态下的政治为有机政治。政党、国家和社会是现代政治的主体要素，三者的有机化是现代政治的本质规定，而现代政治发展的内在逻辑又决定了政党是其走向成熟的关键。随着市场经济深化和网络社会生成，具有相对自主性的现代社会在中国快速崛起，标志着现代政治主体要素在中国已经生成，有机政治建设成为下一步中国政治发展的重要目标。现代政治发展规律和中国政治发展逻辑的共同演绎，决定了重构政党和社会之间的关系，成为中国建设有机政治的重要任务之一，也是未来十年中国政治发

---

① 其实，这里还包含一个十分重要的政治命题，即政党是在工业社会背景下适应工业社会中人们交往方式的政治组织，当人类社会进入网络社会之后，政党应该如何调整自身和推动自身发展，不仅是中国共产党的命题，而且是世界各国所有政党共同面临的问题。从这一角度来说，重构政党与社会之间的关系，既是中国命题，也是世界命题。

展的战略重点,而中国共产党的领导和执政地位决定了提高党的能力成为这一战略发展的枢纽性选择。

(本文原载《当代世界与社会主义》2013年第6期。原标题是《有机政治建设的政党使命——未来十年中国共产党发展的本质规定》,收入本文集有删改)

政府主导下的多方合作

复旦大学国际关系与公共事务学院教授　竺乾威

一、国家治理的一个历史性挑战

国家治理首先涉及国家治理结构的问题。国家治理结构从广义上讲，指的是一套国家体制及其运行的制度安排。这里的国家治理结构主要指国家的行政组织体制，这一治理结构的意义在于它规定了组织运作的方式，比如单一制和联邦制就是两种比较典型的行政组织体制，前者强调权力的集中，后者强调权力的分散。新中国成立后，我国的行政组织体制采用的是权力集中的单一制或集权的体制。这一体制有两个重要的特点。一是权力集中于中央（党中央和中央政府），地方服从中央。这样一种权力集中于中央的国家治理结构首先反映了经济体制的要求。新中国在成立后采用的是计划经济体制。这一体制的内在属性要求权力集中于中央，因为计划经济是一个自上而下的过程。计划经济要有计划者，而担当这一计划者的非中央莫属。因此，在行政组织体制的设计上，中央政府和地方政府的职能部门是上下对应的，比如中央有文化部，省有文化厅，县有文化局，乡镇有文化站。地方政府都服从中央政府即国务院。二是权力集中于党。这是因为党领导了革命，党建立了一个新的国家，党是最高权威。党实行一元化领导，一元化领导就是"在组织上，应体现在两个方面：第一，在同级各组织的相互关系上，工农商学兵政党七个方面，党是领导一切的，不是平行的，更不是相反的。第二，在上下级关系上，下级服从上级，全党服从中央"。[①] 在涉及党和政府的关系上，毛泽东说，"大政方针和具体部署都是一元化，党政不分。具体执行和细节决策属政府机构及其党组"。[②] 这段

---

① 《中国共产党党章汇编》，人民出版社1983年版，第288页。
② 《建国以来毛泽东文稿》（第7卷），中央文献出版社1993年版，第268页。

话解释了我国国家治理结构的党政一体、权力集中于党的特征。

这种权力集中的国家治理结构使得国家掌握和控制了社会所有的资源，对整个社会实行无所不包的管理。政府不仅要管政治、经济、文化、教育等，甚至还要管老百姓的日常生活。由于政府的权力涉及了社会的方方面面，因而政府必须对整个社会承担无限的责任。这种集权的、大一统的管理方式尽管在革命后的一段时间里发挥了一定的作用，但也使得国家管理社会的交易成本过于高昂，社会失去活力。早在20世纪50年代，我们就对这种权力过于集中的体制进行过改革，主要是通过权力下放来激发地方政府的积极性，从而发挥中央和地方两头的积极性。这一改革在经历了集权—分权—再集权的循环后，最终因缺乏一种较好的运作机制，还是使国家的治理结构维持了一种高度集中的安排。

这种建立在公有制的计划经济基础之上的国家治理结构在运行了多年之后，已经明显不能适应社会变化的需要。改革在中国应运而生。改革的一个重要结果是社会主义市场经济体制取代了计划经济体制，这一新的经济体制的建立使原有的社会形态发生了前所未有的变化。市场和社会的出现以及国家、市场和社会三分格局的形成打破了以往所有权力都集中在国家手中的状况，改变了原来国家一统天下的治理模式，它要求政府将原来不属于它的权力回归市场和社会。

这种新的社会形态给国家治理结构和权力运行方式带来的一个重要挑战就是如何去处理新出现的国家、市场和社会的关系问题。具体包括以下三个方面。

第一，当社会主义市场经济开始取代原来的计划经济之后，建立在计划经济体制之上的以集权为特征的国家治理结构如何去面对新的经济体制？按照马克思主义的观点，经济基础决定上层建筑。计划经济需要集中，而市场经济则相反，它需要的是分散，它是一个自下而上的过程。这样，集中体制的国家治理结构与新起的要求分散的市场经济体制形成了一种治理上的张力。

第二，市场经济体制的建立导致了不同利益群体的出现，尤其是私人利益的出现。这在以前公有制的社会里是没有的。这些不同的利益或以社会集团和组织的形式或以个人的形式来表达它们的利益诉求。与市场经济相连的私人利益的出现改变了以往国家、集体和个人三者之间的利益格局，它使社会的矛盾和利益冲突变得复杂化，以前几乎完全动用国家力量或采用行政手段来处理矛盾的方式已经不能适应新的情况，因而需要以新的方式去处理和解决这些矛盾和冲突。

第三，市场和社会的出现在中国是一个政府建构的过程，而不是一个自然演化的过程。与自然演化的过程相比，建构过程中有两个因素会起作用，即建构者的认知和自我利益考虑。认知受到了有限理性的影响，这导致政府的具体判断和行为不一定都是理性的。从政府的基本职能讲，政府的主要职能就是管制也即维护社会秩序和提供公共服务。政府推动市场和社会的出现和成长，其出发点是为了减少国家管理社会的交易成本。但另一方面，市场和社会的成长所引发的矛盾和冲突增加了政府管理整个社会的难度。减少管理社会的交易成本需要分权，让市场和社会发挥各自的作用，但有效地管控社会则要求集权。这似乎是个悖论，如何准确地认识这一矛盾的状况，并采取明智的手段来解决这一问题对建构者来说显然是一个考验。此外，从自我利益考虑来讲，市场和社会成长的过程也是政府权力相对被削弱的过程，因为政府需要放弃一些原来不属于它的权力，这就涉及了政府自身的利益问题，它构成了政府自身改革中需要解决的一个问题。

简言之，在市场经济带来的一个自下而上的权力、利益分散过程中如何有效地实施一种自上而下的管理，这对集中体制的治理模式是一个历史性的挑战。传统的马克思列宁主义学说并没有涉及这样的一个问题。因此，这一挑战不仅是一个理论问题，而且也是一个实践问题。它需要在理论上创造性地发展马克思主义，在实践上勇于突破旧的条条框框。如何准确地判断和调整新出现的国家、社会和市场关系，尤其是如何判断国家（也即政府）在三者关系中的地位和作用，就构成了中国政府机构改革的核心问题。

二、改革的探索：建构新的治理模式

改革事实上是在没有改变集中的国家治理结构的情况下进行的，这就要求改革兼顾治理结构要求的权力集中和市场体制要求的权力分散两个方面。从权力分散的角度讲，改革的举措首先是将原来集中于政府的权力分散，将不属于政府的权力回归社会和市场，发挥国家、社会和市场各自的作用。这方面的具体改革包括：(1)改变政府组织结构，使政府的组织结构更适应市场体制的需要。1998年的机构改革在中央政府层面一举撤销了10个工业经济管理部门，这些部门在计划经济时期是国家与基层的企业组织之间的连接点，主要承担分配资源的功能。在建立了市场经济体制后，这种资源分配的功能可以由市场来承担，因而这些部门也就没了存在的必要。(2)改革行政审批制度。这一改革的原则是："凡公民、法人或其他组织能够自主决定，市场竞争机制能够有效调节，行业组织或者中介机构能够自律管理的事项，政府都要退出"。① 2012年后，行政审批的改革从注重政府职能的转变转向了对政府权力的制约，改革确立了政府权力清单，防止政府权力跨界。(3)实行政企分开。政企不分是计划经济时代的产物，随着计划体制的变革，政企不分也失去了最后的依托，国有企业再也不能像以往一样依附于政府，它必须作为一个独立的市场主体去参与市场竞争，"实现产权清晰、权责明确、政企分开、管理科学，健全决策、执行和监督体系，使企业成为自主经营、自负盈亏的法人实体和市场主体"。②(4)实行政社分开。如果说政企分开是想解决如何有效地配置经济资源问题，那么政社分开则旨在如何有效地配置社会资源，也就是如何通过社会而不完全是政府的力量来有效地治理社会和提供公共服务。政社分开的改革旨在改变社会组织以往依附于政府的状况，使其成为具有一定独立性和自治性的组织。

另一个权力分散的改革举措是将原来集中于中央政府的权力下放。计划体制下政府上下级的关系比较多的是条上的命令执行关系。而市场经济体制的建立使得块上的问题日益显现，社会矛盾和冲突、公共服务提供等大量的事情需要地方处理，这使得原有体制下权力过分集中于中央的做法很难面对变化了的现实。因此，权力下放成了改革的应有之义。这方面的改革包括：(1)调整上下级政府管理权限，基本的做法是经济、服务等管理事项向下分权，因为基层面临着最实际的情况。比如省直管县，将一些经济权限下放到相关的县。再比如最近的扩大地方尤其是基层政府的服务管理权限。按照权力下放、权责一致的原则，一些直接面向人民群众、量大面广，由基层比如乡镇管理更方便更有效的各类事项依法下放乡镇政府，扩大乡镇政府服务管理权限。(2)在地方政府组织机构的设置上，不强求上下一般粗，可以因地制宜地设置机构。2018年机构改革的一个重要举措就是"中央加强宏观事务管理，地方在保证党中央令行禁止前提下管理好本地区事务，赋予省级以下机构更多自主权，合理设置和配置各层级机构及其职能，增强地方治

---

① 《国务院关于第六批取消和调整行政审批项目的决定》(2012年10月10日)，中华人民共和国中央人民政府网站，https://www.gov.cn/zhengce/content/2012-10/10/content_1375.htm。
② 《中共中央关于国有企业改革和发展若干重大问题的决定》，法律图书馆网站，http://www.law-lib.com/law/law_view1.asp?id=70537。

理能力，加强基层政权建设，构建简约高效的基础管理体制"。①

在进行政府权力分散方面改革的同时，改革也在权力集中方面进行。主要的举措有：(1)强化政府对市场的监管功能，进行政府部门的重组。比如2003年机构改革建立了一些如证监会、银监委、食品药品监督管理局等这样的管制机构，这些部门显然是维持市场经济秩序所需要的。(2)进行大部制改革。大部制改革将政府一些职能相近的部门重新进行组合，改变了原来政府职能过于分散而导致的协调困难、运作不畅等状况，从而使得新建的大部制结构能够更强有力地发挥作用。(3)在社会组织中建立党组织，加强党对社会组织的领导。(4)在民营企业中建立党组织。(5)加强党的全面领导。本轮机构改革的主体就是加强党的领导。改革采取了一系列的举措来实现这一目标，其中一个重要的举措就是党的三大职能部门直接管理原来属于政府系统的部门，即中组部承担管理公务员的职能，中宣部管理新闻广播出版及电影等事项，统战部管理宗教和民族事务。

纵观改革的过程，可以看到一个基本的走向，即在政府的管制和服务两大职能方面，改革采取的基本策略和手段是涉及管制职能的（无论是经济管制还是社会管制），加强政府权力的集中，而涉及公共服务提供的，则是权力的分散。这一走向在改革的中后期开始变得较为清晰。本轮机构改革建立的国家监察委员会即为一例。它把原来国务院的监察部和党的中央纪律检查委员会合并在了一起，以加强监察权的集中。再比如，建立国家市场监管总局。原来的市场监管因监管职能分散于多个部门之中，监管机构间各自为政，呈现高度碎片化状态，导致监管成本提高，监管效率低下。国家市场监管总局的建立意味着实行统一的市场监管，开启了我国市场监管大市场、大监管、大质量的格局。如果从服务提供分散的角度讲，"PPP模式"的引进与运用即是一例。所谓PPP模式就是政府部门或地方政府通过政府采购形式与中标单位组成的特殊目的公司签订特许合同，由这些公司负责筹资、建设及经营。

经过了若干年的改革后，十九届四中全会把新的社会治理体制界定为"党委领导、政府负责、民主协商、社会协同、公众参与、法制保障、科技支撑的现代社会治理体制"，这一体制事实上体现的是一种"共建共治共享"的社会管理格局。或许可以把这一新的社会治理模式简单定义为"政府（这里当然包括了党，因为党政是融合的）主导下的多方合作"。这种模式类似于一种"元治理"模式，即"既承认授权与分权在治理中的

---

① 《中共中央关于坚持和完善中国特色社会主义制度、推进国家治理体系和治理能力现代化若干重大问题的决定》，澎湃新闻网站，https://m.thepaper.cn/baijiahao_4873530。

必要性，同时也意识到更为强大的中央控制与指导的必要性",① 元治理模式实际上讲的就是在分散的情况下集中的必要性，是一种集中与分散张弛有度的模式，这是对新公共管理改革中出现的权力过于分散和多中心的一个反思的结果。

事实上，中国的改革从一开始就没有放弃过集中。以社区治理改革而言，上海曾经在1986年颁布的《上海市街道办事处工作试行条例》中写上了"居委会具有自主权"，并明文规定"除街道办事处和镇人民政府外，任何机关、团体、部队、学校、企业、事业单位不得直接向居委会布置任务或索取书面材料、证明和各种报表"，但"自主权"这一说法并没有被1989年的《中华人民共和国城市居民委员会组织法》采纳。在后来的社区建设中，2000年民政部在《关于在全国推进城市社区建设的意见》中，讲了今后5年到10年城市社区建设的主要目标，其中一个目标就是第一次提出"坚持政府指导和社会共同参与相结合，充分发挥社区力量，合理配置社区资源，大力发展社区事业"。② 从这里的政府指导，后来发展到社区建设中的党建引领，再发展到十九届四中全会决议确定的党委领导、政府负责、社会协同、公众参与的治理模式。很显然，政府指导就是集中，但它有别于计划时期的掌控一切。这一集中主要在管制领域，有关社会秩序的维护和政权的稳定；而多方合作则是分散，政府与社会其他各方在公共服务提供领域中协调与合作，发挥各自的优势。这种集中与分散的共存旨在适应一种改变了的社会形态，以更好地处理国家、社会、市场之间的关系。

三、新的治理模式的完善

这一模式显然还在完善之中。改革尽管取得了很大的进步，但要解决的问题还有不少。比如政社分开和政企分开、转变政府职能、行政审批制度等。改革已经进行了多年，但改革的任务至今仍未全部完成，以至于中共十八大、十九大仍然提出要进行这些方面的改革。这里核心的问题还是十九大报告指出的，"要进一步厘清国家社会市场关系"。

如何厘清？从原则上讲，厘清的原则是市场的事情市场办，社会的事情社会办，政府的事情政府办，社会和市场办不了的事情由政府办，有的事情由政府、社会和市场一

---

① ［美］盖伊·彼得斯：《元治理与公共管理》，载［英］斯蒂芬·奥斯本编著：《新公共治理？——公共治理理论和实践方面的新观点》，包国宪、赵晓军等译，科学出版社2016年版，第34页。
② 郭圣莉、张泉：《改革开放40年中国城市社区治理的实践与创新机制》，上海人民出版社2018年版，第153页。

起办。三者各行其是，政府从中监管协调合作，使社会各方面的活力得以发挥，从而推动社会的发展和进步。由于政府是这一关系的原点，因此厘清的核心是政府主导的边界问题。因为主导，就容易越界，一旦越界，就容易变成掌控。十八大后的行政审批制度改革采用权力清单的方式来确立政府的权力边界，这从微观层面使厘清国家社会市场关系大大地推进了一步。但政府的职能如此之多，要对每个事项、每个执行权限都做一个规定很难，况且事情都在发生变化。因此，需要考虑如何从宏观层面去解决这一问题，以便用一种简练的方式来指导政府的行动。

"政府主导下的多方合作"的提出，其用意也在这里。不过，它还需要理论上的验证。管制事务上的权力集中和公共服务提供中的权力分散（用另外的话来说，或许也可以表述为政治职能上的集中和管理职能上的分散），其根据何在？费希特曾把国家和社会做过一个区分，他认为社会是一般契约领域，涉及人与人的经济关系；国家是特殊契约的领域，涉及人与人的政治关系。社会是国家的前提。黑格尔受到费希特的影响，也认为社会是由劳动、需要、财富、农工商等级、同业公会等要素组成的物质生活体系，而国家则是由法律、权力、军队等要素构成的政治法权组织。但他与费希特的不同在于把社会与国家的关系倒了过来，是国家决定了社会。很显然，在社会在先，国家在后这一点上，费希特是对的。费希特的国家和社会之分也有一定的价值，但是他把国家看作是一种契约领域并不能反映国家的实质。在马克思主义的国家理论看来，国家是社会发展到了一定阶段的产物，它是同私有制的产生联系在一起的。尽管马克思恩格斯强调了国家的阶级性，但他们也指出了国家的公共性的一面。在他们看来，国家通常行使两大职能，也就是政治统治职能和社会管理职能。这两种职能的关系在于社会管理职能的执行取决于政治统治，而政治统治的维持又是以执行某一社会职能为基础的。正如恩格斯指出的："政治统治到处都是以执行某种社会职能为基础，而且政治统治只有在它执行了它的这种社会职能时才能继续下去。"[①] 这两种职能，一种是政治的，一种是管理的，两者相辅相成。可以把政府的管制和服务两大职能对应国家的政治职能和社会管理职能。管制更多是政治性的，因为它涉及社会秩序的维护，而服务则更多是事务性的，涉及社会的生活领域。没有国家执行政治职能，社会秩序就无法保持，同样，没有社会生活领域的支撑，国家也一天都维持不下去。

---

① 《马克思恩格斯选集》（第四卷），人民出版社1995年版，第170页。

在计划体制下，这两种功能的行使都要求权力集中，因为所有东西都是计划的，而政府则是唯一的提供者，但在市场体制的条件下，这两种职能的履行产生了一种内在的矛盾，政治统治要求权力的集中，而社会管理则要求权力分散，让国家、社会和市场承担各自的功能。因此，解决这一问题的办法需要改变路径依赖，从政府权力着手，将权力的两个部分分开，也就是把政府的领导权和治理权分开。领导权，也就是执行政治统治、维护社会秩序的权力集中在政府手中。"政府主导"主要应该体现在行使政治职能上。当然，这里并不排斥社会公众参与国家公共事务的管理，相反，还要鼓励社会公众对国家事务的参与，因为政府本身就是执行人民的意志的。而治理权（即政府履行的社会管理职能，在今天主要表现为提供公共服务）则可以分散到社会和市场，政府、市场、社会各行其是，合作治理。其所以如此，是因为政府本身无法取代市场和社会的功能，政府并不掌握提供公共服务的所有资源。这也是为什么要进行政企分开和政社分开改革、厘清国家、社会、市场关系的原因所在，也是为什么强调多方合作的意义所在，因为合作各方所拥有的资源肯定要多于其中一方所拥有的资源。当然，政府也是合作的一方，因为有些基本公共服务（比如基本的医疗服务和教育服务等）只能通过政府来提供。不过，需要搞清楚的是，政府在这个领域的角色主要不是主导者。如果治理权也都集中于政府，那么就无法厘清国家、社会、市场的关系，其结果只能造成资源的浪费和管理成本的提高，造成社会和市场窒息和失去活力。

这样一种权力的分开，可以使政府更好地处理国家、社会、市场的关系。正如前面指出的，纵观改革的过程，尽管社会和市场在政府的推动下获得了成长，但这一成长的进展并不尽如人意。其中一个重要的原因在于对权力的理解是单元的，即权力就是服从与不服从的问题。这导致在处理国家、社会和市场关系时，政府首先把自己置于一个至高的位置，而这样的一种位置并不适合政府在与社会、市场合作提供公共服务（尤其是以外包形式出现的）中扮演的角色，因为在这样的服务提供中，政府和其他相关方的关系不应该再是领导和被领导的关系，服从和被服从的关系，而是委托人和代理人的关系，双方是平等的，都是受相关法律管辖的享有同等权利义务的法人主体。如果在这样的过程中，政府还要以领导者的身份出现，那么这种合作治理是不可能实现的。

其次，在对权力的理解是单元的情况下，一些地方政府往往也会把一些本来是治理的问题都看作是政治问题，如果不服从政府，那么就被认为是对政府权威的一种冒犯。在这种情况下，要让社会组织真正成为独立和自治的组织（这也是政社分开改革的一个目标）是有困难的。把两种权力分开，有助于政府认识到在具体的社会管理事务中，政府主要扮演的角色不再是领导者，而是合作者、监督者，从而推进合作治理的进行。

最后，如何在现有国家治理结构和权力运行方式下，也就是如何在保持政府领导者地位不变的情况下让社会组织（也就是参与各方）真正成长为一个独立自主的组织，在社会治理中发挥它应有的作用，政府根据政治和社会管理两大职能变换它的不同角色，行使不同的权力是重要的。唯如此，才能使集中体制下的社会活力得以激发，并使社会各方在国家治理中发挥其应有的作用。

（本文原载《中国行政管理》2022年第1期，原标题为《政府主导下的多方合作：集中体制下的治理创新》）

行政伦理两难的成因

复旦大学国际关系与公共事务学院教授　李春成

现代行政经常陷入伦理困境。行政伦理困境给人的主观感受是,被夹在两种互不兼容的期望、倾向或选择之间,"而且这两者又都具有重大的价值"时的那种"烦恼不堪"的感觉。①

现代行政伦理两难的成因很复杂,有规范层面的也有资源层面的,有理论观念的也有法令规定的,有浅层的也有深层的,有行政系统内部的也有外部社会的。要想完全列举出各种可能的原因是不可能的,以下我们只阐释几种主要的成因并将它们归为两类。

一、深层原因

(一) 终极善的冲突

传统(道德)哲学有一个基本信念,即所有善不仅和谐共存,而且相互包容。"宇宙有一个单一目的,缘此目的,一切现象底下皆有一个根本同一性。它一经发现,就能为解决人类社会根本问题提供最终解决方案"。② 按照这个假设,"全部实在,我们关于它的所有知识的分支,构成了一个合理的、和谐的整体,各种人类目的存在着终极的统一性和和谐性",③ 所有真正美好的事物都"在一个单一、完美的整体中相互关联,或至少彼此相容"。④ 针对这种"形而上学的一元论教条"信念,英国哲学家以赛亚·伯林(Isaiah

---

① [美]特里·库珀:《行政伦理学:实现行政责任的途径》,张秀琴译,中国人民大学出版社 2001 年版,第 85 页。
② [英]凯利:"导论",载以赛亚·伯林:《俄国思想家》,彭淮栋译,译林出版社 2001 年版,第 3 页。
③ [英]豪舍尔:"序言",载以赛亚·伯林:《反潮流:观念史论文集》,冯克利译,译林出版社 2002 年版,第 4 页。
④ [英]以赛亚·伯林:《自由论》,胡传胜译,译林出版社 2003 年版,第 4 页。

Berlin）主张基于事实和人类生活多样性的价值多元论和冲突论①。伯林认为，任何一个社会都必然存在着多种自由、价值和善，它们在本质上都是人类所欲求的内在的善，具有不同的指向，因而总会产生一些冲突和矛盾。不仅不同的自由、价值和善之间会产生矛盾冲突，甚至在同一价值、自由和善的内部，由于它们在本质上都是复杂的和内在多元的，包含着一些冲突的因素，有些要素还是根本不可通约、不可比较的，因此也会产生矛盾和冲突。② 概言之，伯林发现，不仅"善"与"恶"之间存在着明显的不相容性和不可通约性，而且"善"与"善"之间也存在着不相容性和不可通约性。由此，人类实际生活中必将遇到诸种价值两难处境："在某些特定情形中，是不是要以牺牲个人自由作为代价来促进民主？或者牺牲平等以成就艺术，牺牲公正以促成仁慈，牺牲效率以促成自发性，牺牲真理与知识而促成幸福、忠诚与纯洁？"③

伯林认为，面临两难境况，人们只能顾此失彼或非此即彼，因为：人类拥有的异质而基本的"善"和"价值"在终极层面上存在着难以调和的冲突；在任何道德或行为准则的范围内，在终极道德价值之间总会产生一些冲突；"在终极价值无法调和的情况下，从原则上说，是不可能发现快捷的解决方法的"。④ 伯林反对"哲学一元论"根据普遍的理想，即根据一个人、一个群体或一个社会所追求的整体生活模式来做决定；他认为，"追求整齐划一"的做法"曲解"了价值两难。"既然有些价值可能本质上是相互冲突的，那么，原则上可以发现所有价值都能和谐相处的模式这样一种观念，便是建立在一种关于世界本质的错误的、先验的观念之上"。客观的价值多元论是人类的必然选择，"无法逃避选择便是人类状况"；人的"目的是相互冲撞的，人不可能拥有一切事物……于是，选择的需要，为着一些终极价值而牺牲另一些终极价值的需要，就成为人类困境的永久特征"。⑤

（二）基本价值矛盾

自由、平等、博爱堪称现代社会价值"铁三角"；在现代观念体系中，没有什么比它们更具道德合法性和道德感召力。然而，在一些人看来，它们既非建构现代伦理秩序的

---

① 张国清：《在善与善之间：以赛亚·伯林的价值多元论难题及其批判》，《哲学研究》2004 年第 7 期。
② 翁学辉：《在政治和道德之间》，北京师范大学伦理学专业硕士学位论文，2007 年，第 30 页。
③ [英] 以赛亚·伯林：《自由论》，胡传胜译，译林出版社 2003 年版，第 47 页。
④ 同上书，第 47 页。
⑤ 同上书，第 48—49 页。

坚实基础，也无法统合或通约其他诸多价值；它们不是伦理两难的解决者，反而是问题的制造者。英国法官詹姆斯·斯蒂芬（James F. Stephen）在其《自由·平等·博爱》（1873年）一书中，对当时流行的"自由-平等-博爱"的"三位一体"口号进行了批判性的思考。"使人类结合在一起的内心深处的同情和无数纽带，是他们各具特色的性格和观念"，这会"在他们之间产生、并且必定永远产生持续不断冲突，……他们之间存在着真正的、本质的、永恒的冲突。"斯蒂芬告诫世人，这些口号"把各种光辉灿烂的前景呈现于人类集体面前"，仿佛只要废除人类行为的一切限制，"承认全人类实质性的平等，奉行博爱或普世之爱，就能发现通向这些前景的道路"，然而，事实上，"自由、平等、博爱"这些政治领域中的基本"善"不仅相互之间并不相容，而且会与人们所珍视的其他重要价值发生冲突。譬如，斯蒂芬断言，若让人人享有物质平等，把劳动成果集中起来养活社会，"你确实为平等和博爱赋予了十分明确的含义，但这必须绝对地排斥自由。经验证明，这不仅是个理论难题，也是个实践难题"；"权力先于自由，从本质上说自由依赖于权力，只有在明智而强大的政府之下自由才能存在"。该书1993年版的编者斯图亚特·D. 沃纳（Stuart D. Warner）评价说："自由是有秩序的自由，平等是法律之下的平等，而博爱则是一种与自由社会不相容的价值，这是《自由·平等·博爱》一书最重要的特色。"①

较之斯蒂芬，后现代思想对这些现代基础价值的分析更为透彻。"在这一［后现代的反思和批判］过程中，曾支配着现代政治疆场的自由、平等和博爱三重价值观的结盟，也未能逃脱严格的检查以及随之而来的责难"。② 理查德·罗蒂（Richard Rorty）说，"如果我们顾及政治自由，那么真和善只有自顾了"；齐格蒙特·鲍曼（Zygmunt Bauman）说"［如果］过多地顾及真和善，［将］导致政治自由的丧失，［而］真和善也未能多得"。③ 首先，无论是自由、平等抑或是博爱，都缺乏确定的、单一的理解，因此并非决断性的价值判断，而是充满歧义、矛盾的。谈到自由，人们常问：什么是自由，积极的还是消极的？什么样的自由，作为公民的自由还是作为消费者的自由？什么人的自由，贫困者受穷的自由还是富有者奢侈的自由？……在现代性中，"与科学和政治意识形态不同，自由并不许以任何确定性，不对任何东西做出保证。……在实践中，自由意味着经

---

① ［英］詹姆斯·斯蒂芬：《自由·平等·博爱——一个法学家对约翰·密尔的批判》，冯克利、杨日鹏译，广西师范大学出版社2007年版，第1页。
② ［英］齐格蒙特·鲍曼：《现代性与矛盾性》，邵迎生译，商务印书馆2003年版，第410页。
③ 同上书，第369页。

常暴露在矛盾性之中。这就是说，暴露在没有可决定的解决方法、没有简单明了的选择、没有未加反思的有关'如何继续'的知识这样一种境况之中"。① 民主？民主的实质就是它的非决定性，"民主是某种特别惹人烦的玩意儿——你会不断地让那些最最令人讨厌的玩意儿搞得焦头烂额。它与弗洛伊德式的分析别无二致。一切肮脏都来自民主。"平等？何谓平等，绝对平等还是比例平等？什么样的平等，起点平等还是终极平等，机会的公平还是结果公平？什么人之间的平等，横向的还是纵向的，群体内的还是群体间的？博爱？什么是博爱，爱所有人是否包括爱特殊的人？爱有差等还是天马行空？如何防止博爱成为父爱？② ……所有这些分歧和非决断性主张，都将引起人们"精神上的极大痛苦"。其次，这些被现代性视为基本的价值之间也存在冲突，并可能损害其他价值。在鲍曼看来，"无论政治设计者多么地努力，他们仍不断发现自己处在交替使用的境况之中，无法同时使用这三种价值观。他们发现自由与平等相冲突，只要另外两种价值观未能找到一种共存的方式，平等就不会尊重自由之梦以及德性不明的博爱。他们也开始认为——考虑到人类自由的巨大但却未被利用的能量——平等和博爱的目标将人类的潜能贱卖了。平等要将齐一性的前景（prospect of uniformity）远远甩在后面是不太容易的。博爱再经常不过得带有强制一致和强制要求的味儿；名义上的兄弟姐妹必须在一个公认的共同事业的名义下牺牲自己的个体性"。③

二、直接成因

（一）资源限制

一般地讲，相对于诸多的行政目的、价值和义务而言，任何政府的行政资源（包括人力、财力、时间、空间、行政能力等）都是有限的。这常常导致行政行为人无法同时充分履行他们本应履行的却又不相容的行政道德义务，无法同时实现理应同时实现的诸种不相容的价值，从而引发行政伦理冲突。我们把这类行政道德义务冲突称为事实上的行政伦理两难。通常情况下，由于这种原因带有客观性，所以由其产生的行政道德义务

---

① ［英］齐格蒙特·鲍曼：《现代性与矛盾性》，邵迎生译，商务印书馆 2003 年版，第 369 页。
② 同上书，第 413 页。
③ 同上书，第 410 页。

缺损和价值损失所引发的道德焦虑或指责较为轻一些。

事实上的行政伦理两难的形成必须同时具备三个条件：行政义务人肩负两种或两种以上的行政道德义务；这些义务要求在同一时间履行；行政义务人的资源或能力相对有限。首先，行政主体肩负着多重道德义务，且无法将它们整合、不可化约，但它们之间不一定是相互背反的或不相容的——假如是背反或不相容的，则属于事实与规范相混合的行政道德义务冲突。其次，要求行政主体同时履行或实现它们，不能有先有后地或有选择性地践履。最后，行政主体在资源或能力方面是不充分的，存在着替代效应，即如果资源用于履行X，则不能用于履行Y。这方面最为常用的实例就是所谓的国家财政分配在大炮（代表军费开支、国家安全）和黄油（代表民用开支、经济发展）之间的两难选择。各国在考虑军事发展和经济发展间的关系时，都面临这一难题。小布什政府的一名预算官员曾警告说，政府千万不要陷入"要大炮还是要黄油"的困境之中。当年，林登·约翰逊（Lyndon Johnson）就想鱼与熊掌兼得，在越南战争升级的同时，保持其国内"伟大社会"计划的推行，从而采取了自二战以来最高的联邦预算赤字（高达252亿美元）。然而，这种一心二用的做法未能奏效，1968年，一场激烈的反战运动使得约翰逊被迫放弃了第二任期的竞选。①

（二）规范竞合

任何国家的公共行政都受到多重制度规范的约束，主要包括由政府权威制定的伦理规范（法令和纪律）、有说服力的道德理论、政治或行政惯例、社会（角色）期望等类型，每一类规范本身又包含多重规定。倘若这些制度规范在逻辑上和内容上相互冲突，就会引发规范上的行政伦理两难。具体而言，行政伦理两难的规范性成因包括以下几种情况：首先，不同类型的规范可能会提出不相容的行政义务和行政品德，譬如，政治惯例要求对领导的忠诚，但行政伦理理论要求行政主体超越狭隘的忠诚转而对宪法和公共利益负责。其次，同一类型不同种类的规范也可能会对行政行为人提出相互矛盾的义务和品德，譬如，对公共行政和公共政策最具影响力的两大伦理理论——功利主义和自由主义——各自主张的价值常常针锋相对：功利主义以"福利总量最大化"作为最高原则，而自由主义则强调自由至上和权利的绝对不可侵犯。最后，对同一实践的不同道德评价

---

① 郭丽芳：《美国历届总统们的共同问题：大炮还是黄油？》，《解放日报》2002年1月30日。

路径或思维方式也会引发行政道德冲突和伦理两难。最典型的就是后果论和非后果论之争。后果论坚持以行为的结果作为判断行为是否道德的依据，一切都看后果，而不管行为的动机如何：如果某行为导致了好的结果，即使是出于不良的动机，也应该肯定；反之，出于善良的动机，但行为最终产生了不好的结果，则应该予以否定。与此相反，非后果论只根据行为者的动机来进行道德决策和道德评价，所以非后果论又被称为动机论；对于非后果论者来说，正当的程序、原则和义务比好的行为后果更为重要，因此有时又被称为道义论。后果论与非后果论之间的伦理困局是许多庸官为自己辩护的理由，也使我们对一些行政行为莫衷一是。譬如，1997年5月，福建省莆田市地方税务局发出通知，凡在莆田市的高消费行业（诸如酒店、歌厅、舞厅、卡拉OK厅、美容院、桑拿厅等）中从事推拿按摩等服务工作的高收入的服务人员，均要缴纳每月不低于100元的个人所得税。当地的有关领导认为，这样征税可以达到两个效果：首先，可以调节社会分配（这些服务人员月平均收入为3 000—4 000元人民币，远远超出一般工薪阶层的收入）；其次，可以增加政府财政收入。显然，地方决策者秉承的是功利主义后果论，但社会舆论却对其行为本身的正当性和合道义性进行了批判。

各种制度规范间的不相容不仅会导致行政伦理评价冲突，而且还会导致行政伦理作为的两难。但仅制度规范的价值主张差异还不足以产生行政伦理冲突，只有当这些主张各异的规范间存在竞合时才可能导致行政伦理冲突。所谓规范竞合是指两个或两个以上的规范的构成要件（如指涉对象、价值主张等）存在全部或部分重合的情况。根据竞合的逻辑关系，规范竞合可以分为两种：相容的竞合和不相容的竞合。不相容的竞合是指竞合中的各个规范的价值主张（义务主张和/或品德主张）彼此排斥，在逻辑上不相容（如同A和非A的关系），由此导致它们共同指涉的行政行为人处于伦理两难之中，或在各方支持者之间形成行政道德争议。

上面讲的主要是那些有据可查、成文的规范（法律条文、理论文本）。现实行政生活还受到许多不成文的道德观念和"潜规则"的影响。这些观念的成因比较复杂，可能来自法律规范或/和理论学说的潜移默化，可能来自组织传统、习俗惯例，还可能是行政行为人自身的经验教训。它们没有被写在纸上，但却被铭刻在心里，嵌在行政实践中，是一种行动中的理，对于行政行为人的伦理选择具有十分重要的影响。这种现实的、行动中的行政伦理与权威的、正统的行政伦理规范处于某种竞合关系之中。当它们主张的价值不相同甚至不相容时，就可能引发行政道德冲突。让道德理想家痛心疾首的是，道德层次常常（如果不是总是的话）与道德行动力成反比：道德规范层次越高，其现实约束力就越低，行动力越弱（如图1）。

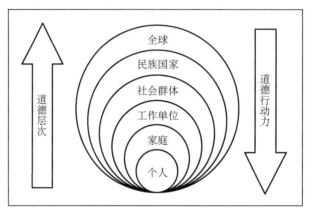

图1　义务层次与行动力之间的背反关系图

（三）主体因素

行政伦理两难既是一种价值观念悖论，也是一种行动选择两难。无论是何者，它都是一种主体性的活动。离开行动主体，制度规范冲突和资源能力有限都不足以产生两难。事实上，正是主体主观因素的介入，使得行政伦理两难呈现出个性化的特征。不考虑这一点，我们就无法解释：为何从理论上讲本应出现的伦理困局而实际行政行为人却毫无感知？为何身处类似的情形中，有人感到伦理两难，而有人却没有？为何面对同样的伦理两难，不同的行政主体会有不同的反应？当资源约束非常刚性、规范间的不相容竞合非常激烈时，主体因素或许可以"忽略不计"。但这并不是说主体因素不存在，只是说主观因素没有发挥显著作用；如果主体不认同或根本没有意识到与其既有价值观念相冲突的其他主张，或是主观地构建出其所认为的某种价值秩序，就不会陷入行政伦理两难之中。因此，行政主体的主观能动性是行政伦理两难的转换枢纽。

主观能动性的基本含义是指人们在观念活动或实践行动中具有某种自主选择性。主观能动性的讨论涉及人的活动的各个方面，内容和表现形式也极其多样。就行政伦理两难而言，主体的主观能动性主要通过以下几种途径发挥作用：(1)对价值规范的选择性感知和认同。受到主体个体的（如社会经济地位、文化水平、成长历史、个性等）以及社会的（如家庭、亲戚朋友、工作单位、社会群体、政治派别等）多种因素的影响，不同的人所接触和掌握的价值规范（包括法律条文和理论学说）不尽相同，所认同的价值主张也肯定不尽相同甚至相互冲突。试想，如果某行政行为人从未听说过什么非后果论的价值主张，他又怎么会陷入后果论与非后果论的道德冲突之中呢？如果某行政人只接受过集体主义教育并视其为绝对真理，又怎么能指望他认可个体主义价值观、在特定行为选择中产生伦理两难呢？唯有当行政行为人同时认可那些不相容的制度规范时，它们才可能使其感到行动选择两难。但这并不是说所有行政行为人的单向度价值选择就能杜绝行政伦理两难。除非整个社会只有一种价值主张，否则，单向度的价值选择不仅不能避免而且很可能加剧社会道德冲突；只不过这种冲突不是同一主体内部的，而是不同主体之间的。(2)对价值规范的选择性运用。或是出于认识的片面或偏差，或是故意地曲解，行政行为人可能运用一些价值规范为自己的行动选择提供依据，并反驳那些批评性的价值主张。譬如用动机论开脱自己的决策失误责任，用后果论价值观（如地方财政收入）为自己的地方保护主义行为辩护。(3)构建自己的价值秩序，避开行政伦理两难困局。譬如，在某些治理实践中，经济发展和社会福利相对于公民权利和自由具有占优的地位，从而主观地绕开了自由主义主张的抗衡。(4)建构角色秩序，缓解甚至避开角色冲突。每一行政主体都有多重身份和角色；行政行为人在角色认同过程中，或可按照某种标准，构建某种"显著性等级"(salience hierarchy)，分配其角色投入(commitment)——角色投入表征着认同的显著性，认同的显著性影响着角色行为，[①] 以此应对多重角色规范或义务可能引发的冲突和两难。譬如，韦伯式的典型行政人会把组织人的角色凌驾于其他角色之上，把组织的价值（观）奉为至上。(5)努力提升公共治理能力或增加行政资源，尽量缓解"事实上的行政道德义务冲突"。此外，恰当的思想政治工作或其他补救措施，也能缓解行政伦理两难的社会后果。（见表1）

表1 行政伦理两难中的主体因素表

	陷入行政伦理两难	摆脱行政伦理两难
规范认同	平行认同多重相互冲突的规范	主观上将不同规范进行优先性排序 拒绝认可与已有规范相悖的规范
价值认同	平行认同多重相互冲突的价值	主观上将不同价值进行优先性排序 拒绝认可与已有价值观相悖的价值

---

① Stryker, S. & Burke, P. The Past, Present, and Future of an Identity Theory, *Social Psychology Quarterly*, 2000, Vol. 63, No. 4, pp. 284-297.

(续表)

	陷入行政伦理两难	摆脱行政伦理两难
角色认同	平行认同多重身份角色	主观上构建某种"显著性等级",分配其角色投入
能力建构	客观性两难因素非常刚性,主观能动性无能为力	提升公共治理能力或通过其他补救措施,缓解事实上的行政伦理两难

由于上述直接和深层、具体和整体、主观和客观的原因,现代行政道德伦理和价值选择常常是非决定性的,人们在什么样的决定正确、应该采取什么行动的问题上存在分歧、争论和冲突。生活在社会急遽变化、新旧道德并存、价值多样化的当下中国,伦理两难将是我们不得不面对的现实。然而,我们并不能因此就放弃决策、一概地行政不作为。行政必然要求选择,要求行动。如何看待和应对行政伦理两难、创造性地走出困境,值得我们深入思考。

(本文原载《中国行政管理》2011年第6期,原标题为《论行政伦理两难的成因》,收入本文集有删改)

生命，还是生命的技术—权力化？

复旦大学国际关系与公共事务学院教授　洪　涛

我生之初尚法术。还记得认字时，读过"评法批儒"的材料，小学时也曾背过语录。上小学不过几年后，就开始"向科学进军"了。我们这代人，先有科学，后有技术。小时候家里的现代电器只有两种，一是电灯，二是无线电；到20世纪80年代，有了电视机、收录机，90年代又有了电冰箱、洗衣机。现代科学技术对我这代人来说，既不像对今天的年轻人那样，是一种与生俱来的现成之物，也不像在纯思辨的哲学家那里，仅仅是一种观念，而是在我们身上的逐渐的"发生"。

直到进入21世纪，我才渐渐体会了索福克勒斯《安提戈涅》"第一合唱歌"中的那个词——deinos——的复杂意味。熊伟先生在译马丁·海德格尔（Martin Heidegger）的作品时，把这个词译作"苍茫"，初时读来莫名其妙。后来才逐渐明白，它表达的其实就是技术给人的感受。这个希腊词有"令人惊异""惊奇"之义，还有"可怕、惊恐、恐惧"之义。在"第一合唱歌"中，它指的是在自然中本来并不存在的人为创制，即希腊人所谓的"技艺"，人凭借这种创制力，征服和统治自然。人的这种能力，在索福克勒斯看来，既让人惊异，也令人惊恐。这个词意涵丰富、复杂，包含了多样的甚至冲突的情绪。

毋庸讳言，20世纪的中国人普遍崇尚科学技术。其实，这也是一个世界现象，科学技术为持不同意识形态的人所共同推崇，已成为一种"超级意识形态"。中国从准农耕时代进入技术时代，不过三四十年时间。对大多数中国人，不仅最初的进步，而且继而的承受，都可说"莫知莫觉"。今天，是时候对已经且继续渗透于我们日常生活的每个角落、将生活的所有方面都囊括其中的科学技术进行反思了。余明锋的《还原与无限：技术时代的哲学问题》[①]可算来得及时。该书的副标题——"技术时代的哲学问题"，表明

[①] 余明锋：《还原与无限：技术时代的哲学问题》，上海三联书店2022年版。

它是从哲学视角来讨论"技术"问题的。书开篇就说，这是一部"哲学导论"。余明锋意识到这一说法的挑衅性，因为他用了"别样的"一词作为"哲学导论"的修辞语。显然，他认为，其他的，也就是非"别样的"哲学导论，尚未对我们已置身于一个"技术时代"拥有一种清醒的意识。

余明锋的专业是西方哲学，所以不奇怪，《还原与无限》有三分之二的篇幅是专论现代西方哲学的。全书分三部分，第二部分论尼采，第三部分论笛卡尔。第一部分，则是在为我们的时代定位——"技术时代"，这一部分讨论了卡尔·西奥多·雅斯贝尔斯（Karl Theodor Jaspers）的"轴心时代"理论。在雅斯贝尔斯看来，我们的时代，不是与过去的时代一样，属于诸时代中的一个，而几乎是与过去一切时代相"对立"的一个"别样的"时代。

"技术时代"是《还原与无限》的一个前提性概念。技术几乎一向就有，旧石器时代、新石器时代便以技术命名。雅斯贝尔斯也将"轴心时代"前的那个时代，特别地称作"技术时代"（大致相当于"黑铁时代"），那么，我们今天讲的这个"技术时代"的"技术"和在此之前的各个时代的"技术"究竟有何本质差别，从而使我们这个"技术时代"成为"别样的"？我想，这是一个重要问题：我们这个技术时代的"技术"，究竟意味着什么？

关于这个问题，我想以一个形象的例子予以说明。《伊利亚特》是一部以战争为主题的史诗，战士以在战场上杀死对手赢得他的荣誉。而被杀死的人，也必须依葬礼得到安葬，这是一个人——哪怕是敌人——的权利。换言之，荷马时代的人承认，一个人的身上有不能故而也不应被杀死的部分（也就是不朽的部分），这就是灵魂，它涉及人在死后——异于生的另一种存在形式——的永恒存在。葬礼对一个人的完整存在来说，比死更重要，因为它关涉不同于一个人短暂在世生存的永恒。剥夺一个人的葬礼，被视作对神法的严重违反，阿喀琉斯把赫克托尔的尸身在尘土里拖曳，便招来了奥林波斯诸神的愤怒。

古代的那个技术时代，也就是"轴心时代"之前的"黑铁时代"，在杀人技术上已经有了长足进步。铁制刀剑极大地提高了杀人效率，但是，刀剑再利，也难以侵入一个人的内心世界，无法伤及他的灵魂，不能剥夺他的不朽的权利。这一观念直到20世纪，都是牢不可破的：人身上存在着一个无法攻破的"堡垒"，不管称之为"灵魂""自我"，还是"内心世界"，总之，它难以为外部力量所侵入，或者，剥夺。

我们这个技术时代的"技术"，与之前技术的最大不同在于，技术开始侵入向来被认为是无法侵入的人的最后"堡垒",侵入以前被认为是人身上无法侵犯的、永远对外封闭的核心。换言之,人的"核心"被撼动了。而与这一"不朽"的丧失形成对照的则是,据说再过一二十年,人类就可以实现身体的永生了。

现代哲学为现代技术的这一步,这决定性的一步,做了长达三四百年的思想准备。20 世纪哲学的一个口号是"人之死",当然,不是说人肉身之死,希腊人早就将人称作"有死者"了。"人之死"毋宁是说,人身上的不死部分的死。

所谓"轴心时代"的哲学突破,简单地说,是对人身上这一不死部分的发现,是对人身上不朽的、永恒的存在的觉悟。这一部分,被视作人的尊严的源头、人的权利的基石。古人往往称之为"心"。"心"是人的自主性之所在。《荀子·解蔽篇》说:"口可劫而使墨云,形可劫而使诎申,心不可劫而使易意。"意思是,可以让一个人闭嘴不说,可以让一个人的身体做出想让他做出的样子,但不可能让一个人的内心拥有他不想拥有的意愿、意志、心意。康德在《答"何谓启蒙"之问题》一文中,引用腓特烈大帝的话:行动得服从,思想可以自由。显然,这位绝对主义君主也承认,即便他的绝对权力,也有人身上无法进入的部分。人心对权力是封闭、难以进入的。对人心之所思所感,权力无可奈何。人的自主性,与其说是一个现代哲学概念,毋宁说更为古人所坚持。然而,现代的"人之死"的命题则意味着,人身的不死部分,那永远保留给自我的部分,即人心,被侵入了,或者,被夺走了它的自主存在。

20 世纪哲学的"人之死",指的是人心之死,那么,这是否意味着三千年轴心文化的穷途末路?这是雅斯贝尔斯之所以在 20 世纪 30—40 年代提出他的轴心时代理论的基本语境。晚清"三千年未遇之大变局"一语,歪打正着,道出了整个现代世界的基本处境,不论中西,这是现代人的共同处境。

哲学上的"人之死"有一段非常"动人"的前奏——人性自由论。人性自由论,可以在卢梭《论人类不平等的起源和基础》中找到它的一个较早期的表达,即主张自由——无规定性,或者自我完善性——是人性的本质。到 19 世纪,人性已经被普遍认作是人类自我塑造和自我完善的产物,一种逐渐演化(或者完善)的过程。人性并非天生所固有,而是人的历史的产物,因此,透过历史,人类可以获得人性演化或完善的法则。19 世纪一个非常重要的思想流派便认为人性是社会关系的总和,社会关系在历史的变化发展中有其规律性。掌握了历史发展规律,或者说掌握了历史科学这所谓唯一的科学,也就掌握了人性完善的知识,据此,可以有意识地对人性予以塑造。

所谓技术时代，意味着对 19 世纪以来这一所谓"根本"问题——人性塑造——的解决，不再通过作为一种乌托邦式社会工程的社会关系的变革，而是通过现代科学技术。二者在如下之点上是共同的，即可以按照我们所认为人性应有的那个样子，或更完善的样子来塑造人性，所不同者只是手段：是通过社会关系的变革，还是通过现代科技，如生物技术、微电子学，等等。

明了了认为人存在固有人性的所谓形而上学人性论（必须与现代的以科学为基础的基因人性论或种族人性论相区分）与现代的人性自由论（或超越论）之间在人性论上的本质差别，就会意识到，如《还原与无限》那样，将人本主义和超人类主义视作一回事，是不妥当的。人本主义属于前者，它承认存在着一种不变的、固有的人性，故而它所主张的教育，也就是迄 19 世纪的基于古典哲学立场的古典人文主义教育，都把人的自我认识，即对人性的认识，视作教育的根本目的。《中庸》中"天命之谓性，率性之谓道，修道之谓教"，讲的就是这个意思。超人类主义则完全不同，照《还原与无限》一书的介绍，它"用技术手段来从根本上改造人类机体"，"鼓励使用各类生物转化技术来'增强'人类机体，其终极目标是通过彻底改造人类机体来'超越人类的根本缺陷'，由此超越'人'本身。"（第 105—106 页）"超越'人'本身"是超人类主义的核心要义。它终究是主张人性之被制作性且认为制作是可以通过技术手段来实现的。因此，超人类主义在超越"人本身"这一点上，与尼采乃至 19 世纪的主流哲学同调，却与人本主义迥然不同。由此也可以看到，主张用教育"完善"人的人本主义，与主张用技术"改造"或"超越"人的超人类主义，所不同者绝不只是手段。人本主义有其"大本"，即承认存在天生固有之人性；而超人类主义之"大本"已失，认为人性只是随人所造的那种模样，而且，也完全可以造出别的模样。

古典哲学，或者，雅斯贝尔斯所谓轴心文化的基本态度，在于无论物种还是个体，其最好的存在状态或生活状态，不是超越本性，而是合乎本性的存在或生活，所以，为了善的生活，人应该认识自身（人性）。自我认识是古典哲学的核心。现代哲学则以为，人性无从认识，除非它是被制造的。因为，人唯能认识他所制造者。人通过对人性的既有被制造史的认识，推动他们进一步有意识地制造合宜的人性。于是，在现代哲学中，根本问题就从古典哲学的自我认识，变成自我制造。这种自我制造，是自我认识的前提，且是以对世界的改造为中介的。这是古今之异的关键之点。

古典哲学的依本性——而非超出本性——而存在（生活），是尼采"末人"概念的真正矛头所指。正如《还原与无限》所指出的,尼采的"末人之'末'在于他不再超出自身"。(第120页)的确,尼采在《善恶的彼岸》第九节痛斥遵循自然的生活乃是一个"弥天大谎"。因此,以为尼采"末人"概念指向现代市民阶层,倒是有所误解,因为,在现代哲学中,市民阶层实际上是——尽管未必在主观上——对自然和对人性从事改造活动(所谓"劳动")的主体,他们的"人性"被认为在这种改造活动中得以塑造。市民阶层对幸福的追求仅仅来自他们身上残存的人性,他们终将意识到(正如马克斯·韦伯所指出),幸福已经不再是现代生活的一部分,更遑论是其目的。

尼采、海德格尔都是人性塑造论的传人。海德格尔对人本主义的著名批评——即认为后者还是一种形而上学,源于卢梭。当卢梭在"……"中填入"自由"时,就已颠覆了"人是……动物"的古典命题。"是"变成了"不是","是"解体了。而海德格尔对"人是……动物"这一古典命题的反对,只是表达了现代人试图摆脱人的自然的渴望——人的自然,首先是一种自然生命,即所谓的"动物"。

尼采与19世纪其他哲学家的差距,并非如表面看来那么巨大。他与社会进步论者、物种进化论者一样,都否认存在着固有人性。在他看来,超人与人的距离,一如人与猿猴的距离。与众多现代哲学家一样,他也是卢梭的思想后裔,只是在彻底性上,远远超出后者。卢梭固然提出人性自由论,却以为人性自由恰恰是人类苦难的根源:自由运用得愈多,加诸自身的枷锁愈沉重。因此,在卢梭看来,人最幸福的时代,莫过于人刚意识到自由却还未使用(或者滥用)的时代,即人类历史的开端。显然,卢梭对人性自由论持一种非常谨慎的态度。这种谨慎态度,在19世纪思想家那里大多已不复存在。态度的改变或许与时势有关。尼采在《悲剧的诞生》中说道:"谁用知识把自然推向毁灭的深渊,他必接受自然的解体。"人的自然的解体,就是人性的解体。不过,这句话在尼采那里,不是一句"警世危言",而只是一桩事实:它成为了尼采思想的出发点。看起来,尼采的"超人"思想可以从这个角度去理解:这是对现代人处境和命运的一种绝望回应,或许,从较好的一面说,是试图成为一种积极取向的顺应。

《悲剧的诞生》的真正对话对象,不是研究古希腊悲剧的古典学家,而是将"自然"推入"毁灭的深渊"的现代科学技术主义者。尼采的"超人论"所针对的,是如下两种"超越":通过社会工程的社会关系的超越和通过科学工程的技术的超越。尼采不主张超人类主义者的凭靠技术的"超越",但是,他的"超人论"尽管努力却终究难以避免技术超人论的倾向:因为,"超人论"与技术超越论者一样,认为人的"本"就是"无其本"——人终究是一种"未被定型的动物"。既然人性的秘密就是人类生命以自我否定为存在的方式,那么,这种对人性的否定,便向着对更广泛的作为的肯定开放着。

今天,透过乌托邦工程的社会"改造"已鲜见有人公开提起。但是,以科学技术的"改造",却因技术在表面上的中立性,不仅显得正当,而且深入人心。其实,二者在本质上同属一个逻辑:现代哲学的逻辑,它们都基于哲学上的人性塑造论,以为人为高于自然,自然(含人性)无非是一种浑沌与无序,必须受到人的型塑。人的本质是对自然(包含人的自然)的超越。到20世纪下半叶,完成了大地征服的科学技术,全面转向两个终极领域:头顶上浩瀚无垠的星空和人心中隐秘幽深的内在世界。至21世纪,对自然的"人化"终于抵达了它的终点:对人的自然(人性)的"人化",而这也不过是现代哲学内在逻辑的题中应有之义。

到20世纪晚期,人们终于看清了,历史进步主义主要建立在技术进步这一基础之上,究其实是一种科技进步论。这一点,弗朗西斯·福山(Francis Fukuyama)在《历史的终结与最后的人》以及后来的《我们的后人类未来》中都已道出。在后一书中,福山承认对他的"历史终结论"的如下批评:除非科学终结,否则历史不会终结。在我看来,这倒显示了他的"历史终结论"的最值得同情的一面。那么,接下来的问题是:科学会不会终结?

现代科技进步的主要推动力来自现代国家,尤其来自那些拥有大量科技人员及科研机构、拥有巨额研发资金、具有"争先"需求的大国。那么,我们是否可以对那些大国的统治者说,请你们到太平洋某个风景优美的岛上度个假,读一读《庄子》,或者《苏鲁支语录》也好,一起喝喝咖啡,下下棋,晒晒太阳,游游泳,然后,顺便讨论这个问题:大家是否应该一起考虑有可能把技术研发、技术生产、技术制造停下来——至少放慢脚步;是否应该对如下之点获得共识:技术应以人的自我完善为目的,而不是以操纵人为目的;统治者们能否不像《安提戈涅》中的克瑞翁那样,沾沾自喜于用技术打造枷锁加诸民众之身?

当然,事情不会像说得那样乐观。1897年,法国作曲家保罗·杜卡(Paul Dukas)根据一百年前歌德的一部诗篇,创作了一首题为《巫师之学徒》的交响诗,它讲了这样一个故事:巫师离开家时,他的学徒使用巫师的咒语,驱动扫帚自动清洗房间,扫帚不停往水缸里注水,水缸满了,学徒却不知道使扫帚停止的咒语,于是乎水漫金山。这则故事是对现代科学技术进步的预言:现代人与技术的关系,犹如学徒与那把扫帚,一旦驱动，难以停止。权力欲推动了技术，技术拖着人类。

新发展起来的技术，正在建构一种席卷天下的令人恐怖的无形统治。掌控技术的极少数人，犹如鬼魅一样，悄然出现于任何一个人身边，窥伺操纵之、伤害杀戮之，大多数人却浑然不觉。世界正在被制造成一个探测、定位、操纵、伤害的无形网络，人所置身其间的世界，被打造成一座无形的"监狱"，在这座"监狱"的一些地方，监禁、伤害和谋杀在日常生活化。相反，民众失去了对技术—权力的控制，甚至没有能力对技术手段哪怕获得一知半解。他们之所以幸存，仅仅出于数量庞大，犹如处于猛兽环伺下的鹿群。而技术权力的掌控者们则业已成为古人想象中的"诸神"。尼采的"超人论"和"末人论"，倘若不考虑现实基础，极易成为掌控着极其悬殊之经济力量、政治力量和技术力量者的"自证"意识形态：朝九晚六的劳作者，却被指为过度贪图"幸福"的"末人"；"超人"热衷于道说"苦难"，却由"末人"的肉身承受苦难！

但值得追问的是，人岂能只有"自我超越"——成为"神"——才配拥有尊严？日、月、星、辰，没有其崇高吗？花、草、林、木，没有其美好吗？妇孺和老人，农夫和打工人，为美食和加薪而欣喜的人，没有尊严吗？难道只是"末人"？不，存在本身就有其尊严！把"尊严"的门槛提得很高，岂非为权力者对自然的掠夺、对人的凌辱大开方便之门？20世纪以降的人类历程，已经且将继续表明，对固有人性的否定，将导致"一切皆可为"的可怕后果。

在一个人正在被技术—权力化的时代，自然人、自然生命难道不特别值得珍视？一个人，只要还有一种自然的感受，能正常地吃、喝、拉、撒，能劳作和恋爱，能感受一年四季春、夏、秋、冬的变化，也就是说，具有健全的自然感受，那么，就没有丧失在自然中获得美和快乐的希望，没有丧失通过和他人交往获得幸福的希望。"末人"至少还是"人"！做一个自然人，寻求一种自然的幸福，是反抗技术统治的起点！不必有太多的技术，不必有太多的人为，珍视自然，珍视天赋的人性，享有人作为自然的一部分、作为自然的存在物的幸福——这原本是自然赋予人类的，然后，像海子一样，写下：

从明天起，做一个幸福的人。

……

(本文原载《读书》2023年1月号，收入本文集有删改)

修昔底德式的"悲剧诗"与霍布斯式的"立法诗"

复旦大学国际关系与公共事务学院教授　任军锋

在西方政治传统叙事中，始终存在两种小传统之间的纠结、张力甚至对峙，即法权与意志、法治与人治、制度与强力之间的冲突与协调：前者表现为梭伦-克里斯提尼一系通过立法实现"共和"的传统，后者表现为庇西特拉图-伯里克利一系的僭主-"第一公民"通过领导者的品格确保制度有效运转的主张。梭伦-克里斯提尼传统在亚里士多德著述中得到系统阐发，这一历史-理论传统经由罗马政治理论和中世纪经院哲学，对现代政治理论产生了主导性影响。以庇西特拉图和伯里克利为代表的僭主-"第一公民"传统作为事实上的主导力量，却隐而不彰。本文将霍布斯与修昔底德对观，其核心旨趣在于借助霍布斯的"理论之眼"，洞察修氏著述中对僭主-"第一公民"传统的揭示以及其中所隐含的政治教诲。

霍布斯的学术志业从翻译修昔底德《伯罗奔尼撒战争》（以下简称《战记》）始，以翻译荷马史诗终，哲学巨著《利维坦》恰好居其中。在霍布斯那里，"历史"更多的是修昔底德式的，后者并非对过往事件的简单记录，而是关于普遍人性的科学。霍布斯将修昔底德式的古典悲剧诗提升至现代公民科学的高度，他不仅致力于描绘和诊断现实，更致力于探索针对现实的解救之道。

本文所探讨的议题如下：修昔底德对霍布斯式政治理论有着怎样的框架性意义？霍布斯对修昔底德战争叙事中关于政治本质的教诲对当今的中国人重新认识西方以及政治本身会有怎样的启迪？前有马基雅维里，后有托克维尔，霍布斯贯通古、今，融汇经、史，存迹示法，为万世开太平。

一、英译修昔底德《战记》：学术志业与帝国事业

就其所身处的时世来看，霍布斯与修昔底德有着惊人类似：在新的海上帝国开始崛

起的同时，国内党争却日趋白热化，民主革命导致国内政局陷入紊乱。新兴的英吉利帝国能否避免重蹈两千年前雅典帝国的覆辙？这或许正是霍布斯在众多古典著述家里由衷青睐修昔底德的直接原由。对霍布斯来说，英译修昔底德《战记》，既是霍布斯政治思考的起点，也是英帝国事业的重要组成部分。

对于当时已届不惑之年的霍布斯来说，翻译的首要目的毋宁是译者与原作者即霍布斯与修昔底德之间更为直接的对话过程。在"致读者"中，霍布斯毫不讳言自己对修昔底德的钟爱。在霍布斯看来，修昔底德代表了历史著述的最高典范，修昔底德是"最有政治头脑的史著作家"。那些明智好学之士，若能够仔细研读修昔底德，必将大有收获，而修昔底德本来的写作对象正是这部分人。霍布斯的学术志业即面向实践的经世之学，其核心旨趣在于培养堪当治国安民之大任的士大夫和立法者。

在霍布斯心目中，英译修昔底德《战记》将为英国人提供审视自身的"窗口"，作为他们反观自身的一面"借镜"，安提卡半岛曾经的闹剧似乎正在英伦岛重演，只不过新的舞台有了新的演员登台。政客摇唇鼓舌，煽动民众情绪，结党营私，争权夺利，手段无不用其极。民众纵情任性，蔑视一切权威，政客专意于私人野心、个人打算，党派醉心于阴谋诡计，为消灭对手不惜孤注一掷，宗教成为阴谋集团争夺权位、消除异己的挡箭牌，雅典政坛最终沦为庸众与掮客的竞技场，致使帝国内力遭遇釜底抽薪，国势横遭凌夷。霍布斯在让希腊人修昔底德说英文的同时，也在通过修昔底德向英国人传达某种政治教诲。

与修昔底德遭际类似，霍布斯一生颠沛流离，其著述言论志在有益于国是，却横遭各个政治派系的攻击迫害，甚至几度命悬一线，被迫流亡异国他乡。民主派认为他为专制君主辩护，保王党人认为他别有用心，旨在"使数以千计的绅士们可以安心地服从现政府"的《利维坦》被指控宣扬"无神论"、有"反宗教和渎神嫌疑"，作者本人被指控为"叛国分子"。对于那些提醒人民面对自身缺陷，提出审慎建议以利国是者，人民往往咬牙切齿，欲迅速除之而后快，而对那些为谋取权位和私利不惜将国家推向危险境地的鸡鸣狗盗之徒，人民却将他们奉为贤明，与一个人相比，群众往往是非不分、自以为是且胆大妄为。

如果说英译修昔底德的现实意图仍然略显委婉的话，那么，霍布斯耄耋之年写成并在去世后最终公诸于世的《犹希莫，或长期议会》，则是对英国内战这一紧迫问题更为直接的回应和诊断。

二、《狌希莫》：修昔底德式的"背面战场"

《狌希莫》与《利维坦》都采用隐喻性标题，"狌希莫"和"利维坦"分别出自《圣经·约伯记》第40和41章，其中，"狌希莫"字面意为"巨兽河马"，而"利维坦"字面意为"海怪"，这种海怪"凶猛异常；没有人敢在他面前站立……地上没有其他动物可跟他相比；他是无所畏惧的动物。他连最高傲的动物也不放在眼里；他是一切野兽的王"。巨兽河马肌肉结实，力大无比，在上帝所创造的动物中他最奇特，"只有他的创造者能击败他"。①

有关霍布斯两大著作标题的隐喻意涵，按照霍布斯自己的界定，"利维坦"的具体所指相对明确，即"国家"（COMMON-WEALTH/STATE/CIVITAS），它是"有朽的上帝"（Mortal God），"我们在永生不朽的上帝之下所获得的和平和安全保障就是从它那里得来的"。② 因此，利维坦即"人们的统治者的巨大权力"。③

尽管霍布斯未明确"狌希莫"的具体所指，但从《狌希莫》一书的具体内容来看，它毋宁指涉一切针对国家的反叛力量。在该书开篇，当对话者B问到为什么英国被拖入长期内战（1640—1660年）的旋涡时，A回答说是因为"人民总体上败坏，桀骜不逊者将自己打扮成真诚的爱国者"，而当B追问"人民怎么会如此败坏？究竟是什么人教唆人民，将他们引上歧途？"在列举了上述七种蛊惑民众进而使其走向败坏的政治势力之后，《狌希莫》全部四篇对话则集中分析这七种势力的作用机制，而所谓的"革命"在经历大规模杀戮之后，最终完成了一个篡夺主权权力的循环往复。临近对话结束，霍布斯通过对话者B之口这样评论道："主权权力先从查理一世国王转移至长期国会，再从长期国会移至残缺议会，然后从残缺议会交给克伦威尔，克伦威尔再交给小克伦威尔，继之从小克伦威尔转移至残缺议会，接着再转向长期国会，最终转移到查理二世手里。"④ 这实在是一出极具讽刺意味的漫画式革命闹剧。

从《狌希莫》一书的具体内容看，其宗旨并不在于描述事件本身的来龙去脉，而是

---

① 《圣经·约伯记》，40.15-41.10..
② [英]霍布斯：《利维坦》，黎思复、黎廷弼译，杨昌裕校，商务印书馆1997年版，第132页。
③ 同上书，第248页。
④ Thomas Hobbes, *Behemoth*, *Or the Long Parliament*, ed. Paul Seaward, Oxford: Oxford University Press, 2010, pp. 389-390.

致力于揭示内战爆发的动因。即便我们不得不将《猡希莫》归属于历史著述。《猡希莫》更像是一部讨论革命起源问题的对话体的政治理论著作，它与《利维坦》适成对照。如果说《利维坦》的主题在于建构实现统治的力量，那么，《猡希莫》的主题则在于揭示那些反对上述统治的力量，统治者与被统治者之间是彼此为友还是相互为敌，团结一心还是分道扬镳？这一问题直接关系到政治共同体的生死存亡，而这也是霍布斯政治科学的核心命题。如果说《猡希莫》旨在诊断导致国家解体的"病源"，那么《利维坦》则旨在寻找解救这种疾患的"药方"，实践智慧与理智智慧、政治史与政治哲学，在霍布斯的"公民科学"体系中相互渗透，浑然一体。

细心的读者不难发现，修昔底德《战记》中有两条线索贯穿始终：一是斯巴达与雅典之间的"正面战场"，二是雅典内部表现为贵族派与平民派党争内讧的"背面战场"。城邦内战与外战、党派内乱与同盟战争彼此交错，相互纠缠，而城邦内部党争往往是原发性的。作为修昔底德著作的英译者，霍布斯不能不为此情此景所深深触动，发生在身边的内战不能不使他产生某种精神上的"穿越感"。在修昔底德笔下，科西拉革命无疑是最为惊心动魄的场景之一，而修昔底德一改其在个人见解方面固有的矜持，以不无悲叹的笔调这样写道："这次革命这样残酷；因为这是第一批革命中间的一个，所以显得更加残酷些。当然，后来事实上整个希腊世界都受到波动，因为每个国家都有敌对的党派，民主党的领袖们设法求助于雅典人，而贵族党的领袖们则设法求助于斯巴达人……在各城邦中，这种革命常常引起许多灾殃，只要人性不变，这种灾殃现在发生了，将来永远也会发生的，尽管残酷的程度或有不同；……战争是一个最为严厉的教师，它使人们不易得到他们的日常需要，因此使大多数人的激情随机应变。这样，城邦接踵爆发革命，彼此攻击，残酷报复，手段不断翻新……先前被视为莽撞之举，如今却被奉为真心英雄；曾经的明智审慎，如今被目为懦夫；节制被等同于怯懦；遇事通情达理，却被贬为庸碌无为；草率行事被视为勇毅果敢；谨慎周全被认为是预谋背叛；言行激烈者总是受到信任，而反对他们的人总是遭到猜疑。……这些派系的目的不是为了享受现行法律的好处，而是目无法纪趁火打劫。……利用诡计克敌制胜，可以博得美名。背信弃义者被视为能力过人，诚实单纯成为羞耻的别名。……许多城邦的主政帮派都不乏措辞美妙的政纲，有的主张民众在政治上的平等，有的主张温和的贵族政治，他们都宣称为人民谋福利，但事实上那只不过是他们对付敌人的美丽幌子；他们无情打击，残酷报复，不择手段，无视正义，不顾公益，他们唯一在意的是他们自己帮派的私欲，随时准备利用违背正义的判决或干脆铤而走险，夺取政权，以呈其眼下的怨愤。结果，虽然双方都无视宗教誓约，但那些巧舌如簧、善于发表动人言论，能够颠倒黑白、混淆是非者却备受追捧。……这样，在整个希腊，这些人发动的革命导致斯文扫地、恶行猖獗。诚实正直本是人的慷慨天性的重要部分，如今却遭遇嘲笑。……那些最没有头脑者却能够青云直上、飞黄腾达。"①

这一图景似乎就是霍布斯所描绘的"一切人对一切人的战争"的折射，《利维坦》最后的"黑暗王国"。值得我们注意的是，霍布斯直接将这里的"demos"与"oligoi"分别对译为"the commons"与"the few"，前者既可理解为议会下院，也可指多数"民众"（multitude），即"大多数不明真相的群众"，而"the few"正是《猂希莫》中所集中分析的七类"教唆者"（seducers），他们属于"一小撮别有用心的人"。将"stasis"翻译为"sedition"，意为"阴谋叛乱""煽动造反"，在霍布斯著作中，"sedition"经常与"rebellion"互用，即一切旨在破坏法律、颠覆国家的行为。在《猂希莫》结尾，霍布斯将1640年至1660年英国内战称为"revolution"（革命），这里的"革命"显然借自霍布斯的几何学和自然哲学，并不具有后来被赋予的道德和推动历史进步之意涵，因为在霍布斯看来，所谓"革命"，无非是各种心怀叵测的政治势力篡夺主权权力过程，而且恶例一开，便会螳螂捕蝉、黄雀在后，篡权动机一旦深入人心，覆水难收。在霍布斯眼里，那些所谓的"革命者"无非都是些"usurpers"（篡权者）、"seducers"（教唆者），他们口是心非，阴险狡诈，以"自由""平等""权利"之名，行谋夺权位以逞私欲之实，他们在"革命"中混淆视听，颠倒黑白，妖言惑众，蔑视权威，无视法律，教唆民众不安本分，破坏秩序，自己却浑水摸鱼、趁火打劫、中饱私囊。

三、霍布斯与修昔底德：政治科学与政治史学

如何建立并维持稳定的政治秩序？修昔底德对城邦内讧的缘起、表现及后果做了最为充分的展现，而霍布斯不仅将修昔底德的历史场景转移至英国革命现场，而且试图通过全新的理论努力，探索建立现代政治秩序的新科学。霍布斯的"政治史学"属于修昔底德意义上的历史，霍布斯的"政治科学"正是在修昔底德启发下的新的创造。

---

① Thucydides, *The Peloponnesian War*. The Complete Hobbes Translation. Chicago: The University of Chicago Press, 1989, pp. 204-206.

从理论视野来看，在霍布斯与修昔底德之间，还横亘着一个关键人物，即亚里士多德，可以说，霍布斯的公民科学的直接矛头指向便是经院哲学，而经院哲学的根基在于亚里士多德形而上学与经院神学的结合。在揭示经院神学对《圣经》的荒谬解释的同时，霍布斯也将矛头直接对准了亚里士多德的形而上学、伦理学和政治学。

在古代世界，亚里士多德是修昔底德的直接对话者，《政治学》与《伯罗奔尼撒战争》都是八卷，是巧合还是亚氏刻意为之？我们不得而知，但文本本身却给我们留下了些许值得玩味的线索。如果说修昔底德笔下的"正面战场"是理解"战争与和平"主题的关键，那么其"背面战场"对于把握修氏政治理论至关重要，如何防止类似科西拉内战、雅典内讧的可怕后果？修昔底德未能直接给出切实有效的应对办法，但他似乎暗示雅典只有最终依靠庇西特拉图或伯里克利这样的英明领袖（前者被称为"僭主"，后者被称为"第一公民"），才能阻断党争的循环。不过，充分意识到修昔底德这一暗示并对之进行充分发挥的不是亚里士多德，而是霍布斯。通观《政治学》全书，其核心关注在于，分析平民政体与寡头政体各品种，比较其优劣等差，权衡其利弊得失，以及"一般政体是怎样毁灭的？各个政体是怎样毁灭的？怎样保全这些政体？它们毁灭和保全的原因何在？"① 而《政治学》的核心旨趣在于承接梭伦式的立法传统，即如何通过政体设计实现城邦内贵族与平民、富人与贫者、少数与多数之间两不相害，各得其所，其中第五卷集中讨论政体的变革与保持、党争的根源及其后果，正是针对修昔底德笔下"科西拉革命"所开出的理论处方。

亚里士多德的所谓"立法科学"在理论上是否能够自圆其说？在实践中能否奏效？正是霍布斯对亚氏伦理-政治理论提出的重大挑战。亚里士多德断言"人天生是政治动物""人是天生适合社会的动物"，这在霍布斯看来，尽管广为接受，却无法成立，"其错误在于它立足于对人的自然状态的浅薄之见"，人们之所以寻找友伴，进入社会，首先出于彼此的恐惧而非友爱，不是相互需要而在于追求荣耀，"人如果没有恐惧，就会更急迫地被支配人所吸引而不是被社会所吸引。我们因此可以说，大规模的、持久的社会的起源不在于人们相互的仁慈而在于相互的恐惧"。② 亚里士多德认为，人的每种技艺、每种实践都以某种善为目的，政治即城邦的幸福代表着最高善，而在霍布斯看来，若依据私人的欲望和尺度判断善行与恶行，那么人们必然会依自己的情感判断自己、他人和国家

---

① [古希腊]亚里士多德：《政治学》，吴寿彭译，商务印书馆1965年版，1289b15-25。
② [英]霍布斯：《论公民》，应星、冯克利译，贵州人民出版社2003年版，第4—6页。

行为的善恶，个人意见取代了普遍法则，公共法律形同具文，其结果，"各人的喜好既然是千差万别的，所以便没有普遍同意的事情存在，而只是各人敢怎么做就各行其是地干，使国家归于灭亡"。①

在政体问题上，亚里士多德划分出"正宗类型"与"变态类型"，其核心标准是统治的目的在于城邦的"公益"还是统治者的"私利"，即"凡是照顾到公共利益的政体就都是正当或正宗的政体；而那些只照顾统治者们的利益的政体就都好似错误的政体或正宗政体的变态（偏离）"。②亚里士多德的这一主张在霍布斯看来荒谬且格外危险，他认为统治者与被统治者的利益从来就无法割裂开来，而且，亚里士多德的这一主张为一切煽动叛乱者提供了堂而皇之的口实，即任何人，只要发现现存的统治对自己不利，都可以举起"诛杀暴君"的义旗，从而使国家陷入无政府状态，公民之间陷入"集体性的相互屠杀"，到头来深受其害的是广大人民群众，而那一小撮煽动叛乱的别有用心者则以"诛杀暴君"之名行"消灭政敌"之实。对此，霍布斯援引修昔底德对前514年雅典历史上著名的"弑僭"阴谋带有反讽色彩的描绘，反问道，"是谁告诉你他是暴君，除非你吃了我告诉你不可吃的那棵树上的果子？你为什么把上帝推为王的人叫成暴君，除非是你个人声称自己知道善恶？既然认识到它可以把任何王——无论好坏——都推到受这种判断的谴责、被某个刺客所谋杀的危险中去，那就容易看出，这种信念对国家尤其对君主制是多么的危险"。③

可见，亚里士多德无缘深入领会修昔底德的政治教诲，严重低估了以庇西特拉图和伯里克利为代表的僭主-"第一公民"的重要性，而是醉心于勾勒梭伦-克里斯提尼式的理想蓝图，其在现实中造成的危害是显而易见的。在这里，霍布斯对修昔底德在君主与僭主、王道与霸道问题上的委婉教诲做了更为直白的表述，亚里士多德的世俗社会哲学（civil philosophy）"把平民国家以外的一切国家（如当时的雅典）都称为暴君国家（tyranny）。所有的国王都称为暴君（tyrants），征服他们的拉栖第梦人所立的三十个贵族统治者，他们称之为三十僭主（暴君）。他们还把处于民主政治（democracy）下的人民的状况称为自由（liberty）。暴君原来所指的不过是君主（monarch）。但到后来当希腊大部分地方废除了这种政制之后，这一名称便不但指原先所指的意义，而且还加上了平民国

---

① [英] 霍布斯：《利维坦》，黎思复、黎廷弼译，杨昌裕校，商务印书馆1997年版，第542页。
② [古希腊] 亚里士多德：《政治学》，吴寿彭译，商务印书馆1965年版，1279A20。
③ [英] 霍布斯：《论公民》，应星、冯克利译，贵州人民出版社2003年版，第122—123页。

家（popular states）对它所抱的仇恨"。① 霍布斯认为，以亚里士多德为代表的异教哲学家以及当代神学家们囿于那些空洞而虚妄的哲学教条，殊不知，梭伦的立法再精美，若没有"僭主"庇西特拉图的意志力和决断力，也只能形同具文。雅典民主政治若丧失了"第一公民"伯里克利的强有力领导，其法理上的优势非但在实践中难以发挥，反而会在党争的旋涡中无法自拔，最终走向自我毁灭。在霍布斯看来，人民服从统治还是不服从统治，才是一切政府形式的关键，这也是他毕生勠力为之的"公民科学"的根本，"任何一种国家，人民要是不服从，因而不协调的话，他们非但不能繁荣，而且不久就会解体。不服从而光要改革国家的人将会发现他们这样一来就把国家毁了"。② 为此，霍布斯总结指出，"我相信自然哲学中最荒谬的话莫过于现在所谓的亚里士多德的形而上学，他在《政治学》中所讲的那一套正是与政治最不能相容的东西，而他大部分的《伦理学》则是最愚蠢不过的说法"。③

霍布斯发现，英国的大学正充斥着那些"邪恶的教诲"，它们不是教育年轻人服从法律，维护秩序，履行义务，而是向他们灌输叛乱思想，使他们养成蔑视权威甚至颠覆国家的精神戾气，大学俨然成为即将摧毁整个英国的"特洛伊木马"。④ 为此，霍布斯指出，主权者应根除大学里年轻人正在熏染的错误学说的流毒，代之以"公民学说的正确原理"，⑤ 主权的代表者应当"教导人民不要爱好自己在邻邦中所见到的任何更甚于自己的政府形式。同时也不要因为看到统治形式和自己不同的国家目前繁荣昌盛，而见异思迁"。⑥

四、修昔底德式的"悲剧诗"与霍布斯式的"立法诗"

霍布斯彻底颠覆了亚里士多德的伦理-政治学说，在全新的道德根基上重建政治科学，他树立了修昔底德的权威。在霍布斯眼里，修昔底德绝对不是通常意义上的历史学家，其英译标题《伯罗奔尼撒人与雅典人战争》以及《猰㹢，或长期议会》均未出现

---

① ［英］霍布斯：《利维坦》，黎思复、黎廷弼译，杨昌裕校，商务印书馆1997年版，第552—553页。
② 同上书，第263—264页。
③ 同上书，第542页。
④ Thomas Hobbes, *Behemoth, or the Long Parliament*, ed. Paul Seaward, Oxford: Oxford University Press, 2010, p. 159.
⑤ ［英］霍布斯：《论公民》，应星、冯克利译，贵州人民出版社2003年版，第137页。
⑥ ［英］霍布斯：《利维坦》，黎思复、黎廷弼译，杨昌裕校，商务印书馆1997年版，第263页。

"历史"字样,即为明证。已届不惑之年的霍布斯翻译修昔底德的著作,对霍布斯来说,翻译即是一个重新发现并领会修昔底德教诲的过程,修昔底德叙事绵密、修辞高妙,其真实主张秘而不宣,隐而不彰,正是霍布斯发现了历史学家修昔底德面具背后的哲学家修昔底德。

霍布斯对修昔底德之通透理解,古今无出其右,正是霍布斯继修昔底德本人之后,再次向世人确证并揭示了"与天地久长、与日月同辉"的真正意涵。已入晚境的霍布斯重操旧业,翻译荷马史诗,可以想见,这个荷马首先是修昔底德精神世界的荷马,作为哲学家的霍布斯要树立人类自由意志的权威,但他不能不感到命运之力的强大,德行与命运、自由与必然、理性之光的硬朗与命运之歌的悲凉。霍布斯毕生与修昔底德为伴,与曾经陪伴修昔底德的荷马为伍。

将政治世界的真理揭示给世人或政治家,哲学家必然要为此付出代价甚至遭遇风险。修昔底德深谙此道,他委婉曲折,寓贬于褒,霍布斯对此心领神会。但作为立法哲人,霍布斯一方面要通过"坚实的推理能力"发现真理的原则,另一方面则要通过"雄辩的口才"与没有对错的流行见解和人们变化不定的激情和利益打交道。前者发现真理,后者美化真理,而推理能力要发挥其现实功效,需要"动人心弦、使人悦服的雄辩口才"。在霍布斯看来,这两种素养可以通过教育和训练调和起来。霍布斯指出,与自然科学不同,在道德科学中,需要将明晰的判断力和广阔的想象力、深入的推理能力和优美的口才、作战的勇气和对法律的畏服等出色地结合在一个人身上。① 这既可以被理解为霍布斯的自勉,也不妨理解为霍布斯的自述,其当代的典范如霍布斯所说是其横遭不幸的"尊贵的友人"悉尼·哥多尔芬(Sidney Godolphin),其古代的典范正是修昔底德。

(本文原载《云南大学学报》2016年12月,原标题为《"立法诗"与"悲剧诗"——霍布斯与修昔底德》,收入本文集有删改)

---

① [英]霍布斯:《利维坦》,黎思复、黎廷弼译,杨昌裕校,商务印书馆1997年版,第567—568页。

平等主义思潮及其反思

复旦大学国际关系与公共事务学院教授　陈　云

平等的社会、自由人的联合体,是人类社会的终极理想。历史上,平等主义思潮经历了时代风雨的洗礼,它在与封建等级主义和古典自由主义的论战中汲取了能量,成为现代社会治理不可或缺的基石。在实践中,平等主义和福利国家建设息息相关,与精英主义相生相伴。欧洲启蒙运动兴起以后,平等主义思潮成为世界潮流,也诞生了诸如平权运动、民族解放运动、社会主义运动等众多社会运动和政治运动,影响深远。2020年平等主义思潮又有一些新的表现。

一、平等主义思潮主要关注性别平等、种族平等和移民问题

平等主义思潮主要关注性别平等和种族平等问题,在国际政治领域,突出体现为南北问题。性别平等指两性享有平等的公民权,在政治、经济、社会和家庭领域应受到平等对待,反对性别歧视。《世界人权宣言》把性别平等作为重要目标,致力于通过公正的法律环境,确保两性在受教育权、同工同酬,以及参政议政权上的平等。1995年,联合国第四次世界妇女大会发表"北京宣言"。2015年,联合国妇女署世界女性领袖高层会议通过了题为《团结起来实现性别平等》的声明,指出各国政府应确保在2020年前完全落实北京行动纲领所覆盖的12个关键领域的任务,赋予妇女平等的参政权利,切实保护妇女儿童权益。

在具有悠久移民传统的发达国家,种族平等是一个尚未解决的问题。抽象意义上的平等在现实中如何落实,是人们长期关注的话题,比如,在教育领域,根据分数决定入学机会更平等,还是入学名额根据族裔进行配比更平等?在社会福利领域,非法移民应不应该获得市民待遇?移民问题是双刃剑,它既是很多欧美国家繁荣的理由,同时也是

社会不稳定的原因之一。欧美国家的移民来源比较单纯，速度也是可控的，但是近年来，经济移民再加上大量战争难民涌向发达国家，对这些国家的内部治理产生了很大冲击。民粹主义政党借机抬头，势力有很大扩张，已经影响到了发达国家的基本政治格局。

平等主义思潮也会超越国界，影响国际关系。在国际政治领域，一直存在南北问题，即发达国家和发展中国家的经济差距问题。南北摩擦体现在"发展机会的平等"上。20世纪70年代，发展中国家在联合国提出"集体人权"（第三代人权），也就是发展权问题。强调发展中国家拥有独立自主地利用本国资源、发展经济的权利。后来，南北问题延伸到了气候变化领域。近年来，两者之间的裂痕有所弥补，已经达成了一定的合作机制。社会主义运动也深受平等主义思潮的影响。马克思主义关于民族平等的原则强调民族平等、民族自决，反对民族歧视和压迫。在此基础上，形成基于国际主义的民族大联盟。

二、2020年平等主义思潮动向审视

现代平权运动实际上是优势群体和弱势群体走向相互理解的运动。只有弱势群体参加的运动很难获得成功。就各国的实践来看，成功的女权运动一定有大量的男性参加；成功的黑人运动，也一定有大量的白人参加。这些运动最终不仅有利于原来的弱势群体，也有利于原来的优势群体，因为它们有利于社会福利的"帕累托改进"。但这并不容易做到，失败的例子比比皆是，尤其当世界面临重大危机和挑战的时刻——比如经济危机、金融危机爆发时期，又比如2020年的新冠肺炎疫情。

"生命权平等"和群体免疫路线。一般说来，针对个体平等，更多的人主张"起点平等"，而不是"结果平等"。但当我们遭遇"生命权"威胁时，平等的重心恐怕要大大地向后方（结果平等）转移了。人类社会至今无法完全战胜病毒，而只能控制和影响其传播速度，避免医疗崩溃的发生，这是群体免疫理论的由来。

但是，群体免疫理论有其伦理底线。危机之下总是存在弱势和高危群体。比如，老年人和罹患基础病的人更容易感染病毒和重症化。无差别的群体免疫政策将导致这些人受到更大的损害，甚至大量死亡，从而引发整个社会的伦理危机。一方面，即使已有一些疫苗，但持续的效力有限，需要定期接种，才能起到一定的防护作用；另一方面，病毒的变异速度太快，新型病毒层出不穷，在这个意义上，人类必须接受和病毒长期共存

的现实。群体免疫理论有一定的科学性，但它需要"正确的打开方式"。

很多人听到"群体免疫理论"时大受惊吓，因为这听上去很像"社会达尔文主义"的观点：优胜劣汰，适者生存。实际上，群体免疫路线的实施，需要政府、社会、个人积极有为，相互协作。首先，政府要实施有效的公共卫生政策，避免医疗崩溃，积极研发疫苗和特效药。其次，政府要为生产、生活功能的维持提供托底政策（财政支持），避免经济和社会陷入瘫痪。最后，要重点保护好重点人群、高危人群，这是基本的人道主义要求，也是现代文明社会的底线。我们看到，疫情危机之下，生命权的平等并不容易做到。一个社会中，不但有生理上的高危群体，也有经济上的低收入群体。不同种族在健康和经济水平上的差异性，容易反映在面对危机时的危险程度上。

"逆向歧视"和熔炉政策面临的挑战。在移民社会，"熔炉政策"旨在通过为新移民和弱势群体提供市民待遇甚至是"超市民待遇"，来缩小族裔之间在经济收入、教育水平等方面的差距，达成社会和谐。在实践中，这些积极的平等化政策又带来了新问题，那就是关于"逆向歧视"的激烈反弹。

"逆向歧视"是指原本的强势群体或多数群体的成员，在某种"平等化"政策的实施过程中受到歧视或不公平待遇的情况。比如，美国的族裔间的入学配额制度，减少了原本成绩占优的白人学生和亚裔学生的名额，使得这些群体的成员失去入学机会。在一些西方国家，对"逆向歧视"的声讨（以及各种诉讼）往往伴随着对"白左"的批判，近年来其声势尤为壮大。保守派选民对美国多年来实施的"政治正确"路线越来越不耐烦，对"逆向歧视"的担忧越来越严重。保守派选民认为，美国过去历届政府对非法移民采取了过分保护的政策。他们被认为享有与美国公民同等的社会福利，还抢走了原本属于美国公民的工作机会。保守派还认为，左派放任部分激进的穆斯林移民在社区里推行所谓的伊斯兰教法，形成独立王国，提高了滋生恐怖主义的风险。非法移民问题和恐怖主义威胁，是近年来欧美国家的普遍担忧。

美国的熔炉政策正面临迄今为止的最大考验。如果熔炉的速度比不上外来移民的增殖速度，美国社会的意识形态分裂将不可避免。这里引申出一个思考题：弱者的主张，总是正义的吗？显然并不是。对社会有机体来说，社会各组成部分都要有超越本位主义、具备从理性的角度思考问题的能力。否则，弱者的声讨和强者的反感形成冲突，迫使社会陷入左右互搏，构建平等社会的努力终将难以实现。

危机下的有为政府和积极公民角色。2020年新冠肺炎疫情诱发了一个值得关注的现象:一夜之间,危机之下,人们对政府产生了更多期待,希望政府积极有为。也就是说,在自由和平等之间,钟摆大大地向平等倾斜了。

平等和自由之间,存在这样一个规律:越是危机状态,人们越倾向于平等(基本生存权的保障);越是和平状态,人们越倾向于自由——即容忍一定程度的不平等,容忍能者的超越。让有能力的人开展创新性活动,引领经济、社会的发展。比如,日本在小泉纯一郎内阁时期采取了一系列"供给侧改革"。其中之一是引入"派遣员工制度",从而降低企业的运营成本,提升经济活力。新冠肺炎疫情下,派遣员工脆弱的就业状态使得这个群体首当其冲,成为经济困难群体,引发了大量社会讨论。

与此同时,一直被认为是天方夜谭式的"基础工资论"又重新浮出水面。有了政府发放的"基础工资",人们就摆脱了为生存而工作的束缚,可以从事自己真正感兴趣的创造性劳动。不过,财源从何而来。如何保证投入之后一定会有"创造性劳动"的产出,"基础工资论"几年前在西欧、北欧国家开始流行。这一想法非常先进,一旦实现,几乎就和马克思主义理论中提到的"自由人的联合体"的构想有些接近。这说明,建立一个平等而自由的联合体,是人类的终极追求。

卢梭在《论人类不平等的起源和基础》中认为,私有制是不平等的起源,富人借机垄断财富和法律(建立基于世袭制的政体),使得不平等状况固化,专制社会由此诞生。为了恢复作为自然权利的平等,暴力革命是一种手段,但归根到底,人们需要签订新的社会契约。经过启蒙的公民凝聚"公意",和政治共同体(国家)之间缔结社会契约,从而找回失去的平等。在新型社会契约下,人们交出"自然自由",但获得了社会自由;交出"自然平等",但获得了社会平等。人们需要服从国家权力,但这不过是服从公意。

在卢梭那里,文明社会的发展须经历一个"否定之否定"的过程,人类最初的文明社会是以专制的方式出现的,只有重新缔结基于公意的新型社会契约,人类才能摆脱"文明的野蛮",走向真正的平等和自由。社会契约论下的新制度,是更高层次上对自然的回归。卢梭式的新社会、新文明之下,必将诞生新政府和新人民。面对危机,日本的"官民协同体系"带给我们不少启示。日本的抗疫模式一开始被认为是"佛系抗疫",因为我们既看不到政府宣布强制性社交禁令,也看不到大规模的方舱医院建设,日本的抗疫是"静悄悄"地进行的。政府为医疗系统的维护以及生产生活功能的恢复提供托底政策(财政补贴),而民众则扮演了"积极公民"的角色,相互配合,形成了日本特色的"官民协同体系"。事实证明,日本的新冠肺炎疫情死亡人数和每万人的新冠肺炎疫情死亡率指标远低于其他欧美国家。

  公共危机、经济危机的爆发，会首先恶化弱势群体的生存状况，引发人道主义危机和政治风险。它给处于经济高速增长、主张效率优先的社会敲响了警钟。善于学习者，才能转"危"为"机"；强大不应是治理的起点，而应是治理的结果。

（本文原载《人民论坛》2020年12月下）

斯多亚学派的世界主义及其现代意义①

复旦大学国际关系与公共事务学院副教授　陈玉聃

在西方传统中，论及国际政治的伦理思想，世界主义无疑是历史最为深厚、内涵也最为复杂的流派之一。"世界主义"（cosmopolitanism）源自古希腊语词 cosmos（世界）和 politēs（城邦公民）的组合，② 就其本意而言，也许译为"天下一邦论"或者"世界公民论"更为恰当；③ 而这种字面上的含义——即人们不仅属于种族、地方、国家，也属于"世界"这个人类共同体——正是自古至今各种形式的世界主义所共有的基本准则（或许也是共享的唯一内容）。随着发轫自近代欧洲的威斯特伐利亚体系日渐显现出局限性，从20世纪末开始，世界主义在哲学、政治学、国际关系学、人类学、社会学等多个领域受到了研究者们愈发强烈的关注。不过，世界主义源远流长，并非凭空崛起的某种"理论"，不对其历史形态的演变做出梳理，便难以深入地在学术层面掌握当代世界主义学说的意蕴、在政策层面理解西方国家的世界主义外交传统。而更为重要的是，当代世界主义与近代政治哲学密切相关，若就之论之，则难以解脱某些固有的逻辑；相反，如溯游而上，自源头活水中寻求启示，恰有可能拓展我们的思考。为此，本文试图从国际关系思想史的角度，对西方世界主义的最初形态——斯多亚学派进行梳理，并探讨其对国际关系研究可能带来的启发。

---

① 本文初稿曾在2013年11月复旦大学主办的国际关系思想史研讨会上宣读。笔者对评论人洪涛教授及其他与会者提出的宝贵意见表示感谢。
② 为排版考虑，本文中希腊文均以拉丁字母拼写。
③ 陈志明教授从人类学角度讨论了 Cosmopolitanism 一词的汉语译名，但他所提出的"普世精神"或"普世论"容易与 Universalism 相混淆，"跨本观"和"跨本轮"又不免佶屈聱牙。为行文方便，本文中仍从俗使用"世界主义"一词。参见陈志明：《对 Cosmopolitanism 的理解与汉语翻译》，《西北民族研究》2009年第3期，第106—108页。

一、斯多亚学派世界主义的历史背景

斯多亚学派或曰斯多亚主义,① 是希腊化时期的重要思想流派,它起自公元前 4 世纪末的雅典,直至公元二三世纪的罗马仍有传承。几百年中,斯多亚学派哲人的思想虽然并非毫无转变,但其基本内核却是始终一致的。② 斯多亚学派的创立者是基提翁的芝诺(Zeno of Citium),他在雅典求学,曾受教于著名的犬儒哲学家克拉特斯。他常在一座彩绘画廊漫步和演说,而他的追随者们也因此被称为斯多亚学派——Stoa,即"画廊"之意。斯多亚主义通常被分为早期、中期和晚期三个阶段。早期,学派的中心始终位于雅典;中期(公元前 2 世纪以后)开始向地中海其他地区尤其是罗马转移;晚期(罗马帝国时期)则扎根于罗马。早期和中期的斯多亚学派已无完整著作留世,仅有残篇和他人的转述遗存,晚期斯多亚学派的作品则多有保留,尤其是塞涅卡(Seneca)、爱比克泰德(epictetus)和马尔库斯·奥勒利乌斯(Marcus Aurelius)③ 等思想家的文献相当完整。此外,罗马著名政治家、思想家西塞罗(Cicero)虽未正式列名于斯多亚学派之中,但他的学说与之颇为接近,其著作中也引述了早期斯多亚主义的不少内容,因此也是研究者们不可遗漏的对象。

一种思想的产生,大致可以归因于时代的映射和观念的传承这两者的"合力"作用,斯多亚学派世界主义的兴起也不例外。公元前 6—公元前 4 世纪是希腊文明的高峰,史称古典(Classical)时代,不论在实践生活还是观念意识中,城邦都是政治的最高形态,"希腊"都是血缘和文化上的最终认同,当时的人们很难想象一种囊括不同城邦、消弭希腊和蛮族边界的人类共同体的存在。随着公元前 4 世纪希腊世界的危机的出现,尤其是马其顿帝国的崛起和征服,城邦制度逐渐解体,希腊文明虽不再有往日之盛,却在地中海地区得到了广泛传播,与其他文明彼此交融,这便是所谓的希腊化(Hellenistic)时期。正是在此时代背景下,一种超越城邦和"希腊人"范围的"世界"观念逐渐成型。恰巧,斯多亚学派虽在雅典诞生,其成员却多有"外来"背景,创立者芝诺就来自塞浦路斯岛

---

① Stoicism 一般称为"斯多亚主义",它不仅仅是一种哲学、政治和伦理思想,也是一个有着明确传承的学派。为便于阅读,本文中其与"世界主义"一词连用时,以"斯多亚学派"称之。国内早先亦有译作"斯多噶主义"或"斯多葛学派"的,并不准确。
② 在本文中,斯多亚主义将被视为一个整体,内部的分歧不在讨论之列。
③ 通常译为马可·奥勒留,本文中的译名参照王焕生先生的《沉思录》新译本。

上腓尼基人的侨民城市基提翁，而中期和晚期斯多亚主义的中心则逐渐偏离并最终转出希腊世界。① 罗马帝国的"天下"性质更是使得晚期斯多亚学派的哲人——不论是爱比克泰德这样的奴隶还是塞涅卡、马尔库斯·奥勒利乌斯这样的政治家——都一直致力于强调"世界"的意识。

在思想史上，第一个提出"世界公民"（cosmopolitēs）一词的是犬儒哲学家第欧根尼，他与斯多亚学派之间存在着极为密切的关系，是后者伦理学说的主要来源。虽然第欧根尼在何种意义上自称"世界公民"在学术界并无定论，② 但无疑，这样的观念为斯多亚学派的世界主义奠定了理论上的基础。

二、斯多亚学派世界主义的思想内涵

在如此的历史环境和思想传统之下，斯多亚学派从创立之初就明确提出了世界主义的主张。据普鲁塔克记载，芝诺在《政制》一书③中写道："我们不应当安居在不同的城邦和乡镇中，各有自己的法理，而应当视所有人为乡党和同邦人，有一种生活和秩序（cosmos）。"④ 这也是此后直至罗马帝国时期的斯多亚主义者们普遍秉持的原则。简而言之，斯多亚学派在西方历史上第一次完整地阐述了"世界共同体"的理念，这样一个共同体的核心特征是无外、至高、和谐。

首先，"无外"意味着，存在着一个包括所有人在内的共同体，没有任何人被排除在外，而个人在政治上的自我认同也不必通过设立一种敌对性的"他者"来实现。马尔库斯·奥勒利乌斯在《沉思录》中多次论及世界是一个城邦，其中有一段话最具有代表性："世界（cosmos）就犹如一个城邦……有谁能把由整个人类参与的共同社会称为其他什么

---

① 参见章雪富：《斯多亚主义 I 》，中国社会科学出版社2007年版，第23页。关于芝诺对自己的"外来"身份的坚持，可参见第欧根尼·拉尔修：《名哲言行录》，7：12（第312页）。
② 相关的讨论可参见：John Sellars, "Stoic Cosmopolitanism and Zeno's *Republic*," *History of Political Thought*, Vol. 28, No. 1, Spring 2007, p. 4; Gilbert Leung, "A Critical History of Cosmopolitanism," *Law, Culture and the Humanities*, Vol. 5, 2009, pp. 370-390。
③ 芝诺该书仅有残篇存世，希腊文标题为"Politeia"，与柏拉图《理想国》一样，英文也都译作"Republic"，中文有译作《国家篇》的，本文中译为《政制》。
④ 此处文字笔者译自洛布古典丛书希腊文本：Plutarch, *Moralia* (Ⅳ), Loeb Classical Library, Massachusetts: Harvard University Press 1936, 392A-B。"秩序"一词英译者虽多译为"order"，实际上和"世界"是同一词，兼有两者的含义。

呢?"① 值得注意的是此处所说的"社会"(politeumatos),这个以"城邦"(polis)为词根的单词有政治事务、公民权等含义,也就是说,在这样一个"世界城邦"中,整个人类不仅仅只是简单地"存在"于社会里,而且分享着对政治生活的参与,无一例外地有着公民的身份。如前所述,"人类共同体"的观念是所有形式的世界主义共享的前提,斯多亚主义的特异之处在于,它所强调的是一个人人共有的"政治"共同体,而在古典语境中,"政治"和"公民"的含义与现代有着极大的出入,这就使它有可能给予我们新鲜的思考,对此本文稍后将详加阐述。

其次,这样的共同体是"至高"的,也就是说,政治的终极形式不再是城邦,而是上升到了"世界",对于个人而言,后者具有更优先的地位。塞涅卡在《论闲暇》(De Otio)中有一段名言常被人引用:

> 让我们认清如下的事实:存在着两个共同体,其一宏伟广大,真正可谓"共同",神与人皆在其中,这个共同体无法以边界限之,凡阳光照耀之处均为其领土;而另一个共同体,我们之所以归属此处,却是因为碰巧降生于斯。②

爱比克泰德也有类似的论述:"假如有人问你是哪国人,你千万不要回答说,你是雅典人,或者说你是科林斯人,你应该说,你是个世界公民。"③

这样的说法在其他斯多亚哲学家那里也非常普遍。但"世界"的"至高"并不体现在城邦的消解或削弱,而是后者的升华,也就是说,"世界"意味着国家的本质在更高层次上的实现。

罗马时期的斯多亚主义者希洛克勒斯(Hierocles)有一个著名的"同心圆"比喻值得

---

① [古罗马] 马尔库斯·奥勒利乌斯:《沉思录》,王焕生译,上海三联书店 2010 年版,第四卷第四章(第 34 页)。本文中所引《沉思录》中译文摘自王焕生译本,根据文意有少许调整,如"宇宙"(cosmos)都转为"世界"。希腊语文本则引自洛布古典丛书:Marcus Aurelius, *The Communings with Himself of Marcus Aurelius Antoninus*, Loeb Classical Library, Massachusetts: Harvard University Press 1930.
② 该段文字出自《论闲暇》第四章第一节(De Otio, 4.1),中文翻译参考了两个比较权威的英译本:L. Annaeus Seneca, *Minor Dialogs Together with the Dialog "On Clemency"*, trans. by Aubrey Stewart, London: G. Bell, 1900; A. A. Long and D. N. Sedley, *The Hellenistic Philosophers*, Vol. 1, Cambridge: Cambridge University Press, 1987.
③ [古希腊] 爱比克泰德:《爱比克泰德论说集》,王文华译,商务印书馆 2009 年版,第一卷第九章(第 58—59 页)。

我们详加考察。① 他认为，每个人都身处一系列或大或小、彼此相套的圆圈之内，它们的中心是人的思想（dianoia），而最小、距离中心最近的一个圆是人的身体及其所属，接下来的一个圆是我们的父母、兄弟、妻儿，其次的一个圆是叔婶舅姨、（外）祖父母、侄子侄女、表兄弟姐妹等，再其次则是其他的亲属。再向外则是同宗之人、同部族之人、同城邦之人、周围城邦之人以及同种族之人相继构成的圆。而最外、最大的一个圆包含了其他所有的圆，那就是整个人类。希洛克勒接着说道，若人们认识到了这样一套"同心圆"，就应当勉力以对待较内之圆的方式来对待较外之圆。他承认，随着血缘关系的愈加遥远，我们对各圆中人的"爱心"（eunoia）也会逐渐削弱，但我们必须努力缩小这种差异，以更近的距离面对外圈中的他人。

斯多亚主义的这一整套同心圆在递推过程中遵循着同样的准则，相对于国家（城邦）以及其他共同体（家庭、亲族、宗族、部族）来说，世界这个人类共同体固然是至高的，但并不是异质的，也就是说，其中不存在宗教-政治、上帝之城-地上之城的二元对立；而对人类共同体义务的增强也并不意味着对其他共同体义务的削弱，因为不同的圆之间不是此消彼长的权力关系，而是一以贯之的伦理关系。这也就是为什么，芝诺和克律西坡（Chrysippus）等斯多亚学派的领袖都从不拒绝甚至积极提倡在可能的情况下为城邦政治服务——尽管未必是自己出生地的城邦。因此，我们不能误以为斯多亚哲人的"世界"观念仅仅是对城邦的排斥，而应该看到，他们实际上主张的是在"世界"中更好地实现城邦——也即古典政治——的本质。②

斯多亚学派世界主义的第三个特征，是世界——或者说人与人之间——的普遍和谐。在古希腊语中，cosmos 一词不仅指"宇宙、世界"，也带有"秩序、和谐"的意思。而在斯多亚主义者看来，世界并非处于永恒的、不可调和的冲突之中，它不仅"应该"或者"可能"是和谐的，而且"正是"和谐的。

斯多亚学派将"人"定义为"理性的生物"，人与动物的最大不同就在于人具有理性。"如果理智是我们共有的，那么使我们成为有理性之物的那种理性也是共有的"，③ 正是这种人人分享的理性，使人们天然地结合在一起，造就了人与人之间跨越种族、国家

---

① 本文中的引用来自希英对照的希洛克勒斯论著残篇评注研究集：Ilaria Ramelli, *Hierocles the Stoic: Elements of Ethics, Fragments and Excerpts*, translated by David Konstan, Atlanta: Society of Biblical Literature, 2009。
② Eric Brown, "Hellenistic Cosmopolitanism," in Mary Louise Gill and Pierre Pellegrin eds., *A Companion to Ancient Philosophy*, MA: Blackwell Publishing Ltd., 2006, pp. 549-550, 553-554.
③ [古罗马] 马尔库斯·奥勒利乌斯：《沉思录》，王焕生译，上海三联书店 2010 年版，第四卷第四章（第 34 页）。

的普遍联系，成为了合作、和谐的基础："理性动物是为了相互依存而生……宇宙本性造就理性动物就是为了他们能彼此相助，各尽其责地相得益彰"，即便对于"恶"的人或者说与自己相对的人，也要意识到他们的"本性与我的同一，不仅具有同一的血统本源，而且享有共同的理智和神性……因为我们出生是为了合作，犹如双足、双手、两眼皮、上下相对的两排牙齿"。①

于是，对每一个人而言，认识自己与他人的同一性，遵循理性去构建世界城邦中的普遍和谐就成为了一项义务。正如爱比克泰德所言，对于一个世界公民来说，这样的义务意味着，"不要把自己当作一个独立存在的个体来进行思考，而要像手或脚一样，因为，假如手和脚也有理性、能够理解自然的构造的话，它们在行使行为驱动和想要得到东西的意愿的时候是绝对不会不考虑整体的"。② 如果人表现得像豺狼、狮子、狐狸这样明争暗斗，那就失去了自己的本性，违背了自己的义务。③

一个无外、至高、和谐的世界共同体，这就是斯多亚学派世界主义的基本内容。然而，我们不免会产生如下的疑问：若这个共同体是包含整个人类的，它究竟是一种政治安排还是一个伦理责任？对"世界"的义务是否会成为一种过高的道德要求，无法与个体（个人、国家等）对私利的追求相协调？将"世界"看作是以理性为中介的和谐的共同体，这是一种信仰还是可以被普遍接受的事实？如前所述，要解释这些问题就必须诉诸斯多亚学派伦理学和自然哲学的某些思想，尤其是"自然、本性"（phusis）和"安居、归属"（oikeiōsis）这些重要概念。

三、斯多亚学派世界主义的深层逻辑

众所周知，古希腊人并没有近代以来的权利观、契约观，对于他们而言，城邦这个传统的政治单位不是人为了保护和实现自己的权利、通过制定契约所形成的组织，而是实践人的本质——即德性——的空间，唯有担负起对这个共同体的责任，才可被称作公

---

① [古罗马] 马尔库斯·奥勒利乌斯：《沉思录》，王焕生译，上海三联书店 2010 年版，第二卷第一章、第四卷第三章、第九卷第一章（第 12、33、128 页）。
② [古希腊] 爱比克泰德：《爱比克泰德论说集》，王文华译，商务印书馆 2009 年版，第二卷第十章（第 202 页）。
③ 同上书，第一卷第三章、第二卷第九章（第 30—31、196—197 页）。相比之下，马基雅维里在《君主论》中要求一个君主像狮子和狐狸一样——尽管只是在特定的情况之下。

民，也即真正意义上的人。① 斯多亚学派继承了这样的观念，甚至更为激进，在他们看来，不存在独立的政治理论，这应当是整体的伦理学的一部分。② 这就是为什么在斯多亚学派哲人眼中，"世界"这个"无外"的人类共同体虽然是至高的，却与城邦（国家）并不矛盾，反而是后者的本质在更高层面上的体现。如果说现实中的城邦还需要行政机构、法庭这种种外在的"政治"机构，那么"世界"这个真正的城邦却更纯粹地实现了古典意义上的政治——即伦理——之实质。③

在现代人看来，这样的伦理政治观未免过于理想化，因为它似乎对人的自利视而不见。实际上，这正涉及了斯多亚学派的一个重要思想，即本性/自然（phusis）。④

与某些鼓吹道德的学派不同，斯多亚主义将"自保"承认为动物（包括人）的首要冲动，这是自然从一开始就确立的原则，"对于所有的动物而言，首要的东西是关心自己（自己的构成）以及对此的意识（自我意识）"，自然在造物时让动物拥有自爱（oikeiōsai，即归属、趋向），让它趋利避害。⑤ 换言之，斯多亚学派的伦理，其基础不是"无我"，而恰恰是"自我"，是对自我的认知和对自我的爱。然而问题的关键就在于，什么是对自己真正的认知和爱？

斯多亚学派认为，植物、岩石等都没有自我感知，动物则开始有了欲望，它们"可以根据欲望去得到那些适合它们生存的东西，接受欲望的统治就是接受自然的统治"。人与其他动物的不同之处就在于人有理性，而不仅仅只有欲望，"当根据更为完满的原则，理性被赋予给理性动物后，所谓根据自然而生活就正当地变成根据理性而生活，因为理性成了欲望的匠师"。⑥ 也就是说，一个真正的"自我"，其构成是以理性为基础的，对自我的保存或"自爱"就是依据理性而生活，正是在此意义上，理性、本性和自然构成了同一："我们自身的自然乃整个自然的一个部分，"人的目的便是"遵循自然而生活，即依照他自己的自然（本性）和整个自然而生活，不做普遍法则惯常所禁止的事情，这普遍法则就是那渗透万物的正确理性"。⑦

---

① 这就是亚里士多德所提出的著名论断：城邦之外，非神即兽。
② A. A. Long and D. N. Sedley, *The Hellenistic Philosophers*, Vol. 1, p. 434.
③ 芝诺反对在城邦中建造法庭、体育场等公共机构，参见第欧根尼·拉尔修：《名哲言行录》，7: 33（第320页）。
④ Phusis 一词在英语中译为 nature，正如后者一样，phusis 也兼具本性和自然的双重含义。
⑤ 第欧根尼·拉尔修：《名哲言行录》，7: 85（第339页）；此处中文亦参考了石敏敏、章雪富：《斯多亚主义Ⅱ》，中国社会科学出版社2009年版，第144页。
⑥ 第欧根尼·拉尔修：《名哲言行录》，7: 86（第340页）。
⑦ 同上书，7: 87（第340页）。

既然个体的本性与整体的自然在理性中介下达到统一，那么理性究竟为何物？自然又依据什么法则？

根据西塞罗的记载，斯多亚主义者将"真正的法则"与"正确的理性"视为同物，它"与自然一致，为万民所分享，贯彻始终，恒久不变，其本质是通过规定应做之事和禁止不应做之事，来倡导责任、抑制恶行"。① 也就是说，理性事实上就是德性，② 意味着个人的自爱与利他之间的一致，其标准则是某种普遍的法则。在这里我们可以看到明显的自然法倾向，甚至可以认为，斯多亚学派是自然法历史发展中先于托马斯·阿奎那的一座高峰。③

我们可以引用一位研究者的话简要地对此加以概括："在斯多亚主义中，世界秩序本身井然有序地体现为一种'政治'结构，其中神性的统治（divine administration）和自然法是道德价值的根本，人类的生活也正是以此为基础与自然相一致。"④

然而，如果人与人之间构成"无外"的共同体是因为每个人都有可能（但不是必然）获得完满的理性，⑤ 都是"神的儿子"，斯多亚学派为什么还要提出"同心圆"的理论，主张或者至少承认爱的差等？原因就在于，这也是符合自然的："认识到如下这点是相当重要的：父母对子女的爱源自自然。这是我们为之求索的人类普世共同体的起点。"⑥ 而我们努力要做的，是意识到普遍的自然法则，缩小同心圆之间的距离，如芝诺所言："我们应当将所有人视为自己的同胞和乡党，应当有同一种生活和秩序——如同畜群共牧——为共同的法则所滋养。"⑦ 归根结底，"社群性是生活的一部分和一分子，人与人之间的普遍联系就是必然的，而不是类推的"，而"真正的自爱必是通过自然而爱，必然是合乎自然的爱"。⑧

---

① Cicero, *Republic*, 3.33, in A. A. Long and D. N. Sedley, *The Hellenistic Philosophers*, Vol. 1, 67S (pp. 432-433).
② 关于斯多亚学派理性与德性同一的思想，参见 Brad Inwood, "Stoic Ethics," in Keimpe Algra et al. eds., *The Cambridge History of Hellenistic Philosophy*, Cambridge: Cambridge University Press, 1999, pp. 680-681。
③ 石敏敏、章雪富：《斯多亚主义Ⅱ》，中国社会科学出版社 2009 年版，第 66 页。
④ A. A. Long and D. N. Sedley, *The Hellenistic Philosophers*, Vol. 1, p. 434.
⑤ 在斯多亚主义者看来，宇宙（世界）是整体和谐的，甚至于恶的人和事物也是整体和谐中的一部分，但智者（获得理性者）的不同之处就在于，他能对此有所认识，知道自己的位置。
⑥ Cicero, *On Ends*, 3.62, in A. A. Long and D. N. Sedley, *The Hellenistic Philosophers*, Vol. 1, p. 348.
⑦ Plutarch, *On the Fortune of Alexander*, 329A-B, in A. A. Long and D. N. Sedley, *The Hellenistic Philosophers*, Vol. 1, p. 429.
⑧ 石敏敏、章雪富：《斯多亚主义Ⅱ》，中国社会科学出版社 2009 年版，第 151、171 页。关于差等之爱与对人类的普遍之爱之间的关系，可参见 Ilaria Ramelli, *Hierocles the Stoic: Elements of Ethics, Fragments and Excerpts*, trans. by David Konstan, Atlanta: Society of Biblical Literature, p. 127.

至此，我们事实上已经触及了斯多亚主义伦理学的核心概念："安居、归属"（oikeiōsis）。它来自"家、家庭"（oikos）一词，因而就其含义而言，oikeiōsis 强调的是所属、适当的安排等，通俗地说，就是找到自己合适的定位，因而笔者迻译为"安居"——找到心灵的居所。从纵向来看，人应当找到自己在自然中的地位：人是整体和谐的宇宙中的一部分，因其具有理性而高于其他生物，分享着神性；从横向来看，个人的自爱（自我归属、对自我的倾向）是基本的原则，但理性的动物会认识到自然的法则，认识到每个人都分享着神性，从而扩大 oikeiōsis 的范围，将自爱指向他者，也就是说，所有人作为世界的共同居民都"属于"（belonging to）"我"，但只有完全意识到这一点我们才能充分地融入"世界"（cosmos）；① 更具体地说，我们不是要超越"自我"的局限性——因为单纯以利他为目的的爱恰恰是自我的丧失，而正是要放大"自我"，将他者包含进来，在共同体中发现和实现真正的自我。②

因此，斯多亚学派世界主义的精要就在于：在自然与理性的中介下，在"世界"这个人类共同体中，"自我"与"他者"彼此融合，个体性与社群性达到统一，这既是自我内心的和谐，也是世界整体的和谐。

四、斯多亚学派世界主义的现代意义

西方国际关系理论成型于 20 世纪初，孕育自近代政治学，扎根在数百年来的欧洲历史之中。随着世界政治的发展和学科自身的拓展，原有的理论框架越发遭到质疑和挑战。自 20 世纪 90 年代以来，世界主义思想在欧洲和美国学术界逐渐兴起，也开始引起国际关系学界的注意。

当代世界主义是一个庞大而复杂的集合，在这一名称下，汇聚了社会学、政治学、哲学、文学、历史学等各科学者的思想，彼此在视域、理念乃至于基本假设上都不尽相同。尽管如此，在很大程度上，当代世界主义是自由主义在世界政治中的延伸，是启蒙时代自由思想的"衍生"。③

这种世界主义自有其独特的价值，但它与国际关系理论一样囿于近代政治哲学的窠

---

① Katja Maria Vogt, *Law, Reason, and the Cosmic City*, Oxford: Oxford University Press, 2008, Chapter 2.
② Tad Brennan, *The Stoic Life: Emotions, Duties, and Fate*, Oxford: Oxford University Press, 2007, p. 163.
③ Richard Beardsworth, *Cosmopolitanism and International Relations Theory*, Cambridge: Polity, 2011, pp. 5-6.

臼之中，在彼此的交锋中便易于各执一端、僵持不下，难以有真正的超越。相反，跳脱于外，从世界主义的源头斯多亚学派这里寻找滋养，反思那些被表面的纷争所掩盖的深刻问题，或许能使我们对世界政治及其理论有某种新的理解。斯多亚学派的世界主义，其现代意义可以从三个方面加以阐释。

其一，现代西方政治哲学假设存在着一个个抽象的、平等的、被赋予各种权利的个体，这种原子式的个体是社会的基本单位，也是政治活动的主体。群己之间不可逾越的鸿沟为我们带来了莫大的困境。正如一位学者所言："（关于真正的世界共同体）我们需要这样一种认同理论——它可以让我们认识到，普遍与特殊之间是相互牵连的，而非本质对立的。"① 斯多亚主义正是一种这样的学说。

其二，斯多亚哲人希望我们接受的，是对世界整体和谐的信念——甚至局部的冲突也无非是整体和谐的一部分。若我们愿意和斯多亚学者一样相信，支配世界的是整体和谐的法则（不仅仅如二战之前的某些国际关系学者那样强调利益的和谐），而不是"人待人如豺狼"的丛林法则，我们或可在同样的理性与经验下对国际政治产生一种新的理解——只不过这样的理解建立在不同的起点之上。

其三，斯多亚学派深知现实政治的复杂，并不着眼于某种世界性制度乃至世界政府的实现，而是着重于自我作为世界公民的内省（良知）和行动（善行），要求我们由外在转向内省，我们应当在坚守自己准则的同时，接受世界的现实，接受人与人之间的差异，不去刻意做出某种"制度设计"或创造某种"普世价值"，也无须执意将自己选择的价值放之四海。换言之，国际政治的现实并不必然要求我们成为道德虚无论者，我们或许无力要求国际社会和各国政府做出怎样的改变，但我们仍可以做出个人的选择，这是我们的伦理所在、自由所在。个人的主体性由此被带入了国际政治之中，而不像过去那样，淹没在国家、制度、组织之下；个人对他者的"友善"（hospitality）成为了我们思考国际政治的一个新的维度。②

面对当代世界的各种问题，两千年前的斯多亚学派自然不能给予我们明确的解决方

---

① Jens Bartelson, *Visions of World community*, Cambridge: Cambridge University Press, 2009, p. 9.
② 法国哲学家雅克·德里达（Jacques Derrida）在《一切国家之世界公民，仍需努力!》[Cosmopolites de tous les pays, encore un effort!, 该文译作英语后名为《论世界主义》（"On Cosmopolitanism"）] 一文中，将世界主义式的友善提升到了极高的地位，认为"友善即文化本身……伦理就是友善"（l'hospitalité, c'est la culture même … l'éthique est hospitalité）。国际关系学界亦有学者循此路径进行研究，参见 Gideon Baker, *Politicizing Ethics in International Relations: Cosmopolitanism as Hospitality*, Oxon: Routledge, 2011.

案。而我们追溯至世界主义的源头,也并非是要让先贤直接做出具体的回答。斯多亚学派的世界主义,以其高古之思,迥然于当代诸般国际政治理论背后的思想原点,它使今人得以重新思考人与世界、自我与他者、个体与共同体、理性与信念、伦理与行动等一系列问题,这是我们在与古人的思想对话中真正应该珍视之处。

(本文原载《复旦政治哲学评论》2014年9月,原标题为《斯多亚学派的世界主义及其现代意义:基于思想史的考察》,收入本文集有删改)

民主的阴暗面？

复旦大学国际关系与公共事务学院教授　包刚升

　　族群冲突或族群清洗的概念，对国内知识界可能有些陌生。很多中国人关于这方面的背景知识来自两部电影：一部是《卢旺达饭店》，另一部是《辛德勒的名单》。前者以卢旺达一家国际饭店经理保罗·路斯沙巴吉那的个人经历为线索，呈现了1994年该国胡图族大规模屠杀图西族的残酷历史。该影片以一个胡图族政治宣言的广播片段作为开头："听众朋友们，当人们问我，为什么我仇恨所有的图西族人？我说：'去读读历史吧！'图西族曾经勾结比利时殖民者，他们强占我们胡图族的土地，他们用鞭子抽打我们。现在，这些图西族反叛分子回来了。他们就是蟑螂，他们就是杀人犯。卢旺达是我们胡图族的土地。我们才是这块土地上的多数，他们则是少数，是叛国者与侵略者。我们要粉碎他们的横行，我们要清除卢旺达爱国阵线反叛分子。"这一段简短的播音，揭示了这场惨绝人寰的大屠杀的直接起因。这场族群清洗最终导致了数十万图西族人的死亡，堪称人类历史上最黑暗的一页。

　　《辛德勒的名单》则是20世纪90年代一部关于纳粹德国屠杀犹太人的经典影片。故事发生在被德军占领的波兰城市克拉科夫，德国商人奥斯卡·辛德勒通过贿赂德国军官，使得他所建工厂中雇用的1 100名犹太人得以幸存。这部电影的背景是纳粹德国对本国境内和占领区的犹太人实行种族灭绝政策，近600万犹太人死于有计划、有组织的种族灭绝行动。今天，我们很难想象这惨绝人寰的一幕是20世纪真实历史的一部分。

　　当然，像这样的种族清洗事件在人类历史上非常罕见，但普通的族群冲突与族群暴力事件却时有发生。特别是20世纪中叶以来，族群冲突更是成为世界很多地区国内政治冲突的重要形式。族群政治研究的权威学者唐纳德·霍洛维茨（Donald Horowitz）认为："族群冲突是一个世界性的现象。"2003年出版《族群暴力的地理学》的学者莫妮卡·托夫特（Monica Toft）则更明确地说："现在几乎三分之二的武装冲突都包含了族群因素。……族群冲突是武装冲突的最主要形式，在较短时期内甚至较长时期内大概都不会缓和。……仅在'二战'之后，就有数百万人因为身为特定族群的一员而丧失生命。"除了1994年卢旺达所发生的族群清洗，20世纪60年代尼日利亚所发生的族群内战、20世纪下半叶因族群与宗教原因爆发的两次苏丹内战、20世纪90年代前南斯拉夫地区的内战与局部暴力屠杀，以及在印度、土耳其、印度尼西亚、利比里亚、缅甸、布隆迪等许多国家发生的程度不等的族群-宗教暴力事件，都是这一世界性现象的一部分。在所有的族群冲突中，族群清洗与族群内战是最为暴烈的形式，而与一般的族群内战相比，族群清洗或族群灭绝更加惨无人道，是国际法意义上的"反人类罪行"。

尽管族群冲突是全球性的重要政治现象，但这一议题并未引起国内社会科学界的应有重视。除马戎、唐世平、李安山等几位学者及其研究团体以外，国内关于族群冲突的原创性研究还比较少。因此，美国著名政治社会学家、加州大学洛杉矶分校教授迈克尔·曼（Michael Mann）的专著《民主的阴暗面：解释种族清洗》①（*The Dark Side of Democracy: Explaining Ethnic Cleansing*）在国内的翻译出版，对推动国内学界了解这一领域的前沿研究、激发国内学界对这一议题的兴趣，应该有着重大意义。迈克尔·曼是一位声名显赫的社会科学家，他最具代表性的著述是四卷本巨著《社会权力的来源》（*The Sources of Social Power*）。该书用"政治权力—军事权力—经济权力—意识形态权力"四个变量的框架解释人类社会权力的性质及其演进，被视为历史社会学的当代经典。他提出的专断性权力（despotic power）与基础性权力（infrastructural power）的区分，更是深入人心，成为理解现代国家构建与国家能力的关键概念。

所以，迈克尔·曼这部最新译著的出版理应得到国内学界的关注。作者在时空跨度巨大的历史分析背后，有着相对明确的解释框架与逻辑主线。作者的研究主题正如副标题所示：解释种族清洗（或译为解释族群清洗）。所以，他感兴趣的不是一般的族群冲突，而是族群冲突的极端情形：族群清洗，即一个族群成员把另外一个族群成员从他们认定为自己的地区清除出去。族群清洗的具体方式又可以分为两类：谋杀性族群清洗与非谋杀性族群清洗。迈克尔·曼主要想解释的是为什么会发生大规模的谋杀性族群清洗。

这部作品开宗明义，第一章直接提出了解释族群清洗的理论框架，这一框架由八个论点构成。其中，论点一是全书的主要观点与核心逻辑，从论点二到论点八则更具体地

---

① [美]迈克尔·曼：《民主的阴暗面：解释种族清洗》，严春松译，中央编译出版社2015年版。

解释这种逻辑起作用的过程与机制，构成对主要论点的支撑。

迈克尔·曼的主要论点几乎注定会引来争议。他说："蓄意谋杀性清洗是现代现象，因为它是民主的阴暗面。"当然，作者并不想背上民主反对者的恶名，他接着马上说："我也不想否认民主是一种理想，我赞同这种理想。"但作者认为，在多族群社会，民主政体可能会使得多数族群对少数族群实施基于族群分界线的"多数暴政"，其可能的最严重后果就是谋杀性族群清洗。现代性与民主，是该书用于解释族群清洗的两个关键词。就前者而言，"种族清洗本质上是现代现象"，"它属于我们的文明，属于我们自身"。就后者而言，"民主意味着由人民当家做主"（ruled by the people），而"人民"（the people）在现代社会有两种意涵：一是指普通大众或多数人，二是指民族、民族或种族集团。在一个多族群社会中，如果从族群意义上定义人民的话，那民主就是多数族群的统治，反过来就变成了对少数族群的排斥。这样，如果多数统治等同于多数族群的统治，就会在多族群社会造成不同族群之间的对立。这种政治统治模式，再加上大众的政治动员，就会导致一种可怕情形的发生——即不同族群之间彼此将对方视为"敌人"。作者这样说："如果由这样一种人民来当家做主，会给其他不同族群的人民带来什么呢？回答通常是令人不快的——尤其是当一个族群形成大多数的时候，因为它随后即可实行民主却又专制的统治。"因此，在一个多族群社会，当民主被视为多数族群的统治时，就有可能"鼓励对少数族群实行清洗的行为"。这大致上就是迈克尔·曼的核心逻辑。

现有的比较政治研究通常较少专门关注族群清洗，但一般意义上的族群冲突和族群暴力则是最近一二十年的热门研究话题。不少英美高校甚至已经将"多族群社会的政治""族群政治与族群冲突"这样的主题列入了研究生课程。一种比较流行的观点认为，多族群社会启动民主转型以后，原先被威权体制压制的政治诉求会被释放出来。对于现代化程度不高的多族群社会来说，族群身份很可能会成为政治动员的基础。所以，这样的社会通常不会形成基于阶级身份或意识形态的主导政党，而会形成基于族群身份的主导政党。如果该社会历史上族群恩怨关系非常复杂，或者存在油田或贵金属资源等利益争夺点，不同族群集团和族群政党之间的竞争可能会非常激烈，乃至会向暴力化方向发展。一些多族群社会启动民主转型之后出现的族群冲突和族群暴力现象，往往是在这样的背景下发生的。像20世纪60年代尼日利亚独立以后，很快从族群冲突走向族群内战，大致也是这个逻辑。当然，这只是一种可能性。实际上，关于族群政治的主流研究并没有那么悲观，因为并非所有的多族群社会启动民主转型之后都导致了严重的族群冲突与族群暴力。比如，两位著名的政治学者阿伦·利普哈特（Arend Lijphart）与唐纳德·霍洛维茨尽管观点分歧很大，但他们都相信，合理的宪法设计与制度安排可以有效缓解多族群民主社会的族群冲突。

再回到这部作品。迈克尔·曼接着用七个更加具体的论点阐述了这种逻辑起作用的过程与机制。在阐明主要观点与解释框架后，这部作品的经验研究部分用了四个主要案例、若干次要案例和两个相反案例来进行论证。四个主要案例分别是奥斯曼土耳其帝国1915—1916年在亚美尼亚实施的族群清洗、纳粹德国及其盟友实施的犹太人种族灭绝行动、前南斯拉夫地区内战中的大规模暴力屠杀，以及发生在卢旺达的族群清洗。作为社会科学家的迈克尔·曼谦和地认为，由于社会类型的复杂性，"我的论点不可能是科学法则"。言下之意，不是每个案例都完美地符合他在第一章中所提出的由八个论点所构成的这套理论的。

毋庸置疑，《民主的阴暗面》这部作品有其独特的价值。一方面，族群政治自20世纪90年代以来越来越成为全球政治中的重要问题，而且族群政治还常常与宗教、语言、地区等因素交织在一起。族群政治既关系到战争与和平这样涉及人类基本生存的问题，又关系到国家构建、民主转型和治理绩效这样的发展性问题。可以预见，族群冲突与族群暴力未来相当长时间内仍然会是全球性的重要政治问题。而国内学界对这一重要议题的关注程度是不够的，对相关前沿研究的译介是欠缺的，原创性研究则更少。而迈克尔·曼基于特定的视角，阐述了一套为什么会导致族群清洗的理论，至少为我们提供一个可能的视角。另一方面，民主在国内学界和社会领域是一个容易引起激烈争论的概念，现有的多数争论仍然是围绕观念进行的，"民主好"或"民主坏"常常是主要的争论点。但民主政体的实际运转要比好或坏的两分复杂得多，这就更需要深入到民主的经验世界中去观察和研究。暂且不论迈克尔·曼的理论逻辑是否严密，但当他把民主与族群冲突、暴力乃至族群清洗联系在一起时，至少给国内学界一个必要的提醒：民主在提供诸种积极价值的同时，是否可能存在着某种隐秘的"阴暗面"？特别是，在历史恩怨复杂的多族群社会背景下，民主是否有可能会导致某种人们始料未及的严重后果？这个问题值得深思。在笔者看来，这对民主的支持者尤为重要。

《民主的阴暗面》2004年在剑桥大学出版社出版之后，引发了国际学术界的很多评论。《美国社会学杂志》《美国历史评论》和《和平研究杂志》等著名期刊为其刊发了书评或书讯。尽管如此，这部作品同时也引起了很多争议与批评。比如，民族与族群政治的著名期刊《民族与民族主义》2006年第三期专门刊文与该书进行辩论（debate），包括四位学者的学术批评与作者迈克尔·曼本人的回应。《加拿大社会学杂志》（在线版）2005年5、6月号则刊发了历史学家丹尼尔·戈登（Daniel Gordon）措辞尖锐的批评文章，作者本人则在同一期做了针锋相对的回应。一部学术著作激起很多讨论与争论，证明这部作品受到了学术界的关注。但要对这部作品的实际质量进行评判，却只能根据学术标准。笔者喜欢用自己戏称的"社会科学三板斧"来衡量一部学术专著质量的高低，即：概念是否清晰？逻辑是否严密？经验证据是否支持这种逻辑？

先讨论一下概念与逻辑问题。迈克尔·曼给这项研究取了一个非常吸引眼球的标题：民主的阴暗面。但是，到底什么是民主的阴暗面？什么是作者定义的民主？民主导致族群清洗又遵循何种逻辑？这些问题都值得深究。从字里行间可以看出，作者更多地从实质性定义而非程序性定义来理解民主，民主就是人民的统治。在作者看来，民主既是普通大众的多数政治，又是大众动员的政治。两者的结合，在多族群社会可能导致基于族群界线的"多数暴政"，其极端情形就是族群清洗。然而，问题是，并非所有多族群的民主政体都导致了严重的族群冲突，更没有普遍地出现族群清洗。美国著名政治学者阿伦·利普哈特在《民主的模式》一书中把他研究的36个稳定民主国家分为三类：多元社会、半多元社会和非多元社会。其中18个多元社会或半多元社会的绝大多数都没有发生过族群清洗。其实，作者自己也承认："我不是在说民主国家施行种族清洗是例行现象，这样的例子是很少的。"因此，既然多族群社会的民主政体并不一定会导致严重的族群冲突或族群清洗，就不应该得出"民主导致族群清洗"的论断。即便遵循作者的逻辑，一个更有意义的问题或许应该是：到底是何种民主，或者民主与何种条件的结合，更容易导致族群清洗？

问题的另一面是：威权或极权政体并未避免严重的族群冲突或族群清洗。对犹太人实施种族灭绝的纳粹德国当然不是民主政体。如果做前后时期的比较研究，就会有更有趣的发现。德国魏玛共和国时期尽管出现了反犹主义的思潮，但并未导致德国国内出现针对犹太人的大规模族群暴力事件，更不用说什么族群清洗了。正是魏玛民主政体崩溃之后，希特勒掌权的纳粹德国才逐步走上了实施犹太人种族灭绝政策的道路。因此，当民主政体缺位时，多族群社会照样可能——甚至更容易——导致严重的族群冲突或族群清洗。

由此可见，对多族群社会来说，民主政体既非导致族群清洗的充分条件，又非导致民族清洗的必要条件。迈克尔·曼其实在第一章中还表述了一个更为完整的观点：对于防止可能的族群清洗来说，稳定的民主政体优于稳定的威权政体，稳定的威权政体优于新兴的民主政体。他这样写道："新近走向民主化的政权比稳定威权主义的政权施行蓄意谋杀的种族清洗的可能性更大。"他又说："稳定的按制度化运作的民主制政权，要比正在进行民主化或者威权主义的政权较少可能实施蓄意谋杀性清洗。它们已保证了不仅是多数人参加选举和多数人统治，而且还确保了宪法对少数人的保护。"如果把这一完整的观点跟书名作比较，估计会让众多读者感到不解与困惑。

不仅如此，迈克尔·曼还表达了一个更加令人困惑的观点："实际真正在施行谋杀性清洗的政权绝非民主的，因为那将造成术语上的自相矛盾。……事实上随着升级的展开，所有施行清洗的政权都变得越来越不民主。民主的阴暗面就是在自由主义或社会主义的民主理想行进中产生的畸变歪曲（perversion）。"这几乎明确无误地承认，是非民主政体而不是民主政体实施了族群清洗。而这里所谓的"民主的阴暗面"，其实是指民主的扭曲与变形的状态。那么，这还是民主吗？尽管作者声称民主与族群清洗之间的关系并非静态的和简单的，但他同时也认为："鉴于这些复杂关系，我们在当今世界的民主与种族清洗之间找不到一种简单的全面覆盖的关系。"这几乎就是在推翻自己的主要论点！

同时，民主的概念也是一个问题。迈克尔·曼在界定民主政体时有些过于简化。作者对民主的理解突出了两个基本特征：一是多数统治，二是大众动员，但却忽略了民主作为一种现代政治体制的其他维度。法国思想家托克维尔和英国思想家约翰·斯图亚特·密尔对于民主可能导致"多数暴政"早有论述。由此，学界的一般共识是：从"民主政体"迈向"好的民主政体"还需要两种机制。第一，民主需要被纳入宪政与法治的框架之中。既恪守多数决定的规则，又保护了少数群体的权利，这才是法治约束下的民主，也是"民主"能成为"好民主"的重要条件。意大利政治学家乔万尼·萨托利（Giovanni Sartori）则认为，保护少数派的权利也是捍卫民主政体本身的需要，而现代民主制只能是有限的多数统治，其中的逻辑并不复杂。第二，民主通常都还有分权制衡的制度安排。因而，民主政体下的多数派权力并非不受制约的绝对权力，而往往要受分权制衡机制的约束。这也是一种防止多数派滥用权力的机制，或者说是一种防止可能的多数暴政的机制。比如，在总统制条件下，立法权与行政权之间通常都有着明确的分权制衡；在议会制条件下，固然议会多数有权决定政府组成和基本政策，但在实际政治过程中多数派政府的权力也受到诸多制约。所以，在现代民主政体下，多数派的权力通常不会演变成绝对的权力。这也是现代民主政体的应有之义。

再来讨论经验证据的问题。作为一项社会科学研究，最有说服力的做法是：经验证据所呈现的事实与作者提出的主要论点、理论逻辑是严格契合的。但令人失望的是，作者提供的四个主要案例全部是非民主政体，绝大多数次要案例也都是非民主政体。根据政体四（Polity Ⅳ）提供的1800年以来的各国政体评级数据，很容易获得四个主要案例所涉国家当时的民主评级。该机构把最民主的政体评级为10分，最不民主的政体评级为－10分，从而构成了一个民主评级谱系。根据迈克尔·曼的估计，奥斯曼土耳其帝国在亚美尼亚实施的族群清洗，导致120万到140万亚美尼亚人遇害。按照政体四的评级，1909—1917年其政体评级为－1分，够不上民主政体的标准。所以，1915—1916年发生族群清洗时，奥斯曼土耳其帝国的政体至多被视为具有民主色彩的威权政体，或者是民主程度较低的两不像政体（hybrid regime）。实施种族灭绝、导致约600万犹太人死亡的纳粹德国，从1933—1945年希特勒倒台之前，其政体评级是－9分，接近于非民主政体的最低分。迈克尔·曼在书中也明确指出，纳粹德国是专制政府，不是民主制政府，但他认为这是一个偏离的案例。前南斯拉夫地区出现大规模屠杀时，这一地区的政体评级摇摆在－7分至－5分之间，根本算不上民主政体。最后一个主要案例卢旺达1991—1999年的政体评级在－7分和－6分之间波动，当然亦非民主政体。但作者认为，胡图族对图西族的族群大屠杀跟"胡图力量"（Hutu Power）提出的"伟大的大多数"和"大多数人的民主"等政治口号有关，因为这些口号激起了"群众的支持"。所以，作者由此竟认为卢旺达的案例比其他案例更好地论证了"谋杀性种族清洗是民主的阴暗面"。然而，政治的口号与政体的实践完全是两回事。即便是一个十足的独裁者，亦有可能大声呼喊民主的口号，甚至进行大规模的政治动员。无论如何，20世纪90年代的卢旺达远非一个民主国家。

因此，迈克尔·曼的主要案例没有一个是发生在民主政体之下的。实际上，这部作品的次要案例也大体如此。迈克尔·曼可能会这样辩解：这是民主的阴暗面，或者是民主的扭曲。但问题在于：当民主发生大幅度扭曲——或者是民主政体业已崩溃（纳粹德国案例），或者是出现了民主元素但尚未建成民主政体（奥斯曼土耳其帝国案例），或者是根本算不上民主政体（卢旺达与前南斯拉夫地区）——时，族群清洗的账能算在民主的头上吗？单就作者提供的多数案例而言，与其说导致族群清洗的是"民主的阴暗面"，还不如说是"民主的反面"——"民主的反面"自然就不是民主政体。当然，导致族群清洗的完整逻辑，要比这里的讨论更为复杂。总之，作者试图用非民主政体下的族群清洗来论证"族群清洗是民主的阴暗面",是一种逻辑上的硬伤。

但无论怎样,迈克尔·曼这部作品关注的是一个极为重要的议题,对具体案例的分析亦富有洞见,对跨越巨大时空的历史资料的应用更是达到了令人惊叹的高度。从这个角度讲,国内社会科学界应该严肃地对待这样一部作品——无论迈克尔·曼说对了,还是说错了。

(本文原载《读书》2015年第8期,收入本文集略有删改)

柏克关于代表理论"回应性"问题的新阐释

复旦大学国际关系与公共事务学院青年副研究员　李海默

过往学术研究,一般认为埃德蒙·柏克(Edmund Burke)的代表制理论赋予政治代表极大的"自行其是"之权,却往往忽视了柏克对人民理论至高地位的强调,对公共利益与英国下议院"监督施政"职能的重视,对公共审查制度的推崇,尤其是代表需要负起相当责任,积极回应人民普遍诉求,"为民喉舌",提升来自人民普遍的信任度。本文旨在对这一方面的柏克政治理论进行系统性整理,希望能廓清其基本轮廓与面貌。

一、柏克的两种代表制理论

众所周知,在当代政治代表制的相关文献里,柏克一向被视为全权委托或全权代表(trustee)模型的主要提出者和倡议人,此种模型主张代表运用他们自身的最好的判断力来为人民的利益制定具体政策,亦即代表有较大的自主裁量权;柏克认为,代表应根据自己的判断和良知(judgement and conscience)去做决断,而不应盲从于人民。人民的普遍意见应被充分尊重,但人民往往在具体政策措施的宏观走向和微观细节上都缺乏判断能力。人民需要代表提供各种方向性的指引(guidance and direction)。代表不需将来自人民的指令视作权威性的(authoritative),代表在很大程度上具有独立性。① 在柏克看来,作为代表,首先要服务的是人民的利益(interest),而非人民的意愿(will),尤其不是那如流水般的充斥着偏见的所谓瞬间之"民意"(transient whims of popular prejudice)。除了制定好的公共政策之外,代表一项主要任务即是守护人民利益,使其不受劣质公共治

---

① Jeremy D. Bailey, *James Madison and Constitutional Imperfection*, Cambridge: Cambridge University Press, 2015, pp. 56–57.

理（misrule）的侵蚀，① 代表应代表人民监督各种官僚机构与科层体系。柏克认为，在代表们尚未就议题展开充分辩论之前就要求他们已有定见，是很荒诞的；那样的话就会变成一批人在辩论（代表），而另一批人做决策（人民），且两者之间毫无关涉；更不必提做决策的那批人远在辩论议场的数百公里之外。在经典的柏克式框架中，代表不仅应该运用他自己的判断能力为他的选民们的利益服务，同时代表在处理问题时应将全局性的（或者说普遍的）福祉作为第一出发点进行考量，用柏克的话说，代表聚在一起，不应该像彼此敌对国家的使节们聚集在一起那样针锋相对，代表之间固然可以唇枪舌剑，但是他们彼此间的论辩都应是为同一个国家、同一个整体、同一种普遍利益和公共善而服务。因此，曾有学者归纳说柏克代表制理论的核心要义：一是代表的判断能力；二是代表超越自己小的选区，站在全国全局的角度考虑国家整体福祉。

与此种全权代表模型相对的一般叫委任或委派（delegate）型理论，有时也叫"受人民指令的委派"（instructed delegates），此种范型主张代表应时刻积极了解其选区人民意愿走向，并严格按照该意愿走向丝毫不离地制定政策。柏克非常反对这种委派式模型，不仅因为其与专家政治、精英政治的思路相背离，而且这些严格遵照指令的被委任者们会自然而然地倾向于推崇狭隘的地方性利益（narrow and sectional interests），视普遍的整体性利益若无睹。柏克曾直说，在委派型理论的框架下，代表会不再是合格的立法者，而将沦为对着人民谄媚拍马的人，他们也将不再是人民的引领者，而成为了任由人民操纵的工具。柏克曾明确说：代表对于人民而言不仅应当勤勉工作，而且应运用他自身的判断力服务于人民，如果他将这种判断能力轻易屈从于人民一时一地的意见，那实际上代表并非服务于人民，反而实际是背叛了人民。柏克承认代表也完全可能会犯错，但在检视代表的行为时，应从大处着眼，侧重于其一贯的品格和在任时所做各种事情的性质，而不必过度纠结于小的具体细节。从柏克的视角来看，在选举时选民选的并不是政策，而是品质过硬，值得信赖的领导者，并确保领导者受到制约，不至于渎职。

与柏克的立场不同，当代民主理论一般认为此两种取向各有所长，亦各有所短，故主张一种在此二者之间较为折中融合的型态，美国政治学者研究其国会时倾向于将其国会议员称为"政客"（politicos），即是试图调和此二种取向于一炉之中，强调国会议员既需充分代表人民意愿（representatives），也需成为好的公共政策制定者（policymakers）。②

---

① Matthew Hall, *Political Traditions and UK Politics*, New York: Springer, 2011, pp. 127-128.
② Robert L. Lineberry et al., *Government in America*, New York: Longman, 2006, p. 360.

当然，实际上此要求甚高，多数国会议员大概都未必能真做到。实际上，当代美国政治中的代议士更主要都是随其党派归属而动，其选民也往往很少会在意代议士真正的水平及进行独立理性思考的能力。

而且这种常规性的看法还有另一个隐藏的问题，即尽管柏克本人可能的确更青睐和偏向于全权委托理论，但柏克政治学的一大核心原则就是具体情况具体分析，理论必须联系实际，因此，我们甚至可以说柏克心目中理想的政治性代表其实比现实场景中的美国国会议员要更接近于所谓"政客"（politicos）。正如詹姆斯·康尼夫（James Conniff）的研究所指出的那样，柏克一直试图调和全权委托理论与委任委派理论，他从未完全否定委任委派理论的内在价值，且依据柏克的看法，在某些特殊时间地点与特定情况下，人民的代表应当更多扮演受委派的角色，执行"受人民指令委派"的相关任务。①

除了全权代表理论，柏克还对另一种代表制理论，即"虚拟且实质性的代表"（virtual representation）的阐扬做出过贡献。这一模型，有时也被学者称之为超越严格的选民选区界划之上的代表体制（representation beyond strict constituency demarcations）。在美国革命时期，美洲殖民地人民对于其一面要向英国纳税，一面却不能在英国议会中被有效代表而极为愤怒，柏克一面同情美洲殖民地人民诉求，一面希望能维系大英帝国框架，于是构思出"虚拟且实质性的代表"制，亦即尽管美洲殖民地不能选出代议士，但若有人能在英国议会代表美洲利益发言和参与决策，则某种妥协和平衡仍能有望达成。而且柏克在其政治生活中也曾出面担任美洲利益的代表，为其在英国议会里屡次发言陈词。若仅从表面上看，柏克所讲的这种"虚拟而又实质性的代表制"似乎是在为英国的利益服务，被压制的则是英帝国辖下的各海外领地，但实际上，若我们考虑到柏克一生为印度、北美、爱尔兰等地众多弱势及被压制的人群不断发声，希望能改善他们的环境与地位，则柏克之主张，并非全为掩饰和装点英国本土利益而已。

不仅是海外殖民地，因为柏克并不希望扩展选举权，"虚拟且实质性的代表"理论也适用于安抚英国本土不具备选举权的那些人。查尔斯·柏坚（Charles Parkin）对此曾有一种非常精准的描述：在柏克看来，国会议员与他的那些选民之间的关系，等同于那些有选举资格的人和没有选举资格的人之间的关系，国会议员和那些有选举资格的人都是那些没有选举资格的人的"虚拟且实质性的代表"，这是一种对于利益和情感的共享共有

---

① James Conniff, "Burke, Bristol, and the Concept of Representation", *The Western Political Quarterly*, Vol. 30, No. 3, 1977, pp. 329-341.

关系,代议士、选民和那些没有选举资格的人实现了共情,他们共同发自内心地希望维系社会在道德层面上的和谐环境。① 正如柏克自己所说:"这种虚拟而又实质性的代表制(virtual representation)的核心意涵即是,那些没有选举权的人,和代表这些没有选举权的人的代议士之间共享、共有、共通的利益、情感和渴望(interests, feelings, desires)"。② 特别值得注意的是在这段话里柏克加了一个注脚,即正如选民和代议士之间主要是信托(trustee)关系,那些没有选举权的人和其代议士之间的关系也同样是用"信托"这样的理解来定义的,亦即一旦信托之后,代议士将会拥有较大的自由裁量权。即如弗兰克·奥格曼(Frank O'Gorman)所指出的那样,从柏克的思想看,政治上的代表制的主要目的并不是试图将一国之内各种不同的观点、意见和看法都反映到国会层面上来,而是试图调和一国之内存在的各种不同利益,对柏克来说,代表制的主要用途并不是试图反映出一国之内各种不同人群、不同地域的诉求,而是以公共和普遍利益为依归,试图对一国之内的全部人民都能做出较为符合公义的裁断。③

我们可以说,柏克的全权代表理论和他的"虚拟且实质性的代表"理论虽然看起来好像颇有抵触,但实际却为一体之两面,且同样派生于"代表利益"这一基本性的前提之中。

二、柏克眼中代表的任务

很多学者在引述柏克关于全权代表制的论说时,都会忘记柏克其实对此制的运用有一种限定,他明确指出,作为代表,其本职工作即是与人民保持紧密团结,密切沟通,无障碍全面交流,代表理应去充分考虑人民的愿景,尊重人民的意见,并重视人民的日常生计。④ 简而言之,代表的前提条件就是不能离开或抛弃人民。⑤ 一个人开始掌握公共权力之前,应当已是在人民之中广受敬重与爱戴,大家都相信根据他过往的所作所为,他大概率能出色完成公职,不辜负人民给予的信任,柏克代表制理论虽然看重人民利益而

---

① Charles Parkin, *The Moral Basis of Burke's Political Thought: An Essay*, Cambridge: Cambridge University Press, 2011, pp. 44-45.
② Edmund Burke, *The Writings & Speeches of Edmund Burke*, Vol. 4, Boston: Little, Brown, 1901, p. 293.
③ Frank O'Gorman, *Edmund Burke*, Bloomington, IN: Indiana University Press, 1973, pp. 54-56.
④ Edmund Burke, *The Works and Correspondence Of Edmund Burke*, Vol. 3, London: F. & J. Rivington, 1852, pp. 235-236.
⑤ Ibid.

非人民意愿，但出任公权力职务的人必须保持和人民的情感与意见的极密切关联，① 唯有如此，才能实现善治。柏克对公职人员和代表的这种要求，其实很近似于中国儒家政治哲学所说的"上下同欲者胜"，也就是说，柏克所谓的专家式的全权委托模型代表理论有一重要前提，即代表需时刻对民情民意的基本走向了然于胸，毫不脱节，用柏克自己的话说，即是一种实现了"共情"的代表制（a sympathetic representation）。按照柏克的理论，若代表起于寒微，素无声望，则他的政治崛起之路不宜被安排得过于顺遂，他必须通过一系列人民的检测，以展现出他个人优异的品格和素质。②

勤政奉公是柏克对于代表的首要要求，代表有必要为了人民的利益而牺牲掉自己的休闲娱乐和舒适生活（repose and satisfaction）。柏克在其1780年《关于经济改革计划的演讲》中对此曾有一段精彩的论述："人民乃是主人（The people are the masters）。他们只需粗略表达出他们的集体需求和觉得不足的地方，我们作为政治人物乃是（或应是）熟练的操作工，是解决问题的专家，我们会将他们的需求型塑为比较理想的状态，并为他们提供有效且合宜的工具和解决方案。他们是遭受到痛苦的人，他们深知那些值得被抱怨的症状究竟为何，而我们就像是医生，我们应知道症状的病灶区究竟在哪个确切位置，也应知道如何提供有效的（且合于公共治理之理的）应对处理之方。人民是我们作为政治人物的天然的主人（natural lords）和雇主（employers），如果我们亵渎职务，逃避责任，试图欺骗雇主，使他们无法达到他们原有的公允合理的预期，那将是非常令人震惊的。"③ 在这段话中，很清楚地，柏克用"主人"和"雇主"这样的词来形容人民所处的极为崇高的地位，在这段话中，同样清楚地，作为"雇员"的政治人物绝对不应渎职，但同时不渎职的意涵就是要一肩担起履行"专家式政治"的责任，如果做不到良好且理想的专家式政治，疗疾救民，就也会被算为渎职的一种。柏克曾明确说过，代表必须具备不偏不倚的立场看法、成熟稳健的判断能力与足够开明的良善内心。作为代表，应当尽其所能去了解人民的愿景，而在做政治决断时也应充分考虑到人民愿望究为何。正如理查德·伯克（Richard Bourke）教授所指出的那样，柏克政治学的第一准则便是政治人物应当服务于人民。但柏克深知代表们有可能会背叛他们原本应服务的社群，尤其是可

---

① Edmund Burke, *The Works of the Right Honorable Edmund Burke*, Vol. 1, Boston: Little, Brown, 1877, pp. 473-474.
② Edmund Burke, *The Works of Edmund Burke*, Vol. 2, London: G. Bell, 1905, pp. 323-324.
③ Edmund Burke, *The Works and Correspondence Of Edmund Burke*, Vol. 3, London: F. & J. Rivington, 1852, pp. 401-402.

能会借由人民的不愿容忍的态度和代表们趋于贪婪的本性来为自身牟取利益。因此柏克要求其代表制不仅能反映出普遍民意的走向,而且更要能推进公共利益(common good)。①

在一定程度上,我们也可以从另一个角度理解柏克理论,即人民本身亦有着良善内心、深刻洞见和精明判断,但人民亦受激情和瞬息万变的潮流意见的影响,而代表的工作即是需要通过自身的真诚信念去识别出前者,剔除后者,进而承担"为民喉舌"(spokesman)的角色。②

对于立法工作,柏克首要的看法就是,所立之法不能违背于一国之内广大人民(mass of the nation)的根本利益,用柏克自己的话说,"与一国之内主体人民利益相违背的法律,本质上也就是与全体人民为敌,这样的法律本质上是不能够成立的,它等于是一种普遍性的压制(general oppression),会导致全国性的灾难(national calamity)"。因此,作为代表,首要的任务就是确保这类问题很大的法律不会被通过施行。

三、柏克视角下人民具备的能力

以上所述柏克对代表制的看法,也与柏克对人性的基本理解直接相关。

正如柏克研究专家彼得·J. 斯坦利斯(Peter James Stanlis)教授所指出的,柏克政治哲学的核心要义之一即是对于卢梭政治哲学的一种严肃批判。在卢梭政治哲学中,如果社会是一个较简单社会,更贴近所谓"自然",这个社会就会比18世纪那些复杂精密的所谓"人工型"社会在道德层面上更有优越感。在卢梭学说里,个体的和所谓"自然的"被大大地拔高,而"社会的"则往往被视为从内在本质上就是具有腐坏性质的。柏克则根本不相信人原本就在道德上坚定无瑕,而由于遭遇到外在公民社会制度的影响和约束,才会逐渐腐化。柏克一针见血地指出,实际上,就算是最糟糕最不济的那种18世纪的公民社会,也要比那些在假设理念上成立的所谓"自然社会状态"要更好,且在道德层面上也更为优越。在柏克看来,若要实现自然法则的运行,最基本的要求也是要有一种公民社会的状态存在着。与此同时,正如斯坦利斯教授所述,非常有趣的另一面是,不少

---

① Richard Bourke, "Reading Burke on Representation," *Juncture*, Vol. 22, Issue 3, 2015, pp. 190–195.
② Jeremy D. Bailey, *The Idea of Presidential Representation*, Lawrence KS: University Press of Kansas, 2019, pp. 116–118.

后来者如阿克顿勋爵等人将柏克学说阐释为纯粹的功利主义式计算（即完全是实证哲学和分析理性），而忽略了柏克学说本质上是将自然法与审慎精明这两个层面结合起来。柏克政治哲学的最终道德基础是自然法，在柏克的审慎原则中，有着关于自然法的一整套伦理标准，作为一个哲学家，柏克整套的伦理原则都来自自然法。

依据柏克的观点，所谓人民有自然权利，与人民有同意的权利，这二者之间并不完全一致，不同于霍布斯、洛克和卢梭，柏克认为人类从自然状态进入到公民社会的过程，并不是因为人们基于要自我保存而给出了他们的同意，在柏克看来，实际发生的情况是，人类进入公民社会的原因正是为了完成他们的整个自然天性，因为原本在自然状态中的人们不仅是非常脆弱的，而且不具备真正的美德和向往更高层次的追求，这种处于自然状态的人类其实并不具备给出同意的能力，他们也无法真正知道自己同意了些什么，而如果政府从一开始即并非建立于被统治者的同意之上，那么此后也会是同样如斯情况。[①]

了解了柏克这些看法，我们就能发现他认为人民确实有极高的自然权利，但这种权利与政府日常运作关联并不多，这样的看法也正合于柏克对代表制的基本观点：即人民在整体意义与终极意义上是至高的，但人民不应过多介入代表日常处理政务的实际流程，也不应要求代表过分地为区域性、局部性的利益而奔走服务。

四、人民何以至高

从柏克的理论，我们很容易就可以推导出，当代表辜负了人民寄予的信任时，他就要面临被人民移除的风险。事实上，在制度层面，柏克也认可相应的制度设计。此外，柏克还曾明确说过，他认为"尽管政府本身是一种近似于神性的权威（divine authority），但政府的各种表现形式，以及日常在政府中执行公务的人，实际全都起源于人民"。[②] 因此，柏克学说中的人民至高性不仅仅只是根植于选举制度，那些非经选举产生的职位在终极意义的理论层面也是要低于人民的。

于是一个显著的问题就会出现，何以柏克会认为"人民"有着至高的位置？正如哈维·曼斯菲尔德（Harvey Mansfield）和艾萨克·克拉姆尼克（Isaac Kramnick）教授所指

---

① Harvey Mansfield, "Burke's Conservatism," in Ian Crowe (ed.), *The Imaginative Whig*, Columbia, MO: University of Missouri Press, 2005, p. 65.
② Edmund Burke, *The Works of Edmund Burke*, Vol. 1, London: G. Bell, 1902, pp. 347-348.

出的,在柏克看来,人类的习性与规矩(manners)要远远比法律更为重要,法律是政府体制的成文性的规定,但是归根结底法律取决于那些不成文的习性和规矩,也正是因为这个道理,在所有的政府体制里,归根结底人民才是真正的立法者(true legislator),因为习性和规矩来自人民,人民的最终决定产生着习性和规矩。① 在柏克看来,聪明的执政者应尊重其所治理人群的脾性,尊重他们所处具体时代的普遍思想和精神状况,尤其重要的是,应充分尊重人群的习性。这是一个很强的逻辑论证分析。

但究竟何为人民,这是柏克着墨颇多的一大核心问题。柏克一贯强调欲真正理解人类社会,则必当将其视若一种贯穿于祖先前辈、当代我辈和未来后辈三者之间的一种有机联结。就如彼得·斯坦利斯(Peter Stanlis)所指出的那样,柏克的这种理解也适用于他对代表制的看法。柏克从来不认为国家仅仅只是一时一地的个体选择取向的加总结合而已,国家和人民都是贯穿多个不同历史时期和不同代际的各种道德、文明和社会习性的层层积淀,但凡谈及国家人民,在柏克那里就必然要谈及具体的历史构造因素。②

基本而言,柏克强调政治上的平衡与渐进式的改革,他可以接受立宪君主制,或自然的贵族制,或受民主制所控制的代议体制(a democratically controlled representative body)。③ 究其实质,柏克一生的主要政治愿景在于制衡不受控制的君权,但柏克同时又充分肯定光荣革命以来形成的英国基本政制传统,亦即肯定"受到限制的君主制"的相关地位,正是在这种图景下,柏克更强调人民有一种理论上至高的地位,尽管这种理论至高的地位并不意味着人民有权力直接干预"天然的贵族制阶层"代表的日常立法行政工作。而且在一定程度上,柏克最不愿看到的是不受控制的君权去鼓动广大人民直接干预代表的政治判断进程,直接影响公共政策的型塑。因此,我们可以大致说,柏克政治思想的核心就是:人民理论至高,"天然的贵族制阶层"实际治理,而王权受到制约,但得以存续其(作为象征性的)脉络。

在柏克对法国大革命及其背后理论的批评中,有一段非常耐人寻味的话,柏克指出,法国大革命的支持者们的核心诉求之一就是建立所谓更公平、更合理、更充分的代表制

---

① Harvey Mansfield, "Introduction," in Mansfield (ed.), *Selected Letters of Edmund Burke*, Chicago: The University of Chicago Press, 1984, pp. 14-15; Isaac Kramnick, "introduction" for *The Portable Edmund Burke*, New York: Penguin Books, 1999.
② Peter Stanlis, *Edmund Burke and the Natural Law*, Abingdon, Oxfordshire, UK: Routledge, 2017.
③ George J. Graham, Jr., "Edmund Burke's Developmental Consensus", *Midwest Journal of Political Science*, Vol. 16, No. 1, 1972, pp. 29-45.

体系，但柏克却说，按照这些革命者们的路径，他们最终得到的上议院将不过就是代表他们自身的利益诉求而已，而他们的下议院和现行的所谓旧体制并不见得有什么区别，所以归结起来，他们的新代表制并不见得要比现行的旧代表体制有任何更优的地方。柏克并且说到，在他看来，法国大革命的支持者们一方面声言要将全部权力皆寄于普通人民之中，但另一方面，若普通大众所行之事不符合革命者的期待，他们就对普通基层大众嗤之以鼻，充满不屑；在此情况下，革命者视英式上议院和国王的权力皆为不合法，且不断质疑下议院的代表性问题，声称该代表性并不适合也不充足。然而柏克的看法是，自1688年以来奠定的且当时已运行百年的英式"王在议会"的传统典范，是行之有效的，且在代表性方面是基本充分和让人满意的，柏克并不认为借由改进代表性而发动大革命是一种能够圆融自洽的政治主张。①

当然，我们也要看到柏克对"人民"这个概念也有相当不友善的时候，比如柏克曾明确说如果太过频繁诉求于人民，可能会使得下议院成为被街上群氓与暴民控制的场所。② 詹姆斯·康尼夫（James Conniff）的研究曾指出，柏克的早期作品，特别措意于大众对政府的控制，曾在这方面做了许多的铺陈和论述，而自1780年开始，柏克比较少继续关注和论述这方面内容。③

五、结 论

本文的核心论述宗旨即是提醒大家注意，在柏克关于代表制问题的论说中，柏克经常强调普遍意义上的人民应对公共事务进行积极的审查（censorial inspection of the public eye），而这种审查作为一种控制机制与柏克的两种代表制论述恰为一体之两面，互相起到支撑和巩固的作用。从本文可以看出，即使柏克以其两种代表制理论著称于世，但其亦有强调人民对代表之广泛监督权的一面。因此，柏克的看法归结起来就是，人民在其代表理论中有一种至高无上的地位，在终极意义上人民对代表有着一种控制与监督之权，但人民不应对代表的日常性政治决断和公共政策的制定做过多干预，因为人民虽为权力

---

① Edmund Burke, *Edmund Burke on Government, Politics and Society*, New York: International Publications Service, 1976, pp. 321-323.
② James Conniff, *The Useful Cobbler: Edmund Burke and the Politics of Progress*, Albany, New York: SUNY Press, 1994, pp. 154-155.
③ Ibid.

之天然控制者,但人民并非权力的自然行使者;而当人民判断代表是否良好地履行其职务时,两条重要依据标准应是:(1)代表是否长期一贯地捍卫与维护人民的基本利益,即使这种捍卫的姿态可能有损于自己短期的民意形象,以及(2)代表是否能超越自己小的选区考量,而以国家全局整体利益为重,以全盘大局为立足和出发点,以全体人民的福祉为依凭。若真正理解到这一层,即可知柏克所主张的代表制并非任由代表无所顾忌,肆意而行;恰恰相反,要成为一个合格的柏克式代表,其实门槛甚高,远非易事。

(本文原载《国外理论动态》2021年第5期,原标题为《代表理论中的"回应性"问题——柏克视角的新阐释》,收入本文集有删改)

文化变迁及其影响下的世界

复旦大学国际关系与公共事务学院副教授　胡　鹏

在中国，春节对一些年轻人来说，烦恼可能与快乐并存。婚姻、工作收入、生育等诸多话题往往在家庭团聚的时候被提及，家庭成员之间潜在的观念分歧显现。近期一个网络主播自曝结婚多年，过年时夫妻俩依旧各回各家，这一消息迅速成为网络热搜，引起媒体和网友的广泛讨论。邻国日本，明仁天皇打破既有规则，选择在生前退位，在这一变化发生的同时，女性无法继承皇位，也无资格参加剑玺等继承之仪等传统依旧维持着。相比同为君主立宪制的英国，其已于 2011 年修订王位继承规定，实现男女平权。2016 年的美国总统大选，特朗普在世人的一片惊讶声中获胜当选，引发外界对美国民粹主义和排外主义兴起的忧虑。近期由共和党控制的数个州议会通过了更为严格的反堕胎法案，也引发了支持者和反对者的对立。现实生活中，我们常常会发现，人与人之间的亲疏远近、合作斗争，可能源自观念的相近或差别，而非亲属关系、利益异同。在两年前刊发于《读书》杂志上的《政治的文化解释》一文中，笔者通过评述史天健教授的著作，展示了文化规范对人的利益偏好、行为习惯的影响。在展示文化规范的影响之余，中国年轻人面对春节的复杂感情、君主立宪国家是否修订王位继承规则、美国选民的态度分化等现象，都提醒我们关注另一关键问题：观念和文化自身的变迁。人的观念如何发生变化？在什么条件下变化？宏观上，文化变迁是否存在某些模式和特点？变迁的原因和动力在哪？

关注文化规范的演变，不能错过美国密歇根大学罗纳德·英格尔哈特（Ronald Inglehart）教授的作品。英格尔哈特毕生关注全球文化和价值观的变迁，因其对政治文化研究的贡献，其于 2011 年获得有"政治学诺贝尔奖"之称的约翰·斯凯特奖（The Johan Skytte Prize）。英格尔哈特笔耕不辍，持续推出新作，2018 年出版的《文化的演化：变迁中的民众动机及其对世界的影响》（*Cultural Evolution: People's Motivations Are Changing* and Reshaping the World）可谓集大成作。在书中，作者采用一个整体性的文化演化框架总结和分析复杂多元的现象，著作覆盖了作者研究的诸多议题，如全球文化模式及其演变、生活满意度和幸福感、性别和婚姻观念、宗教信仰、战争与和平观念、民主政治。与此同时，作者也更新数据和材料，并对诸如民粹和排外主义的兴起、人工智能的影响等热点话题进行了分析和讨论。著作采用使读者容易看懂的写作方式，尽量简化数据分析部分，着重介绍理论思路和经验发现。结合作者的以往作品，本文逐一评述本书在两个关键问题上的见解：文化的界定和分类、文化变迁的理论。

一、文化规范的两个维度

英格尔哈特进入学术界的 20 世纪 60 年代末，正是政治文化研究走向低潮之际。以《公民文化》一书为代表的政治文化研究遭遇的一大挑战在于概念和策略的含混不清。英格尔哈特清楚地意识到了这一点，他首先对人作了一个基本假定：人是向往个人自主和选择的，但在此之前，生存问题更为紧迫，满足生存需求具有优先性。接着，英格尔哈特有意识地构建文化类型学。在早期作品中，他分了两种类型的文化规范：物质主义价值观（materialist values）和后物质主义价值观（postmaterialist values）。物质主义价值观，顾名思义即关注与生存相关的事务，如经济增长、物价、就业、秩序和稳定；而后物质主义价值观则关注个人选择、自由言论、政治参与、环境保护等超越生存需求的事务。从 1997 年的《现代化与后现代化》（*Modernization and Postmodernization*）一书开始，英格尔哈特把权威观纳入进来，从两个维度区分一地的文化特征形态：传统价值观或世俗理性价值观（secular-rational values）、生存价值观或自我表达的价值观（self-expression values）。其认为，传统价值观的人重视宗教，对堕胎和离婚更不宽容，同时有很强的国家荣誉感，对权威十分服从；世俗理性价值观则相反，强调世俗化、理性化和科层化。生存价值观类似于物质主义价值观，而自我表达的价值观则比后物质主义价值观更加广泛。在书中，英格尔哈特强调自我表达价值观除了包括自我独立和选择外，还有对其他外来群体的宽容、重视环境保护、对多元生活方式和价值观的容忍以及对政治经济生活的参与等内容。

英格尔哈特的文化规范类型学从两个层面推动了政治文化研究的进展。理论上，经济社会现代化会带来人的价值观的两个层面的改变：工业化使得以宗教为基础的传统价值观被世俗理性价值观替代，权威建立的基础从韦伯所言的"传统型"向"法理型"转变，理性精神上扬，但这并不一定导致权威的受限；而后工业化时代，尤其是服务经济的崛起则会推动"自我表达的价值观"的兴起，人们从对权威的需求中解放出来，更加重视个人独立和自我实现。英格尔哈特认为，经典的现代化理论家只看到农业社会到工业社会的变迁，而没有注意到后工业化时代的到来所引发的文化新变迁。在文化规范的两个维度中，英格尔哈特更为重视自我表达的价值观，他认为从重视生存到重视自我表达体现了真正的人类发展，是文化变迁的标志。经验研究上，英格尔哈特将事前确定的类型学应用到问卷调查中。在世界价值观（WVS）调查中，他有意识地设计了与之相关的问题，用来测量和区分民众心中的文化规范。通过分析覆盖全球大部分国家的调查数据，作者以文化规范的两个维度为基础绘制了全球文化地图，直观展现各国的文化状况。与此同时，多轮次的调查数据也进一步展示了各国文化的动态演变，为检验其文化变迁理论提供了经验证据。概念和类型的清晰避免了"事后诸葛亮"之感，使得跨国跨时间的比较和分析更具说服力。

在英格尔哈特的文化类型学中，传统价值观和世俗理性价值观沿着权威的产生这一主线展开，关涉个人与他人、集体的关系；而生存价值观和自我表达价值观则聚焦人自身的生活意义，主题在于个人对自己生活的定义和规划。从学理逻辑的角度看，两者的区分是清晰的，但在实际的经验测量上，作者的做法却值得商榷。在权威观的类型学中，传统和世俗价值观的类型划分有着很强的韦伯印记。不过韦伯的类型学目的在于分析被支配者为何接受支配者的统治，聚焦政治正当性，而在英格尔哈特的作品中，权威观的政治色彩几乎消失，测量传统型权威观的一个关键指标是宗教的重要性和影响。传统权威观只能依靠宗教来实现，无法轻易说服读者，韦伯笔下，传统型支配的典型例子是"家父长制"，权威源自家庭伦理而非宗教。进一步，其将儒家思想视为宗教也颇具争议。走向世俗理性的过程中，英格尔哈特跟随巴林顿·摩尔（Barrington Moore），强调其中会出现不同的现代性表现方式，如自由民主、共产主义、法西斯主义。只有进一步，当现代化从工业化走向后工业化时，自我表达的价值将人从权威中解放出来，才推动了文化的实质变迁。这带来两个问题：首先，按照作者的论点，自我表达的价值观既有关个人的生活意义，又因消解了权威涉及人与政治和社会的关系，那么文化的两个维度不再是并立关系，而更像是前后连续的关系。进一步，自我表达的价值观强调个人选择和自主，是否这就会导致权威的消解？在论述间，从私领域的追求个人自主和选择过渡到公共领域权威的消解,作者的"惊人一跃"无论从学理还是经验上都遭遇到挑战。在自我表达的价值观普遍的西欧和北欧国家,国家权威不但没有消失,反而建立了"从摇篮到坟墓"广泛干预的福利国家。个人自主和国家权威在这些地区并非此消彼长,而更多地是相互助益、共同成长。玛格丽特·萨默斯(Margaret Somers)批评作者的观点消解了政治本身的特性,将之视为私人生活的副产品。无视政治特殊性的观点也影响了作者对政治现象的分析,如民粹主义和民族主义都是现代的产物,而非人类自诞生起就存在的现象,作者将之与传统价值观相等同是一种误读。

二、演化的现代化理论

英格尔哈特对自我表达的价值观的重视源自他对文化的理解,文化被定义为"人类为了适应外在的环境获得生存而发展出来的一套规范和技能"。在英格尔哈特看来,经济状况和生存压力决定人的价值观以及整体的文化变迁。历史上的大多数时候,人类都处在生存竞争的状况下。在资源稀缺、生存艰难的时候,人们往往会强调群体内的团结,排斥外来者,同时服从群体规范和强人领导。而当经济发展水平较高,物质生活丰裕后,生存危机感会逐步消失,人们开始追求个人独立,容忍多元思想和生活方式,文化变迁出现。经济社会现代化如何对人的价值观产生影响?在 2005 年推出的《现代化、文化变迁与民主》(*Modernization, Cultural Change, and Democracy*)一书中,英格尔哈特详细阐述了其中的机制:首先,经济增长和福利国家的出现增加了人的物质资源,使人获得生存安全感;其次,教育和大众沟通方式的出现增加了人的智力资源,有利于人的认知解放;最后,社会关系的复杂化和多元化改变了人的交往方式,有利于其摆脱传统社会关系的束缚。总体看,经济社会现代化减少了人的外在约束,增加了人的选择空间,从而使人更加自主和独立。在不同的经济发展阶段:工业化会带来传统价值观向世俗理性价值观的转变,后工业化社会中人的权威观基本不再改变,文化变迁从另一个维度展开,生存价值转为自我表达的价值观。而当经济情况恶化,生存压力增大时,传统和生存价值观会再次占据主导,人们倾向于团结在一个强势的领导人之下,反对外来人,作者将这种倾向称为"威权反弹"(authoritarian reflex)。承接经典的现代化理论强调物质经济生活的基础和决定性影响,英格尔哈特的创新之处首先在于反对线性的现代化过程,他认为现代化并非人类社会发展的终点,随着经济的发展,后现代化现象可能会出现。同时，当人的物质生活境遇不佳时，现代化进程也可能逆转。总之，生存如此重要，以至于其决定人类的文化形态和演变，"演化的现代化理论"（evolutionary modernization theory）形象地表达了作者对文化变迁的理解。

除此之外，英格尔哈特也追随 G. A. 阿尔蒙德（G. A. Almond）和 S. 维巴（S. Verba），重视社会化（socialization）对人的价值观的塑造。具体而言，一个人基本的价值观由其成年前的成长环境所塑造，而成年后文化价值观存在粘性，会长期稳固下来，难以改变。文化的变迁因而只能通过代际更替来实现。与社会化相对的是生命周期解释（life-cycle effects），即人在不同年龄阶段会表现出不同的价值偏好，年轻时冲劲十足，强调个性和自主，年龄增长后会逐渐变得温和乃至回归传统。在这样的循环下，一个社会的文化规范会保持稳定，难以改变。在现代化理论和社会化影响的基础上，作者提出了两个假说：稀缺假说（scarcity hypothesis）和社会化假说（socialization hypothesis）。稀缺假说强调经济增长和物质生活改善使得民众更加偏好世俗理性以及自我表达的价值观，而社会化假说则主张民众的价值观由其成年前的经历塑造形成，并在之后固化下来。两者结合起来即是作者文化变迁理论的全貌：当一个国家和地区经历经济发展、社会稳定时，出生和成长在物质丰裕条件下的新一代的价值观开始改变，并在成年后固化下来，当经济繁荣和社会稳定长期持续，代际更替会引发社会整体的文化变迁。

英格尔哈特利用从 1981 年到 2014 年 100 多个国家和地区的世界价值观调查数据对假说进行检验。从横向的角度，全球文化地图直观地显示：经济发达国家和地区的文化无一例外均走向既世俗理性又自我表达的状态。计算偏好物质主义价值观和后物质主义价值观的民众比例直观地展现了这点。在经济相对落后的巴基斯坦，两者比例是 55∶1，俄罗斯是 28∶1，偏好物质主义价值观的民众远远多于后者；而在经济发达的美国，这一比例是 1∶2，瑞典则是 1∶5，情况正好相反。从纵向的时间维度，西欧和苏东国家的鲜明对比进一步佐证了作者的理论。二战后主要大国之间的战争阴影消除，西欧经历了快速的经济增长，并逐渐建立起福利国家，民众的生活状况得到了极大改善。生存压力的逐步消失引发了民众价值观的变迁，即从物质主义价值观变为后物质主义价值观。1970 年到 2009 年之间的调查数据显示，西欧六国中偏好后物质主义价值观的民众比重越来越高，最新的数据中，这一比例已经达到 50%。进一步，作者发现偏好后物质主义价值观的民众随着年龄的增大并没有出现明显的改变，这证实了作者的社会化解释，而排除了生命周期解释。与西欧形成鲜明对比的是苏东国家，经历政治经济剧变后的苏东国家虽然建立了代议制民主体制,但因为经济状况恶化和民众收入倒退,民众的整体价值观回归物质主义价值观。苏东国家内部也有差别,经济转型表现相对较好、加入欧盟的东欧国家的文化价值观变化没有出现巨大滑坡,持后物质主义价值观的年轻人比例缓步上升。相比之下,俄罗斯在20世纪90年代的经济转型中出现了严重的经济衰退,在这一时期,民众开始更关注生存价值观,同时拥抱传统,宗教复苏。2000年后的俄罗斯经济逐步恢复和稳定,持自我表达的价值观的年轻人比例随之增加。英格尔哈特进一步指出,即使在一个国家内部,这种文化差异也会出现。生活在经济更发达的大城市的民众会比生活在内陆农村的民众更为包容,更强调个人独立和自主,这种状况相信生活在中国的读者也有所感觉。回归分析显示:经济社会发展状况和个人的文化价值观存在显著相关性,用人均GDP、人均寿命、教育程度等指标测量的经济社会状况能够解释77%左右的自我表达的价值观。

在物质条件保障下,文化的变迁尤其是自我表达的价值观的崛起会带来显著的政治社会后果。如上所述,经济社会现代化给人以赋权,使其不再仅仅关心吃饭穿衣的物质需求,而且更加关注自我选择和实现。个人方面,民众在诸多议题的偏好和态度上都发生了显著变化,如宗教的影响逐步衰弱,好斗喜战的激情也在下降,个人开始更追求自我实现,自身的生活满意度和幸福感得以提高;个人与集体的关系方面,个人对于多元的观点和生活方式的包容度增加,并开始积极关注公共事务,由此引发对权利保障、平等和回应性政府的需求,并推动大众参与型民主的建立和维系。英格尔哈特认为自我表达的价值观推动民主制度从选举型政体向大众回应型政体转变,催生出真正的民主,因而比制度设计和精英决策更为重要。经济社会现代化所带来的一系列影响,在作者看来,关键在于改变民众的价值观。

英格尔哈特试图用自己的文化变迁理论解释欧美国家新近出现的民粹主义和排外现象,以及人工智能时代到来后的变化。与之前的逻辑相同,作者将民粹和排外主义归结为经济状况的产物。欧美近二三十年来虽然在经济发展方面取得了不俗的成绩,但生产外流导致工人的经济状况没有改善,贫富差距日益增加。生存安全的逐步丧失改变了民众的价值偏好,引发民粹主义和排外主义。作者预测,人工智能的普及将进一步冲击制造业,不仅工人,白领阶层也可能在新技术的冲击下丢掉工作,最终社会可能1%的人是富人,而剩下99%都是穷人,极端的贫富分化会进一步加剧社会矛盾。与近一个世纪前的经济大萧条相比,作者认为当今的民粹主义和排外主义并非客观上经济稀缺的产物,而是心理不安的结果。论述至此，作者悄然把经济物质状况从客观状况变化为主观感知，在讨论文化变迁的一般理论时强调生存的客观状况，并在经验验证时用人均 GDP 等指标来测量经济社会发展状况，而到分析新近出现的民粹和排外主义时，作者又开始强调生存的主观感知。很明显，经济发展水平和收入分配状况是两个不同的概念，客观状况和主观感知也不能等同。民众从关心经济发展的绝对水平到更重视收入分配的相对公平，本身就意味着观念和偏好的变化，前后不一致无疑会削弱作者解释的说服力。同时，经济基础决定论使作者忽略了民粹和排外主义产生的其他原因，如移民在欧洲成为重要问题，可能源自移民所带来的文化生活方式和认同的冲击，而民粹主义更是与代议制民主本身的运行机制和效果密切相关。

三、文化趋同和差异

演化的现代化理论强调经济状况对文化价值观的决定性影响，在经济逐步增长、从落后走向现代的过程中，全球各地的文化会趋同变化：即从传统价值观走向世俗理性价值观，从生存价值观走向自我表达的价值观。虽然英格尔哈特强调这种影响关系是概率性的，而非决定性铁律，但在经验证据中，作者反复展现各地文化变迁的规律性。在政策建议部分，作者建议发达国家推动发展中国家走向经济增长和现代化，因为这会带来文化和价值观的相近，减少可能的"文明冲突"。然而在著作的另一些地方，作者笔锋一转，又强调文化传统具有相当强的延续性，依旧影响全球各地的政治经济现象。现代化逻辑和文化传统论，在他看来，并行不悖。经济社会发展的确推动文化朝着一个可预测的统一方向变化，但文化变迁又有着强烈的路径依赖，不同文化传统，尤其是宗教传统之下的社会依旧存在着显著差异。将文化传统因素加入全球文化地图，英格尔哈特发现从 20 世纪 80 年代到 21 世纪 10 年代全球各文化圈之间的差异并没有显著缩小。

英格尔哈特的折中主义——既强调趋同性，又保持差异性——带来了诸多值得讨论的问题。首先，在各地的文化传统究竟是什么这个问题上，作者着墨甚少，他跟随亨廷顿，将宗教视为文化传统的核心要素，但在经验分析中，他又未能完全坚持这一点。在对全球各国进行的文化圈分类中，英格尔哈特既用了地域因素（如南亚、拉丁美洲、波罗的海国家），又用了宗教因素（如新教的欧洲、儒家传统、非洲伊斯兰国家、东正教），还有语言因素（如英语国家）。其次，对存在多元文化传统的国家其未能仔细进行讨论，如俄罗斯在苏联时期是社会主义国家，又受东正教影响，作者的归类缺乏说明，乃至前后不一致。最后，现代化逻辑和文化传统并行的观点也与作者自己的演化的现代化理论相冲突。在演化的现代化理论中，现代化逻辑和文化传统是替代关系，正是因为现代化过程冲击了旧有的文化传统才引发了文化的变迁，如从传统价值观走向世俗理性价值观。从具体的机制来看，作者提出的两个假说：稀缺假说和社会化假说也存在强烈的竞争关系。稀缺假说强调物质生活的改善对人的价值观的决定性影响，这引发的推论是物质生存条件的改变可以随时随地改变人的价值偏好，无论人处在什么样的年纪，处在什么样的文化传统之中。社会化假定则提醒我们文化价值观本身具有自主性，一旦形成就会固化下来，难以改变，这也是文化传统得以延续的原因。社会化假定更为重视的是人在成长过程中经历的家庭和学校教育、社会交往，而非经济条件和物质生活。

英格尔哈特在书中指出，解释社会现象往往有理性选择和文化范式两种路径。理性选择假定人的行为是理性的，人的利益计算和考量决定其偏好和行为。在文化变迁的问题上，作者的观点是十分经济理性的，文化的形成和演变由对生存的理性考量所决定。而另一方面，作者又引用心理学的研究，强调人的行为有很强的无意识成分，惯性、习惯和冲动都可能影响乃至决定人的行为。拥有意识和感情能让人摆脱集体行动的困境，有利于人的合作和社会的发展。总体看，英格尔哈特既想解释文化的变迁，又试图强调文化的延续，建立一个无所不包的一般文化理论，其努力固然值得称道，但其中的巨大张力也不得不察。需要进一步讨论的是理性和惯性的区别、物质和文化的关系。文化的稳定和变迁，两者不可兼得，研究者需要做出一番权衡取舍。

（本文原载《读书》2019年第10期，收入本文集有删改）

西方后物质主义价值观及其批判

复旦大学国际关系与公共事务学院讲师　庄梅茜

一、引　言

由罗纳德·英格尔哈特（Ronald F. Inglehart）开创并由全球诸多政治心理学、社会心理学、文化研究学者大力拓展的后物质主义研究，就经济发展或经济社会现代化带来的大众心理的变化以及由此带来的政治社会变化，提出了诸多意义重大的命题，在学术界产生了重大的影响。今天，在总结与分析这一理论和实证研究领域时，我们需要对世界上是否存在单一的文化变迁模式、文化变迁是否会带来一种全球一致的文化模式等重要问题进行深入的讨论。

从结构功能主义的角度考虑，文化变迁往往出于社会系统自我调适的需求。通过更新嵌入其中的行为者对于社会行为的意义理解和利益界定，文化变迁带来了一套新的行为规范，以求有效组织管理社会内部的群体劳作和交往。由于不同社会系统的组织结构、运作模式与目标不同，处于其中的意识形态及其相应的规范、观念也会随着社会系统的变化而相应变化，从而达到两相适配的目的。从人类学的视角出发，文化的常态就是分化和多样性。首先，文化变迁的动因可能是外部接触，也可能源于内生性的需求。其次，文化变迁的途径可能是借用外来文化，不同群体间接触出现涵化，抑或是群体内部的独立演进带来创新，等等。此外，文化变迁的结果难以预料，既可能促进社会系统的稳定、升级，也会造成意想不到的崩溃。除去以上各种动因、途径和结果的组合之外，文化变迁往往一开始便受制于它所发生的社会土壤，包括结构因素（长期形成的制度、阶级、传统等）与现实情境条件（经济水平、产业结构、政治局面等）。由于人类社会是非线性系统，这些初始条件的细微差异往往会对文化的路径演变产生整体、连续和不可预测的巨大影响。

西方主流的比较政治研究往往很难承认以上观点。在西方中心的知识与话语体系中，自启蒙运动以来以个人主义为导向的文化变迁过程被称为人的现代化。[①] 循着这一思路，英格尔哈特等人尝试将经济发展、价值转型与政治变迁联系起来，提出了文化层面的现代化理论，即后物质主义理论，并最终发展成文化层面的现代化理论和以"民主"为终点的人类发展理论。该理论认为，经济社会的发展或现代化，会带来民众的价值观念向着强调表达、参与、宽容、多样性等方向变化。这些观念的变迁一方面会带来环保、女权主义等"新社会运动"的兴起，另一方面会带来一种总体上以挑战政府为特征的公民政治并最终带来多党竞争并强调所谓廉洁、透明政府的"有效民主"的政治发展结果。这一理论对于文化变迁的解释和描绘带有非常明确的方向性，暗含着社会政治发展的某种乐观或浪漫的前景，因而也容易对读者产生情感性的冲击。

本文指出，后物质主义是从二战后西方国家的历史、社会与文化的脉络中发展出来的、具有特殊的文化之根的本土化概念。英格尔哈特等人敏锐地观察到了二战后以德国绿党为代表的新左翼群体及其运动思潮在西方世界的兴起，并试图用一个名为"后物质主义"的理论框架来解释和表述这些人的心理和行为。鉴于该理论框架建立在现代西方社会文化的底盘之上而具有很高的本土契合性和切实性，它本可作为一个成功的本土理论用于解释欧美发达国家的新左翼人群对后现代政治与文化思潮的兴起。然而，在对该理论的文化特殊性缺乏充分自觉自省的情况下，研究者便将它贸然推广向全球各地的文化情境中。尽管它在经由理论化、模式化后也能经由跨国问卷调查被加以操作并获得一些实证结果，该理论重点取材、描摹、观照和应用的对象依旧是欧美后工业发达国家，无法落实到非西方国家的历史、文化与社会脉络中。本文重在分析西方中心主义影响下的两种立论错误如何造成后物质主义理论普适化努力的失败。第一，强加式一致性策略的应用使得跨国/跨文化延伸的视角失真。第二，民主目的论/历史终结论忽视了文化的分化和多样性，造成理论工作陷入了"民主至上"的桎梏之中。

[①] A. Inkeles, "Making Men Modern: On the Causes and Consequences of Individual Change in Six Developing Countries," *American Journal of Sociology*, Vol. 75, No. 2, 1969, pp. 208-225.

二、后物质主义的强加式客位视角

客位（etic）视角与主位（emic）视角是跨文化研究中最常见的两类研究策略，普遍应用于心理学、语言学、人类学等研究领域。客位视角假定不同的国家/地区在某些文化维度共享一些普遍的模式和特征，旨在以局外人的视角，使用客观、科学的测量方法揭示人类心理机制的普遍规律，发现文化之间的共通性。与之相对应的则是主位视角。主位视角强调文化特殊性，认为不同文化之间至少有一些维度是无法共通的，要求研究者不凭自己的主观认识，尽可能地从当地人的视角去理解文化。所谓强加式客位策略是指研究者在从事研究时，往往有意无意地把自己国家的历史、文化及社会特点纳入所要建立的概念工具中。这样一来，一些原本是具有高度文化相关性的本土概念被强加应用于其他社会，从而使得研究视角扭曲失真，导致偏差不实的结论。这种情况在美国的心理学研究中最为普遍，被称作"心理学的美国化"。[①]

作为美国二战后最重要的政治和社会心理学理论发现之一，后物质主义理论亦没有脱离强加式客位策略的窠臼。尽管该理论试图揭示现代化与文化变迁的一般规律，但是它并没有使用客位视角探寻文化共通性。相反，它实际上非常直接简单地使用了一种主位视角，因此它的发现和结论完全是文化特殊的。要揭开这一理论的普适性外套，将它的整体叙事重新落实到西方的历史、文化及社会脉络之中就显得格外必要。后物质主义理论的核心要义是，经济富足会使人们从关心物质安全、生存而转向非物质的价值目标，那么，在不同的文化和社会环境中，非物质的价值目标一定会是千差万别的。实际上，很多人用中国古代的"仓廪实而知礼节，衣食足而知荣辱"的思想来类比后物质主义文化理论这一核心论断。那么，不同的文化与社会中，物质富裕的情况下，人们所推崇和追求的"礼节""荣辱"必定也会根据当地社会、历史、文化的不同而产生一定的差异。遗憾的是，英格尔哈特等人的后物质主义理论是以"殊相"推导"共相"的强加式客位策略的典型案例，与所谓普适性距离尚远。它主要关乎当代西方社会的政治生态，是在西方左右翼政治的脉络中展开的；其核心概念、主要价值维度基本上是顺着新左翼群体的价值认同临摹下来的；而其主要考虑和关切的也是西方的社会顽疾。表1展示了与后物

---

① H. C. Triandis, "Cross-Cultural Perspectives on Personality," In R. Hogan, J. Johnson & S. Briggs (eds.), *Handbook of Personality Psychology*, San Diego: Academic Press, 1997, pp. 439-464.

质主义或英格尔哈特后来称为自我表达价值观的立场相反的观点。

表 1 与后物质主义或自我表达价值观立场相反的观点①

物质而非后物质价值优先（经济与物质安全优先）
男人比女人更适合做领导
我对自己的人生不满意
女人必须要有孩子人生才圆满
我不想要外国人、同性恋和艾滋病人做邻居
我没有在请愿书上签过字
我不是很高兴
我同意更多地强调科学技术的发展
同性恋永远是不正当的
我没有做过废物回收保护环境的举措
我没有参加过会议或在请愿书上签字以赞同保护环境
比起和喜欢的人共事获得的成就感，有一份收入稳定的工作更重要
我认为自己的身体并不怎么好
一个孩子必须同时有父亲和母亲的陪伴才过得好
当工作紧缺时，男人比女人更有权利获得工作
男生比女生更需要获得大学教育
政府需要保证每个人的基本生存
努力是必须教给孩子的最重要的品质之一
想象力不是必须教给孩子的最重要的品质之一
宽容不是必须教给孩子的最重要的品质之一

在西方学者看来，以上指标的相反面体现了自主、自由、平等、容忍等价值，以及对环保、参与、人文（而非科技）的强调。这些价值理念单独看并没有什么特殊的文化意味。但是，如果将它们全部串联起来考察，就会发现它们反映的是一套源自西欧、北美新左翼政治的议程和叙事。20 世纪 50 年代，在西欧和北美同时出现一场"新左派"激进的政治运动和文化思潮。这一运动是对当时资本主义国家中一些社会问题或社会危机的反弹，比如严重的社会不公、民主政治的退化、工业化对人的异化、对环境的破坏、

---

① R. Inglehart, *Cultural Evolution: People's Motivations Are Changing, and Reshaping the World*. Cambridge: Cambridge University Press, 2018, p. 38.

核武器等科技发展对人类社会带来的不确定性，等等。其政治主张主要包括两大类：第一，出于白人对旧日的种族主义、纳粹主义罪行的反省以及当代西方群际社会背景下的诸多不平等的关切，主张反对种族歧视、性别压迫和任何形式的人际、群体间压迫，包括对动物权利的剥夺，主张达到真正的个人自主、独立、解放。第二，对资本主义工业化社会的抵抗与抨击，包括对国家的怀疑和批判、对参与式（而非选举式）民主的强调、对工业化与科学技术发展的担忧以及对保护环境的诉求。如此看来，与表1所示相反的观点包含的与其说是后物质主义的立场，毋宁说是一个新左翼的政治宣言。

实际上，英格尔哈特在20世纪70年代首先注意到的正是欧洲、美国新左翼人群和政治力量的兴起。他明确指出，后物质主义价值观反映的正是新左翼政治文化，是判断一个人左派政治立场的重要指标。① 到了20世纪80—90年代，在德国的绿党逐渐成为一支强有力的政治力量后，英格尔哈特笔下的后物质主义者的特征就愈发清晰和具体起来。在《现代化和后现代化》一书中，他写道：

> 德国绿党的崛起也产生了巨大的影响，因为绿党并不仅仅是一个要求环保的政党。绿党的政治诉求是要建立一个与当时主导的工业化社会完全不一样的社会模式。绿党积极支持的是诸多后现代的议题，包括裁军、妇女解放、同性恋、残疾人和非德裔外来移民的权利等等。②

简而言之，这样的一种后物质主义价值观并非一种普适或一般性的价值观，其根植于西方二战以后的工业化社会政治环境中。这些价值诉求，在很大程度上发展成了西方社会的所谓"政治正确"的价值观。因此，后物质主义理论所作的描述并不等同于科学发现的结果，而只是通过科学话语这一符号系统的表达，反映了所谓"怪异群体"（WEIRD）③，即来自西方工业化民主社会、拥有高等学历、生活富足的部分人群所秉持的价值观。后物质主义价值观早已成为一种"政治正确"的伦理道德，"是西方文明下最

---

① R. Inglehart, "The Silent Revolution in Europe: Intergenerational Change in Post-Industrial Societies," *The American Political Science Review*, Vol. 65, No. 4, 1971, p. 1012.
② R. Inglehart, *Modernization and Postmodernization: Cultural, Economic and Political Change in 43 Societies*, Princeton: Princeton University Press, 1997, pp. 243-245.
③ WEIRD 是西方（Western）、受过良好教育（educated）、工业化的（industrialized）、富有（rich）、民主（democratic）的缩写，如今已成为个人主义心理的代名词，详见 Henrich, J., Heine, S. J., & Norenzayan, A., "The Weirdest People in the World?" *Behavioral and Brain Sciences*, Vol. 33, No. 2-3, 2010, pp. 61-83。

被推崇和尊重的价值,因为它几乎已经把'个人'神话了"。①

总而言之,后物质主义理论展现了研究者对于二战之后的西方,随着后工业化和持续富裕而期望种族平等、男女平等、性向平等、强调动物权利的左翼知识群体对人道理想社会的美好期盼。这些理念与价值本身并不是问题,但是如果将后物质主义用这些价值和立场来定义,然后把它当作一把全球通用的尺子来测量各国的文化变迁,以确定各国是否都在发生同样的文化变迁,包括哪些国家的文化变迁更"快"、更积极乐观,哪些国家的文化发展更"慢"和相对"落后",那就是典型的强加式客位策略和西化心理学。

三、后物质主义的西方中心民主目的论

深受19世纪以来理性思潮与社会达尔文主义的影响,西方的现代化理论普遍持有线性进步的、合目的性的、不可逆转的时间观念。在现代性的迷思中,文化从某种传统、原始、蒙昧的阶段演进至文明社会。不仅如此,线性进步史观总是与西方中心主义的幽灵相伴相随。值得注意的是,这一偏见很少直接袒露出来,而是被包裹在有关文化差异和文化进化等貌似客观、科学的讨论之中。

以上两种意识的结合产生了西方中心的民主目的论,即为人所熟知的"历史终结论"。尽管"历史的终结"直到1992年才在弗朗西斯·福山(Francis Fukuyama)的同名专著中提出,其实它早在20世纪五六十年代就已经渗透进现代化研究的每一个毛细血管并得到了各式各样的演绎。西方中心的民主目的论指导了一系列关于文化现代化的研究。这类研究表面上是在用经济、技术、工具、技能和知识等客观的指标来解释文明的发展程度,认为不同生产力发展阶段有一套与之相匹配的价值观。② 事实上,它们却总是能巧妙地将先进的生产方式和个人主义的价值观联系起来。当后物质主义研究的理论工作被这一思想的幽灵缠身时,两种主要的认知偏见围绕"民主"这一目的生成了,即理论关系上的套套逻辑与同构现象的浪漫化。

1. 理论关系上的套套逻辑。其指的是某一概念围绕它所要解释的现象而构建。③ 不

---

① H. S. Kim, & D. Ko, "Culture and Self-Expression," In C. Sedikides & S. J. Spencer (eds.), *The Self*. Psychology Press, 2007, pp. 325-342.
② Inkeles, 1974; L. A. White, *The Evolution of Culture: The Development of Civilization to the Fall of Rome*, Routledge, 2016; I. Morris. *Foragers, Farmers, and Fossil Fuels*, Princeton: Princeton University Press, 2015.
③ A. E. Liska, "Uses and Misuses of Tautologies in Social Psychology," *Sociometry*, 1969, pp. 444-457.

同于单纯的同义重复或循环论证，理论关系上的套套逻辑是一种后验性的设计论证。由于概念的提出是为了解释特定的现象，对它的定义必然向着现象发生的方向展开，它的内容要素必然与现象存在内在联系。如此一来，概念与现象便密不可分，概念成为现象独家所有的"配套设施"。

通过以泛化的社会观念代替政治观念来解释民主制度的发展与存续，英格尔哈特将这一理论关系上的套套逻辑发扬光大。在一系列作品中，英格尔哈特与其合作者反复表述了自我表达价值对民主体制运作的作用。① 他们指出，形式民主容易建立，而高质量的民主难求。当一国民众尚未形成自我表达价值时，舶来的西式选举制度只能是徒有其表，而无法在社会中真正扎根成长形成赋权民众的效果。只有当自我表达价值在社会群体中形成并成为主流的公民美德时，民众才会发展出更强的权利意识、参政意愿并发自内心地认同民主政治的理念。经过长期的积累与增长，由自我表达价值所滋养的民主诉求会对政府形成难以抗拒的压力，从而有利于专制政体的政治转型，或巩固和提高现有民主体制的治理能力。② 这即是后物质主义理论中著名的人类赋权学说的主要内容。在逻辑链的始端是一组以"天赋人权"为核心的自我表达观念，即自主、平等、表达、选择的理念；在逻辑链的终端是以"天赋人权"为出发点和落脚点的民主政治。前者被后者所定义，并经由一个"观念-行动-结果"的逻辑链与后者串联起来。

2. 同构现象的浪漫化。这在本文中指的是将特定时间或空间范围内观察到的文化霸权现象浪漫化作全人类社会文化现代化之共同归宿的错误想象。同构的概念本身不是一种谬误，而是描述人类社会中常见的一种组织同质化现象，即组织之间在形态和制度层面出现的趋同倾向。③ 根据这一理论，拥有一套公认的制度生活的组织场一旦确立，新进入的组织便会经历同质化过程，与其他个体越来越类似，以应对相同的环境条件并获得在组织领域内的制度合法性。"同构"的概念有助于理解组织场中的各种跟风模仿、从众

---

① Inglehart, 2018; C. Welzel & R. Inglehart, "Political Culture, Mass Beliefs, and Value Change," *Democratization*, 2009, pp. 126-144; R. Inglehart & C. Welzel, "How Development Leads to Democracy: What We Know About Modernization," *Foreign Affairs*, March/April, 2009, pp. 33-48; R. Inglehart & C. Welzel, *Modernization Cultural Change and Democracy: The Human Development Sequence*, New York: Cambridge University Press, 2005.
② R. Inglehart & C. Welzel, "Changing Mass Priorities: The Link Between Modernization and Democracy," *Perspectives on Politics*, Vol. 8, No. 2, 2010, pp. 551-567.
③ P. J., DiMaggio, & W. W. Powell, "The Iron Cage Revisited: Institutional Isomorphism and Collective Rationality in Organizational Fields," *American Sociological Review*, 1983, pp. 147-160.

和遵守行为，尤其为围绕组织权力和生存进行的政治斗争提供了重要视角。①

长期以来，英格尔哈特等人将后物质主义描绘成一个全世界蔓延的文化现象。② 在该理论看来，后物质主义现象不是外源的，而是经由内生的演化路径不约而同地在不同社会各自生发出来，并终将形成一股不可逆的历史大趋势——全人类最终走向世界大同。这一论断的错误之处在于，它将西方文化霸权这一同构压力源所引发的暂时的文化模仿和遵从行为看作是人类社会变迁的一般模式。在世界体系这一组织场内，产生于西方/中心的一整套强调发展解放、自由平等和民主法治等观念的个人主义价值观作为文化霸权经由西方国家的推广向非西方国家/边缘和半边缘地区扩散。非西方国家之所以接受这样的文化霸权，不外乎三个原因：(1)迫于西方国家的外部政治压力或由西方民主文化输入而在国内引发的合法性危机，即强制性同构；(2)出于对西方的崇拜和对自身的不确定而决定复制效仿西方的文化与制度，即模仿性同构；(3)为了进入世界体系而必须适应所谓"国际通用"的价值标准和话语模式，即规范性同构。以上三种制度同构形式都能在半个多世纪以来的两次民主化浪潮中找到对应的历史图景，本文将不再一一赘述。简单而言，它们不过都是"胜者为王，败者为寇""赢者通吃"效应的产物。同时，由于以上现象是由西方文化霸权推动的，它们也会根据世界力量格局的变化而相应转变，甚至在西方世界内部跟随社会经济状况的变化而摇摆。③

四、讨论与总结

本文讨论了后物质主义文化立论的两种错误：(1)研究者对于所研究的心理与行为现象的本土意识化不够，将本土现象等同为普遍现象，从而导致强加式客位策略的出现。由于无法与各国的不同文化特征和历史脉络相结合，后物质主义的跨文化延伸只能是无本之木、无源之水。(2)西方中心的民主目的论，体现为理论关系上的套套逻辑和同构谬误。就文化变迁而言，经济社会现代化带来物质的丰富与安全之后，"后物质主义"价值

---

① P. J., DiMaggio, & W. W. Powell, "The Iron Cage Revisited: Institutional Isomorphism and Collective Rationality in Organizational Fields," *American Sociological Review*, 1983, p.157.

② R. Inglehart & D. Oyserman, "Individualism, Autonomy and Self-expression: The Human Development Syndrome," In H. Vinken, J. Soeters, & P. Ester (eds.), *Comparing Cultures, Dimensions of Culture in a Comparative Perspective*, Leiden, the Netherlands: Brill, 2004, pp.74-96.

③ 赵鼎新：《什么是社会学》，生活·读书·新知三联书店 2021 年版，第 60—61 页。

的浮现和思想解放的内容具体指涉哪些价值,在不同环境中构成怎样的文化图景,又与哪些本土现象互相联系、对照并形成文化变迁的脉络,对此,该理论还不足以给出一个无论是实证还是理论层面的回答。就文化变迁与政治发展的关系而言,该理论对良好政治制度的想象限制在西方式的理想民主设计中,将非西方国家和欠发达国家的政治发展锁定在一个刻板的图景中。作为一种思想实验和统计学建模的练习和游戏,这大概足够令人兴奋。但是,就政治学研究对非西方国家中的研究者的同构性影响和对政治实践的同构性影响而言,这是非常不幸的。

(本文原载《国外社会科学》2022年第9卷第1期,原标题为《后物质主义价值观:强加式客位与西方中心主义》,收入本文集有删改)

全球化、公共性与国际新政治

复旦大学国际关系与公共事务学院副教授　刘　晔

众所周知，当代资本主义已经发展到一个新阶段，这个阶段的主要特征是：国际化的劳动分工；区域化和一体化的经济；资本调控进入跨国公司结构；标准化的市场和新价值符号体系的创立与运用。资本主义的新发展创造出了一种新的全球秩序，为了进一步攫取新形式的剩余价值，资本必须扩展它控制整个生产合作领域的逻辑，将整个社会都包括进去。资本主义的控制现在到处扩散，不再集中封闭在一个地区，出现了所谓"全球化"的现象。随着全球化的蔓延，世界秩序正在重构。在这样一个时代，社会如何发展，文化如何应对，政治如何运作，要求我们首先必须对全球化作出审慎的学理区分，认识全球化的经济、文化、政治诸层面。[①] 全球化进程本质上是一个内在地充满矛盾的过程，是一个悖论：经济全球化不可阻挡，文化全球化已成焦点，政治全球化任重道远。

一、全球化：一个合理的悖论

经济全球化的历史必然性可以从资本主义的生产方式，以及市场经济的全球拓展中去寻找。19世纪下半叶，当资本主义国家在全球范围内进行大规模的商品输出和资本输出时，经济全球化的趋势就已经出现了。20世纪以来，雨后春笋般涌现的跨国公司与全球经济组织在科学技术的迅猛发展中促使全球化进程进一步加快，这些经济巨人的力量在当代正通过生产的国际化和新型的国际分工得到急剧扩张，其影响力跨出民族国家的疆界达到惊人的程度。随着跨国公司经济活动的日益深入，全球金融秩序的逐步确立和

---

① 全球化是一个备受争议的概念。国外学者将严格意义上的全球化理论分为三大类：极端全球主义者（hyperglobalizers），怀疑论者与变革论者（transformationalists），参见 David Held & Anthony McGrew, David Goldblatt & Jonathan Perraton, *Global Transformations*, Cambridge: Polity Press, 1999, pp. 2—10。国内学者关于全球化概念的争论可参见俞可平主编：《全球化的悖论》，中央编译出版社1998年版。

全球通信技术的加速发展，资本主义的生产方式破天荒地成为世界历史的抽象，各民族各地区已经不能自外于全球化的进程。所以，全球化首先表现为建立在经济一体化基础上的人类社会生活普遍联系与有机整合的过程。经济全球化似乎已经成为我们时代的宿命：命运引导着愿者，驱遣着不愿者。资本之于全球化的内在规约决定了正是发达资本主义国家设置并调控着全球化的基本游戏规则，主导着经济全球化的历史进程。在现行的世界经济秩序中，经济全球化意味着资本流向世界，利润流向西方。

与此相应地，文化与社会也伴随着跨国资本的扩展进行世界范围的重构。跨国公司的经营者认同全球的资本主义制度，他们利用资本渗透到最偏远的地区，在世界范围内传播一种影响个体主体构成的消费意识形态，并将每一个个人改造成消费的主体。这种重构必将影响到民族性和文化认同。面对一种异质文化，人们首先应当考虑是否承认这种文化的"他性"。是强调自己文化的普遍性，否认其他文化的他性；还是承认其他文化的他性，但要求改变这种他性；抑或以一种开放的态度，在不完全丧失文化独特性的情况下，承认一种文化可以是更大文化范畴的组成部分？法国学者阿历克西·德·托克维尔（Alexis Charles Henri Clérel de Tocqueville）早在《论美国的民主》一书中即指出文化的原生性与适应性原理，这一原理揭示了这样的基本事实：在两种不同的社会体系之间进行原封不动的制度与文化的移植是绝对不可能成功的，各国的经济政治发展必然带有本国文化的深刻烙印。德国的社会市场经济、东亚带有严重政府干预的市场经济，均不同于英美的自由放任经济；世界上也找不出两个政治制度完全相同的国家，尽管它们都奉行主权在民的基本理念。经济一体化与文化多元化恰是全球化的合理悖论，成功的跨国公司普遍奉行这样的准则：全球化地思考，本地化地行动（think globally, act locally）。

当代世界日益一体化的经济和多元化的文化关系并没有发展出与之相应的新的国际政治形式，因而全球化的经济文化过程仍然是以民族国家体系作为其政治保障的。甚至可以说，民族国家正在以前所未有的姿态积极干预当代的经济文化过程，并把自己看作是全球经济活动最大的代理人。在这个意义上，与其说民族国家衰弱了，不如说民族国家正在改变其传统功能，全面地介入当代世界的社会关系。"全球资本主义"的范畴清楚地解释了民族国家的功能转化背后的政治经济条件，但这种解释方式可能导致的结果之一是过分将文化诉求化约为经济问题。后殖民主义和文化多元主义坚持异质性、差异性与历史性，坚持一种从局部到全球进行概括的倾向，并非没有历史原因。全球资本主义的结构是基础性、总体性的关系，但它与各种文化政治诉求的关系却不会那样简单明了。

正如过分地用文化关系解释经济关系可能掩盖国际社会冲突的深层原因一样,把各种政治和文化的冲突化约为资本主义世界的同质化现象也同样明显地简化了当代世界的复杂关系。文化多元主义坚持差异性原则,反对资本主义对当代世界的同质化,于现实和理论层面均对当代世界的全球化进程有重大意义。

二、全球化的政治含义:承认的政治

二战以来,全球化进程与各民族国家的普遍发展相联系,构成了当代全球化的多样性格局。与此前资本主义主导的单一性格局不同,多样性格局强调差异性存在。民族主义、女权主义、文化多元主义和后殖民主义构成了当代文化论争的中心问题,如德国哲学家尤尔根·哈贝马斯(Jürgen Habermas)所言:"这些现象都是些解放运动,它们的集体政治目标主要是从文化角度确定的,虽然其中不乏社会不平等,经济不平等以及政治依附性等问题。"[①] 今天,全球互动的中心问题是文化的同质化与异质化之间的紧张关系。一方面是各民族国家的经济和文化日益的全球化,另一方面则是各种寻求自主性的社会运动的兴起。这些运动仍然诉诸启蒙运动以来日渐深入人心的平等原则,但他们对平等的诉求并不仅仅表现为追求普遍主义的平等权利,而经常是以保存差异性为目标,从而把平等问题作为某种集体独特性的权利诉求。如果说自由主义的权利理论为先前的民族解放运动、民权运动和妇女运动提供了平等的基础,它的那种抹平差异的平等概念对于这些新近发生的"承认的需求"则是十分陌生的。

加拿大学者查尔斯·M. G. 泰勒(Charles McArthur Ghankay Taylor)建议接受这样一种假设,即所有的文化都具有平等的价值。他断言:"如果拒绝承认这个假设就是否认平等,如果人们的认同得不到承认会造成严重后果,那么将这个假设作为尊严政治的逻辑延伸而加以普遍化,就是顺理成章的。"[②] 这种承认的政治延伸出了差异政治,它要求承认个体或群体的独特认同,而这种认同正在被建立在资本主义基础上的占统治地位的认同所掩盖和同化。显然,诉诸集体目标的差异政治承认,文化保存的重要性在某些情况下甚

---

① Jürgen Habermas, "Struggles for Recognition in the Democratic Constitutional State," *Multiculturalism: Examining the Politics of Recognition*, edited and introduced by Amy Gutmann, Princeton, N. J.: Princeton University Press, 1994, pp. 116-117.
② Charles Taylor, "Politics of Recognition," *Multiculturalism: Examining the Politics of Recognition*, edited and introduced by Amy Gutmann, Princeton, N. J.: Princeton University Press, 1994, p. 52.

至超过了同等对待所有公民的重要性。"无可争辩的事实是,今天有越来越多的社会成为包含不止一个文化共同体的多元文化社会,这些共同体全都要求保存其自身的特性"。①

以"承认的政治"取代文化多元主义的"认同政治",这一差别表明前者并不是站在某个群体的立场表达集体性权利的诉求,而是自觉站在对话者的立场或者更为广泛的社会立场考虑这一问题。在这个意义上,承认的政治这一命题不是特殊主义的,而是普遍主义的。把问题从认同政治(politics of identity)转向承认的政治(politics of recognition),其表面的逻辑非常简单:认同一词表达的是一个人对自己是谁,以及自己作为一个人的本质特征的理解;而承认的政治这一命题表明,我们的认同部分地是由他人的承认构成的,如果得不到他人的承认,或者只是得到他人扭曲的承认,不仅会影响我们的认同,而且会造成严重的伤害。在这个意义上,"社会"建立在一种对话的关系之上,如果一个社会不能公正地提供对不同群体和个人的承认,它就构成了一种压迫的形式。国际社会也是如此,国家的主权也由于被其他国家承认才得以实现。因此,国家也要进行争取承认的斗争。但是,与在国家中不同的是,这种相互承认并不产生一个普遍意志或精神,它得以形成所有国家都要服从的法律并将之强加给所有国家。所以,黑格尔也坦率地承认,虽然承认是一个国家现实性和合法性的条件,在国际关系中非常重要,实际却很难做到,困难主要在于文化和文明的发展程度不一样。今天,萨缪尔·亨廷顿(Samuel P. Huntington)等人鼓吹的"文明的冲突",就是这种不承认的反映。

在全球化的背景下,政治发展表现为对以自由、平等为基本内容的民主价值的趋同和民主制度的普遍化,而民主、平等的政治则应当承认现实中的差异性。全球化的民主政治发展的价值取向涵括了对平等政治的承认,对差异政治的承认。值得注意的是,差异政治并不像表面看来的那样与普遍主义相对立,相反,它产生于普遍主义的基础,即把普遍平等的原则引入到尊严政治中来,承认甚至鼓励独特性,吁求所有的独特性都应得到平等的尊重和承认。这实际上隐含了二重性:一方面,差异政治是从平等尊严的规范中派生出来的,承认的必要性在于能否真正地贯彻平等的原则,这构成了对无视差异的自由主义的批评;另一方面,把不同文化具有平等价值作为一个假设或逻辑起点,而非实质性判断,实际上是强调承认的政治必须是在公共交往的前提下进行的。没有这一交往的前提而对不同的文化作出实质性的价值判断只能导致屈尊俯就,而屈尊俯就本身

---

① Charles Taylor, "Politics of Recognition," *Multiculturalism: Examining the Politics of Recognition*, edited and introduced by Amy Gutmann, Princeton, N. J.: Princeton University Press, 1994, p. 61.

就是和现代尊严政治的基本原则相冲突的。

三、现行国际政治面临挑战

然而,现行国际秩序正在遭受挑战。从总的方面看,离开了当代资本主义及其全球化的历史,我们就难以理解发生在民族国家内部和国际关系领域的新现象。当代世界的政治结构建立在过去几个世纪的全球互动关系之上,并最终构成了一个以欧洲资本为中心遍及整个世界的复杂的殖民体系。这一进程包含了两个不同的方面:一方面是以民族国家体系为其政治形式的工业体系的形成,另一方面是这些殖民地和半殖民地的民族解放运动的发展,这两个方面共同提供了"建构民族性"(想象的共同体)这一风靡全球的民族主义运动的基本背景。换言之,民族主义乃是西方现代性的基本内容之一。如果殖民主义者是在民族国家的观念中找到了制定政策的道德基础,那么全球结构的变化不仅会改变民族国家之间的关系,也必然威胁民族国家内部的自我设计及其道德基础。此种基础正是自由主义传统中的个体性原则,这种原则只承认追求特殊目标的个体意识和意志,即黑格尔所谓的"主观自由",而否定一般意志的"客观自由",这就使得主观自由成了完全缺乏规定性的抽象原则,当代资本主义的全球扩张及其一系列文化政治后果正是这种抽象原则使然。

冷战结束后,随着苏联阵营的解体以及亚洲国家在世界经济政治体系中的实力不足(如金融危机中暴露的结构性弊端),国际秩序的力量平衡日益倾向以美国为主导的发达资本主义国家。他们通过推行某种"新殖民主义"政策来建立新的国际秩序。在这种秩序下,民族国家的主权原则受到严重制约,以美国为核心的西方国家通过国际组织与国际机制提出一整套国际政治的行为规则,并将西方近现代以来逐渐形成的核心价值观强行渗透到世界各地。这种"新殖民主义"理念日益成为西方意识形态与对外政策的主流话语,西方国家对地区冲突的普遍干涉以及这种干涉在西方理论界和普通民众中得到的基本支持反映出这种理念流变下的政治现实。用美国学者罗伯特·O. 基欧汉(Robert O. Keohane)的话来说,"全球化与冷战结束导致一种新的世界政治格局。在某些方面,新的世界更像传统的世界政治,而不是 1945 年到 1980 年代的世界。"[①] 在这种新的格局下,

---

① Robert O. Keohane, "Hobbes's Dilemma and Institutional Change in World Politics: Sovereignty in International Soceity," Center for International Affairs Harvard University, 1993, pp. 179-180.

世界日益遵循资本主义的政治经济原则划分为核心与边缘两大部分。西方新世界秩序的倡导者为边缘区域的国家设置了一种与一战以前半殖民地国家相类似的境地：如果他们未能履行人道主义原则、人权原则或其他西方认为重要的价值所规定的义务，这些国家就可能受到制裁，甚至武装干涉。这些制裁或武装干涉的主体既可以是联合国，也可以是北约或欧盟等。

这种不平等的国际新秩序加剧了世界范围内的贫富分化，在不发达国家看来，这种世界新秩序是建立在不平等的"世界体系"（world system）上的。这种世界体系的结构特征是：发达国家的繁荣以不发达国家的贫穷为代价，少数国家的富裕依赖大多数国家的贫穷。这些国家希望将主权平等的原则从政治引向经济，作为构建新世界秩序的基础。然而恰恰相反，由于这些国家的政治制度与行为往往达不到西方国家所要求的"自由与民主"水平，如有些西方学者观察到的那样，"在国际舆论中，南方已经取代苏联阵营成为全球秩序的主要威胁者。南方的妖魔化成为冷战后世界秩序的基调"。[①]

所以，虽然平等的相互承认是一切国际关系的条件，但是对于搞霸权主义者而言，其往往认为承认与否是无关紧要的。今日的美国正是这样，它到处推行霸权主义，不关注别人的承认，并且强行要求人们都需要它的承认。这样的承认其实是主奴相互承认的翻版，而不是平等的相互承认。但是，承认是相互的，不承认也是相互的。美国人无视阿拉伯人的权利和主权，一些阿拉伯人也就无视美国人的权利和主权。

四、公共性之建构：国际新政治

从民主制度的基本原则出发，合法的权力必须建立在被统治者的共同同意之上；就权力与义务统一的层面而言，现行国际秩序的主导者也没有为全球经济的共同发展提供具有普遍意义的政治保障。恰恰相反，现行的国际秩序是一个不断制造冲突乃至战争的体系。从这个意义上说，建构一种承认差异的更为平等、民主的全球政治经济新秩序是消弥国际恐怖主义与战争的结构性因素。

200 年前，康德在写《永久和平论》时就明确指出，人性不会自愿减少武力，彼此征服的意志是任何时候都存在的，因此战争与恐怖实源于人的天性。但是自然的目标是理

---

① Frank Furedi, "The Moral Condemnation of the South," in Caroline Thomas ed., *Globalization and the South*, London: Macmillan Press, 1997, p. 79.

性的，作为自然一分子的人可以没有自己的理性计划，却不能不服从自然的计划。这个计划对于人类来说就是充分发展和运用自己的理性。充分运用理性是对人类这个物种的先验规定，而非任何个人的实际可能。尽管这只是一个永远不能达到的理想目标，但这种目的论的先验规定却成了永久和平的历史哲学根据。按照康德的设想，要确保世界和平，必须有一个超越一切国家的合法的国际组织和被一切国家无条件服从的外部法律。但康德心目中的国际组织不是"普遍国家"或"世界政府"，因为普遍国家只能导致普遍专制，它产生的和平只能是坟场的和平。康德认为，这个合法的国际组织应该是自由国家的联盟，这个联盟应该使所有国家处于一个共同的外部法律强制力之下。但是，康德也看到这个和平联盟实际操作起来困难重重，普遍有效的法律也是行不通的，因为民族国家不愿像个人一样放弃自己的自然状态（无法律）的自由。因此，以个体性为逻辑起点的现代性政治原则实际上排除了世界和平制度的可能。①

在这个问题上，黑格尔看得比康德深，黑格尔是从关系而非个体性原则来看个人与国家的。在他看来，人首先处在关系中，然后才有个体和自我意识。但关系中的人同样处于同他人的生死争斗中，不是为了争权夺利，而是为了得到承认。人的社会性和政治性就是从这种承认的斗争中产生的，这正是国家的开始。国家间的关系也必须以权利和自由的相互承认为基础。而黑格尔之所以认为康德的和平设想不可行，是因为国家之间没有裁判官，充其量只有仲裁员和调停人，并且只是偶然的，即以争议双方的特殊意志为依据，康德的和平观念始终以享有主权的特殊意志为依据，从而仍然带有偶然性。这就是说，在国际事务中，每个国家总是以自己的国家利益为最高利益，只要与国家利益不符，它就可能撕毁一切它所签订的条约。正如黑格尔分析的那样，国与国的关系，今天还处在自然状态中，它们的权利不是由被组成为超国家权力的普遍意志来实现的，而是由它们的特殊意志来实现的。如果道德和政治间的冲突只能由国家的具体存在来解决，而不能由普遍正义的抽象原则来解决的话，那么战争就将是解决冲突的唯一选择，而胜利者拥有正义的专利权。在国际关系中，真正起作用的只能是实力原则了。

以美国学者亚历山大·温特（Alexander Wendt）为代表的建构主义理论重新定义了国际政治结构，认为民族国家间的共有观念造就了不同的无政府状态，并据此表明国家间友谊和集体身份的形成是可以实现的。在建构主义者看来，有三种完全不同的国际无

---

① [德]康德：《永久和平论》，载《历史理性批判文集》，商务印书馆1990年版，第97—144页。

政府状态。第一，霍布斯文化，国家的互相定位是"敌人"，敌人是没有生存和自由权利的，结果国家利益和民族利益就是消灭对方。西方国家对不发达地区的武装干预和国际恐怖主义就是这种文化塑造的行为方式。第二，洛克文化，国家的相互定位是"竞争对手"，竞争对手有生存和自由权利，但不具有免于暴力的权利，结果出现军事竞争，有时会爆发战争，但战争会被控制在有限的范围内。冷战时期的美苏争霸，美国遭受恐怖袭击后有可能采取的军事报复行动就是这种思维的结果。第三，康德文化，国家的相互定位是"朋友"，朋友之间承担义务，不使用暴力解决争端，在出现侵略的情况下互相帮助，结果就是集体安全和多元安全共同体。① 二战以来，北大西洋地区产生并日益巩固了从洛克文化转向康德文化的结构性变化，但是西方发达国家与不发达地区之间似乎仍停留于洛克文化甚至倒退回霍布斯文化。国际政治秩序目前面临的挑战正是在更广的范围内造就转向康德文化的结构变化，说到底就是要建立一种基于国家之间友谊的集体身份认同。

　　国家间的集体友谊与互助体系如何得以形成，在我看来，这与国际政治领域中公共性的建立有关。公共性的丧失与文化差异的抹杀是同一回事，它们都发生在现代社会运行的基本规则内部。汉娜·阿伦特（Hannah Arendt）把公共性看作是世界本身，"公共"意味着共同生活在世界上，事物的世界处于共同拥有这个世界的人之间，就像一张桌子被放置在围着它坐在一起的人之间一样；世界像每一个中间事物那样同时将人联系起来和分离开来。按照这个比喻，公共性的丧失就变成了："他们之间的世界已经失去了将他们聚集在一起、将他们联系起来和分离开来的力量。这种情况非常怪异，就好比在一次降神会上，一群人聚在一张桌子的周围，然后通过某种幻术，这张桌子突然从他们中间消失了，两个对坐的人不再彼此分离，与此同时也不再被任何有形的东西联系在一起了。"② 这就是现代社会的写照，资本主义的市场社会正在以它独特的方式消灭公/私的差异，消灭文化的差异，把我们置于金钱的"客观性"之上。在那里，一切得到了换算和衡量，我们由此处于一个既无联系又不能分离的世界上。但是，公共性并不是某种人类的共同本性的产物，"每个人都是站在一个不同的位置上来看和听的，这就是公共生活的意义。当共同生活只能从一个方面被看见，只能从一个视点呈现出来时，它的末日也就

---

① 温特的理论是在挑战主流国际关系理论的过程中形成的，参见［美］亚历山大·温特：《国际政治的社会理论》，秦亚青译，上海人民出版社 2000 年版，第 1—43 页。
② Hanna Arendt, *The Human Condition*, Garden City & New York: Double Day Anchor Books, 1959, p. 48.

到来了"。① 视点的单一化或相关关系的消失都会导致公共性或我们共同生活的世界的毁灭。也就是说，公共性首先是对一切不平等的等级关系的否定和对社会多样性的肯定，而不应是这样一种普遍主义的命题；用某种普遍的共同的东西去瓦解这个世界的多种文化特征，摧毁一切争取经济民主、政治民主和文化民主的社会运动，以换取由资本控制的高度同质化的世界。"公共性"应该成为一种争取平等权利的战斗的呼唤。

随着全球化进程的发展，全球人类利益的联系将更为密切，建构具有合法性基础的全球化政治经济治理秩序的努力会逐步增多。这种国际新政治必须以公共性的建立为依据，以二战以来的主权平等原则为基础，承认差异的政治和多元的文化，并建立集体友谊与互助体系；将主权平等的原则从政治引入经济，以合法的权力建构基于全球经济一体化之上的全球新政治；同时承认民族国家主权权力的适用范围和方式应有所限制，将主权原则置于"上帝的法律和自然法"的制约之下，以寻求全球化环境下最大可能的国际合作与世界秩序。

（本文原载《世界经济与政治》2002年第2期，原标题为《全球化与公共性：国际新政治》，收入本文集有删改）

---

① Hanna Arendt, *The Human Condition*, Garden City & New York: Double Day Anchor Books, 1959, p. 53.

社会科学的基础范式

复旦大学国际关系与公共事务学院教授　唐世平

导　言

社会科学中学派林立，不同学派之间的争论一直纷扰不休，让人望而生畏也令人迷惑不解。① 本文试图从根本上厘清这一现象。把社会科学还原到极致，我们会发现整个社会科学中只有十一个基础范式，它们如手电筒般照亮了人类社会的不同方面。而除了社会进化范式之外，每个基础范式都只能照亮人类社会的某个有限局部。

社会科学的不同学派都可以被还原为上述基础范式的不同却又常常不完全的组合；它们对基础范式的不同组合决定了学派间的差异。为了充分理解人类社会这一复杂系统及其历史，我们需要使用全部十一种基础范式，并将它们"有机地综合"（organic synthesis）在一起。②

本文对社会科学有三个方面的重要意义：第一，为社会科学家提供一个可用来构建理论框架的基础平台。第二，提供一个可用以评估社会科学各学派的相对优缺点的平台。第三，为迈向更加有机的综合社会科学奠定基础。

---

① 本文的"范式"专指基础范式，"学派"或"理论"指基础范式的组合后得出的结果。文中将不讨论笔者所指的"范式"和托马斯·库恩的"范式"和伊姆雷·拉卡托斯的"研究纲领"之间的关系，参见 Thomas Kuhn, *The Structure of Scientific Revolutions*, 2nd ed, Chicago: Chicago University Press, 1970; Imre Lakatos, "Falsification and the Methodology of Scientific Research Programme," in Imre Lakatos and Alan Musgrave eds., *Criticism and the Growth of Knowledge*, Cambridge: Cambridge University Press, 1970。这不仅是因为他们的标签其实一直都受到质疑，更是因为文中的讨论可以无需他们的标签。

② 约瑟夫·熊彼特曾用"有机"一词来评述马克思对资本主义的分析，参见 Joseph A. Schumpeter, *Capitalism, Socialism, and Democracy*, London: Allen and Unwin, 1970, p. 82, 由于没有更好的表述，本文决定沿用该词。笔者认为，有机综合的最核心标志是将不同范式所阐明的不同力量或方面之间的互动作为一个理解社会现实的关键变量。因此，有机的综合远不止"分析方法的多元化"那么简单，后者只不过是把不同范式，或者甚至仅仅把学派塞进一个分析框架里，而不是当然强调这些力量和方面之间的互动是一个关键变量。

本文其余部分如下：第一部分是一些重要的说明。第二部分列出九个基石性的范式，并以最纯粹的形式来阐述这些范式的本体论、认识论核心假定；并探讨这些范式如何能进行有机的综合。第三部分讨论两种整合性的范式。第四部分剖析了社会科学中几个重要学派。结论部分强调：要解释特定的社会现象，对基础范式进行合理的综合是必不可少的。

一、必要说明

在深入讨论前，有必要作出以下说明：

第一，本文将在最低限度的"科学实在主义"（scientific realism）意义上讨论社会科学。①

第二，本文用"社会力量"（social force）和"社会实体"（social entity）作为方便的标签。②

第三，尽管笔者将明确地提出某一个社会力量相对于另一个社会力量拥有本体论的优先性，但本文只能稍微谈谈本体论的优先性/重要性和认识论的优先性/重要性这一棘手却核心的问题，详细的讨论只能另辟专文。③

第四，本文不讨论过于方法论的问题，而主要关注本体论问题和以本体论差异为基础的认识论问题。④

---

① Rom Harre, *Varieties of Realism: A Rationale for the Natural Sciences*, Oxford: Basil Blackwell, 1986; Richard Boyd, "What Realism Implies and What It Does Not," *Dialectica*, 1989, 43, pp. 5-29; Howard Sankey, "Scientific Realism: An Elaboration and a Defence," *Theoria*, 2001, 98, pp. 35-54. 在《西方哲学英汉对照辞典》（[英]尼古拉斯·布宁、余纪元主编，人民出版社2001年版）中（第902—903页），译者们将"scientific realism"译成"科学实在论"。笔者认为，还是翻译成"科学实在主义"更为贴切。这主要是因为"科学实在主义"是一种立场，而不是一个大理论。也请见该辞典中第857—858页关于现实（reality）、实在论/实在主义（realism）的讨论。笔者感谢李江春在这一名词的翻译上的有益讨论。笔者还需要强调的是，这里发展的分析框架也有助于评价规范性社会科学（如道德理论）和"反科学实在论社会科学"的优缺点。
② "社会力量"和"社会实体"是在社会中起作用的真实的东西、机制或者是过程，它们可以被观察、理解和诠释。本文中关于"社会力量"和社会学中通常用的"社会力量"的定义不同：社会学中，"社会力量"通常仅仅是指社会和社会组织能够对行为体产生影响。
③ 简单地说，若力量B无法脱离力量A而起作用，则力量A相对于力量B拥有本体论上的优先性。若力量A相比力量B对构成某一社会事实的贡献多，则力量A就相对于力量B拥有更多的本体论的比重。认识论上的优先性和比重由本体论的优先性和比重决定。
④ 本体论先于认识论，认识论先于方法论，参见 Roy Bhaskar, "Theorizing Ontology," in Clive Lawson, John Latsis, and Nuno Martins eds., *Contributions to Social Ontology*, London: Routledge, 2007; Mario Bunge, *Finding Philosophy in Social Science*, New Haven and London: Yale University Press, 1996; Colin Wight, *Agents, Structures and International Relations: Politics as Ontology*, Cambridge: Cambridge University Press, 2006。

第五，笔者并不声称自己是第一个意识到这些基础范式的人（可能除"社会进化"和"反社会化"范式外）。① 然而，此前没有一位学者意识到所有这些基础范式，更谈不上对它们每个都给出一个相对精确的定义了。

第六，笔者有意用最纯粹的形式来给出这些基础范式的核心假定。②

第七，笔者清楚地意识到，大部分社会科学家并不持有本文所指出的极端立场。事实上，这些不同基础范式的极端立场是如此极端，以至于即便是他们的最忠实追随者也不能够坚持这些极端立场。③

第八，本文只是一个对社会科学的主要学派进行更广泛和深入评论的基础，详细讨论只能在计划中的专著里完成。④

第九，虽然本文明确呼吁社会科学中需要更合理的综合，但笔者并不提倡建立一个统一的社会科学。⑤

第十，虽然很多基础范式和学派已被贴上其他标签，且其中一些还是由误解所致，⑥ 但因篇幅所限，我只能另文探讨这些标签的妥当与否，本文仅使用本人认为最适当的标签。

---

① 许多社会科学哲学家和社会科学家都或多或少地意识到了这些基础范式，特别是 Bunge, *Finding Philosophy in Social Science*；也请见 C. R. Hallpike, *The Principles of Social Evolution*, Claredon, U. K.：Oxford University Press, 1986, pp. 24-28; Jon Elster, *Nuts and Bolts for the Social Sciences*, Cambridge University Press, 1989; Randall Collins, "On the Microfoundation of Macro-sociology", *American Journal of Sociology*, Vol. 86, 1981, pp. 984-1104; Alexander Wendt, *Social Theories of International Politics*, Cambridge：Cambridge University Press, 1999, pp. 22-40。
② 在其最纯粹的形式上，大多数单一基础范式的核心假定是极端的，因而也是站不住脚的。通过揭示这一点，本文将有力地证明，为了充分理解人类社会，我们需要把不同的范式有机地综合起来。同时，通过揭示这些不同范式只在极端的情况下才不相容，本文也将证明，不同范式确实相容，因而它们之间的有机综合确实可能。
③ Bunge, *Finding Philosophy in Social Science*, caught numerous (and fine) examples of these inconsistencies.
④ 对任何一个学派的评论要做到彻底，我们必须阐述清楚：(1)这个学派运用和遗漏（或低估）哪些基础范式，(2)基础范式的特定组合所具有的相对优缺点。
⑤ 实际上，本文的讨论将充分表明，社会科学注定是"碎裂的"科学，因为观察不同社会事实的社会科学家将不得不采取不同的方法来组合各种基础范式。
⑥ 例如，安东尼·吉登斯和杰克·奈特都将功能主义等同于进化方法，参见 Anthony Giddens, *The Constitution of Society: Outline of the Theory of Structuration*, London：Polity, 1984, pp. 23-24; Jack Knight, *Institutions and Social Conflict*, Cambridge：Cambridge University Press, 1992。而事实上，人类社会真正意义上的进化理论明确拒绝功能主义，见 C. R. Hallpike, *The Principles of Social Evolution*, Claredon, U. K.：Oxford University Press, 1986, Chapter 2; Valerie A. Haines, "Is Spencer's Theory an Evolutionary Theory?", *American Journal of Sociology*, Vol. 93, 1988, pp. 1200-1223。

二、九种基石性范式

十一种基础范式可分为两类：基石性范式（bedrock paradigms）和整合性范式（integrative paradigms）。这一部分将以最纯粹的形式阐述四组（共九种，见文末表1）基石性范式的本体论和认识论假定。

（一）物质主义和观念主义

第一组是物质主义（materialism）和观念主义（ideationalism）。该二分法的内容涉及：在本体论上，是物质力量还是观念力量拥有优先性？本体论层次的不同假定决定了认识论偏好。①

1. 物质主义

在本体论上，物质主义主张：第一，物质性的事物和事实独立存在于我们的认知之外。第二，观念力量总是在物质力量的基础上起作用，并受物质力量限制：我们无法逃离物质世界。因此，物质力量在本体论上具有优先性，尽管它也承认，观念力量存在于人类社会中且是需要正视的重要力量。

在认识论上，物质主义遵循两个原则：第一，用物质力量解释社会现象总比用观念力量好。第二，只要有可能，人们应该把观念解释还原为物质解释。

物质主义最突出的例子包括国际政治学中的现实主义和马克思的历史唯物主义。现实主义宣称，物质权力而非观念力量决定国际政治的结果，国家普遍追求物质权力。② 历史唯物主义则主张，物质性的生产力是上层建筑的基础。

2. 观念主义

在本体论上，最极端的观念主义主张：第一，观念力量具有优先性。③ 第二，观念力量能直接影响人类行为，所以，观念力量最终决定人类社会的结果。总之，我们的世界

---

① 笔者认为，物质主义和观念主义（ideationalism）二分法优于唯物主义和唯心主义（idealism）二分法，因为唯心主义也被用于现实主义和理想主义二分法之中，指"乌托邦主义"（即人，从而人类社会总体上能由善念加以改变）。
② Reinhold Niebuhr, *Moral Man and Immoral Society: A Study in Ethics and Politics*, New York: Charles Scribner's Sons, 1960 [1932]; Hans J. Morgenthau, *Politics among Nations*, 5th ed, New York: Knopf, 1985.
③ 稍弱的观念主义可表述为：观念力量至少具有与物质力量相同的本体论优先性。

更重要的力量是观念的,而非物质的。①

在认识论上,观念主义有两个原则:第一,观念力量直接影响人类行为从而产生社会结果。第二,观念力量无法还原为物质力量,所以我们不该试图追问观念从何而来,而只需说"我们的大脑产生观念"。

观念主义者往往宣称,某一特定观念决定某一特定的社会结果,却不告诉我们观念最初源自何处。于是,马克斯·韦伯(Max Weber)说新教伦理是欧洲的资本主义精神,而亚历山大·温特(Alexander Wendt)则断言,一种无政府状态向另一种无政府状态转变,需要国家间观念或文化发生变化,却不告诉我们原因。② 有关制度、文化、规范和意识形态影响行动者行为的诸多文献也可归入此类。③

3. 走向综合

人类社会由物质力量和观念力量组成。我们面临的挑战是如何有机地综合物质主义和观念主义。

笔者将另外撰文指出,只有社会进化方法才能够有机地综合物质力量和观念力量。这是卡尔·波普尔(Karl Popper)和唐纳德·T. 坎贝尔(Donald T. Campbell)"进化的认识论"的精髓。④ 其要点如下:(1)物质力量具有本体论优先性。(2)观念的形成以物质为基础,受物质限制;观念是"人工选择"的结果。(3)观念可以通过人类行为改变观念和物理环境。(4)尽管人类永远无法完全重塑物理世界,经人类改变后的物理环境也将改变人类自身生物进化的环境。

(二) 个体主义和集体主义

第二组基石性范式是个体主义(individualism)和集体主义(collectivism)。⑤

---

① Alexander Wendt, *Social Theories of International Politics*, Cambridge: Cambridge University Press, 1999, p. 24.
② Max Weber, *The Protestant Ethic and the Spirit of Capitalism*, Talcott Parsons trans., Charles Scribner's Sons, 1958; Wendt, *Social Theories of International Politics*, Chapter 6 & 7.
③ Gabriel Almond and Sidney Verba, *The Civic Culture: Political Attitudes and Democracy in Five Nations*, Boston: Little and Brown, 1963; Douglass C. North, *Institutions, Institutional Change and Economic Performance*, Cambridge: Cambridge University Press, 1990; Alastair Iain Johnston, "Thinking about Strategic Culture," *International Security*, 1995, Vol. 19, No. 4, pp. 32-64.
④ Karl Popper, *Objective Knowledge: An Evolutionary Approach*, Oxford: Claredon Press, 1979; Donald T. Campbell, "Evolutionary Epistemology," in Paul Arthur Schilpp ed., *The Philosophy of Karl Popper*, 2 vols, La Salle, IL: Open Court, 1974.
⑤ 个体主义曾被称为"原子主义"(atomism)。有人称集体主义为"整体主义"或"机体主义",也有人错(转下页)

1. 个体主义

在本体论上，个体主义假定：第一，个体组成集体。第二，集体的特征是个体特征之和。① 第三，即便集体具有某些独有特征，它们也不影响个体行为，从而几乎不影响社会结果。

在认识论上，个体主义断言，我们只需理解个体及其行动如何一起成为集体。在其最极端的形式上，个体主义要么忽略群体，要么根本认为群体并非实体，因而与理解社会无关。这样一来，个体主义都采取还原主义方法论也就不奇怪了。②

极端个体主义最突出的例子是新古典经济学理论，它假定个体都是独立的和理性的。③ 在社会学中，詹姆斯·科尔曼（James Coleman）和兰德尔·科林斯（Randall Collins）都坚持极端个体主义立场。④ 在政治学中，詹姆斯·D. 费伦（James D. Fearon）

（接上页）误地把集体主义看作"结构主义"。在此，需要强调的是个体主义和集体主义二分法与微观和宏观的二分法不同。科林斯和科尔曼似乎都将这两个二分法等同起来，参见 Randall Collins, "The Romanticism of Agency/Structure versus the Analysis of Micro/Macro," *Current Sociology*, 1992, Vol. 40, No. 1, pp. 77-97; James S. Coleman, *Foundations of Social Theory*, Cambridge：Harvard University Press, 1990, Chapter 1。微观和宏观二分法只是一个好用的标签，但在本体论层次上并没有真正抓住任何东西。微观、宏观属于分析层次，因而纯粹是认识论问题。相比之下，个体主义和集体主义反映了以本体论层次的差异为基础的认识论差异。而正如科林斯自己所说，即使在微观层次，也仅存在于集体中的结构，参见 Collins, "The Romanticism of Agency/Structure versus the Analysis of Micro/Macro," pp. 80-81。例如，人们可以研究一个或多个村庄，这是相当微观的。不过，如果人们寻求个体之上的东西，就落入集体主义之中，尽管做的是微观分析。从本质上看，皮埃尔·布迪厄的工作就是这样，参见 Pierre Bourdieu, *The Logic of Practice*, Stanford, C. A.：Stanford University Press, 1990 [1980]。同样，米歇尔·福柯探讨权力的微观物理现象，但他用的是集体主义，因为他对权力的结构更感兴趣，见 Michel Foucault, *The History of Sexuality*, Vol. 1, *An Introduction*, Robert Hurley trans., New York：Vintage, 1990 [1976]; Michel Foucault, *Power/Knowledge: Selected Interviews and Other Writings*, 1972-1977, Colin Gordon ed., New York：Pantheon, 1980; Michel Foucault, *The Foucault Reader*, Paul Rabinow ed., New York：Pathenon Books, 1986。最后，新古典经济学理论是极端的个体主义理论，甚至在研究宏观经济问题时也是如此。关于个体主义和集体主义的较早的讨论，参见 Mario Bunge, *Finding Philosophy in Social Science*, New Haven and London：Yale University Press, 1996, Chapter 9。也请参见 Steven Lukes, "Methodological Individualism Reconsidered," *British Journal of Sociology*, 1968, Vol. 19, No. 2, pp. 119-129; Coleman, *Foundations of Social Theory*; Collins, "The Romanticism of Agency/Structure versus the Analysis of Micro/Macro"; Lars Udehn, "Changing Faces of Methodological Individualism," *Annual Review of Sociology*, 2002, 28, pp. 479-507.

① 除个体的特征之和以外，集体没有额外的或独有的特征（转引自 Bunge, *Finding Philosophy in Social Science*, p. 243; Coleman, *Foundations of Social Theory*, p. 5）。
② Randall Collins, "On the Microfoundation of Macro-sociology," *American Journal of Sociology*, 1981, 86, pp. 984-1104; Collins, "The Romanticism of Agency/Structure versus the Analysis of Micro/Macro".
③ 理性选择理论是另一种突出的极端个体主义（见本文第四部分）。
④ Coleman, *Foundations of Social Theory*; Randall Collins, *Four Sociological Traditions*, Oxford：Oxford University Press, 1994.

和戴维·D. 莱廷（David D. Laitin）用"个体互动"理论来研究种族冲突。① 在政治理论中，个体主义最重要的代表是古典（经济和政治）自由主义。②

2. 集体主义

在本体论上，集体主义坚持：第一，集体具有额外的特征。③ 集体不能简单还原为个体之和：集体是真实的实体。④ 第二，集体特征一旦存在就能塑造个体的心态和行为，从而影响社会结果。⑤

在认识论上，集体主义主张：第一，我们需要理解集体特征以及它们如何改变和产生社会结果。第二，我们需要理解集体特征如何影响甚至支配个体行为。

所有强调集体的学派，无论是把集体当作理解社会现实的行动者还是始点，都坚持集体主义。⑥ 孔德—斯宾塞—涂尔干—帕森斯—默顿的（结构）功能主义是一种极端的集体主义，它明确指出，社会是有灵魂、道德观、逻辑和目的（终极目的/telos）的有机体。⑦ 因为社会结构是集体的一个组成部分，只存在于集体之中，⑧ 所以，结构主义也是

---

① James D. Fearon and David D. Laitin, "Explaining Interethnic Cooperation," *American Political Science Review*, 1996, 90, p. 717.
② 例如：Frederick A. Hayek, *Studies in Philosophy, Politics, and Economics*, London: Routledge and Kegan Paul, 1967; Frederick A. Hayek, *Law, Legislation, and Liberty, volume 1: Rules and Order*, London: Routledge and Kegan Paul, 1973; Isaiah Berlin, *Liberty* (edited by Henry Hardy), Oxford: Oxford University Press, 2002; John A. Rawls, *A Theory of Justice*, Cambridge: Harvard University Press, 1971。
③ 虽然阿彻的"突现特征"一词也抓住了由个体之间互动而突现的集体特征，但笔者还是避免使用这一术语，因为"突现特征"可以来自任何互动（如物质力量和观念力量之间的互动），参见 Margaret S. Archer, "Morphogenesis versus Structuration: On Combining Structure and Agent," *British Journal of Sociology*, Vol. 33, No. 4, 1982, pp. 455-483。换言之，"突现特征"触及的范围相当广泛。
④ 集体包含个体间的相互依存、群体/集体认同和社会结构，这些都是独立个体所没有的，参见 John C. Turner, et al., *Rediscovering the Social Group: A Self-Categorization Theory*, Oxford: Blackwell, 1987, Chapter 2。
⑤ 高层次之物依靠低层次之物，却无法反过来影响低层次之物，这一普遍现象，坎贝尔称之为"向下因果关系"（downward causation），参见 Donald T. Campbell, "'Downward Causation' in Hierarchically Organized Biological Systems," in F. Ayala and T. Dobzhansky eds., *Studies in the Philosophy of Biology*, London: Macmillan, 1974。
⑥ 温特和乌登把集体主义称为"整体主义"，纽曼则称之为"机体主义"，参见 Alexander Wendt, *Social Theories of International Politics*; Udehn, "Changing Faces of Methodological Individualism"; Iver B. Neumann, "Beware of Organicism: The Narrative Self of the State", *Review of International Studies*, 2004, 30, pp. 259-267。整体主义把集体视为有机体，因而在本质上使群体由抽象变为具体。
⑦ Herbert Spencer, "The Social Organism", in *Essays: Scientific, Political, and Speculative*, 1, London: William and Norgate, 1891 [1860]; Emile Durkheim, *The Division of Labor in Society*, W. D. Halls trans., New York: Free Press, 1984 [1893]; Talcott Parsons, *The Social System*, New York: Free Press, 1951; Robert K. Merton, *Social Theory and Social Structure*, New York: Free Press, 1968.
⑧ John C. Turner, et al., *Rediscovering the Social Group: A Self-Categorization Theory*, Oxford: Blackwell, 1987, Chapter 2.

集体主义的一种。① 集体的某种特征能塑造个体行为，从而产生社会结果。②

3. 走向综合

至少在一段非有限的时期里，个体可以不依靠群体而生存，但集体永远都离不开个体而存在。并且，集体都必须由一些观念的纽带（通常以制度结构的形式出现）来团结个体而个体独处时是纯物质的。因此，个体具有在本体论上的优先性。

不过自人类早期开始，群体就成为我们"自然环境"的一部分，③ 因为个体的人难以长久存活。因而群体分类、认同就必然普遍地影响个体心理和行为。④ 这一本体论事实表

---

① Talcott Parsons, *The Structure of Social Action*, New York: Free Press, 1937; Parsons, *The Social System*; Merton, *Social Theory and Social Structure*; Theda Skocpol, *States and Social Revolutions: A Comparative Analysis of France, Russia, and China*, New York: Cambridge University Press, 1979; Anthony Giddens, *Central Problems in Social Theory: Action, Structure and Contradiction in Social Analysis*, Berkeley, C. A.: University of California Press, 1979; Anthony Giddens, *The Constitution of Society: Outline of the Theory of Structuration*, London: Polity, 1984; Bourdieu, *The Logic of Practice*. 结构有多种定义，这里采用（也为大多数人引用）一个制度性的定义：结构是凝聚社会的制度系统（主要是观念的）。肯尼思·华尔兹的国际政治新现实主义（通常被称为结构现实主义）是个例外，其结构几乎是纯物质的，参见 Kenneth N. Waltz, *Theory of International Politics*, Reading, MA: Addision-Wesley, 1979。有关如何定义结构的讨论，参见 Douglas V. Porpora, "Four Concepts of Social Structure," in *Journal for the Theory of Social Behavior*, Vol. 19, No. 2, pp. 195-211, reprinted in Margaret Archer et al. eds., *Critical Realism: Essential Readings*, 1998 [1989], London: Routledge, pp. 339-355; Jośe Lopez and John Scott, *Social Structure*, Buckingham: Open University Press, 2000; Wight, *Agents, Structures and International Relations: Politics as Ontology*, Chapter 4。确实有些人（如 T. 帕森斯、罗伯特·默顿）交替使用"结构方法"和"系统方法"。但这样的做法是不妥的，因为社会结构只是社会系统的一个组成部分。

② 强调这些特征的理论，从"社会资本"（如 Robert D. Putnam, *Bowling Alone: The Collapse and Revival of American Community*, New York: Simon & Schuster, 2000; Francis Fukuyama, *Trust: The Social Virtues and the Creation of Prosperity*, New York: Free Press, 1995）、制度/结构（如 Douglass C. North, *Structure and Change in Economic History*, New York: Norton, 1981; North, *Institutions, Institutional Change and Economic Performance*）、(民间或战略)文化（如 Almond and Verba, *The Civic Culture: Political Attitudes and Democracy in Five Nations*; Johnston, "Thinking about Strategic Culture"）、文明（Samuel H. Huntington, *The Clash of Civilizations and the Remaking of World Order*, New York: Simon & Schuster, 1996）、伦理/道德观（Weber, *The Protestant Ethic and the Spirit of Capitalism*）和阶级"意识"【Karl Marx and Friedrich Engels, *The Communist Manifesto*, 1848. Available on Marx-Engels Internet Archives (www.marxists.org), accessed Nov. 2007; Georg Lukacs, *History and Class Consciousness: Studies in Marxist Dialectics*, Rodney trans., Livingstone, Cambridge: MIT Press, 1971 [1920]】到集体利益和认同（Alexander Wendt, "Collective Identity Formation and the International State," *American Political Science Review*, Vol. 88, No. 2, 1994, pp. 384-396; Wendt, *Social Theories of International Politics*; Jeffrey W. Legro, "Culture and Preferences in the International Cooperation Two-Step," *American Political Science Review*, Vol. 90, No. 1, 1996, pp. 118-137，均属集体主义理论。

③ Linnda R. Caporael and Reuben M. Baron, "Groups as the Mind's Natural Environment," in J. A. Simpson and D. T. Kendrick eds., *Evolutionary Social Psychology*, Mahwah, NJ: Lawrence Erlbaum Associates, 1997.

④ Marilyn B. Brewer, "Taking the Social Origins of Human Nature Seriously: Toward a More Imperialist Social Psychology," *Personality and Social Psychology Review*, Vol. 8, No. 2, 2004, pp. 107-113; Linnda R. Caporael, "The Evolution of True Social Cognition," *Personality & Social Psychology Review*, 1, 1997, pp. 278-298; （转下页）

明,要理解人类社会,个体主义和集体主义不可相互攻讦。

为了有机综合个体主义和集体主义,我们应遵循以下五个原则:①(1)个体具有在本体论上的优先性。(2)集体具有额外的特征。(3)个体发明、使用物质材料和观念材料来凝聚集体。(4)源自集体的特征一旦出现便会反过来塑造个体的心态和行为,从而产生社会结果。(5)为了充分理解人类社会,我们需要理解个体与集体之间的互动(即个体行动如何形成集体以及集体如何塑造个体),而这种互动是人类社会进化背后的主要驱动力之一。

(三)人性:生物进化、社会化和反社会化

人性是一个社会科学家不能也不该回避的棘手问题,所有的社会理论都或多或少地对人性作出某些假定。② 由于人性异常复杂,本文中笔者只阐述人性的三种基础范式及其认识论含义。③

1. 生物进化决定论

在本体论上,生物进化决定论主张:第一,生物进化曾是塑造人性的最关键的力量。第二,在人类社会出现之前,生物进化曾赋予人的心灵某些特有的特征:人的心灵从来不是一块"白板"。④ 第三,生物进化赋予的人性是普遍且根本的,无法被社会化所完全消除。第四,人性中由生物进化决定部分的两个最大驱动力曾是生存和繁衍。⑤

在认识论上,生物进化决定论试图仅仅依靠生物进化特别是生存和繁衍的驱动来揭示、解释心理特征。生物进化决定论主要的解释机制是生物进化的核心机制,即突变—

(接上页) Marilyn B. Brewer and L. R. Caporael, "An Evolutionary Perspective on Social Identity: Revisiting Groups," in M. Schaller, J. A. Simpson, and D. T. Kendrick eds., *Evolution and Social Psychology*, New York: Psychology Press, 2006.

① 邦基的关于"系统主义"(systemism)的讨论接近笔者这里的讨论,参见 Bunge, *Finding Philosophy in Social Science*, Chapter 10。但是,他错误地认为系统主义只能够用来综合个体主义和集体主义。相比之下,笔者认为"社会系统范式"能够用来综合所有九个基石性范式(见后文的讨论)。

② 需要强调的是,人性不是人类行为本身。人类行为是至少三种决定性因素作用的结果:内部驱动力、外部环境和行动者的决心。人性关乎人类行为的驱动力和人类某种行为的内在潜力(如吮、吃等)。这里,笔者不强调后者。很显然,只有一部分人性(如抽象思维)是人类独有的,见 David J. Buller, *Adapting Minds: Evolutionary Psychology and the Persistent Quest for Human Nature*, MIT Press, 2005, Chapter 7。

③ 详细的讨论见陈玉聃、唐世平:《国际关系的重新发现人性》,《复旦国际关系评论》,2011 年,第 57—86 页。

④ Steven Pinker, *The Blank Slate: The Modern Denial of Human Nature*, New York: Viking, 2002.

⑤ David M. Buss, "Evolutionary Psychology: A New Paradigm for Psychological Science," *Psychological Inquiry*, Vol. 6, 1995, pp. 1-30.

选择—遗传。①

达尔文生物进化论的早期应用导致了一些粗陋形式的生物决定论出现，其中最臭名昭著的是社会斯宾塞主义/达尔文主义（Social Spencerianism/Darwinism），它成为种族主义、地缘政治和纳粹主义的知识基础的一部分。近期应用则是社会生物学及其相对更成熟的成果——进化心理学，它们比早期的生物决定论有进步，但二者仍是生物进化决定论的，因为它们坚信，自然选择是人类行为的唯一或主要推动力。②

2. 社会化范式

人性的社会化范式和反社会化范式都认为，社会力量是塑造人性（包括人类行为）中更居主导地位的力量。③

在本体论上，社会化范式坚持两个相互关联的立场：第一，人类行为根本上受社会系统的限制。第二，人类行为根本上受个体强烈要求顺服社会系统的驱动。这也构成了社会稳定的基础。

在认识论上，社会化范式主张，对个体行为的最好解释来自社会对个体行为的限制，以及个体顺服社会，从而在物质和心理方面使自己得到满足的强烈需求。相应地，个体顺服和适应社会就可以解释社会稳定。

孔德—斯宾塞—涂尔干—帕森斯—默顿结构功能主义是社会化范式的一种极端形式。对于功能主义来说，（大多数）个体愿意把社会化内化，以适应社会需求；通过这种途径，大多数个体在社会上都将找到合适的位置从而发挥适当的作用。

---

① 显然，生物进化赋予的人性硬核有多大，不同作者对此有不同意见。于是，在人类行为的形成中，对于要给社会力量（如社会化和非社会化）留出多大空间，学者们也含蓄地表达了不同看法。
② 如 Edward O. Wilson, *Sociobiology: The New Synthesis*, Cambridge, MA: Belknap Press of Harvard University Press, 1975 [2000]; Edward O. Wilson, *On Human Nature*, Cambridge, MA: Belknap Press of Harvard University Press, 1978。接受布勒的办法，笔者用大写的进化心理学（Evolutionary Psychology, EP）来标示进化心理学范式，而用小写的进化心理学（evolutionary psychology）来标示一个研究领域，参见 David J. Buller, *Adapting Minds: Evolutionary Psychology and the Persistent Quest for Human Nature*, MIT Press, 2005。进化心理学比社会生物学更巧妙一些，因为它强调生物学通过进化的心理机制来影响人类行为，而社会生物学直接从生物学跳转到行为，参见 Leda Cosmides and John Tooby, "Cognitive Adaptations for Social Exchange," in J. H. Barkow, J. Tooby and L. Cosmides eds., *The Adapted Mind: Evolutionary Psychology and the Generation of Culture*, New York: Columbia University Press, 1992; David M. Buss, "Evolutionary Psychology: A New Paradigm for Psychological Science," *Psychological Inquiry*, Vol. 6, 1995。当然，在这些进化心理学家出现差错时，他们也含蓄或明确地承认，自然选择不是形成人类心理的唯一机制；而我们的一些心理机制是由社会进化而来（即，是为了完成社会目的）。这样一来，他们就等于承认生物进化和社会进化都在起作用，如 David M. Buss, "Evolutionary Psychology: A New Paradigm for Psychological Science," *Psychological Inquiry*, Vol. 6, 1995, p. 2, pp. 8-9。
③ 这两种范式仅在哪种社会力量更居主导地位方面有所区别。

3. 反社会化范式

对反社会化范式而言，社会是一个压迫者：正是社会阻止人类获得解放/自由。

在本体论上，反社会化范式认为：第一，社会化限制人的自由。① 第二，人类行为受反抗主流社会系统的强烈要求驱使。第三，这种反抗的愿望是引起社会变化的终极驱动力并最终将给人类带来解放。②

在认识论上，反社会化范式坚持：第一，对行为最好的解释来自社会的压迫和个体反抗社会的愿望。第二，如果行为体尚未反抗，那么我们须求诸控制、"虚假意识"和权力/知识。③ 第三，行为体是否反叛和反叛是否成功决定了社会的稳定和变迁。

对反社会化范式而言，社会科学的目的是理解社会如何驱使行为体反抗社会。因此，按照赫尔伯特·马尔库塞、让-保罗·萨特和米歇尔·福柯④的观点，反社会化范式总是暗含着变革甚至是革命的精神。典型代表是"法兰克福学派"的"批判理论"和后现代主义等。⑤

必须强调，反社会化范式认为，尽管不是每个人都进行批判性思考，但所有人都具有反对主流社会秩序的批判性思考能力，因为这是我们本性的一部分。⑥

---

① 如卢梭的名言所指："人生而自由，却无往不在枷锁之中。"参见 Jean-Jacques Rousseau, *The Social Contract and Discourses*, London: Everyman, 1973 [1762], p. 181.
② 当然，需要通过实际的反抗行为。
③ Antonio Gramsci, *Prison Notebooks*, New York: Columbia University Press, 1992–1996 [1926–1937]; Michel Foucault, *Power/knowledge: Selected Interviews and Other Writings*.
④ 马尔库塞著作的标题是"理性和革命"，萨特这样写道："知识分子生存的目的是关注革命的原则"。福柯则说："[理论（或作为发展理论的实践）] 就与权力作斗争，旨在揭示和削弱最隐蔽和最阴险的权力。"在这里，我要强调，我并不一定赞同这些人士的观点。我只是拿他们作为反社会化范式的例子。参见 Herbert Marcuse, *Reason and Revolution: Hegel and the Rise of Social Theory*, Boston: Beacon, 1960 [1941]; Lawrence D. Kirtzman, "Introduction", to Foucault, *Politics, Philosophy, Culture: Interviews and Other Writings 1977–1984*, Lawrence D. Kirtzman ed., London: Routledge, 1988, p. xiii; Michel Foucault, "Intellectuals and Power", in Donald F. Bouchard and Sherry Simon trans. & ed., *Language, Counter-memory, Practice: Selected Essays and Interviews*, Ithaca: Cornell University Press, 1977 [1972], p. 208.
⑤ 显然，反社会化范式一定是坚持冲突范式的（见下文），而生物进化决定论和社会化范式可以与冲突范式或者是和谐范式相容，但是，反社会化范式与生物进化决定论、社会化范式之间的差异不同于和谐范式与冲突范式之间的差异（见下文）。
⑥ "权力精英"受益于主流社会秩序，他们没有任何批判的冲动，参见 Wright Mills, *The Power Elite*, Oxford: Oxford University Press, 1956. 其他人在社会压迫系统中只是过分操持生计，不能进行批判性思考，因为他们被"虚假意识"和权力/知识（参见 Gramsci, *Prison Notebooks*; Foucault, *Power/knowledge: Selected Interviews and Other Writings*）胁迫（参见 Max Weber, *Economy and Society*, Guenther Roth and Claus Wittich eds., Berkeley: University of California Press, 1978）、吓阻（参见 Peter Bachrach and Morton S. Baratz, "Two Faces of Power," *American Political Science Review*, 1962, Vol. 56, No. 4, pp. 947–952）和渗透。

4. 走向综合

毫无疑问，生物进化是人性最根本的部分：社会化和反社会化必须有物质基础，而且这一基础只能由人类祖先（即前智人，pre-Homo habilis）的生物进化来提供。这部分人性具有本体论上的优先性。

在直立人（Homo erectus）之后，我们的祖先开始生活在群体中，社会力量的重要性日渐凸显。早期，制度结构稀薄，社会化的力量相对弱小，反社会化甚至更弱。随着社会制度结构逐渐紧凑，社会化压力就越来越广泛和强大。① 而不断增加的制度化或"理性化"必然导致更多反社会化——社会化和反社会化之间存在辩证关系。相对于反社会化，社会化拥有本体论上的优先性。

当社会科学家试图理解人性时，他们面临的挑战依旧是如何将人类行为的三种驱动力综合在一起。② 在这里，我只强调有关人性的社会进化理论的五个原则：第一，须承认人性的三种驱动力缺一不可。第二，人性的三种驱动力彼此相互作用。第三，在人类行为的不同领域，三种驱动力的比重各不相同。我们无法事先确定一种特定的人类行为驱动力有多重要。第四，由生物进化决定的那部分人性本质上具有普遍性，所以，要解释大多数跨越不同社会的多元化人类行为，我们就不得不主要依靠社会化与反社会化之间的互动。第五，因为人类在不断创造新的观念，社会化和反社会化的多样性几乎都是无穷尽的。因此，人类行为的多样性也是无穷尽的，从而不可能发展一个关于人性的完备理论，尽管我们可以了解人性的众多侧面。

（四）冲突范式与和谐范式

最后一组基石性范式是冲突范式与和谐范式。③ 在一定程度上，这二种范式可源自前述七种基本范式，但因为这二种范式都捕捉了某些本体论层次的现实，所以，笔者仍将其列为基石性范式。

1. 冲突范式

在本体论上，冲突范式有三个核心假定：第一，行动者通常都是有不同利益的，因此行动者间常常出现利益冲突。第二，行动者往往诉诸实际冲突以促进他们的利益。第

---

① 这几乎是由于如下事实所致：制度通常由权力缔造和支撑（笔者未发表的著述）。
② 笔者将另外撰文更详细论证，只有社会进化范式能担当此任。
③ 冲突论已被广泛接受，尤其在社会学中。比起现有的其他二分法，冲突范式与和谐范式二分法更好地阐明了二者的本质区别。更详细的讨论，参见 Shiping Tang, *A General Theory of Institutional Change*, Routledge, 2011。

三，大多数社会结果都是由行动者的冲突行为所导致。

在认识论上，冲突范式认为，从利益冲突假定来理解社会结果是最有成效的。因此，要理解社会结果，我们必须：第一，揭示行动者真实或想象的利益冲突。第二，从行动者利益的角度来理解他们的冲突行为。第三，把社会结果理解为行动者的冲突行为相互作用的产物。

冲突范式最典型的代表是社会学中的马克思主义的冲突论、韦伯主义社会学的冲突论、国际政治学中的现实主义、福柯的后现代主义。①

2. 和谐范式

在本体论上，和谐范式假定：第一，行动者的利益普遍和谐，或至少共同利益多于利益冲突。② 第二，即使存在利益冲突，行动者也将选择协调与合作以解决冲突。第三，大多数社会结果是行动者的合作与协调行为所导致的结果。

在认识论上，和谐范式认为，从利益和谐假定来理解社会结果是最有成效的。因此，要理解社会结果，我们必须：第一，揭示行动者的共同利益，包括他们追求利益和谐的强烈愿望。第二，试图发现行动者的合作与协调行为。第三，把社会结果理解为行动者合作与协调行为相互作用导致的结果。

社会学中的孔德—斯宾塞—涂尔干—帕森斯—默顿功能主义学派采纳了和谐范式的第一个本体论假定。新古典经济学——包括受到新古典经济学启发的新制度经济学③——采纳和谐范式的第二个本体论假定。该理论主张，即便在存在利益冲突时，行动者也会讨价还价，为共同获益而寻求帕累托最优。从根本上说，这一学派承认有利益冲突，但不承认有实际冲突。

---

① 马克思主义的冲突论，认为阶级冲突无可避免且是人类历史的终极驱动力，参见 Marx and Engels, *The Communist Manifesto*。马克斯·韦伯强调多种支配性力量（如权威、合法性、法律、秩序等）塑造社会，见 Weber, *Economy and Society*。国际政治学中的现实主义认为，国际政治注定是冲突性的：国家最后往往走向战争，战争创造人类历史，参见 Niebuhr, *Moral Man and Immoral Society: A Study in Ethics and Politics*; Edward Hallett Carr, *The Twenty Years' Crisis 1919 - 1939: An Introduction to the Study of International Relations*, London: Macmillan, 1939; Hans J. Morgenthau, *Politics among Nations*, 5th ed, New York: Knopf, 1985; Jared Diamond, *Guns, Germs, and Steel*, New York: Norton, 1997; Charles Tilly, *Coercion, Capital, and European States, AD 990-1992*, Malden, M. A.: Blackwell, 1990。福柯所代表的后现代主义主张，权力无处不在且渗透到我们的身体和心灵，参见 Foucault, *Power/knowledge: Selected Interviews and Other Writings*; Foucault, *The History of Sexuality*, Vol. 1, *An Introduction*。因此，我们必须随时随地抵御权力的侵蚀。
② 然而，和谐论的理论家们往往承认，行动者之间存在着一定数量的利益冲突，如果它们不是微不足道的话，因为人性中的自私与生俱来，假定行动者之间存在普遍的利益和谐是站不住脚的。
③ 如 Ronald H. Coase, "The Nature of the Firm," *Economica*, 1937, New Series Vol. 4, No. 16, pp. 386-405; Oliver E. Williamson, *Markets and Hierarchies: Analysis and Antitrust Implications*, New York: Free Press, 1975; Oliver E. Williamson, *The Institutional Foundation of Capitalism*, New York: Free Press, 1985。

3. 走向综合

作为个体，我们不得不依靠物质材料生活。在过去的 11 000 多年间，随着人口增长，①物质资源变得稀缺。即使物质商品供应不受限制，我们渴望得到的地位商品也注定是有限的。② 因此，利益冲突必然存在，冲突范式相对和谐范式拥有本体论上的优先性。③

不过，人们之间确实存在一定共同利益，且人们经常可以通过合作来避免冲突。社会科学家们再次面临的挑战是，如何有机地综合两种范式来解释社会结果。

这两种范式的有机综合可能如下所述。在本体论上：第一，行动者之间的利益冲突与和谐共存，尽管利益冲突常常超过利益和谐。第二，行动者既有冲突也有合作。第三，因此，社会结果是冲突与合作的共同产物。在认识论上：第一，存在利益冲突/和谐不等于实际冲突/合作的发生。第二，实际冲突/合作不一定由利益冲突/和谐所致。每一个特定的社会结果都需要认真探求其特定原因。

三、两种整合范式

两种整合范式是社会系统范式（social system paradigm，SSP）和社会进化范式（social evolution paradigm，SEP）。在其最完整的状态，社会系统范式能整合九种基石性范式，为我们提供了一种理解社会系统内部变动的方法。而社会进化范式在其基础上加上时间维度，从而为我们提供了一种理解社会系统大转换的方法。

1. 社会系统范式

我们需要一种把九种基石性范式整合为一个有机整体的范式，一个理解人类社会内部动态（dynamics）的理论框架，这就是社会系统范式。④

---

① Diamond, *Guns, Germs, and Steel*, New York: Norton, 1997; Michael Kramer, "Population Growth and Technological Change: One Million B. C. to 1990," *Quarterly Journal of Economics*, 1993, Vol. 108, No. 3, pp. 681–716.
② Fred Hirsch, *Social Limits to Growth*, London: Routledge, 1977.
③ 虽然利益冲突并不自动引发实际冲突——因为合作确实是解决利益冲突的另一种途径，但人类历史曾极度充满血腥，更不用说低度暴力行为，参见 Diamond, *Guns, Germs, and Steel*, New York: Norton, 1997。
④ 任何时候，只要两个单元存在并相互作用，就存在系统，参见 Robert Jervis, *System Effects: Complexity in Political and Social Life*, Princeton, NJ: Princeton University Press, 1997, p. 6, 由此之故，"系统（论）"这一标签是社会科学中被引用最多因而最被滥用的标签。社会科学的大多数学派都是九种基本范式的不完全综合形式，但几乎所有这些理论都理直气壮地声称自己是某种程度的系统论，因为它们研究两种或更多力量之间的互动。"系统范式"也可用于非社会系统（如太阳系、史前生态系统）。因此，笔者使用社会系统范式一词以示与其他所有的"系统"理论或学派相区别。

在本体论上，社会系统范式认为，人类社会是由行动者（包括其拥有的观念）、社会结构（即社会的制度和文化系统）和物理环境（包括时间和空间）组成的复杂系统。该系统包含九种基石性范式所讨论的全部力量。①

在认识论上，社会系统范式主张，我们称之为人类社会的系统只能用系统方法去理解。② 每一种基石性范式都抓住了某些本体层次的现实，但不是全部，因而我们需要有机地综合九种基石性范式。

在方法论上，社会系统范式试图将九种基石性范式综合成为一个有机的整体。它告诫我们，不要使用简单化的方法理解社会，如寻求简单的因果关系、线性思维、试图给出特定力量的比重、把个体因素引起的效果累加起来理解整体等；相反，而要用互动、反馈和路径依赖等来理解社会动态。③

2. 社会进化范式

社会系统范式使我们得以理解社会系统内部的动态，而社会进化范式则让我们理解系统的大转换（transformation）。④

在本体论上，社会进化范式声称，人类栖息的社会系统必定是一个随着时间进化的系统。因而，人类历史本质上就是穿越时间的社会进化的产物。社会进化范式进一步主张，社会变化的驱动力来自九种基石性范式阐述的各种力量之间的互动，这些互动存在于社会系统内部且有时间跨度。

在认识论上，社会进化范式坚持三个原则：(1)进化方法可以被用来对人类社会进行富有成效的研究。(2)用进化方法来研究人类社会既不能停留在比喻上，也不能照搬生物进化方法。(3)对社会变化的核心解释机制应该是突变—选择—遗传。

---

① 显然，社会系统范式包含已经讨论过很多次的行动者—结构问题，因为行动者—结构问题只构成社会系统变动（很小）的一部分。显然，社会系统也超出由个体组成的集体（如群体、组织）的范围。
② 最系统地从认知论和方法论上讨论社会系统范式的人是罗伯特·杰维斯，参见 Jervis, *System Effects: Complexity in Political and Social Life*。
③ 在探讨社会结果时，我们需要寻找间接/直接、延时/及时、无意/有意和可观察/不可观察的结果，而不仅仅是只关注直接/立即/有意的/可观察的结果，参见 Jervis, *System Effects: Complexity in Political and Social Life*。
④ 很多人士都呼吁过要用进化的眼光去看待社会，却没人清楚地阐明社会系统是什么或者怎么理解人类社会的真正进化论，如 Marion Blute, "History versus Science: The Evolutionary Solution," *Canadian Journal of Sociology*, Vol. 22, 1997, pp. 345-364; Stanley Liberson and Freda B. Lynn, "Barking Up the Wrong Branch," *Annual Review of Sociology*, Vol. 29, 2002, pp. 1-19; Geoffrey M. Hodgson, "Darwinism in Economics: From Analogy to Ontology," *Journal of Evolutionary Economics*, Vol. 12, 2002, pp. 259-281。笔者只能另文详细探讨作为一种现象和一种范式的社会进化，这里只需强调，其他人把进化思想运用于人类社会的早期努力大多失败，结果导致种族主义、社会达尔文主义、地缘政治学、人种改良学和社会生物学的出现。而事实上，正确理解的话，社会进化范式明确拒绝所有这些误用，并为此提供坚实的理论依据。

社会进化范式包含了社会系统范式，相应地就包含了所有基石性范式，同时，它还增加了时间维度，可以解释社会系统在穿越时间时出现的转换。因此，社会进化范式是社会科学的最终范式。

四、解剖社会科学的学派和理论

这一部分将解析社会科学中一些为大家所熟悉的学派，并揭示这些学派确实是基石性范式不同组合的产物。

首先需要明确，一个学派对社会的理解能力由以下四个维度决定：

(1) 整合的基石性范式的数量；
(2) 是否包括具有本体论优先性的基石性范式；
(3) 是否/在多大程度上包括社会系统范式的要素；
(4) 是否/在多大程度上包括社会进化范式的要素。①

（一）社会学：功能主义和冲突学派

尽管（结构）功能主义和（马克思及韦伯）冲突论之间的争论早已硝烟散去，但是这一争论并没有真正的结果。这一争论基本上只关注两方面的问题：和谐与冲突，稳定和变迁。②

（结构）功能主义主张，社会的完整是通过规范体系来维系的，因而它首先是一个观念主义理论。（结构）功能主义还是一种纯集体主义理论：它视社会为有机体，个体只是边缘性的角色。其次，（结构）功能主义只强调人性的社会化部分，将反社会化贬低到只有用"反常"（anomie）的标签来掩盖的地步。再次，功能主义没有给生物进化决定的那一部分人性留出位置。最后，（结构）功能主义尤其重视和谐，而把社会系统

---

① 前三个维度决定一个学派抓住或遗漏多少社会现实。在相同条件下整合有机程度越高的学派捕捉到的社会现实越多，而一个忽略了具有本体论优先性的范式的学派注定是有严重缺陷的。第四个维度决定一个学派对社会内部变动的阐述有多好。

② 例如 Ralf Dahrendorf, *Essays in the Theory of Society*, Stanford, C. A.: Stanford University Press, 1968; David Lockwood, "Some Remarks on 'The Social System'," *British Journal of Sociology*, 1957, Vol.7, No.2, pp.134-146; Pierre L. Van den Berghe, "Dialectic and Functionalism: Toward a Theoretical Synthesis", *American Sociological Review*, 1963, Vol.28, No.5, pp.695-705; Dennis H. Wrong, "The Oversocialized Conception of Man in Modern Sociology," *American Sociological Review*, 1961, Vol.26, No.2, pp.183-193。

内部的冲突边缘化（概括见文末表2）。由于（结构）功能主义遗弃了如此多的基石性范式，尤其是如此多拥有本体论上的优先性的基石性范式，它注定捕捉不到许多社会现实，也不可避免地是一个有根本缺陷的学派。

马克思主义的冲突论更强调冲突，但与韦伯的冲突论不同，因为前者是集体主义的，而后者既是集体主义也是个体主义的。另外，尽管二者均暗自承认一些人类行为受生物进化驱动，但与前者不同的是，韦伯主义包含了社会化和反社会化。

就社会系统范式而言，韦伯主义冲突论整合了大部分基石性范式（社会进化范式除外）。① 就社会进化范式而言，（结构）功能主义是极端静止的理论。韦伯主义冲突论的进化色彩远胜于（结构）功能主义。而马克思主义的冲突论与（结构）功能主义和韦伯主义冲突论都不同。

（二）理性选择方法：力量有限、野心无边

理性选择方法（rational choice approach, RCA）或许是当代社会科学中最能唤起人们讨论的学派。② 其捍卫者声称，理性选择方法不仅是"有用的虚构"，而且是"奇迹制造者"。③ 而反对者抗议说，理性选择方法对理解社会生活的作用有限，④ 指责它是经济学帝国主义的恶魔化身。

理性选择方法本质上是一种纯物质主义理论。⑤ 同时，理性选择方法也是纯个体主义

---

① 这部分是因为韦伯拒绝关于人类社会的进化思想，参见 Guenther Roth, "Introduction," in Guenther Roth and Claus Wittich eds., *Economy and Society*, Berkeley: University of California Press, 1978。
② 尽管许多人把"理性选择方法"称作"理性选择理论"，但其实这是不恰当的。"理性选择方法"是一个学派或方法，但不是一种严格意义上的理论。
③ 有关这一双重辩护的诸多问题，参见 Paul K. MacDonald, "Useful Fiction or Miracle Maker: The Competing Epistemological Foundations of Rational Choice Theory," *American Political Science Review*, 2003, Vol. 97, No. 4, pp. 551-565。尽管许多学者指责理性选择理论是经济学帝国主义的恶魔降临，理性选择理论有一个方面确实稍稍不同于新古典经济学（见文末表3）。
④ 如 Bunge, *Finding Philosophy in Social Science*, Chapter 14; Margaret R. Somers, "'We're No Angels': Realism, Rational Choice, and Relationality in Social Science," *American Journal of Sociology*, Vol. 104, No. 3, 1998, pp. 722-784; Ian Shapiro, *The Flight from Reality in the Human Sciences*, New Jersey, N. J.: Princeton University Press, 2004; Stephen M. Walt, "Rigor or Rigor Mortis? Rational Choice and Security Studies," *International Security*, Vol. 23, No. 4, 1999, pp. 5-48。
⑤ 表面上看来，人们可以用"我之所以这样做，是因为我从中获得快感"这样的逻辑来强调理性选择方法与观念主义相容。但此举将抵消理性选择方法的解释力，使其逻辑出现循环，从而不可能检验任何解释，参见 Bunge, *Finding Philosophy in Social Science*, pp. 366-370。Raymond Boudon 的"认知理性主义"试图将观念主义和理性选择结合起来，但即便是他也承认这样做所带来的逻辑循环问题，见 Raymond Boudon, "Limitations of Rational Choice Theory," *American Journal of Sociology*, Vol. 104, No. 3, 1998, p. 826。

理论，它假定行为体总体上是"原子的"，① 而集体只不过是原子的个体之和。② 在人性层次，理性选择方法只承认社会化范式的一个方面：人类行为仅由物质得失的理性计算驱动。但人类行为的驱动因素比理性选择方法愿意承认的多得多。③ 即便是新近的"行为经济学"，④ 大多也只局限于前景理论所说的"损失厌恶症"。⑤ 更糟的是，理性选择理论不可能讨论由反社会化驱动的人类行为。在冲突与和谐方面，理性选择方法表现稍好，它与和谐和冲突二者都相容。在社会系统范式方面，理性选择方法遗漏了很多基石性范式。在进化方面，理性选择方法至多也只是伪进化论：一旦达到均衡，除非有外力推动，否则不会有任何进一步的变化。因此，理性选择方法不可能为任何社会变化提供内生性的解释（概括见文末表3）。

由上述分析可知，理性选择方法的力量非常有限，但不幸的是它的野心却很大。

结论性评论

不同的社会科学的基础范式犹如一支支手电筒：每一支都能照亮人类社会的一个方面，但不能照亮整个人类社会。不同学派的支持者就像"盲人摸象"寓言中那些盲人一样：每个学派都相信自己掌握了人类社会的全部真理，却没认识到自己只是触摸到其中一部分。⑥ 那些呼吁更广泛的综合的声音往往被普遍忽视。本文通过阐明基础范式及其本体论和认识论假定，然后揭示社会科学中的不同学派皆由基础范式组合而成，不仅指出了过去的尝试普遍失败的原因，同时也促进了社会科学的真正综合。

为了充分理解人类社会这一复杂系统及其历史，我们需要使用所有十一种基础范式。学习社会科学的学生最终必须自己决定使用哪些范式去解答特定的社会事实。在选择时应遵循四大原则：第一，切忌过于坚持自己的框架。第二，不要忽视具有本体论优先性

---

① Mark Granovetter, "Economic Action and Social Structure: The Problem of Embeddedness," *American Journal of Sociology*, Vol. 91, No. 3, 1985, pp. 481-510.
② Coleman, *Foundations of Social Theory*, p. 5; Fearon and Laitin, "Explaining Interethnic Cooperation".
③ 如荣誉、地位、贪婪、恐惧和种族中心主义等。
④ Deborah K. Elms, "New Directions for IPE: Learning from Behavioral Economics," *International Studies Review*, Vol. 10, No. 2, 2008, pp. 239-265.
⑤ Daniel Kahneman and Amos Tversky, "Prospect Theory: An Analysis of Decision under Risk," *Econometrica*, Vol. 47, No. 2, 1979, pp. 263-292; Amos Tversky and Daniel Kahneman, "Rational Choice and the Framing of Decisions," *Journal of Business*, Vol. 59, 1986, pp. 251-278.
⑥ William Thompson ed., *Evolutionary Interpretations of World Politics*, London: Routledge, 2001, p. 3.

的范式。第三，系统的方法（特别是社会系统范式）是必需的。第四，为了理解社会变迁，一个运用了社会进化范式的社会进化方法是理所当然的。随着研究的深入，他们会发现，把更多范式融进自己的分析框架是必要的。只有这样，我们才不会将分析框架变成理解的绊脚石。①

表 1　社会科学的基础范式

	第一维度： 物质和观念	第二维度： 个体和群体	第三维度： 行为的驱动力， 三个层次	第四维度： 和谐与冲突
本体论优先性较少的范式	观念主义	集体主义	反社会化	和谐范式
			社会化	
具有本体论优先性的范式	物质主义	个体主义	生物进化决定论	冲突范式

表 2　社会学的三大学派

	功能主义	马克思主义的冲突论	韦伯主义的冲突论
物质主义和观念主义	主要是观念主义	强调阶级意识、意识形态	更多是物质主义，但也强调意识形态的合法性
个体主义和集体主义	集体主义（即把社会当作有机体）	集体主义（即把阶级当作基本的行动者）	集体主义和个体主义
人性： 1. 生物进化 2. 社会化 3. 反社会化	只有社会化	强调异化、矛盾、冲突，暗含生物进化	社会化和反社会化，暗含生物进化
冲突与和谐	主要是和谐	主要是冲突，但也强调阶级内部的和谐	主要是冲突，但也有和谐
社会系统范式：多大程度上是系统的？	非常有限，因为遗漏过多基石性范式	不包含过多基石性范式	整合了大多数基石性范式
社会进化范式：多大程度上是进化的？	反进化：系统不能改变	半进化：冲突引致变化	半进化：冲突引致变化

---

① Albert O. Hirschman, "Searching for Paradigms as a Hindrance to Understanding," *World Politics*, Vol. 22, No. 3, 1970, pp. 329-343.

表 3　新古典经济学和理性选择理论

	新古典经济学	理性选择理论（政治学和社会学）
物质主义和观念主义	主要是物质主义	主要是物质主义
个体主义和集体主义	纯个体主义	纯个体主义
人性： 1. 生物进化 2. 社会化 3. 反社会化	包括非常有限的生物进化和社会化，不包括反社会化	包括非常有限的生物进化和社会化，不包括反社会化
冲突与和谐	主要是和谐，冲突非常有限	与冲突、和谐相容
社会系统范式：多大程度上是系统的？	非常有限，因为遗漏过多基石范式	非常有限，因为遗漏过多基石范式
社会进化范式：多大程度上是进化的？	伪进化：向均衡靠拢	伪进化：向均衡靠拢

（本文原载《国际社会科学》中文版 2010 年第 27 卷第 1 期，收入本文集有删改）

政治学研究中因果关系的四种不同理解视角

复旦大学国际关系与公共事务学院教授　左　才

一、引　言

因果关系是政治科学乃至社会科学研究中追求的"圣杯"。按照科学主义的传统,因果关系被视为是可以被观察并测量到的。然而,在这个共同前提下,学者们对因果关系本质及形态的理解存在较大差异。使不同研究方法(比如定性方法与定量方法)区别开的往往是对因果关系的不同构建和理解。对于不同的研究对象而言,因果关系的形态也有所区别,比如,充分条件更经常出现在对宏观现象(例如民主和战争)的原因分析中,而越来越多的关于政治态度和行为的原因分析开始遵循实验的逻辑。

亨利・布雷迪(Henry Brady)非常精彩地总结了理解和构建因果关系的四种逻辑和传统。[①] 在其分析的基础上,本文将系统介绍国外政治学界围绕因果关系展开的讨论,梳理每种逻辑和传统的表现形式、发展应用及优缺点,以期为国内政治学研究中的因果推断提供基础性知识储备。

二、休谟或新休谟传统

大卫・休谟(David Hume)和约翰・穆勒(John Stuart Mill)等哲学家都曾依照充分条件的逻辑来定义因果关系。X 是 Y 的原因当且仅当 X 是 Y 发生的充分条件。这种定义自然引起了关于其他条件(比如必要非充分条件)是否是原因的讨论。休谟对因果关

[①] Henry Brady, "Causation and Explanation in Social Science," in Janet Box-Steffensmeier, Henry Brady, and David Collier (eds.), *The Oxford Handbook of Political Methodology*, Oxford: Oxford University Press, 2008, pp. 217-270.

系的传统定义也无法处理多种原因或不同原因的组合导致某个共同结果的情况，后来的哲学家对这种定义进行了扩充。比如澳大利亚哲学家约翰·麦凯（John Mackie）将"原因"定义为 INUS 条件。① 电线短路（A）与木质房子（B）两个条件足以导致房子起火，汽油罐（C）与火炉（D）共同作用也足以导致房子起火。虽然 A、B、C、D 四个条件都不是房子起火这个结果的必要或是充分条件，但是每个都是导致房子起火充分条件中的必要非充分要素。② 根据麦凯的定义，每一个都是原因。这种定义的优点在于涵盖了多因一果的情况，避免了因果宿命论，使得因果概率论的逻辑也具有适用性。③ 但是，这种定义在本质上与休谟的定义相同，仍然是将因果关系视为两种现象或因素的常规关联（constant conjunction）。休谟认为 X 和 Y 之间因果关系的建立必须满足三个条件：（1）X 和 Y 在时间和空间上必须是邻近的；（2）X 发生在 Y 之前；（3）X 与 Y 的常规关联。④ 但是两种现象的常规关联并无法证实两者之间存在因果联系。观察到相关性之后，研究人员仍然需要运用其他证据来检验这种关联是否是因果关系。

因果关系也可以用必要条件来定义：Y 只有在 X 存在的条件下才会发生，那么 X 就是 Y 的原因。必要条件的逻辑最早可以追溯到亚里士多德。在这种逻辑下，某个变量或条件只能是或不是必要条件，换句话说，对必要条件的测量必然是一个二分变量。后来的研究人员发展和突破了这种经典逻辑，将必要条件定义为一种概率性的连续变量，比如 99% 的观测发现某个变量是 Y 发生的必要条件，查尔斯·拉金（Charles Ragin）认为这个变量就是 Y 发生的"几乎必要条件"（almost always necessary）。关于必要条件，至少存在 5 种定义和逻辑：亚里士多德的经典两分定义、集理论（set theory）、模糊集理论（fuzzy logic/sets）、微积分统计逻辑以及概率论逻辑。⑤

在政治科学中，主要在形式理论（formal theory）和定性研究，尤其在比较历史分析中，运用必要和充分条件来探讨因果关系十分常见。民主和平理论（democracy peace）可以被视为探讨和平发生的充分条件。对社会运动、民主、经济发展等前提因素的探讨也

---

① Insufficient (I) but necessary (N) part of a condition which is itself unnecessary (U) but exclusively sufficient (S) for the effect.
② 房子起火的充分条件有两个，一个为 A 和 B 同时存在，另一个为 C 和 D 同时存在。
③ 在因果关系的内涵上，主流观点都将其视为概率性的（probabilistic）而非决定性的（deterministic）关系。
④ Paul Holland. "Statistical and Causal Inference", *Journal of the American Statistical Association*, Vol. 81, No. 396, 1986, pp. 945-960.
⑤ Gary Goertz and Harvey Starr (eds.), *Necessary Conditions: Theory, Methodology, and Applications*, Lanham, MD: Rowman & Littlefield Publishers, 2003, p. 11.

就是对这些重要的政治和经济现象发生的必要或充分条件的探索。加里·格尔茨（Gary Goertz）统计了150例在政治学、社会学和经济史领域以必要条件形式提出的因果假设。① 在格尔茨看来，针对所有重要的社会和政治现象都可以以必要条件的形式提出研究假设，这被他自称为格尔茨第一定律。与其重要性不相匹配的是，政治学并没有在方法论上足够重视这种逻辑。定性比较分析（Qualitative Comparative Analysis）是近几十年发展起来的一套系统识别和检验充分或必要条件的方法，它主要关注寻找因果解释，即"结果的原因"（cause of effects）。② 然而，即便在美国的研究生方法论课程中也鲜见讨论相关内容，更别提设置专门的课程。

三、反事实逻辑

因果关系在一定程度上都暗含着一种反事实逻辑。美国哲学家戴维·路易斯（David Lewis）详细分析了因果关系是如何与反事实逻辑紧密相连的。③ 这种反事实逻辑尤其适合用来检验以必要条件形式提出的因果假设。如果研究者假设X是Y发生的原因（必要条件），其暗含的反事实逻辑是如果X没有发生的话，那么Y也不会发生。马克斯·韦伯（Max Weber）在评论德国历史学家爱德华·迈尔（Eduard Meyer）的《历史的理论及方法》一书时提到，虽然历史无法重来，我们无法得知，如果俾斯麦不发动1866年普奥战争，历史将会被如何改变，"但是这个问题本身并不是毫无意义的，因为对它的回答触及了对事实进行历史建构的一些关键要素：如果俾斯麦的个人决定的确是原因，那么这个原因的影响到底有多大以及在历史记述中这项个人因素应该占据什么样的地位"。④ 在政

---

① Gary Goertz, "The Substantive Importance of Necessary Condition Hypotheses", in Gary Goertz and Harvey Starr (eds.), *Necessary Conditions: Theory, Methodology, and Applications*, Lanham, MD: Rowman & Littlefield Publishers, 2003, pp. 76-94.
② 定性比较分析方面主要的著作包括但不限于 Charles Raign, *The Comparative Method: Moving beyond Qualitative and Quantitative Strategies*, Oakland, CA: University of California, 2014; Charles Raign, *Fuzzy-Set Social Science*, Chicago: University of Chicago Press, 2000; Charles Raign, *Redesigning Social Inquiry: Fuzzy Sets and Beyond*, Chicago: University of Chicago Press, 2008; Benoit Rihoux and Charles Raign (eds.), *Configurational Comparative Methods: Qualitative Comparative Analysis (QCA) and Related Techniques*, Thousand Oaks, CA: Sage, 2009. 其他关于必要条件的研究包括 Bear Braumoeller and Gary Goertz, "The Methodology of Necessary Conditions", *American Journal of Political Science*, Vol. 44, No. 4, 2000, pp. 844-858.
③ David Lewis, "Causation", *Journal of Philosophy*, Vol. 70, No. 17, 1973, pp. 556-567; David Lewis, *Counterfactuals*, Cambridge, Mass.: Harvard University Press, 1973.
④ Max Weber, *Selections in Translation*, ed. W. G. Runciman, translated by E. Matthews, Cambridge: Cambridge University Press, 1906 (1978), p. 111.

治学中运用反事实逻辑开展的研究大多为案例分析。① 与休谟或新休谟传统相比，反事实方法不要求总是观察到因与果的关联，而只要能找到一个除了假设原因之外其余因素都相似的世界，如果在这个世界被解释现象的结果不同，那么就可以认为假设的原因成立。

在具体运用时，学者建议应该明确和详细地将头脑中的反事实推理展现出来，以便读者结合普遍原则等抽象知识和具体历史事实来评估因果假设的合理性。在评价反事实研究时，杰克·利维（Jack Levy）提出了三个标准：清楚性、前提的合理性以及反事实结果有条件的合理性。②

在"清楚性"方面，反事实的论述需要清楚指出，如果某个因素改变了，历史的哪些具体方面将发生变化。简单的一句"历史将会不同"由于无法被证伪，因此也没有太多用处。詹姆斯·弗尔伦（James Fearon）认为下面的反事实论述是明确清楚的：

> 崇尚进攻（cult of the offensive）对一战的影响可以通过想象如果1914年欧洲各国领导们意识到了防守的真正作用来完成。如果他们意识到了，所有的欧洲国家会更不愿意首先进行战争动员，并且每个国家都会在动员前更能容忍对手的准备，因此动员和反动员的交替螺旋上升会更缓慢，或者根本就不会有动员和反动员的交替反复出现和相互作用。英国可以更加轻易地警告德国和钳制住俄国。并且所有政治家能更容易地纠偏由于仓促或虚假信息导致的错误。因此，导致德国引爆1914年危机的逻辑将不成立，并且一系列导致战争从巴尔干地区向外传播的连锁反应也会变得不太可能。并且，极有可能地，奥匈帝国与塞尔维亚的冲突将不过是欧洲政治边缘一个小的很快被遗忘的骚乱。③

---

① 主要包括但不限于 Niall Ferguson, *The Pity of War: Explaining World War* Ⅰ. New York: Basic Books, 1999; Philip E. Tetlock and Aaron Belkin (eds.), *Counterfactual Thought Experiments in World Politics*, Princeton: Princeton University Press, 1996; Richard Ned Lebow, "Contingency, Catalysts, and Nonlinear Change: The Origins of World War Ⅰ," in Gary Goertz and Jack Levy (eds.), *Explaining War and Peace: Case Studies and Necessary Condition Counterfactuals*, New York: Routledge, 2007, pp. 85-111。经济学方面的反事实研究，比如 Robert Fogel, *Railroads and American Economic Growth: Essays in Econometric History*, Baltimore: Johns Hopkins University Press, 1964。
② Jack Levy, "Counterfactuals and Case Studies," in Janet Box-Steffensmeier, Henry Brady, and David Collier (eds.), *The Oxford Handbook of Political Methodology*, Oxford: Oxford University Press, 2008, pp. 633-640.
③ James Fearon, "Counterfactual and Hypothesis Testing in Political Science," *World Politics*, Vol. 43, No. 2, 1991, p. 182.

反事实因果法的主要问题在于，找到两个最接近的世界（closest possible worlds）在现实或逻辑上都较难实现。一个因素的改变往往意味着（或导致）其他因素的差别或变化。在反事实论述时，这些因素之间以及它们与反事实论证的前提之间都需要保持逻辑的一致性，即共融性。① 比如，"在古巴导弹危机中，如果当时是尼克松而不是肯尼迪任美国总统，结果将会不同，尼克松会采取空袭而非海上封锁"，这种反事实论述就违背了共融性。学者指出，如果当时是尼克松任总统的话，与肯尼迪不同，他很有可能会在"猪湾事件"中直接动用美国军队，古巴的卡斯特罗政权将被推翻，苏联不会在古巴部署攻击导弹，也就不会发生古巴导弹危机。② 基于共融性的要求，一些学者赞同韦伯的观点，认为最好的反事实世界是对现实世界做出最少改动的世界，即"对历史进行最小改写"法则。符合这一法则的反事实论述例子是，如果乔治·布什（George Bush）没有赢得2000年的美国总统大选，那么美国不会发动伊拉克战争。③

在保证"清楚性"以及"前提的合理性"的同时，好的反事实论述还应该与具体的历史事实、既有的理论保持一致。④

四、实验逻辑

与反事实逻辑想象出一个最相似世界类似，实验方法（manipulation approach）也强调控制住其他变量来分离出某单一变量对结果的影响。但是，与反事实逻辑不同，实验强调对关键解释变量的实际干涉和人为操纵。反事实逻辑无法建立因果关系和排除虚假关系（spurious correlation）。⑤ 而在实验逻辑下，人为操纵和干预关键性解释变量可以有效地辨识出原因，确立因果关系的方向和排除虚假关系。

---

① 关于共融性（cotenability），具体参见 Nelson Goodman, *Fact, Fiction, and Forecast*, Cambridge: Harvard University Press, 1983, p. 15。
② Richard Ned Lebow and Janice Gross Stein, "Back to the Past: Counterfactuals and the Cuban Missile Crisis," in Philip E. Tetlock and Aaron Belkin (eds.), *Counterfactual Thought Experiments in World Politics*, Princeton: Princeton University Press, 1996, pp. 119-148.
③ Jack Levy, "Counterfactuals and Case Studies," in Janet Box-Steffensmeier, Henry Brady, and David Collier (eds.), *The Oxford Handbook of Political Methodology*, Oxford: Oxford University Press, 2008, p. 636.
④ 还有学者提出另外两个评判反事实论述的标准：与已有统计归纳的一致性以及可推测性（projectability），具体参见 Philip E. Tetlock and Aaron Belkin (eds.), *Counterfactual Thought Experiments in World Politics*, Princeton: Princeton University Press, 1996, pp. 19-31.
⑤ 虚假关系是指观察到的两个因素的关联是基于潜在的第三个变量引起的两个因素有所联系的这一假象，即两个因素都是第三个变量的结果，但是两个因素之间并不存在因果关系。

阿伦德·李普哈特（Arend Lijphart）曾称："实验的方法几乎是最理想的进行科学解释的方法，但不幸的是，由于实践和伦理的阻碍，它很少能被运用于政治科学中。"① 实验方法在政治学中的运用于20世纪20年代萌芽，经历了70年代的急剧上升和1975年后的短暂低潮。② 受到可行性因素的制约，实验研究的议题主要集中在政治信息传播、政治态度、政治行为、选举政治、议会政治、政府回应性、发展与治理等方面。③ 依据对干预的控制程度，实验研究由高到低可划分为四种类型：实验室实验、调查实验、田野实验和自然实验（natural experiment）。社会科学主要通过随机分配划分对照组与实验组来保证实验研究的关键前提，即干预前的等同性（pre-treatment equivalence）。因此，对实验研究最致命的批评就是指出其没有真正做到随机分配，比如哈罗德·戈斯内尔（Harold Gosnell）最早在芝加哥进行的有关选举投票的田野实验。

在因果关系的建立上，对干预的人为控制程度越低，对因果关系的推断以及因果效应大小的估计系统性偏差就越大。就自然实验这类利用自然发生的，即完全随机的干扰（treatment）（比如地震等自然灾害）或是其他类随机分配（as-if random assignment）（比如非洲国家的边界）开展的研究而言，对干预的人为控制极低。自然实验实质上是种观察型研究，没有人为对干预进行控制，因此没有办法排除一些无法观察到的因素对实验结果的影响，甚至无法辨识出原因。④ 比如，在两个非洲国家观察到种族关系的差异，虽然非洲的国家边界是一个类随机的干预，但是边界本身并不是解释种族关系差异的原因。

---

① Arend Lijphart, "Comparative Politics and the Comparative Method," *American Political Science Review*, Vol. 65, No. 3, 1971, pp. 682-693.
② 臧雷振：《政治学研究中的实验方法——近年来的应用进展及研究议题分布》，《国外理论动态》2016年第5期；Rose McDermott, "Experimental Methods in Political Science," *Annual Review of Political Science*, Vol. 5, 2002, pp. 31-61。
③ 对政治学实验研究议题的分析和总结，参见臧雷振：《政治学研究中的实验方法——近年来的应用进展及研究议题分布》，《国外理论动态》2016年第5期；陈少威、王文芹、施养正：《公共管理研究中的实验设计——自然实验与田野实验》，《国外理论动态》2016年第5期；李强：《实验社会科学：以实验政治学的应用为例》，《清华大学学报》（哲学社会科学版）2016年第4期；David Bositis and Douglas Steinel, "A Synoptic History and Typology of Experimental Research in Political Science," *Political Behavior*, Vol. 9, No. 3, 1987, pp. 263-284; James Druckman, Donald Green, James Kuklinski and Arthur Lupia, "The Growth and Development of Experimental Research in Political Science," *American Political Science Review*, Vol. 100, No. 4, 2006, pp. 627-635; Macartan Humphreys and Jeremy Weinstein, "Field Experiments and the Political Economy of Development," *Annual Review of Political Science*, Vol. 12, 2009, pp. 367-378. 对自然实验研究议题的总结还可参考 Thad Dunning, *Natural Experiments in the Social Sciences*, Cambridge: Cambridge University Press, 2012, pp. 43-48。
④ Thad Dunning, "Improving Causal Inference: Strengths and Limitations of Natural Experiments," *Political Research Quarterly*, Vol. 61, No. 2, 2008, pp. 282-293.

"要找到背后的具体原因,研究人员需要将关注焦点从方法转移到理论上来"。①

实验方法面临的另一个无法克服的问题是先占效应(pre-emption),即某个因素在实验前就制约了实验中被操纵的原因的影响,使得实验无法显示该原因的实际效应。比如,在不知道砒霜有毒的情况下,较早的对照组与实验组的实验得到的结果都是病人死亡,因此很容易认为砒霜对性病没有治疗效用,虽然两组病人的死因不同,对照组病人死于性病,实验组病人死于砒霜中毒。砒霜对性病的效用被砒霜的毒性所掩盖,无法通过简单的对照实验得到体现。在一个选民呈两极分布的社会,选举规则对政党数量的影响受到限制,人为改变选举规则无法准确显示出其对政党数量的影响。在经济发达的国家,技能培训对受训者找到工作的影响也有限,因为在这些国家,就业有许多其他的保障机制。

五、因果机制法

先占效应反映了在寻找因果关系过程中普遍存在的配对问题,即因与果到底能否准确匹配。无论是常规关联、反事实逻辑,还是实验方法都无法彻底解决这个问题,因此催生了对因果机制的重视。

与休谟传统强调因果的常规关联不同,因果机制关注原因导致结果的过程,尤其是作用力如何通过不同主体行为的互动传递出来。在因果机制的视角下,原因(X)与结果(Y)之间并不总是也不需要存在常规关联或共变(co-vary),只要X的确能通过某个机制产生Y,X就是Y发生的原因。

过程追踪(process-tracing)和分析叙述(analytic narratives)这两种方法关注的核心就是因果机制。然而,在机制的定义、可观察性、普遍性、必然性以及运作层面这五个方面仍存在争论。②

---

① Daniel Posner, "African Borders as Sources of Natural Experiments: Promise and Pitfalls," *Political Science Research and Methods*, Vol. 3, No. 2, 2015, pp. 409-418.
② Derek Beach and Rasmus Pedersen, *Process-Tracing Methods: Foundations and Guidelines*, Ann Arbor: The University of Michigan Press, 2013, pp. 23-44; John Gerring, "Causal Mechanisms: Yes, but…," *Comparative Political Studies*, Vol. 43, No. 2, 2010, pp. 1499-1526; James Mahoney, "Beyond Correlational Analysis: Recent Innovations in Theory and Method," *Sociological Forum*, Vol. 16, No. 3, 2001, pp. 575-593.

詹姆斯·马奥尼（James Mahoney）曾总结出 24 种对机制的定义。① 表 1 列出了对机制的常见定义。约翰·耶林（John Gerring）认为将机制定义为某种效应产生的过程或路径可能引起的异议最少。② 但这似乎并没有平息争论，对于具体什么是过程或路径，学者仍有不同侧重。将机制看成一系列事件或中介变量，无法充分解释原因是"如何"导致结果的，因为事件的堆砌并不一定能解释因果力（causal forces）怎样以及为什么会传递到结果。而即便识别出了中介变量，仍然没有回答中介变量是如何与结果连接在一起的。因此，部分学者认为最令人满意的定义是"引起某种经常性变化的实体及活动"。德里克·比奇（Derek Beach）与拉斯马斯·佩德森（Rasmus Pedersen）以民主和平理论为例，比较了"实体—活动"定义的优势。与止步于辨识出"问责性"和"团体压力"这两个中介变量不同，"实体—活动"定义下的因果机制进一步打开了因果关系中的黑箱：反战团体向政府抗议卷入战争，民主国家的政府出于选票考虑采取安抚的外交政策予以回应，这导致了和平。实体及其行为和活动有效解释了因果力的传递。

"实体—活动"定义自然衍生出因果机制是否只存在于微观层面的争论。部分学者认为，因果机制都是微观的，不存在纯粹的宏观机制。③ 这与因果解释必须有微观基础（micro-level foundation）的观点相一致。但是，即便主张因果解释有微观基础，也不意味着否定宏观结构因素的解释力，而只是强调在进行宏观结构性解释时，需要佐以两类信息：一是结构因素如何影响个人微观层面；二是若干个人的行为如何聚合起来导致宏观结构层面的结果。④ 因此，实用的中间观点更可取，因果机制不仅存在于微观层面，也可以存在于宏观层面，同时还存在于微观与宏观层面之间的连接中。⑤

---

① James Mahoney, "Beyond Correlational Analysis: Recent Innovations in Theory and Method," *Sociological Forum*, Vol. 16, No. 3, 2001, pp. 575-593.
② John Gerring, "The Mechanismic Worldview: Thinking Inside the Box," *British Journal of Political Science*, Vol. 38, No. 1, 2008, pp. 161-179.
③ 持这种观点的学者包括 Alexander George and Andrew Bennett A., *Case Studies and Theory Development in the Social Sciences*, Cambridge: MIT Press, 2005, p. 137; Peter Hedström and Richard Swedberg (eds.), *Social Mechanisms: An Analytical Approach to Social Theory*, Cambridge: Cambridge University Press, 1998, pp. 22-25.
④ Daniel Little, "Causal Explanation in the Social Sciences," *Southern Journal of Philosophy*, Vol. 34, 1996, pp. 31-56.
⑤ Peter Hedström and Richard Swedberg (eds.), *Social Mechanisms: An Analytical Approach to Social Theory*, Cambridge: Cambridge University Press, 1998, p. 22.

表 1　不同学者对"机制"的定义

学者	定义
马里奥·本格（Mario Bunge）	在一个具体的系统中引起或是防止某种变化的过程
卡尔·克莱威尔、皮特·马哈莫（Peter K. Machamer）、林德利·达登（Lindley Darden）	引起某种经常性变化的实体及活动
乔恩·埃尔斯特［Jon Elster（1983；1989）］	机制通过揭开"黑箱"并且展示"机器内部的齿轮"来提供解释；机制提供了连续的和相邻的因果链条或者是因果之间的有意连接
埃尔斯特（1998；1999）	机制是经常发生和容易被识别的因果模式；这种因果模式通常在未知的条件下被触发或者产生中间媒介的影响
皮特·赫德斯特姆（Peter Hedström）、理查德·斯威德伯格（Richard Swedberg）	明确的、抽象的、基于行动的关于一个事件是如何经常性地导致一类结果的解释
丹尼尔·利特尔（Daniel Little）	一系列受类定律因果规律支配的事件
亚瑟·斯汀康比（Arthur L. Stinchcombe）	能提供某个更高层理论构成要素的知识的科学推理
戴维·瓦尔德纳（David Waldner）	一个由于具有某种不变的特性而有能力改变其环境的实体。在特定背景下，这个实体传递出力量、信息或是含义
KKV（1994）、亚历山大·乔治（Alexander L. George）、安德鲁·本尼特（Andrew Bennett）	X 影响 Y 的中介变量

说明：前七个定义摘自 Peter Hedström, "Studing Mechanisms to Strengthen Causal Inferences in Qualitative Research," in Janet Box-Steffensmeier, Henry Brady, and David Collier, eds., *The Oxford Handbook of Political Methodology*, Oxford: Oxford University Press, 2008, p. 322; Waldner 的定义来自 David Waldner, "What are Mechanisms and What Are They Good For?" *QMMR Newsletter*, Vol. 8, No. 2, 2010, pp. 30-34；最后一个定义摘自 Derek Beach and Rasmus Pedersen, *Process-Tracing Methods: Foundations and Guidelines*, Ann Arbor: The University of Michigan Press, 2013, pp. 34-37。

因果机制的优势在于提供解释，即因与果之间是如何连接起来的。用约翰·耶林（John Gerring）的话来说，这个优势导致了社会科学研究对因果机制的痴迷。学者日益重视在研究中提出和检验因果机制，并强调将因果机制研究与定量方法、形式理论结合起来。① 但因果机制研究同样面临挑战。耶林认为，某个原因与结果之间经常存在多个机制，并且这些机制之间往往存在复杂的相互作用，因此较难将不同机制区分开来。此外，

---

① Peter Hedström, "Studing Mechanisms to Strengthen Causal Inferences in Qualitative Research", in Janet Box-Steffensmeier, Henry Brady, and David Collier, eds., *The Oxford Handbook of Political Methodology*, Oxford: Oxford University Press, 2008, pp. 319-338; Robert Bates, Avner Greif, Margaret Levi, Jean-Laurent Rosenthal and Barry Weingast, *Analytic Narratives*, Princeton University Press, 1998.

机制研究中更常包含一些难以被操作化的、模糊的和抽象的概念。在耶林看来，探索和检验因果机制在社会科学研究中是重要和值得称赞的，但却不是必不可少的。①

六、结　语

究竟什么是因果关系（Causality）？上述四种传统从不同的角度进行了回答。对因果关系的考察有的侧重寻找结果的原因（causes of effects），有的偏重甄别和测量原因的影响（effects of causes）。在追求后者的定量分析中，对因果关系的理解综合了休谟传统中的"共变"和"相关"以及反事实逻辑和实验方法中的"控制住其他因素"（Ceteris Paribus）。有政治学家尝试调和这些不同的视角，建立一个统一的理解框架。比如，马奥尼认为在定量分析中有显著效应的自变量其实就是新休谟传统下的 INUS 原因。② 耶林则提出原因能够提高某个事件（果）发生的概率，这样的定义为重构因果关系提供了一个"普遍的语义土壤"，但同时他也强调因果关系是多元的。③

每种理解因果关系的传统都有其优点和问题，虽然不同的传统往往导致迥异的分析结论，比如对车祸原因的分析，常规关联传统强调醉驾是车祸的原因，而实验操纵逻辑更多关注行车路线选择对车祸的影响，但两者都为我们理解车祸原因贡献了新的知识。在对不同传统的弊端保持自觉的前提下，学者呼吁混合使用不同方法，比如在因果解释上具有优势的因果机制法与在确立因果关系方向上具有优势的实验逻辑的融合。

（本文原载《国外理论动态》2017 年第 1 期，原标题为《政治学研究中的因果关系：四种不同的理解视角》，收入本文集有删改）

---

① John Gerring, "Causal Mechanisms: Yes, but…," *Comparative Political Studies*, Vol. 43, No. 2, 2010, pp. 1499-1526.
② James Mahoney, "Toward a Unified Theory of Causality," *Comparative Political Studies*, Vol. 41, No. 4/5, 2008, pp. 412-436.
③ John Gerring, "Causation: A Unified Framework for the Social Sciences," *Journal of Theoretical Politics*, Vol. 17, No. 2, 2005, pp. 163-198.

中国社会科学国际影响力与学术话语权研究

复旦大学国际关系与公共事务学院教授　唐　莉

一、引　言

经过40余年的改革开放建设，我国哲学社会科学研究在精品科研成果、人才培育、学术建制、信息平台建设等方面都发生了今非昔比的变化。① 中国高校人文社会科学信息网及中国教育统计年鉴显示，在2009—2018年十年间，中国高校哲学社会科学领域共发表学术论文297.9万篇，出版学术著作25.3万部，研究成果获各级政府奖励3.5万项，提交研究与咨询报告11.8万篇。从2004年3月中央提出大力实施哲学社会科学"走出去"战略，到2010年全国哲学社会科学规划办公室增设国家社科中华学术外译项目；从2011年教育部推出《高等学校哲学社会科学"走出去"计划》，到2017年国务院发展研究中心中国国际发展知识中心的正式组建运行，随着助推中国哲学社会科学走向世界的政策举措陆续出台，中国社科学界对外交流与合作的规模不断扩大，影响力不断提升。近20年来教育部人文社会科学重点研究基地共举办国际学术会议2 000余次，参加800多项国际合作项目，在各类国际组织学术任职人数达168名。② 2019年被科睿唯安的SSCI收录的我国学者参与的社科成果比2000年增长10倍，③ 约500家中国出版社的

---

① 林尚立：《社会科学与国家建设：基于中国经验的反思》，《南京社会科学》2011年第11期，第1—7页；李强：《社会科学在我国的改革与发展中应发挥更大作用》，《中国人民大学学报》2003年第3期，第62—63页；边燕杰：《全球化、中国立场、中国贡献》，《中国社会科学评价》2017年第1期，第15—17页；范并思：《中国社会科学的发展与变革：文献统计与分析》，《浙江学刊》1999年第3期，第3—5页；国家哲学社会科学文献中心：《国家哲学社会科学文献中心学术期刊数据库用户关注度报告（2020年度）》，国家哲学社会科学文献中心，2021年。
② 焦以璇：《打造一流的社科研究"国家队"》，《黄金时代》2019年第11期，第20—21页。
③ 数据来源于作者通过复旦大学图书馆对InCites数据库的在线分析，检索日期2020年10月。

2.4万种图书被海外图书馆系统永久收藏。

以上统计数字体现了中国社会科学"走出去"的整体质量和综合实力在逐年稳步提高。但对比世界其他主要发达国家同期发展态势，对照我国社会经济发展需求与国际地位，真正确立我国社会科学在世界学术舞台中的影响力依然任重道远。笔者对基本科学指标数据库（Essential Science Indicators，ESI）检索发现：2008—2018年间，中国（不含港、澳、台，下同）在社会科学总论（Social Sciences，General）领域的前1% ESI被引论文678篇，不到美国的七分之一。对社科类ESI高被引文章里按照被引频次降序排列，前100篇成果中无中国学者参与，前200位中仅有1篇论文有中国学者参与贡献且不是主要作者。中国地区期刊在3 483种SSCI来源期刊中只有11种位列其中。①这在一定程度上客观反映了中国社会科学在世界学术舞台的地位还没有真正树立起来，在总体上尚不足以实现与学术强国进行平等对话或施加影响。有鉴于此，本文提出我国社会科学国际影响力与学术话语权的理论分析框架，并对未来该领域的研究进行展望。②

二、"走出去"发展战略与国际影响力总体性分析

（一）发展方针与战略研究

提高中国社会科学的国际影响力与学术话语权是中国学人早有思考之议题。随着中国国际地位和综合国力的不断提升，中国哲社"走出去"发展战略的推进，中国学者立足我国国情，聚焦党和国家相关路线、方针、政策，在理论诠释和宣传教育上进行了深入介绍。内容涉及对党和国家关于哲学社会科学发展的基本方针、指导思想和发展方略的分析，对各级各类教育和科研主管部门所制定的规章、发展细则和具体组织办法的研究，以及对习近平总书记对外开放重要论述的研究等。这些阐释与解读在坚定理想信念、统一思想和激发中国学界团结奋进方面起着积极推动作用。除了《求是》《光明日报》

---

① 数据来源于作者通过对复旦大学图书馆对InCites数据库的在线分析，检索日期2020年10月。
② 人文、社科及哲社这三个术语既紧密联系又有所区别，在政策、科研与现实生活中经常互换使用。本文中的社会科学，若无特别指出，沿用联合国教科文组织（UNESCO）与国际社会科学理事会（ISSC）合作推出的《世界社会科学报告》系列（World Social Sciences Report）所采用的狭义界定的社会科学，即不包括哲学等人文学科。中国社会科学研究指的是中国大学及科研机构参与贡献或主导的社会科学研究成果。

《人民日报》等党的理论探讨与宣传主阵地刊物之外,国内学者也从各自学科领域对重要思想、理论及政策进行了深入阐释与研究。①

(二)发展方向和对象建构探讨

在中国社会科学研究的发展方向上,一些学者回顾了中国社会科学研究百年发展史,提出中国社会科学研究发展的多阶段论。② 中国社会科学发展的对象建构是学界关注的另一热点问题。不少学者提出中国社会科学研究的对象不仅要关注官方话语,还要着眼于话语实践;不仅要关注中国议题,也要关注全球议题;不仅要关注中国历史和现代化进程,还需要关注世界历史和现实。③ 囿于篇幅,笔者在此不一一枚举赘述。

(三)实现路径与评价机制的规范性研究

如何推进中国社会科学走向世界以及怎样评价这一进程发展的标准也是中国社会科学界广泛关注的议题。中国社科学者和科研管理者对此进行了多方探讨,形成共识的主要观点如下。

首先,应尊重科学规律和学科文化的差异。对中国社科成果及科研人才的国际影响力进行评估需要关注到不同学科之间以及学科内部存在的重大差异。④ 其次,需开展多元化多维度评价。国际论文发表的数量与引用在一定程度上反映了社会科学研究的国际化

---

① 龙迎伟、陈若松:《"一带一路"推动我国国际话语体系建设》,《人民日报》2015年9月18日;张志洲:《国际话语权建设中几大基础性理论问题》(2017年2月27日),中华人民共和国国务院新闻办公室,http://www.scio.gov.cn/zhzc/10/Document/1543300/1543300.htm,最后浏览日期:2023年3月8日;韩庆祥、陈远章:《以中国元素的凸显提升国际话语权》,《光明日报》2014年,第12—17页。
② 周晓虹:《当代中国研究的历史与现状》,《南京大学学报》(哲学·人文科学·社会科学)2002年第3期,第227—236页;邓正来:《学术与自主:中国社会科学研究》,北京大学出版社2008年版。
③ 黄宗智:《认识中国:走向从实践出发的社会科学》,《中国社会科学》2005年第1期,第83—93页;任剑涛:《重思中国社会科学的本土化理想》,《广州大学学报》(社会科学版)2020年第3期,第5—18页;唐世平:《少沉迷中国历史,多了解世界文明》,《各界》2016年第4期,第50—51页;周晓虹:《当代中国研究的历史与现状》,《南京大学学报》(哲学·人文科学·社会科学)2002年第3期,第227—236页;熊易寒:《中国社会科学的国际化与母语写作》,《复旦学报》(社会科学版)2014年第4期,第116—123页;李小云:《中国社会科学的学术自主与文化自觉》,《文化纵横》2018年第5期,第42—44页;汪晖:《中国叙事与全球视野》(2021年8月18日),爱思想,https://m.aisixiang.com/data/128115.html,最后浏览日期:2023年3月8日;苏长和:《敢于用中国本土概念解释别人》,《北京日报》2016年1月4日。
④ 邱均平、文庭孝:《评价学:理论·方法·实践》,科学出版社2010年版;苏新宁:《面向知识服务的知识组织理论与方法》,科学出版社2014年版;徐芳、李晓轩:《跨越科技评价的"马拉河"》,《中国科学院院刊》2017年第8期,第879—886页。

程度和影响力水平，但仅关注国际期刊论文的科研评价方式具有局限性。学术专著和科研成果的国际社会影响力也应纳入评价体系。研究质量的判断应根据成果（论文、著作等）的实质性内容，由具有学科背景知识的专家进行同行评议和价值判断。① 最后，要提升研究质量，加大外向输出。作为世界文明的一个重要组成部分，中国的社会科学研究不是也不应该是只适用于中国的特殊的社会科学理论与方法。提高我国社会科学研究的国际影响力，需要提升外向输出的能力，探索切实可行的推进中国期刊"走出去"和优秀成果外译的策略，推动我国哲学社会科学优秀成果和优秀人才走向世界。②

三、国际学术话语权的相关研究

不同于国际影响力研究，学界对国际学术话语权的探讨尚处于萌芽状态，相关研究散布于国际关系、传播学和信息科学领域。本文首先对相关研究所涉及的基本概念和理论进行溯源和厘清。

（一）话语权与国际话语权

话语权（power of discourse）研究最具代表性和影响力的成果是法国的米歇尔·福柯（Michel Foucault）的话语结构理论和安东尼奥·葛兰西（Antonio Gramsci）的文化霸权理论。③ 福柯认为话语是权力，话语权就是统治权，人们可以通过话语赋予自己权力并将其转化成斗争的手段和目的。葛兰西的文化霸权（cultural hegemony）理论指出统治阶级的思想文化意识形态只有在获得被统治阶级的认同后，方能实现统治阶级的思想文化意识形态领导。在国内学界，"话语权"概念的明确提出最早可追溯到 20 世纪 90 年代，一批文艺批评家提出审美评论应保留对人文精神探索的话语权力。之后，对国际话语权的讨论长期聚焦在国际关系领域，近年来传播学领域也开始关注这一议题。

---

① 汪雪锋、张硕、刘玉琴等：《中国科技评价研究 40 年：历史演进及主题演化》，《科学学与科学技术管理》2018 年第 12 期，第 67—80 页；唐莉、潘虹、杨寓涵等：《我国科技评价制度建设与研究：政策变迁与研究进展》，《创新科技》2022 年第 1 期，第 21—29 页。
② 孙国东、林曦：《话语争夺与中国社会科学的"知识转型"》，《中国社会科学辑刊》2009 年第 3 期，第 139—145 页；沈壮海：《试论提升国际学术话语权》，《文化软实力研究》2016 年第 1 期，第 97—105 页；郑杭生：《学术话语权与中国社会学发展》，《中国社会科学》2011 年第 2 期，第 27—34 页。
③ Foucault M, "Orders of discourse", *Social Science Information*, Vol. 10, No. 2, 1971, pp. 7-30; Gramsci A, *Selections from the Prison Notebooks*, Wilbraham: International Publishers, 1971.

当前，国际话语权的内涵界定有以下观点：建构主义理论提出国家实体通过话语建构自己的身份，并在国际交往中形成积极对话与互动，以最终实现身份为他国认同的能力；现实主义国际关系理论强调国际话语权，旨在通过话语表达来最大程度维护本国国家利益；文化领导权理论认为国际话语权的核心是特定行为主体的意识形态或理念、价值观在国际社会中得到他国理解和认同，形成较强的文化吸引力。①

（二）学术话语权与国际影响力

随着中国参与全球治理实践的不断深入，国际话语权按照话语场域及功能的不同被进一步细分为学术话语权、舆论话语权和制度话语权。② 本文聚焦的学术话语权（power of academic discourse）目前还是发展中的中国场景下的一个概念，其内涵的界定和体系评价测度尚未形成共识。③ 近年来学界多倾向"权力"或"影响力"的界定，即权威话语者对客体的多方面影响。④ 国际话语传播不仅仅是国家或政府的责任，权威民间组织、专家学者甚至普通民众的有效参与也会扩大对外话语传播群体而增强传播效果；而其中国际学术话语权的提升将由于学者本身的权威性、理论的逻辑性更容易被国际社会认同和接受。⑤ 在指标测度上，情报学领域学者对国际学术话语权的评估体系进行了有益的尝试。

---

① 郭璇：《全球治理中国方案的话语建构与国际认知》，上海外国语大学国际政治专业博士学位论文，2018年；梁凯音：《论国际话语权与中国拓展国际话语权的新思路》，《当代世界与社会主义》2009年第3期，第110—113页；孙吉胜：《中国国际话语权的塑造与提升路径：以党的十八大以来的中国外交实践为例》，《世界经济与政治》2019年第3期，第23—24页。
② 邢丽菊、赵婧：《国际话语权视域下的中国国家形象建设：挑战与对策》，《东北亚论坛》2021年第3期，第111—126页；中国外文局当代中国与世界研究院：《中国国家形象全球调查报告2019》，2020年；张志洲：《国际话语权建设中几大基础性理论问题》（2017年2月27日），中华人民共和国国务院新闻办公室，http://www.scio.gov.cn/zhzc/10/Document/1543300/1543300.htm，最后浏览日期：2023年3月8日。
③ 周欣平：《占据国际视野：提升中国学术话语权新思维》，《人民论坛·学术前沿》2012年第12期，第47—52页；谢群：《学术期刊国际化与国际话语权的竞争》，《学理论》2014年第10期，第172—173页；王兴：《国际学术话语权视角下的大学学科评价研究：以化学学科世界1 387所大学为例》，《清华大学教育研究》2015年第3期，第64—75页；韩庆祥、王海滨：《提升中国哲学社会科学的话语权和影响力：以"理论的命运"为例》，《中国特色社会主义研究》2014年第3期，第9—14页；丁元竹：《构建国际学术话语权》，《中国社会科学》2017年第6期，第3—7页。
④ 郑杭生：《学术话语权与中国社会学发展》，《中国社会科学》2011年第2期，第27—34页；沈壮海：《试论提升国际学术话语权》，《文化软实力研究》2016年第1期，第97—105页；胡钦太：《中国学术国际话语权的立体化建构》，《学术月刊》2013年第3期，第5—13页。
⑤ 唐莉：《科研创新助力国际传播与话语权建设》，《中国社会科学》2021年第7期，第6—17页。

四、国际影响力与学术话语权分析框架

(一) 研究不足

上述相关研究成果为中国社会科学研究的国际影响力和学术话语权提供了有益的学术基础和积累。通过对前人文献的梳理与思考,本文认为该议题尚存以下研究空间,主要表现在以下几方面。

第一,宏观层面上中国社会科学国际影响力与学术话语权的规范性研究与微观层面上的实证研究各自"坐"在两张不同的桌子上,缺乏充分对接沟通,没有很好兼容。第二,已有对中国社会科学国际影响力评估的实证研究存在以下不足:(1)缺乏对我国社会科学不同学科及研究领域的比较分析;(2)对我国社会科学在历史发展进程中的整体性研究与阶段性特征分析不足;(3)缺乏与其他主要发达国家的差异性研究;(4)描述性分析多,归因研究少,对实证发现的现状及动态发展趋势的机制诠释未给予足够关注,对从国家战略完善和机制布局上如何提升中国社会科学国际影响力和学术话语权建设的探讨不足。第三,尚未形成系统的话语权理论分析框架,从而导致已有国际影响力研究呈现碎片化状态,研究结果及发现难以整合或进行交叉稳健检验。第四,对新时期中国社会科学国际学术话语权建设面临的机遇与挑战缺乏深入讨论。全球疫情的反复、第四次工业革命的兴起、国际关系格局的不确定性等大背景带来一系列人类社会发展共同面临的错综复杂问题,也给中国社会科学发展带来了新的机遇与挑战。

(二) 一个整合理论分析框架

毋庸置疑,对我国社会科学国际影响力进行评价和国际学术话语权建设是一项复杂的系统工程,需要理论支撑和实证研究"双轮"驱动,定性评价与定量指标相结合,长时序、宽空间、多维度地进行探索。本文在已有研究①的基础上进一步拓展,抛砖引玉,尝试提出"谁在说(WHO)—说什么(WHAT)—如何说(BY WHICH)—谁在听

---

① 潘虹、唐莉:《智库专家与国际学术话语权:基于调节中介模型的探索性研究》,《科学学与科学技术管理》2020年第10期,第3—19页;唐莉:《科研创新助力国际传播与话语权建设》,《中国社会科学》2021年第7期,第6—17页。

(TO WHOM)—效果如何（HOW）"的5W要素理论分析框架（见图1），来把握我国社会科学国际影响力机理和学术话语权建设路径。"谁在说"关注的是学术话语主体。在世界学术共同体内，话语权的主体是高校教师和科研机构研究人员等。尽管成果发表者众多，但真正引领学术发展的学者还是少数。在特定研究议题上，国际学术话语权掌握在哪些学者手里？哪些国家、研究机构以及学者在这些研究议题上是全球话语权的中坚力量？其中，具有话语权的中国学者及梯队有哪些？对这些事实有了基本了解之后，方可甄别、吸引和培育具有全球影响力的社科学者，才能有效落实新时代的人才强国战略与世界重要人才中心和创新高地的建设。①

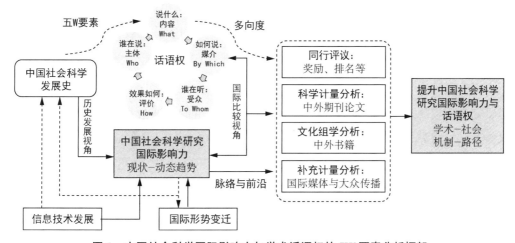

图1 中国社会科学国际影响力与学术话语权的5W要素分析框架

"说什么"指向学术话语内容。不同于政治话语和日常话语，学术话语是指由特定概念组成并具有一定学理、逻辑支撑的话语。②中国社会科学界关注的学术话语是什么？与国际同行研究内容有何异同？我国社会科学研究的话语内容在国际学术舞台的当前站位及动态趋势有何特征？哪些议题、研究范式走在了世界前沿？有哪些理论或研究方法在国际知识体系中处在相对落后的位置？我国社会科学整体、不同学科领域以及特定议题在知识生产与传播过程中分别呈现出哪些规律？影响的地理分布及场域具有什么特征？

"如何说"指的是学术话语传播的平台、载体及守门人。话语的有效传播不仅受话语主体与话语内容的影响，传播机制的作用也很重要。国际学术话语权亦不例外。作为学

---

① 习近平：《深入实施新时代人才强国战略 加快建设世界重要人才中心和创新高地》，《求是》2021年第24期，第12—15页。
② 秦宣：《正确处理政治话语与学术话语的关系》，《中国青年社会科学》2019年第3期，第9—13页。

术话语的重要载体和执行手段,"如何说"要素包括:学术话语载体(如学术论文、书籍、影视作品)、展示和传播学术成果的平台(如学术期刊、出版社、新闻、大众媒体)、话语守门人(决定学术话语进入特定共同体传播的编委、导演、制片人)等。

"谁在听"讨论的是学术话语的受众及被影响者。引用或被评述是学术影响力和知识溢出的常用指标。中国科研成果和中国学者被哪些国家的学者、媒体引用或评述?世界不同语言/地区的受众呈现怎样的特征?这些是测度及建设中国社会科学研究国际学术话语权的一个重要维度。

"效果如何"强调的是话语的影响力及产生的后果。认同和接受是话语权的题中之义。现实中话语的影响力与后果可能是预期的,亦可能是意料之外的;可能是正向的,亦或是负面的。建立和培育国际受众对知识传播主体与内容的信任关系是国际影响力的关键。对于走向世界的中国社会科学来说,提高研究成果的国际学术话语权不仅仅需要学术主体要讲故事,关键是要讲"好"故事;不单单要走出去,更要走"进"去。社会科学研究话语权的这一要素反映在话语受体的接受和价值塑造效果。只有更多具有良好国际声誉与号召力的中国学者在全球事务和学术舞台上发出声音,中国在全球治理中的影响力才会更强。①

从"说者言说"到"受众接收",中国社会科学的国际影响力与话语权建设理论分析框架应该覆盖国际学术话语创作者、学术话语传播内容、话语传播平台/守门人/载体、学术话语影响受众及产生后果五个方面内容。该5W要素框架的提出是一种理论分析框架的有益尝试,希冀未来国际学术话语权的理论研究能继续回应以下两大问题。

第一,将中国社会科学学科建制、信息技术发展以及国际格局纳入中国社会科学国际影响力提升的研究视野,将话语权建设的驱动因素与影响后果纳入循证决策的分析框架。中国社会科学研究国际影响力与学术话语权的提升依赖于个体、组织和体系三个层面的协同建设。单独注重个体层面(比如全球延揽人才)而不加强科研机构以及国家创新体系的制度和学风建设,社会科学研究的效能将受到很大制约,影响力提升空间及可持续性有限。如前所述,当前该领域已有宏观层面的规范性"应然"探讨与微观层面上的"实然"分析割裂现象比较突出。5W理论分析框架的提出,将话语权建设的应然探讨、国际影响力的实然现状以及话语权建设机制进行对接。这在一定程度上有益于实证

---

① 唐莉:《科研创新助力国际传播与话语权建设》,《中国社会科学》2021年第7期,第6—17页。

研究跳出数据分析的窠臼,依据话语权传导机制与主要影响因素的研究发现为政策制定提供科学支撑。如图1所示,未来研究需从历史发展和国际比较两个视角对中国社会科学走向世界的经验和教训进行总结和反思,全面科学地把握我国社会科学发展脉络及其在国际上的学术与社会影响力全景图,从而从宏观战略布局和微观机制构建两个层面为我国哲社"走出去"国家战略提供新的经验支持与学理依据。

第二,将国际影响力的多方位测度与中国国内话语体系建设进行对接。值得一提的是,目前我国社科成果国际影响力和话语权实证研究多基于科学计量分析。但不管是科学计量、文化组学、网络社交媒体分析,还是传统的专家评议,所依据和分析的侧重点不同,具有其存在的独特价值,也都有内在的缺陷与不足。单独使用某一种分析方法,只能覆盖对学术成果及传播方式的子集分析,其发现难以反映我国社科发展的整体规律、不同模式及场域的国际影响力。如何使用更全面的数据和方法对中国社会科学研究成果(国际期刊论文、中文期刊论文、中文书籍、外文书籍等)的国际影响力进行多方位测度是该议题长期未能解决的关键问题。未来研究应结合同行评议与定量评估等多种方法,将中外书籍引文、谷歌语料库、国际媒体对社会科学研究的报道等纳入中国社科影响力的评估框架中,在全面分析我国社会科学发展动态、研究前沿及对人类社会知识体系的贡献基础上探讨如何在国内加强建设具有中国特色的话语体系基础工程。

五、结　语

作为认识人类社会、改造世界的重要工具,社会科学是推动历史发展和社会进步的重要力量。科学技术越进步,人文社科研究越应该大力发展。值得强调的是,加强中国社会科学国际影响力和学术话语权绝不意味着对中国历史文化的淡化和现实社会情境的疏离。中国社会科学发展在历经取经—效仿—自觉之后,在提升国际影响力的同时应加强本土化建设和中国特色哲学社会科学话语体系构建。[①] 当前,国内正处在全面建设小康社会,开创中国特色社会主义建设新局面的关键时期。新的历史时期亟待中国社会科学研究带来观念上的革新和制度上的创新,为中国政策制定与优化提供理论支撑与决策参

---

① 王绍光:《中国政治学三十年:从取经到本土化》,《中国社会科学》2010年第6期,第15—23页;谢伏瞻:《加快构建中国特色哲学社会科学学科体系、学术体系、话语体系》,《中国社会科学》2019年第5期,第4—22页。

考。国际上政治格局正发生巨大变化,挑战与机遇将长期并存。中国社会科学研究立足国情的同时需要具有全球视野,在本土关怀之外也需知晓其他国家(包括欧美主要发达国家、"一带一路"周边国家等)的现状及发展态势。中国需要首先参与到世界范围内社会科学研究的对话中,然后在国际已有学术共识的基础上通过创新的理论与先进的研究设计来获得话语权。只有高质量、严谨的研究成果方能在世界学术舞台上与国际同行进行平等对话、沟通、辩论,方能产生国际影响力,提升国际学术话语权,更好地为我国现代化建设和积极有效参与全球治理实践提供科学基础。

(本文原载《科学学与科学技术管理》2022年第43卷第5期,原标题为《中国社会科学国际影响力与学术话语权研究——现状、理论分析框架及展望》,收入本文集有删改)

国家
制度与治理

政党中心的国家治理

复旦大学国际关系与公共事务学院教授　郭定平

在改革开放 40 年以来波澜壮阔的历史画卷中，中国共产党的领导无疑是最为光彩夺目的篇章。本文将从比较政治的理论视角和政治发展的历史脉络总结中国共产党领导下多党合作以及完善国家领导制度、推动国家治理体系和治理能力现代化的基本经验，为建设中国特色社会主义现代化强国和推动中国政治文明的复兴提供有益的启示。

一、政党中心主义的新视角

中国共产党在 1921 年诞生以来的百年奋斗历程中，不仅是中国革命从胜利走向胜利的中流砥柱，更是中国特色社会主义现代化建设的坚强领导核心。但是，在中国改革开放后的一段时期，国内外中国研究学者对中国共产党的研究并不重视，相关研究呈现出一定的沉寂和衰落趋势。究其原因，主要是与当代中国政治研究中存在的若干主导研究范式有关。

第一，政治发展与转型研究范式。在此范式的影响下，国内外很多学者研究中国的政治改革与政治发展，注重研究人民代表大会制度、政府机构改革、公务员制度、中央与地方关系等方面，而中国共产党研究则出现了一定的被边缘化倾向。一些学者自觉或不自觉地受西方民主观念的影响，将中国的政治民主化与共产党领导对立起来，认为在中国共产党的领导下不可能实现真正的民主，不可能有真正的政治发展与转型。

第二，国家与社会关系研究范式。受此范式影响的学者对中国的国家与社会关系的变动感兴趣，特别是市场化改革导致的全能主义国家的衰微和社会力量的成长，并从中探寻中国民主化的推动力量和可能前景。在此研究范式的主导下，很多中国政治研究要么是国家中心的，要么是社会中心的，前者关注国家制度，诸如立法、行政、司法机关的改革，后者集中研究非政府组织等所谓推动民主化的力量。中国共产党研究始终未能纳入学者们的研究视野，最多只是作为国家的附属物一笔带过而已。

第三，国家治理研究范式。中国著名政治学家俞可平认为，治理是官方和民间的各类组织运用权力、调动资源去引导、控制和规范公民活动，以最大限度地实现公共利益。① 由此可见，治理强调的是多元主体的合作与协同治理，其中政党没有什么特殊地位和作用，至多只是多元主体之一。即便在党的十八届三中全会明确提出要推进国家治理体系和治理能力现代化之后，中国共产党仍然没有成为中国国家治理研究的中心内容。这种状况固然与很多学者对治理的理解有关，恐怕更为重要和深层的原因是没有从中国的本土经验出发，没有把国家治理理论与中国国家治理实践有机结合起来。

由于以上原因，本文将在研究当代中国国家治理的过程中引入政党中心主义的新视角。政党中心主义坚持认为，政党不仅具有代表功能，更重要的是具有治理功能，实现利益表达和利益聚合，主导政策制定和政策执行，政党在国家治理中居于中心地位，发挥核心作用，整个国家治理体系以政党为中轴而构建，整个国家治理过程由政党主导而展开。当代政治研究表明，政党是现代政治中最重要的主体，世界上绝大多数国家均由政党主导进行国家治理。早在20世纪中期，著名政治学家E. E. 谢茨施耐德（E. E. Schattschneider）就曾经指出，"政党并不是现代政府的附属物；它们处于现代政府的中心，并扮演着决定性和创造性的角色"。② 20世纪末期，正当有的学者热衷于讨论西方政党的衰落时，理查德·S. 卡茨（Richard S. Katz）和彼得·梅尔（Peter Mair）敏锐地观察到西方政党模式的转型和一种"卡特尔"政党的出现，这种政党与国家相互渗透，在国家治理方面表现得更为强大。③ 中国在鸦片战争之后，传统的国家政治秩序和官僚统治体系分崩离析，不得不由新的政治力量组织起来，这个取代传统权威的新的政治力量就是政党。不但中国走上了政党主导的制度变迁之路，很多其他发展中国家都不约而同地走上了政党主导下的制度变迁道路。这就是杨光斌提出的制度变迁中的"政党中心论"。④ 林尚立在论述中国社会主义国家建设时就提出，"政党主导"是中国现代化发展的基本政

---

① 俞可平主编：《全球化：全球治理》，社会科学文献出版社2003年版，第10—13页；俞可平：《增量民主与善治——转变中的中国政治》，社会科学文献出版社2003年版，第155页。
② [美] E. E. 谢茨施耐德：《政党政府》，姚尚建、沈洁莹译，天津人民出版社2016年版，第44页。
③ Richard S. Katz and Peter Mair, "Changing Models of Party Organization and Party Democracy: The Emergence of the Cartel Party," *Party Politics*, Vol. 1 (January, 1995), pp. 16-17.
④ 杨光斌：《政治变迁中的国家与制度》，中央编译出版社2011年版，第182—219页。

治逻辑。① 由此来看，以政党为中心研究中国国家治理不仅具有理论依据，而且更加符合中国实际。

如果要在国家治理过程中真正体现政党中心主义，就必须正确处理政党与国家的关系问题。从比较政治学的视野来看，政党与国家在产生方式、政治法律地位和力量对比三个维度上呈现出不同的嵌入关系。追溯政党与近代国家形成的历史演变轨迹，大致可以总结出四类政党与国家的嵌入模式，分别为政党嵌入国家模式、国家嵌入政党模式、政党-国家互嵌模式和政党-国家脱嵌模式。例如，17世纪末英国的辉格党与托利党在议会内部的斗争中产生，并非塑造民族国家的主导角色，而且一直在国家制度范围内开展活动，因而是一种政党嵌入国家模式。在苏联的斯大林时期，国家机器的运转由政党所掌控，可以视作国家嵌入政党模式的代表。政党-国家互嵌模式下政党与国家互相渗透、协同合作，新加坡的人民行动党和政府高度一体化，就是这一模式的典型。政党-国家脱嵌表现为国家取缔原体制内的政党或国家内产生出反体制政党，如德国魏玛共和国时期，在民主的宪政体制下产生出反体制的法西斯政党，法西斯政党掌握国家政权后随之取缔政党活动。虽然国家嵌入政党模式也是一种政党中心主义，但是由于缺乏法治保障容易出现政治腐败与个人专断，无法走向善治。比较而言，只有政党-国家互嵌模式才可能实现政党中心的国家治理。

二、中国国家治理的新模式

中国在长期的政治文明发展中积累了丰富的国家治理经验，并经历了若干重大模式变迁。概而言之，自古至今先后有古代的君主中心的国家治理模式、近代的军阀中心的国家治理模式和现代的政党中心的国家治理新模式。

第一，君主中心的国家治理模式。自秦汉建立统一的中央集权国家直至清末的两千多年中，君主一直是国家治理的中心。从秦汉到隋唐，从宋元到明清，中华文明绵延不绝，并不断走向辉煌，在清朝一度出现了所谓康乾盛世。但是，在两千多年的历史长河中，君主的中心地位始终如一，并不断加强。虽然中国历史上关于国家最高统治者的称谓存在"王""天子""皇帝""帝王""君主"等不同的表述，但是这个最高统治者的地

---

① 林尚立：《当代中国政治：基础与发展》，中国大百科全书出版社2017年版，第110页。

位和权力是基本一致的。根据刘泽华的概括,君主的权力特征可以概括为"五独":天下独享,地位独尊,势位独一,权力独揽,决事独断。① 这种国家统治是一种典型的人治,治理好坏完全依赖于君主的德行修养,因此在中国历史上一再出现"人存政举、人亡政息"的现象就毫不足奇了。

第二,军阀中心的国家治理模式。在中国政治文明的历史长河中,这只是昙花一现的过渡模式,是从传统的君主中心的国家治理模式向现代的政党中心的国家治理模式转变的一段小插曲,从其破坏性的后果来看也可以说是新模式诞生前的阵痛期。太平天国运动的兴起和地方武装力量的发展改变了晚清国家的政治力量之间的平衡,其结果就是旧的政治秩序的崩溃和军阀势力的扩张。著名中国问题专家魏斐德(Frederic Wakeman, Jr.)在分析曾国藩、李鸿章的地方军事力量发展的影响时就指出:曾国藩提拔李鸿章成为他的接班人之后,"军事地方主义在李鸿章的推进下,向20世纪的军阀主义又迈进了几步"。② 20世纪的北洋军阀统治直接来源于清末的袁世凯小站练兵、建立北洋六镇。袁世凯曾经担任北洋大臣、直隶总督,北洋军阀首先就是指袁世凯这个军阀头目独揽大权,再就是指各路军阀在袁世凯的卵翼之下争权夺利,然后就是由此引起的连年军阀混战,生灵涂炭。北洋军阀虽然采用新式兵制,配备洋枪洋炮,甚至聘用外国军事顾问,但是治军仍然是依靠封建传统的个人效忠、服从报恩观念。他们没有什么现代国家治理的思想纲领和政策目标,只是不断依靠武力争夺地盘、权力和利益,因而导致国家长期处于分裂割据状态。这种政治分裂和军事割据,客观上为新型政治组织的兴起和发展创造了条件。正是在这个意义上,孔凡义认为,"军阀政治是衔接君主政治和政党政治的中间过渡形态"。③ 中国政党政治的发展肇始于孙中山的建党实践和建党思想。1924年孙中山对国民党进行改组,开始全面建立以党治国的政治制度。蒋介石建立南京政府之后,更是不遗余力地推行国民党的一党专制,以党治国,以党治军。尽管如此,蒋介石的国民党政权始终强调军事斗争,牢牢掌握军权,最终蜕变为新军阀统治。

第三,政党中心的国家治理模式。这是中国共产党在1949年之后逐步建立的新的国家治理模式。新中国建立之后,共产党成为执政党,为了加强党的领导,在国家政治生

---

① 刘泽华主编:《中国政治思想通史·综论卷》,中国人民大学出版社2014年版,第327页。
② [美]魏斐德:《中华帝国的衰落》,梅静译,民主与建设出版社2017年版,第166—178页。
③ 孔凡义:《近代中国军阀政治研究》,中国社会科学出版社2010年版,第48页。

活中普遍实行了党的一元化领导。当时党中央的最高领导核心是中央政治局和书记处。书记处的构成及职能相当于后来的中共中央政治局常委。在政府系统，为了实现和加强中国共产党的领导，中央决定在中央人民政府内组织和建立中国共产党委员会和中国共产党党组。1953年在全国范围内开展反对分散主义、地方主义斗争后，政府工作按性质划分为工交口、财贸口、文教口、政法口等，由同级党委的常委（后来是分管书记）分口负责，以加强对政府行政工作的领导。不久便在各级党委下设计划工业部、财政贸易工作部、交通运输部、农村工作部等。各工作部与政府行政机关的业务部门相对应，进行对口管理，以管理干部为主。1958年6月，中共中央发出《关于成立财经、政法、外事、科学、文教小组的通知》指出，大政方针和具体部署都是实行党的一元化领导，党政不分。随着中央一级执政党与政府行政部门关系的变化，地方各级党组织与政府行政部门也相应发生了变化。"文化大革命"开始后，党的组织和国家机关从中央到基层遭到严重破坏，民主党派的组织活动处于停顿状态，党对国家事务的领导也受到极大损害，党的一元化领导在有的地方变成了个人领导，有的甚至变成了无法无天、无领导。党的一元化领导在开始阶段具有一定的政党中心主义特征，政党领导国家，或者国家嵌入政党之中。但是由于这种一元化领导缺乏制度和法治保障，政党领导自身就很快深陷危机之中，并使整个国家陷入混乱和遭受挫折，根本谈不上国家治理。

改革开放之后，以邓小平为核心的中国共产党领导人开始历史反思，深刻意识到实行党的一元化领导，党政不分、以党代政，实则削弱了党的领导，因此就提出必须改革和改善党的领导，实行党政职能分开。1987年中国共产党第十三次全国代表大会提出了党政分开的设想并进行了具体设计，指出政治体制改革的关键首先是党政分开，党政分开即党政职能分开。这些设想和尝试在随后的具体实施过程中碰到许多困难。从实际操作看，越到基层，党政分开越困难。

改革开放之后在探索党的领导方式方面之所以出现了一些曲折，其根本原因就是在反思"文化大革命"过程中出现了一种将中国共产党的领导与民主政治发展对立起来、把党的领导与国家治理分割开来的错误认识。随着中国改革开放的深入和社会主义市场经济的发展，我们对于党的领导、民主政治和法治建设的认识逐渐深刻和成熟。早在1993年，王沪宁就明确提出了在一党领导的政治制度下如何建成完善的民主政治体制的问题，认为一党领导的民主政治完全不同于西方民主，必须由我们来研究和发展其基本原则、程序和规范，这里涉及社会民主、党内民主、政治民主、党政关系、党与社会关系等一系列课题。① 1997年党的十五大就提出了依法治国、建设社会主义法治国家的基本方略,要求把党的领导、发扬人民民主和严格依法办事统一起来,从制度上和法律上保证党的基本路线和基本方针的贯彻实施,保证党始终发挥总揽全局、协调各方的领导核心作用。② 2002年党的十六大进一步提出发展社会主义民主政治,最根本的是要把坚持党的领导、人民当家作主和依法治国有机统一起来。党的领导是人民当家作主和依法治国的根本保证,人民当家作主是社会主义民主政治的本质要求,依法治国是党领导人民治理国家的基本方略。至此,经过改革开放以来多年的实践与探索,政党中心的国家治理模式基本成型,其总体原则和根本方向正式确立。

三、政党全面领导的新时代

中国特色社会主义进入新时代以来,坚持和加强中国共产党的全面领导已经成为一项重要的政治原则和一个重大的时代标志。这就进一步发展和完善了政党中心的国家治理模式,推动这一模式进入了政党全面领导的新时代。新时代坚持和加强党的全面领导主要体现在如下几大方面。

第一是全面从严治党,深入推进党的建设新的伟大工程,努力建设世界上最强大的执政党。全面从严治党是坚持和加强党的全面领导的基础和保证。只有全面推进党的政治建设、思想建设、组织建设、作风建设、纪律建设,把党建设成为强大的马克思主义执政党,党的全面领导才能形成社会共识,得到长期坚持和不断加强。在从严治党的过程中,不断提高党的全面执政能力,增强党的全面领导的本领,为坚持和加强党的全面领导提供强大的支持和有力的保障。党的十八大提出了建设学习型、服务型、创新型马克思主义执政党的重大任务,习近平在担任总书记后不久的2013年中央党校春季学期开学典礼上就系统地论述了全党同志特别是各级领导干部加强学习、增强本领的极端重要性,并强调指出:"把学习型放在第一位,是因为学习是前提,学习好才能服务好,学习好才有可能进行创新。"③ 十八大以来,以习近平同志为核心的党中央坚持把抓全党同志特别是领导干部的学习作为治国理政的一条成功经验,不断提升党的全面领导的能力和

---

① 王沪宁:《构筑中国特有的政治体系模式》,载高民政主编:《中国政府与政治》,黄河出版社1993年版,序言第9页。
② 江泽民:《江泽民论有中国特色社会主义》(专题摘编),中央文献出版社2002年版,第327页。
③ 习近平:《依靠学习走向未来》,载《习近平谈治国理政》,外文出版社2014年版,第403页。

水平。中央政治局以身作则、率先垂范，从党的十八大召开到 2019 年初中央政治局已经进行了 50 余次集体学习。与此同时，全面建立健全中国共产党巡视巡察工作制度，对于正风肃纪、反腐倡廉发挥了极大的推动作用。

第二是建立和健全党的全面领导的体制机制和法制。为了加强党的全面领导，十八大以来我们党进行了一系列卓有成效的制度建设的实践与探索。2013 年 11 月，中共十八届三中全会通过了《中共中央关于全面深化改革若干重大问题的决定》，同年 12 月 30 日，中央全面深化改革领导小组正式成立，习近平总书记担任组长。中央成立全面深化改革领导小组，负责改革总体设计、统筹协调、整体推进、督促落实。这是为了更好地发挥党总揽全局、协调各方的领导核心作用。① 中央深改组与一般的议事协调机构不同，是具有最高决策权的一种"超级联席会议"，参与者包括中央层面党政军、人大政协、公检法的负责人，相当于一种国家最高权力机关的联席会议。中央深改组成立后，大量深化改革的顶层设计密集出台。② 2018 年 3 月，中共中央印发了《深化党和国家机构改革方案》，决定将中央全面深化改革领导小组、中央网络安全和信息化领导小组、中央财经领导小组、中央外事工作小组分别改为中央全面深化改革委员会、中央网络安全和信息化委员会、中央财经委员会、中央外事工作委员会。规范与强化党组制度是十八大以来加强党的全面领导的另一项重要制度建设成果。党的十八大以来，中央高度重视加强党组建设，2015 年 5 月 29 日，中央政治局召开会议，审议通过了《中国共产党党组工作条例（试行）》。党的十九大之后新修订的《条例》于 2019 年 4 月 6 日正式施行。在建章立制的同时，党组在坚持和加强党的全面领导方面的作用也得到不断增强。2015 年 1 月 16 日，中央政治局常委会全天召开会议，专门听取全国人大常委会、国务院、全国政协、最高人民法院、最高人民检察院党组汇报工作，进一步体现了党中央的集中统一领导，是中国特色的政党中心的国家治理的生动体现。

第三是通过党和国家机构改革贯彻落实党的全面领导，发展和完善政党中心的国家治理模式。2018 年 3 月，中共中央印发的《深化党和国家机构改革方案》，提出要构建系统完备、科学规范、运行高效的党和国家机构职能体系，形成总揽全局、协调各方的党的领导体系，职责明确、依法行政的政府治理体系，推动人大、政府、政协、监察机关、

---

① 习近平：《关于〈中共中央关于全面深化改革若干重大问题的决定〉的说明》，载《习近平谈治国理政》，外文出版社 2014 年版，第 86 页。
② 杨龙、蒋欣然：《中国政策过程中的"双顶层"机制》，《南开学报》（哲学社会科学版）2018 年第 1 期，第 105 页。

审判机关、检察机关、人民团体、企事业单位、社会组织等在党的统一领导下协调行动、增强合力，全面提高国家治理能力和治理水平。这是对于新时代坚持和加强党的全面领导、发展和完善政党中心的国家治理模式的总体设计和宏观规划。根据中共中央关于党和国家机构改革的设计方案，在中国共产党机构改革方面，中宣部、中组部和统战部等中共核心部门接管了部分政府行政职能。在国家机构改革方面，2018 年 3 月 17 日，全国人大高票通过国务院机构改革方案，此轮国务院机构改革被视为 20 年来力度最大的中央政府机构改革，对于加强党的全面领导、完善国家治理意义重大。与此同时，全国人大审议并通过了《中华人民共和国监察法》，全面建立监察委员会制度。各级监察委员会同党的纪律检查机关合署办公，实现对所有行使公权力的公职人员监察全覆盖。党和国家机构的各项改革有利于加强党的全面领导，形成合力，实现党的领导、依法治国和人民当家作主的有机统一，标志着中国特色的政党中心的国家治理模式的更加成熟与定型。

四、政治文明复兴的新前景

中国政治文明的发展源远流长，内涵博大精深，自夏商周至今绵延数千年，不仅中国政治文明历史悠久世所罕见，更为重要的是其发达程度也令人惊异。早在春秋战国时期，中国就出现了与世界其他古代文明相媲美的政治思想与文化的发展与繁荣。在秦汉时期，中国就建立了统一的中央集权国家和相对完善的政府统治体系。正因为如此，钱穆在总结中国政治得失时才说，"中国政治比西方先进步"，相对而言，整个西方在政治经验上都比较短浅。[①] 从秦汉经过隋唐到明清，中国的传统政治文明在吸纳与融合周边各个民族文化的过程中不断发展和完善，并逐渐达到顶峰。但是，在进入近代以后，西方一些国家在科技革命与工业革命的推动下率先走上了现代化道路。近代中国积贫积弱，在西方列强的武装侵略和经济压迫之下，逐渐沦为半殖民地半封建社会。中国政治也不断走向停滞和衰败。

中国共产党领导中国人民经过艰苦卓绝的革命斗争推翻了反动统治，建立了新中国，翻开了中国政治文明发展的新篇章。特别是改革开放以来，在中国共产党的领导下实行政治体制改革，发展社会主义民主，推动民主的制度化、法治化，建立社会主义法治国

---

① 钱穆：《中国历代政治得失》，生活·读书·新知三联书店 2001 年版，第 177 页。

家，中国政治文明建设已经取得了长足的进步。这种政治文明的新形态就是党的领导、人民当家作主与依法治国的有机统一，集中体现为一种政党中心的国家治理新模式。新时代中国共产党的全面领导是马克思主义政治理论和建党学说与中国特色社会主义实践相结合的最新成果，既是借鉴和吸收人类政治文明的新创造，也是基于中国文明的新贡献。

从理论上来看，政党中心的国家治理创造了政治现代化理论的新范式。传统政治学中对政治现代化历史经验的建构大致分为两种基本路径：一种是主张个人权利的社会中心主义；另一种是强调国家自主性的国家中心主义。这两种分析范式虽然长期主导社会科学的研究，但是都忽略了政党作为一种跨越了国家与社会的整合性力量的重要作用，更未能充分认识到政党作为一种治理主体的中心地位，所以不能解释众多的后发国家政治现代化的历史。在新加坡等一些国家发展中，政党中心的国家治理确实取得了举世瞩目的巨大绩效，中国在改革开放过程中不仅注重学习借鉴这些成功经验，而且结合中国大国大党治理的实际不断创新发展模式。基于中国共产党建构国家、重塑社会并推动国家治理体系与治理能力现代化的经验，中国共产党的治国理政已经成功创造出了政党中心的国家治理的新范式，为研究其他发展中国家的政治现代化提供了新的理论视野。

从实践上来看，政党中心的国家治理提供了发展中国家政治现代化的新经验，为人类政治文明的多样化发展贡献了中国智慧与中国方案。西方政治实践强调分权与制衡基础上的政党竞争，非理性的政党竞争常常将治理危机锁定在一个无解的僵局之中。近年来西方国家的民粹主义泛滥和极端政党上台更是凸显了西方竞争性政党政治的乱象。中国坚持共产党的全面领导和实行共产党领导的多党合作和政治协商制度，这是一种新型政党制度，政党积极嵌入到国家治理过程之中，在经济、政治、文化、社会、生态各个领域发挥领导作用，创造了一种协商基础上的共治，与西方的政党竞争政治形成鲜明的对照。这就是人类政治文明发展中一种和谐合作的政党中心的国家治理新模式。这种模式的形成和发展不仅展示了中国政治文明复兴的新前景，而且将为推动人类政治文明的多元化发展做出新的贡献。

（本文原载《政治学研究》2019年第3期，原标题为《政党中心的国家治理：中国的经验》，收入本文集有删改）

国家战略和政府治理形态的统筹

复旦大学国际关系与公共事务学院教授　李瑞昌

治理已经成为经济学、社会学、政治学和公共管理学研究和实践中最流行的话语。[①] 但是，津津乐道的背后却凸显出治理的两个缺陷：其一，缺乏以国别具体状况为特征的治理分类，即还要概括出不同的治理形态；其二，治理中缺乏战略思维和内涵。[②] 针对第一个缺陷，各国采取符合本国实践的治理评价指标体系以构造治理对话平台；而第二个缺陷并未受到足够的重视。基于对中国治理未来的态势分析以及治理分类细化，本文提出"统筹治理"概念来描述和预测中国政府治理形态，试图将中国国家战略与政府治理形态契合起来，弥补治理中战略理念缺乏的弊端，并认为随着中国共产党治国理政能力的成熟，统筹治理可以扩展为指导经济、政治、社会和文化建设的治理形态。从表层意义看，统筹（plan as a whole）就是统一筹划的意思，但是从深层含义看，它是包括了五个步骤的一个过程：统一筹测（预测）、统一筹划（计划）、统筹安排（实施）、统一运筹（指挥）、统筹兼顾（掌控）。统筹的重点在于"统"，即整体性、全局观；而治理则是指多个主体参与的协商互动的过程。因此，我们将统筹治理界定为通过统一的谋划促使各相关行动者共同完成公共任务的运作过程。

一、统筹：国家战略管理的目标与手段

"统筹"本身是运筹学中的一个基本概念，其基本含义是通过对整体目标的分析，选择适当的模型来描述整体的各个部分之间、各部分与整体之间及它们与外部之间的关系，

[①] ［法］皮埃尔·卡蓝默：《破碎的民主：试论治理的革命》，高凌瀚译，生活·读书·新知三联书店2005年版，第5页。

[②] Reinhard Steur, "From Government Strategies to Strategic Public Management: an Exploratory Outlook on the Pursuit of Cross-Sectoral Policy Integration," *European Environment*, Vol.17, 2007, pp.201-214.

制定相应的评价指标体系，并用其分析事实和得出对全局最有利的决策，以及依次协调各部分的目标和决策的一个长期行动过程。因此，在本质上统筹是一种思维和工作方法。但是，从中国国家与社会建设的历史看，对于"统筹"一词的含义正经历从作为战略任务到行动方法的转变。中国共产党十六届三中全会提出"五个统筹"的思想，"按照统筹城乡发展、统筹区域发展、统筹经济社会发展、统筹人与自然和谐发展、统筹国内发展和对外开放的要求，更大程度地发挥市场在资源配置中的基础性作用"。而在党的十七大报告中，增加了"统筹中央和地方关系，统筹个人利益和集体利益、局部利益和整体利益、当前利益和长远利益的关系，统筹国内国际两个大局"，使之成为"八大统筹"思想。那么，"统筹"思想在中国政治生活和学术研究中如何定位呢？从历史逻辑看，有三大定位：

其一，"统筹"思想既是战略部署又是战略实施的行动方法。"五个统筹"实际上是确定一项项战略任务，而完成诸项战略任务的基础手段是市场机制。为什么说是一项项战略任务呢？其根本原因是，这五个统筹的思想并没有形成一个整体性目标，而且没有一个实现"五个统筹"的根本方法。而"八大统筹"则是将"统筹"作为一种工作方法。从"五个统筹"到"八大统筹"并不仅在于统筹内容的数量变化，而在于统筹意旨发生根本性变化。在中共十七大报告中，"统筹"一词贯穿于全文，前后使用16次之多，如"统筹党委、政府和人大、政协机构设置，减少领导职数，严格控制编制"。统筹是作为实现科学发展观的根本方法，即"科学发展观，第一要义是发展，核心是以人为本，基本要求是全面协调可持续，根本方法是统筹兼顾"。因此，"八大统筹"的整体目标是建立和谐社会，分目标是政治、经济、社会、文化等领域协调发展，指导思想是科学发展管理，方法是统筹兼顾。

其二，"统筹"作为战略管理最重要的一环，其基础性机制是多元的。社会主义市场经济体制的核心是市场，市场机制应该成为资源配置最基本的方式，因此，统筹发展过程的基础性机制是市场。为了实现经济发展目标与社会发展目标的协调，必然要求国家在宏观调控中发挥重要作用，政策和行政手段成为对市场机制的补充方式，于是，在统筹经济社会发展以及统筹人与自然和谐发展中政策、行政手段成为基本机制。从人类发展历史看，统筹的手段有市场方式、行政权力方式以及协商方式，前两类方式是比较常见的，而后一种方式更多被自治组织所用。人类历史长河中协调发展的时期并不多，因此，统筹手段的综合运用也相当罕见。但是，随着人类知识丰满、智识增长，以及社会问题复杂化，国家社会发展战略管理过程中，配套使用统筹手段成为构建和谐社会的重要策略。

其三，"统筹"的逻辑从"利益主导"向"战略引导"转变。市场经济运作过程中，利益是调整人们的行为逻辑起点，也是评价经济发展的一个可见度最高的指标，因此，利益主导是经济领域统筹相关项目选择和发展的核心标准。而要建设和谐社会，社会公平必然成为人们思考问题的出发点，也是政府实现二次或三次分配政策的指示器。因此，借助于战略安排，通过多种分配方式、多次分配形式可以保障社会公平的实现。利益主导的集体行动可以解决一些个案性、局部性问题，但是，对于全局性、整体性的问题必须借助战略来引导人们的统一行动。利益激励是一种低层次、直接的统筹兼顾的方式，而战略思维是高层次、间接的统筹兼顾的思路。国家通过战略规划，运用整体性思维解决重大问题，消除各类问题产生的根深蒂固的复杂机制，从而保证统筹工作的顺利进行。

在战略管理基本理论中，"统筹"重点在于解决国家发展战略中各种目标间、手段间与目标手段之间的关系问题。如果我们把目标间关系分为强化和冲突两种状态，手段间关系同样也有强化和冲突两种状态，那么，如果以目标间关系为横轴，而以手段间关系为纵轴，就可以形成五种管理状态（见图1）。

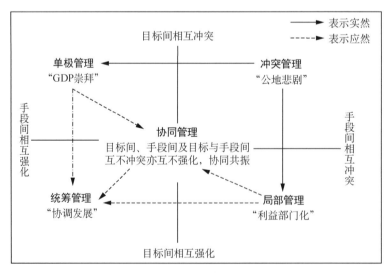

图1 目标和手段间关系类型

（1）单极管理，即目标相互冲突，手段却相互加强，最后导致某个目标达成，另外一些目标却流产了。例如，经济增长与环境污染两个目标相互冲突，但是，所有手段都以达成经济增长为目标，形成"GDP 崇拜"。

（2）冲突管理，由于目标间、手段间相互冲突，最后产生"公地悲剧"。

（3）局部管理，即目标间相互强化，而手段间却相互冲突，其典型案例是"利益部门化"。尽管中央政府有统一的政策目标，然而由于执行政策主体基于自己利益和领域的考虑而选择使用相互冲突的政策工具。

（4）统筹管理，即目标间、手段间相互强化；政策结果是协调发展、和谐共生。

（5）协同管理，即目标间、手段间及目标与手段间互不冲突亦互不强化，但是可以协同产生共振。

从中国政府管理历程来看，新中国历经短暂政府组织重建后，经历了"文革"的社会冲突管理。随后是波澜壮阔的改革开放 30 年，由于强调"以经济为中心"，一些政府部门的管理进入到"GDP 崇拜"的单极管理时代；同时，由于部门的分化，局部管理也成为政府行动的重要特征。"五个统筹"提出之后，各级政府以及政府各部门重新调整，部分政府实体进入到协同管理时期。问题就在于是否要等到所有政府部门全面进入到协同管理状态后，再进入到统筹管理呢？显然，"八大统筹"更突出"手段"功能，急切地希望绕过协同管理时期，直接进入到统筹管理状态。那么，问题就在于"统筹"的动力何在？

二、创新治理形式：政府变革的方向

1978 年之后的中国快速地向工业社会进入，工业文明开始给整个国家和社会带来财富和秩序，同时也给一些地区带来了生态恶化、环境污染等严重的自然遭受侵害的问题；同时，市场机制越来越深地嵌入到社会结构之中，收入分配方式的变化带来了人们生活水平的大幅度提高、生活自由选择度放大，也带来贫富分化和财富集中的问题，新贫困人口呈增长趋势。新的社会问题向政府提出了新的治理模式诉求。尽管中国政府治理模式并未严格经历公共行政、公共管理模式，但是，现代国家各种政府模式的一些内在机制已经在中国政府治理中广泛使用，也帮助解决中国农业社会、工业社会和信息社会并存的社会格局中的诸多矛盾。随着"八大统筹""资源节约型、环境友好型社会""和谐社会"以及"生态文明"等未来社会发展战略目标的提出，一场新的政府治理形式变革已经箭在弦上。

近年来，中国政府实践过程中推出了诸多革新性措施，如政务公开、公民参与、制定突发事件应急预案等。从这些革新措施中,我们可以发现前进中的中国政府治理的一些端倪。

(1) 预防型政府。当政府任务偏重于社会管理,那么政府结构功能分化必然导致政府行动更多地侧重于对社会问题的治疗而不是预防。治疗型政府更倾向于解决问题,而不善于发现问题。但是,社会问题一旦产生,社会成本已经形成,治疗无非是减少非预期的后果所形成的更大成本;因此,治疗型政府是一种高成本的政府,是一个注重短期思考的政府。[1] 治疗型政府的精力放在"灭火"上,大量时间耗费在解决纷繁复杂的"坏"问题上。而预防型政府偏重于发现问题,同时更注重预测预防问题的产生,力图通过各种系统协调发展防止问题产生,偏向于思考社会长期发展的问题。因此,预防型政府更热衷于全面发展的理念,更乐于使用统筹方式,更善于运用战略管理指导国家和社会规划的制定与实施。

(2) 服务型政府。服务型政府是与统治型政府、管理型政府相对立的治理形态。统治型政府张扬统治者或政权的权力、权威,忽视被统治者或公民的权利与利益;而管理型政府偏袒管理者的政策偏好和利益诉求,视公民为消费者而侵蚀公民的其他权利,管理型政府将社会的专业化管理奉为圭臬,加速族群分裂和社会子系统脱节。而服务型政府颂扬为人民服务的本质,讲究寓管理于服务中,并从两个层面着手于服务型政府建设:第一,不断提高公民参与公共活动的水平和层次。服务型政府首先是一个公众广泛且深度参与的政府,因为只有公民不同形式、不同层面的参与,才能准确地发现公众的需求,提供公众所需的公共服务,增加公众对政府的满意度。第二,细微审视服务内容。由于现代国家的政府是资源集大成者,是信息与资本最核心的分配者,因此政府提供的服务包罗万象,有特定的私人服务、公共服务、基本公共服务。针对不同类型的服务也有不同的提供方式和价值判断,如特定的私人服务是应要求提供且需要收费,其以盈利为价值取向;而公共服务则可能有些应申请而提供且收取成本费用,其以减少纳税人负担为价值取向;基本公共服务则是均等化提供,甚至无偿使用。

(3) 协作型政府。协作型政府是贯穿于现代治理理论和方式的一种政府模式。它抛弃了统治型政府的统治者独享权威的单极化,废除了管理型政府中管理者与被管理者两极分化的不平等,而倡导公共服务提供和社会秩序建构中各个参与者的平等地位、共同努

---

[1] Perri 6. Holistic Government, DEMOS, 1997, p. 30.

力,参与者之间不是等级关系而是一种伙伴关系;彻底调整权威政府居高临下的优越感,共同面对挑战、共同奋斗、打造共同利益;通过协商、沟通、契约、交易等各种手段破解集体行动的困境,维系一种平等、合作、利益共享互动式的社会关系。

(4)创新型政府。提高自主创新能力、建设创新型国家是国家发展战略的核心,也是提高综合国力的关键。创新型国家依赖于创新型社会和创新型政府双向运动,但最终仰仗于创新型政府。只要政府敢于进行政策创新,鼓励社会自主创新,激活企业和人才创新潜力,创新型社会鼎兴就会指日可待。政策创新需要政府组织结构、运行机制的创新。官僚制政府因官僚们的明哲保身、墨守成规、不求有功但求无过的陋习,遏阻了政府自身的创新能力和推动社会创新的步伐;管理型政府因管理者自利私欲膨胀,丢弃了培育创新社会的环境和制度空间,与市场主体争夺利益,泯灭了人们创新的信心。因此,每一个社会进步都要求政府自身进行变革,每一次行政改革都是在铸造一个新的政府形态,形成一个新的创新型政府。"八大统筹"所指向的和谐社会和生态文明建设,前无古人经验,只能通过政府自身创新,使用市场机制和政策工具点燃社会创新的火花,将政府变成创新的示范者、保障者和服务者。

三、统筹治理:国家战略和政府治理形态的契合

统筹治理是指通过战略规划和管理将治理参与者、治理的目标和手段有机联结起来,从而寻求与国家发展战略任务相适应的政府治理形态。任何政府治理形态都是对社会现实和未来要求的回应,因此,统筹治理作为一种政府治理形态,是适应于中国现存多种社会形态、多样文明并存的现实以及国家未来发展战略的可行方式。统筹治理不能彻底消除现存的以专业化和功能分化为政府组织设计依据的科层制模式,也并未消灭市场机制在公共部门中的运用,而是运用信息技术和现代知识在跨部门管理领域不断弱化功能分化,更娴熟地运用包括市场、科层、网络等在内的各类协调机制实行跨域治理。于是,统筹治理具有以下几个基本特征。

(1)统筹治理以问题为中心。在局部管理时期,政府对社会公共事务管理是以部门功能作为管理的逻辑起点的,针对的社会问题也通过将其定位于某个部门之后,从而达到管理责任明确的目的;局部管理的假设前提是所有的社会问题都是能被结构化的良好问题,问题部门化是局部管理的初始点。而事实上,大量的问题是跨部门、跨领域的,难

以有效结构化,因此,就需要统筹管理。那么,哪些结构不良的问题又能被作为统筹治理对象呢?"事关群众利益的突出问题",即公民关心却又无法在单个部门结构中解决的问题,如环境问题、青少年犯罪问题等。针对这些问题,既要通过全局统筹规划,形成整体性解决方案,又要着力推进,重点突破。

(2) 统筹治理目标是优质的服务和快速传递。社会管理和公共服务是服务型政府两项基本职责。在局部管理和单极管理时期,政府的工作重点放在社会管理上,而在统筹管理时期则开始更加偏向于提供基本的公共服务。而统筹治理时期则提供包括基本公共服务在内的公共服务以及政府服务,且讲究服务质量优质和服务速度快捷。

(3) 统筹治理机制主要有协调和整合。统筹治理的核心机制是协调和整合。协调是常见的一种行政手段,即通过激励和诱导多个任务组织、部门和单位、专业机构等朝向一个共同方向行动或至少不要侵蚀彼此的工作基层;整合包括组织整合和政策整合,即借助激励、文化和权威结构将各类组织和政策结合起来,横跨组织间的界限以应对非结构化的重大问题。不同政府模式下,协调和整合手段有差别;而进入到协同管理和统筹管理时期,协调和整合的理念也发生了变化。从协同管理走向统筹管理是政府组织文化的一次变迁,要让政府中每个部门、每个成员逐步从"我们能在一起做什么"转向"我能为组织做什么"以及"我们如何用最优方法让公民最满意"的服务型理念,这标志着建设服务型政府已成为未来政府建设最重要的取向(详见表1)。

表 1 不同管理模式下的协调和整合比较[①]

活动(手段和结果间的关系)	协调(信息、认知、决策)	整合(实施、执行、实践行为)
协同管理(相互关联的统一的目标、相互关联的统一的手段以及手段持久性地支持目标)	联结协调(多数中层可能都是通过协议将两个分离领域的机构联结在一起工作,从而让它们理解如何限制负外部性,如"我们能在一起做什么?")	联结整合(如,合并工作但原则上关注消除负外部性和目标与关键性程序之间的冲突。"我们将如何在一起工作")
统筹管理(相互强化的手段、相互强化的目标、手段通过互相强化的方式支撑目标)	统筹协调(如,理解相互渗透的必要性,但不能认为是简单行为;"需要什么样的政策和系统才能产生更好的健康状况/更低的犯罪率")	统筹整合(高层次的整体性治理,建立完整的无缝隙程序;"如果我们现在有较低的犯罪率,应该用哪些方式让哪些机构合在一起或分开?")

---

① 改编于 Perri 6 "joined-Up Government in the Western World in Comparative Perspective: A Preliminary Literature Review and Exploration," *Journal of Public Administration Research and Theory*, Vol. 14, No. 1, 2004, p. 108。

(4) 统筹治理结构表现为三维立体整合。新公共管理运动中，私营部门大肆进入到公共领域，与公共部门一道提供公共产品，因此，如何限制私营部门的利益追逐，使其与公共部门齐心合力地实现公共利益，成为多元治理主体间协作首要解决的问题。因此，帕里·希克斯（Perri Six）的整体性政府理论着力于政府组织内部委之间的功能整合问题，力图将政府横向的部门结构和纵向的层级结构有机整合起来，同时强调公私统筹共解"结构不良的问题"。而事实上，统筹治理结构早已开始超越某个政府内部协调合作的问题，并已经从整个国家结构向国际格局扩展。巴巴拉·J.纳尔逊（Barbara J. Nelson）曾指出，在政治科学和政策分析学里，传统的地方、州、国家的三头政治越来越多地展开同另外两个空间实体的竞争：乡村—城郊—城市和地方—地区—国际的竞争。① 统筹城乡发展、统筹区域发展、统筹国内国际两个大局已经成为开放世界中各国政府施政的宏观战略思维。希克斯试图构造一个三维立体的整体性治理结构模型：一是治理层级的整合，如全球与国家层级的整合（如 WTO 规范的制定与执行）、中央与地方机关的整合、全球层次内环保和信息保护组织的整合；二是治理功能的整合，机关内功能整合，如中央政府的部委功能整合，或功能性机关间的政府，如环保部与工业、信息产业部的功能整合；三是公私部门的整合，如公共部门业务被外包、民营化、去任务化等做法，运用更多非营利组织与私部门接轨，而使公私合伙关系产生互助协作的关系。于是，以治理层级的整合为高、治理功能整合为宽、公私部门的整合为长，构成了整合性治理的长方体，② 任何一个公共问题都可以在这个长方体中找到位置，换句话说，任何一个公共问题的解决都必须置身于多种时空结构、多种方式才能获得比较有效的解决。

(5) 通过战略管理运用统筹治理方法。全球眼光和战略思维是经济全球化时代所有公共管理者必备的一项基本素质，也是一个国家和地区发展的远景规划。早在20世纪70年代，民族国家公共管理中就试图引进"团体政策制定结构"，80年代后，战略管理被引入公共和第三部门的组织管理之中，成为政策、服务整合以及行政协调的基础。③ 由于以专业化和分工构成的部门分化依然是目前无法消除的事实，因此，通过战略管理将结构不

---

① ［美］巴巴拉·J.纳尔逊：《公共政策与公共行政：综述》，载［美］罗伯特·古丁、汉斯-迪特尔·克林格曼主编：《政治科学新手册》（下），生活·读书·新知三联书店，2006年版，第807页。
② Perri 6, Diana Leat, Kimberly Seltzer and Gerry Stoker, *Towards Holistic Governance: The New Reform Agenda*, PALGRAVE, 2002, p. 29.
③ ［美］保罗·C.纳特、罗伯特·W.巴可夫：《公共和第三部门组织的战略管理：领导手册》，陈振明等译校，中国人民大学出版社2001年版。

良的问题置于合作规划之中,避免政府功能设置模式的弊端,将社会问题结构化,促使问题得到有效解决。

(6) 统筹治理贯穿着整体主义思维。总揽全局、着力解决牵动全局的主要问题是一种整体主义思维方式,其从整体视角思考经济、社会、政治、文化等各方面协调发展所需要的机制、体制和政策思路。方法论的整体主义与个体主义一直是社会科学研究理路争斗的两极,也是公共政策制定的出发点差异所在。长期以来,由于受"经济人"假设的影响,个体主义方法论在社会科学研究和公共政策运行中大行其道;个体主义方法论不仅迎合了选民的偏好和公民权利,而且契合"部门"结构官僚制的功能所需。同时,个体主义方法广泛适用于解决"结构良好"的问题。而对于结构不良的问题则必须借助于整体主义方法,从主体间关系角度思考困境消除的突破口和长效机制与方法。

统筹治理作为公共治理的一部分,是国家战略与政府治理形态契合的产物。人类社会生活领域中的组织形态可以分为公共组织与私人组织,其中政府、公共部门和第三部门是典型的公共组织,而企业则是名副其实的私人组织。那么,统筹治理的框架是否也适用于企业治理呢?我们认为,企业和国家都是一种社会组织,都有自己的战略目标,而且战略制定受到企业本身和国内国际商业环境等各种因素的影响,随着企业治理机制从单向治理转向社会共同治理,[①] 企业治理中实施统筹治理形态比政府治理效果更佳,便利和益处更易凸显。

(本文原载《学术月刊》2009 年第 6 期,原标题为《统筹治理:国家战略和政府治理形态的契合》,收入本文集有删改)

[①] 朱富强:《企业治理机制:从单向治理到社会共同治理》,《学术月刊》2007 年 12 月。

政策工具的选择与政府的社会动员能力

复旦大学国际关系与公共事务学院教授　唐贤兴

一、问题的由来

　　为了揭示政府在制定公共政策时是如何进行政策选择的，我们必须对政策工具进行系统的考察。政策制定者"必须理解他们自己可能采用政策工具的范围，同时也理解在这些不同政策工具之间存在的某种差异"。[①] 长期以来，中国的公共管理在应对和解决社会公共问题上对政策工具的选择与使用，表现出了偏爱"运动式治理"的特点。这可能意味着，政府面对复杂的社会公共事务，存在着政策工具选择上的困难，实际上，可供政府选择和使用的政策工具是很有限的。

　　本文的一个任务，是要对本来具有临时性、间断性和强制性特征的运动式治理，何以会演变成为常态化的政策工具提出理论上的解释。目前学术界对运动式治理已经有了一些初步的研究，但文献数量非常少，且几乎否定了这种治理工具的可能的积极意义。本文以政治学和公共政策的有关理论为基础，试图分析作为一种政策工具的"运动式治理"的社会根源及其影响。本文认为，政府的社会动员能力是理解运动式治理之所以成为政府常态化管理的一个重要变量。本文试图解释，在社会动员能力不足的现实下，政府的治理模式表现出了什么样的特质。为此，本文提出一个基本假设，即：政府习惯上对"运动式治理"的偏好，实质上是政府的社会动员能力不足的产物。围绕这一假设，本文提出了一个核心观点：政府的运动式治理所体现出来的社会动员更多地具有政治性特点，只有在转变政治动员的逻辑和内容，使之成为真正意义上的社会动员的情况下，

[①] [美] B. 盖伊·彼得斯、弗兰斯·K. M. 冯尼斯潘编：《公共政策工具：对公共管理工具的评价》，顾建光译，中国人民大学出版社 2007 年版，"绪论"第 2 页。

作为政府政策工具的运动式治理有可能表现出积极的意义。

二、政策工具的选择：依据与制约因素

（一）政策工具选择的两个基本问题

简单地说，带有比喻意义的政策工具（或治理工具）是指政府可以用来实现某种政治目标的手段。一些研究者认为，可供政府选择的政策工具的范围是很广泛的，要达到一个具体的政策目标可以利用不同范围的手段（或工具）。① 但另一些研究者却认为，决策者想象中的解决政策问题的可选工具是有限的。② 无论选择范围有多大，关于政策工具的研究首先必须关注的一个基本问题是：为什么政府会选择一种政策工具而不是另一种政策工具？这里涉及政策工具的选择依据问题。

政府都是从有效治理的角度来选择政策工具的。有很多因素制约或影响着政策工具的有效性，比如该工具是否具有可操作性。工具概念的比喻说法具有误导性，以为政策工具只是一个操作性的、技术领域的现象，这样，人们会有意无意地回避对政策工具背后所包含的价值和规范进行价值上的评判。③ 有研究者提出，选择政策工具必须依据政策的可接受性和可见性两个特征，④ 这说明工具选择还是一个价值选择过程。可接受性涉及人们选择政策工具的立场以及工具与影响人群之间的政治关系，可见性直接受到该政策工具能被公众理解的程度所制约。

关于政策工具选择的第二个基本问题是：制约政策工具的有效性的因素是什么？这是一个很复杂的问题。它既取决于政策工具本身的特点，也取决于政策环境与政策工具之间的关系以及政策工具与政策问题之间的关系状况，同时还可能受到政策工具得以实现或设计的途径的影响。也就是说，一种政策工具只有在以政策工具特征为一方，以政

---

① C. Hood, *The Tools of Government*, Chatham, N. J.: Chatham Publishers, 1986; K. Woodside, "Policy Instruments and the Study of Public Policy," *Canadian Journal of Political Science*, Vol. 19, No. 4, 1986, pp. 775-793.
② [加拿大]迈克尔·豪利特、M. 拉米什：《公共政策研究：政策循环与政策子系统》，庞诗等译，生活·读书·新知三联书店2006年版，第142页。
③ 回避价值是传统的政策工具方法的缺陷，关于这种方法，参见 D. Barrie Needham, *Choosing the Right Policy Instruments, an Investigation of Two Types of Instruments, Physical and Financial, and a Study of Their Application to Local Problems of Unemployment*, Aldershot: Gower, 1982.
④ [加拿大]K. B. 伍德西德：《政策工具的可接受性与可见性》，载[美]B. 盖伊·彼得斯、弗兰斯·K. M. 冯尼斯潘编：《公共政策工具：对公共管理工具的评价》，顾建光译，中国人民大学出版社2007年版，第161页。

策环境、目标和目标受众为另一方之间相匹配的时候，才可以说是有效的政策工具。也正因为这样，有效的政策工具必须在恰当性和适配性之间进行权衡。①

（二）影响政策工具有效性的因素

政策工具有效性首先受到政策问题本身的性质的制约。界定和确定问题是整个公共政策过程的起点，一旦政策问题被确定下来，就必须在相关的政策工具中找到最为匹配的政策工具。约翰·金登（John Kingdom）认为，政策议程设定的方式和政策工具选择，不是以政体形态来划分的，而是由政策问题本身的性质所决定的。② 这就是说，所选择的政策工具与政策问题本身之间的匹配性程度，是衡量政策工具有效性的一个重要参量。③ 政策工具功能在于实现政策产出或政策效果，因此，政策工具的选择应该根据它们的绩效特征在多大程度上满足解决某一具体问题的要求进行。④

第二个影响因素是政策工具本身的特点及其关联性。不同类型的政策工具具有不同的特点。S. H. 林德（S. H. Linder）和 B. 盖伊·彼得斯（B. G. Peters）认为，政策工具有着特定的外在于其环境的内在特征。⑤ 只有发挥各种政策工具的特点来采用它们时才会产生人们所期望的效果。此外，政策工具的有效性受到各种工具之间的关联性的制约。存在多种工具及其差异性意味着大多数工具在技术上都是可替代的。它们可能是相互依赖关系，也要求综合运用才能达到解决问题的目的。

政策环境及其对政府特定的施政风格的影响是制约政策工具有效性的又一个重要因素。包括法律和法治状况、社会成熟度、市场化程度、政治制度状况以及国家与国际体系间的互依（interdependency）程度等方面的政策环境，不仅制约着工具的选择，还决定着被选定的政策工具的有效性。莱斯特·M. 萨拉蒙（Lester M. Salamon）和迈克尔·S. 伦德（Michael S. Lund）认为，不同的政策工具在影响程度、效果、公平程度、传统性

---

① ［荷兰］R. 巴格丘斯：《在政策工具的恰当性与适配性之间权衡》，载 B. 盖伊·彼得斯、弗兰斯·K. M. 冯尼斯潘编：《公共政策工具：对公共管理工具的评价》，顾建光译，中国人民大学出版社 2007 年版。
② 参见［美］约翰·金登：《议程、备选方案与公共政策》，丁煌等译，中国人民大学出版社 2004 年版。
③ 关于政策问题与政策工具有效性之间的关系，参见 R. F. Elmore, "Instruments and Strategy in Public Policy," *Policy Studies Review*, Vol. 7, No. 1, 1987, pp. 174-186.
④ D. B. Bobrow and J. S. Dryzek, *Policy Analysis by Design*, Pittsburgh: University of Pittsburgh Press, 1987.
⑤ S. H. Linder and B. G. Peters, "Instruments of Government: Perceptions and Contexts," *Journal of Public Policy*, Vol. 9, No. 1, 1989, pp. 35-58.

和政党支持程度等方面存在着差异,这些差异影响着政策工具在特定情况下的适用性。①可以说,什么样的环境决定着什么样的政策工具选择,在特定的环境条件下,一些政策工具要比另一些政策工具更为有效。不同国家政府的施政风格存在着差异。政府往往会采用适合本身施政风格的政策工具,并且亦倾向于使用较为成熟、自身能熟练控制的政策工具,比如中国的运动式治理中,政策工具的选择通常基于惯性思维,基于传统,或者基于经验的猜测。很多习惯的治理方式可能在短期内可以形成安全的选择,但却不可能适应变化着的环境。②

第四个制约因素是决策者的偏好以及政策客体的可能反应。一些研究表明,一个政府部门或机构可能对一些特定的政府工具具有偏好。③政策选择的垃圾桶模型认为,政策制定过程作为一个"有组织的无政府状态",其中的决策者的偏好是成问题的(problematic preferences),④政策制定者不仅几乎从来没有非常清晰地阐述其政策目标,而且连偏好是什么都不一定是很清楚的。这样的情况下,决策者就不可能选择能够带来最大净收益的政策工具。当然,政府偏好要受到政策对象(政策的目标受众)的影响。政策客体对某一公共政策及其相应的政策工具的认同程度越高,不仅意味着该公共政策及其工具越具有合法性,同时也意味着这样的政策及其工具越能够得以实施。从这个意义上来说,可以将政策工具的建立看作是一种达成合法性的努力。政策设计之所以是针对那些能够与具体的政策环境相调适的政策工具,原因就在于各种政策行为体处于政策共同体的互动之中。政策共同体是处于某一具体政策领域中的行为体的集合体,它可以被看作是政策环境本身。正如公共政策学家G. 乔丹(G. Jordan)所说的:"政策共同体的理念看来牢固地基于这样的概念,即当前的具体政策是在一种环境中加工出来的。……在一个政策共同体中,一项具体的业务是在由已经有着相互需要、期待及经验的参与者所组成的环境中达成交易的。"⑤

---

① Lester M. Salamon and Michael S. Lund, "The Tools of Approach: Basic Analytics," in Lester M. Salamon, ed., *Beyond Privatization: The Tools of Government Action*, Washington, D. C.: Urban Institute Press, 1989, p. 41.
② [美] B. 盖伊·彼得斯、弗兰斯·K. M. 冯尼斯潘编:《公共政策工具:对公共管理工具的评价》,顾建光译,中国人民大学出版社2007年版,第2页。
③ Evert Lindquist, "Tax Expenditures, Competitiveness and Accountability," in Bryne Purchase, ed., *Policy Making and Competitiveness*, Kingston: Queen's University School of Policy Studies, 1994.
④ Michael D. Cohen, James G. March, and Johan P. Olsen, "A Garbage Can Model of Organizational Choice," *Administrative Science Quarterly*, Vol. 17, 1972, pp. 1–25.
⑤ G. Jordan, "Sub-governments, Policy Community and Networks," *Journal of Theoretical Politics*, Vol. 2, 1990, pp. 319–338.

三、"运动式治理":政策工具面临选择困难

(一)运动式治理的特征

很长时间以来,运动式治理已经成为一些地方政府部门在执行法律、落实公共政策时的一种常态化的管理模式。作为一种政策工具的运用,运动式治理是一个描述性的而非规范性的概念。一些分析者概括了具有"轮回"特征的运动式治理的基本过程:震惊社会的重大恶性事件发生—领导做出重要指示,政府有关部门召开紧急会议—部署专项整治行动—执法部门声势浩大的检查、处罚行动—总结表彰,宣布专项整治取得了丰硕成果。[①]

这一政策工具有几个方面的特点。它往往是临时性的、间断性的,存在着特定的时间上的规定性。比如,被有关专家称为"运动式行政执法的典型范例"的北京市整治黑车的"狂飙行动"(2006年5月),持续时间规定为30天。时间规定性意味着,决策者期望整治行动能"毕其功于一役",迅速恢复被扭曲的社会和市场秩序。运动式治理的另一个特点是政策预期目标的单一性,因而经常被批评为一种"头痛医头,脚痛医脚"的执法方式。北京市的"狂飙行动"要达到的政策目标是杜绝黑车,而改进和完善落后的城市公共交通体系则被认为不是(也无法是)整治行动需要考虑和解决的问题。同样,上海市的群租房整治行动也只有一个目标,即通过整治切实解决群租房的安全隐患和脏乱差环境问题,并做到在三年时间内基本不存在群租现象。但是,产生群租现象的深层次原因以及如何为外来人口和低收入家庭提供廉租房等问题(它们更多的是政治上、法律上和伦理上的问题),则不是该整治政策的目标。运动式治理再一个特征体现在治理方式上,往往存在着"从重、从严、从快"的倾向性。[②] 而为了达到这一目的,有关整治行动都需要集中相当的资源——人力、财力和物力,尤其还包括行政权力(主要体现在超越一些程序性的规定)。

运动式治理有它的局限性,但对它的批判性观点存在似是而非的现象。本文不试图对这些学术观点一一进行检验,而是想说明,政府之所以选择和实施运动式治理,从根

[①] 朱晓燕、王怀章:《对运动式行政执法的反思》,《青海社会科学》2005年第1期,第135页。
[②] 朱晓燕:《"欣弗"事件呼唤行政执法方式的转变》,《法律适用》2006年第12期,第90—91页。

本意义上说，是由于政府在政策工具的选择上存在着一些根本的困难。为了克服这些困难，政府希图通过社会动员来达到治理的目的，因为运动式治理包含着某种动员的功能。

在一些地方，政府对"运动式治理"的偏好比较集中地反映了政府在应对社会公共问题时，在政策工具的选择上存在着诸多的困难。这些困难源于：(1)社会转型期公共问题的高度复杂性；(2)政府治理的制度性能力的不足；(3)一些地方政府部门对规则的虚无主义态度；(4)超大社会的结构性矛盾。所有这些因素一直存在于中国进行改革以来政府与社会的关系变迁过程中。

(二) 公共问题的高度复杂性

从理论上来说，所有的政策工具在技术上都是可替代的。这就意味着，任何选定的政策工具不能单独发挥作用，必须与其他政策工具配合使用。然而，针对市场失效和社会失序，政府除了采取运动式治理这种手段之外，几乎不存在可供选择的其他政策工具。这是转型时期中国政府治理的一个困难所在。

政府所要解决的或所面临的公共问题本身的性质是制约政策工具选择的重要因素。中国的改革开放进程是一个问题增生的过程。[①] 转型期不断增生的问题存在着高度的复杂性、异常性和相互依赖性。这使得政策的执行存在相当程度的像丹尼尔·A. 马兹曼尼安（Daniel A. Mazmanian）和保罗·A. 萨巴蒂尔（Paul A. Sabatier）所言的"技术性困难"。[②] 从逻辑上来说，公共问题的复杂性和多样性并不意味着必须采取运动式治理才能解决问题。问题还在于科层制政府结构本身的特点。科层制组织的一个特点是政府管理的专业化分工及其等级体系的建立。政府内部的部门之间界限分明，功能明确。但是，公共问题的多样性与科层制组织的专业化存在着矛盾，即使在规模很小的国家，政府的部门化也做不到无缝隙地分割专业职能并覆盖所有的公共事务领域。这是因为，现代社会的绝大多数公共问题不是作为一个单一的整体而存在的，而是既与其他公共问题相互依赖，也与其他领域的公共问题存在交叉或重叠。从这个意义上来说，拉塞尔·M. 林登（Russell M. Linden）为再造公共部门而提出的"无缝隙政府"（seamless government）设想，只是一种理想和愿望。[③]

[①] 唐贤兴：《市场化过程中政府规模的两难困境》，《改革与战略》1995年第4期，第50—53页。
[②] Daniel A. Mazmanian and Paul A. Sabatier, *Implementation and Public Policy*, Glenview: Scott, Foresman, 1983, p.21.
[③] ［美］拉塞尔·M. 林登：《无缝隙政府》，汪大海、吴群芳译，中国人民大学出版社2002年版。

所以，传统的部门界限和功能分割局面需要重新构造，但政府再造的出发点不是去构建"无缝隙政府"，而是要推进政府及其部门之间的合作。事实说明，如果政府部门之间能够实现良好的协调与合作的话，很多久拖不决的严重的公共问题原本是可以避免的，至少可以降低其严重性。由于缺乏合作，越是随着时间的推移，原本可以采用的政策工具的效能日益丧失或降低。在这种情况下，运动式治理便成为政府最后的一个政策工具，决策者和政策实施者希望经由这一工具的运用，来达到部门间合作的目的，哪怕是甚为短暂的合作。从这个意义上来说，运动式治理是作为一种政府间的合作机制而产生的。不同类型的政策工具构造不同的政策实践活动，并会产生不同的政策效果，[①] 而运动式治理作为一种政策工具，是能够产生某种程度的合作效果的。

（三）制度性资源的缺乏

政府对公共问题的治理需要最低限度的资源支撑。政府可资利用的资源是多样的，包括政府管理部门自身所拥有的物质性资源（人、财、物等），也包括不属于政府所拥有，但通过一些制度化的安排（比如社会动员、合作制度等）能为政府所用的"非政府资源"（比如市场机制、非政府组织、民众个人的力量，等等）。后者更多地表现为制度资源，因为民众对政府及其管理行为的认知和态度、公共部门与私人部门之间的关系状况，都将对政府的治理行为产生重要的影响。

就中国超大社会的治理条件来说，物质性资源（相对于需求来说）总是有限的，而且政府取得并拥有物质性资源受到严格的制度约束。然而，日益增长的人口及其需求对政府提供公共服务的能力提出了严峻的挑战。运动式执法作为资源稀缺条件下纠正市场和社会秩序失效的一种权宜之计，便经常成为政府治理的工具。

现代社会必须通过提高治理的制度能力来解决物质性资源匮乏的问题。当公共问题越来越表现出"跨域"（across boundary）性质时，政府必须通过实现与社会的协作来整合治理所需要的社会资源。在社会比较成熟和市场比较完善的国家，法律、政策等规则的有效执行依赖于迈克尔·曼恩（Michael Mann）所谓的国家的"制度能力"（institutional capacity）。[②] 规则的强制性实施及其惩罚功能的发挥，并不总是能够起到塑

---

① Lester M. Salamon and Michael S. Lund, "The Tools of Approach: Basic Analytics," in Lester M. Salamon, ed., *Beyond Privatization: The Tools of Government Action*, Washington, D. C.: Urban Institute Press, 1989.

② Michael Mann, "The Autonomous Power of the State: Its Origins, Mechanism and Result," *Archives of European Sociology*, No. xxv, 1984, pp. 185-213.

造和规范人的行为的效果。如果说中国在改革开放以前国家不需要这种制度化能力,而是通过国家的强制就能够贯彻政策的话,那么,自改革开放以来,随着市场化、社会、民主和法治的日益成长,单靠国家自主权就无法有效执行政策和规则。只是到目前为止,这样的制度性资源总的来说还是比较缺乏的。在上海整治群租房的行动中,强制实施规则并没有带来预期的效果,群租现象依然十分严重。在这里,政府采取运动式治理的政策手段面临着尴尬:依靠公安、房管等管理部门的行政力量对大量的群租房进行日常性的监管面临着物质性资源匮乏的难题,而整治行动中没有通过动员社会机构参与又使得政府治理难以利用制度性资源。这个问题的深层根源既在于社会力量的虚弱,也在于政府治理中来自政府和民众的规则虚无主义态度。

(四) 规则虚无主义

政府治理过程中的一个困难是规则虚无主义。运动式治理反映了一个基本事实,即政府希望通过这一政策手段来达到贯彻法律和政策等规则的目的。这恰恰能够说明,在采取运动式治理之前,很多规则并没有很好地被执行。

规则没有被执行来自政府和民众两个方面的因素。政府层面上,正如劳伦斯·M. 弗里德曼(Lawrence M. Friedmann)指出的,经常的情况是,治理者"并不很认真对待这些规则"。[①] 美国政治学家 M. 艾德尔曼(M. Edelman)在分析美国政治时也说到了同样的情况。他说,在极端的情况下,政治家所制定的政策只不过具有"象征性的价值",他们将有关的政策制定出来,但根本就没有想去采取任何措施来保障这些政策得到执行。[②] 上海针对群租房的运动式治理案例曾经显示,在集中整治行动之前,很多政府部门并没有认真对待禁止擅自改变房屋结构的规定。从逻辑和结果的角度看,运动式治理经常意味着政府重新实现规则的合法性的一种举措。

但是,运动式治理不能实现规则的重新合法化,恰恰相反,它是普遍存在的规则虚无主义的产物。在中国的一些法律和政策实践中,在制定环节存在着政府立场与民间态度缺乏有效和充分沟通的问题,从而导致一些政府部门立场与民间态度的紧张;在执行

---

① [美] 劳伦斯·M. 弗里德曼:《法律制度——从社会科学角度观察》,李琼英等译,中国政法大学出版社 2004 年版,第 110 页。参见 M. Edelman, *Politics as Symbolic Action*, Chicago, Ill.: Markham, 1971; M. Edelman, *Constructing the Political Spectacle*, Chicago: University of Chicago Press, 1988。
② M. Edelman, *Politics as Symbolic Action*, Chicago, Ill.: Markham, 1971; M. Edelman, *Constructing the Political Spectacle*, Chicago: University of Chicago Press, 1988.

过程中，则过分迷信强制的力量，而忽视了执法过程中所有参与者制度性的相互学习。须知，今天的行政立法和执法应该以广泛的民众参与为基础，而不是一个单纯的自上而下单向的、以强制为基础的过程，为此必须实现由"强制"到"合意"的转变。① 之所以在一些地方，作为"宣示"国家立场的法律政策规则在现实生活中遭遇着不同程度的执行乏力、被漠视、被拒斥甚至被虚无化的情形，原因就在于在规则表达和规则实践之间存在着严重的背反。②

运动式治理的一个核心点是，决策者和管理者过分相信强制和暴力的惩罚在诱导或驱使人们遵守规则方面的重要性，希图通过"重拳出击""从重从严"产生的威慑效果来达到保证秩序的目的。之所以采取这种治理手段，除了一些政府部门自身的规则虚无主义之外，存在于社会大众身上的规则虚无主义也是一个原因。遵守规则还没有成为人们的社会习惯。其中一个原因是以往的相关规则没有惩罚功能。根据法社会学的观点，任何规则都是通过制裁或惩罚而起作用的，没有制裁功能的规则是没有意义的。③ 运动式治理走到了另一个极端，即过度使用规则的惩罚功能。这同样是无效的，因为违规者基于有利可图的考虑做出违规的冒险行为，带有深深的投机色彩。显然，现有的很多治理规则本身存在着问题，它们难以达到改变人的偏好和行为的目的。

（五）超大社会的结构性矛盾

最后一个（也是最根本的）迫使政府采取运动式治理的政策工具的选择困难，是中国超大社会的结构性矛盾。复杂性不断增加的公共问题对治理的挑战，因超大规模社会的资源稀缺与需求满足之间的紧张关系而加剧。④ 超大社会的属性对于实现政府治理构成了一个特殊的条件。但是，社会资源总量不能满足社会总体需求的矛盾性，并不必然导致社会紊乱、失控和无序，从而需要采取运动式的治理方式。有学者认为运动式治理是"传统社会主义时代中国最常见的一种国家治理方式"，⑤ 这个命题是不恰当的，因为改革

---

① 参见陈宝中、蔡爱平：《从"强制"到"合意"——行政执法方式改进的路径选择》，《上海大学学报》2007年第5期，第126—132页。
② 王锡锌：《中国行政执法困境的个案解读》，《法学研究》2005年第3期，第37—38页。
③ 任何制裁理论都强调一个事实，即惩罚的威胁有助于制止违法违规行为，正如奖赏有助于鼓励受奖赏的举动。Issac Ehrllich, "The Deterrent Effect of Criminal Law Enforcement," *Journal of Legal Studies*, No. 1, 1972.
④ "超大社会"的概念最初是由政治学家王沪宁教授提出的，其含义主要是指中国社会独一无二的人口数量。参见王沪宁：《社会资源总量与社会调控：中国意义》，《复旦学报》1990年第4期。
⑤ 唐皇凤：《常态社会与运动式治理》，《开放时代》2007年第3期，第116页。

前中国的政治是一种"动员政治",它以群众运动为基本的形式,而有别于今天所说的运动式治理。政治动员和意识形态宣传虽然是动员政治的两个核心要素,但不是转型时期运动式治理的核心要素。改革开放后之所以出现这种市场和社会秩序失控的状态,原因不仅在于资源总量不足以满足超大规模人口日益增长的需求,更在于资源分配的方式出现了问题。

四、动员模式的转型与运动式治理的有效性

(一)社会动员的功能

社会动员问题一直被有关现代化理论以及政治学和社会学者所关注,今天,公共政策和公共管理也日益关注社会动员在政府解决实际的社会问题上的角色。最先使用"社会动员"概念的卡尔·多伊奇(Karl Deutsch)用它来描述现代化过程中个人思想方式和行为方式的转变。[①] 在他那里,社会动员的主体既包括国家和政府,也包括社会其他的主体;社会动员要达到的目标是改变特定对象的价值观念、态度与期望,从而产生持续性的参与行为或其他预期行为。

后来的政治学研究者一般都从动员的政治目的来理解社会动员的含义,并使用"政治动员"这个概念,认为它是政治主体通过政治宣传与鼓动,引导民众参与政治活动,以实现特定的政治目标(如聚集力量、影响民众政治态度、获得民众支持等)的过程。在这里,政治动员的目标是通过说服、诱导或强制社会成员来获得社会成员的认同和支持,引导他们自愿服从和主动配合。比如林尚立直接把政治动员等同于政治运动,认为政治动员就是执政党利用拥有的政治资源,动员社会力量实现经济、政治和社会发展目标的政治运动。[②] 另一些研究者虽然把政治动员看作是一个人们的态度、期望与价值取向不断发生变化的过程,但认为影响这一过程的主体乃是政府或政党。[③]

---

① 在多伊奇看来,社会动员是一个社会成员发生全面变化的过程,既包括社会环境,人与人交往,制度、作用和行为方式,感受和期望等方面的变化,也包括个人的记忆、习惯和需求的变化,而这些变化会改变政治行为的倾向。Karl W. Deutsch, "Social Mobilization and Political Development," *The American Political Science Review*, Vol. 55, 1961.
② 林尚立:《当代中国政治形态研究》,天津人民出版社 2000 年版,第 271 页。
③ 参见邓彦、钟添生:《市场经济条件下的政治动员机制》,《求实》2004 年第 11 期,第 81—83 页。

我们可以把动员看作是一种政策工具，经由这种工具，政府能够达到解决政策问题的目的。当然，社会动员能否成为一种有效的政策工具，既取决于社会的状况（比如，市场是否成熟，社会资源是否丰富以使政府可资利用，等等），也取决于政府是否存在较高的社会动员能力。作为政府比较拿手的一种经验手段，运动式治理包含着一定的社会动员功能，政府既希望借此整合社会资源，也希望能够因此提高治理能力。这应该是众多运动式治理案例中政府的一个真实动机。

（二）社会动员能力的不足与运动式治理

所有的公共政策都旨在从社会中汲取资源以达到解决公共问题的目的，因而，任何政策工具的选择和使用都必然要以提高政府能力为中心或出发点。但同时，政府的资源汲取能力不是一个先验的条件，而是在政策工具的选择和使用中不断得到的产物。这样，政府的社会动员能力自然会成为我们分析政策工具选择的一个重要变量。

当前一些政府部门习惯采用运动式治理手段，在相当程度上根源于其社会动员能力的不足。言动员能力不足，是就"事实"而言的，而不是从"纵向比较"中得出的结论。一些研究认为，改革开放以来中国政府的动员能力出现了下降的趋势。① 这个判断的可信性令人怀疑，因为它是以改革开放前的国家对社会的全面控制作为参照得出的结论，而忽视了改革开放以来国家-社会关系出现的结构性变化。② 改革前与后两个时期里政府动员能力的变化没有可比性，因为两个时期的国家与社会关系的结构——社会资源配置的制度和方式——出现了重大的变化。在改革开放之前"总体性社会"里，强大的社会动员能力（实际上是政治动员）来源于政治与社会在结构上的一体化——国家权力全面渗透社会生活，对社会形成强大的控制，在这种渗透和控制中，国家与社会成为一体。③ 由此，国家对稀缺资源和社会活动空间形成了垄断性控制，这是国家对社会的动员取得成功的前提。但改革开放以后，中国进入了一个被孙立平等人称为"后总体性社会"的社会，④ 国家对稀缺资源和活动空间的控制逐渐放松，且国家管制的逐渐放松是执政党、国

---

① 一种观点认为，改革开放以来的转型时期，政府的动员能力大大下降了，其中的真正原因在于市场化的发展。参见邓万春：《社会动员：能力与方向》，《中国农业大学学报》2007年第1期，第67页。
② 用已故美国政治学家邹谠的话来说，这种变化就是"全能主义国家"的解体。参见邹谠：《二十世纪中国——从宏观与微观行动角度看》，香港牛津大学出版社1994年版。这种变化对中国现代国家的成长来说是积极的。
③ 林尚立：《当代中国政治形态研究》，天津人民出版社2000年版，第425页。
④ 参见孙立平、晋军等：《动员与参与》，浙江人民出版社1999年版。

家和政府的自觉行动。① 因此，衡量政府的动员能力不应该仅仅以国家对社会的控制程度为参照，更应该解释清楚当国家不再全面控制社会的情况下，政府的社会动员能力为什么会显得如此不足。

虽然原有的社会动员所赖以存在的历史条件随着市场经济的发展和社会自主性的不断增强而逐渐消失，但这并不意味着社会动员失去了对于中国现代化的意义。② 很多学者，甚至那些研究社会资本的专家，都不愿提及社会动员对于当今中国的重要意义，以为真正意义上的、大规模的社会动员正在淡出中国社会。③ 应该消失的是原先的社会动员体制，而不是社会动员本身。改革开放以后政府的社会动员能力的不足，一些基本性的原因包括：(1)政府直接控制和支配的资源的数量和类型发生了变化；(2)意识形态的功能发生了转变；(3)政府-社会的关系型塑需要一个很长的过程；(4)产权结构的变化、民主和法治建设对政府的权力及其行使形成了制度上的约束；(5)一些国家和社会的治理规则的合法性还需要不断提高。总之，社会发展需要提高政府的社会动员能力，但这种能力不足以满足解决社会公共问题的需要，这一矛盾是政府选择政策工具时所面临的基本困难所在。有理由说，采取运动式治理具有某种程度的合理性。运动式治理的一个本意，不是像以往那样通过行政权力和意识形态等来实现国家对社会的高度控制，而在于在市场化的过程中更好地发挥政府对市场和社会的调控作用，以形成常态的市场和社会秩序。在社会结构发生了很大变迁的情况下，如何创造性地实现通过运动式治理提高动员能力必然是政府在考虑的问题。正如孙立平等人对后总体性社会基层政府的"准组织化动员"进行的研究所表明的，国家的动员能力"已经基本丧失只是一个表象"，这种体制仍然具有一种相当强大的动员潜能，国家的动员能力的大小取决于（动员的）实践过程，"需要在动员过程中再生产它甚至创造它"。④

(三) 动员模式的转型

面对复杂的社会公共问题，通过转变社会动员模式以提高运动式治理的有效性，是

---

① 参见唐贤兴：《产权、国家与民主》，复旦大学出版社 2002 年版。
② 以色列现代化理论家 S. N. 艾森斯塔特认为，一个国家的"经济发展在很大程度上依赖于现代化过程的理智方面和政治方面，依赖于知识和政治领导动员资源的能力"。参见 [以色列] S. N. 艾森斯塔特：《现代化：抗拒与变迁》，张旅平等译，中国人民大学出版社 1988 年版，第 27 页。
③ 吴忠民：《重新发现社会动员》，《理论前沿》2003 年第 21 期，第 26—27 页。
④ 孙立平、郭于华：《"软硬兼施"：正式权力非正式运作的过程分析——华北 B 镇收粮的个案研究》，鹭江出版社 2000 年版。

解决政策工具选择困难的一条可行途径。

社会动员模式变化的背后是"国家与社会关系的变化"。① 自20世纪90年代以来，西方学界围绕"国家自主性"（state autonomy）问题，产生了一个关于"国家中心对抗社会中心"（state-centric versus society-centric）的论战。② 在这次论战中，很多学者认为国家的力量来自国家镶嵌于社会的程度。③ 国家镶嵌于社会只是两者关系的一个方面，实际上，国家与社会之间是相互建构和塑造的。就中国运动式治理的传统做法而言，这种带有社会动员性质的政策工具的主要精神是国家塑造社会，而不是相反。一旦传统的"强国家-弱社会"结构发生向理想中的"强国家-强社会"结构演变，那么，需要让运动式治理转变成由社会来塑造国家，这种可能性是存在的。

因而我们需要分析的是，社会动员的模式应该发生什么样的变化。有人从危机管理的角度提出，社会动员应该从以往传统的"对社会的动员"（即政治体系采用政治动员方式来动员、组织、集中全社会力量控制和战胜危机），转变为"由社会进行的动员"（即由社会自主进行，包括社会单位进行的动员、社区进行的动员、社会团体进行的动员、志愿者个体进行的动员）。④ 孙立平等人认为，中国社会的动员正在表现出由"组织化动员"向"准组织化动员"的变迁，前者是指国家有能力进行大规模的组织化动员，后者则是指国家进行组织化动员的能力大大弱化，而社会化的动员方式逐渐发挥重要作用。⑤

促进社会动员模式转型的前提条件是吸纳社会多元化主体的参与，而不是承续以往的政府为唯一主体的治理格局。塞缪尔·亨廷顿（Samuel Huntington）把社会动员看作一种政治发展的手段，认为社会动员与政治参与之间存在密切的联系，政治动员促使政治意识的扩展和政治要求的剧增，因而必然要求扩大政治参与。⑥ 从这一点上说，中国目前转变动员模式的条件已经具备。这是因为以利益为导向的民众参与格局正在形成过程中。改革开放前的政治动员是以群众运动的形式出现的，⑦ 高度组织化的群众参与与其说

---

① 夏少琼：《建国以来社会动员制度的变迁》，《唯实》2006年第2期，第14页。
② John M. Hobson, *The State and International Relations*, Cambridge: Cambridge University Press, 2000, p. 3.
③ 代表性的文献可以参见 Michael Mann, *The Sources of Social Power*, Cambridge: Cambridge University Press, 1993; Peter B. Evans, *Embedded Autonomy*, Princeton: Princeton University Press, 1995; Linda Weiss, *The Myth of the Powerless State*, Cambridge: Polity Press, 1998.
④ 参见龙太江：《从"对社会动员"到"由社会动员"——危机管理中的动员问题》，《政治与法律》2005年第2期，第17—25页。
⑤ 孙立平、晋军等：《动员与参与》，浙江人民出版社1999年版。
⑥ 参见［美］塞缪尔·亨廷顿：《变动社会中的政治秩序》，张岱云等译，上海译文出版社1989年版。
⑦ 刘一皋：《社会动员形式的历史反视》，《战略与管理》1999年第4期，第82—89页。

是政治参与，毋宁说是政治运动。正如于建嵘在细致地研究了人民公社的"集权式乡村动员体制"时所指出的，尽管"集权式动员体制"以"当家作主"的政治口号广泛激发了农民极高的政治热情，但是它不可能形成制度性参与。① 改革开放以来新的社会动员形式日益以实际利益为轴心，民众和基层组织的积极性在民主政治建设中被调动了起来，民众的参与被纳入到了解决社会公共问题的治理中来。这里所说的参与，主要是指人们对公共事务、公共管理的介入，对民主生活、政治生活的关涉，对事关个人发展和利益的选择。这是"强国家—强社会"结构所要求的，是社会自主性提高的表现。

从结构上来说，真正意义上的社会动员必须包括启动者、参与者、投入和产出四个基本要素。启动者和参与者可以是政府，也可以是非政府组织和民众，甚至还可以是国际组织。而投入的过程虽然包含资金、知识和技术的内涵，但更多的是各种参与者的教育与学习的过程。因此，作为逻辑的结果，产出便自然应该是一个各种参与者的观念、态度和能力得到改变、社会运行机制得到改善的结果。正是从这个意义上说，国家和政府的治理（及其相应的制度），如果没有民众意识和素质的提升和参与能力的提高，是没有效应的。② 因此，如果说具有一定的社会动员功能的运动式治理是政策工具选择的必然的话，那么我们也需要把它纳入到"参与式动员"的体制框架中。③ 众多缺乏民众参与的运动式治理的失败就充分证明了这一点。

五、简短的结论

对政策工具的研究可以在相当程度上揭示政府在治理社会公共问题中的偏好、立场与能力。政策工具的有效运用首先是一个选择问题，但是，在社会转型过程中，政府经常面临的困难是选择的范围极其有限。运动式治理作为一个政策工具，既是政府选择困

---

① 于建嵘：《人民公社动员体制的利益机制和实现手段》，《中国农业大学学报》（社会科学版）2007年第3期，第47页。娄胜华认为，这种极高程度的参与具有被动性、盲从性和运动性的特点。参见娄胜华：《社会主义改造和集中动员型体制的形成》，《南京社会科学》2000年第11期，第33—38页。
② 阿列克斯·英格尔斯（Alex Inkeles）说，如果一个国家的人民缺乏一种能赋予现代制度和管理方式以真实生命力的广泛的现代心理基础，如果人自身还没有从心理、思想、态度和行为方式上都经历一个向现代化的转变，那么，再完美的现代制度和管理方式也会变成废纸一堆。[美]阿列克斯·英格尔斯：《人的现代化》，殷陆君译，四川人民出版社1985年版，第3页。
③ 郑永廷把动员分为传媒动员、竞争动员和参与动员，认为参与动员的主动性、选择性和趋动性的特点决定了它在民主建设中的重要意义。参见郑永廷：《论现代社会的社会动员》，《中山大学学报》2000年第2期，第21—27页。

难的产物，同时，这一工具的运用又反过来会加剧这种困难。然而，考虑到中国社会转型的一些基本事实，一味否定运动式治理的理论观点，至少在我们看来是不够理性的。面对现代化与发展的历史任务，以及应对越来越复杂多样的社会公共问题，必然还需要政府通过广泛的社会动员来整合社会中的稀缺资源，并通过动员实现各行为体偏好和行为的改变。如果我们能够顺利地实现社会动员模式的转型，同时与这种转型相适应，运动式治理也能够从政府主导型的强制性治理走向多元主体参与的合作治理的话，那么，运动式治理在一定程度上可以缓解政府在政策工具选择上的困难。在我们看来，实现这两个方面的转型不仅是必要的，也是有可能的。

（本文原载《学习与探索》2009年第3期，原标题为《政策工具的选择与政府的社会动员能力——对"运动式治理"的一个解释》，收入本文集有删改）

中国社会主义复式协商民主的程序设计

复旦大学国际关系与公共事务学院教授　韩福国

一、社会主义协商民主核心议题的确认：从理论论证到可操作化程序

改革开放 40 年来，尽管在概念上有不同认知，但经历了多年的中国操作实践与理论界定之后，协商民主已成为中国社会主义民主的主要构成部分：中共十八大提出"社会主义协商民主是我国人民民主的重要形式"；十九大报告从政治高度确认"协商民主是实现党的领导的重要方式，是我国社会主义民主政治的特有形式和独特优势"。这样一来，关于社会主义民主的两个部分（如图 1 所示）就日益凸显出来："人民通过选举、投票行使权利和人民内部各方面在重大决策之前进行充分协商，尽可能就共同性问题取得一致意见，是中国社会主义民主的两种重要形式。在中国，这两种民主形式不是相互替代、相互否定的，而是相互补充、相得益彰的，共同构成了中国社会主义民主政治的制度特点和优势。"

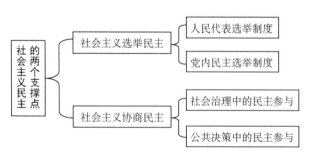

图 1　社会主义民主的具体组成结构图

这说明完善社会主义协商民主制度顺理成章地成为中国社会主义民主建设的一个核心议题，而协商民主在各个层面和领域均成为一个制度创新焦点。中国对协商民主寄予可赋予代议制民主新活力的期望，参与者在协商沟通中加深对公共事务本身以及对他人

立场的了解，从而对自身立场进行反思，寻找大家审慎思考后的"最大公约数"，同时保留各自的分歧。在现有的政治框架下，"社会主义协商民主"在中国社会治理中的政治诉求就是：把民主的协商精神作为社会主义政治民主有效发展的资源培育出来，在民主发展中强调社会协商而非简单的群体对抗，从而实现政治民主有序的持续推进，进而实现"国家治理体系和治理能力现代化"这一根本诉求。

所以，时至今日，关于协商民主的重要意义已经不是理论和实践关注的核心问题，始终困扰我们的是"如何实际操作社会主义协商民主"，即十九大报告提出的核心命题之一——如何"形成完整的制度程序和参与实践"，"保证人民在日常政治生活中有广泛持续深入参与的权利"，否则社会主义民主的两个构成部分（选举民主与协商民主）的完整性就无法保证，社会主义民主的优越性就无法通过完整的"参与实践"和科学程序方法体现出来，而所谓的民主优劣争执议题也就只能停留在口号式的争论上。因而协商民主要解决中国国家治理的诸多议题，就需要一个科学化程序的支撑，否则无法有效地发挥社会治理的决策效果，无法形成制度演化的持续性，社会主义协商民主也就偏离原有的制度设计本意。

二、协商民主实践的局限性分析："随机抽样"和"指定代表"

审慎讨论是协商的本质要义，避免片面意见和态度极化；而决策参与则是民主制度的核心，因此，协商民主有两个明确的支撑点：一是充分的意见协商，二是协商后的民主决策。只有意见协商的过程，而无民主的决策，这就是"民主化协商"而不是协商民主，它既不是社会主义的协商民主，甚至都不及西方国家的协商民主，因为其核心目标——"审慎的多数统治"无法实现。关键问题在于：协商民主这两个支撑点依赖于第一个起始环节——参与者的选择程序。如果在参与者选择上无法实现科学性和合理性，那么其后的协商程序就失去了意义。国际范围的协商民主参与者选择程序基本是基于"随机抽样"的方法，其基础是政治参与的匀质化和参与自由，但是它无法吻合目前中国政治参与的社会结构基础；而国内一些地方协商民主的路径则是"指定代表"或者"邀请代表"，而指定与邀请的方式又难以实现"沉默大多数"的意见整合。

（一）国外协商民主实践的困境：随机抽样导致代表性不足

在过去几十年中，协商民主迅速从一个"理论宣言"变成了"可实践的理论"。但西方国家协商民主偏好于使用"随机抽样"的方法来选择参与者。这种随机选择参与者的程序本质，是坚持"协商民主"一直倡导的参与者平等理念。它与充分而平等的协商过程一起，构成了协商民主的"一体两面"，所以西方国家实践协商民主的过程中，基于随机抽样和自愿报名中的"抽选"的方法，成为实际操作的主流方式之一。有一些学者支持抽签的方式选择参与者，但随机抽样在理论上比抽签更有公平性尚有待论证。如果所有的民众都有平等的参与动机，那么抽签也具有了随机抽样的功能，但事实上参与动机是不均等的。

一般而言，即使是随机抽样的社会民意调查，调查到的信息基本上是"民众所想"，仍然不是协商民主所要求的"协商后的民意"，因为协商民主想的是"民众将会如何去想"，即掌握充分信息且经过审慎而理性沟通后的民众所想。詹姆斯·费什金（James Fishkin）重点区分了参与式民主与协商民主，突出强调了协商民主的实践功能，并没有强调政治参与前提条件的问题，因为其隐含的前提是欧美国家的政治参与基本上是均等的，通过随机抽样，邀请不愿意表达的公民参与到政治活动中来，能实现西方民主境况下的参与扩大。

但也正是在这一点上，费什金与布鲁斯·凯恩（Bruce Cain）等人在随机抽取的公民参与意愿与能力上产生了分歧。因此，在参与条件比较公平的前提下，关于随机抽样仍然存在着诸多争论，尤其是参与能力不均衡的结构化问题，这是国际范围程序设计一直面临的"随机抽样困境"。

（二）中国协商民主实践面临的问题：指定代表导致出现民意偏差

《关于加强社会主义协商民主建设的意见》提出了一种"理想而全面"的协商机制，各个层面和地方如何具体地实践它，构成社会主义协商民主的具体展开内容。综而观之，当下中国协商民主的多元实践形式很多（如图2所示）。但大多数人认为协商就是一种简单的民众参与，把协商民主看成参与式民主的一种具体形式，因此中国习惯于把多元参与和基层民主与协商民主联系起来，以增加多样性协商民主内容的探讨。

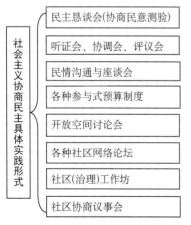

图 2　中国社会主义协商民主的具体实践形式

在国内一些地方的协商民主的中国实践形式中，参与人员基本上都是政府或者基层社区"指定"或者"邀请"的代表——指定"可靠的人"与邀请"懂事的人"。截至目前，除了少数的基层协商民主案例重视操作程序和技术方法外，其他协商民主实践的普遍特点就是：人们习惯采用便利的具有民主性的协商方式置换了实质性的民主参与程序，以方便快速地解决问题，造成"形式的参与"和"参与的形式"比"实质是否参与"更为突出，出现了"以协商代替民主"的实践路径偏移。

其中最为重要的问题，仍然是参与人员的选择问题。以上各个层面所习惯的征集民意方式，基本结构均是党政主导的"群众座谈会形式"，无论现实中座谈会有几方人员参与，这一路径均存在着内生性缺陷——"指定参与代表"，导致它们反映的社会群体意见的单一。同时，由社会问题引发（尤其是社会群体性事件）的被动式协商座谈会，即使通过线下自愿报名与网络自由报名，因为他们多数具有相同的"利益诉求"，因而也产生了相同的参与"特征"，无法代表多元利益相关者的分层意见。两种结果自然会产生偏颇的民意，最终使一些党政部门决策出现片面性，造成了一种"内部化民主"。

毫无疑问，任何一个决策者有"掌控"的本能：选择"比较可靠"或者至少"知根知底"的人参加，因此时间一长，一些政府部门主观选择的参与者就成了"老面孔"。这造成政府部门召开了很多"座谈会"和"听证会"，它们充斥于各个层面领导的"考察和调研活动"中，等到决策进入到执行环节以后，却出现民意沸腾，甚至导致集体性社会冲突的出现。

这造成了国内一些地方"诡异"的决策"怪圈"：政府在决策时候到处找社会民众，想尽办法融入社会建设过程当中，结果因为缺乏科学的程序和方法，还是依靠"指定的参与代表参加决策"，所以，政府每进入一个社会领域，社会本身仿佛就从那里退出来，协商民主当然无法真正成为"国家治理能力现代化"的程序载体。

三、社会主义协商民主：超越"指定代表"与"随机抽样"的实践

既然协商民主要成为社会主义民主政治的特有形式和独特优势，那么它必须超越国际社会中的其他不同社会制度下的协商民主，而不是简单地追求"非科学化"的不一样，注重在协商民主的第一个重要的参与人员选择程序环节上，建构起社会主义协商民主的科学方法，因此，考察中国协商民主的一个至关重要的标准，是看其是否具有科学合理

的参与人员,而不在于是否套上"协商民主"这个"帽子",从而真正解决内生性科学化不足这一问题。因此,中国社会主义协商民主的决策程序,要坚持从"协商民主"的本质含义入手,设计一个更加科学化和操作化的整合各个不同社会群体的不同意见的参与程序——"最大多数人的公约数",因此,它需要既要超越西方政治参与结构匀质化基础上的"单纯随机抽样",又必须要超越国内目前一些地方传统的"指定代表参加协商民主"的状况。

(一) 超越"指定代表":社会主义协商民主的自我提升

"协商就要真协商,真协商就要协商于决策之前和决策之中,根据各方面的意见和建议来决定和调整我们的决策和工作,从制度上保障协商成果落地,使我们的决策和工作更好顺乎民意、合乎实际。"这段话明确了社会主义协商民主要真正嵌入到决策过程当中,也是社会主义协商民主能否真正建立的基石,因此,从协商民主实操的第一步——选择参与代表开始,要超越过去"指定代表"参加的"座谈会"老路子。

过去一些地方政府指定代表来参加座谈会,采纳的"民意"实际上只是片面的民意,导致决策变得偏颇。之所以对参与人员选择不太重视,很大程度上是因为,许多人混淆了执政党在整体上"代表人民利益"的政治界定,和具体决策中"让人民做主"之间的区别,把政治决策"简单地"等同于政府部门作出决定,然后邀请或者指定一些代表来召开"群众意见座谈会"。看上去,它仿佛完成了民众参与嵌入到决策中的流程,但最终伤害了"党的领导"的权威性。虽然在很多问题上,大多数民众意见不一定代表决策长远利益,也和政府的决策规划不一定一致,但党政部门在进行重大决策和政府在进行具体执行时,应该让这些大量具体而分散的民意,通过科学的协商民主程序融合进入具体的政策过程,再也不能以"拍脑袋的决策方式"高喊着要反对"拍脑袋决策"。

(二) 温岭的预算协商:"自愿参与"与"分群选取"

全国许多地方的协商民主案例当中,来自普通民众的参与代表基本上是自愿报名,然后经政府部门"筛选"。尽管这种做法值得商榷,但它比传统全部由政府邀请或者指定的代表参与,更体现了协商民主的民主内涵。浙江省温岭市乡镇层面的"预算民主恳谈"一直呈现出多元模式,但自愿报名和邀请代表是一个普遍的做法,因为这个方式操作起来,政府部门都感觉到"可控"和"方便"。温岭市新河镇的预算参与结构,一直延续的是自愿参与模式。引起全国关注的新河镇"企业工资民主恳谈",即是各行业工人选派自己的代表和企业主进行行业工资的定额协商。新河镇的制度规定本意是让所有的民众都能自愿参与,但实际上是以人大代表为多数,部分民众自愿参与为辅助。温岭市各乡镇普遍采取这一自愿参与方式设计自己的"参与式预算",其他例如箬横镇的"三审预算"机制,虽有民意代表参与,但与人大代表一样,是通过政府部门邀请的方式选定的。

温岭市人大在确定市级"部门预算"时,起初采用的正是"邀请代表"的方式。很长时间内,当地官员一直认为,从市里几十万当地人口中随机抽样,缺乏操作的"可预测性"和"可操控性",这是在既想改革又有传统思维惯性存在的"矛盾心理"下,由于不了解随机抽样原理造成的。同时,他们也认为随机产生的代表并不真正了解部门预算,自然无法担负起预算参与的职责。但最终温岭人大建立了各类专家库和普通的民众代表库,在其中实行随机抽样,而不完全是由人大代表参加,超越了"邀请"自己熟悉的特定社会代表来参与的路径,初步实现了"分群选取参与代表"的方式。这是温岭协商民主发展 19 年历程中,研究者较少关注的地方。它是全国在县级层面率先出台了一系列明确在预算中进行协商民主恳谈文件的试点,[①] 也是浙江省等地进行政府创新的一个突出特点——"注重社会基础"和"承认多元化模式"。

(三)盐津群众参与预算:"推选+抽选"

云南省盐津县设计了一套完整的"推选+抽选"程序,推行其"群众参与预算",主要由各"村两委"提名"推选"与按照各村(社区)人口比例"随机抽选"这两种方式产生"群众议事员"。一是"直接推选"方式:每村(社区)平均分配 2 名群众议事员,由村(社区)两委召开会议提名推选产生。二是"随机抽选":按每个村(社区)人口总数的 0.5‰的比例产生各村(社区)的具体额度,村民小组推选 1 名候选人,群众议事员候选人须有 5 人以上的村(居)民提名,经村党支部(党总支)和村(居)委会审核,方可进入"抽选库"。最后,由村(社区)两委召开须有 2/3 以上村(居)代表会议组成人员参加的"群众会议",在此库中按名额随机抽选该村(社区)的"群众议事员"。

盐津县规定,任何组织和个人不得指定"群众议事员人选",抽取结果要当场公布,

---

① 2002 年 10 月 9 日,《中共温岭市委关于进一步深化"民主恳谈",推进基层民主政治建设的意见》中明确提出:"要高度重视制度建设,确保基层民主政治建设的制度化、规范化、程序化。民主政治发展的关键在于制度设计、制度安排和制度建设,这也是现代政治文明的精髓所在。"

但对随机的理解有偏误——上一个进入候选人库的过程,是一个推选程序,后面只是在推选名单中进行随机,已非真正意义上的"随机"。四川白庙乡的"财政预算暨民主议事会"的村民代表,本质上也是推选或者指定的。云南省盐津县制度创新的特点,是在一个人们不太关注的经济发展相对缓慢的"全国贫困县",出现了一个程序设计严谨的"协商民主"程序,破除了很多人习惯上认为经济较发达的地方才能搞民主的认知。盐津县很多乡镇的公共预算不过400万—500万,和温岭市泽国镇几个亿的规模不可同日而语,但是在程序的科学性上,却有着同工异曲之妙。①

四、程序设计:基于中国政治结构的复式协商抽样

中国社会主义协商民主的许多实践案例,已经超越了指定代表的传统路径,使得民意表达的多样性得到了呈现,有效推进了公共决策的科学性,但它仍然有一个内生性的缺陷,在理论上仍然无法达到"随机抽样"的合理性。一些也已经实践了"随机抽样"选择协商代表的案例模式,仍存在着与中国政治社会参与结构不吻合的问题,这就需要我们整合以上模式,设计出更加符合国家政策要求与现实社会需求的参与代表抽样程序。

(一)随机抽样模式:中国式协商民意测验

"协商民意测验"自2005年与浙江省温岭市"民主恳谈"结合以后,中国协商民主理论发展和基层决策实践,出现了向严格程序设计的方向发展,不断寻求建构制度的科学化、民主化和公平性——它的核心就是随机抽样选择参与者,通过前后测的问卷量化评估公共决策项目和讨论的公共问题。浙江省温岭市泽国镇最早严格使用"协商民意测验"程序来选择公共预算分配的参与者,即民意代表通过严格随机抽样产生,这是其第一个突出特点。

另一个突出特点就是"前后测问卷",将传统座谈会式的定性的讨论意见,转化为确切量化的数值。上海市浦东新区浦兴路街道于2014年进行了"协商民意测验",在街道户籍人口中随机抽取代表,选择由街道财政预算所支撑的"自治金项目",改变了传统上依靠"专家+领导"的内部"评审"方式。最后确认有效抽取样本为360,然后通过居委会

---

① 温岭市泽国镇有大学技术力量支撑,盐津县也有省财政厅和大学技术支持,这让地方政府找到了摆脱传统指定代表的路径依赖的方向。

分别进行了邀请，其中138个代表答应参加协商民意测验会，并且做了第一次问卷调查，最终有109个代表参加了当天的协商会议。在参与代表的年龄、学历等各人口学数据上，均吻合整体人口数据。最后，就哪些自治金项目可以得到资助，浦兴路街道完全按照协商之后的民意量化结果抉择，因此，预算的协商民主真正得到了政策上的实现，并不是"形式上协商"，也不是理论上的假设论证。

（二）复式协商民主的抽样程序结构与实践

西方国家政治参与的匀质化和中国有着很大的差别，随机抽样基于西方国家的政治参与的"匀质化结构"，即具有完全公民权的公民，拥有选择参加政治活动和公共决策的自由。虽然各个群体由于经济地位和社会地位的差异而可能产生实质上的不均衡，但在政治参与的法律规定上，群体间的参与机会差异不大，参与意愿倒是差异显著。把随机抽样引入中国的协商民主实践当中，优点是扩大了公民参与的机会均等性，但是在中国现有的社会结构下，这一把所有公民一视同仁的方法，会造成更大的参与不均衡。我们长期以来依赖于工作岗位的区别，中国不同社会群体政治参与的机会有明显差异，不具有信息获取的匀质性，参与积极性差异很大，各个社会人群在决策机制中的地位和功能也不同，所以，随机抽样"在地化"会出现的一个突出问题，就是如何整合中国现有政治结构内不同参与能力人群的意见。协商意见就面临许多中国制度整合问题。

社会主义协商民主参与者的选择程序，需要完成两个"超越"——超越指定或者自愿报名的路径依赖与超越单纯随机抽取，形成复式协商民主决策程序。它基于分层抽样原则，力图实现民意的全面整合，把党政的政策引导性与科学量化的民意进行科学结合，最终形成协商民主决策。根据国内已有的成熟实践，在国家一系列文件规定基础上，一个科学的可操作化而适合中国现阶段国情的社会主义协商民主程序，选择代表的基础就应是复合分层抽样，这样才能更好地吻合中国当下的社会结构，如图3所示。

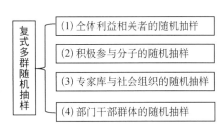

图3 复式协商民主随机抽样结构图

复式分层抽样的核心在于，它提取了过去没有关注的"沉默大多数"——传统政治视角没有考虑的普通民众的意见，超越而不是抛弃"随机抽样"的选择程序，保证了意见协商的全面性。在参观以随机抽样方式选择协商参与代表的浦兴街道分配自治金和古美古龙六小区改造项目实操之后,我们又在上海 JA 区 NX 街道和上海 P 区 YJ 街道的"社区代表会议"的参与名单选择程序上,改变传统的街道党工委和办事处分配和邀请代表的单一方式,使用了复式分层抽样的方式,拿出了部分代表名额,在街道内全部户籍人口名单中随机抽选参与代表。

五、结论:做实社会主义民主的程序支撑

40 年的改革开放,使中国已经进入一个社会复杂性和公共事务增量都不可同日而观的时期,中国国家治理能力也日益面临着严峻考验,在这个背景下,治理体系需要创新更多的民主程序而不是依赖于传统的路径。中国特色社会主义民主政治需要以相应的支撑制度来"做实"其具体程序与方法,使民主更具有可操作性,避免使理论中的本质优势变成"空中楼阁"。社会主义协商民主的实践,需要设计现代的社会科学操作方法,从协商民主的第一个环节——参与者选择开始,依据中国具体的社会结构,超越国际上的方法局限,也超越我们自己传统的路径依赖。从经济发达的浙江省温岭市和全国贫困县——云南省盐津县,到国际大都市的上海实践,都证明了一个科学设计的有效、有序和持续的选择参与代表的民主程序,需要与特定社会结构相适应,才能建构真正的"现代化"。

从中国 40 年地方政府创新呈现出的"百花齐放、百家争鸣"格局观察,在多样化的协商民主创新实践中,要有基本的科学程序模块来支撑,所以在社会主义协商民主的具体实操中,不要对所有地方实践结构进行命令式的过度规范,只需通过宏观政策进行指导,依赖科学方法进行实操,通过理论进行分析指导。

协商民主实操的中轴点在于:各级党委和政府要坚定地成为社会主义协商民主的积极实操者,而不是被动地"接受"和"应对"治理危机,否则,就无法回答"中国国家治理体系"的现代化命题。中国每个地方的经济与社会发展千差万别,治理问题的结构也不一样,所以协商民主的实操模式也必然存在着差异。

(本文原载《探索》2018 年第 5 期,原标题为《超越"指定代表"和"随机抽样":中国社会主义复式协商民主的程序设计》,收入本文集有删改)

国家治理与创新的长周期演化

复旦大学国际关系与公共事务学院副教授　胡业飞

一、引言：技术治理的概念与争论

"技术治理"业已成为学界长期热议的一个研究主题。然而，正如一些学者所指出的，技术治理概念似乎容纳了过于繁杂的含义，使得这一术语本身变得"面目模糊"。[①]在某些研究里，技术治理被认为是运用技术性方式开展公共管理的一类治理模式，并因其技治主义的理念内核而被加以批判；在另一些学者眼中，技术治理是运用信息技术等科技手段进行国家治理的一种操作路径，是利用技术为国家治理赋能的优良手段。[②]

上述有关"技术治理"的差异化描述，似乎是学界为不同的研究对象贴上了同一个标签，进而在研究发展走向上出现了显著的分野。本文所追问的是：技术治理概念的认知分歧以及相应的研究分野究竟因何而发生？以及如果我们希望破除技术治理概念的"面目模糊"状态，构建一个内在逻辑统一的技术治理概念，又有怎样的办法能够完成这一任务？

二、广义技术下的技术治理及其效用

有关技术治理概念含义的分歧，本质上源自技术概念本就存在广义与狭义的不同解释。广义的技术是通过理性所获得的"系统性知识"，是反映人类智慧与知识的成果集

[①] 彭亚平：《技术治理的悖论：一项民意调查的政治过程及其结果》，《社会》2018年第3期。
[②] 陈天祥、徐雅倩：《技术自主性与国家形塑：国家与技术治理关系研究的政治脉络及其想象》，《社会》2020年第5期。

合。① 这些系统性知识能够为国家治理提供一系列满足其活动目的的方法与工具。因而,广义技术必然不仅表征着那些源自自然科学与工程科学的具象工具,还包括管理、组织、制度、文化等以人的直接行动为载体的抽象工具。对应广义技术,广义技术治理概念指向的是一种以技术化、专业化为核心理念,强调技术理性和工具理性,运用具象或抽象工具进行公共管理的一种国家治理模式。②

运用技术进行治理的核心,是借助广义技术手段完成国家治理目标向国家治理结果的有效转化。技术的这一功能并非近现代社会发展的产物,而是伴随几千年的国家治理活动长期存续。从唐代两税法、明代一条鞭法延续到清代摊丁入亩的税赋制度改革,通过在技术层面合并税收品类、调整支付手段以及变更计算方法,实现了国家财税汲取能力的日益强化。并且,每一次新技术的运用,都在当时一定程度上缓解了财政危机。进入到近现代社会后,社会问题的增多与复杂性水平的提升,进一步加深了国家治理对技术的依赖。中国改革开放进程中,技术在国家治理中的地位得到强化,表现为中国治理模式发生了"从总体支配到技术治理"的变迁。③ 目标绩效考核、项目制等治理技术不仅促成了行政权力施用的规范化与透明化,还深刻嵌入到治理系统,成为左右中国治理逻辑的重要部件。④

严格意义上讲,人类社会不可能存在一种完全不依赖技术工具的国家治理模式,所有的治理模式都或多或少地运用了某些具象或抽象技术工具来开展公共管理活动。广义技术治理之所以是一种显著有别于其他模式的治理模式类型,原因在于:相比于其他治理模式,技术治理从繁多的国家治理理念与价值取向当中,将技术理性放置在了其首要指导原则位置之上。从这一点来看,广义技术治理与经典公共管理理论高度契合,后者即着重强调行政活动的科学化与规范化。经典公共管理理论的诞生,不仅标志着公共管理学科的诞生,同时也意味着,各类技术在国家治理中的运用不再是一种细枝末节、从属性的政治执行活动,而成为一种登堂入室的治理模式,即广义的技术治理模式。

---

① 颜昌武、杨郑媛:《什么是技术治理?》,《广西师范大学学报》(哲学社会科学版)2020年第2期。
② 董幼鸿、叶岚:《技术治理与城市疫情防控:实践逻辑及理论反思——以上海市×区"一网统管"运行体系为例》,《东南学术》2020年第3期。
③ 渠敬东、周飞舟、应星:《从总体支配到技术治理——基于中国30年改革经验的社会学分析》,《中国社会科学》2009年第6期。
④ 折晓叶、陈婴婴:《项目制的分级运作机制和治理逻辑——对"项目进村"案例的社会学分析》,《中国社会科学》2011年第4期。

三、狭义技术下的技术治理及其效用

如前文所揭示的，广义技术代表的是人类智识的系统性集合，这些技术涵盖了源自自然科学与工程科学的具象工具以及管理、组织、制度等抽象工具。狭义技术则是指向了上述两种工具中的一种，即具象工具。与狭义技术相对应，狭义技术治理活动描述的是这样一个过程：一个新的具象技术工具被引入到了国家治理体系与过程中，改变了没有具象工具可用的状态，或者替代了旧的具象技术工具，从而实现国家治理效能的提升。

特别是作为具象技术工具的一种，信息技术进入国家治理领域之后，其影响范围持续扩大，程度持续加深。① 支撑国家治理活动的信息技术不仅在形式上从电报、电话、互联网发展到移动通信、大数据、人工智能、云计算，还孕育出了一个重要的公共管理议题，即数字政府建设。信息技术在技术治理中的巨大影响力，使一部分学者将技术治理进一步地"狭义化"，将技术治理特指为信息技术在国家治理活动中的应用。这种"狭义再狭义"也反过来证明了信息技术在技术治理中所占据的主导性地位。

狭义技术治理活动的基本功能，是把新技术嵌入到行政系统与过程之中，进而通过强化政府的现有能力来实现治理效能的提升。② 例如，当国家原本需要增加行政组织的中间层级才能够完成政治意图传递与政策执行监督时，技术治理可帮助国家省去中间层级环节，推动行政组织的"扁平化"。

此外，信息技术还可为国家治理系统及其过程构建一个完整的"虚拟镜像"。正如黄晓春③所指出的：当新的信息技术进入行政组织之后，技术就会"在一个虚拟的空间内再造出与既有组织结构相近的设置"。国家治理的这一"虚拟镜像"，不仅仅如黄仁宇所期望的构建了国家状况的数字管理，④ 它还能够一定程度上独立于真实世界的国家治理而存在。当这个虚拟镜像构建完成后，信息技术持续将真实世界状况化简为信息放入数据，再进入虚拟镜像并从数据中提取信息，进而近似还原真实世界。⑤ 这个过程让技术治理得

---

① 吴晓林：《技术赋能与科层规制——技术治理中的政治逻辑》，《广西师范大学学报》（哲学社会科学版）2020年第2期。
② [美]简·芳汀：《构建虚拟政府：信息技术与制度创新》，邵国松译，中国人民大学出版社2010年版，第50页。
③ 黄晓春：《技术治理的运作机制研究：以上海市L街道一门式电子政务中心为案例》，《社会》2010年第4期。
④ 陈晓运：《技术治理：中国城市基层社会治理的新路向》，《国家行政学院学报》2018年第6期。
⑤ 马卫红、耿旭：《技术治理对现代国家治理基础的解构》，《探索与争鸣》2019年第6期。

以将社会问题"源源不断地呈现在国家面前",极大地削减了国家与社会之间的信息不对称。同时,当国家治理的某些活动仰赖大量时间与空间资源时,技术治理帮助国家突破时间与空间限制,为国家与人民的互动提供了额外可能。

四、广义与狭义技术治理的研究走向分野

当确认了广义与狭义技术、广义与狭义技术治理的各自概念含义之后,这一系列概念之间的关联似乎也变得显而易见了:广义的技术包含了具象技术工具与抽象技术工具,而狭义的技术剥离了抽象技术工具,专指具象技术工具(甚至其中的一种,即信息技术);进一步地,广义技术治理指向一种在技术理性与专业化原则指导下运用技术工具开展公共管理活动的治理模式,而狭义技术治理特指运用信息技术等具象工具助力国家治理的活动,是广义技术治理这一治理模式之下的操作路径之一。换言之,基于技术的广义狭义之分,狭义技术治理所指涉的国家治理活动,是广义技术治理这个治理模式下国家治理活动全集的一个子集。

然而,如果广义与狭义技术治理的关系如前所述,就是单纯且清晰的全集与子集关系,那么为何有相当数量的研究反复提出了同一个论点,即技术治理依然呈现着一个"模糊的面目",难以厘清其内部各类概念的关系?同时,又是为何,围绕广义技术治理与狭义技术治理的学术研究各自走向了不同的发展方向,彼此缺乏相互呼应呢?

本文认为,要解释上述现象,研究者们需要首先注意到:尽管广义技术治理与狭义技术治理的概念内涵(即,在国家治理中运用技术)都是中性的,但在公共管理的学术探讨活动中,前者往往扮演一个被批判的负面角色,后者则往往扮演一个被肯定的正面角色。这种角色差异造就了广义技术治理与狭义技术治理的研究走向分野。

代表一种治理模式的广义技术治理,在公共管理研究中通常是扮演被批判的负面角色。这大概是因为,以技术理性、专业化原则为理念内核的广义技术治理,被看作是技治主义(Technocracy)在现实世界中的外化与代表。技治主义强调以科学技术为工具以及让专家掌握治理权力。[①] 针对技治主义的批判则在公共管理学科内由来已久,这种批判在经典公共管理理论诞生之后就作为其理论对立面而存在,并且经久不衰。例如,公共

---

① 刘永谋:《技术治理的逻辑》,《中国人民大学学报》2016年第6期。

行政学家德怀特·沃尔多（Dwight Waldo）就认为，不存在一个脱离了价值的纯粹理性、中性与技术化的行政管理。但现实世界中的价值没能够阻止被看作是技治主义外化形式的技术治理持续扩张。于是近年来，广义技术治理的批判者开始担忧，技术治理模式下将不可避免地发生治理价值的挤出以及国家治理目标的置换。即，随着技术治理活动的开展，严格遵循技术要求成为治理的最高原则，法治、包容、合法性、公共性等价值会日益丧失其对国家治理活动的原本影响力。① 同时，"技术的运用"不再服务于国家治理目标，而是其本身越俎代庖，占据国家治理的首要目标位置，挤下去的正是社会福利最大化等原始国家治理目标。②

相比之下，狭义技术治理（特别是新兴信息技术在治理中的应用）却往往在公共管理研究中获得大多数学者的积极评价。当互联网兴起后，信息技术被看作是政府创新发生的推动力，③ 也同时被认为促进了公共服务质量的提升。④ 总括起来，狭义技术治理的研究所描绘的，往往是随着技术的迭代，治理创新与政府改革空间也随之不断扩大的故事。

值得追问的是，狭义技术治理带来的政府改革与创新红利，在广义技术治理发生的初期难道不存在吗？广义技术治理下所发生的价值挤出与目标置换问题，在狭义技术治理活动中就不会发生吗？既然狭义技术治理是广义技术治理的子集，那么两个问题的答案显然都是否定的。在广义技术治理中，无论是中国古代的编户齐民、摊丁入亩，还是现代的项目制与绩效考评，都在实践中彰显出显著的国家治理功能与价值。同样地，广义技术治理所带来的主要问题同样会在狭义技术治理中发生。特别是作为狭义技术（具象工具）的主要代表，信息技术将真实世界的信息转化为一组数据，这个转化的过程是对真实世界的简化，与保持事实的全面性与多样性天然不可调和。⑤ 但当信息技术长期在国家治理中被运用时，真实世界的全面性与多样性就不仅仅是被遮盖，而且可能在认知层面被"消灭"，国家越来越难以还原其治理对象的真实图景。此时，国家治理不再是为价值创造而活动，而是服务于那些具象的技术工具，遵循技术细节的指引而非目标价值

---

① 黄徐强、张勇杰：《技术治理驱动的社区协商：效果及其限度——以第一批"全国社区治理和服务创新实验区"为例》，《中国行政管理》2020年第8期。
② 渠敬东：《项目制：一种新的国家治理体制》，《中国社会科学》2012年第5期。
③ 蔡立辉：《应用信息技术促进政府管理创新》，《中国人民大学学报》2006年第4期。
④ 徐晓林、周立新：《信息技术对政府服务质量的影响研究》，《中国行政管理》2004年第4期。
⑤ 吕德文：《治理技术如何适配国家机器——技术治理的运用场景及其限度》，《探索与争鸣》2019年第6期。

的指引。① 狭义技术治理下的价值挤出与目标置换由此发生。

因而，我们可以发现，广义技术治理与狭义技术治理的研究分野，并不来自这对技术治理概念的含义本身。从内涵来讲，广义与狭义技术治理都通过技术的运用试图为国家治理增进效能，但同时也为国家治理带来价值挤出与目标置换的风险。然而，广义技术治理与狭义技术治理的研究分野，来自公共管理研究者在二者之间似乎无意识进行的角色分配：广义技术治理是被批判的对象，而狭义技术治理则正相反。当需要对技术治理风险提高警惕时，人们面向广义技术治理展开批判；当需要展望技术治理的未来收益时，人们却转向狭义技术治理并予以肯定。如果没有看到这种角色差异，那么广义技术治理与狭义技术治理自然会交叠在一起，呈现出一副"模糊的面目"。

五、重建"技术治理"概念：治理与创新的长周期演化

广义技术治理与狭义技术治理在公共管理理论探讨中所扮演的不同角色，解释了为何技术治理呈现出一副"模糊的面目"，以及这一概念内部为何发生了研究走向的分野。但这种解释没有为我们提供一个"让面目清晰起来"的解决办法。是否存在一条可行路径，能够使人们对技术治理的认知更清晰，破解技术治理不同概念含义的复杂纠缠状态呢？

本文提出，以国家治理的改革与创新为切入点，将技术治理活动的发生时间拉长，考察在一个长周期的国家治理过程中技术的角色与功能，有望实现对技术治理概念及其理论内涵的重新诠释和化繁为简。技术治理应当被看作是一种国家治理与创新的长周期发展演化过程，表现为"技术触发改革—新治理格局的创造与固化—技术再度触发改革—新治理格局的再度创造与固化"。具体而言，在长时间周期内，技术治理的发生发展过程如下面五个阶段所示（见图1）。

（1）国家治理天然存在对改革与创新的需求，而这种需求会随着既有治理格局的日渐陈旧而不断放大。国家治理的作用对象（同时也是国家治理所处的环境），是民族国家边界圈定的整个社会生态系统。这个社会生态系统本身就处在持续变动与演化的状态之中，创造出新的社会多元性与社会差异性。② 相对应的，国家治理的制度安排及其所创造的治

---

① 张现洪：《技术治理与治理技术的悖论与迷思》，《浙江学刊》2019年第1期。
② 何艳玲：《中国行政体制改革的价值显现》，《中国社会科学》2020年第2期。

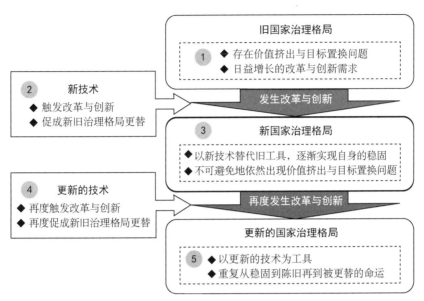

图 1　重建后的"技术治理"概念含义

理格局不可能处在一个静止不变、永恒最优的状态之中，国家治理本身须自觉地通过改革与创新活动去适应、回应社会系统的变化。[1] 但由于治理制度存在显著的刚性，改革与创新活动不会随时随地地自然发生，旧的治理格局会持续一段时间，国家持续使用一组旧技术工具实施治理。随着时间推移，日渐陈旧的既有治理格局与变动中的社会愈发"格格不入"，价值挤出与目标置换问题凸显，使改革与创新的需求日益增长，亟待某种因素催动改革与创新的发生。

（2）新技术作为关键因素，触发国家治理的改革与创新。实际上，推动改革与创新的发生，原本就是技术的基本功能。技术被人类有意识地引入社会后，一定会引发宏大或微小的变动。马克思主义理论指出，社会关系会随着生产方式（技术）的变革而变革，"手推磨产生的是封建主为首的社会，蒸汽磨产生的是工业资本家为首的社会"。在国家治理领域，技术更是被形容为改革与创新的"最深刻动因"。[2] 除了技术可以使改革与创新的实现成为可能，更重要的是，技术的存在（特别是新技术的出现）能够激发国家与社会的改革意志。这两方面协同赋予了技术以触发改革创新的功能。政策理论中的多源流模型对技术的触发功能有一个生动的描述：即使人们已认识到改革创新的必要性（"问

---

[1] 李文钊、毛寿龙：《中国政府改革：基本逻辑与发展趋势》，《管理世界》2010 年第 8 期。
[2] 陈振明：《政府治理变革的技术基础——大数据与智能化时代的政府改革述评》，《行政论坛》2015 年第 6 期。

题流"),并形成了推动改革创新的政治合力("政治流"),但如果缺乏了源于技术的解决方案("政策流"),启动改革与创新的"政策之窗"就不会形成,只有等待技术的触发。

(3)改革与创新的结果是新的国家治理格局替代旧的国家治理格局并逐渐实现自身的稳固;同时,新技术被嵌入到新治理格局之中,成为国家治理的新工具。事实上,一切国家治理格局的内在逻辑都需要附着在抽象技术工具(如制度)或具象技术工具(如管理信息系统)之上,才能够得以外化。因而,新国家治理格局对旧国家治理格局的替代,在实践层面就体现为"新技术替代旧技术"。在新的国家治理格局下,新技术成为占据支配性地位的新治理工具,助力实现国家治理效能的提升。①

(4)新国家治理格局的日渐稳固,意味着其与变动社会的偏离也开始日益加大,价值挤出与目标置换问题重新浮现,直至更新的技术触发更新一轮的改革创新活动。尽管新国家治理格局往往意味着治理功能的进步,但附着在技术工具上的国家治理能力始终是有限的。正如颜昌武与杨华杰②所描述的,国家为达成治理目标而对复杂具体治理对象的简化和抽象,是"现代国家机器的基本特征",这也决定了基于技术的国家治理能力必然是不完美的,是与现实需要有偏差的,并且这种偏差会因社会的发展变化而日益放大。同时,一些有着利益偏好的公共权力施用主体会通过其活动加速上述问题的出现。这些群体会将其自身意志注入到技术工具之中,让技术工具强化其权力的施用能力,服务于自我目的而非公共目的,并试图固化现有的治理格局。③ 此时,如果国家和社会依然严格遵循既定的治理制度,施用既有的治理工具,其结果则必然发生价值挤出与目标置换现象;曾经触发并支撑改革创新的新技术不再"新",也无法内生性地克服上述问题,只能等待更新的技术对自身的替代。

(5)在更新技术的支撑下,更新一轮的改革创新发生,更新的国家治理格局完成对上一代国家治理格局的替代。于是,一个长周期的国家治理发展演化过程产生了:利用具象或抽象的新技术,改革与创新活动颠覆了以旧技术为工具的既有治理格局,并创造出一个新的治理格局;新治理格局被创造后逐渐实现自身的稳固,在创造了一定收益的同时,也开始发生价值挤出与目标置换问题,这是技术功能有限性以及利益格局固化后所

---

① 薛澜、李宇环:《走向国家治理现代化的政府职能转变:系统思维与改革取向》,《政治学研究》2014年第5期。
② 颜昌武、杨华杰:《以"迹"为"绩":痕迹管理如何演化为痕迹主义》,《探索与争鸣》2019年第11期。
③ 黄晓春、嵇欣:《技术治理的极限及其超越》,《社会科学》2016年第11期。

必然发生的；当更新的技术生成后，更新一轮的改革与创新活动再度被触发，之前的治理格局再度被颠覆，更新的治理格局再度被创造，并且再度实现自身的稳固。国家治理就在上述环节的循环往复中持续发展演化下去。

综上，本文将上述国家治理与创新的长周期发展演化过程，视为新"技术治理"概念的内涵。即，"技术治理"概念指向国家治理的一种长周期发展演化过程，在这一过程中，不断更迭产生的各种新技术（无论是新的信息技术工具还是新的制度设计）触发并支撑了一轮轮的治理改革与创新活动，实现了新国家治理格局替换旧国家治理格局的一代代更迭。重要的是，重建后的"技术治理"新概念，将扮演负面角色的广义技术治理和扮演正面角色的狭义技术治理都吸纳进来。广义与狭义技术治理分别扮演的角色及其营造的概念"模糊面目"，也因此有望清晰起来，研究的分野或可实现合流。

（本文原载《学海》2021年第3期，原标题为《国家治理与创新的长周期演化：对技术治理的重新理解》，收入本文集有删改）

中国经济治理模式的演进及前景

复旦大学国际关系与公共事务学院副教授　吴澄秋

中国经济治理模式未来的演进方向在哪里，中国优化其经济治理模式路在何方？为回答这个问题，笔者认为，我们不妨把视角放大，在更大的空间和更长的时间里考察经济治理模式的演进。本文把中国的经济治理模式与国际上主要的经济治理模式——美国的经济治理模式、欧洲的经济治理模式、东亚的经济治理模式——放在一起，梳理它们各自的特点并考察它们自20世纪90年代以来的演进轨迹。通过借鉴其他经济治理模式的演进情况，学者可以为中国经济治理模式的演进方向提供更合理的构想，决策者也可以为中国经济治理模式的优化选择经得起历史考验的方向。

本文的结构如下。第一节将梳理美国、欧洲、东亚的日韩等国以及中国等的经济治理模式的特点。第二节回顾20世纪90年代以来以上各国家或地区的经济治理模式的演进轨迹并探讨其趋势。第三节分析各主要经济治理模式的演进趋势背后的原因。第四节讨论中国经济治理模式未来的演进方向。

一、主要的经济治理模式

在探讨当今全球化时代的经济治理模式时，有四种模式值得我们集中关注，它们分别是"美国自由市场经济治理模式""欧洲福利国家经济治理模式""东亚发展型政府经济治理模式"和"中国经济治理模式"。这四种经济模式是各主要经济体长期以来相互影响、不断变革而形成的，并且这些模式本身仍将处于变化的过程中。

第二次世界大战以后，在经济治理理念上社会主义阵营和资本主义阵营长期呈对立之势。社会主义阵营奉苏联式的计划经济模式为圭臬，而在资本主义阵营内，欧美国家大都经历了福利国家的发展过程，奉行"内嵌的自由主义"（embedded liberalism）。这种理念是建立在国内干预的基础上的多边主义，是市场与社会的调和。① 然而，欧洲与美国的经济治理模式一直存在差异。美国经济治理模式更强调个人与企业的自由和市场的效率，而欧洲经济治理模式则更强调劳工权利和福利制度，强调对效率与公平的兼顾。② 同时，在欧洲国家中间也存在一定的差异。根据哥斯塔·艾斯平-安德森（Gosta Esping-Andersen）的划分，欧洲的福利国家大体可分为：自由主义福利国家（英国）、法团主义-国家主义福利国家（德国）、社会民主福利国家（瑞典、挪威）以及地中海福利国家（意大利、西班牙等）。③ 尽管欧洲内部存在这些差异，我们还是可以把欧洲国家的经济体制统称为欧洲的福利国家经济治理模式，以区别于美国的自由市场经济治理模式。④ 在东亚，日本于20世纪六七十年代实现了持续高速的经济增长，并于1968年成为世界第二大经济体，其经济治理模式被查默斯·约翰逊（Chalmers Johnson）总结为"发展型政府"（developmental state），它的特征是发展导向的精英官僚对经济实行遵从市场原则的干预，特别是通过产业政策优化产业结构从而提升经济的竞争力。⑤ 这种经济治理模式不仅在日本，还在韩国、新加坡以及我国的台湾地区被实践。而在中国大陆，从20世纪50年代到改革开放前，苏联式的计划经济模式被长期实行，但也有一些独特之处，如农村存在很小规模的集体经济和个体经济等。自从1992年确立社会主义市场经济的改革目标以来，中国的经济体制既与东亚其他国家的经济治理模式具有越来越多的共同点，又保持许多独特性。

下面我们梳理四种主要经济治理模式的主要特点。图1列出各国的总体政府收入（general government revenue）与其国内生产总值的比值。由图中可见，在欧洲国家中，英国的比值较低，北欧国家如瑞典、挪威等国最高，而德国、法国、意大利等则居中。然而，总体而言，欧洲国家的政府收入与国内生产总值的比值高于美国、日本和中国。不仅如此，欧洲国家的社会福利开支与国内生产总值的比值应该也比美国、日本、中国

---

① John Gerard Ruggie, "International Regimes, Transactions, and Change: Embedded Liberalism in the Postwar Economic Order," *International Organization*, 1982, Vol. 36, No. 2, p. 393.
② 关于欧洲经济模式的较为全面的介绍与评析，参见王鹤：《欧洲经济模式评析——从效率与公平的视角》，《欧洲研究》2007年第4期，第1—17页。
③ Gosta Esping-Andersen, *The Three Worlds of Welfare Capitalism*, Cambridge, UK: Polity Press, 1990; and Gosta Esping-Andersen, *Why We Need a New Welfare State*, Oxford, UK: Oxford University Press, 2002.
④ 这并非表示美国政府不具有福利国家的职能，而只是表示欧洲国家更加强调福利国家的职能，它们之间存在由程度差异带来的体制上的质的差异。
⑤ Chalmers Johnson, *MITI and the Japanese Miracle*, Stanford, California: Stanford University Press, 1982, Chapters 1 and 9.

等要高不少。

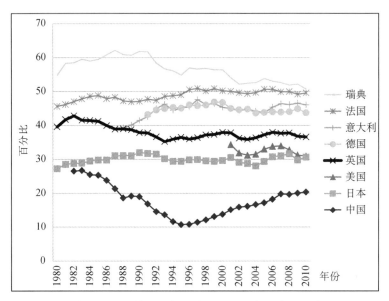

图1 各主要经济体的总体政府收入占国内生产总值的比值

数据来源：International Monetary Fund，World Economic Outlook Database，September 2011，http://www.imf.org/external/pubs/ft/weo/2011/02/weodata/index.aspx.

相比较而言，虽然欧洲、美国、东亚的日韩以及中国都强调市场机制在配置资源方面的基础性作用，但欧洲国家的政府对经济过程的干预比美国更积极，日韩政府对经济的干预更多，而中国则是最多的。值得一提的是，东亚各经济体虽然也强调私营企业和市场的作用，但非常重视产业政策的制定，政府在产业发展规划和对市场进行干预方面发挥积极作用。虽然亚洲金融危机令发展型政府的经济治理模式受到质疑，并且一些学者也反思发展型政府的缺憾，但这种模式的基本要素或多或少在东亚各国家与地区的经济体制中存在，并且对中国经济发展的方式方法也形成巨大影响。

中国的经济治理模式大体上与发展型政府接近，但中国还具有东亚发展型政府经济治理模式所不具备的特点：第一，中国的国有经济部门在国民经济中占据主导地位。第二，中国的政府不但对经济具有巨大的影响力，能有效推动发展目标，而且对社会也有巨大的影响力。第三，与东亚其他国家和地区相比，中国在经济崛起阶段面临的世界经济全球化程度更高，因而中国经济中外国直接投资所占比重和发挥的作用更大。第四，目前，中国在社会福利方面的开支与日韩等东亚发展型政府经济体相比尚有很大的差距。

综合以上对四种经济治理模式的描述，我们可以用表1来概括它们的特点。

表1 四种经济治理模式的特点

	政府对经济过程的干预程度	政府收入占国民收入比重	社会福利提供水平	国有企业影响力
美国自由市场经济治理模式	低	中等	中等	低
欧洲福利国家经济治理模式	中等	高	高	低
东亚发展型政府经济治理模式	较高	中等	中等	低
中国经济治理模式	高	较低	低	高

二、20世纪90年代以来各主要经济治理模式的演进轨迹

为厘清20世纪90年代以来各主要经济治理模式的演进轨迹，我们可以把以上四种经济治理模式的代表经济体的经济政策变化按照两个维度进行梳理，一个维度是政府对经济过程的干预程度，另一个维度是社会福利提供水平。在图2中，四个圆点分别表示在90年代初时美国、欧洲、东亚新兴工业化国家与地区以及中国所处的位置。在这些经济体中，如前所述，美国的政府对经济过程的干预是最少的，而中国是最多的。在社会福利提供水平方面，欧洲的水平最高，而中国的水平最低。同时，东亚发展型经济体的经济治理模式与中国是最接近的，但其政府对经济的干预程度要低于中国，而社会福利提供水平要高于中国。

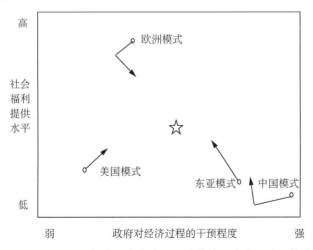

图2 20世纪90年代以来各主要经济体的经济治理演进轨迹

长期以来，以美国为理想经济模式的新自由主义在有关经济治理的话语场域内居主导地位。然而，20世纪90年代初以来，美国的自由市场经济治理模式还是朝加强政府对经济的干预和提高社会福利提供水平的方向迈进。在克林顿政府时期，美国奉行既反对自由放任又反对过度干预的"第三条道路"(the Third Way)，在财政政策上增加投资和削减国防与行政开支并行。克林顿政府吸取了东亚发展型政府的经验，通过政府投入来促进技术开发，成立了国家科学委员会，以专门的投资税收信贷政策来鼓励企业进行技术改造和参与国际竞争。此外，克林顿政府还制定了美国第一个《国家出口战略》，确定六大出口产业以鼓励出口。① 其后，小布什政府在任期内实行了三次减税，虽然他更倾向于相信"小政府"，② 但并没有对美国的经济体制作出大的改变。2008年全球金融危机爆发以后，对新自由主义的反思成为大势所趋，来自民主党的主张"变革"的奥巴马政府对美国经济政策作了三方面的调整：加大对金融机构的监管与规制，加大对社会弱势群体的医疗保障扶持，提出一系列刺激经济的财政支出计划或减税计划。总体而言，自20世纪90年代以来，特别是在克林顿与奥巴马政府时期，通过加大经济规制与干预的力度和增加社会福利的开支，美国的经济治理在向欧洲模式和东亚模式靠拢。我们可以在图2中把美国经济治理模式的这一演进轨迹表示出来。

20世纪八九十年代，除了英国较早开始新自由主义风格的经济改革外，大多数欧洲国家由于较高的福利开支、较高的环境保护标准以及缺乏灵活性的劳动市场而在经济增长速度和竞争力上表现明显逊于美国。③ 然而，经过改革，丹麦、芬兰、瑞典等北欧国家探索出一条把削减福利成本与让其福利制度更灵活以及提升对教育、研究和技术的投资结合起来的道路，从而成为欧洲经济表现最好的国家。④ 不仅如此，欧盟各国于2000年启动"里斯本议程"(Lisbon Agenda)的改革，试图缩小与美国的竞争力差距，甚至希望到2010年成为"最具竞争力和动力的基于知识的经济体"。⑤ 德国更是在2003年开始

---

① 刘振亚：《克林顿政府的经济政策及其效果》，《世界经济》1997年第1期，第18页；张云峰、林涛：《克林顿政府的宏观经济政策及对我们的启示》，《理论探讨》2000年第2期，第46—49页。
② 郑志刚：《美国布什政府宏观经济政策分析》，《世界经济与政治论坛》2007年第1期，第70—76页。
③ Karl Aiginger, *Labour Market Reforms and Economic Growth—The European Experience in the Nineties*, WIFO Working Paper, No. 232, Vienna, September 2004.
④ Karl Aiginger, "Towards a New European Model of a Reformed Welfare State: An Alternative to the United States Model," in Economic Commission for Europe, Economic Survey of Europe 2005 No. 1, Geneva and New York: United Nations, 2005, Chapter 7.
⑤ European Council, Lisbon European Council 23 and 24 March 2000 Presidency Conclusions, http://www.europarl.europa.eu/summits/lis1_en.htm.

"2010年议程"（Agenda 2010）改革，采取降低所得税、削减医疗开支、改革养老金制度、改革失业救济制度等政策来促进就业。总之，20世纪八九十年代以来，欧洲的福利国家经济治理模式向美国的自由市场经济治理模式靠拢，一方面减少政府对经济的干预，另一方面削减社会福利的开支。有学者甚至把欧洲的这一进程称为"内嵌的新自由主义"（embedded neoliberalism）。[1] 2008年全球金融危机爆发后，欧洲倡议并实施对金融市场加强监管的改革，在政府对市场的干预程度这个维度上有所增强，从而偏离原先在两个维度上都向自由市场经济治理模式靠拢的路径。然而，2010年欧债危机后，欧洲陷入主权债务危机的国家纷纷推行"节约"和经济结构调整的政策，使欧洲国家在社会福利提供水平这个维度上又呈减少的趋势。因此，我们可以把欧洲模式的演进路径在图2中表示为一根折线。

20世纪90年代以来，随着经济的发展和政治改革的推进，东亚的韩国和其他一些地区的经济治理模式朝着提高福利提供水平和降低政府对市场的干预程度这样的方向演进。特别是在亚洲金融危机以后，东亚许多经济体加快了市场化改革。同时，东亚发展型政府经济体普遍提高社会福利提供水平，一方面是由于它们经历了多年的经济发展已经完成了劳动力从农业部门向非农业部门的转移，另一方面是由于政治改革使主张增加社会福利的民间团体有机会参与福利政策的制定过程。可以说，东亚发展型政府经济治理模式在90年代以来既通过提高社会福利提供水平向欧洲模式靠拢，又通过减少政府对经济的干预而向美国模式靠拢，它的演进路径如图2所示。

在过去20年里，中国的经济治理演进轨迹在图2中呈现为两个阶段，1992年至2003年为第一个阶段，2003年至今为第二个阶段。在第一个阶段中，中国明确了建立社会主义市场经济体制的经济改革目标。为此，中国取消价格双轨制，实施了外汇改革、国有企业产权制度改革、住房制度改革等，并且加入世界贸易组织。这一过程总的方向就是减少政府对经济的控制与干预，建立以市场为资源配置根本机制的市场经济。另一方面，第一阶段的国有企业改革客观上削弱了原先计划经济给国有企业职工提供的社会安全网，同时非国有经济领域的社会保障又非常薄弱，因而社会福利的提供水平是下降的。在第二个阶段里，中国在提高社会福利提供水平方面进展巨大，不仅更为重视教育、科技、

---

[1] Bastiaan van Apeldoorn, *Transnational Capitalism and the Struggle over European Integration*, RIPE Studies in Global Political Economy, London and New York: Routledge, 2002.

卫生的发展，还建立了基本的社会保障体系。① 在市场化方面，第二个阶段与第一个阶段相比则显得进度较为缓慢，政府收入占国民收入的比重逐年上升，但我国政府推动了一系列制度改革，扩大民营资本进入的领域与范围。总体而言，在第二个阶段，中国经济治理的调整方向是减少政府对市场的干预（尽管进展速度较第一阶段慢）和提高社会福利提供水平，所以中国模式有与美国模式相近处，也有与欧洲模式相近处。

通过对美国自由市场经济治理模式、欧洲福利国家经济治理模式、东亚发展型政府经济治理模式、中国经济治理模式等的演进轨迹的考察，我们发现，如图 2 所示，四种经济治理模式都呈现向星号位置移动的趋势。也就是说，自 20 世纪 90 年代以来，这四种经济治理模式呈现相互影响的趋势。

三、演进趋势背后的原因

那么，各主要经济治理模式相互影响的趋势背后的原因是什么呢？笔者认为，这种趋势背后的原因是全球化。它所包含的全球性的经济竞争和全球治理体系共同推动了各主要经济治理模式相互影响。

（一）全球性的经济竞争

20 世纪 80 年代以来，世界经济大体进入全球化的阶段。一方面，经济竞争的全球化使各主要经济体的政府对经济的干预程度出现同等化的趋势。第一，由于全球一体的经济格局与众多国家构成的分裂的政治格局并存，国家之间的竞争更多地以争夺市场份额的形式出现，越能参与和利用全球市场和全球生产链的经济体在竞争中就越有优势。因此，欧洲、东亚和中国等经济治理模式都倾向于让市场发挥更大的作用，都注重参与国际分工体系，提倡自由贸易并利用全球生产网络来实现经济增长，因而都受美国的自由市场经济治理模式的较大影响。第二，全球化的背景下，并非只依靠市场的经济治理模式就最具竞争力，相反，政府若能提供有效的政治、法律与制度架构，并承担起鼓励技术创新、优化产业结构、稳定市场、加强对教育科技的投资等发展职能，那么该经济体

---

① 《温家宝：只有做到这一点，才能对得起人民》，2012 年 4 月 25 日，中国新闻网，http://www.chinanews.com/gn/2012/04-25/3843708.shtml，最后浏览日期：2023 年 7 月 26 日。

就在全球竞争中更具竞争力。① 因此,无论美国还是欧洲都倾向于让其政府越来越多发挥一定的发展功能,从而其经济治理模式也向东亚发展型政府和中国经济治理模式有所靠拢。第三,面对高度发达、高度复杂的全球经济,经济的健康运行需要政府实施有效的规制。全球金融危机以后,美国与欧洲都加强政府对金融部门的规制,从而进一步向东亚发展型政府和中国经济治理模式靠拢。总之,在政府对经济的干预这个维度上,欧洲、东亚、中国与美国互鉴互学,因此出现了政府对经济干预程度的同等化趋势。当然,由于各自的经济发展水平、制度和文化背景等不同,各种模式之间不可能实现完全的同等。

另一方面,虽然不同经济体的福利水平差异将长期存在,但全球化推动各经济体的社会福利水平也走向同等化。在全球化时代,市场一体化和资本流动性的增强使社会福利提供水平较高的经济体的竞争力遭削弱,因为其产品价格中包含较高的福利成本,这导致过去30年里欧洲国家几乎一直面临着改革其社会福利体系的压力。同时,如果新兴经济体不重视社会福利的提供和劳动条件的改善,那么它们依靠低福利成本而获得的竞争优势会带来持续顺差,进而导致全球经济失衡。反之,社会福利提供水平的上升会缓解国内总需求的不足,使其经济发展更具可持续性。因此,东亚各经济体和中国也越来越重视提升社会福利的提供水平,从而在这方面向欧洲福利国家经济治理模式靠拢。

综上所述,全球性的经济竞争促使主要经济治理模式向图2中的星号位置靠拢。

(二)全球治理体系

全球化还形成较为有效的全球治理体系,主要包括制度层面的政府间组织体系、社会层面的全球公民社会(global civil society)、话语层面的全球公共领域(global public sphere)等,这一多层次的全球治理体系具有较强的规范性力量,它能促使各主要经济治理模式呈现相互影响的趋势。

四、中国优化经济治理模式之路

在全球化时代,虽然各主要经济治理模式会保持其特色,但已经呈现出相互影响的

---

① 关于全球化与竞争性政府的文献回顾与批判,参见 Tore Fougner, "The State, International Competitiveness and Neoliberal Globalization: Is There a Future beyond the 'Competition State'?" *Review of International Studies*, Vol. 32, No. 1, 2006, pp. 165-185.

趋势。把中国经济治理模式放在这样的历史背景下来思考其未来的演进方向和优化之路，我们可以得出一些对于中国改革的启示。

既然各主要经济治理模式都在相互影响的过程中，那么中国经济治理模式并非固定不变的。事实上，美国、欧洲、东亚、中国的经济治理模式相互影响，表明一种健康的经济治理模式应该以市场为调节经济的基础，同时又能保证政府对经济活动的必要规制和对经济发展的有效引导以及社会对市场的监督和对政府的问责，从而让市场、政府、社会形成健康和谐的关系。因此，笔者认为，我们应该更坚定地促使中国的经济治理模式向图2中的星号方向移动。未来中国经济改革的方向应该是学习东亚发展型政府经济治理模式的一些好的做法，借鉴其有益的发展经验。不仅如此，我国的经济治理模式还应努力克服东亚发展型政府经济治理模式所存在的政商关系混乱、缺乏透明度等问题，而要这样做就需要实行更多的市场化改革和为人民提供更多的社会福利。[1] 未来中国经济治理模式的优化之路是通过市场化改革来减少政府对经济的干预和通过收入分配改革和完善社会保障体系来促进社会福利提供水平的提高。为了实现中国经济治理模式的优化，我们应从以下两个方面着力。

第一，政府的职能应当转变，加强其作为市场的规制者和监督者的职能，适当减少其发展者职能。过去的30年里，中国经济高速增长的一个重要经验是通过经济分权增强地方政府的发展职能，通过以经济政绩论升迁的地方官员竞争机制激励地方政府谋求经济发展。[2] 然而，过去成功的制度安排很可能会成为问题的根源。地方政府的投资冲动和债务软约束可能形成巨大的风险。中国不仅应完善对企业的规制，还应加强对政府特别是地方政府的制度约束，完善人民对各级政府特别是地方政府的信息反馈机制和评议机制，推进法治建设。

第二，深化市场化改革。一方面，市场化改革是纠正经济结构失衡的有效手段。为转变经济增长方式，增强国内消费对经济增长的促进作用，我们需要深化市场化改革，使资源价格和资本价格（利率）真正由市场决定，同时提高环境成本和劳动力成本（工资水平），发挥市场价格机制的作用来促进经济结构的优化。另一方面，市场化改革也是收入分配改革的重要手段。对具有国有垄断性质的行业进行改革以限制垄断利润，改革

---

[1] 参见 David C. Kang, "Bad Loans to Good Friends: Money Politics and the Developmental State in South Korea," *International Organization*, Vol. 56, No. 1, 2002, pp. 177—207.
[2] 周黎安:《晋升博弈中政府官员的激励与合作——兼论我国地方保护主义和重复建设问题长期存在的原因》，《经济研究》2004年第6期，第33—40页。

户籍制度以促进劳动力的自由流动，减少政府对经济的控制以减少官员腐败寻租的机会，这些市场化改革的举措将有效缓解收入分配的不均，① 从而使我国经济治理模式能更好地提高社会福利提供水平。

总之，在探讨中国经济治理模式的未来演进方向时，我们应该以更广的视角考察中国经济治理模式与其他模式的相互作用与影响，同时又应以动态的眼光来看待它们在一定时期的特点。所有的模式都是处于变化之中的，改革与创新是常葆活力的途径，中国的经济治理模式也应该常处于改革与创新过程中。

（本文原载《外交评论》2012年第6期，原标题为《路向何方？中国经济治理模式的演进方向——兼论全球化时代主要经济治理模式的演进》，收入本文集有删改）

---

① 陈钊、万广华、陆铭：《行业间不平等：日益重要的城镇收入差距成因》，《中国社会科学》2010年第3期，第65—76页。

地方纪检监察"协同监督"的机制设计与能力提升案例研究①

复旦大学国际关系与公共事务学院教授　李　辉

一、引　言

本文的研究对象是当前中国党和国家权力监督体系建设中一种新的监督形式——协同监督。中共十九届四中全会公报中强调，坚持和完善中国特色社会主义制度，推进中国国家治理体系与治理能力的现代化，需要不断完善党和国家监督体系："必须健全党统一领导、全面覆盖、权威高效的监督体系，增强监督的严肃性、协同性、有效性。"② 当前，中国的纪检监察体制改革正处在一个从框架建构向系统集成的重要转型期，主要表现为监督主体、监督对象、监督形式、监督权限多元复杂，相互嵌套，在具体监督实践中这种多元性和复杂性有自己的既定优势，但也可能出现不同监督主体间因相互冲突导致监督缺位、监督错位等监督失灵问题。因此，要实现监督主体之间密切配合，形成监督合力，对纪检监察体制改革来说，核心要义是加强协同监督能力建设。毋庸置疑，协同监督是完善党和国家监督体系的重要组成部分。

协同监督作为权力监督研究领域中的一个新事物，学者们对之做了一些有益的探索，包括张桂林使用"融贯性"这一概念来形容党和国家监督体系的协同特征。③ 徐小庆在对

---

① 本文为国家社科基金重大项目"完善党和国家权力监督理论体系与制度创新研究"（21ZDA123）的研究成果。感谢中山大学黄冬娅教授、复旦大学刘红凛教授、中国政法大学李莉教授、上海市委党校吴海红教授、北京航空航天大学任建明教授等在论文的完善中给予的帮助，特别感谢匿名评审给予的专业而中肯的修改建议。
② 《中共中央关于坚持和完善中国特色社会主义制度 推进国家治理体系和治理能力现代化若干重大问题的决定》，2019年11月5日，新华网：http://www.xinhuanet.com/politics/2019-11/05/c_1125195786.htm，最后浏览日期：2021年12月3日。
③ 张桂林：《党和国家监督体系原理探析》，《政治学研究》2020年第4期，第6页。

国家监察体制改革的研究中也提出了"如何更好发挥监察监督在党内监督中的职能作用以及衔接党内监督与其他各类监督的桥梁作用"① 的问题，也有学者尝试从理论上对协同监督可能面临的困境以及解决方案加以讨论。② 在已有研究的基础上，笔者认为还需要更为详细地探讨协同监督的具体机制设计与实践操作，并上升到理论高度来解释其究竟是如何提升监督能力的。

协同监督，在本文中被定义为不同监督主体为了完成共同的监督目标而进行的系统化协调配合。协同监督是具有中国特色的权力监督实践模式，其本质要求是实现党对监督工作的统一领导，党委在其中承担主体责任，纪委在承担监督责任的过程中，除了要充分履行自身的监督职责之外，还要"组织协调反腐败工作，推动完善党和国家监督体系"。③ 在这种本质要求下，协同监督并不寻求改变权力监督的总体框架，而是通过衔接、联动、统筹等机制性设计，实现监督主体之间的相互合作。本文希望通过对于协同监督的研究回答以下两个相互关联的问题：一是在中国当前的反腐败实践中，不同权力监督主体之间是如何通过相互配合实现监督目标的？二是这种协同配合的权力监督新模式，是通过什么样的机制提升监督效能的？

二、党和国家权力监督体系中的协同监督

（一）协同性与党和国家权力监督的体系化构建

首先，协同性是党和国家权力监督体系化构建的重要属性之一，十九届四中全会明确了坚持和完善党和国家监督体系的具体要求："完善党内监督体系，落实各级党组织监督责任，保障党员监督权利。……推进纪律监督、监察监督、派驻监督、巡视监督统筹衔接，健全人大监督、民主监督、行政监督、司法监督、群众监督、舆论监督制度，发挥审计监督、统计监督职能作用。以党内监督为主导，推动各类监督有机贯通、相互

---

① 徐小庆：《完善党和国家监督体系的创举——国家监察体制改革的回溯与展望》，《政治学研究》2021年第4期，第120页。
② 陈希、李靖：《权力协同监督：理论内涵、现实梗阻与实现路径》，《行政论坛》2018年第4期；赵圆圆、张明军：《协同监督的现实困境及拓展路径》，《行政论坛》2020年第4期。
③ 《中国共产党章程》（2022年10月修订），第四十六条。

协调。"①

为了更加清晰地呈现协同监督的具体要求,图1展现了中国目前党和国家监督体系的基本框架。根据监督主体的性质,以及具体的监督实践,我们将不同监督形式归属为四个监督"子系统":包括"四项监督"、专门机关监督、社会监督和民主监督。其中"四项监督"的内容非常明确,包括纪律监督、监察监督、巡视监督和派驻监督四种监督形式。而专门机关监督则包括但不限于图中列举的行政、司法、审计和统计,国家专门机关由于自己的部门属性和专业性,多少都会承担一些监督职责,但又不是专门负责监督的机关,统称为专门机关监督。

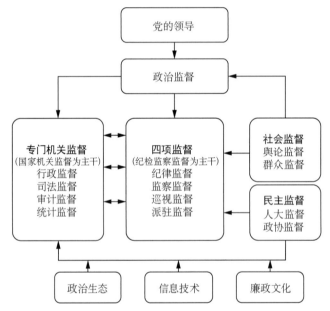

图1 党和国家权力监督体系示意图②

从理论上来说,协同监督至少要包括两个层面的含义:

一是在四个监督子系统内部不同监督形式之间的协同。比如说本文所要研究的"四项监督"子系统,即纪律监督、监察监督、巡视监督和派驻监督之间的配合。或者专门机关监督子系统中的相互合作,比如司法监督和审计监督的配合。

---

① 《中共中央关于坚持和完善中国特色社会主义制度 推进国家治理体系和治理能力现代化若干重大问题的决定》,2019年11月5日,新华网:http://www.xinhuanet.com/politics/2019-11/05/c_1125195786.htm,最后浏览日期:2021年12月3日。
② 笔者根据十九届四中全会公报中,关于党和国家权力监督体系建设的相关内容制作的示意图,此图并不代表中国特色权力监督体系的最终形态。

二是四个子系统之间的相互协同和配合。这又可以分为两种情况：一是"四项监督"子系统中的某种监督与专门机关监督子系统之间的协同，比如审计监督和纪律监督之间的配合会形成"纪审联动"，又比如审计监督和巡视监督之间的协同，会形成"巡审联动"等。二是"四项监督"与社会监督或者民主监督子系统之间的协同，这种协同的难度要大于其与国家机关监督体系之间的协同，比如纪检监察监督和人大监督之间的协同配合。① 在两个层面协同监督的共同作用下，实现"各类监督有机贯通、相互协调"，最终形成党和国家权力监督的完整体系。

（二）什么是"四项监督"

"四项监督"是纪检监察机关的官方用语，包括纪律监督、监察监督、派驻监督和巡视监督四种监督形式，因为这四种监督是目前最为核心和常规的监督手段，在官方文件中被直接并称为"四项监督"。接下来我们首先从监督所依据的规则、实施监督的主体、监督对象和监督权限四个方面，对这四种监督形式做简要的概括和梳理。

表1 "四项监督"基本情况比较

	纪律监督	监察监督	派驻监督	巡视监督
依据	《中国共产党纪律处分条例》等	《中华人民共和国监察法》等	《中国共产党党内监督条例》等	《中国共产党巡视工作条例》等
部门	中国共产党纪律检查委员会	国家监察委员会	派驻纪检监察组	巡视办
对象	全体中共党员	全体公职人员及相关人员	驻在单位的党员领导干部	被巡视单位的党员领导干部
权限	监督、执纪、问责	监督、调查、处置	监督、报告、处置	监督

需要进一步指出的是，虽然"四项监督"的基本依据、执行部门、监督对象和权限范围各不相同，但不可否认它们之间有不可忽视的内在联系。首先，从目标与手段的关系来看，纪律监督和监察监督作为"四项监督"中最核心的内容，中国公权力监督的基本要素都包含在这两项监督里。派驻监督和巡视监督实际上是为了实现前两种监督而逐步摸索出来的监督手段，其目标就是要落实纪律监督和监察监督。其次，这四项监督本质上都属于政治监督，政治监督是统领性的监督，政治性贯穿于四种监督形式的始终。

---

① 连振隆：《国家治理现代化视域下党纪监督与人大监督的协同性研究》，《人大研究》2016年第7期。

最后，四项监督虽然有交集，但在实际运作过程中却分属不同的组织和部门来实施，各自承担差异化的职责和任务。本质上有着内在联系的组织活动，被不同的部门分割开来，在运作过程中自然会产生协同的现实需求。接下来面临的主要问题是，如何统筹四种监督形式，真正形成四种监督全覆盖，提升监督的协同性。

三、协同监督的机制设计：基于上海和云南的案例分析

（一）云南："室-组-地"联动监督改革

云南的"四项监督"协同贯通改革的关键词是"联动"。在云南的模式中，联动不仅仅是一种制度设计的逻辑和框架，也是在各种不同的监督任务中要具体运用的工作机制，从日常监督到专项监督，再到查办违纪违法案件和巡视巡察，联动都不同程度地提升了监督效能。

2019年初，云南省出台了《云南省纪委省监委实行"2+1+1"监督执纪监察联动工作办法（试行）》。这个制度设计的名称看似简单，像一个加法公式，初看起来公式中的四个数字是"四项监督"中不同监督方式的简单拼加，但实际上并非如此。这种制度设计非常巧妙，因为联动不仅是同一层级不同部门之间的横向协同，还包括了上下级之间的跨层级纵向协同，被形象地称为"上下游、左右岸"联动配合。①

公式中的"2"指的是省纪委监委各监督检查室和审查调查室两个职能办公室。监督检查室与审查调查室的分设是中共十八大以来纪检监察体制改革的一项重要举措，改革之前负责案件调查的办公室统称为"纪检监察室"，同时履行纪律检查和行政监察两项职能。② 在2019年出台的《中国共产党纪律检查机关监督执纪工作规则》中规定："市地级以上纪委监委实行监督检查和审查调查部门分设。"③ 分设之后，监督检查室主要履行依纪依法监督的职责，审查调查室主要履行执纪审查和依法调查处置的职责。④ 从负责的实

---

① 引自2021年3月21日与纪委工作人员的访谈记录。
② 王立峰、吕永祥：《纪委与监察委员会合署办公的理论内涵、现实意义与优化路径》，《河南社会科学》2017年第11期。
③ 中共中央办公厅印发《中国共产党纪律检查机关监督执纪工作规则》，2019年1月6日，中央纪委国家监委网站，https://www.ccdi.gov.cn/toutiao/201901/t20190106_186371.html，最后浏览日期：2021年1月20日。
④ 中央纪委国家监委组织机构图及说明，2021年4月12日，中央纪委国家监委网站，https://www.ccdi.gov.cn/xxgk/zzjg/202103/t20210312_237768.html，最后浏览日期：2021年6月6日。

际工作内容来看，监督检查室的核心业务是"监督"，而审查调查室的核心业务是对违纪违法案件的"审查调查"。

接下来再看两个"1"。前一个"1"指州（市）纪委监委和省纪委监委派驻机构，后一个"1"指的是省委巡视机构。其中第二个"1"比较容易理解，指的就是巡视（巡察）机构。①但第一个"1"涵盖了两个组织：一是下一级的纪委监委，二是同一级的派驻机构。那么为什么要把下级纪委监委和同级派驻纪检组放在同一个"1"里面呢？原因在于，"2+1（前一个）"形成了一种全新的联动监督和办案机制——"室-组-地"联动机制，即监督检查室（室）、派驻纪检组（组）和地方纪委监委（地）协同配合的监督和办案机制。

为了便于理解，图2中描绘了"2+1+1"改革中所形成的联动监督运作模式。其中监督检查室和审查调查室为"2"，其加上派驻机构和下级纪委监委就形成了"室-组-地"联动，其加上巡视（巡察）机构就形成了"巡纪联动"，同时巡视（巡察）在进驻单位的过程中还需要与派驻机构相互配合。这个联动机制会影响到四个方面的监督工作：日常监督、重点领域监督、查办案件和巡察整改。

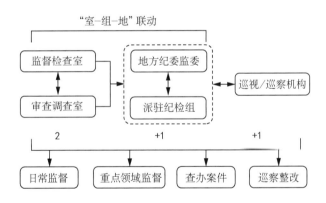

图2　云南省"2+1+1"联动工作办法

（二）上海：协同监督推进平台改革

2020年初，上海市纪委监委出台了《关于进一步加强统筹协调扎实推进日常监督工

---

① 根据《中国共产党章程》规定，党的中央和省、自治区、直辖市一级实行"巡视制度"，党的市（地、州、盟）和县（市、区、旗）级建立"巡察制度"。

作的意见》(以下简称《意见》),目标是:"为主动适应深化纪检监察体制改革要求,进一步加强和改进新形势下的日常监督工作,为推进纪律监督、监察监督、派驻监督、巡视监督统筹衔接提供机制保障,全力履行好纪委监委的基本职责、第一职责。"① 在《意见》的指导下,上海在协同监督的机制设计中,把"四项监督"的统筹衔接嵌入到推进日常监督的总体布局之中。

与云南相比,上海协同监督模式的核心特点是把协同监督的重心放在"日常监督"的总体布局中。十八大以来的纪检监察体制改革,"监督"成为纪委监委的基本职责和第一职责,纪委监委也逐步将工作重心从"查办大案要案"转到"做实做细监督工作"上。② 这一改革可以说是针对中国腐败状况的现实适时做出的调整,因为党中央在对所有的违纪违法案件进行"四种形态"分类时发现,严重违纪违法案件实际上只占极少数,绝大多数都是党纪轻处分。但同时也发现,重大违纪违法案件通常经历了一个从萌芽到"成熟"的发展过程,因此把日常监督前置于查办案件,通过"抓早、抓小""抓常、抓长"的策略,从理论上来说可以有效预防重大腐败案件的发生。③

日常监督是一个综合性很强的概念,几乎所有的监督主体都要有一定程度的参与。因此,将"四项监督"的协同贯通在日常监督的框架里布局是非常合理的。也正因为此,上海的协同监督方案实际结果是赋予了"四项监督"以更庞大的支撑体系,也就是"1+4+8+N"协同监督平台。为了更直观地呈现这个平台的结构形态和运作机制,我们绘制了图3。

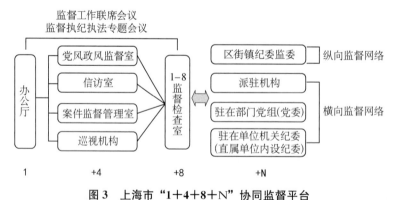

图3 上海市"1+4+8+N"协同监督平台

---

① 上海市纪委监委《关于进一步加强统筹协调扎实推进日常监督工作的意见》(试行),2020年2月。
② 引自2019年12月和2021年7月与纪委工作人员访谈记录。
③ 同上。

如图 3 所示，这个平台包括两个相互关联的组成部分：一是"1 + 4 + 8"的监督工作联席会议和监督执纪执法专题会议，其中的"1"是指办公厅，"4"是指党风政风监督室、信访室、案件监督管理室和巡视机构四个部门，"8"是指第一至第八监督检查室。可以发现，"1 + 4 + 8"中没有包括负责查办严重违纪违法案件的审查调查室，这也是为什么说这个系统的着力点是监督而不是办案。其中，监督工作联席会议是推动协同监督的重要机制，其由分管办公厅的副书记牵头，办公厅负责召集，各部门共同参与，主要是针对监督工作推进中需要统筹的新情况、新问题和疑难复杂问题进行深入研讨和商议。而监督执纪执法专题会议，主要是对年度日常监督重点事项和需出台的制度文件规范作出决定，听取阶段性监督工作情况汇报和年度政治生态分析情况汇报。因此，在上海的方案中，办公厅扮演的角色类似于云南的党风政风监督室，承担大量的协调工作，为此上海市纪委办公厅还专门成立了"办公厅监督工作专班"。

第二个组成部分是在"+N"之后形成的"纪检监察监督网络"。与云南的"2 + 1 + 1"改革方案相比，可以发现监督检查室在"+N"就会自然形成"室-组-地联动"的格局，因为其中的"N"指的是区一级纪委监委和派驻纪检组。但上海的方案中希望形成的不仅仅是室、组、地之间的联动，而是希望能够构建一个覆盖面更广的监督网络，也被称之为"纵向到底、横向到边的纪检监察监督网络"。如图 3 所示，这个网络包括两个层面的架构：一是纵向层面，形成延伸覆盖市、区、街镇的三级监督网络；二是横向层面，形成派驻机构与纪委监委、巡视机构、驻在部门党组（党委）、驻在单位机关纪委（直属单位内设纪委）之间的相互协同和联动，被称为"五个协同"。

四、联动赋能与系统赋能：协同监督机制提升监督能力的理论探析

（一）联动赋能机制

（1）挖掘次级组织活力。联动，从理论上来说是指系统装置中的一个部件的运动会导致其他部件也做出相应的运动。因此联动不等于组织中不同部门的简单相加，其直接后果是产生一种所谓的"系统效应"——不通过系统的联动作用就不会自动产生的效应。[①] 在协同监督的机制设计中，纪委通过与派驻机构的联动，充分调动了潜藏在派驻机构中

---

① [美] 罗伯特·杰维斯：《系统效应》，李少军、杨少华、官志雄译，上海人民出版社 2020 年版。

的组织活力。

联动监督机制的目标就是在保持监督独立性的基础上,实质性提升派驻机构的监督能力。在新的体系下,派驻机构的工作人员可以参与办案,并且在办案中频繁与上级纪委的职能办公室进行合作交流,成为纪委监委在日常监督和查办违纪违法案件中不可或缺的组成部分。这样一来,派驻机构人员的政治站位提高了,办案能力增强了,更重要的是,驻在单位开始更加"害怕"派驻机构了。这种设计的精巧性真的令人惊叹,既没有增加人员,也没有增设部门和机构,仅仅通过联动机制的设计就使得过去存在十多年的老问题得到了缓解。在调研中,一位派驻纪检组组长非常生动地描述了联动改革之后他们的工作状态:"驻在部门要配合监督工作,这个问题一直非常难以解决。在派驻纪检组单枪匹马的时代,驻在部门对我们的重视程度就不一样。我们现在重大案件要按照联动的方式来做,上级纪委副书记、常委和两个室(监督检查室、审查调查室)的主任,确定证据收集的程序性和规范性问题。所有这些一起解决,感觉找到组织了,活好干了。"①

(2) 优化人力资源配置。联动监督改革之后,监督检查室与派驻纪检组形成了更加密切的合作关系,其中的关键因素就是可以借用派驻纪检组的工作人员。"2+1+1"的政策出台以后,派驻纪检组通过上下联动、左右合作,在一定程度上解决了人手不足的问题。在日常监督的信息搜集上,监督检查室主要依靠纪检组人员,通过"蹲点式谈话"的方式,了解监督对象的生活、工作等日常情况。② 一位监督检查室的主任非常明确地表达了次级监督组织人力资源挖掘的重要性:"对我们来说,2+1+1改革最大的作用就是整合力量。我们一个办公室2个办案人员实在不够用,又要做日常监督工作,又要排查线索。改革以后,我们可以联系派驻纪检监察组,抽调人员一起办案,这样办案的力量就增强了,办案的效率和质量也相应提升了。"③

(3) 开发信息资源。正如机械装置的联动需要持续的信号输出一样,组织联动的过程也是信息流动和分享的过程,在协同监督体系中这尤其体现在巡视(巡察)监督中。巡视(巡察)监督经过多年的改革已经形成了一套相对固定的工作方法和职责权限,巡视办公室的工作实际上高度依赖与纪委监委的职能部门的协同配合,因此虽然是党委的巡

---

① 引自2021年3月20日与纪委工作人员访谈记录。
② 同上。
③ 引自2021年3月21日与纪委工作人员访谈记录。

视办,但却设立在纪委下面。实际上巡视(巡察)机构与派驻机构、纪委监委的日常监督机构所要了解的信息是部分重合的,如果这些组织之间没有密切的信息交流和分享,将会产生信息的重复搜集、多次搜集,被监督对象也需要耗费大量的精力来应对这些重复的信息搜集工作,极大地影响了组织运转的效率。其实各种监督形式、各个不同的监督部门,虽然它们的职责权限不同,监督的手段不同,但是它们的监督对象都是新修订《监察法》中的六类"公职人员及相关人员"。因此,从信息政治学的角度来看,如果这些监督部门各自为战,那么必然会重复搜集信息,同时还会各自形成自己的信息盲区。为了解决信息盲区的问题,必然每个部门都要加大信息搜集的力度,从而给监督部门造成额外的信息成本。

(二)系统赋能机制

(1)注入新观念。在组织中,观念,尤其是集体性的观念和意识,对组织行为的转变尤为重要。对于中国目前的纪检监察体制改革来说,从"查案意识"向"监督意识"的转变是至关重要的。虽然我们不能把查办案件和监督工作割裂开来,更不能对立起来,但是要深化纪检监察体制改革,实现"三不腐"一体推进,需要进一步强化"监督"的意识。强化监督意识,树立集体性的监督观念,首先需要改变对腐败问题的认识,要从生命周期的角度来重新看待腐败问题——许多腐败现象从轻微发展到严重有一个漫长的发展过程,在这个发展过程的早期进行干预会产生事半功倍的效果,而早期干预的主要手段就是进行日常监督。

在上海的方案中,为了建立和强化监督意识,在原有的组织框架之上通过重新组合建构了一个新的系统,并且把这个系统的核心目标设定为推进协同监督。通过在这个新的系统中开展工作,上海市纪委监委的工作人员能够感受到自己是在查办案件之外开展一种全新的工作——权力监督。组织成员能够通过这种系统的转变在新的活动与原有的工作之间做出区别,即区分日常监督和查办案件,同时又能够把这二者联系起来,只有这样才能建立更加清晰的监督意识。

(2)供给系统资源。在纪检监察体系中,各监督部门虽然会根据监督对象来划分权限范围,各司其职。但在具体的监督实践中,许多监督事项需要多个监督主体相互配合来完成,这种监督主体的相互配合就是协同监督。从组织生态学的视角来看,协同监督的核心是要建立起各监督主体之间的资源支持机制,以维持一种协同配合而不是割裂分离的组织生态。在上海的方案中,这种资源支持机制由两部分组成:一是具体负责监督事项的协同监督主干线,大量的资源和"养料"储存在其中;二是外围的根须网络,负责随时采集更多的资源对主干线进行资源支持。

五、结　论

政治合作,是政治学领域经久不衰的研究话题。而协同,作为政治合作的系统化表现形式,需要被更加深入地分析和探讨。首先,本文通过两个案例的比较,展现了中国共产党在不扩张组织规模的前提下,如何通过机制设计来应对公共权力监督中所面临的主体间协同和法规间贯通的问题,从而实现多种监督形式协同作战、同向发力的新目标,并且在这个过程中有效提高了纪检监察机关的监督能力。从这个意义上来说,协同监督的机制设计充分展现了腐败治理中的智慧和艺术,因为地方纪检监察制度创新要受到两个严格的限制:一是既定的党内法规和国家法律,机制的创新要严格限定在这样两套规则体系内;二是顶层设计的限制,监督权作为一项基础性政治权力,其制度性的突破要从顶层设计开始,任何地方性的创新都要在顶层设计的总体框架内展开。这在一定程度上解释了为什么纪检监察机关在协同监督实践中主要进行的是机制设计上的创新,而不是总体制度层面的变革。因为机制设计的创新路径既不用突破顶层设计和法律法规的框架,又可以挖掘潜在的组织资源以提升执行效率。

其次,要切实强化党和国家监督体系的协同性,需要将权力监督的顶层制度设计与地方实践有机结合起来。在党和国家监督体系的完善过程中,顶层设计主要承担的任务是对不同监督主体的单体建构,但随着国家监察委员会的建立,党内监督和国家监察的复合型权力监督体系已经基本完成。协同性的提升单纯依靠顶层设计是不够的,只有在地方的实际运行过程中才能充分暴露监督主体之间协同和配合方面存在的问题,也只有在有针对性地解决这些问题的过程中才能设计出行之有效的协同监督机制。更为重要的是,中国不同地区间经济发展水平、历史文化、社会环境等宏观外在条件的差异,导致其所面临的腐败问题也有所不同,这反过来要求地方权力监督主体在打击腐败现象的过程中,设计出差异化的权力监督制度体系,于是这种差异自然而然体现在协同监督的机制创新上。上海和云南就是这样,同样是为了实现"四项监督"的协同贯通,却设计出两种不同的协同机制——系统赋能机制与联动赋能机制。因此,在完善党和国家监督体系的研究中,在厘清顶层设计的基本原理之后,我们应该把更多的目光投向微观具体的地方性机制设计和创新上。

(本文原载《政治学研究》2023年第3期,收入本文集有删改)

市场经济与中国地方政府的职能转型

复旦大学国际关系与公共事务学院教授　陈晓原

中国正处在建立市场经济体制的历史阶段。与此相适应，各级地方政府面临着职能转型的历史性课题，即地方政府的主要职能，从抓经济建设，转变为建设、经营和管理地方的基础设施，同时规范在社会管理、教文卫体和地方财政等方面的职能，为企业生产和居民生活创造一个良好的外部环境。

一、经济体制改革对地方政府职能转型的影响

《中共中央关于建立社会主义市场经济体制若干问题的决定》中关于社会主义市场经济体制基本框架的论述，概括了经济体制改革的内涵，也为地方政府职能的转型指明了方向。社会主义市场经济体制的基本框架，决定了地方政府职能转型的基本内容。这种决定可以从两方面来考察，一方面是决定了地方政府经济职能转型的基本内容，另一方面是决定了地方政府全部职能转型的基本内容。从经济体制改革决定地方政府经济职能转型的基本内容来看，具有双重任务。任务之一是以本地区国有经济所有者的代表、宏观经济管理决策参与者和执行者的双重身份，主导本地区的经济建设，构建社会主义市场经济体制在本地区的组成部分。任务之二是在客观条件基本成熟时，地方政府逐步放弃作为地区国有经济所有者的代表、地区经济管理者的双重身份。提出这种放弃的历史任务，是依据社会主义市场经济体制基本框架的若干本质规定。一是为了在社会主义市场经济体制中坚持以公有制为主体，以全民所有制经济为主导，真正实现政企分开，从根本上搞活国有企业，地方行政机构必须放弃作为本地区国有经济所有者代表的身份；二是为了建立全国统一开放的市场体系，使市场在中央政府的宏观调控下对资源配置起基础性作用，地方政府必须放弃作为宏观经济管理参与者

的身份。

从经济体制改革决定地方政府全部职能转型的基本内容来看,包含下列几个方面:(1)经济体制的转变要求地方政府弱化经济职能,把"搞好基础设施建设,创造良好的经济发展环境",① 作为地方政府的主要职能。(2)社会主义市场经济体制下我国在资源和环境方面的基本国情,客观上要求我国地方政府把"保护自然资源和生态环境"② 作为首要职能。(3)社会主义市场经济体制需要稳定的社会秩序,地方政府直接面对社会,在与中央政府的职能分工中地方政府注重社会职能等,国家经济和社会发展的上述需要,要求地方政府把"加强政府的社会管理职能,保证国民经济正常运行和良好的社会秩序"③ 作为基本职能。在社会管理职能中,计划生育、社会保障和社会治安尤为重要。(4)"各级党委和政府要把优先发展教育事业作为战略任务来抓,加强对教育工作的领导"。④ 教育管理是地方政府的教文卫体基本职能中最重要的职能。

经济体制的转变,导致我国地方政府具有双重身份,并成为带动地区经济乃至全国经济发展的主要力量。国内政治学、经济学界的研究人员对我国地方政府的经济职能在经济体制转变时期具有双重作用,已有较多的关注和探讨。北京大学政治学与行政管理系、北京大学公共政策研究所于1998年4月曾举行"经济体制转型中的政府作用"国际学术研讨会。"有的学者认为,由于政府主导经济,整个国民经济被不同的地区和部门所分割。地区分割经济导致了地区经济封锁和地方保护主义,严重地阻碍了全国统一市场的形成和发展,并造成了中央权威削弱、国家能力下降的危机"。⑤ 有的学者指出了我国地方政府弱化经济职能的趋势。"在转轨时期,进一步发挥我国地方政府作用实际上面对着一个两难选择的尴尬局面。我国地方政府的经济行为特征,在现实经济生活里,让地方政府来充当主要经济主体也并非一种理想选择"。⑥

---

① 《中共中央关于建立社会主义市场经济体制若干问题的决定》,"四、转变政府职能,建立健全宏观经济调控体系",中国机构编制网,http://www.scopsr.gov.cn/zlzx/ddh/ddh17_3945/ddh173/201811/t20181121_329140.html。
② 同上。
③ 同上。
④ 《中共中央关于建立社会主义市场经济体制若干问题的决定》,"八、进一步改革科技体制和教育体制",中国机构编制网,http://www.scopsr.gov.cn/zlzx/ddh/ddh17_3945/ddh173/201811/t20181121_329140.html。
⑤ 徐湘林:《政治体制改革与政府职能转变理论探讨的新动向——"经济体制转型中的政府作用"国际学术研讨会综述》,《政治学研究》1998年第2期,第95页。
⑥ 周克瑜:《走向市场经济——中国行政区与经济区的关系及其整合》,复旦大学出版社1999年版,第141页。

二、经济体制转变时期地方政府经济职能的双重性

（一）地方政府经济职能的积极作用

经济体制转变时期我国地方政府经济职能的积极作用表现在以下五个方面。

第一表现在地方政府，主要是省级政府参与决策和执行中央政府调控宏观经济的政策。"必须赋予省、自治区、直辖市必要的权力，使其能够按照国家法律、法规和宏观政策，制定地区性的法规、政策和规划；通过地方税收和预算，调节本地区的经济活动；充分运用地方资源，促进本地区的经济和社会发展"。① 这段论述指出了从目前我国国情出发，在我国实行中央和省两级宏观经济管理体制的必要性。中央政府与省级政府调控宏观经济的职权划分，分为固定资产投资、财政、税收、金融、物价和外贸等方面。②

第二表现在投资于产业建设和基础设施建设，并吸引外资，推动经济建设和对外开放。"我国中央与地方投资范围划分的总原则是，面向全国重要的建设工程，由中央或以中央为主承担；区域性的重点建设工程和一般性的建设工程，由地方承担"。"中央与地方在全民所有制基本建设投资方面的比重与在更新改造投资方面的比重存在着很大的差别，一般说来，基本建设的大部分由中央承担，更新改造的绝大部分由地方负责"。③

第三表现在规划和实施地区产业结构的调整。在东部地区，地方政府引导和促进地区产业结构的调整，不仅带动了沿海地区经济的较快发展，而且为我国应对和利用世界产业结构的转移创造了条件。"在中西部地区，政府往往是经济结构调整的直接发动者和初始阶段的主要支持者，是经济结构调整的'第一推动力'"。④

第四表现在地方政府维护市场秩序，培育市场体系。价格管理是维护市场秩序的重要方面。目前我国县级以上地方政府管理价格的基本职能，包括监督执行由上级政府制定的少数商品价格和收费标准；按照国家规定的权限制定本地区极少数的商品价格和收

---

① 江泽民：《在中国共产党第十五次全国代表大会上的报告》，"四、转变政府职能，建立健全宏观经济调控体系"，中华人民共和国中央人民政府网，https://www.gov.cn/govweb/test/2008-07/11/content_1042080.htm。
② 可参见中央机构编制委员会办公室编：《中国行政改革大趋势》第18章"中央和省两级经济调控研究"，经济科学出版社1993年版，第221—225页。
③ 魏礼群主编：《市场经济中的中央与地方经济关系》，中国经济出版社1994年版，第84—85页。
④ 田成平：《政府在经济结构调整中的作用》，《人民日报》2001年2月15日，第9版。

费标准；管理本地区属于国家指导价范围的一部分商品价格和收费标准；保护生产者、经营者的定价自主权，涉及属于市场调节价范围的多数商品价格和收费标准；维护本地区的物价总水平。①"向市场经济过渡中的国家一般均为发展中国家，市场发育程度比较低……在市场发育过程中，国家不是干预市场活动，而主要是起着培育、扶植和促进市场运行的作用，解决这一时期市场'有所不能'的问题"。②

第五表现在扶持非公有制经济的成长。地方政府在坚持和改革国有经济的主导地位、改革和规范集体经济的同时，大力扶持非公有制经济的产生和发展。"非国有产权的形成及其发展，经过了一个长期的发展过程"。"在这种制度化的讨价还价的相互关系中，由于地方与本地区的个人存在着利益的一致性，于是在地方的参与、支持和保护下，私人产权和非国有经济才迅速发展起来"。③

（二）地方政府经济职能的消极作用

在我国经济体制转变时期，地方政府具有双重身份：既是本地区国有经济所有者的代表，又是地区经济的管理者。这样的双重身份使它肩负起推进经济体制转变、发展生产力的历史使命，这对经济体制的转变和生产力的发展具有积极作用。但是，地方政府作为本地区国有经济所有者的代表，同政企分开有矛盾。如果地方政府坚持本地区国有经济所有者的代表身份，矛盾之一是国有企业职工仍然不能在财产所有权上实现劳动者与生产资料的直接结合，因而不能从根本上调动国有企业劳动者的积极性，国有企业难以真正搞活，不能充分发挥全民所有制的优越性，在世界经济一体化的竞争中发挥全民所有制经济对其他经济成分的主导作用；矛盾之二是由政府官员代表全体人民行使国有企业的所有权，在一些地方，在某些情况下可能会形成腐败的经济基础，当这种腐败积累到一定程度，甚至可能形成一些地方官僚特权集团的经济基础；矛盾之三是行政机构及其官员不能成为公正对待各种经济成分、维护市场竞争秩序的"裁判员"。另一方面，地方政府作为地区经济的管理者，同"建立社会主义市场经济体制，就是要使市场在国家宏观调控下对资源配置起基础性作用"④ 这一根本目标不相容。如果地方政府坚持作为

---

① 魏礼群主编：《市场经济中的中央与地方经济关系》，中国经济出版社1994年版，第101—105页。
② 罗肇鸿、张仁德主编：《世界市场经济模式比较研究》，兰州大学出版社1994年版，第149页。
③ 董辅礽等：《集权与分权——中央与地方关系的构建》，经济科学出版社1996年版，第65页。
④ 《中共中央关于建立社会主义市场经济体制若干问题的决定》，"一、我国经济体制改革面临的新形势和新任务"，中国机构编制网，http://www.scopsr.gov.cn/zlzx/ddh/ddh17_3945/ddh173/201811/t20181121_329140.html。

地区经济管理者的身份，其危害：一是地方保护主义不能根除，它可以利用手中的经济管理权力，从本地区的局部利益或少数的官僚、企业家的利益出发，在本地区范围内，有选择性地允许各种生产要素流入或流出，从而不同程度地阻碍各种生产要素的自由流动；二是不能建立中央政府有效地调控宏观经济的行政体制，中央政府调控宏观经济的政策因为需要通过地方政府执行，或通过地方政府分享一部分决策权，而在实际执行时受到严重的干扰；三是不能形成全国统一的市场，各种生产要素不能通过自由流动，实现最佳组合，提高经济效益。

我国经济体制转变时期地方政府经济职能的消极作用，表现在以下几个方面。

第一表现在一些地方搞重复建设，造成产业结构雷同，导致生产力的闲置和破坏。据1997年新中国成立以来第三次全国工业普查数据，"对900多种主要工业产品生产能力的普查，有一半产品生产能力利用率在60%以下。像家用洗衣机、内燃机、金属切削机床、汽车、复印机、彩电、录像机、微波炉、空调器等产品的生产能力利用率都在一半以下"。[1] 造成我国地区之间产业结构雷同的主要原因是一些地方政府之间尤其是省级政府之间的重复建设。

第二表现在一些地方制造、销售假冒伪劣产品屡禁不绝。鉴于制假售假问题的严重性，"国务院决定成立全国打假工作协调小组"，"各省、自治区、直辖市人民政府要切实落实本地区的打假工作责任，成立打击制售假冒伪劣商品违法犯罪活动领导小组"。[2] 我国一些地方假冒伪劣商品屡禁不止有两个基本原因：一是部分企业的经理等人员素质低下，违法犯罪；二是一些地方政府对当地企业制假售假的保护。地方保护主义还是假冒伪劣商品屡禁不止的主要原因。2001年1月，吴邦国副总理在关于山西开展打击"土炼油"专项打假行动的文件上批示："这也说明，只要地方政府下决心，就能使打假工作落实到实处，取得实效。"[3]

第三表现在一部分地方政府用行政手段分割市场。《国务院关于整顿和规范市场经济秩序的决定》要求"查处行政机关、事业单位、垄断性行业和公用企业妨碍公平竞争，阻挠外地产品或工程建设类服务进入本地市场的行为，以及其他各种限制企业竞争的做

---

[1] 《国情调查的重大收获——国家统计局工交司司长李启明谈"三普"》，《人民日报》1997年4月4日，第14版。
[2] 《国务院决定开展打假联合行动》，《人民日报》2000年11月7日，第7版。
[3] 《吴邦国在一份批示中明确打假的关键——只要地方政府下决心》，《报刊文摘》2001年1月22日，第1版。

法"。① 地方政府用行政手段分割市场的形式多种多样，包括用行政文件禁止生产要素在地区内外之间的流通；对外地商品进入本地提出种种附加条件；对外地产品另立标准，加以限制；一些地方公路上存在的所谓"三乱"现象，即乱设站卡、乱罚款、乱收费等。

第四表现在公有制经济实行跨地区的资产重组优化困难重重；与此同时，地区内的公有制经济资产重组却存在由地方政府"拉郎配"的现象。"由于企业的行政化属性，决定了我国的企业管理体制必然处在一种条块分割的状态之中。因此，无论是组建企业集团，还是进行各种形式的企业联合、兼并等都是困难重重。"著名经济学家刘国光曾撰文指出，"这种利益协调的难度，已经成为我国企业资产重组的最大制约因素"。②

第五表现在一些地方政府作为国有企业的投资主体，为了提高经济增长率，争项目，铺摊子，导致对生产资料的需求过旺，成为诱发宏观经济过热的主要根源。"如果各地只从地方利益出发，拼命争项目、铺摊子、上速度，势必造成总需求大于总供给、经济过热和通货膨胀，迫使国家进行经济调整，使我国经济发展呈现一种大起大落的状态"。③ "有的时候中央政府严肃地强调控制，乃至以处分和撤职要求地方政府坚决贯彻，地方政府还是会发挥其调控主体的功能，抑制作为经济利益主体的冲动；然而在一般状况下，地方政府的双重身份总是向经济利益主体这一面倾斜"。④

地方政府经济职能的消极作用，还表现在一些地方政府干扰各类银行执行中央政府的金融政策，破坏金融秩序；一些地方政府隐匿收入、挤占中央的税收；在司法工作中存在着严重的地方保护主义；地方政府之间不平等竞争，促成了对调控犯规，强化了"诸侯经济"；为应对上级政府对本地区经济和社会发展指标的要求及地方党政首长政绩指标的考察，一些地方政府夸大、编造统计数据等。

三、地方政府弱化经济职能的条件

在经济体制转变的前期，我国地方政府强化经济职能，既是经济体制转变的必然结

---

① 《国务院关于整顿和规范市场经济秩序的决定》，《人民日报》2001年5月9日，第2版。
② 周克瑜：《走向市场经济——中国行政区与经济区的关系及其整合》，复旦大学出版社1999年版，第148—149页。
③ 马传景：《论"地方保护主义"》，《求是》1996年第16期，第33页。
④ 刘国光、戴园晨等著：《不宽松的现实和宽松的实现：双重体制下的宏观经济管理》，上海人民出版社1991年版，第120—121页。

果（一方面在原有的计划经济体制作用下，地方政府作为地区国有企业所有者的代表和地区经济的管理者，拥有较多的经济管理权；另一方面在社会主义市场经济体制的作用下，地方政府成为利益主体），又具有过渡性质。在经济体制转变的后期，随着社会主义市场经济体制的逐步健全，地方政府经济职能中实行地方保护主义的性质与社会主义市场经济体制的矛盾越来越多，生产力与生产关系、经济基础与上层建筑矛盾运动的客观规律要求我国地方政府弱化经济职能。"地方政府充当发展主体，有可能阻碍商品经济的主体发育成长"，"地方政府在中国经济运行中扮演的这种角色有些勉为其难，其承担的经济功能大部分只具有过渡性质"。① "需要强调的是，地方政府较强的干预经济的职能不是永恒的。这些职能是中国目前体制转轨期的产物，随着市场经济制度的完善，地方政府的上述职能将逐步弱化。地方政府在进行制度创新的同时也将逐步否定自己的职能"。② "应该逐步取消地方政府直接管理经济、组织经济活动的功能。在可见的将来，除省级可以暂时维持一定的管理与调控经济职能外，各级地方政府不应该直接管理经济、任命企业领导，不应该直接成为投资主体。地方政府的职能应该限定在提供公共产品范围内"。③

地方政府与公有制经济组织之间实现政企分开，既是弱化地方政府经济职能的客观依据和动因，又是弱化地方政府经济职能的首要条件。"地方主义的产生土壤就是地方政府拥有企业"。④ "政企不分，企业还不是真正的商品生产者，没有投资决策权，各级政府仍然是最重要的投资主体和决策主体，同时却不必对投资决策的后果负真正的责任。这是'地方保护主义'产生的体制基础"。⑤ 有学者认为，实现地方政府与公有制经济组织的政企分开，可以按以下步骤走，"1989年我曾主张中央和各地以国有资产管理机构为首的国有经济实体系统，均对各级人民代表大会常务委员会负责，而和各级政府分属于不同系统。这样，就可以彻底实现'政企分开'"。⑥ 作为公有制经济组织产权改革的组成部分，各级地方政府把集体经济组织的所有权和经营权全部还给集体所有制企业，并用股份合作制改造和规范集体经济组织。各级行政机构在所有权和经营权上与国有企业彻底分开，是这一阶段政企分开的最大进步，有利于各级行政机构的经济部门在管理经济

---

① 王德成：《地方政府经济权力膨胀的机理分析》，《改革》1989年第3期。
② 洪银兴、曹勇：《经济体制转轨时期的地方政府功能》，《经济研究》1996年第5期，第28页。
③ 李强：《经济转型与机构改革》，《经济社会体制比较》1998年第4期，第34页。
④ 魏礼群主编：《市场经济中的中央与地方经济关系》，中国经济出版社1994年版，第152页。
⑤ 马传景：《论"地方保护主义"》，《求是》1996年第16期，第35页。
⑥ 黄范章：《推行股份制的严重障碍——政企不分》，《经济社会体制比较》1998年第1期，第28页。

中，让各种经济成分的经济组织保持比较公正的地位。也有学者提出，"国资委从行政部门独立出来，'上级部门'——委托方——是谁呢？如果真正与行使社会经管职能的部门分离，实行商业化经营，'上级部门'就不应是国务院，而应是全国人大"。① 至此，地方政府作为地区国有企业所有者的历史结束了，在所有权方面，铲除了地方政府实行地方保护主义的体制性根源，这是当时政企分开的最大进步。党的十八届三中全会"全面深化改革决议"提出了"职工拥有股份"是深化国企改革的重要任务之一。在条件成熟时，职工股在全民所有制企业行使所有权及经营权中起主导作用；国有资产管理部门及其官员对职工股的主导作用行使监督权。在全民所有制企业中，对行使所有权及经营权起主导作用的，从国资部门及其官员转变为职工股，是随后的政企分开改革的最大进步。

建立中央政府垂直领导、调控宏观经济的行政体制，是弱化地方政府经济职能的主要条件。在我国，一部分涉及生产要素或参与管理国民经济的机构，历来实行受中央政府垂直领导的行政体制。这些机构包括"中央设在省的地质矿产、烟草专卖、黄金管理、物资储备、测绘、邮电、电力、海洋、民航、气象、地震、商检、海关等部门"，② 还包括审计、统计、铁路等部门。③ 近年来，随着经济体制转变的深入和中央政府调控宏观经济的加强，中国人民银行、证监委、国家税务系统等，也转为实行由中央政府垂直领导的行政体制，省级以下的工商行政管理部门已改为受省级政府的垂直领导。目前我国地方政府参与中央政府调控宏观经济、管理本地区经济的工作部门可以分成三类：综合经济部门，经济监督部门，专业经济部门。根据建立全国统一市场、央府调控宏观经济的规律和要求，这些部门将逐步转为垂直领导体制。地方政府保留管理地方财税的财政、税务部门外，基本上不设其他经济部门。

地方政府首长不再对本地区经济发展负主要责任，是地方政府弱化经济职能的直接条件。"解铃还需系铃人"。国内学术界对上级政府把经济建设作为考核下级地方政府党政首长的主要依据，从而诱发地方保护主义，给予强烈的关注。"我国考核、任用干部的标准不合理助长了'地方保护主义'"。在经济体制转变时期，"政府尚未真正解除主导经济发展的职能，经济发展情况是上级判断政绩的最重要指标"。④ 而随着经济体制转变的深入发展，"重点是要实现由地方政府推动经济增长到由市场、企业和企业家来推动经

---

① 银温泉：《政企分开的可行性研究》，《经济研究》1998年第2期，第40页。
② 浦兴祖主编：《中华人民共和国政治制度》，上海人民出版社1999年版，第400页。
③ 苏玉堂主编：《地方机构改革研究》，中共中央党校出版社1992年版，第109页。
④ 傅小随：《中国行政体制改革的制度分析》，国家行政学院出版社1999年版，第101页。

济增长"。① 一旦实现了这一转变，我国经济的发展就毋须地方政府首长对本地区的经济建设负主要责任。

各种生产要素的市场体系的健全，是地方政府弱化经济职能的基本条件。"发挥市场机制在资源配置中的基础性作用，必须培育和发展市场体系。当前要着重发展生产要素市场，规范市场行为，打破地区、部门的分割和封锁，反对不正当竞争，创造平等竞争的环境，形成统一、开放、竞争、有序的大市场"。② 有了比较健全的市场体系，就可以实现"厂长不找市长找市场"，企业通过各种生产要素的市场购买所需要的生产要素，实现生产要素的最佳组合，提高经济效益。对各种生产要素市场最低限度而必要的监管，基本上是中央政府及其在地方的派出机关的职能。

社会主义市场经济法制化的健全，是地方政府弱化经济职能的又一基本条件。市场经济是法制经济，法制经济是市场经济生来具有的品质。社会主义市场经济法制化对弱化地方政府经济职能的作用在于：企、事业单位和公民的守法行为可以取代地方政府管理经济的一部分职能；对一部分经济管理事务，可以由司法机构而不是由地方行政机构来处理。在用法律手段管理经济的范围内，由于管理经济基本上是中央政府的职能，因此，管理经济的立法和执法也基本上是中央的立法机构和行政执法机构的职能；而与管理经济有关的司法工作，作为单一制国家，也基本上是中央的司法机构及其在地方的下级机关的职能。

四、市场经济条件下地方政府影响地区经济的新途径

经济体制的转变，需要我国地方政府弱化经济职能，即不再是本地区国有企业所有者的代表，不再是本地区经济的管理者，不再对本地区的经济发展负主要的责任。但是，在社会主义市场经济体制下，地方政府仍然具有影响本地区经济发展的内在动力：本地区的基础设施、社会事务、教文卫体的发展依赖地方的税收和财政提供较充分的财力，"地方政府用于提供服务的大量资金均是直接或间接地来自地方经济"；③ 本地区的企业生

---

① 刘志彪：《以建立产业竞争力为导向，调整地方政府的发展政策》，《中国行政管理》1996年第7期，第11页。
② 《中共中央关于建立社会主义市场经济体制若干问题的决定》，"三、培育和发展市场体系"，中国机构编制网，http://www.scopsr.gov.cn/zlzx/ddh/ddh17_3945/ddh173/201811/t20181121_329140.html。
③ [美]理查德·D. 宾厄姆等：《美国地方政府的管理实践中的公共行政》，九洲译，北京大学出版社1997年版，第223页。

产和居民生活依赖地方政府通过行使基础设施、社会事务、教文卫体、地方财政方面的职能，创造一个良好的外部环境；地方的政党组织以及由它领导的地方政府只有以促进本地区的经济发展为首要任务，才能受到群众的拥护。在市场经济体制的条件下，在地方政府行使基础设施、社会事务、教文卫体和地方财政各方面职能的范围内，地方政府促进本地区经济发展的新途径有以下几个方面。

制定指导性的本地区经济和社会发展计划，并综合运用多种政策，引导企业既在实现计划目标中发展自身，又为实现计划目标作出贡献。地方政府计划的重点是在基础设施、社会事务、教文卫体等方面。地方政府可以综合运用所拥有的职权、资源、手段和政策等，引导企业在实施计划中发展自身。这方面可以借鉴参考国外的好的经验。如法国各级政府协同制定、实施经济和社会发展计划在发达国家中是比较突出的，它的运作机制之一是在大区、省和较大的市镇层层设立经济和社会委员会，其性质是咨询机构，成员由"各经济、社会、职业、家庭、教育、科技和文化等组织的代表组成"。[①] 这种成员的广泛性具有双重作用：在决策阶段，听取各方面代表的意见；在实施阶段，实施的主体多半是提出建议者，有利于决策与实施的衔接。

地方政府在基础设施领域促进地区经济的发展大有可为。首先当然是健全企业生产所必需的基础设施，并提供质优价廉的服务，尤其是在能源、交通、通信、水资源等方面，以此吸引投资。其次是与非基础设施行业的企业合资建设和经营基础设施，既有利于筹集资金，又有利于改善经营管理。最后，允许多种经济成分投资和经营基础设施。

有偿出让地方政府拥有的土地使用权，地方政府调整管理土地的政策，是地方政府促进地区经济发展的重要手段。地方政府可以把所拥有的土地中一部分的使用权，分年限有偿出让给其他公法人、私法人或自然人。如20世纪60年代日本经济起飞时期，"在1966年，70%的市町村制定了鼓励来当地开办工厂的优惠条例"，包括"无偿为工厂提供部分用地"。[②] "美国的城市政府通过它们的分区制权力来实行对土地的控制，影响经济发展"。[③]

地方政府有选择地对某些行业的企业给予地方税收的优惠政策，是地方政府影响本

---

① 潘小娟：《法国行政体制》，中国法制出版社1997年版，第266页。
② ［日］松村岐夫：《地方自治》，孙新译，经济日报出版社1989年版，第35页。
③ Virginia Gray and Peter Eisinger, *American States and Cities*, New York：Harpercollins Publishers Inc.，1991，p. 271.

地区经济发展最重要的经济杠杆。在发达国家，地方专有税的主体税种是财产税。如日本地方政府可以对"来当地办工厂，三至五年内免缴固定资产税"。① 在美国"企业寻求一个低税收环境：降低或免除公司所得税，降低个人所得税。地方政府可以在最初一段时期免除一个新企业缴纳地方财产税"。②

对有利于开发当地资源、有助于产业结构调整、扩大就业机会等的产业和高新技术产业，地方政府给予财政资助、基金资助、财政低息信贷、为企业申请商业银行贷款提供担保和发行债券等，是地方政府促进地区经济常用的财政手段。如在法国，"贷款担保特别普遍，在 1985 年，市镇提供了 9 亿法郎的新的贷款担保"。③ 另据联邦德国在 20 世纪 80 年代的一个统计，当时的 11 个州中，有 10 个州的政府向企业提供贷款担保。④

通过公立的中高等职业技术教育、再就业培训和社区大学等途径，设立就业委员会或资助职业介绍中介机构，是国外一些地方政府吸引投资的有力手段。在法国的一些大区，"不仅要设立更多的职业高中，而且要加强职业高中与产业界的联系"。⑤ 在美国，"许多州有资助产前训练或资助再就业培训的政策；一些州还向扩大就业或培训少数民族成员的企业提供税收减免"。⑥ "自 20 世纪 80 年代以来，英国的一些城市议会设立了就业委员会"。⑦

建立经济技术开发区或科技成果孵化区，是市场经济条件下各国地方政府促进地区经济发展的普遍做法。在美国，"一个企业区通常位于城市或郊区的衰退地段，地方政府提供财政资助和税收减免，吸引企业落户。37 个州采取这种政策"。⑧ 在法国，1953 年颁

---

① [日] 松村岐夫：《地方自治》，孙新译，经济日报出版社 1989 年版，第 35 页。
② Virginia Gray and Peter Eisinger, *American States and Cities*, New York: Harpercollins Publishers Inc., 1991, p. 285.
③ Vivien A. Schmidt, *Democratizing France: the Political and Administrative History of Decentralization*, Cambridge: Cambridge University Press, 1990, p. 302.
④ Robert J. Bennett and Günter Krebs, *Local Economic Development: Public-private Partnership Initiatives in Britain and Germany*, London: Belhaven Press, 1991, p. 56.
⑤ Vivien A. Schmidt, *Democratizing France: the Political and Administrative History of Decentralization*, Cambridge: Cambridge University Press, 1990, p. 306.
⑥ Virginia Gray and Peter Eisinger, *American States and Cities*, New York: Harpercollins Publishers Inc., 1991, p. 285.
⑦ Allan Cochrane and James Anderson (eds.), *Restructuring Britain: Politics in Transition*, London: Sage Publications Ltd., 1989, pp. 165-167.
⑧ Virginia Gray and Peter Eisinger, *American States and Cities*, New York: Harpercollins Publishers Inc., 1991, p. 284.

布的土地法"赋予国家和地方行政单位为建立工业区而拥有征用土地的权力","建立工业区的决定列入城市规划之中"。"资助建立工业区的是国家土地整治和城市规划基金,地方行政单位、私人组织也提供一定的投资资金"。① 美国的科技成果孵化区指"州或地方政府建立设施,新的公司在其中能够租用廉价的办公用房和实验室,分享秘书和其他支持性服务,以及低税收。一旦公司能够自立,它就另立门户。至少有 18 个州和难以计数的城市有这种政策"。②

发达国家有些地方政府参与内、外贸的管理。在美国,州管理贸易的权力被界定为"这种州管理的是行使警察权力,而不是对州际贸易行使国家权力。这一区分照顾到各州的需要,以便各州把管理州际贸易作为它们致力于维护公民的健康、道德和福利的部分工作。然而,这一区分实际上避开了各州行使其权力到什么程度就会损害州际贸易这一基本问题"。③ 在日本,"地方公共团体为主要出资者开设批发市场","地方批发市场在大消费地区周围起着对中央批发市场的补充作用,且在各中小城市固有的流通渠道中起着重要作用,共同形成全国性的批发市场网络"。④ 发达国家的州(省)、市、县政府通过在国外设立办事机构、地方官员率领本地企业家出访、举办投资贸易洽谈会方式,促进本地区外贸发展。美国的"州的代表团,经常由州长带队,出访并会见外国企业领导人,一方面为本地区的产品寻找市场,另一方面吸引投资。据 20 世纪 80 年代的一项统计,41 个州在 24 个国家设立了外贸机构"。⑤

参与国家的领土整治,是地方政府促进地区经济发展的又一途径。自 20 世纪以来,发达国家中央政府根据需要在某些地区推行领土整治政策。"所谓领土整治,是通过合理布局人口和经济活动以确保地区平衡和协调发展的各项政策措施的总称。"⑥ 领土整治发端于对旧工业区的搬迁和改造,以解决产业、人口过分稠密引起的环境污染、生活条件恶化、社会弊病丛生等问题。在法国,"根据 1982 年颁布的地方分权法,地区政权在本地区的经济规划和领土整治中起牵头作用"。"中央政府和大区政府通过签订'计

---

① 黄文杰:《法国宏观经济管理》,复旦大学出版社 1990 年版,第 253 页。
② Virginia Gray and Peter Eisinger, *American States and Cities*, New York: Harpercollins Publishers Inc., 1991, p. 284.
③ [美] 杰罗姆·巴伦、托马斯·迪恩斯:《美国宪法概论》,刘瑞祥等译,中国社会科学出版社 1995 年版,第 59 页。
④ 朱绍文、[日] 生野重夫编:《日本市场经济与流通》,经济科学出版社 1997 年版,第 167 页。
⑤ Grover Starling, *Managing the Public Sector*, Belmont, California: Wadsworth Publishing Company, 1993, p. 92.
⑥ 黄文杰:《法国宏观经济管理》,复旦大学出版社 1990 年版,第 233 页。

划合同'进行合作。由大区议会负责规划工作"。① "作为中央政府代表的区长,有权行使中央政府在领土整治方面的决定,制定地区发展规划,监督本地区内省际的设备规划的实施"。②

(本文原载《上海行政学院学报》2002年第3期,收入本文集有删改)

---

① 刘嗣明、郭晶等编著:《当代世界市场经济模式》,广东旅游出版社1996年版,第195页。
② 黄文杰著:《法国宏观经济管理》,复旦大学出版社1990年版,第245页。

产业生态与城市流动儿童教育政策的包容性

复旦大学国际关系与公共事务学院教授 熊易寒

一、导　言

为什么北京、上海、广州、深圳同属外来人口众多的一线发达城市，但流动儿童教育政策的包容性却呈现较大的差异？研究者发现，在流动儿童教育的议题上，北京是大政府、弱责任，对农民工子弟学校以禁止为主；上海是大政府、强责任，对农民工子弟学校以替代为主；广州、深圳是小政府，弱责任，对农民工子弟学校以不干预为主。

这三种模式的差别在于：首先，北京市政府仅承担有限责任，主要由区县负责及乡镇执行；上海市政府积极承担政府责任，发挥了主导及关键因素；广州市政府从不干预到采取有限的政府责任的转变。

其次，北京市明确规定区县财政经费投入的政府责任，投入仅限于公办学校；上海建立区/县及市一级政府分别承担经费的保障机制，对农民工子弟学校提供了经费支持；广州从无到有建立有条件的经费投入机制。

再次，北京市流动儿童进入公立学校的门槛很高，不透明的程序与规定并存；上海市公立学校逐步落实非户籍流动儿童免费入学政策；广州市采取区别对待与优先次序原则的积分制入学政策。

最后，北京市对待农民工子弟学校发展模棱两可的态度使民办学校难以发展；上海逐步将农民工子弟学校纳入义务教育的经费保障体制；广州具有的有利于民办学校发展的政策环境，促成了较成熟的民办办学体制。

不难发现，北京对民办学校的包容性最低，上海的包容性较高，广州、深圳居中。北京在取缔农民工子弟学校的时候并没有提供替代的就学机会，而上海在取缔的同时往往会让公办学校对这些学校的学生加以吸纳；上海为农民工子弟学校学生提供的生均经费也是最高的。广州虽然不为农民工子弟学校提供资助，但允许其注册为民办学校从而使这种办学合法化。

当然，这种差异在2013年之前表现得最为明显，2013年之后，受限于国家严格限制超大城市人口增长的宏观政策，上海大幅度提高了流动儿童的入学门槛，广州、深圳的不干预模式反而变得更加富有包容性了——尽管进入公办学校仍然比较困难，但民办教育的繁荣为流动儿童提供了替代性选择。为什么同是一线城市，面临的外部条件和资源约束大致相似，北、上、广、深的流动儿童教育政策却呈现出巨大的差异？

二、文献回顾

学术界对于流动儿童教育的研究，以往主要集中在以下几个领域。

一是教育与社会流动。这类研究主要关注：为什么现行的教育体制不能有效地促进流动儿童/农民工子女的社会流动？通过比较上海的一所公办学校和农民工子弟学校，笔者发现了两种不同的阶层再生产机制：一是存在于公办学校的天花板效应，二是盛行于农民工子弟学校的反学校文化。这两种机制与其说是农民工子女对主流制度体系的反抗，不如说是对外部环境和制度性歧视的适应，这两种机制共同导致了流动儿童的学业失败。

二是学校类型与学业成就。冯帅章、陈媛媛的研究发现，将流动儿童纳入公办学校就读，可以显著地提高流动儿童的学习成绩；与流动儿童同校同班，对本地儿童并没有造成负面影响；给予民办农民工子弟学校财政补贴的增加，显著提高了其教学质量。

三是流动儿童的亚文化及其与主流文化的关系。周潇比较了中国农民工子女的亚文化与英国伯明翰工人阶级子弟"反学校文化"，认为是农民工劳动力再生产的低成本组织模式导致"子弟"高度边缘化的生存状态，这使得他们难以通过教育向上流动，从而以拒绝知识的形式放弃了学业，也因此完成了作为底层的社会再生产。熊春文等学者则进一步分析了流动儿童的群体文化，特别是同辈群体中的义气伦理对于他们学业实践的影响。李淼的研究揭示了流动儿童在当前的教育体制下进退失据，徘徊于顺从与抗拒之间。

四是对流动儿童教育状况和生活状况的描述性研究。赵晗、魏佳羽等学者对北京流动儿童受教育的状况进行了系统梳理，分析了人口调控政策对于流动儿童教育权利的影响。刘玉照等学者从流动儿童数量变化趋势、流动儿童受教育状况、教育财政投入情况、教育政策变迁等方面对上海市流动儿童教育近十年来的状况做了详尽分析并展望了未来发展趋势，认为在特大城市人口调控的新背景下，政府间协同、发挥市场力量、注重义务后"过渡"教育等将成为促进上海市流动儿童教育发展的新突破点。

在以往的研究当中，鲜有研究者关注政策的包容性问题及其原因。韩嘉玲试图通过对北京、上海、广州的比较研究，系统总结三个城市对于"两为主"政策的执行差异，认为上海对流动儿童的包容性最好，广州次之，北京最严，但韩嘉玲没有进一步分析这种差异背后的原因。那么，城市流动儿童教育政策的包容性到底是由什么因素决定的呢？

一种观点认为是城市规模决定的，城市规模越大，流动人口带来的压力越大，城市政府越倾向于缩减流动人口的规模，因而会提高流动儿童的入学门槛，以此来调控人口规模。这种观点显然经不起逻辑的推敲，因为上海一直是中国人口最多的城市，但上海在2013年之前的流动儿童教育政策包容性更强。

另一种观点认为是资源稀缺程度决定的，一个城市的"城市病"越严重，对流动人口和流动儿童可能越不友好。这种观点看似符合逻辑，北京就是一个最佳的论据，北京的流动儿童教育政策之所以偏严，恰恰是因为北京道路拥挤，房价高企，就业竞争激烈。但实际上"城市病"导致流动儿童教育政策严可能只是表象：一则北京在"城市病"不那么严重的时候，流动儿童的入学门槛就比较高；二则"城市病"和流动儿童教育政策可能都是由对城市规模的限制造成的，正是因为对规模的限制，导致城市规划和公共资源配置的不足，加剧了"城市病"，进而为限制人口提供了理由。

三、流动儿童教育政策的演变历程

20世纪90年代以来，流动儿童教育政策大致经历了以下三个阶段的变迁。

从宽松到取缔阶段（20世纪90年代至2006年）。早期相关政策对流动儿童教育持宽松态度，任由农民工子弟学校接纳流动儿童；后期对办学不规范、设施较差的农民工子弟学校进行取缔。1986年通过的《义务教育法》规定，义务教育事业在国务院领导下，实行地方负责，分级管理，适龄儿童少年应在户口所在地接受九年义务教育，所需教育经费由当地政府负责筹措。然而，随着城市化、工业化进程的加速，越来越多的农民工子女进入城市生活，这种分级管理、就地入学的体制给农民工子女接受义务教育带来了很大困扰，不少青少年因此而失学。农民工子弟学校就是在这一背景下出现的，最初带有"自力救济"的性质,是"流动人口"为解决"流动儿童"的入学问题而自发创办起来的,有的得到了流出地教育行政部门的批准,有的没有履行任何合法手续,这些农民工子弟学校通常没有建立财务管理、教师管理制度,多数教师都没有教师资格证,办学者侵吞办学资金、携款逃跑事件时有发生。高峰时期,上海的农民工子弟学校多达600多所。据2001年统计,当时上海的519所民工子弟学校中,只有124所既经流出地有关部门同意,又在本市教育部门备案,其他大都无合法"名分",只经流出地有关部门同意,而未在本市备案。由于这些学校通常不具备城市政府规定的办学资格,无法获得办学许可证,而且往往与危房等安全隐患联系在一起——这些学校虽然与城市政府没有直接隶属关系,可是一旦出现安全事故,责任却是"属地化"的——从而成为城市政府查封、取缔的对象。

开放公共教育资源阶段(2006—2012年)。这一时期,上海为代表的城市开始认真落实"两为主"的国家政策,加大公办学校对流动儿童的吸纳力度。2008年,上海启动"农民工同住子女义务教育三年行动计划",共关闭100余所不符合基本办学条件的非法农民工子弟学校,并将158所符合基本办学条件的农民工子弟学校办学设施改造后纳入民办教育管理。从2007年到2012年,上海市入读公办学校的随迁子女从17万人增加到了40万人。对郊区的农民工子弟学校改制,一律按照公办学生注册学籍,政府按生均公用经费定额标准拨付经费,配置教学设备和资源,一律免除外来人口子女的学杂费、教科书费,不交借读费。据上海市民办中小学协会副会长周纪平介绍,仅2012学年上海共有53.8万名进城务工人员随迁子女在义务教育阶段学校就读,占上海义务教育阶段学生总数的45.09%。其中,40.2万余名随迁子女在公办学校就读,占总数的74.72%,比2011学年增加3.4万人。另有13.6万余名随迁子女,在157所政府购买服务的以招收随迁子女为主的民办小学免费就读,占总数的25.28%。在这一阶段,北京、上海、广州等一线城市的农民工子女教育政策呈现一定的地域差别:在一定程度上,上海做得最好,中心城区取缔农民工子弟学校的同时,绝大部分在读农民工子女都进入了公办学校,郊区的教育资源相对稀缺,公办学校不能接收全部的农民工子女,政府将达标的农民工子弟学校转变为民办简易学校,为学校提供的生均补贴也逐年提高;北京的政策最严,大规模取缔农民工子弟学校,但并没有相应地开放公办教育资源作为替代。自2011年6月起,流动儿童分布集中的海淀区、朝阳区、大兴区相继关停24所打工子弟学校,波及学生1.4万余名。广州则是继续采取不干预为主的政策,民办学校成为农民工子女教育的主要承载者，政府对农民工子弟学校不进行取缔，但也没有像上海那样给予补助。

政策收紧阶段（2013年至今）。在此阶段，受严格控制特大城市人口规模的政治大气候影响，各地的农民工子女的教育政策趋严，特大城市纷纷向北京看齐，提高流动儿童入学门槛，大规模减少以流动儿童为主要生源的"纳民"学校。2014年，上海尚有152所民办随迁子弟学校，2018年减少至84所，2019年减少到64所，2020年预计将会减少到48所。这些学校的在校生也在逐年减少。2014年有11.53万名在校生，2015年有9.8万名在校生，2016年有8.17万名在校生，2018年降至5.11万名在校生，2019年降至4.9万名在校生。由于生源锐减，这些学校的办学经费日益紧张，优秀生源流失严重。上海的公办学校并没有接纳更多的流动儿童，但由于随迁子女总数的减少，就读公办学校的比例大大增加，小学阶段随迁子女就读于公办学校的比例从2018年的83.17%，提高到2019年的83.64%。

2014年上海市随迁农民工子女的数量为538 563人，2015年这一数据下降到500 664，这就意味着至少有3万多农民工子女在新的较严的入学政策影响下不得不回到原籍就学。此外，2011—2015年，上海职业学校、技术学校和中专学校录取的随迁农民工子女分别为6 032人、8 191人、10 125人、6 912人、6 183人，2013年达到历史峰值，此后迅速回落到2011年的水平，预计未来几年还可能会降低。

根据上海财经大学针对2012年毕业于上海20所小学的2 300名流动儿童进行的跟踪调研发现，在2014年12月，即这些孩子在初二年级时，1 372名孩子中，有599名离开上海，其中仅有35人是与父母一同返乡的，有56人只与一方父母返乡，410个孩子都是自己单独返乡，占全部样本的17.8%。辍学留级等现象严重，返乡的孩子中有25人辍学，56人留级（见表1）。

表1　2012年10月流动儿童小学毕业去向调查　　　　　　　　　　　（单位：人）

	公办学校	农民工子弟学校
总人数	680	1 645
留在上海	436	738
回老家	35	321
去其他城市	0	4
未联系上或不清楚	209	582

说明：辍学14人，其中留沪4人，离沪10人；留级41人，其中留沪16人，离沪25人。

一般在评价地方政府的随迁子女政策时,总是优先引用随迁子女入公办学校的比例,从表2可以看到,北京、上海要大幅高于广州和深圳,但是如果我们将流动人口子女的总体(流动儿童与留守儿童)视为一个整体,我们考察随迁子女与流动人口的比例关系,就可以看到,广州、深圳随迁子女占流动人口的比例远远高于北京和上海,即使只看在公办学校的随迁子女占流动人口的比例,北京、上海、广州、深圳四个城市彼此相差不多,所以显然广州、深圳随迁子女入公办学校比例低于北京和上海的原因并不是公办学校承担的责任弱于北京、上海,而是由于对民办学校政策的包容,其通过民办学校吸纳了大量的随迁子女,从而避免这些孩子返回老家,成为留守儿童。但是从结果上,却降低了随迁子女入公办学校的比例。有学者通过统计分析2013—2015年珠三角地区随迁子女义务教育的基本情况,发现近三年来珠三角随迁子女数在快速增长,六成以上聚集在深圳、东莞和广州3个城市。广州、深圳的流动儿童数量不降反升,与北京、上海形成鲜明对比,虽然广州、深圳随迁子女就读公办学校比例不到五成,但能够与父母共同生活在城市,本身就是一种福利改进了。

表2 北、上、广、深四地随迁子女入公办学校比例对比表

	北京	上海	广州	深圳
流动人口规模(万人)	822.6	981.65	572.98	887.87
义务教育阶段随迁子女规模(万人)	44.86	50.06	60.13	78.58
随迁子女规模占流动人口比例(%)	5.45	5.10	10.49	8.85
公办学校就读随迁子女规模(万人)	35.38	40.26	25.45	36.29
公办学校就读随迁子女占流动人口比例(%)	4.30	4.10	4.44	4.09
随迁子女入公办学校的比例(%)	78.87	80.42	42.32	46.18

四、产业生态与城市对于流动儿童的包容性

本文提出产业生态的概念,其核心是指城市当中各个企业之间的关系网络。

产业生态可以分为两种理想类型:一种是管道状企业网络,以央企总部为典型,其利润来自外省市分部,就像输油管道一样源源不断地向总部输送利润,这类总部与所在地企业缺乏直接的业务关联,经营过程中的溢出效应很小。

北京地区集中了众多的央企总部,这些总部并不进行具体的生产经营活动,不创造

利润，而是汲取分公司的利润，形成"纳贡"经济。"纳贡"经济虽然可以带来巨量的GDP，但与产业链上的下游企业不存在直接关联，因而很难产生溢出效应。2012年，北京市共有各类总部企业1 533家，其中央企总部企业创造的GDP为8 655.4亿元，占全市GDP总量的48.4%。北京民营总部企业实力还较弱，2012年民营总部企业有197家，占全市总部企业的12.9%，创造的增加值仅占全市总部企业经济的2.2%，拥有资产和实现利润则不足全市总部经济的1%。

北京经济主要分为两层：上层是"纳贡"经济，下层是处于产业链低端的服务业，其员工包括服务员、商贩、家政人员、物流工人等。北京的经济总量主要依赖"纳贡"经济，低端服务业虽然为大量外来农民工带来就业机会，但对GDP贡献有限，地方政府往往为低端服务业从业者提供公共服务投入较少；加之北京是首都，有巨大的维稳压力，因而对外来人口控制较严。北京的周边城市除天津以外，没有其他城市与北京在经济发展和劳动力方面进行竞争，因此农民工搜寻替代工作机会的成本很高。

另一种根须状企业网络，以民企和外企总部为典型，大企业像粗壮的根部，小企业像细小的须部，根位于大城市，须延伸至周边城市，总部对所在地及其周边地区有很强的溢出效应。上海、广州、深圳等地则集结了大量的市场敏感型企业，上海的经济格局是央企、市属国企、外企、民企四分天下，深圳则是民营企业和外资企业为主流，这些企业形成的是市场嵌入型经济，与产业链存在广泛密切的联系，其总部虽在中心城市，制造部门和上、下游企业却往往位于成本更低的周边地区，如苏州、常州、南通、无锡、宁波、东莞、中山等地。上海、广州、深圳主要依赖这些市场敏感型企业，而这些企业雇用了大量农民工，地方政府有动力为农民工提供必要的基本公共服务。上海、广州、深圳虽然是长三角、珠三角的领头羊，但它们也面临周边城市的竞争，在用工荒的压力下，上海、广州、深圳也更加乐意改善农民工的生活环境。不同的是，广州、深圳比上海更加市场化，上海以国企和外企为主，政府控制的资源较多；广州、深圳以民营企业为主，政府更习惯于用市场手段来解决公共产品的供给。

近年来上海对流动人口态度的转变则表明：流动儿童教育政策实际上是一个从属性的政策，从属于国家的人口管理政策和城市的产业发展政策。中央政府的人口管理政策和城市化战略，地方政府的产业发展规划，都会深刻影响到流动人口的教育政策。

地方政府的流动儿童教育政策不取决于流动儿童，取决于他们的父母。政府眼中的外来人口实际上包括两个组成部分：一个群体是为本地人服务的外来人口，譬如制造业工人、服务业从业人员、家政人员；另一个群体是为外来人口服务的外来人口，譬如黑车司机、摊贩等非正规就业者。基层政府显然更愿意为前者提供基本公共服务。

Q区是上海的郊区，由于工业制造业企业较多，该区的外来人口较多，一直处于"人口倒挂"状态，即外来人口多于户籍人口。该区曾经对外来人口及其子女持欢迎的态度。高峰时期该区有23所纳民学校，在校人数16 000人左右。

2018年7月，上海Q区关停了所有农民工子女学校（政府将其"纳入民办教育管理的学校"，简称"纳民学校"）。该区有15所"以招收农民工子女为主"的民办小学。关停之后，区教委将安排符合条件的孩子们到公办小学就读，但入学门槛将导致很多孩子无法进入公办小学就读。

对此，上海市某区分管教育的副区长的一段话讲得很坦率。

> 市场经济环境下，产业调整变动是影响城市人口发展的最重要因素。持续大力推进产业结构调整，以此优化适应产业需求的劳动力结构，降低低技能劳动力比重。譬如，我们区一个建材市场，吸引外来务工人员34 585人，共有4 880名随迁子女要求就读，其中幼儿园阶段学生2 240名，小学阶段学生2 039名，初中阶段学生601人，按当前全市生均教育经费水平计算，这些学生每年需要教育经费9 000万左右。

流动儿童教育政策从属于国家外来人口管理政策和地方产业政策，这就能够解释为什么Q区取缔了所有的"纳民"学校，而经济上更为发达的P区却允许一部分"纳民"学校继续办学。Q区的流动人口主要就职于小规模工业企业，而这些企业占用了大量的土地，对GDP的贡献却不大，因而属于政府试图"腾笼换鸟"的对象；P区之所以允许部分"纳民"学校继续存在，是因为这部分学校的生源来自某著名儿童乐园的雇员家庭，而该儿童乐园对于P区而言是十分重要的企业。

另一个佐证就是，"教育控人"对上海的流动人口规模并没有产生实质性影响，"产业控人"则立竿见影地导致了上海流动人口的负增长。真正对上海的流动人口规模产生影响的是对工业用地的清理整顿。目前上海的工业用地，包括"104区块""195区域"和"198区域"。其中104区块是指上海全市现有的104个规划工业区块，总面积大约764平方公里，占全市建设用地总规模的25%左右；195区域指规划工业区块外、集中建设区内的现状工业用地；198区域指规划产业区外、规划集中建设区以外的现状工业用地，面积大约为198平方公里。对于这三种地块，上海市采取了不同的政策。

2015年7月至2016年底，上海持续开展三轮"五违四必"（五违：违法用地、违法建设、违法排污、违法经营、违法居住；四必：违法建筑必须拆除、违法经营必须取缔、安全隐患必须消除、极度脏乱差现象必须整治）区域生态环境综合治理。"195"区域和"198"区域是"五违四必"整治的重点对象。

对195区域和198区域的大力整顿，使大量的中小规模工业企业离开了上海，不仅实现了工业用地减量化，改善了生态环境；也对外来人口起到了"釜底抽薪"的效果，上海近年来减少的相当一部分外来人口都是这些企业的雇员及其家属。对于195区域尤其是198区域的整顿，导致的不是某一个企业的消失，而是整个行业乃至产业链的消失，因此这些企业的雇员很难在上海找到替代性的工作机会，而不得不选择离开上海。

"教育控人"没有真正减少上海的外来人口数量，而"产业控人"却收到实效，恰恰证明：外来人口之所以来到上海，首先不是为了解决子女的教育问题，不是为了追求"高考红利"，而是为了解决自己的就业和收入问题。他们不会因为孩子的上学问题而离开上海，而在失去就业机会之后，却不得不选择离开。

五、结 论

本文认为，城市产业发展形成的企业间网络决定了一个城市的流动儿童教育政策的包容性。管道状企业间网络在经营过程中与外界相对隔离，而根须状企业间网络在每个节点都需要与多方产生互动。总部设在北京的央企，其总部不需要承担具体业务，位于其他省市的分部承接业务并通过内部网络将资源汇集到总部；总部设在上海的企业，很可能会有工厂在昆山、太仓、南通，下属还有不同的供应商，从而形成绵密的经营网络。管道状企业间网络在经营过程中的溢出效应非常小，周边地区几乎无法受益，而根须状企业间网络则有很强的溢出效应，城市周边也会因此而形成竞争关系。上海需要好的移民政策，如果流动人口认为在上海的社会福利资源太差，就可能会离开上海，前往昆山、南京等城市，这无疑会给上海带来移民资源的损失。而北京周边城市相对落后，很难为移民提供替代性的工作机会，北京不用太担心移民的流失。

产业生态通过两种机制对流动儿童教育政策施加影响：一是城市群的竞争机制，周边城市与中心城市的经济发展水平越接近，城市之间的经济竞争越可能刺激地方政府善待流动人口以及他们的孩子;二是流动人口的"用脚投票"机制,流动人口寻找替代性工作的机会成本越低,越有能力在跨地区的劳动力市场获得职位,那么地方政府越有可能采取更具包容性的流动儿童教育政策。

(本文原载《比较》2020年第106辑,收入本文集有删改)

社会性别主流化与国家治理现代化

复旦大学国际关系与公共事务学院教授 朱春奎

社会性别主流化自 1995 年第四次世界妇女大会被确定为促进社会性别平等的全球战略以来,在消除社会性别歧视,缩小性别差距,实现性别平等和性别公正,推动社会公正和可持续发展方面取得了长足进步。经过 20 年实践,社会性别主流化已被公认为各国建立提高妇女地位机制、推进性别平等的有效和成功路径。中国作为第四次世界妇女大会的东道国,是最早承诺社会性别主流化的 46 个国家之一。本文在探讨社会性别主流化与国家治理现代化理论的基础上,对新形势下中国协调推进社会性别主流化战略,促进社会性别平等与国家治理现代化进行了战略思考。

一、社会性别主流化:促进社会性别平等的全球战略

性别平等是所有妇女研究、妇女运动与社会发展的最终目标。社会性别平等是指所有人,不论男女,都可以在不受各种成见、严格的社会性别角色分工观念,以及各种歧视的限制下,自由发展个人能力和自由做出选择。社会性别平等是指从社会性别或社会角色的角度,而不是生理性别,同等考虑、评价和照顾男性和女性的不同行为、期望和需求。社会性别平等并不意味着女性和男性必须变得完全一模一样,而是说他们在机会、权利、责任、义务、资源、待遇和评价方面平等,这不由他们生来是男还是女来决定。[①]在探索实现社会性别平等的过程中,出现过多种性别平等路径。社会性别主流化不再聚焦于个体和她们取得平等待遇的权利,或是群体和改善她们待遇的历史性劣势,而是转向解决侵犯她们权利、造成这种劣势的体系和结构,它将性别平等嵌入体系、过程、政

---

① 刘伯红:《什么是社会性别主流化》,《中国妇运》2005 年第 7 期。

策和制度中。从这个意义上讲，社会性别主流化是探索实现社会性别平等道路上的一次重大飞跃。

社会性别主流化作为女性研究的新发展，在1995年联合国第四次世界妇女大会（中国北京）上得到明确的阐述和宣扬，大会通过的《北京宣言》和《行动纲领》，明确将社会性别主流化确定为促进社会性别平等的全球战略，要求各国将社会性别平等作为一项重要的政策指引，将社会性别观点纳入社会发展各领域的主流。联合国自1995年世界妇女大会之后，就在自身组织系统内制定了较为全面详细的社会性别主流化原则，包括：第一，在界定所有领域的议题时必须保证社会性别差异能够被诊断出来，即拒绝性别中立的假设；第二，将社会性别主流化转化为实践的责任主要在高层，对结果的问责需要持续跟踪；第三，竭尽全力提高妇女在各个层面决策制定的参与度；第四，通过具体行动、机制和过程将社会性别主流化制度化；第五，社会性别主流化不能取代专门针对妇女的政策、项目或积极立法，也不能取代性别单元或性别协调中心；第六，来自所有可能基金来源的对社会性别主流化的清晰的政治意愿、充足甚至额外的人力和财力资源配置对将社会性别主流化概念转化为实践非常重要。这些原则为执行社会性别主流化战略提供了更明确和具体的指南。

继1995年北京世界妇女大会之后，联合国于1997年在其系统内所有政策和项目中都实施社会性别主流化的路径，成为全面执行社会性别主流化战略的先锋，并为各国社会性别主流化实践的展开提供宝贵经验和指导。欧盟也是社会性别主流化的主要实验基地。20世纪90年代以来，社会性别主流化已经成为欧洲国家解决两性不平等问题的主要战略。瑞典是实施社会性别主流化战略的先驱，在执行社会性别主流化战略方面具有天然优势，成为实施社会性别主流化战略的成功典型。我国香港和台湾地区也较早地对社会性别主流化进行探索，香港在设立专门机构负责实施社会性别主流化战略方面具有成功经验，而台湾则在设计开发具有操作性的社会性别主流化战略工具方面走在前列。我国大陆地区自20世纪末承诺实施社会性别主流化战略以来，国家层面和地区层面都进行了有益尝试，特别是与和谐社会理念、以人为本的科学发展观相衔接，使社会性别主流化更具本土价值。

二、社会性别主流化：国家治理现代化的重要内容

纵观社会性别主流化的发展，其趋势表现在两个层面上。在国际层面上，联合国和

国际社会组织把对社会性别平等问题的关注,融入每个机构考虑事项和工作的各个方面,使对性别平等的关注成为一个机构中所有人的责任,并保证将其纳入所有的体系和工作中;在国家层面上,社会性别主流化成为一些国家促进性别平等的战略。①《中共中央关于全面深化改革若干重大问题的决定》提出:"全面深化改革的总目标是完善和发展中国特色社会主义制度,推进国家治理体系和治理能力现代化。"国家治理现代化的根本目的是实现国家职能的转变,由"劣治"转为"善治"。2002年联合国人类发展报告《在碎裂世界中深化民主》指出,从人类发展的视角来看,"善治"就是民主治理。民主治理意味着:人民的人权和基本自由受到尊重,容许他们有尊严地生活;人民在影响他们生活的决策中享有发言权;人民能够使决策者为其决策负责;处理社会互动行为的规则、制度和惯例具有包容性而且公正;在公私生活领域和决策中,妇女和男子是平等的伙伴;人民免受基于种族、民族、阶级、性别或其他任何形式的歧视;当前政策反映后代人发展的需求;经济和社会政策符合人们的需要和愿望;经济和社会政策致力于消除贫困,并扩展所有人在其生活中的选择。② 综上所述,两性平等是人类社会的永恒追求,社会性别主流化是国家治理现代化的重要内容。

社会性别主流化是旨在实现社会性别平等的手段或路径,由于其贯穿了政策过程始终并且影响深远,故而被视为一项具有长远规划意识的战略。它通过在所有领域和层面上的所有政策中以及这些政策从设计到评估的完整政策过程中,充分考虑对男性和女性不同需求的回应和影响,从而避免因性别差异造成性别不公平。中国政府在社会主义经济建设过程中十分重视妇女的进步和发展。1995年中国作为联合国第四次世界妇女大会的东道国,积极承诺了《北京宣言》和《行动纲领》,并成为承诺社会性别主流化的国家之一。

中国政府于1995年、2001年和2011年分别制定了三部《中国妇女发展纲要》,这是促进社会性别平等的国家行动计划。其中《中国妇女发展纲要(2001—2010)》,把"保障妇女平等分享经济资源的权利"列入总目标,规定国家宏观政策,确保妇女平等获得经济资源和有效服务。《中国妇女发展纲要(2011—2020)》明确提出:将社会性别意识纳入法律体系和公共政策,促进妇女全面发展,促进两性和谐发展,促进妇女与经济社会同步发展。要努力达到以下目标:保障妇女平等享有基本医疗卫生服务,生命质量和

---

① 闫东玲:《浅论社会性别主流化与社会性别预算》,《妇女研究论丛》2007年第1期。
② 申剑、白庆华:《城市治理理论在我国的适用》,《现代城市研究》2006年第9期。

健康水平明显提高；平等享有受教育的权利和机会，受教育程度持续提高；平等获得经济资源和参与经济发展，经济地位明显提升；平等参与国家和社会事务管理，参政水平不断提高；平等享有社会保障，社会福利水平显著提高；平等参与环境决策和管理，发展环境更为优化；保障妇女权益的法律体系更加完善，妇女的合法权益得到切实保护。2013年习近平在同全国妇联新一届领导班子集体谈话时强调，坚持男女平等基本国策，发挥我国妇女伟大作用。要把中国发展进步的历程同促进男女平等发展的历程更加紧密地融合在一起，使我国妇女事业发展具有更丰富的时代内涵，使我国亿万妇女肩负起更重要的责任担当。①

社会性别主流化作为推进社会性别平等的最新全球战略，为当代中国实现妇女平等地依法行使民主权利、平等地参与经济社会发展、平等地享有改革发展成果、实现两性平等提供了新的思路和视角。社会性别主流化是一个过程，它对任何领域各个层面上的所有计划行动（包括立法、政策或项目）对女性和男性所产生的影响进行评估；它也是一项战略，把女性和男性的关注、经历作为在政治、经济和社会各领域中设计、执行、跟踪、评估政策和项目的不可分割的一部分来考虑，以使女性和男性能平等受益，不平等不再延续下去。它的最终目的是实现社会性别平等。②

社会性别主流化的实践活动，并非仅仅是在公共管理现有的活动中添加"妇女成分"或"两性平等成分"，而是在注重各层次、各领域提高妇女的参与度的同时，还要把男女双方的经验、知识和利益应用于符合共同发展的公共管理日程中。社会性别主流化强调的重点在于追求两性平等，通过公共政策和公共管理活动确保两性平等成为经济社会发展领域的首要目标。社会性别主流化并不仅仅专指女性，当男女有一方处在极其不利的位置时，主流化就会成为有性别区分的活动和平等权利行动。这些有性别区分的干预对象可以全部是女性，或男女都有，或全部是男性，使他们有能力参与发展活动，并从中获益。其目标是改变不平等的社会和体制结构，使之对男女双方都公平和公正，并获得平等的发展。③

---

① 习近平：《坚持男女平等基本国策 发挥我国妇女伟大作用》，《妇女研究论丛》2014年第1期。
② 马蔡琛、季仲赟：《推进社会性别预算的路径选择与保障机制——基于社会性别主流化视角的考察》，《学术交流》2009年第10期。
③ 鲍静：《应把社会性别理论纳入我国公共管理的研究与实践》，《中国行政管理》2006年第8期。

三、社会性别预算：社会性别主流化的基础和重要支柱

社会性别主流化作为一项系统战略，始终以实现社会性别平等为最高目标和指导原则。在落实社会性别主流化的具体措施上，既包括在任何领域各个层面上的政策项目中融入社会性别观点，全面保持社会性别敏感性，同时也需采取旨在赋权于女性的专门行动，从而有针对性地解决目前社会格局下女性在公共事务中的边缘地位问题，最终实现真正可持续的两性平等（见图1）。社会性别主流化作为实现社会性别平等的重要战略，不仅仅是理念上的变革，要真正落实社会性别主流化离不开具有社会性别敏感性的工具手段。各国所采用的社会性别主流化工具主要有社会性别统计、社会性别分析、社会性别影响评估、社会性别预算与专门的妇女计划等。

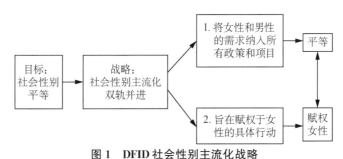

图1 DFID社会性别主流化战略

资料来源：Moser, C., "Has Gender Mainstreaming Failed?", *International Feminist Journal of Politics*, Vol. 7, No. 4, 2005.

社会性别统计是为实现社会性别平等目的，运用统计特有的定量分析方法和手段，建立有社会性别意识的统计指标和统计变量，描述、分析和测评女性和男性的社会参与、贡献及社会性别差异，为社会特别是政府决策提供数据及事实的定量研究的科学理论与方法。[1] 社会性别统计的产生不仅要求所收集的官方的、权威的数据能够按性别分类，而且还要考虑到所有会产生性别偏见的因素，在数据收集和表达中所使用的概念和方法能够充分反映社会上的性别问题。[2] 社会性别统计有几个鲜明的特点：第一，统计本身以追求社会性别平等为目的；第二，建立专门的、具有社会性别敏感性的统计指标；第三，测量内容与女性和男性的社会参与、贡献率和社会性别差异密切相关；第四，在呈现数

---

[1] 曾一帆、刘筱红：《社会性别统计初探》，《统计与决策》2007年第17期。
[2] 刘中一：《从国际比较视角看我国性别统计创新》，《中华女子学院山东分院学报》2010年第4期。

据的基础上进行深层的社会性别解释。社会性别统计从统计的指导思想到统计指标体系的建立，以及数据生产、公布、对指标完成的监测都始终围绕社会性别平等的目标。

社会性别分析是一种社会经济分析，在发展援助的背景下被用以发现特定社会中存在的社会性别关系与社会所需解决的发展问题之间的联系。根据分析内容的侧重点，社会性别分析主要有社会性别角色分析和社会性别关系分析两种。社会性别角色分析，即比较妇女与男子在社会中充当的不同角色，认识她们/他们之间存在的不同需求。而社会性别关系分析旨在分析资源、责任和权力分配方面存在的性别不平等，运用社会性别概念来分析人与人之间、人与资源和各种活动之间的关系。①

社会性别影响评估也是落实社会性别主流化的重要工具之一，通过评估政策是否直接或间接对女性与男性有不同的影响，借以调整这些政策，确保消弭所有因性别所造成的差别性影响，其基础是按性别划分的统计数据和指标。性别影响评估可运用于政策过程的各个阶段，包括政策规划与执行过程、结果。社会性别影响评估并非只以特定性别议题为核心，例如针对单亲妇女或促进女性就业等政策，而是以人为本，全面进行。即性别影响评估更进一步就某些已被贴上性别中立标签的政策，例如卫生健康、安全、就业、科技、地区或城市规划等领域政策进行评估，因中立标签的刻板印象可能诱导我们将不同性别、年龄与族群的人，视为同构型群体，若政策被误认为倾向性别中立，在政策形成与实施时，将错过纳入不同族群、女性与男性观点的机会，因而对他们产生不同的影响，甚至造成相关的系统和组织都会产生错误判断，落入所谓的"性别盲点"。

社会性别主流化是旨在消除性别歧视、实现社会性别平等的系统战略，但它并不能取代专门针对妇女的行动计划。事实上，由于传统性别观念的束缚，目前社会的两性关系本身存在着多种形式的不平等，造成了女性社会性、历史性的弱势地位，需要通过积极的、有针对性的行动计划对这种现状进行集中应对。同时专门的妇女计划往往直接向女性赋权，能够加快推进社会性别主流化的进程。

社会性别预算是实现社会性别主流化的重要途径之一。通过社会性别预算，重新审视包括公共预算在内的经济社会政策，对于推动性别平等和公共预算改革具有重要意义。社会性别预算是指从性别角度出发，对政府的财政收入和公共支出进行分析，看它对妇女与男性有什么不同的影响；社会性别预算帮助政府决定哪些资源需要再分配以实现人

---

① 张辉：《中国老年妇女经济与生活状况的社会性别分析》，《兰州学刊》2006年第12期。

的发展和男女平等受益。社会性别预算既不是为妇女单独制定的预算，也不是特指预算科目中某些针对妇女的支出项目，更不是激进的女权主义者为争取社会资源向所谓"男权制"开战的武器。社会性别预算是一种促进社会公平正义的政策分析工具，即从性别的视角分析政府资源分配的绩效。[①]

社会性别预算是社会性别主流化的重要支柱和基础内容。追求社会性别平等的传统路径主要关注就业，但通过改善就业来推动性别平等依然局限在男权社会的框架下，而通过社会性别预算则是从资源分配角度追求本质性的平等。也许正因为社会性别预算在调整两性社会格局和地位方面具有根本性的影响，社会性别主流化原则在性别预算领域的运用走在其他任何政策领域之前。社会性别预算研究无论在国际上还是国内都吸引了诸多学者，使得社会性别预算理论日渐丰富和成熟，但社会性别预算实践仍然处于探索阶段。

四、协调推进社会性别主流化与促进国家治理现代化的对策建议

伴随理论研究的深入和发展，社会性别主流化实践也在世界各国不断得到推广。自20世纪90年代以来，社会性别主流化被联合国、世界银行采用作为实现性别平等的路径，各国各地区也将社会性别主流化视为实现社会性别平等的最佳战略。中国作为第四次世界妇女大会的东道国，是最早承诺社会性别主流化的46个国家之一。经过20年的探索与实践，中国在专门的妇女计划、社会性别统计、社会性别预算等方面都取得了长足的进步，但社会性别主流化理论研究与实践的整体性、系统性、协调性方面仍显得相对不足。如何协调推进以社会性别预算为核心的社会性别主流化，促进社会性别平等，是当代中国全面深化改革和推进国家治理现代化面临的一项重要课题。

（一）加强社会性别主流化理论研究，把社会性别理论纳入我国公共管理的研究与实践

尽管目前国内关于社会性别主流化的相关研究已经相当丰富，但总体上看依然存在一些基本问题。首先，研究基本还停留在将社会性别主流化简化为一种技术工具，忽视

---

① 李兰英、郭彦卿：《社会性别预算——一个独特视角的思考》，《当代财经》2008年第5期。

了社会性别主流化中的过程与政治问题。其次，国内研究多把妇女问题当作社会性别问题，多以女性群体为研究对象，少有从社会性别关系或两性关系的角度探索性别平等。最后，社会性别主流化各项战略工具的研究进程参差不齐。社会性别预算研究已经起步并取得一定成果；社会性别统计实践虽然起步早、运用广，但名副其实的少，很大程度上也是因为缺乏成熟的学术理论指导。我国社会性别主流化研究尚需突破社会学的单一学科视角，国外社会性别主流化研究中，关于男性与社会性别主流化的关系、企业社会责任在推进社会性别主流化过程中的作用等，也是其中值得探索的新领域。

转型时期的中国正经历着社会结构性的转变，这为从根本上调整两性关系、构建和谐的两性关系提供了契机，深化社会性别主流化研究充满希望。社会性别关系是最基本的社会关系，这些都是公共管理领域中不能忽视的问题。从方法论上看，社会性别理论可以作为强有力的政治、经济和社会文化的分析工具，为公共管理领域提供新的研究视角。所以，将社会性别理论纳入我国公共管理的研究与实践应该是时候了。①

（二）发展有可操作性的社会性别分析工具，建立政府决策社会性别分析清单制度

社会性别主流化，即将社会性别观点纳入决策主流。主流，即主导性的理念、态度、实践或趋势，其影响经济、社会和政治决策的制定。主流决定了"谁得到什么"，并为资源和机会的分配提供理论依据。主流本质上也是一种政策范式，在政策过程中决定了问题如何界定、目标如何制定、选择何种政策工具以及工具的具体设置。把社会性别观点纳入主流，即在政策过程中界定问题、制定目标和选择工具时要有社会性别意识，把社会性别作为审视和制定政策的一个视角。目前国外对社会性别影响评估的研究发展很快，为检视各类政策对男女两性潜在的不同影响提供了重要操作性工具。我国目前此领域还属于空白，相对于社会性别主流化其他战略工具的研究，具有可操作性的社会性别影响评估方法在我国尚待探索。

社会性别主流化的战略推进，需要为政府决策人员发展可操作性的社会性别分析工具，建立政府决策社会性别分析清单制度，以减少政策对处于边缘的社会性别的负面影响，使男女得到共同的发展。发展可操作性的社会性别分析工具，建立政府决策社会性别分析清单制度，就是要决策人员在酝酿、制定、执行、监督、评估决策项目各个过程

---

① 鲍静：《应把社会性别理论纳入我国公共管理的研究与实践》，《中国行政管理》2006 年第 8 期。

中注重考虑和操作解决社会性别问题，明确要求政府决策人员识别和界定与社会性别有关的每个政策环节，在制定法律、政策和计划时要整理和分析性别统计资料，让两性表达意见并参与，了解两性的不同需求和感受，考虑对两性的影响等。在政策执行的过程中关注公众教育和社会性别观点宣传以及政策的实施对妇女造成的影响，政策执行的监督过程中要收集和分析性别统计数据和监督指标，将社会性别观点纳入政策实施成效的监督中。从社会性别分析角度来评估公共政策对两性的影响，并在未来的政策中要持续并加强对社会性别的考察。[①]

（三）探索社会性别预算新模式，协调推进社会性别主流化与现代财政制度建设

社会性别预算作为社会性别主流化的重要战略工具，在中国的探索与实践中出现了政府财政部门主导型的河南焦作模式、人大主导型的浙江温岭模式以及社会性别预算与妇联推动型的深圳模式。[②] 在国内的性别预算改革试点中，焦作试验最接近于规范化的性别预算之本来涵义，实现了性别预算同参与式预算的有机结合。深圳的性别预算尝试，具有较多的妇联组织推动的特点，但如何使妇联积极推动成功的内地首部性别平等法规——《深圳经济特区性别平等促进条例》中关于性别预算制度的规定，真正落实到具体的预算决策过程之中，仍然是一项亟待解决的课题。

探索社会性别预算改革新模式，协调推进社会性别主流化与现代财政制度建设，不仅需要财政部门、人大与妇联组织的战略统筹，更需要紧密结合当前财税改革的现实需要与攻坚方向，积极探索社会性别预算与全口径预算、绩效预算、中期财政规划的协调推进，重点关注最具社会性别敏感性的公共支出项目（如教育、就业、公共卫生等），逐步将社会性别预算融入我国现代政府预算制度建设的主流。

（四）建立健全社会性别统计制度，夯实社会性别主流化的数据基础

中国的社会性别统计始于 20 世纪 80 年代后期，至今已正式发布了一系列社会性别统计报告，公布中国性别平等状况的数据，这标志着中国政府在社会性别统计方面的进步。但无论是理论还是实践，中国社会性别统计都只能说处于起步阶段，理论上还处在相对混乱的状况，社会性别统计常常与性别统计、分性别统计以及妇女统计混淆或简单等同，

---

① 刘春燕、杨罗观翠：《社会性别主流化：香港推动社会性别平等的经验及启示》，《妇女研究论丛》2007 年第 1 期。
② 马蔡琛等：《中国社会性别预算改革：方法、案例及应用》，经济科学出版社 2014 年版。

实践中社会性别统计尚未被纳入国家统计法制范畴。《中国统计年鉴》中还没有设立一个专门的章节来系统地提供性别统计资料。国家统计局与有关部门的性别统计工作协调机制还有待改进，性别统计资料缺口较大，指标的性别敏感度不高，性别统计指标体系尚未健全，这些大大削弱了社会性别统计在推进社会性别主流化进程中的作用。因此，在学术上厘清概念，在实践中把握社会性别统计的精髓和实质，是我国推进社会性别统计的当务之急。

（本文原载《中国行政管理》2015年第3期，收入本文集有删改）

中国城市公共空间生产的三重逻辑及其平衡

复旦大学国际关系与公共事务学院教授 陈水生

现代城市已成为人类物质繁华、精神富足、价值多元和生活美好的聚集地。城市生活是一个集多样性、丰富性与包容性于一体的复合体,任何自毁其内部价值的行径,都等于自毁其生活,甚至导致城市生活的衰亡。[1] 好的城市是适合人类居住和生活的场所,也是适宜交往的场所,而这都需要有美好的城市公共空间。在城市中创造促进人际交往和宜居的公共空间是城市规划和治理的重要目标。现代城市要满足人们生产、生活和生存的各种需求,以宜居和以人为本为终极追求。中国近年来城市化的突飞猛进与城市的跨越式发展取得了令人瞩目的成就,但是伴随而来的是公共资源紧张、环境恶化、公共空间不足等"城市病"。城市居民并未享受到与城市发展相应的便利与福利,城市没有给民众带来更美好的生活。这就需要对城市发展进行反思,对公共空间生产的逻辑进行再认识,通过公共空间生产的重构提升城市生活品质。

近年来,在城市病和公共空间治理过程中,中国一些城市政府采取了一系列政策,这些政策被冠以"驱逐"低端人口、整顿城市空间、治理违章建筑等名号,引发了舆论批评和民众不满,也引起了对城市公共空间生产与治理的反思。城市管理者如何定位、设计和治理公共空间,开发者如何建设和运营公共空间,居民如何利用和享受公共空间,其他社会组织和主体如何参与公共空间治理,这些问题都值得深入探讨。换言之,城市公共空间生产是如何进行的,遵循怎样的发展逻辑,这些逻辑之间的关系是什么,是本文试图回答的问题。

---

[1] [美]乔尔·科特金:《全球城市史》(修订版),王旭等译,社会科学文献出版社2010年版,第15—19页。

一、城市公共空间生产为何重要：城市公共空间的多元功能

城市不仅拥有广阔空间、密集人口和大量机构，还是一个复杂的、由各种基础设施连接而成的有形建筑，更是可以带来巨大商机和无数交集发生的场所。公共空间是城市重要的组成部分，一般而言，是指具有实体和视觉可达性的空间。公共空间不仅涵盖街道、公园、广场，还包括两侧和周围的建筑物。[①] 公共空间是面对大众开放的、供公众使用的空间，是各类社会行为发生的场所，这些行为受到空间使用管理规则的约束。[②] 现代城市公共空间发挥着重要而多元的功能，如学习和发展社交能力、交换信息、促进社会对话、培养社会意识等。总之，城市公共空间既是社会交往的重要平台，也是政治参与的重要途径，还是城市美好生活的集聚地。

（一）城市公共空间是社会交往的重要平台

城市公共空间最为重要的功能是社交，促进城市居民的交往、交流和生活连通。城市的首要功能是允许和鼓励不同人之间、不同人群之间的会面、交流及沟通，为人类社交提供一个舞台。[③] 有形的公共空间是促进社交活跃度的关键，在有形的公共空间，人们能够面对面地交流，一系列的行为才得以发生。当不同的人在公共空间中产生交集并进行交流时，带来了新需求和新观点，从而使重塑社会空间和社会生活成为可能。[④] 在当今所有城市公共空间形态中，街道是最能发挥功能的空间，其他如公园、广场等城市公共空间也是人们社会交往的重要场所。

（二）城市公共空间是政治参与的重要途径

公共空间一直被视为政治参与的重要途径和习得所。汉娜·阿伦特（Hannah Arendt）指出，公共空间能够让人们聚集、闲聊，认识彼此的存在，这对民主来说至关重要。[⑤] 公

[①] Tibbalds, F, *Making People-Friendly Towns: Improving the Public Environment in Towns and Cities*, Harlow, Essex: Longman. 1992. p.1.
[②] ［美］维卡斯·梅赫塔：《街道：社会公共空间的典范》，金琼兰译，电子工业出版社 2016 年版，第 21 页。
[③] Mumford, L., *The Highway and the City*, London: Secker & Warburg, 1964, p.173.
[④] ［美］维卡斯·梅赫塔：《街道：社会公共空间的典范》，金琼兰译，电子工业出版社 2016 年版，第 8 页。
[⑤] Arendt, H., *The Human Condition*, Chicago, IL: University of Chicago Press, 1958.

共空间是私人、家庭和工作空间以外的必要补充,能够满足人们交往、沟通、娱乐和放松的需求。[①] 城市公共空间不仅是人们集会、社交、娱乐、参加节日活动的重要场所,也是示威、游行、表达民众不满的公共场所,而不满的表达也是公民的社会参与的一种。[②] 城市公共空间是塑造公共生活的重要场所。人们由于公共交往而形成的公共领域——城市公共空间,是对私人领域不可或缺的平衡机制。通过在城市公共空间的交往,独特的城市文化将有差异的个体聚集在一起,从而为人们在复杂城市生活中形成更广泛的社会关系和重塑个体身份提供了无限可能。[③] 城市公共空间还有助于提高个人归属感,超出个体或家庭领域,建立在共同性和邻里交往之上的社区公共空间能够帮助人们维系社会关系,增强个体对社区和城市的归属感。[④]

(三)城市公共空间是多元美好生活的集聚地

城市公共空间也是决定一座城市是否宜居的重要因素。良好的城市公共空间为民众提供方便安全的去处,为各种活动提供便利,帮助人们培养自尊和归属感,提高对环境的意识和兴趣,提供愉快的经历和社会交流。[⑤] 具有良好公共空间的高密度城市空间要比没有公共空间的低密度城市空间更宜居。[⑥] 城市公共空间对创造多元生活具有特别重要意义。怀特认为城市的公共生活并不那么美好,相反,可能是粗暴、嘈杂、没有目的性的。但正是人们的聚集成就了公共空间,这是它存在的意义和优势所在。[⑦] 城市公共空间所支撑的、建立在陌生人交往上的具有差异性的社会生活,相比建立在共同性基础上的社区关系,具有更积极的社会意义。[⑧] 城市公共空间的公共性、服务性和宜居性特征使得其在城市发展和治理中发挥着重要作用,对民众生产、生存和生活都有巨大影响。城市公共

---

① Oldenburg, R., *The Great Good Place*, Berkeley, CA: University of California Press, 1991.
② Neil M. Inroy, "Urban Regeneration and Public Space: The Story of an Urban Park," *Space and Policy*, 2000, Vol. 4, pp. 23-40.
③ Senette R., *The Conscience of the Eye: The Design and Social Life of Cities* (1st ed.), New York: Knopf. 1990.
④ Low S. M. & Altman I., "Place Attachment a Conceptual Inquiry," In I. Altman & S. M. Low (Eds.), *Place Attachment: Human Behavior and the Environment*, 1992, Vol. 12, pp. 1-12; Whyte, W. H., *The Social Life of Small Urban Spaces*, Washington D. C.: Conservation Foundation. 1980.
⑤ Crowhurst-Lennard, S. H., & Lennard, H., *Livable Cities Observed*, IMCL Council. Carmel, CA: Gondolier Press. 1995, p. 25.
⑥ Kayden J., *Privately Owned Public Space: The New York Experience*, New York: John Whey & Sons, 2000.
⑦ Whyte, W. H., *City: Rediscovering the Center*, New York: Doubleday, 1988, p. 341.
⑧ Young M. I., "The Ideal of Community and the Politics of Difference," *Social Theory and Practice*, 1986, Vol. 12, p. 305.

空间功能的有效发挥需要遵循公共空间生产的逻辑。

二、城市公共空间生产的三重逻辑：一个简要分析框架

城市公共空间在城市生活中具有多元而重要的功能，城市发展和治理要重视公共空间的生产，通过公共空间生产以更好配置空间资源，发挥公共空间的积极效用。亨利·列斐伏尔（Henri Lefebvre）构建了空间生产三元一体理论框架：空间实践、空间再现和再现的空间。空间实践是城市社会生产与再生产的普遍过程，体现于日常生活中；空间再现是概念化的空间，与生产关系和强化生产关系的制度相关，也与知识、符号和编码相关，它是科学家、规划师、城市问题专家、技术专家和社会工程师所理解的空间；再现的空间体现了象征意义，空间的居民或使用者通过图像和符号直接体验想象空间。[①] 大卫·哈维（David Harvey）认为城市化是资本积累的重要形式和资本主义再生产的核心条件，其本质是一种被建构的环境，可称为人为建设的"第二自然城市"。[②]

城市公共空间生产吸引了国内外诸多学者的关注。国外城市公共空间生产的研究议题非常广泛，如社区中公共空间生产研究、[③] 后社会主义城市规划对公共空间生产的影响、[④] 公共空间生产与公众参与理论研究等。[⑤] 自20世纪90年代空间生产理论被引入中国之后，该理论不断被细化和分化，如当代城市的发展模式由生产驱动向消费驱动转型、[⑥] 从国家、居民和博弈视角分析"规训-反规训"空间生产的逻辑、[⑦] 经济全球化视角下公共空间生产的发展与管理等。[⑧]

在全球快速城市化的背景下，现代城市空间经历着资本、权力等要素的参与而不断

---

① Lefebvre H., Translated by Donald Nicholson Smith, *The Production of Space*, Oxford: Blackwell, 1991, pp. 33-39.
② Harvey D., *A Brief History of Neoliberalism*, New York: Oxford University Press, 2005, p. 3.
③ Chitrakar R. M., Baker D. C., Guaralda M., "Urban Growth and Development of Contemporary Neighbourhood Public Space in Kathmandu Valley, Nepal," *Habitat International*, 2016, Vol. 53, pp. 30-38.
④ Vasilevska L., Vranic P., Marinkovic A., "The Effects of Changes to the Post-Socialist Urban Planning Framework on Public Open Spaces in Multi-story Housing Areas: A View from Nis, Serbia," *Cities*, 2014, Vol. 36, pp. 83-92.
⑤ Ismail W. A., Said I., "Integrating the Community in Urban Design and Planning of Public Spaces: A Review in Malaysian Cities," *Procedia- Social and Behavioral Sciences*, 2015, Vol. 168, pp. 357-364.
⑥ 杨震、徐苗：《消费时代城市公共空间的特点及其理论批判》，《城市规划学刊》2011年第3期。
⑦ 孙其昂、杜培培、张津瑞、杨正联：《"规训-反规训"空间的生产：NJ市H社区公共空间违法侵占的实证研究》，《城市发展研究》2015年第3期。
⑧ 张庭伟、于洋：《经济全球化时代下城市公共空间的开发与管理》，《城市规划学刊》2010年第5期。

重构。空间生产是资本和权力等因素对空间的重新塑造，从而形成空间的社会化结构。对城市公共空间生产逻辑的考察既要看到权力对城市公共空间生产的塑造，也要看到资本对公共空间生产的影响，还要看到民众对公共空间生产的使用与参与，也就是要从权力、资本与生活的三重逻辑考察中国城市公共空间的生产。城市公共空间生产权力逻辑的主导者是政府，其通过政策等工具在城市公共空间生产的规划和设计阶段施加影响，以贯彻和体现权力意志和偏好，追求对公共空间的控制。资本逻辑的主体是市场参与者，通过市场机制参与城市公共空间的开发、建设和运营，以塑造符合资本利益的公共空间，追求的是利益最大化。生活逻辑的主体是城市民众，通过参与机制使用和评价公共空间，追求的是宜居（见表1）。城市公共空间的三重逻辑紧密相连，一个完整的城市公共空间生产包括公共空间生产的主体协作、阶段协同、机制配合以及目标整合，因此三重逻辑不能割裂，也不能厚此薄彼，从而实现公共空间生产的协同共进，创造美好城市生活。

表1 城市公共空间生产的三重逻辑及其比较

	主体	阶段	机制	目标
权力逻辑	政府	规划和设计	公共政策	控制与秩序
资本逻辑	市场	开发和建设	市场机制	利润与效率
生活逻辑	公众	使用与评价	参与机制	宜居与幸福

三、控制与秩序：权力逻辑导向下的城市公共空间生产

我国的城市公共空间生产由政府主导，体现了强烈的权力意志。在权力逻辑的运作体制下，城市公共空间的开发、设计与管理都掌控在政府手中。政府追求的是控制与秩序，通过主导城市公共空间规划、设计与发展为城市公共空间生产设定发展战略、目标和路径。这种发展战略的设定很多时候是通过各种公共政策和法律法规来予以保障和实现的。政府主导的城市发展模式使中国能够在几十年时间实现城市化的飞速发展，并形成京津冀、长三角和粤港澳大湾区等大城市群，使北京、上海、广州和深圳等城市能够跻身世界特大城市行列，对世界城市群的形成与发展起到了重要促进作用。

政府主导的城市发展模式既可以为城市公共空间生产设定科学目标和发展路径，又能集中全国资源，确保城市发展重大战略目标和任务的实现。政府主导的发展模式还有利于发挥中央政府的顶层设计和地方的主动创新两方面的积极作用，将中央的全局精神

和地方的首创精神结合起来。在面临区域性发展难题时，中央可以做出更为宏观的指导和安排，从而避免地方之间的恶性竞争。政府主导的发展模式也让城市政府可以因地制宜，更好地统筹城市经济、社会、文化以及民众生活等要求，制定符合市情的公共空间发展规划与政策。

但是政府主导下的城市公共空间发展也有弊端。首先，城市公共空间生产有其自身规律，政府基于治理便利和政绩发展的需要，可能有意或无意忽略此种规律，为城市发展和公共空间生产注入非科学的因素，从而使得城市公共空间生产陷入困局。据统计，在中国的城市发展目标中，1995 年全国大约有 50 多个城市打出建设"国际化大都市"的旗号，到 2004 年已高达 183 个。[1] 这种不切实际的发展目标显然会对城市发展和公共空间生产带来负面影响。其次，政府主导下的城市公共空间生产容易产生急功近利的所谓"大干快上"等风潮，不遵从城市建设的客观规律，忽略城市公共空间生产质量，从而降低公共空间的品质，影响公众的生活质量。快速发展的城市化以及追求速度至上的建设思潮，造成"千城一面"，很多城市的传统与特色不复存在。我国一些城市的公共空间从规划、建设到运行，在各个项目的方案中很难体现公众需求与偏好，更谈不上对公共空间的监督，沦为少数人展示资本、权力及个人成果的牺牲品。[2] 最后，政府主导的城市公共空间生产往往会以官员的需求和审美决定一个城市公共空间的品位，而一些符合官员政绩需求的面子工程既浪费了公共资源，又难以满足民众的实际需求。官员主导的城市公共空间生产形成了诸多城市开发和建设的大工程和大项目，如果缺乏监督和制约，这些项目往往成为官商勾结和权钱交易的温床，造成公共资源和公共空间资源的巨大浪费。

总之，权力主导下的城市公共空间生产既有积极的一面，也带来了不容忽视的负面影响。城市公共空间生产的权力逻辑可以充分发挥政府在公共空间生产中的引导和规划作用，但不能使权力逻辑成为唯一的逻辑，而要受到其他逻辑的约束与平衡。城市公共空间生产是个系统工程，既要政府的规划和管理，也要资本的投资与运营。

四、利润与效率：资本逻辑导向下的城市公共空间生产

中国城市化之所以取得如此大的进步，除了政府主导的发展模式发挥了重要作用外，

---

[1] 杨丽萍：《城市规划失效：全国要建 183 个国际大都市》，《21 世纪经济报道》2005 年 11 月 24 日。
[2] 陈水生、石龙：《失落与再造：城市公共空间的构建》，《中国行政管理》2014 年第 2 期。

另一个不能忽略的原因就是各种资本进入城市开发和公共空间生产领域。资本逻辑导向下的城市公共空间生产借助市场的力量，在短短几十年创造了世界上独一无二的城市发展成就。可以说，中国城市化史就是一部"造城"史，造城运动离不开资本的参与和运作。无论是一线城市，还是二三四线城市，城市发展都伴随着大量的房地产开发和基础设施、公共空间的建设，在这股建设热潮中，除了国有资本外，民营资本成为了一支重要力量。资本的逐利性使得城市公共空间生产具有强烈的利润与效率导向。

资本逻辑通过市场机制对城市公共空间的开发、建设与运营诸环节施加影响。市场机制通过价格和竞争将逐利的资本引向城市建设和城市公共空间生产过程。资本介入城市公共空间生产是为了追逐利润，其方法和策略主要有：一是获取城市空间中的黄金地段和优势空间，依靠有利的空间位置创造利润；二是通过资本力量影响城市规划和公共空间的设计与建设，使其在公共空间生产中获得有利的竞争地位；三是资本与资本形成利益同盟，试图获取有利的政治地位和经济优惠政策；四是资本与一些地方城市管理者进行某种程度的合作，进而在城市公共空间生产中获得较高收益。大多数城市的开发和建设背后都可看到不同资本活跃的身影，它们介入城市规划、基础设施建设、街道改造和公园建设等项目，通过资本的力量促进城市公共空间生产的迭代更新与发展进步。

资本逻辑与权力逻辑的关系使其具备强大的政策敏锐度和影响力。在城市空间生产的前期论证和规划阶段资本就有可能介入，从而将其利益诉求巧妙植入公共政策中，为其后续项目发展和竞争提供合法化基础，降低参与竞争的成本。资本逻辑的逐利性会削弱公共空间的公共性，主要表现为与民争利，占据本属于公众的城市公共空间，或者抢夺那些优势的公共空间资源。一些城市的公共空间让位于经济利益至上的城市开发项目，牺牲了城市公共空间的数量和质量。那些地理位置优越、自然资源禀赋较好的空间被开发成房地产、购物中心甚至政府办公项目，使得这些城市空间远离公众，公众无法享受其公共性功能。

从实践观之，一些资本逻辑影响下的中国城市发展形成了特有的开发模式，其核心城区和繁华地段基本被强大的资本占据。大量的公共和私人资金投入到广场、商业步行街的兴建。这种兴建源于一些地方政府的两大诉求：推动经济发展和提升城市美学形象。[①] 前者是

---

① Yang Zhen and Xu Miao, "Evolution, Public Use and Design of Central Pedestrian Districts in Large Chinese Cities: A Case Study of Nanjing Road, Shanghai", *Urban Design International*, 2009, Vol. 14, pp. 84-98; Zacharias, "New Central Areas in Chinese Cities", *Urban Design International*, 2002, Vol. 7, pp. 3-17.

资本追逐利润的必然结果,后者则是权力逻辑下官员追求政绩以及治理目标的需要。城市公共空间生产的资本逻辑将影响公共性,此时需要权力逻辑的制约,通过政府的公共政策对资本逻辑下的城市公共空间生产进行科学规划与管理,将资本运作纳入合法合规渠道。同时对资本的影响也要保持一定的警惕与约束,这种影响可能带来更为严峻的后果,从而削弱城市公共空间的公共性和宜居性等特征,影响公共空间的生活逻辑。

五、宜居与幸福:生活逻辑导向下的城市公共空间生产

城市公共空间生产要尊重并满足公众的生存、生产和生活的需求,为民众的城市美好生活创造良好条件,此即城市公共空间生产的生活逻辑。生活逻辑解决城市公共空间生产的目标和价值问题。

首先,要体现民本主义的价值取向,做到以人为本。城市公共空间生产最终是为了服务于民众。民众是城市的主人,也是公共空间的主人。城市公共空间生产是为了满足大多数人的利益和需求,因而政府的政策、城市规划、空间建设和管理等都要尊重并满足广大民众的需求,而非官僚和资本的需求。民本主义的城市公共空间生产要能够为民众的幸福生活提供宜居空间,改善其生活品质,公共空间的规划、设计、建设和管理最终都要让居民分享公共空间的价值功能,实现城市让生活更美好、更幸福的目标。

其次,城市公共空间生产要体现服务性,树立服务至上的理念。空间是为了服务于其间的民众,其设计、建设、运营与管理都要体现这种服务性。通过城市公共空间生产以更好地满足民众的各种实际生活需求,为生活带来各种便利。城市公共空间生产要遵从人的活动规律、行为特点、普遍感受和实际需要;① 满足人对空间数量与形态的需求和偏好;提供各种服务设施和相应的服务水准、管理水平,让民众体验温馨之家的感觉。城市公共空间生产要提供具有可及性的公共服务,让服务触手可及,让民众从物理空间和心理空间上都能感受到舒适、便利和可达。城市公共空间作为一种公共产品,其代表的是一个城市的发展、管理和服务水平,因此,城市政府应该提升其公共空间的服务水平。

最后,城市公共空间的生活逻辑要求公共空间有助于公共参与的提升,进而为城市

---

① 陈水生、石龙:《失落与再造:城市公共空间的构建》,《中国行政管理》2014年第2期。

治理积累理念与技术。城市公共空间的生活逻辑要求能制约权力和资本逻辑对公共空间的侵蚀，发挥其对抗和平衡权力和资本的功能。通过生活逻辑的展开构建一个公共参与水平较高的城市公共空间，可以对权力和资本的扩张进行一定程度的限制。一个好的公共空间应该是多元、民主、亲切和有生命力的。城市公共空间具有容纳公共生活的兼容性、可达性、自由性、愉悦性和联系性。① 现代新城市主义理论强调公共空间安排的优先性，认为公共空间是富有生命力且有助于社区自治的，希望创建出与市民的需求和期盼相适应的邻里空间和城市。在为人民建造场所的理念下，街道成为链接民主空间和视觉经验，构建城市和城镇的组织。②

六、我国城市公共空间生产的逻辑错位与平衡

近几十年，我国城市化进程不断加快，越来越多的城市在加快转型升级的步伐，边界的扩张和基础建设的完善，使许多城市政府投入了大量资源建设各种中心、副中心和广场，一些城市公共空间在权力和资本的双重推动下不断扩展。但理想的城市公共空间生产要与民众的需求相结合，既满足经济发展和城市建设，又满足民众需要。城市建设与发展演化的历史就是城市建设与管理不断契合与满足不同阶段民众需求的发展史。

现阶段，在一些地方，权力和资本逻辑主导下的城市公共空间生产忽略了生活逻辑。城市公共空间生产在为资本服务的过程中，更要为市民服务，满足民众对公共空间的需求，综合考虑多方面利益才能使公共空间的生产与重构更加合理。③ 因此，城市公共空间生产要正确处理好权力、资本和生活这三大逻辑之间的关系。换言之，城市公共空间生产的三大逻辑之间的动态平衡才能促进我国城市公共空间的和谐与均衡发展，也才能使公共空间发挥其应有的价值功能。

我国一些地方的城市公共空间生产的逻辑错位表现在重视权力和资本逻辑，轻视生活逻辑。权力、资本逻辑双轮驱动的城市发展和公共空间生产模式影响了我国部分城市发展的格局和面貌。权力主导下的城市发展，使城市公共空间具有强烈的权力意志。政府主导的城市发展尽管在短时期内推动了中国城市的跨越式发展，但也要看到这种发展

---

① 刘佳燕：《公共空间的未来：社会演进视角下的公共性》，《北京规划建设》2010年第3期。
② 曹杰勇：《新城市主义理论——中国城市设计新视角》，东南大学出版社2011年版，第79—81页。
③ 杨迪、杨志华：《计划型城市到经营型城市的公共空间生产研究》，《城市规划》2017年第10期。

模式抑制了城市公共空间的内生价值和功能发挥，公共空间活力不足，价值功能不彰。城市公共空间也未能较好地满足民众生活需求，民众对公共空间的使用不足。权力主导下的城市公共空间中，城市CBD成为中国很多城市的标配，大广场、大地标和各种巨型城市工程贯穿整个城市建设。城市建设的科学和美学标准让位于权力意志，以彰显管理者的意志和偏好。在一些地方城市建设中，各种政绩工程和面子工程层出不穷，这种好大喜功、千人一面、劳民伤财的空间生产使城市公共空间逐渐远离民众的日常生活和真实需求。这些城市的公共空间仅是一种供人膜拜的对象，城市空间生产呈现等级性，权贵阶层占据了有利的城市空间，普通居民的生活空间则被削弱，从而引发空间的不公正。①

城市公共空间生产往往受资本逻辑的影响，因为城市开发和建设离不开资本的运作与投资。资本的逐利性与公共空间的公共性有着不可调和的矛盾和张力。如果没有合适的政策支持和制约，城市公共空间就会被资本逐步侵蚀，公共空间也将沦为资本的盛宴。许多城市开发与更新中，黄金地段基本都被资本收入囊中，开发成能够带来高利润的项目，进而影响其公共性和服务性。城市公共空间也会受到经济生产、社会生产与生活方式的影响。为了适应汽车社会时代的生产与生活方式，城市公共空间逐步退却，让位给更多的交通道路、停车场和商业中心等，真正留给民众交往、娱乐和步行的公共空间越来越少。

我国城市公共空间生产逻辑的平衡需要重视生活逻辑，实现权力、资本和生活逻辑的有机统一和协同发展。生活逻辑要求重视生活于城市的广大民众的真实需求，以宜居性、服务性和民本化为发展目标。公共空间应该敏感——它的设计和管理应服务于使用者的需求；民主——所有人群都可使用，保证行动自由；富于意义——允许人们在场所与人们的切身生活和更广阔的世界之间建立起深厚的联系纽带。② 因而，城市公共空间设计要遵循三个原则：满足广大市民的需求和爱好；以"人的尺度"为空间的基本标尺，创造富有亲切感和人情味的空间形象；营造居民的认同感和归属感。③ 城市公共空间设计的成功与否取决于它是否为大多数使用者所肯定，公共空间的出现、生存和发展自始自终都要围绕人的需求而展开，因而其设计要体现人性化理念。④ 人性化的公共空间要为民

---

① 王兴中：《城市生活空间质量观下的城市规划理念》，《现代城市研究》2011年第8期。
② Stephen Carr, Mark Francis, Leanne G., Rivlin, Andrew M. Stone, *Public Space*, New York: Cambridge University Press, 1992.
③ 邹德慈：《人性化的城市公共空间》，《城市规划学刊》2006年第5期。
④ 杜良晖：《城市公共空间的生存与发展——公共空间设计中与人有关的一些导则浅谈》，《小城镇建设》2003年第3期。

众公共空间活动提供有力支持，满足民众多样化的需求。城市公共空间的重塑应满足人们的生理、心理、行为、审美、文化等需求，达到安全、舒适、愉悦之目的。同时还要注重宜人的尺度，增强空间的亲切感和认同感；考虑空间形态的多样化，满足不同阶层、年龄、职业、爱好和文化背景的人群需求，还空间于公众。①

总之，城市公共空间生产不能仅遵从权力和资本的逻辑，而要实现权力、资本和生活逻辑的协同发展。要实现生活逻辑对其他两种逻辑的制约和平衡，就要尊重城市居民的生存、生产和生活的权利。城市公共空间的最重要特质是公共性，城市公共空间生产要服务于公众，满足生活于城市中或穿行于其间的民众的所有需求。城市公共空间的设计、建设、运营和管理，都要服务于这一宗旨。总之，权力、资本逻辑都要服务于生活逻辑，通过城市公共空间生产三重逻辑的有机协同发展，创造美好城市生活。

（本文原载《学术月刊》2018年第5期，收入本文集有删改）

---

① 吕明娟：《打造人性化城市公共空间》，《城乡建设》2006年第2期。

纵向干预下的地方政府协同治理

复旦大学国际关系与公共事务学院副教授　周凌一

一、引　言

环境污染的跨区域及负外部性，使得属地化管理的原则已无法满足现实的治理需求，协同治理已逐渐被视为解决这类复杂化跨域问题的有力工具。西方学术界将协同视为参与主体间基于成本收益分析后自愿的资源转移行为，既有合作经历、共同目标、资源依赖等都是影响协同动机的重要因素。但在中国，层级体系下地方政府间的协同行为，除了西方研究所关注的参与主体间相互依存的要素，更为重要的是受自上而下的制度安排，即纵向干预的影响。本文将"纵向干预"定义为上级政府引导或鼓励地方政府间沟通交流、资源共享、共同决策的努力，以促进协同机制的形成与发展。

纵向干预存在于所有的国家，但不同政体下上级政府的干预方式、程度与效果都有所差异。现有研究将纵向干预的方式分为权威型、激励型及信息型。[1] 在西方国家，地方政府更多因为立法要求或财政资源而接受上级政府的干预与介入，因此纵向干预更多表现为激励与信息型工具。[2] 在中国，纵向干预发挥作用的机理在于上级政府对地方官员的政治晋升有着决定性的影响，因此有权重塑地方政府的激励结构并强化其协同动机。纵向干预主要表现为权威型介入，实践中分为两种类型：第一种是过程导向型，要求特定地方政府建立起协同机制，或在协同过程中协调各方利益、明确职责，如政策文件、重要领导及上级部门的参与等；第二种是结果导向型，明确提出考核目标且更强调目标的达成，很少介入具体的协

---

[1] Alice Moseley and Oliver James, "Central State Steering of Local Collaboration: Assessing the Impact of Tools of Meta-governance in Homelessness Services in England," *Public Organization Review*, 2008, Vol. 8, No. 2, pp. 117-136.
[2] Brian Taylor and Lisa Schweitze, "Assessing the Experience of Mandated Collaborative Inter-Jurisdictional Transport Planning in the United States," *Transport Policy*, 12, 2005, pp. 500-511.

同过程,如绩效考核。在我国,纵向干预的作用更为重要与深刻,不仅从目标或机制要求启动地方协同,还会深入干预其互动过程,协调各方利益以促进协同发展。

虽然国内也有不少学者开始关注中国协同治理的实践,并揭示中央或上级政府在地方协同中的重要角色,[①] 但鲜有研究从纵向干预视角深入分析中国地方政府间环境协同治理的形成机制:(1)纵向干预,具体包括哪些形式?有何特点?(2)纵向干预如何影响地方政府环境协同治理?具体的影响机制是什么?基于此,本文将通过长三角区域环境协同治理的多案例比较分析来剖析纵向干预在地方协同治理中的作用及影响机制。

二、研究方法和案例选择

本研究选取长三角区域Z省A区与J省B区、Z省C市与D区间的跨域水治理协同案例,Z省E-F-G-H地区边界联动执法案例及大气治理中长三角区域船舶与港口减排案例来探究地方政府协同中纵向干预的作用机制(见表1)。

表1 访谈与资料获取情况

案例	访谈对象	时间	资料获取
Z省A区与J省B区跨域水治理	G市五水共治办业务一处及G市环保局水处L处长	2018年7月	会议纪要、协议文本、工作简报、新闻报道等
	G市A区五水共治办M主任		
	G市A区五水共治办Y科长		
Z省C市与D区跨域水治理	G市五水共治办业务一处及G市环保局水处L处长	2018年7月	
	G市C市五水共治办X科长		
E-F-G-H地区联动执法机制	G市环境监察支队Y支队长	2018年7月	
	G市环保局T处长		
	E市环保局L科长	2018年1月	
长三角区域船舶与港口减排工作	S市环保局大气处W处长	2018年5月	

---

① 杨龙:《地方政府合作的动力、过程与机制》,《中国行政管理》2008年第7期,第96—99页;张成福、李昊城、边晓慧:《跨域治理:模式、机制与困境》,《中国行政管理》2012年第3期,第102—109页;张紧跟、唐玉亮:《流域治理中的政府间环境协作机制研究——以小东江治理为例》,《公共管理学报》2007第3期,第50—56、123—124页;杨妍、孙涛:《跨区域环境治理与地方政府合作机制研究》,《中国行政管理》2009年第1期,第66—69页。

三、案例分析

（一）过程导向型纵向干预：信任与互惠的深化

A区、B区两地联合治水进入实质性阶段，最大的助力来自上级政府的纵向介入，即一系列水治理政策文件的出台与推动。2016年11月，中共中央办公厅、国务院办公厅印发《关于全面推行河长制的意见》（以下简称《意见》），随后，Z省和J省陆续印发文件以落实中央精神，同时也配套推行相关的绩效考核来保障目标的达成。据此，2017年2月，A区治水办与B区水利局签订协议，明确表示"为进一步落实中办、国办下发的《关于全面推行河长制的意见》文件精神，加大两地交界区域水环境保洁联防联治力度，全力保障全年特别是重大活动期间水环境质量"。

> "信任，是建立在制度和协议上。基本的信任是有的，基于现在国家、五水共治的要求，知道大家都在做这个事情，都想做好，他们也有考核，不会乱来。没有现在的大环境，没有知道你也在做的信任，也没法坐下来谈，协议也没法（落实）下去。"（G市五水共治办业务一处及G市环保局水处L处长，访谈资料）

> "联防联治这个工作（指2017年协议的签订和省际联合河长制），它的背景就是全国河长制的推行，有这样一个大环境后，下面两地之间包括两个省之间可能会有意愿去合作。"（A区五水共治办M主任，访谈资料）

信任和承诺的可置信是影响协同有效性及可持续性的关键。在环境治理中，由于激励错配、问题复杂性、责任或利益分配不均等原因，地方政府从理性的角度会更偏好采取搭便车的行为。《意见》的出台及随后配套的一系列考核机制，能够有效提升环境治理在地方的政策优先级，而基于环境问题的跨区域性，协同治理在一定程度上变成"不得不做"的任务和两地的目标共识。因此，制度要求有效抵制了地方主体寻租行为的可能性，使得A区与B区信任对方的治水意愿，产生"公平交易"的互惠感知，并据此形成基于制度的信任与承诺。虽然基于过往的协同经历，两地之间的信任基础较好，但对于地方政府而言，制度上的保障更为强化了他们之间的心理契约，使其形成协同治理的长期承诺。

当然,参与主体间的信任和互惠感知也会在重复博弈的过程中建立,过去的成功合作经历能够有效促进相互的信任及承诺的可信度。组织间的信任很大程度上由其间的个体维系,由于地方政府频繁的人员调换与流动,既有的信任和承诺会存在很大的不稳定性。E-F-G-H 边界联合执法机制自 2008 年已经走过了十多年。但是这一机制的运作完全靠四地的自我协调,慢慢地流于形式化,这里面一大原因就是中国政府体系内人员流动频繁导致基于已有协同基础的信任具有不确定性。

> "现在因为人走得都太多了,所以基于以前的关系,相互信任的人都走了,做这件事情的人又都是新来的,所以制度化、常态化还是挺重要的,不然每次都人走茶凉。"(G 市环境监察支队 Y 支队长,访谈资料)

地方政府会基于上级的政策文件或考核要求而建立起对彼此的信任感,且由制度产生的信任较已有协同经历所带来的信任更为稳定。即使地方主体间有足够的自发动机启动并维系协同行为,但协同机制的深化发展依旧离不开纵向介入所强化的信任与互惠感知。

(二)过程导向型纵向干预:协同管理机制的建立

从治理到行动离不开行政管理机制的支持,传统层级体系中所强调的利益协调及监督机制在协同治理中依旧重要,尤其是促进协同的有效性及其目标的实现。[①]

1. 监督机制:保障协同的实质性开展

协同网络中参与主体间多为沟通协商、共同决策的平等地位,不存在特定的管理主体与监督机制,因此很容易造成协同流于形式而缺乏实质性发展。E-F-G-H 四地联合执法机制就面临着如此的困境。2008 年开始,E-F-G-H 四地每年轮值组织召开一次边界环境污染联合执法小组联席会议,然而,由于参与主体是平级的四个城市,它们之间无法互相监督或要求所查处问题的解决。

---

① Ann Thomson and James L. Perry, "Collaboration Processes: Inside the Black Box," *Public Administration Review*, Vol. 66, No. 1, 2006, pp. 20-32.

"联席机制就是相互开会有依据,但 E-F-G-H 是平级的机构,没办法互相领导。联合执法有些是象征性的。"(E 市环保局 L 科长,访谈资料)

"我们信息共享把污染源情况告诉给他们以后,他们会采取措施,然后把处理的情况同时也会告诉我们。……但是现在因为是轮值,大家又都是平级的,所以很难去实质性地督查考核。前两年据我了解,好像就是会商的性质,但没有实质性去开展执法行动。"(G 市环境监察支队 Y 支队长,访谈资料)

自上而下管理结构中传统的监督和问责手段能够解决这一困境并推进协同发展。[①] 上级行政部门介入 E-F-G-H 四地联合执法机制时就能推动环境问题的落实。在乌镇峰会安保期间,Z 省环境监察总队参与了 E-F-G-H 联合执法小组的具体工作规划与布置,并在发现问题后监督问题的解决以实质性促进执法查处。

"总队牵头,搞了两次联合的交叉检查。从 E 市和 G 市抽调执法人员,分层、分组对各地互查,然后对这些污染源进行确认,查到了以后,一个是立案查处,第二个要督促当地政府要求污染企业限期整治或关闭。"(G 市环境监察支队 Y 支队长,访谈资料)

2. 利益协调:明晰权责并促成共识

利益与责任分配不均可能会导致地方政府间协同的失败,而纵向干预有权力协调地方的利益冲突,明晰其权责并达成共识。E-F-G-H 四地在重要时期的实质性联合执法也离不开上级部门的利益协调,且在层级体系下,只有上级部门有行政能力和权限合法地统一地方政府的环境标准。

"上一级行政管理部门牵头是名正言顺的,进行指导和指挥。例如整治企业,各地关停标准不一样,那么整治过程中各个地方会有差异。治理大气和治理水的环境标准统一就必须上面来协调,协调是需要行政方面(协调的),需要制度性。"(E 市环保局 L 科长,访谈资料)

---

① Theresa Jedd and R. Patrick Bixler, "Accountability in Networked Governance: Learning from a Case of Landscape-scale Forest Conservation," *Environmental Policy and Governance*, Vol. 25, No. 3, 2015, pp. 172-187.

长三角区域港口和船舶大气污染防治工作得益于"大气十条"背景下协作小组的部省联动机制，即部委为推动区域协同积极统筹、协调利益。航运是长三角区域的主要功能之一，但排放控制区的推进不仅涉及三省一市的利益，还会影响全国甚至国际船舶的成本。因此，必须由国家部委从顶层设计来综合统筹各方利益，出台相关文件给予长三角区域率先推进的政策依据和合法性。上海牵头与交通部积极沟通协商，2015 年 12 月，交通部发布《珠三角、长三角、环渤海（京津冀）水域船舶排放控制区实施方案》（交海发〔2015〕177 号）。据此在上海的积极协调下，长三角地区根据自身需求率先推进，实践证明这一举措有效降低了长三角区域的空气污染。

"不仅仅涉及长三角，还涉及外省市，甚至国际的船舶，这样的协调对外必须是交通运输部（来做）。……各省大家形成共识，然后由部委对这些主体再进行利益平衡，提出强制性要求，这是部省协同。"（S 市环保局大气处 W 处长，访谈资料）

纵向干预，如政策文件的支持或上级部门的介入，本身有着制度所赋予的权力予以监督与协调，能够很好地弥补横向协同中地方主体地位平等及利益冲突所带来的缺陷。纵向干预的存在某种程度上类似于基思·普罗文（Keith Provan）和 H. B. 米尔沃德（H. Brinton Milward）[①] 所提出的"网络管理组织"，可以促进主体间的沟通和协调利益矛盾，对于提升网络绩效有着至关重要的作用。

（三）过程导向型纵向干预：协同能力的加强

协同能力建设，尤其是资源支持是有效协同的必要条件之一，具体包括资金、技术、人力等。[②] 环境治理的专业性较强，上级部门往往有更丰富的专家资源及技术设备，在长三角区域港口和船舶大气污染防治工作中，交通部在具体论证及落实过程中为地方提供大量的技术支持与专业指导。

[①] Keith Provan and H. Brinton Milward, "A Preliminary Theory of Interorganizational Effectiveness: A Comparative Study of Four Community Mental Health Systems," *Administrative Science Quarterly*, Vol. 40, No. 1, 1995, pp. 1-33.

[②] Ann Thomson and James L. Perry, "Collaboration Processes: Inside the Black Box," *Public Administration Review*, Vol. 66, No. 1, 2006, pp. 20-32.

"回过来看这套机制的完善、维持运行，当时也要靠交通运输部，……我们区域统筹只能是顺水推舟，前面还要做大量技术工作，说明这个事做了是有好处的。"（S市环保局大气处 W 处长，访谈资料）

上级行政部门有能力规模化地为地方主体提供协同所需的管理与专业技术，以保障必要的资源支持及能力建设。[①]

(四) 结果导向型纵向干预：目标达成但机制未维系

然而，纵向干预并非万能，结果导向型干预虽能成功启动协同机制的建立并达成最终目标，但如果没有在互动过程中发挥应有的协调作用，则无法使参与主体间建立起信任及互惠关系。C 市与 D 区的跨域水治理始于 2017 年 Z 省省委提出"全面剿灭劣 V 类水"的目标，并在省治水办的协调推动下于 2018 年 4 月建立起三联机制，进一步解决交界水域的污染问题。虽然这一协同中两地先后完成上级所要求的考核目标及相关任务，但就协同机制的维系来说，却是失败的，C 市五水共治办 X 科长明确表示"C 市和 D 区之间应该不会再进行协同，已经达标、完成任务了"。其中最大的缺陷就是上级政府的介入只是单纯的目标导向，并未在地方协同中扮演"监督者"或"协调者"的角色，有效协调参与者间的分歧或利益冲突。

D 区隶属 Z 省省会 E 市，C 市隶属地级市 G 市，无论行政地位还是地理距离，D 区都与省政府部门有更紧密的联系。正如既有研究表明，在协同中，若强势方并未考虑弱势方的利益需求、尊重其意见，很可能导致强势方倚仗自身资源控制协同过程，最终因利益矛盾或意见分歧而破坏双方的信任，导致协同的失败。[②] 在 D 区与 C 市的合作中，D 区也会利用自身与省治水办更紧密的关系来试图控制协同过程，主导协商会上双方的任务明确与责任划分。

[①] Alice Moseley and Oliver James, "Central State Steering of Local Collaboration: Assessing the Impact of Tools of Meta-governance in Homelessness Services in England," *Public Organization Review*, Vol. 8, No. 2, 2008, pp. 117-136; Brian Taylor and Lisa Schweitze, "Assessing the Experience of Mandated Collaborative Inter-Jurisdictional Transport Planning in the United States," *Transport Policy*, Vol. 12, No. 6, 2005, pp. 500-511.

[②] Chris Ansell and Alison Gash, "Collaborative Governance in Theory and Practice," *Journal of Public Administration Research and Theory*, Vol. 18, No. 4, 2008, pp. 543-571.

"没有平等交流。……任务是协商会上定,基本上就是 D 区布置任务。即使存在 D 区自己做事比较少的情况也没办法,只能做好自己的事情。"(C 市五水共治办 X 科长,访谈资料)

两地协同机制的建立是在省治水办要求下的直接产物。省治水办的协调并没有常态化的机制,只是问题严重后的临时性措施,同时也带有很强的目标达成逻辑,未在其中真正协调双方的利益与责任划分,帮助他们建立起信任并促进协同机制的维系。因此当上级协调不存在时,两地协同也无法持续。

四、总结与讨论

回到本文最初的研究问题:纵向干预,具体包括哪些形式?如何影响地方政府环境协同治理?结合案例,本文将纵向干预划分为过程导向型与结果导向型两类,其具体影响机制如图 1 所示。过程导向型纵向干预,积极参与到地方主体间的互动过程,基于制度建立参与主体间更为稳定的信任和互惠关系,利用层级结构的优势发挥监督和协调的作用,并为地方的协同开展提供必要的资源和协同能力支持。当信任互惠等社会资本与层级体系下的行政协调相结合时,参与者间的目标共识和相互依存关系能够不断得到强化,由此逐渐发展为长期的协同承诺与意愿,既达成目标又维系机制。然而,一味结果导向的纵向干预,虽能产生所谓的协同机制并完成目标,但很容易再次利用层级体系下的政策执行挤出横向网络中的互动,尤其当主体间的利益矛盾未得到协调甚至被激化时。

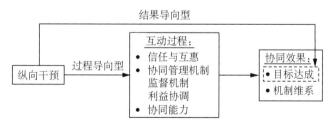

图 1　纵向干预影响地方协同治理的过程机制

本质上看,纵向干预发挥作用的逻辑在于重塑地方主体的协同意愿与动机。这一点是最为基本的目标共识,纵向干预能够为地方主体创造协同目标或强化已有的协同目标。协同治理本质上依旧是强调参与者间自主互动与共同决策的网络型结构,纵向干预可以起到"监督者"或"协调者"的作用,通过利益协调、资源支持、信任强化等方式来推动协同的运行,却无法替代或直接强制协同互动。从案例中我们也发现,中国地方政府间的协同治理的确需要上级部门的介入,以此消除自发协同的不确定性,弥补监督与问责机制的缺失。区别于西方实践,本文发现纵向干预在中国是促进协同机制深化发展的必要因素,它能够促进参与者间的横向互动,并非只是自发协同动机不足时的补充。

当然,纵向干预与横向协同之间本质上依旧存在冲突矛盾的张力。纵向干预并非推动协同发展的充分条件,需要注意的是:(1)要与地方主体协同过程中的实际需求相契合,针对具体情况来促进自主互动与信任互惠;(2)制度化的干预方式更能促进协同的可持续发展,临时性的行政要求只能起到阶段性作用;(3)切忌目标导向过强,更注重参与者间的横向互动。

(本文原载《公共行政评论》2020年第4期,原标题为《纵向干预何以推动地方协作治理?——以长三角区域环境协作治理为例》,收入本文集有删改)

数字治理的"填空"与"留白"

复旦大学国际关系与公共事务学院教授　郑　磊

数字治理近年来正在各地如火如荼地推进，这是将现代数字化技术与治理理论融合的一种新型治理模式，[①] 涉及政府、市场和社会等多种主体。数字治理不仅仅是技术问题，更是治理问题，不是数字和治理的简单叠加，而是两者之间的融合转型，既需要大数据、互联网、人工智能等前沿技术的赋能，更需要治理手段、模式和理念的创新。

因此，推进数字治理不仅需要考虑建什么和怎么建等技术性、操作性问题，更需要思考为谁而建、为什么建、由谁来建以及什么不应该建等价值性、原则性问题。本文通过文献梳理和实践观察对数字治理"填空"与"留白"进行了初步提炼和总结，以期为政府实践者提供参考，也为学界的未来研究提出建议。

一、数字治理需要填哪些"空"？

在利用数字技术赋能治理的过程中，经常看到的一种现象是：数字技术很先进，数字化很热门，所以"我"应该赶紧用技术来做点什么，然后在自身需求和真实问题都还未真正厘清，也未充分征求各方意见的情况下，就仓促启动，投入巨大，"憋大招"，"抄作业"。最终，在讲完各种"美好故事"和一番"大干快干"之后，却收效甚微，基层干部和人民群众不仅没有获得感，还被折腾得人仰马翻，最后不了了之。然而很快，又在更新一轮技术热潮下开始又一轮"建设"，重复同样的故事。

出现上述现象的原因普遍都是未能充分考虑基本问题：数字治理要为谁而建？他们有什么需求没有被满足？他们有什么问题没有被解决？用什么样的技术有可能满足这些

[①] 黄建伟、陈玲玲：《国内数字治理研究进展与未来展望》，《理论与改革》2019年第1期，第86—95页。

需求和解决这些问题？投入产出比是否合理？可能会影响到哪些人？哪些人应该参与这个建设过程？无论技术多么先进，数字治理都应该在起点就填上以下这几个"空"。

（一）缺少面向人民群众的需求导向和问题导向

数字治理需要首先充分考虑"为谁而做"和"为何而做"的问题，数字治理的目标是实现治理体系和治理能力的现代化，满足人民对美好生活的向往。因此，数字治理应以人民群众的实际需求和真实问题为起点来进行规划和建设。然而，目前许多地方的数字治理应用或是缺乏需求或问题导向，或是基于自以为是的假需求和自我空想的伪问题，为了数字化而数字化，结果是中看不中用，既没有满足公众的真实需求，使数字治理成为了"数字炫技"，也不解决实际的治理问题，甚至还由于技术的强行替代和刚性嵌入而人为制造出了更多的新问题，把数字治理搞成了"数字折腾"。

有学者发现，"提供的服务不需要、需要的服务找不到"[1] 的现象十分普遍，这类数字治理应用不是为了"便民"目的，而是出于政府自身的功利需要，为了树立数字化的形象而开发，完全成为一种装饰。[2] 究其原因，主要存在以下两种"驱动力"：一是迫于上级压力而开发，基层政府出于服从上级要求而进行平台建设的例子大量存在。[3] 二是为盲目跟风或攀比而建设，"别人做了咱也得做"。[4]

（二）缺少立足公共利益的结果导向

数字治理应立足公共利益，注重实际效果，让各类用户尤其是人民群众感到实用管用、爱用受用。然而，研究发现，一些数字治理项目的实际结果背离了公共利益的目标，或是实质性的目标被表象化的指标所替代。

有些数字政府绩效评估强化了技术和经济效益导向，却弱化了政府的公共属性。[5] 例如，电子眼、电子警察等道路违法抓拍设备，其设置的初衷是规范行车行为，维护城市交通秩序，而在现实中，有些电子抓拍装置以罚款为目的，以罚代管，成为了"敛财工

---

[1] 屈晓东：《数字政府视角下网上行政审批的特点、困境与突破策略》，《理论导刊》2018 年第 12 期，第 54—58 页。
[2] 钟伟军：《公民即用户：政府数字化转型的逻辑、路径与反思》，《中国行政管理》2019 年第 10 期，第 51—55 页。
[3] 赵玉林、任莹、周悦：《指尖上的形式主义：压力型体制下的基层数字治理——基于 30 个案例的经验分析》，《电子政务》2020 年第 3 期，第 100—109 页。
[4] 姜赞：《网上政务为何变成了"装饰品"》，《人民公仆》2015 年第 5 期，第 9 页。
[5] 张丽、陈宇：《基于公共价值的数字政府绩效评估：理论综述与概念框架》，《电子政务》2021 年第 7 期，第 57—71 页。

具",不仅偏离了最初的执法宗旨,甚至起到了阻碍交通的反作用。①

还有一些数字治理绩效评估一味强调对表象和有形产出的测量,却掩盖了真正重要的目标。② 基层数字治理的指标与基层政府和基层干部的考核硬性关联,带来的结果是应付考核的投机取巧,③ 某县政府干部去贫困户家花 5 分钟摆拍上传即算"完成"工作;④ 线下跑腿少了,线上"跑腿"时间却在增多;对于服务事项的数据录入与流程痕迹的硬性要求,带来了线上服务数据完整、线下处理却不到位的问题;⑤ 社交媒体替代了现场服务、检查督促和调查研究,取代了干部与人民群众面对面的沟通、交流与互动,⑥ "通知……收到……汇报"全在网上进行,工作成了从群里来到群里去,干部进了微信群而远离了人群。⑦ 种种"互联网+"形式主义导致了一些干部脱离群众,破坏了基层政治生态,消解了政府公信力,⑧ 使数字治理成为了政府部门单方面的"数字自嗨",而广大社会公众却未能从数字治理中得到实在的获得感和幸福感。

(三) 缺少全面和可持续的成本收益意识

许多数字治理项目投入了大量人力财力和物力,然而资金和资源总是有限的,数字治理项目未能充分考虑成本收益比,而只因能带来一时的、局部的收益,就不计成本和代价地进行投入,将带来巨大的"数字浪费"。有学者就指出,只有当用户的使用价值大于数据处理的机会成本时,大数据应用才是划算的,否则数据就只是垃圾而不是资源。⑨ 在一些数字治理项目中,管理者对电子政务投入的巨大性和长期性估计不足,一方面高估了电子政务所能节约的成本,另一方面又低估了推进数字化所要增加的成本,⑩ 形成的

---

① 和讯财经:《天量罚单引争议!广东"最创收"摄像头一年罚没 1.2 亿,数十万人中招!》(2021 年 4 月 14 日),雪球,https://xueqiu.com/6755337232/177105986,最后浏览日期:2023 年 7 月 12 日。
② [美]杰瑞·穆勒:《指标陷阱:过度量化如何威胁当今的商业、社会和生活》,闾佳译,东方出版中心 2020 年版,第 36 页。
③ 赵玉林、任莹、周悦:《指尖上的形式主义:压力型体制下的基层数字治理——基于 30 个案例的经验分析》,《电子政务》2020 年第 3 期,第 100—109 页。
④ 同上。
⑤ 陈荣卓、刘亚楠:《城市社区治理信息化的技术偏好与适应性变革——基于"第三批全国社区治理与服务创新实验区"的多案例分析》,《社会主义研究》2019 年第 4 期,第 112—120 页。
⑥ 王法硕:《社交媒体信息超载如何影响公务员工作投入?》,《电子政务》2020 年第 11 期,第 48—58 页。
⑦ 余哲西、郭妙兰:《直击指尖上的形式主义、官僚主义五大病症》,《中国纪检监察》2019 年第 15 期,第 44—45 页。
⑧ 张紧跟:《警惕"互联网+政务"披上形式主义外衣》,《人民论坛》2019 年第 25 期,第 39—41 页。
⑨ 胡小明:《大数据应用的误区、风险与优势》,《电子政务》2014 年第 11 期,第 80—86 页。
⑩ 李宗磊:《别让电子政务成为下一个泡沫》,《信息化建设》2014 年第 10 期,第 30—32 页。

资源能力往往远超实际应用的需要,① 平时可能资源利用率不到 20%,但是真正高峰时期却用不上了,结果是养兵千日"闲着",用兵一时"崩溃"。② 有研究指出,近年来政府虽然在电子政务方面的人力物力投入不断加大,但对公共治理的"效果"带来的实质性改善十分有限,产生了内卷化问题。③

(四)缺少社会公众和中小企业的充分参与

数字技术有利于促进个人、组织与政府三者协作共治的社会治理,④ 然而,在实践中,社会参与更多表现为企业尤其是大型巨头企业的参与,而普通社会公众和中小企业的参与程度却总体偏低。在根本上,数字治理应从满足公众需求的视角出发,而不是从推广企业技术的视角出发,但在实践中,数字治理建设更多只是政府与供应商之间的事情,而作为终端用户的公民并没有作为重要的主体被纳入系统之中。⑤ 由于缺乏公众参与机制,企业提供公共产品和服务只对政府负责,而不是对公众负责,⑥ 公众的真实需求和实际问题被忽视、掩盖或扭曲。

技术厂商因掌握了技术主导权而占据着更为主动的地位,导致了城市数字化方案易为商业利益所左右,全球科技资本与数字寡头展示了其非凡的商业游说手腕与价值观输出能力,在全球智慧城市建设中获得了巨大的收益。⑦ 政企合作型技术治理中的政府购买技术服务、政府用数据换技术、政府用管理权换技术、企业无偿协助政府等模式,可能会推动巨型互联网企业借助行政权力形成垄断,挤压中小型新技术企业的生存空间,破坏政务技术市场的运行生态,⑧ 在数字治理过程中存在着"数字垄断"的风险。

---

① 纪霞:《我国电子政务的现状及发展对策研究》,《商业经济》2013 年第 18 期,第 92—93、101 页。
② 曹凯:《电子商务的今天就是电子政务的明天》,《计算机与网络》2014 年第 20 期,第 6 页。
③ 王翔:《我国电子政务的内卷化:内涵、成因及其超越》,《电子政务》2020 年第 6 期,第 63—72 页。
④ 孟天广:《政府数字化转型的要素、机制与路径——兼论"技术赋能"与"技术赋权"的双向驱动》,《治理研究》2021 年第 1 期,第 5—14、2 页。
⑤ 钟伟军:《公民即用户:政府数字化转型的逻辑、路径与反思》,《中国行政管理》2019 年第 10 期,第 51—55 页。
⑥ 王亚玲:《公众参与:智慧城市向智慧社会的跃迁路径》,《领导科学》2019 年第 2 期,第 115—117 页。
⑦ 钱学胜、唐鹏、胡安安、戴伟辉、凌鸿:《智慧城市技术驱动反思与管理学视角的新审视》,《电子政务》2021 年第 4 期,第 30—38 页。
⑧ 郑春勇、朱永莉:《论政企合作型技术治理及其在重大疫情防控中的应用——基于中国实践的一个框架性研究》,《经济社会体制比较》2021 年第 2 期,第 57—66 页。

二、数字治理需要留哪些白？

技术是由人发明的，其最终目的应是为人服务的，而不是相反。数字治理既拥有广阔发展前景，也存在许多不确定性和潜在风险，因此，在推进数字治理的过程中，应对未知心怀敬畏，不应过高估计技术的能力和政府之手的力量，过低估计人与社会的复杂性，始终以人为本，为人的参与、意愿和尊严以及市场和社会留出必要空间。

（一）给人的参与留一些空间

数字赋能不等于数字万能，技术不能也不应完全取代人的参与。然而，在数字治理实践中，社会各方往往对数字技术的能力估计过高，却低估了人的价值，忽视了人的主体性、创造力和同理心。

人的主体性价值在技术与算法的精确计算下成为庞大数据空间中的若干字节，"数字利维坦"催生出技术权威与算法独裁。[1] 然而，算法实质上是对于过往人类社会模式特征的总结，并将其用于对于未来社会的感知与决策，其在提高人类社会运行效率的同时，也不可避免地复制并延续当前社会的既有格局与特征，出现"自我强化困境"，不利于变革与创新的发生。[2] 此外，数据本身也还存在一致性偏低、时效性不足、关联性较差、精准性欠佳等问题，[3] 过度数据化可能会带来数据过度搜集与挖掘、过度解读与主观偏差、过度信仰与依赖、过度弥散与渗透等问题。[4] 部分基层政务服务建设主体重视数字化技术平台的建设，却忽视行政人员内部的协调、部署和考核，[5] 人工智能的应用也存在弱化一线工作人员对权力运作的过程和结果进行控制的风险。[6] 无论是西方智慧城市探索，还是中国城市数字化转型实践，教训和经验都提醒着一个重要方向：必须尊重人的主体性价值。[7]

---

[1] 梅杰：《技术适配城市：数字转型中的主体压迫与伦理困境》，《理论与改革》2021年第3期，第90—101页。
[2] 贾开：《人工智能与算法治理研究》，《中国行政管理》2019年第1期，第17—22页。
[3] 崔宏轶、冼骏：《政务数据管理中的"数据可用性"——痛点及其消解》，《中国行政管理》2019年第8期，第55—60页。
[4] 金华：《国家治理中的过度数据化：风险与因应之道》，《中共天津市委党校学报》2021年第1期，第55—63页。
[5] 黄建伟、陈玲玲：《中国基层政府数字治理的伦理困境与优化路径》，《哈尔滨工业大学学报》（社会科学版）2019年第2期，第14—19页。
[6] 李晓方、王友奎、孟庆国：《政务服务智能化：典型场景、价值质询和治理回应》，《电子政务》2020年第2期，第2—10页。
[7] 梅杰：《技术适配城市：数字转型中的主体压迫与伦理困境》，《理论与改革》2021年第3期，第90—101页。

(二) 给人的意愿留一些空间

技术的进步还可能进一步加大政治、经济和社会的不平等，[①] 政府应在弥合数字鸿沟，促进"数字包容"上发挥更大作用。数字技术本身是冰冷和僵硬的，一些数字治理应用被强制推行和硬性嵌入，未给予市民自愿选择不同服务方式的权利，又缺少线下服务渠道和传统服务方式的托底，使一些特殊群体如老年人、低收入人群以及残障人士在数字设备的获得和使用能力上明显处于弱势，对他们所能享受的公共资源产生一定的"挤占效应"，甚至导致数字优势群体对数字弱势群体的"资源掠夺"，出现系统性的社会排斥现象，[②] 影响了公共服务提供的均等化和包容性。

此外，不仅对数字弱势群体，即使对数字化能力较强的优势群体来说，有一些线下的"感受"也是线上的"效率"所无法取代的，一刀切地将公众推向在线服务，而缺少人工服务选项的支撑，也会给他们带来事实上的不便。[③] 因此，在数字时代，有温度有情感的服务不应退场，完全不见面、一次也不跑、全程数字化、没有人的服务不一定就是最好的服务，公众有选择多种服务方式包括线下纸质服务方式的权利，有不"被数字化"的权利。

(三) 给人的尊严留一些空间

随着移动互联网、物联网以及各类智能技术在政府经济各领域的普遍应用，数据安全和个人信息保护也面临着巨大挑战。因此，数字治理在提升治理能力的同时，还需要给人的尊严和自由留下必要的空间，把握好数字治理的尺度、边界和法治底线。

作为一种技术性侦查工具，公共视频监控在给社会带来一定程度的安全感的同时，其负面效应也正在显现。借助人工智能系统，政府可以对每一个社会个体进行全方位、立体化、全天候的完全监督，[④] 公民隐私在监控社会中无所遁形，公民正在被分类、失去个性和自由，其私人领域被进一步压缩，[⑤] 全景式数据监控对秩序唯美主义的过度追求使

[①] 张成福、谢侃侃：《数字化时代的政府转型与数字政府》，《行政论坛》2020年第6期，第34—41页。
[②] 徐芳、马丽：《国外数字鸿沟研究综述》，《情报学报》2020年第11期，第1232—1244页。
[③] 郑磊：《数字治理的效度、温度和尺度》，《治理研究》2021年第2期，第5—16页。
[④] 本清松、彭小兵：《人工智能应用嵌入政府治理：实践、机制与风险架构——以杭州城市大脑为例》，《甘肃行政学院学报》2020年第3期，第29—42、125页。
[⑤] 李延舜：《公共视频监控中的公民隐私权保护研究》，《法律科学》（西北政法大学学报）2019年第3期，第54—63页。

个体被简单数据化和物化的趋势愈发明显。① 从"健康码"到"文明码",数字化的公权力在其天然扩张性的驱使下向其最大边界滑动,延伸到社会和个人生活的精细之处,直至将个体异化为被数字控制的对象。② 此外,由于算法嵌入了主观价值,也可能和人类一样具有偏见,从而限制了民众的自由选择。③ 算法基于社会整体"大数据集"而形成"规则集"并应用于具体场景的过程,暗含着以整体特征推断个体行为的基本逻辑,从而造成"算法歧视"。④

(四)给市场和社会留一些空间

数字治理的目标是将技术赋能于政府、企业和社会公众等多元主体,重塑三者之间的关系,⑤ 构建政府、市场和社会多方参与、协同共治的生态体系。因此,数字治理还应给市场和社会的自组织、自运行留出必要空间。

在数字技术的作用下,政府能够比以往以更便捷的方式、更低的成本实时获得市场主体的行为数据、经营数据。当实践中过于强调全流程、全方位、"天罗地网"式介入市场获取数据,数字政府应有的"扶持之手"演变成"掠夺之手",市场主体的安全感以及创新活力就会受到严重抑制。⑥ 同时,事无巨细地制定全方位的数字社会行为规则也可能制约言论的表达和创造力的释放。⑦ 近年来,机械呆板的技术程序对乡土化治理规则的压迫和排斥,导致非正式的、灵活的、乡土化的村庄社会规则难以发挥作用。⑧

在数字时代,政府应向社会公众开放其采集和储存的数据,供社会进行增值利用和创新应用,以释放数据的公共价值,推动经济增长和社会发展。⑨ 从新冠疫情防控中"丁

---

① 单勇:《跨越"数字鸿沟":技术治理的非均衡性社会参与应对》,《中国特色社会主义研究》2019年第5期,第68—75、82页。
② 郭春镇:《对"数据治理"的治理——从"文明码"治理现象谈起》,《法律科学》(西北政法大学学报)2021年第1期,第58—70页。
③ 周荣超:《智慧城市建设中的算法歧视及其消除》,《领导科学》2021年第6期,第100—103页。
④ 贾开:《人工智能与算法治理研究》,《中国行政管理》2019年第1期,第17—22页。
⑤ 郑磊:《数字治理的效度、温度和尺度》,《治理研究》2021年第2期,第5—16页。
⑥ 徐梦周、吕铁:《赋能数字经济发展的数字政府建设:内在逻辑与创新路径》,《学习与探索》2020年第3期,第78—85、175页。
⑦ 鲍静、贾开:《数字治理体系和治理能力现代化研究:原则、框架与要素》,《政治学研究》2019年第3期,第23—32、125—126页。
⑧ 王翔:《我国电子政务的内卷化:内涵、成因及其超越》,《电子政务》2020年第6期,第63—72页。
⑨ 郑磊:《开放政府数据研究:概念辨析、关键因素及其互动关系》,《中国行政管理》2015年第11期,第13—18页。

香园"推出的实时疫情动态,到河南暴雨中网友接力更新的"救命文档",均显示出市场和社会中的个体和组织利用数字技术和公共数据解决现实问题的责任感和创造力,印证了"共同生产"模式在数字治理中的适用性和巨大潜力。

三、结　语

数字是手段,治理是目的,而不应本末倒置。当前,我国在推进数字治理过程中亟须在以下方面"填空"补齐,包括面向人民群众的需求导向和问题导向、立足公共利益的结果导向、全面和可持续的成本收益意识以及社会公众和中小企业的充分参与等,解决好为了谁、依靠谁的问题,否则不仅无法服务目标人群,达成预期目标,还可能成为"数字炫技""数字折腾""数字浪费""数字自嗨"和"数字垄断"。

同时,推进数字治理也不仅要考虑应该做什么,更要考虑不应该做什么,应给人的参与、意愿和尊严以及市场和社会留出必要的空间,维护人的主体性,激发人的创造力,发扬人的同理心,尊重人的选择,重视人的感受,而不是忽视人或取代人,更不是算计人或控制人,做到有所为有所不为,不为也是一种智慧,"留白"也是一种引领。

由此,对数字治理开展研究,也不能天然地就假设技术是个好东西,因而只关注技术为什么没有被用起来,为什么没有被采纳或没有扩散开,存在哪些促进和阻碍技术应用的因素?还应进一步探究和思考:为什么要利用数字技术赋能治理?其出发点和初心是什么?背后的实际驱动力和推动者有哪些?技术实际上是如何在治理过程中被使用的?被用来做了什么?成本收益比如何?产生了哪些正反两方面的实际结果?存在有哪些风险和副作用?从而将数字治理研究引向纵深,为务实、规范、有温度和可持续地推进数字治理提供学术支撑。

(本文原载《人民论坛·学术前沿》2021年第23期,原标题为《数字治理的填空与留白》,收入本文集有删改。复旦大学国际关系与公共事务学院博士研究生张宏在文献搜集和整理方面对本文有贡献)

上海的居委会直选与城市基层治理

复旦大学国际关系与公共事务学院教授　　敬乂嘉
复旦大学国际关系与公共事务学院研究员　　刘春荣

城市基层治理的实践构成中国大规模城市化进程的重要方面。从各国经验看,城市政府直接行政的效能在自上而下向基层延伸过程中存在递减的趋势。为此政府可以通过扶持各种基层社区组织,引入多元化的治理资源,实现公共治理在基层的连续性。我国早在20世纪50年代就开始实践城市居民委员会制度,1982年宪法明确居民委员会是基层群众性自治组织,并在1989年制定了《中华人民共和国城市居民委员会组织法》,奠定了居委会的法律和组织基础,其成为社区治理的主体。

在新的形势下,通过直接选举完成居委会制度的转型,实现或加强社区构建,并与完善城市基层治理的使命相结合,是公共治理改革在城市领域的制度选择。本文作者参与观察了2006年上海市居民委员会换届选举。本次选举是国内大型城市中规模最大的居委会直选,具有组织严密、广泛动员、参与率高的特点。[①] 通过观察和访谈,本文以上海城市治理为背景,从治理理论出发,分析社会变迁形势下城市基层治理的基本问题、居委会的角色变迁与城市社区的分化重组,由此分析在直接民主选举条件下基层治理格局的变化。

一、城市基层治理的理论与分析

城市基层治理的基本理念是实现城市基层政府、市场、社区、社团组织和城市居民之间的合作和共赢。基层治理的有效性体现在两个方面。[②] 一是政治的,即基层治理网络

---

① 左志坚:《上海实验:40%居委会直选》,《21世纪经济报道》2006年7月26日A版。
② Joseph Viteritti, "Urban governance and the idea of a service community", *Proceedings of the Academy of Political Science*, 1989, Vol. 37, No. 2, pp. 110-121.

需要引入民主,形成来自公众的政治动力和压力,以获取资源,协调社区内集体行动,提供公共秩序。二是管理的,即高效地提供公共服务。前者常常是后者的基础。基层治理中大量的需求表达和对需求满足过程的管理,一般不需要国家机关的正式选举下冗长的民意集中和执行过程。由于传统的公共管理系统以政治-行政分工为基础,基层政府和公务员虽然面对社区,执行的却是自上而下分解的行政任务,这样就可能形成正式民主制度下的基层民主缺乏,造成治理的"隙缝"。

解决基层治理政治有效性的基本方法是引入"非国家的和非管辖性的公共组织",[1]实现基层的权力分享,改善国家在治理能力上的不足。社区是城市基层治理的基本单位,社区自治组织可以大大缩短对于社区事务的理解、决策和解决过程,形成与国家能力相配合的基层集体行动能力。但是由于现代城市化过程对旧的社区认同和社区治理资源具有强大的解构作用,同时自发的社区重构时间长,新治理资源的生长充满不确定性,因此政府的推动不可或缺。在新型的城市基层治理模式下,"社区构建已经成为城市经理的角色和责任",城市管理者"日益被期望促进参与和代表性,并发展伙伴关系"。[2] 尤其在市民社会发育不充分和缺乏民主传统的社会,国家需要积极参与和主导社区治理秩序的构建过程,同时也要自觉约束自身行为的方式和界限。利用、培育和巩固社区治理资源,发展相应的社区组织,以填补在国家治理和私人治理中间的断层,这是基层治理秩序构建的核心方面。

表1 基层治理体系的三个层面

基层治理要素	治理范围	治理资源	组织形式	赋权方式
国家治理	公共领域	公法和政策	国家机关	正式选举与行政任命
社区治理	公私接合部	社会资本、关系	社区自治组织	来自国家与私人的正式与非正式授权
私人治理	私人权力	私法、自然法、习惯、风俗、关系、默契等	家庭、企业、小群体等	经济交易、协商、自然秩序等

表1从规范的意义上总结了基层治理各构成要素的主要特征。国家治理、社区治理和私人治理共同搭建了城市基层治理的框架,而社区治理在另外两者之间具有沟通、粘合

---

[1] George Frederickson, "Whatever happened to public administration: Governance, governance everywhere", Unpublished paper presented at Fudan University, 2006, Shanghai, China.

[2] John Nalbandian, "Facilitating community, enabling democracy: New roles for local government managers", *Public Administration Review*, 1999, Vol. 59, No. 3, pp. 187-197.

和协调的作用。改革开放以来，地方政府管理体系的变革在一定意义上强化了国家治理的能力；而房屋产权的自有化改革，则在基层社会形成了新的居住模式，"封闭居住区"（gated community）和基于私人物业产权的私人治理（private governance）开始形成。这些发展态势，使得城市基层治理出现一种"V"型的结构，即社区治理成为基层治理环节中的最低点和制约因素。

改善社区治理的基本途径是对社区自治组织进行赋权，发展巩固以社区为依托的社会资本。社区赋权表现为权力让渡和构建两个方面，即国家治理和私人治理的行动者都要向社区让渡权力，同时社区自身要通过构建过程来创建新的行动领域和权力。在中国的现实基层治理状况下，直接选举是对社区自治组织赋权，实现权力让渡与构建的基本途径，可能发展出具有中国特色的基层治理模式。图1从理论上提出了社区赋权两种主要途径及对应的社区治理模式。

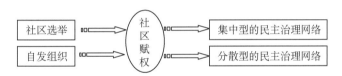

图 1　赋权方式和基层治理网络类型

图1表明，依托自发组织的社区赋权容易导致分散型的民主治理网络，即多个社区自治组织相互之间和与基层政府之间经过长期合作形成复杂的相对平行的治理网络，而在这些自治组织之间并不必然有一个核心的组织。这种治理网络的有效性依赖于自治组织的发达程度。社会资本越充实完整，越有可能实现这种分散的平行的治理模式。西方发达国家经历了数百年发展起来的基层治理常常显示出这种特征。相较而言，政府推动的社区选举是正式、外生和动员式的，导致一个具有高度代表性的社区组织成为基层政府和社区内行动者的协调中心，进而形成一个集中的一定程度垂直的治理模式。社区选举更适合自治组织欠发达、社会资本零散和认同缺乏的社区，选举是培育治理资源和形成集体行动能力的便捷方式。

二、过渡中的中国城市基层治理

从1978年到2004年，中国城市化水平从17.9%上升到了41.8%，城市人口上升到

5.4亿。① 由于城市人口的居住和流动模式、就业模式、宏微观人口结构和社会组织等发生了很大变化，城市基层治理的发展相形见绌。目前的城市治理改革主要停留在管理的层面，以制度规范和科学规划为特征，同时加强了对市场的利用，但是缺乏对于新的基层治理资源的利用和对新的社区问题的回应。基层治理中的公众参与表现出无序和无力的特征。这造成了城市基层治理中的突出问题，即在公共管理者和居民之间缺乏有效的衔接和互动机制。

目前城市社区的普遍特点是缺乏社区认同和集体行动能力。计划经济体制下的社区认同以单位制下的集中居住、业缘关系和迁徙限制为基础，单位制的解体、体制外经济的崛起和人口的迅速流动，使得居住区的人口社会经济结构显著变化，陌生人社会成为普遍的现象。利益分化、信息不畅、沟通和协调渠道缺失等原因使得社区的自组织能力很差，难以形成建设性的社区集体行动。

解决的办法：一是增强政府的行政控制能力，加强对于居民的直接管理。但是在公共管理资源不断面临硬约束的条件下，传统行政扩张难以为继，同时公共管理哲学的进步也要求政府减少微观干预。二是进行社区赋权，即以社区为基础发展在基层政府和居民之间的自治组织，这些组织通过调动基层的治理资源，激发社区认同，能够比较有效地带来公众参与、协调政策在基层的贯彻，组织基层社区事务，对政府服务配套、监督及提出改进建议，从而增进治理的政治有效性和管理有效性。在当前形势下，第二种选择是必然的。

三、居委会的转型与社区重构

居委会的建立符合中国城市基层治理的需要。它同时具有行政性与社区嵌入性，既执行上级政策又是内生于社区的行动者，有望成为社区治理的中心。在以往的治理实践中，基层政府主要将居委会视为贯彻政策的工具，同时承担一些社会沟通和调解的任务。居委会主任通常是上级任命的，尽管近年来间接选举逐渐普及，一些地方的居委会仍然主要体现自上而下的特征，缺乏来自社区选民的授权和信任。这进一步阻碍了社区认同的形成。这些居委会普遍存在财政资源、人才资源和群众资源匮乏的状况。

---

① 国家统计局：《中国统计年鉴》，中国统计出版社2005年版，第93页。

居委会缺乏对社区利益的代表性，因而缺乏治理的政治有效性。该问题的解决需要从两个相反的方向进行：一是自下而上的直接选举，以选举为媒介进行利益揭示和协调、信息流通、人员选拔和社区意识培育，真正使居委会成为内生于社区需要的草根组织，获得集体行动的基本政治资源。二是基层政府的放权、容纳和支持。基层政府要以选举为契机，逐渐通过合作而非指令的方式来连接居委会，要为居委会提供足够的经济资源，并且将一些重要的公共服务转交或授权给居委会。居委会的转型必须同时取得自下和自上而来的赋权。

社区的本质是在共同居住区建立共同利益意识和集体行动能力，从这个角度看，居委会的转型是实现社区重构的一个重要的甚至是主要的途径。在中国国情下，居委会是重构现代城市社区的现存制度依托。在现有的居委会组织基础上，激活其制度潜力，实现社区的能力构建，最核心的措施是通过现代的选举程序，形成对于社区意愿的有控制的动员、揭示、平衡和集体表达。社区的基层性决定了选举必然应该是公开竞争的直接选举。以下本文以上海市2006年居民委员会的换届选举为例，探讨直接选举带来的基层治理效应。

四、居委会直选：政策背景和治理效应

从1996年开始，为了应对转型期基层社会管理与社会发展的要求，上海市开始了有规划的基层组织网络建设，推动"两级政府、三级管理"的建制，建构以街道为中心的基层行政管理网络，在这个网络中，居委会的行政资源也得到了前所未有的提升，从以前的边缘地位跃升为基层治理的基础力量。随后在1999年，政府又根据《城市居民委员会组织法》的规定推动了居委会直选，以还原居委会作为"自我管理、自我服务、自我教育"组织的性质。作为深化"四级网络"建设的一部分，上海市在全市范围内广泛地探索居委会换届选举和基层治理框架的变革，在很多社区建立了议事会组织，以吸纳居民对邻里公共事务的参与。

上海的基层组织网络建设分为两个阶段。

第一个阶段（1996—1999年）的政策，意在建构"两级政府、三级管理"的体制，重点是强化"街-居"体制在地方行政管理中的功能。在这个过程中，街道层面的行政组织得到强化，居委会干部的结构趋于年轻化、财政资源得到保证，其行政能力也大大增

加。国家行政力量的渗透和强化打破了以往较为自立的社区和对应的外联区位体系，将居委会转化为"全民"社会的一个行政细胞。① 但是在该体制下，被激活了的居委会仍然不过是上层行政体制的延伸。"尽管政府力图采取各种措施来同时发掘居委会的民主功能（如开始进行居委会的直接选举），但要把本质上相冲突的两类功能（基层控制与基层民主）融于同一种组织形式之中，却是非常困难的"。②

第二个阶段始于20世纪90年代末期。由于市场力量的持续作用和居民参与的弱化，行政化导向的社区政策逐渐暴露了其局限性。从1999年开始，为探索新的治理架构，上海市政府开始尝试在居民区建立"四级网络"。2000年少数居民区试点进行了居委会的直接选举，这代表了基层治理政策的一个新阶段和重要转向。在此基础上，2003年有超过20%的居委会以直选方式进行了换届。通过直接选举的制度设计，政府试图在基层治理过程中赢得居民参与的主动性。这正如有的学者所看到的，"随着经济体制变革的深入，尤其是传统的单位组织的性质在社会主义市场经济条件下的变化，社区日益成为市民生活的重要归宿，与此同时，市民的社会自主性和权益意识日益增强。为了适应社会主体的变化，居委会这个基层群众组织的发展开始有意识地逐渐从行政性的归属向社会性的归属转化"。③

和发轫于20世纪80年代的村委会选举一样，城市居民委员会直选遵循了相似的流程：选民登记、召开居民代表会议、提名和确定候选人、选举动员、投票和结果宣布等。社区选举的推进，对社区治理产生了重要的影响。其中一个最直接的影响是通过居委会直接选举，新的治理资源得到了发育，议事会被导入社区治理过程；在直选的基础上，居委会成为了由居民选举产生，以居民意志为取向、服务居民为使命的组织，而原来由居委会直接承担的行政管理职能，转给小区工作者承担。④⑤ 在许多试点居委会，选举后往往建立了一种新的居委会委员和社区干事选聘分离的新体制——居委会是民选的社区决策层，而构成具体操作层的社区干事则是政府聘用的，帮助政府解决一些以前希望居委会做的事情。这种新体制使得居委会可以完全由居民自治，从而理顺了居委会和街道

---

① 朱建刚：《国家、权力与街区空间——当代中国街区权力研究导论》，《中国社会科学季刊》1999年秋/冬季卷。
② 桂勇、崔之余：《行政化进程中的城市居委会体制变迁——对上海的个案研究》，《华中理工大学学报》2000年第3期，第4—5页。
③ 林尚立：《社区自治中的政党：对党、国家与社会关系的微观考察》，《中国研究》2002年第8期，第18—19页。
④ 同上。
⑤ 林尚立主编：《社区民主与治理：案例研究》，社会科学文献出版社2003年版，第26—27页。

的关系，改变了基层政权完全覆盖社区的现象。①

2006年的选举正是在这样的背景下得到推展的，具有以下四个发展态势。第一，直选居委会在规模上得到了渐进的提升，根据市民政局的计划和部署，在上海市将近3 500多个居委会中，将有不低于40%的居委会采取直接选举的方式换届，而从实际情况看，本次的直选规模超过了50%。在某些区如卢湾区，直选率达到了100%。第二，基层民主实践体现了多样性和渐进性的特点。在条件不适宜的情况下，仍然在尊重群众意愿的基础上进行间接选举；而在浦东等一些城区，有些街道还有选择地推行了"海选"，通过多种形式进行基层民主的实践。第三，本次选举强调了规则的公正、公开和透明。在选民登记和登记选民的阶段以及候选人产生和酝酿阶段，强调对规则和程序的严格遵从。选举全程接受选民的监督和咨询，认真处理选举投诉个案。第四，本次选举还针对基层治理的一些重点问题，重新整理基层治理的模式，主要是坚持推进居委会成员的属地化，通过"议行合一"的制度安排，强化居委会的治理协调能力。

这些发展态势无疑对居委会起到了重要的赋权作用。通过实地观察，我们发现直选的一个基本的效应是，选举通过组织赋权，大大拓展了社区治理资源，对于社区治理格局产生了多方面的有利影响。我们对居委会直接选举的初步效果作如下总结。

(1) 发挥了居民民主参与意愿和能力。直选不仅充分尊重了广大居民的民主政治权利，也为他们行使这一权利提供了机会。通过选民登记、选举宣传等活动，动员活动直接深入到每一户居民。动员过程构成了一个选举教育过程，帮助居民建立个人利益与社区选举的关联，而参加直选则将这种利益联系具体化了。从选举过程来看，在选举的每一个环节，包括选委会的选举动员、候选人与选民以及选民与选民的互动，都加强了信息的沟通和公意的形成，促进了参与热情。

(2) 改善了社区权力关系。本次换届的一个重要政策导向是理顺社区权利主体的关系，完善居民区"议行合一"管理模式。直选对于理顺社区党组织、居委会组织以及社区中介组织的关系，特别居委会和业主委员会以及物业管理公司的工作关系来说，具有重大的意义。通过强化居委会的合法性和治理资源，直选调动和协同了各方面的力量建设社区、维护社区利益的积极性。直接选举工作通常历时2到3个月，这期间往往创造了一个以选举为中心的公共讨论甚至辩论的平台，为社区利益、议题和行动资源的分化组

---

① 蒋玉森：《居委会谋变》，《东方早报》2003年8月15日A版。

合提供了机会,各社区主体被充分调动和动员,有助于形成社区内的稳定和合理的政治结构,消化和预防冲突和危机。

(3) 增强了社区治理的合法性。直选的一个更为重要的影响是增强了我们所说的基层治理的政治有效性,换言之,选举强化了居委会组织和居民之间的委托代理关系,还原了居委会作为群众自治组织的本质,从而增强了社区治理的合法性程度。选举出来的居委会不仅需要实施所作的选举承诺,而且还面临3年后被替换的压力。选举带来居委会的代表性和对其行为的归责性,使居委会的合法性本质发生变化,成为社区民主的产物,而不是基层行政组织的衍生物。

(4) 优化了居委会成员的结构。本次选举的一个重要特点是推行居委会成员的属地化。通过过去几年的发展,在"议行分离"的架构下,上海的基层治理中出现了一大批义务居委会成员,但在实践中,这些在职的义务成员实际发挥的作用有限,在一定意义上弱化了居委会在协助政府工作上的作用。有鉴于此,本次换届对居委会成员的构成进行了优化。从总体上看,本次选举把一批政治素质好、年富力强、热心为广大居民服务的人选进了居委会的班子,进一步充实了基层治理的人力资源。新一届的居委会成员队伍结构有了明显的改善,平均年龄比上一届有所降低,学历层次有了明显的提高,党员的人数也有所增加,性别比例也更趋合理。

毋庸讳言,居委会直选也存在着局限性。

首先,选举的参与结构受社区利益结构的影响,在总体上仍然存在明显的非均衡性。具体来说,中老年人尤其中老年妇女由于对社区的依赖性比较强,构成选举环节的基本的和主要的参与力量。积极响应选举动员并参与到选举过程中的,主要还是那些平时和居委会联系比较多的群体,包括居民楼组长、社区党员、群众兴趣团队成员以及一些弱势群体。相形之下,青年人和富有群体在选举参与和意见表达方面表现比较淡漠。尤其是年轻的职业群体,其利益维护和社会交往的空间都外在于社区,在一定意义上抑制了他们参与基层民主建构的动力。

其次,选举过程中选民的界定面临制度上的障碍。随着城市居住模式的变化,居民区的居住构成和户籍构成有很大出入。当前的选举制度缺乏对这些因素的综合考虑,其设计不能完全覆盖社区的实际居住者,影响了选举本身所期望的社区民主动员和参与效果。这其中居民的居住流动性给选民的界定和登记带来的挑战尤其明显。在某些小区,外来人口占小区实际居住人口的将近一半,但是他们却成为被社区选举遗忘的人群。外来人口的相对隔离在那些传统里弄小区表现得特别突出,因为这里的原住居民和居民组织已形成一个相对封闭的关系网络,这个网络具有一定的保守性,对外部成员具有一定的抗拒甚至排斥倾向。虽然上海市在今年的选举办法中已提到要给予外来人口平等的选举权,承认居住满两年以上即可参加选举,但是具体操作尚有一定难度。

再次,候选人的提名和确定需要进一步规范化和透明化。规则的不透明往往导致策略性的操作,也会损害民主质量。在直选的规则下,候选人可由 10 个居民联名产生。在有些社区,这个提名规则导致了初步候选人的数量比较大,致使在候选人的协商过程中利益平衡难度加大,也使得"组织意图"难以轻易地转换为群众意愿,在这种情况下,很多社区出现了候选人酝酿不充分的现象。在大多数居民区,居民对于候选人的考虑因素大多为是否与居民熟悉、是否曾经积极参与居委工作和活动、是否愿意与居民沟通交流、是否有精力参与工作等,这应该说还是比较全面的,但是意见反映得并不够充分。

最后,在投票环节存在较多的委托写票和委托投票的现象。多数社区都不同程度地出现了委托写票、委托投票的现象,很多选民填写的选票远远超过选举办法所限定的三张,而请他人代为投票的情况更加有甚于此。很多委托人并没有自己的选举意向,而全权委托他人代写票和投票,这样使得直接选举遭到"异化",一定程度上成为了代表选举,直接选举的价值大打折扣。

[本文原载《复旦学报》(社会科学版)2007 年第 1 期,原标题为《居委会直选与城市基层治理——对 2006 年上海市居委会直接选举的分析》,收入本文集有删改]

台湾地区政治极化与信息渗透的分析

复旦大学国际关系与公共事务学院青年副研究员　张晓栋

一、问题缘起：快车道上的台湾地区互联网政治

2010年以来，互联网特别是社交媒体在台湾地区政治中所扮演的角色愈发关键。以脸书（Facebook）为首的社交媒体在动员民众特别是动员年轻人上的表现极为抢眼。年轻一代对于政治不再冷漠，他们借助互联网传播政治信息，发表政治评论，进行政治动员，表现出极高的参政热情。① 2014年举行的台湾地区"九合一"选举，将这一趋势带到了选举领域。此次选举中，民进党大胜国民党，在社交媒体上拥有较高人气的民进党中生代纷纷胜选。到了2016年台湾地区领导人选举，岛内各方政治势力对社交媒体的重视达到一个新的高度，主要候选人几乎都有自己的脸书页面。黄继朝认为，2014年与2016年两次选举国民党惨败的重要原因之一，就是没有重视网络新媒体对青年选民的重要影响，虽然在党内也成立了网络与新媒体部门，但在具体操作上多流于形式。②

二、研究问题与文献综述：社交媒体政治传播与政治极化

卡斯·R.桑斯坦（Cass R. Sunstein）在著作《网络共和国》中，对互联网传播中的政治极化现象做出了目前最具有影响力的论述，并将之表述为："团体成员一开始就有某些倾向，在商议后，人们朝偏向的方向继续移动，最后形成极端的观点。"更进一步，他

---

① 李秘：《互联网选民动员模式：基于台湾"九合一"选举的分析》，《台海研究》2015年第1期。
② 黄继朝：《台湾青年政治参与的新态势及其影响——基于台湾2014年与2016年两次选举分析》，《当代青年研究》2016年第6期。

提出了"回声室效应",即人们更容易听到志同道合的言论,却也让自己更孤立,听不到相反的意见。①

有学者基于美国互联网政治的研究认为,互联网用户通常倾向于与拥有共同意识形态的同伴组成高度同质化的政治社区。② 美国共和党人和民主党人之间的政治同质性结构差异巨大。③ 而相对的,迈克尔·康诺弗(Michael Conover)等人对推特(Twitter)平台政治讨论的研究却得出了截然不同的结果。他们发现推特上的两种传播网络呈现出不同的特征:"转推④网络"明显受到不同意识形态的影响而呈现出政治极化的特征;"提及⑤网络"则联通了持相反政治观点的两方用户,被单一的大型社区所主导。"提及网络"不仅没有表现出政治隔离性,反而成为相对意识形态用户的桥梁(尽管这种跨意识形态交流往往是敌对的)。⑥

(一)研究问题

本文以台湾地区2016年选举为例,对选举期间社交媒体政治社区进行分析。近年来,台湾政治被民粹主义裹挟,已是一种常态化的政治异象。政治缺乏理性讨论的空间。大众参与、大众民主在现实中更多依赖激情动员,政治人物对民众的直接召唤建立在非理性的情感动员之上。⑦ 蓝绿两大政治阵营共同主导着台湾政治却又在几乎所有政治议题上高度对立。较小的政党想要在选举中有所斩获,往往不得不寻求国、民两大政党的支持。在这样的背景下,引出本文第一个研究问题。

问题1:社交媒体上的台湾地区政治社区在多大程度上表现出了政治极化的特性?

在有关互联网政治社区的研究中,桑斯坦提出的"回声室效应"⑧及之后的"信息茧房"⑨

---

① C. R. Sunstein, *Republic. com*, New Jersey: Princeton University Press, 2001, pp. 69-71.
② L. A. Adamic and N. Glance, "The Political Blogosphere and the 2004 US Election: Divided They Blog," In Proceedings of the 3rd international workshop on Link discovery (August 2005), pp. 36-43.
③ E. Colleoni, A. Rozza and A. Arvidsson, "Echo Chamber or Public Sphere? Predicting Political Orientation and Measuring Political Homophily in Twitter Using Big Data," *Journal of Communication*, Vol. 64, No. 2, 2014, pp. 317-332.
④ 转推(Retweet),指推特用户将其他用户的推文转发给关注者。
⑤ 提及(Mentions),指推特用户以发布带有"@用户名"内容推文的方式提及其他用户。
⑥ M. D. Conover et al., "Political Polarization on Twitter", *Icwsm*, Vol. 133, No. 26, 2011, pp. 89-96.
⑦ 林红:《民粹主义在台湾:对抗的政治与焦虑的社会》,《台湾研究》2019年第4期。
⑧ C. R. Sunstein, *Republic. com*, New Jersey: Princeton University Press, 2001, p. 65.
⑨ C. R. Sunstein, *Infotopia: How Many Minds Produce Knowledge*, New York: Oxford University Press, 2006, p. 9.

是常被提及的概念。两个概念虽然在侧重点与视角上存在差异，但都强调了互联网社区中相反意见信息的缺失。其本人在其著作中分析过美国党派政治中的信息供给路径及其影响。① 苏珊·雅各布森（Susan Jacobson）等学者则在此基础上更进一步，指出社交媒体上的政治讨论明显受政治倾向的影响。不同意识形态的用户在信息的选择上往往偏爱与自己意识形态相近的信息源，各自形成了闭环又互不相通的政治社区。② 这样的研究发现引出了本文的第二个研究问题。

问题2：台湾地区脸书政治社区被共享的超链接，是否显示蓝、绿社区间在信息来源方面存在显著差异？

（二）文献综述

互联网政治研究是计算政治学中一个备受关注的研究方向。近年来，围绕社交媒体上的群体极化、选择性曝光现象和"回声室效应"等问题，涌现了大量研究成果。大部分研究都基于脸书③与推特。④ 一些研究认为，社交媒体的出现加剧了政治极化，⑤ 亦有研究给出了相反的观点与证据。他们通过基于推特的研究发现，极化的观点可在短时间内发生，但过一个月后会恢复正常，其原因在于人们喜欢传播戏剧性和流行性的观点。⑥

值得注意的是，在基于社交媒体的政治传播学研究领域中，相比针对西方、特别是"美国+推特"案例的研究，聚焦东亚地区的研究，无论在质上还是在量上，都存在一定差距。在中文社区研究方面，乐嫒和杨伯淑指出，只有在激进派聚集的论坛，或是涉及

---

① C. R. Sunstein, *Republic: Divided Democracy in the Age of Social Media (Updated)*, Princeton, N. J. Oxford: Princeton Univ Pr., 2018, pp.59-97.

② S. Jacobson, E. Myung and S. L. Johnson, "Open Media or Echo Chamber: The Use of Links in Audience Discussions on the Facebook Pages of Partisan News Organizations," *Information, Communication & Society*, Vol. 19, No. 7, 2016, pp.875-891.

③ E. Bakshy, S. Messing and L. A. Adamic, "Exposure to Ideologically Diverse News and Opinion on Facebook," *Science*, Vol. 348, No. 6239, 2015, pp.1130-1132.

④ I. Himelboim, S. McCreery and M. Smith, "Birds of a Feather Tweet Together: Integrating Network and Content Analyses to Examine Cross-Ideology Exposure on Twitter," *Journal of Computer-Mediated Communication*, Vol. 18, No. 2, 2013, pp.40-60; P. Barberá, "Birds of the Same Feather Tweet Together: Bayesian Ideal Point Estimation Using Twitter Data," *Political Analysis*, Vol. 23, No. 1, 2015, pp.76-91.

⑤ B. J. Gaines and J. J. Mondak, "Typing Together? Clustering of Ideological Types in Online Social Networks," *Journal of Information Technology & Politics*, Vol. 6, No. 3-4, 2009, pp.216-231; S. Knobloch-Westerwick, "Selective Exposure and Reinforcement of Attitudes and Partisanship Before a Presidential Election," *Journal of Communication*, Vol. 62, No. 4, 2012, pp.628-642.

⑥ S. Yardi and D. Boyd, "Dynamic Debates: An Analysis of Group Polarization over Time on Twitter," *Bulletin of Science, Technology & Society*, Vol. 30, No. 5, 2010, pp.316-327.

政府议题时，才容易产生极化现象，而在温和派占据的论坛中极化现象并不存在。研究提出，网络中存在的政治极化现象与意识形态冲突和所关注的议题密切相关。[①] 台湾地区学者对岛内社交媒体政治进行了一些研究，[②] 主要集中在互联网政治宣传的有效性分析等方面，对社区及政治传播本身的研究则较为欠缺。

三、研究数据与分析结果

（一）研究数据

本文采用的数据均来自2016年台湾地区领导人选举候选人、民意代表（区域）、民意代表（台湾少数民族）候选人的脸书公共主页。本文使用编程语言从各候选人的公共页面中收集数据，最终获得了属于226个公共页面的完整数据集，包括从选举前30天，即2015年12月17日至2016年1月16日上午8点之间的所有帖子与相关评论的各类参数，共计14 626个帖子与1 022 199条评论。为了更好地回答研究问题2，笔者还编写了一段脚本用以从用户评论中抽取并精炼超链接，最终共获得59 111条超链接与相应的顶级域名。

（二）政治极化：社会网络可视化与聚类分析

在这部分研究中，本文为台湾地区的脸书政治社区建立了一个一模社会网络，即将选举候选人与普通脸书用户均视作同一级节点，用以明确选举期间整个在线政治讨论的构造。从节点A到节点B的边，表示A对B发表的帖子或评论进行了评论，边的权重表示A对B发布的所有内容进行评论的总次数。这个社会网络总共包含了217 786个节点和438 478条边。

所有边中的68.92%位于候选人与普通用户之间，剩下的31.08%则连接于两个普通用户，即对其他普通用户评论的子评论。候选人与用户之间边的平均权重为2.43（标准偏差＝6.83），普通用户之间边的平均权重则为2.17（标准偏差＝12.51）。可见，对普遍呈星形网络的政治家主页式社区来说，台湾脸书政治社区的用户间互动显得较为频繁。

---

① 乐媛、杨伯溆：《网络极化现象研究——基于四个中文BBS论坛的内容分析》，《青年研究》2010年第2期。
② 参见王泰俐发表于《东吴政治学报》（台北）第31卷第1期之论文；庄伯仲、金志聿发表于《选举研究》（台北）第26卷第1期之论文。

图1为社会网络可视化的结果，本文使用了ForceAtlas2算法①进行网络空间化。除了国、民两大政党外，本研究从政治地位和得票率两方面考量，从其他提名单一选区候选人的政党中，选取了亲民党、"时代力量"、"民国党"、"台联党"、新党、"绿社盟"等6个当时较有影响力的政党，在可视化中给予了各自独立的颜色，其他党派及无党派候选人则被归入"其他"，普通用户节点则为不可见的白色。需要说明的是，共有13位候选人得到了国、民两党跨党派支持。解决这一问题的方法是，如果候选人为无党派独立候选人，则其将适用支持政党的颜色；如果有正式的提名党派，则沿用原本的颜色。图1中节点的大小取决于所有节点的入度，边的颜色则跟随目标节点的颜色。

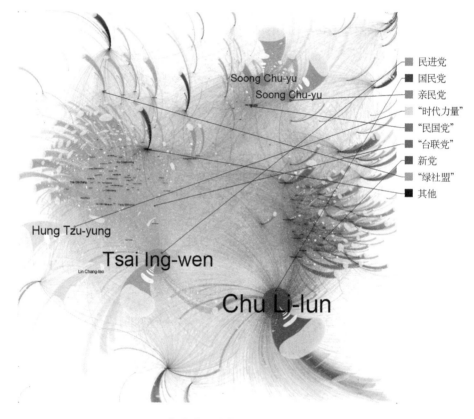

图1 台湾地区脸书政治社区的社会网络

资料来源：笔者从社交媒体脸书收集整理。

说明：台湾地区政治人物通常使用英译姓名作为脸书专页号，为制作上的方便，本文数据集予以沿用。图中较大的几个社区分别属于朱立伦（Chu Li-lun）、蔡英文（Tsai Ing-wen）、洪慈庸（Hung Tzu-yung）及宋楚瑜（Soong Chu-yu）。

---

① M. Jacomy et al., "ForceAtlas2, A Continuous Graph Layout Algorithm for Handy Network Visualization Designed for the Gephi Software," *PloS One*, Vol. 9, No. 6, 2014, pp. e98679.

本文采用基于模块度概念的 Louvain 社区发现算法[①]来实现对社会网络的聚类分析与社区划分，并额外引入清晰度方案,[②] 以减少划分出的社区数量。最终结果如图 2 所示，共划分出 25 个社区，其中大型社区 3 个。

可见三大社区呈现出明确的边界。进一步分析（见表 1）显示三大社区的划分非常精准地体现了此次选举中的政治阵营划分：社区 1 为绿营支持者，除了民进党外，"时代力量""台联党""绿社盟"的候选人均被包括其中；社区 2 为蓝营支持者，除了国民党外，还包括新党的所有候选人；社区 3 则为亲民党和"民国党"社区，体现了当时"宋楚瑜+徐欣莹"作为第三组台湾地区领导人选举候选人的政治态势。

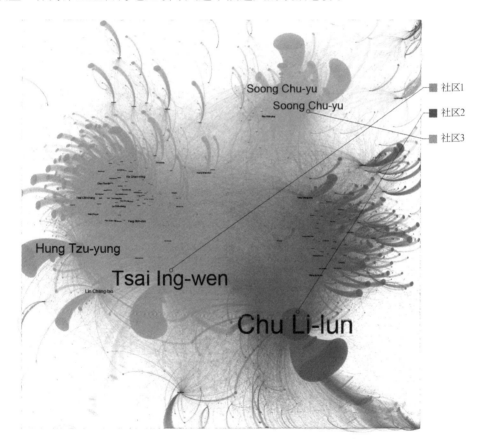

图 2　经过 Louvain 社区发现算法划分后的台湾地区脸书政治社区的社会网络
资料来源：同图 1。

[①] V. D. Blondel et al. , "Fast Unfolding of Communities in Large Networks," *Journal of Statistical Mechanics: Theory and Experiment*, Vol. 10, 2008, pp. P10008.

[②] R. Lambiotte, J. C. Delvenne and M. Barahona, "Laplacian Dynamics and Multiscale Modular Structure in Networks," arXiv preprint, 2008, arXiv: 0812.1770.

表1　三大政治社区的规模与成分

社区	1（绿营）	2（蓝营）	3（"宋徐配"）
民进党	66	2①	0
国民党	5②	54	2③
亲民党	0	0	7
"时代力量"	4	0	0
"民国党"	2	0	10
"台联党"	2	0	0
新党	0	2	0
"绿社盟"	11	0	0
其他候选人	22	20	7
普通用户	101 059	78 095	38 395

资料来源：同图1。

（三）信息渗透：政治社区中的超链接分析

本文对不同政治阵营脸书社区中出现的超链接进行了解析，以了解不同政治倾向社区间流通信息源的情况。经过对超链接的提炼后，总计提取出59 111个被分享的超链接与3 763个互不相同的域名（见表2）。

表2　选举期间被引用最多的10个网站

被引次数	网站	描述
16 367	facebook	台湾地区最受欢迎的社交媒体
14 192	youtube	台湾地区最受欢迎的视频平台
3 205	ltn	《自由时报》旗下电子版，亲绿
3 017	appledaily	《苹果日报》旗下电子版，亲绿
1 174	chinatimes	《中国时报》旗下电子版，亲蓝
1 127	setn	三立电视台旗下新闻网站，亲绿

① 何欣纯与苏震清。
② 赖士葆、马文君、林江钏、陈建阁及林琮翰。
③ 张显耀与简东明。

(续表)

被引次数	网站	描述
1 078	ettoday	东森新闻网电子版,相对中立
1 001	udn	《联合报》旗下电子版,亲蓝
795	ptt	台湾地区论坛批踢踢实业坊
646	blog.udn	《联合报》旗下个人博客平台,亲蓝

资料来源:同图1。

雅各布森等人的研究指出,社交媒体上少数信息来源会接收大部分新闻受众的流量。[1] 本研究支持了他们的发现:表2中网站出现的次数,达到了所有被共享超链接的72%。(见表3)

表3 各政党社区中出现超链接的总数

政党	国民党	民进党	亲民党	"民国党"	"台联党"	"时代力量"	新党	"绿社盟"
超链接	19 841	28 987	5 465	700	183	3 276	27	684

资料来源:同图1。

从政治传播中政党极化的先行研究成果,[2] 可以预期不同政治阵营所属社区中的信息来源会呈现出明显的选择性曝光特征。然而,就本文所用到的数据集,即使排除那些不具有明显政治倾向的来源,仍很难找到支持选择性曝光这一假说的证据。如表4所示,国、民两党社区中被引信息源总体高度同质化,亲蓝媒体在国民党社区中出现的频次明显高于民进党社区,然而,亲绿媒体即使在国民党社区中,其被引用的次数也超过亲蓝媒体。

表4 国、民两党社区中最常被引网站

政党	国民党		民进党	
排名	网站	被引次数	网站	被引次数
1	facebook	4 833	facebook	8 358
2	youtube	4 777	youtube	6 247

---

[1] S. Jacobson, E. Myung and S. L. Johnson, "Open Media or Echo Chamber: The Use of Links in Audience Discussions on the Facebook Pages of Partisan News Organizations," *Information, Communication & Society*, Vol. 19, No. 7, 2016, pp. 875-891.

[2] E. Bakshy, S. Messing and L. A. Adamic, "Exposure to Ideologically Diverse News and Opinion on Facebook", *Science*, Vol. 348, No. 6239, 2015, pp. 1130-1132.

(续表)

政党	国民党		民进党	
3	appledaily	1 183	ltn	1 980
4	ltn	1 004	appledaily	1 552
5	chinatimes	579	ettoday	609
6	udn	498	setn	561
7	blog. udn	487	chinatimes	493
8	setn	403	udn	450
9	ettoday	394	news. yahoo	285
10	imgur	249	ptt	278

资料来源：同图1。

在国、民两党候选人，特别是国民党候选人的社区中，倾向对方阵营的媒体大量存在。观察本文数据集中被引用最多的那些域名（见表2），出现最频繁的脸书与Youtube，由于其依赖用户生成内容，故难以测量其政治立场（但被引的内容往往具有强烈的政治偏见）。除此之外，绝大部分常见域名所属的媒体都具有强烈的政治立场倾向。下面以具有代表性的四大报为例进行进一步分析。作为台湾地区最主要的大众媒体，四大报电子版的域名在本文数据集中出现的频率仅次于脸书与Youtube，且四大报都具有非常明显的政治立场倾向，极少出现有利于对方阵营的报道与解读。图3显示了在国、民两党的脸书社区中四大报域名的出现比例。

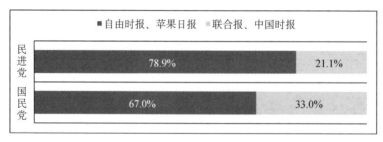

图3 国、民两党社区中四大报域名的被引情况
资料来源：同图1。

可见，在民进党社区中，中国时报与联合报的被引次数约为苹果日报与自由时报的1/4，而国民党社区中两大亲绿报纸被引用的次数甚至高于亲蓝报纸。大量普通用户通过在候选人脸书社区中发表带有对方阵营媒体信息的负面评论，试图在候选人的政治社区

中传播异质信息。此类评论出现在了国、民两党几乎所有候选人的脸书页面中,可见,通过脸书评论区实施的信息渗透已经成为台湾地区选举中的普遍现象。

为了更直观系统地衡量各主要信息来源在台湾地区互联网政治社区的政治倾向,笔者为本文数据集中被引次数最多的域名创建了一个定量度量:"政治倾向得分"。本文根据 2016 年民意代表选举中的跨党派支持情况,结合对台湾政治状况的基本认识,将国民党与新党划为"蓝营",将民进党、"时代力量"、"台联党"及"绿社盟"划为"绿营"。

"政治倾向得分"的计算方式如下:每个域名的初始得分皆为 0,该域名在蓝营页面中被引用 1 次便增加 1 分,在绿营页面被引用 1 次便减少 1 分。所得总分除以该域名在本数据集中被引用的总次数,便是此域名的"政治倾向得分"。即,将域名在蓝营页面的被引总次数记为 n,在绿营页面的被引总次数记为 m,总被引次数为 f,则"政治倾向得分"P 的计算公式为:

$$P = \frac{n-m}{f}$$

图 4 展示了本文数据集中 40 个被引最多域名的"政治倾向得分"。从图中可以看出,由于总体来说绿营社区中出现的超链接明显多于蓝营,因此 P 的中心轴小于 0,中间得分大约在 -0.2 左右。大多数台湾主流社交媒体和新闻媒体的得分居于 -0.4~0.2,显示出主流网络媒体受到双方阵营的青睐,再次印证了各阵营社区中异质信息的普遍存在。大部分 P 绝对值较大、蓝绿倾向严重的域名,都属于有强烈意识形态偏向的个人或组织,而非大众媒体。不过,仍有少数通常被认为不具有政治倾向的页面表现出了极高的偏向,需要进一步的研究和讨论。

四、讨论与结论:政治极化与信息渗透

本文从社区划分和流通信息源两方面入手,分析了 2016 年选举期间台湾地区脸书政治社区的结构。

关于问题 1,社交媒体上的台湾地区政治社区在多大程度上表现出了政治极化的特性?

社会网络可视化与聚类分析显示,台湾地区的社交媒体政治社区存在着明显、高度的政治极化现象。参加政治讨论的脸书用户根据各自的意识形态相互隔离,在选举中高

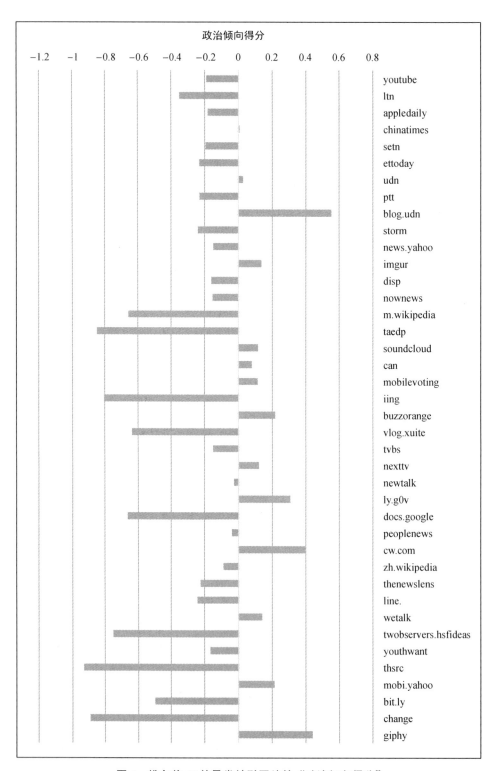

图 4　排名前 40 的最常被引网站的"政治倾向得分"

资料来源：同图 1。

呼"超越蓝绿"的较小政党也纷纷"归位"传统蓝绿阵营，而且往往会比国、民两党表现出更为极端的政治态度，相比通常认为的"蓝绿政治"，台湾地区领导人选举中"宋徐配"所带来的第三社区远比想象中来得庞大，其包含的节点数量几乎达到了蓝营社区的一半（见表5），且明显独立于蓝绿社区，可见所谓的"橘营"在社交媒体宣传与动员上取得了不错的成果。从"宋徐配"最终揽下12.83%选票的结果来看，这一努力也得到了一定的成效。

表5　三大社区在整个社会网络（图1）中所占的节点比例　　　　　　　　单位:%

	绿营	蓝营	宋徐配
所占比例	46.45	35.89	17.64

资料来源：同图1。

关于问题2，在台湾地区脸书政治社区中被共享的超链接是否显示蓝、绿社区间在信息来源方面存在显著差异？

超链接分析的结果显示了与政治极化期望不同的结果。尽管许多先行研究得出结论，不同意识形态的用户在信息的选择上往往只偏爱与自己意识形态相近的信息源。然而，本文的分析却显示尽管处在台湾政治高度极化、高度民粹化[1]的大背景下，属于蓝绿阵营候选人的脸书社区中所分享的超链接却并没有显著的差异。除了对脸书和Youtube内容的分享（我们也很难自动化地大量分析这些内容的政治倾向），国、民两党社区中最为流通的信息源，主要是岛内各大传统媒体，也都出现了不少倾向对方阵营媒体的信息。特别是在蓝营社区中，对"绿媒"的引用甚至多于"蓝媒"。这样的发现显然并不支持许多同类研究中所提到的选择性曝光现象。换言之，尽管脸书上的台湾政治社区被意识形态高度分化，但普通用户在讨论区中并不难找到倾向对方阵营的信息源。

结合两部分的研究，本文得出以下四点结论：

其一，绿营在社交媒体上，不论是社区规模，还是信息流通，均压倒蓝营。绿营社区不仅规模显著大于蓝营，更重要的是在信息渗透上也比蓝营做得好。绿营的信息源在蓝营社区讨论中被引用的次数甚至高于源于"蓝媒"自身的信息源，这从一个侧面体现了民进党在社交媒体领域的主动攻击性姿态，以及具有的强大优势。

其二，台湾地区的第三方政治势力可以在社交媒体上形成独立于蓝、绿的政治社区。

---

[1] 林红：《民粹主义在台湾：对抗的政治与焦虑的社会》，《台湾研究》2019年第4期。

"选前超越蓝绿，选后各奔东西"是岛内选举期间小党的普遍写照。无论竞选时如何强调自己将会成为第三股势力，想要在选举中取得较好的结果，往往只能背靠国、民两大政党，表现在社交媒体领域，自然就是加入蓝、绿社区之中。不过，本文对于2016年"宋徐配"脸书社区的分析证明，虽然很大程度上依赖了2016年国民党政治声势的极度低落和宋楚瑜个人的政治能量，但第三方政治势力在社交媒体上形成独立于蓝、绿的政治社区并非全无可能。

其三，在政治人物主导的星形结构的社会网络中，通过边缘个体传播的异质信息不足以打破"信息茧房"。当社会网络结构表现为意见领袖具有绝对控制力的星形网络时，"回声室效应"极强；当社会网络结构表现为较长社会距离的线形结构时次之；但是，当社会网络结构用户间平均社会距离较低、且有较多中心和次中心节点存在的情况下，"回声室效应"的形成就会受到限制。[①] 本文所分析的选举候选人脸书公共页面就是非常典型的星形社会网络，作为拥有者和意见领袖的政客对社区拥有绝对的控制力。作为边缘个体的一般用户，即使在这样的社区中传播其他意识形态的信息并达到一定的量，仍不足以改变社区内部对于信息选择的群体极化现象，无法打破"信息茧房"。

其四，针对对方政治阵营的信息渗透尝试，已成为台湾地区互联网政治的普遍现象，但并不足以构成成规模的跨意识形态交流。2016年选举期间，通过边缘个体向对方社区投放不同意识形态信息的信息渗透尝试大量存在，然而，研究结果却没有证据显示这样的尝试能像康诺弗等人研究中发现的"提及网络"[②] 那样，为不同阵营用户提供成规模的沟通平台（即使是敌对的）。

综上所述，政治宣传与政治传播始终是政治选举中影响选情民意的最重要因素。以社交媒体为代表的互联网新媒体，已经在台湾地区政治中扮演关键角色。台湾地区的社交媒体政治社区同时呈现了政治极化与大规模信息渗透两种现象：一方面，互联网用户根据各自的意识形态相互隔离；另一方面，大规模的"对敌渗透"已成为常态。近年来，以民进党当局为首的绿营利用其政治权力领域的优势地位，以及剑走偏锋、狂轰滥炸的惯用政治伎俩，在台湾地区的互联网政治空间同样建立起了绝对的优势地位。各种有利于绿营的宣传充斥岛内社交媒体政治社区，政治信息被肆意操控，众多网民受到蛊惑。

---

① 李卫东、彭静：《社交网络平台信息传播的回声室效应仿真实验分析》，《现代传播》（中国传媒大学学报）2019年第4期。
② M. D. Conover et al., "Political Polarization on Twitter", *Icwsm*, Vol. 133, No. 26, 2011, pp. 89-96.

但是，在网络空间肆意操纵民粹、制造对立并不能有效解决台湾地区面临的严重的政治问题和深刻的社会矛盾。无论是民进党当局，还是岛内其他政治势力，如果继续逆历史潮流而动，不论在何种空间，运用何种技术手段，最终都无法逃脱失败的结局。

（本文原载《台湾研究集刊》2022年第2期，原标题为《政治极化与信息渗透：基于台湾地区社交媒体政治社区的分析》，收入本文集有删改）

理解城市治理邻避冲突中政府回应的差异化模式

复旦大学国际关系与公共事务学院副教授 孙小逸

一、导 论

随着城市化的快速发展、环境污染的日趋严峻及居民环境意识的提高,由变电站、化工厂、垃圾焚烧厂等污染性设施选址而引发的环境群体性事件呈现快速增长趋势。周边居民由于担心污染性设施可能带来环境、健康风险,往往采取激烈的集体行动来反对设施的选址建设,这既损耗了政府的公信和权威,也阻碍了各项政策目标的实现。在此背景下,如何有效应对邻避冲突是当前政府所面临的一项紧迫课题。

现有文献大多聚焦于地方政府对邻避冲突的事件性回应,采取冲突—维稳的研究视角来考察政府对冲突事件权宜性的压制或妥协。而事实上,近年来地方政府在平息冲突事件之余,还进一步调整决策模式,通过共识构建、利益协调等方式对冲突进行制度性吸纳。由于冲突—维稳的研究视角注重于对冲突事件本身的分析,而忽略了政府选择冲突回应模式时所处的城市治理环境,因而不能很好地解释为什么同样对于邻避冲突事件,地方政府存在事件性回应和制度性回应这两种不同的回应模式?

城市治理理论强调不同城市的历史传统、制度架构、治理文化等因素对地方治理实践的影响。从这个视角出发,本文认为应当跳出对冲突事件本身的关注,而将冲突回应研究放置于更为广阔的城市治理环境中,考察地方政府采取不同回应模式的影响因素。在此基础上,本文提出地方政府回应邻避冲突的解释框架:一方面,邻避议题与城市治理目标的契合程度构成政府回应模式选择的目标动力;另一方面,地方治理网络的开放程度、政府制度吸纳能力构成政府回应模式选择的制约条件。为了进一步阐述这个解释框架,本文选取了昆明炼油项目和番禺垃圾焚烧项目两起案例进行比较分析,深入探讨两地政府对邻避冲突分别选择事件性回应和制度性回应模式背后的治理条件和影响因素。

二、地方政府回应冲突事件的现有研究

现有文献主要采用冲突—维稳的研究视角，考察地方政府基于矛盾消减的考虑对冲突事件所采取的权宜式的回应机制。地方政府对群体性事件的回应策略包括容忍、压制、妥协和有原则地妥协。[1] 地方政府如何回应冲突事件主要取决于冲突事件的社会影响程度与地方政府的政治回应逻辑。冲突事件的社会影响程度，包括事件规模、破坏力及媒体关注度等，会影响地方政府对回应策略的选择。冲突事件的规模越大，参与人数越多，就意味着诉求拥有的群众基础越广泛。破坏性行动会直接冲击日常制度规范，影响社会稳定，迫使地方政府回应。媒体与互联网有助于扩大事件的影响力，形成舆论压力，从而改变参与者和地方政府之间的权力关系。

地方政府的政治回应逻辑，包括追求政绩和维护社会稳定的双重动机，是地方政府选择回应策略时的重要考量。邻避设施能拉动当地的投资和就业，增加政府的财税收入，提升城市竞争力，成为地方官员晋升的巨大助力。然而，一旦邻避项目选址引发群体性事件，就会触发地方政府的维稳动机。这意味着在面临邻避冲突时，地方政府需要在这两种动机之间进行比较和权衡。

综上所述，现有文献聚焦于地方政府对社会冲突的事件性回应，采用冲突—维稳的研究视角来考察地方政府为平息冲突事件所采取的行动策略。然而，事件性回应模式面临多重治理风险：一方面，花钱买平安的方式不断推高下一次的维稳成本，对地方财政构成沉重负担；另一方面，权宜性回应会损耗政府的公信力，加剧民众对政府的不信任，从而导致各种舆论风波。事实上，在事件性回应之外，地方政府还会通过调整决策模式对邻避冲突进行吸纳。制度性回应模式遵循治理的逻辑，其目的不在于平息特定的冲突事件，而在于通过对话协商、利益协调、建立共识来促进多方行动者合作实现治理目标。由于冲突—维稳的研究视角倾向于强调事件的冲突性特征，而忽略了对冲突回应所处的治理环境的具体分析，因而不能很好地解释为什么同样对于邻避冲突事件，地方政府存在事件性回应和制度性回应这两种不同的回应模式。从城市治理的视角出发，不同地方

---

[1] Cai Yongshun. *Collective resistance in China: why popular protests succeed or fail*. Stanford, Calif.: Stanford University Press, 2010.

政府由于在城市治理目标、社会治理环境及政府治理能力等方面存在差异，对邻避冲突的成本-收益分析也各不相同，从而形成不同的回应模式。基于此，本文旨在揭示地方政府采用不同回应模式的条件及原因。

三、城市治理视角下政府回应邻避冲突的解释框架

20世纪90年代兴起的城市治理理论是针对城市管理过程中国家失灵和市场失灵现象所提出的一种新兴城市管理范式。由于仅靠国家权威已不足以应对公共管理的各项任务，政府必须通过与私人部门、社会组织及个人等多个行动者之间达成集体行动来实现城市治理目标。从这个视角出发，城市治理理念包含以下几个关键要素：第一，强调多元主体的参与协作。改变政府自上而下的封闭决策模式，鼓励私营部门、社会组织及个人等多元主体共同参与到城市治理过程中，寻求多方利益相关者共赢的治理方案。第二，强调政府对治理规范的制定和完善。改变政府直接介入的城市管理模式，致力于治理环境及条件的改善，促进各参与主体之间建立共同愿景、协商价值冲突及形成治理共识。第三，强调政府对参与主体的信任和赋权。改变政府统管一切的决策管理模式，赋权于基层利益相关者参与决策和治理过程。构建一个开放灵活的横向治理网络。

邻避设施选址属于城市治理的研究范畴。一方面，邻避设施的规划和建设与城市管理、经济社会发展密切相关。以垃圾焚烧厂为例。城市居民消费模式的变化导致生活垃圾数量的急剧增长。传统的垃圾填埋方式已不足以应对，而能有效促进垃圾无害化、减量化和资源化处理的垃圾焚烧厂的建设又频频受阻，使城市面临的垃圾管理问题日益严峻。另一方面，邻避设施选址属于典型的选址决策难题，即由于兴建那些能够带来整体性社会效益但对其周围特定人群会产生负面影响的基础性设施而引发的公共决策困境。邻避设施选址涉及周边居民的直接利益，容易遭到居民的激烈反对，从而增加了决策的难度。因而，邻避设施决策既考验了城市政府对社区利益和社会整体利益之间的平衡，也考验了城市政府在选址决策过程中的程序规范性和决策艺术性。

从城市治理的视角出发，本文提出地方政府回应邻避冲突的一个解释框架（见图1）。政府回应邻避冲突时的目标动力和制约条件是影响政府回应模式选择的两大因素。政府回应的目标动力主要取决于邻避议题与城市治理目标的契合程度。现有研究大多将邻避冲突看作一系列同质化的冲突事件，假定这些冲突都是利益驱动型的。而事实上，邻避

冲突涵盖多个不同议题，比如经济发展模式、环境保护、风险防范、程序正义等。有些邻避议题并不完全是利益驱动型的，同时也包含公益性、环保性的诉求。也就是说，居民不只是要求邻避设施"不要建在我家后院"，同时也关心邻避设施所涉及的环境保护、城市管理等难题的解决之道。在这样的情况下，居民和地方政府的目标可能存在全部/部分重合，这就意味着两者之间更有可能存在协商合作与制度吸纳的空间。

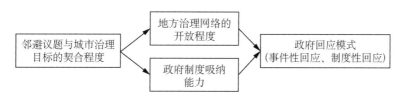

图1 政府回应邻避冲突的解释框架

政府回应邻避冲突的制约条件包括地方治理网络的开放程度与政府制度吸纳能力两个维度。地方治理网络包括地方政府、社区居民、相关企业、专家学者、新闻媒体及环保组织等多个行动者。地方政府在地方治理网络中处于核心位置，很大程度上决定了治理网络的形态，包括是否欢迎新成员的进入、是否容易产生变革性的政策结果等。[①] 地方治理网络的开放程度越高，就越有可能容纳多方利益相关者参与治理过程，并通过促进各利益相关者之间的沟通、学习来建立信任机制，从而也就越有可能达成地方政府对邻避冲突的制度性回应。

政府制度吸纳能力也是地方政府选择回应模式时所面临的制约条件。具体来说，政府的制度吸纳能力包括对话协商能力和制度建设能力。对话协商能力主要指地方政府能否与利益相关者进行有效沟通、促进共识达成。这既需要政府公布充分的项目信息、提供畅顺的沟通渠道，为多方行动者的利益表达提供平台，也需要政府灵活运用非正式的沟通方式和谈判策略，促成多方都能接受的利益协调方案。制度建设能力主要指地方政府能否将利益相关者之间的协调关系制度化，其中政府主要扮演促进者、调停者的角色，通过制度创新、机制建设等方式来推动城市治理目标的实现。[②] 地方政府的对话协商能力和制度建设能力越强，就越有可能通过制度创新来改善治理环境，从而实现对邻避冲突的制度性回应。

---

① 李东泉、李婧：《从"阿苏卫事件"到〈北京市生活垃圾管理条例〉出台的政策过程分析：基于政策网络的视角》，《国际城市规划》2014年第1期。
② 孙小逸、黄荣贵：《制度能力与治理绩效：以上海社区为例》，《公共管理学报》2012年第4期。

四、对两起邻避冲突案例的比较分析

本文将通过对昆明炼油项目和广州番禺垃圾焚烧项目进行比较分析,来具体阐述为什么地方政府对邻避冲突会采取不同的回应模式。两起案例都起源于污染性设施的选址争议,周边居民担忧设施运营可能对社区造成环境、健康风险,而采取集体行动来反对设施的选址和建设。在昆明炼油项目中,昆明市市长虽然公开表示"大多数群众说不上就不上",但这个承诺主要是为了平息群体性事件,事实上炼油厂的建设一直在进行。而在番禺垃圾焚烧项目中,广州市政府不仅宣布停止原定番禺垃圾焚烧厂的建设,同时还启动了一系列公众咨询程序,与市民共商垃圾问题解决之道。由此可见,昆明与广州市政府对邻避冲突分别采取了事件性回应和制度性回应模式。下文将揭示两种不同回应模式的选择具体受到哪些条件和因素的影响。

(一)昆明炼油项目

2005年,中石油启动了云南1 000万吨/年炼油项目的选址规划工作,2009年确定落户距昆明40公里的安宁草铺工业园区。该项目作为中缅原油管道配套建设项目,是国家能源战略的一部分,总投资达200亿元,投产后预计带来的中下游相关产业产值将达2 000亿元,相当于云南省国内生产总值的五分之一。该项目于2010年开工建设,两年后其环境影响评价报告获环保部批复。2013年2月,当地媒体《昆明日报》刊发《国家发改委正式批复中石油云南项目,安宁将成西南石油中枢》一文后,安宁炼油项目开始引发舆论关注。昆明市民担心炼油项目中包含的PX生产会给当地带来环境、健康风险。针对民众的质疑,昆明市政府于3月29日召开新闻发布会,表示该项目经过最严格审查核,符合国家标准。然而发布会并未披露项目的具体细节,也不接受记者提问。由此,民众的不安情绪通过网上论坛、社交媒体迅速蔓延。

5月4日,不少市民在昆明公开表示反对炼油项目选址。为安抚民意,昆明市政府随即组织了几场新闻发布会和市民恳谈会,一方面强调安宁炼油项目环保投入达32亿元,已通过包括大气、水资源、地质灾害等53个重大专项研究和论证,另一方面表示PX项目将实行民主决策程序,多数群众说不上就不上。然而与此同时,政府采取了一系列措施来控制舆论,包括在新浪微博上屏蔽"昆明""PX"等关键词,迅速删除市民上传的发言、图片和视频等。这些做法加剧了市民对当地政府的不信任,于是,昆明市市长公开了炼油项目的环评报告,并开通市长微博加强与市民的沟通。

当地政府迅速启动了基层维稳措施。云南省宣传部制作了大量有关炼油项目的学习资料和宣传手册,一方面从国家战略高度宣讲云南炼油项目的重大意义,另一方面从专业技术角度说明 PX 生产的安全无害性。云南省政府一边要求省内各机关单位、大专院校等组织团体认真做好中石油云南炼油项目的学习宣讲工作,一边通过街道、居委会等基层组织深入每家每户进行云南炼油项目的宣传科普工作。大规模的宣传工作使舆论得以平息。

经过公众、媒体和环保组织的多番呼吁,中石油在 6 月 25 日公布了云南炼油项目的环评报告。多家环保组织对环评报告进行审阅之后,发现该项目在公众参与缺失、选址不合理、腾挪环境容量及与民争水等多个环节存在漏洞,呼吁中石油立即停止该项目的施工建设。为了深入了解环评报告的审批流程,多家环保组织共同拜访了云南省多个政府部门,希望与相关部门开展沟通对话。然而,环保组织的沟通请求却遭遇当地政府官员的各种躲避和推诿,使得对话不能有效开展。在面对种种质疑的情况下,昆明 1 000 万吨炼油项目的建设一直在热火朝天地进行。

(二) 广州垃圾焚烧项目

2009 年 2 月,广州市政府网站发布了《关于番禺区生活垃圾焚烧发电厂项目工程建设的通告》,说明番禺区生活垃圾焚烧发电厂项目是广州市重点建设项目,计划于 2010 年建成并投入运营。9 月,番禺区市政园林局局长表示垃圾焚烧厂已基本完成征地工作,计划国庆之后正式动工。这一消息引发了周边居民的反对。选址地附近汇集十多个超大规模的楼盘,有 30 万中产业主在此居住。业主担心垃圾焚烧产生的二恶英会给当地社区带来环境和健康影响,并通过集体签名、递交公开信、发放宣传单、开展口罩秀等一系列戏剧化行动来表达反对。

番禺业主的反对行动引起地方媒体的高度关注。《南方都市报》《新快报》等广东本地媒体对事件进行了密集报道。其中,《南方都市报》组建了专门的报道团队,对番禺垃圾焚烧议题进行全方位的跟踪报道;《新快报》记者则一直跟踪报道社区业主的活动情况。媒体的持续关注使番禺垃圾焚烧厂选址事件迅速成为了公众议题,从选址合理性、程序合法性、项目科学性、环境污染性等多个方面展开了多元对话。多名垃圾焚烧技术专家和相关人士参与议题讨论，形成"主烧派"和"反烧派"两大阵营，从各自的专业角度分析垃圾焚烧的技术和管理问题。广泛的社会讨论推动了垃圾焚烧舆论的持续发酵。

在与公众、媒体、专家的互动过程中，广州市政府对垃圾焚烧厂选址的决策思路也发生了相应的变化。政府通过召开新闻发布会，多次表态说番禺焚烧厂选址的环境审批一定会有公众参与，环评不通过绝不开工。12月10日，番禺区政府召开创建垃圾处理文明区介绍会，公布了《创建番禺区垃圾处理文明区工作方案（征求意见稿）》，宣布该区将重新修编垃圾处理的系统规划，一方面将聘请专业机构开展垃圾处理规划和区域环评，另一方面将由政府部门、专家、市民代表共同参与垃圾焚烧厂的选址建设。12月21日，广州市政府常务会议原则通过了《关于重大民生决策公众征询工作的规定》，提出与群众利益密切相关、社会涉及面广的12个重大民生决策领域，决策过程须经过拟制、审核、公示、审定四个阶段，广泛听取民意，充分调查论证。2010年1—3月，广州市政府启动了以"广州垃圾处理政府问计于民"为主题的公众建议征询活动，听取公众对垃圾处理问题的意见。次年，广州市政府鼓励市民参与"五选一"的选址投票，最终根据多数市民的意见决定将番禺垃圾焚烧厂迁出原址。

（三）对两起案例的比较分析

首先，两起邻避冲突指向不同的城市管理议题。昆明案例中的邻避冲突起源于炼油厂选址，主要涉及地方经济发展和能源战略问题。由于炼油项目的经济收益主要归于企业和地方政府，与当地居民并未产生直接联系，这使得当地居民和地方政府很难形成共同的治理目标。地方政府看重的是炼油项目带来的财税收入，而居民担忧的是炼油项目带来的环境健康风险。治理目标之间的分歧很大程度上限制了政府和民众的对话空间。广州案例中的邻避冲突起源于垃圾焚烧厂选址，主要涉及城市治理问题。由于广州市所面临的"垃圾围城"困境与每个居民都切身相关，从而使得当地居民和地方政府的治理目标有很高的契合度。遭遇居民的反对之后，番禺区政府将议题从垃圾焚烧厂选址问题转变为广州市垃圾管理问题，成功将邻避议题变成了政府和居民共同的治理目标，引发公众的广泛讨论和积极参与，从而形成合作治理的格局。

其次，两起案例中地方治理网络的开放程度存在明显差异。昆明案例中的地方治理网络相对封闭。政府主要采取自上而下的决策模式，注重从技术角度对项目的可行性进行论证，未能有效回应市民的质疑。即使市民和环保组织要求参与项目的环评过程，地方政府也没有接纳新的行动者进入治理网络。广州案例中的地方治理网络则相对开放。从垃圾焚烧厂选址引发争议开始，整个社会就形成了一个鼓励多元对话的民主审议空间。在相对宽松的氛围下，本地媒体不仅追踪报道了事件的发展走向，更从多个角度推动了社会对垃圾焚烧议题的广泛讨论。专家和相关人士关于"主烧"和"反烧"的辩论使议题讨论趋于理性化，而网络论坛的兴起则进一步推动了议题讨论的民主化。

最后，两起案例中地方政府对邻避冲突的制度吸纳能力也有所不同。昆明市政府在面临冲突事件时，与民众的对话协商能力相对较弱。比如多家环保组织为了深入了解环评过程，试图与政府部门进行对话，而政府部门对此却采取躲避和推诿的态度，使对话不能有效开展，从而也失去了让环保组织作为政府与民众之间的沟通桥梁的机会。广州市政府在冲突事件面前，不仅表现出较强的对话协商能力，同时还能通过制度建设推动冲突的吸纳与化解。在遭遇居民反对之后，广州市政府决定重新修编垃圾处理的系统规划，并邀请专家、市民代表共同参与选址决策。与此同时，为了预防类似冲突事件的发生，广州市政府还通过了《关于重大民生决策公众征询工作的规定》，将重大民生领域决策过程的公众咨询环节制度化。

五、结论和讨论

从城市治理理论出发，本文认为邻避冲突回应研究应当超越对冲突事件本身的分析，将冲突事件放置于更为宏大的城市治理框架中进行考察。这种视角有助于揭示城市治理环境对地方政府选择不同回应模式的重要影响，特别是在什么情况下地方政府对邻避冲突会采取制度吸纳的回应模式。本文的研究发现，冲突议题与城市治理目标越契合、地方治理网络的开放程度越高及政府制度吸纳能力越强，地方政府越有可能对邻避冲突采取制度性回应模式，通过调整决策过程将邻避冲突纳入城市治理体系。

由于邻避冲突所涉及的议题各不相同，不同议题又会影响到政府回应模式的选择，因而对邻避冲突不能用同质化的方式进行处理，而应根据邻避冲突的议题性质进行分类处理。邻避冲突具有多种议题特征，有些公益性、环保性议题与政府治理目标全部/部分重合，从而存在更多制度吸纳的空间。因此，地方政府在应对邻避冲突时，可以通过对相关议题进行重新定义，来缩小居民和地方政府之间的目标差距，促进双方达成共识。

我国不同城市由于历史传统、经济发展水平、治理文化等方面的差异，地方政府的治理结构与治理能力也各不相同。对邻避冲突的回应必须结合特定的城市治理环境进行综合考察。政府决策模式会影响到政府与民众的互动过程，包括地方治理网络对新的行动者的接纳程度及政府愿意改变决策过程及结果的弹性程度。此外，政府的制度创新能力对邻避冲突的回应模式有重要的影响。相比直接介入冲突事件的平息和调解，政府更重要的任务是通过决策过程的创新，构建公众参与和冲突吸纳机制，从而以更加主动的、前瞻性的态度来回应和消解邻避冲突。

（本文原载《中国行政管理》2018年第8期，原标题为《理解邻避冲突中政府回应的差异化模式：基于城市治理的视角》，收入本文集有删改）

当代美国经济不平等的缘起

复旦大学国际关系与公共事务学院青年副研究员　李　寅

　　自20世纪80年代以来日益加重的经济不平等，是塑造当代美国社会的重要力量之一。已有多位经济学家指出，当前美国已经进入了"镀金时代2.0"，出现了包括中低层生活水平长期停滞乃至倒退，精英阶层对国家政权的俘获，以及难以消除的金融风险等经济不平等问题。[①] 自2016年唐纳德·特朗普（Donald Trump）当选美国总统以来，这种不平等带来的社会割裂与政治反弹在美国内政外交上留下深刻的印迹。

　　如何解释美国不断加剧的不平等，是认识当代美国最重要的课题之一。已有的解释集中于新自由主义思潮、全球化进程、人口种族问题等角度。这些研究都把不平等单纯地看成收入分配问题，而忽视了生产领域的变革。本文从技术与产业组织变迁的角度，指出美国当代经济不平等的起源与20世纪80年代开始的"新经济"革命密切相关。随着美国传统制造业的"旧经济"在国际竞争中衰落，在信息技术革命中诞生的软件、芯片、互联网等新经济企业在上世纪末成为美国的主导部门。新经济革命促使技术范式从连续生产向平台生产变迁，引发产业组织模式变革。这些变化促成了美国大企业从管理资本主义向股东价值资本主义的转型，将企业配置资本的策略从再投资逻辑转变为股东分配逻辑，最终带来收入不平等激增、制造业空心化、基础设施凋零的恶果。

一、新经济的技术与产业组织革命

　　"新经济"一词源于20世纪末的互联网泡沫时代，指当时新兴的软件、芯片、互联网等信息技术产业，以区别传统大规模制造业。2001年，全世界市值最高的五个公司中除

[①] Paul Krugman, "Why We're in a New Gilded Age: Thomas Piketty's Capital in the Twenty-First Century," *The New York Review*, May 8, 2014.

了微软，有四个来自旧经济（所属行业分别是石油、制造、零售、银行）。到了 2022 年，全世界市值最高的五个公司有四个（苹果、微软、谷歌、亚马逊）是新经济企业，新经济已成为美国经济的主导部门。

新经济究竟"新"在哪里，又带来了哪些永久性的变化？要理解新经济，须先理解被它取代的"旧经济"。旧经济起源于 19 世纪 50 年代出现的美国制造系统，以大规模制造为特征，在 20 世纪初从制造业扩散到零售、能源、交通、通信等产业，并成为第二次工业革命中工业化国家的主导经济模式。凭借大规模制造产生的巨大财富，美国得以取代大英帝国成为世界第一强国。而日本则在战后通过精益生产对美式大规模制造的改进，一度对美国经济霸权发起挑战。

旧经济中大规模生产的基础是连续生产的技术范式，包括三个主要特征：一是分工过程中以自动流水线生产作为技术平台。流水线生产使用专用设备把复杂的生产流程简化为一连串简单而高效的动作，最大程度上利用劳动分工的收益，通过大批量生产来实现规模经济。以世界上最早大规模运用自动流水线的福特汽车高地公园工厂为例，该工厂在 1913 年就可以通过 45 个步骤、在 93 分钟内组装一部汽车。要实现流水线的规模经济，就需要一支严守纪律的劳动力队伍，在规定时间内完成指定动作，保持流水线高速运转。因而大规模制造的第二个特征就是在劳动过程中广泛采取科层制管理，以控制去技能化的蓝领工人。当职业经理人管理的、以科层制为基础的大企业崛起后，大企业利用规模经济带来的竞争优势，提高产业进入门槛，便带来大规模制造的第三个特征——寡头竞争。

要充分发挥连续生产范式的竞争优势，旧经济大企业必须调节企业内外的社会关系，以维持大批量生产。美国在 1980 年以前的旧经济模式，正是充分适应了连续生产的产业组织形式。在战略上，旧经济大企业将连续生产的逻辑延伸到企业间关系，通过垂直一体化的战略整合上游供应链和下游分销网络，利用管理控制来取代市场交易，以消除生产与销售中的瓶颈。在组织上，一体化大企业为维持连续生产的稳定性，需要一支稳定的劳动力队伍，迫使经理人建立内部劳动力市场，通过不断激励与培训维持资深员工忠诚。在融资上，连续生产需要不断对昂贵的专用设备和劳动技能进行投资，于是职业经理人将利润保留在企业内部成为受控制的产业资本。在战后的黄金年代，正是由于旧经济大企业大量生产了质优价廉的商品，提供了稳定高薪的就业，抑制了金融资本的活动，美国才实现了长期繁荣与收入分配公平。

新经济颠覆了旧经济连续生产的技术范式，永久改变了美国的产业组织模式。在信息技术进步的推动下，新经济中诞生了围绕平台生产的新技术范式。首先，在分工过程中，模块化平台取代了自动流水线成为新的技术平台，构建起基于标准化模块与接口的分工方式。最早的模块化平台，是1981年IBM公司率先在计算机产业引入的开放式架构，以便能在短时间建立起一个模块化的个人电脑生产体系。在IBM制定的标准下，零部件厂商通过兼容接口参与生产乃至进行技术更新迭代，而品牌终端厂商根据标准组装零部件就可以生产出兼容机。凭借模块化生产的产能与价格优势，IBM PC和兼容机很快击溃了传统纵向一体化的微型计算机厂商，成为个人电脑的主流。

模块化平台要成为主导范式，需要满足两个条件：一是接口标准化让过去连续生产的步骤可以分割到不同的组织中完成，使得生产流程可以模块化与碎片化；二是碎片化的产业链必须比垂直一体化生产的效率更高，适应变化更快。这两点的实现都依赖于信息技术进步。信息技术可将过去生产所依赖的、存在于现场工程师头脑中的缄默知识编码在标准接口中，整合在一个通用的平台上，使得企业间的信息流动与协作不逊于一体化企业中职业经理人的管理控制。因此，20世纪80年代以来，随着芯片的运算能力按照摩尔定律快速提升，模块化平台在工业生产中逐步扩散。

得益于模块化生产带来的产业碎片化机遇，美国高科技企业有机会在具有比较优势的设计与软件开发领域进一步专业化。但是，进一步专业化的前提是在软件开发过程中引入规模经济与大范围分工。传统的软件开发模式是高度集中的，由少数紧密合作的精英程序员主导，并且在开发过程中常常带有强烈的个人主义与手工色彩。

而随着互联网的诞生，开源软件社区的兴起带来了新的劳动分工方式。开源软件打破了用户和开发者之间的界限，让用户也可以参与软件开发，以自下而上的方式将大型软件工程分解成无数开源项目和模块，从而突破了自上而下的管理控制在面对复杂代码时的分工难题。90年代末，以谷歌为代表的新兴互联网平台开始大量采用开源软件开发模式，将大型软件开发和系统集成建立在开源代码的基础上，使软件开发最终成为大规模的、独立的产业活动。至此，为推动软件开发模块化生产而产生的，以用户开发者一体为特征的劳动过程，成为新经济革命的第二个技术特征。

新经济革命的第三个技术特征是用平台竞争取代寡头产品竞争。在平台生产中，单个企业的竞争优势不仅取决于自身技术与管理，更取决于平台生态的整体水平。经典的例子是诺基亚在智能机市场上的溃败，原因并不是诺基亚的生产制造水平不足，而是垂直一体化的开发模式无法与苹果和谷歌构建的软件生态系统在多样性与功能性上展开竞争。

技术范式变迁必然要求产业组织模式做出相应调整。伴随着美国新经济企业的兴起，新的产业组织模式也获取了经济中的主导地位。在战略上，垂直一体化的价值降低，产业链碎片化，而控制平台生产的共同规则与共享资源成为企业竞争优势的来源。以计算机芯片产业为例，在20世纪70年代，以垂直一体化方式生产计算机的 IBM 是全世界最大的芯片厂商。但到了90年代，专门从事芯片设计制造的英特尔通过为碎片化的 PC 产业提供核心器件与制定标准，成为新的产业领导者。随后，台积电引入纯代工晶圆厂模式，将芯片设计与制造进一步分离，以至近年来在制造技术与规模上超越英特尔。总而言之，不同于一体化的旧经济大企业，新经济龙头企业往往在平台生产的关键节点上高度专业化，通过提供核心器件与技术标准等平台公共产品，成为整个生产网络的领导者。

在组织上，旧经济中的科层制受到挑战，新经济企业中用户开发者一体的劳动过程将对技能的控制下沉到了基层的程序员与工程师，使得扁平化的组织比科层管理更有效率。新经济企业依赖的开源模式还造成技能的企业专用性下降，使得员工更易跳槽。随着产业碎片化与国际供应链的发展，旧经济大企业逐步在产业链上收缩，退出失去竞争力的领域。最终的结果是，旧经济中稳定的企业内部劳动力市场瓦解，取而代之的是一个高度流动、跳槽广泛的就业体制。

在融资上，随着连续生产范式的衰落，维持对昂贵专用设备与稳定劳动队伍的不断投资不再是理所当然的要求，资本开始逐步从职业经理人的控制中挣脱。从20世纪80年代起，新兴的新经济企业多为高风险初创公司，它们集聚在软件互联网等轻资产部门，依赖风险投资作为早期资本来源，经常利用股票期权的方式吸引高度流动的高级员工。这些企业的成功使得它们的投资者和高管在股票市场上获得了丰厚回报。此消彼长之下，旧经济大企业中的职业经理人也越来越受到股东的压力，不得不将资本从企业中抽取出来重新分配。这样，企业治理的中心任务便由旧经济中职业经理人控制下的不断投资，转变为了新经济中的股东价值最大化。于是，一个以碎片化的生产网络、高度流动的就业体制、金融市场主导的资本配置为特征的新经济产业组织模式，成为美国21世纪经济的主导模式（见表1）。

表 1　新经济革命的技术范式变迁与产业组织变革

		连续生产范式	平台生产范式
技术范式	分工	自动化流水线分工	模块化平台分工
	劳动	科层制下的去技能化	用户开发者一体
	竞争	寡头产品竞争	平台生态竞争
		旧经济组织模式	新经济组织模式
产业组织	战略	垂直一体化	碎片化生产网络
	组织	稳定的内部劳动力市场	高度流动的就业体制
	融资	职业经理人控制	金融市场主导

二、股东价值资本主义的兴起与后果

新经济革命彻底改造了美国经济的生产力基础，并深刻地改变了主导美国经济的资本主义意识形态。在旧经济中，基于管理权与所有权分离的理念，职业经理人通过内部人控制，掌握着大企业中资源配置的权力，这种管理至上的意识形态被称为"管理资本主义"。[①] 到了 20 世纪 70 年代末，美国旧经济大企业遭遇前所未有的挑战，这些挑战来自三个方面：一是国际竞争，尤其是日本、德国企业的崛起使得美国企业在汽车、电子、机床等传统优势产业丢失大量市场份额，乃至失去整个消费电子市场；二是 70 年代的缓慢经济增长，大规模制造企业失去竞争优势，股价低迷；三是高通胀，美联储为抗击通胀实行的高利率政策推高了国债收益率，打击了大企业传统的股息政策对投资者的吸引力。这些变化使得职业经理人在与金融机构和股票市场争夺大企业控制权的斗争中越来越处于劣势，管理资本主义逐步让位于股东价值资本主义。

1980 年里根政府出台了一系列新自由主义经济政策，大大放松了反垄断管制，直接促成了 20 世纪 80 年代的兼并收购浪潮。此时，金融机构意识到旧经济大企业的市值已经低于其资产的潜在市场价值，于是机构投资者便利用垃圾债券等金融创新手段拉动杠杆，对大企业展开恶意收购。1981—1986 年间，美国平均每年进行 2 900 次兼并收购。这些收购重组往往伴随着资产剥离和大量裁员，以牺牲消费者、供应商、工人的利益为代价，为作为股东的机构投资者攫取大量财富。

---

① Alfred D. Chandler, *Scale and Scope: The Dynamics of Industrial Capitalism*, Boston: Belknap Press, 1994.

与此同时，新自由主义金融经济学家迈克尔·詹森（Michael Jensen）与威廉·麦克林（William Meckling）将代理理论引入企业理论。代理理论把企业抽象为股东与管理层、企业与员工、企业与供应商、企业与顾客之间一系列契约的集合，并认为在这些契约中唯有股东没有事前约定收益，因而股东承担了企业经营的风险，应当享有剩余索取权。因而，企业的目的便被抽象化为一个代理问题，即股东为其代理人（职业经理人）提供激励约束，促使后者最大化股东利益。利用代理理论提供的理论基础和话语体系，金融机构、企业高管与商学院一起推动股东价值论成为美国社会主流的意识形态。

尽管股东价值论的拥护者鼓吹其方案可以提高美国企业竞争力，但股东价值论的盛行实际上加速了美国旧经济的崩溃，美企在电子消费、汽车、精密机床等产业丢失的市场份额再未恢复。而20世纪90年代崛起的新经济大企业从一开始就充分拥抱了股东价值资本主义，它们将股价作为评价职业经理人的最重要标准，并通过股票期权的激励方式将高管的收入与企业股市表现紧密挂钩。

随着新经济大企业成为美国经济的主导部门，股东价值资本主义大行其道，与股东合作的职业经理人越来越多地主动通过股市分配企业利润。① 这种分配一般通过两种途径进行：一是分红，即将部分利润作为持有股票的红利分配给股东，分红在美国大企业的利润分配中占比为30%—50%之间。二是回购股票，即企业通过在公开市场购回流通中的股票，缩小市场上的股票供应，推高每股盈余、拉升股价，提高股东手中股票的价值。1982年11月17日，美国证券交易委员会颁布第10b-18号法令，为股票回购提供安全港规则，规定只要公司每日回购量低于前四周平均日交易量的25%，则无需披露，也免受操纵股价的指控。此后，美国上市公司股票回购支出占利润的比例从1981—1983年间的4.4%，跃升至21世纪的40%—60%。根据公开披露数据，在2010—2019年，美国上市公司在股票回购上支出了高达6.3万亿美元，其中新经济大企业更是股票回购的主力军。苹果公司是世界上股票回购最高的公司，在这十年间共回购3 200亿美元股票，将几乎所有（97%）净利润通过分红和回购分配给了股东。无线通信技术与芯片公司高通向股东分配的资金达到净利润的192%，这就意味着高通必须通过借债或者出售资产来维持对股东的分配。而作为旧经济代表的通用电器，竟在十年间将313%的净利润分配给了股东，并在2018年创造了高达220亿美元的亏损。

---

① William Lazonick, *Sustainable Prosperity in the New Economy?: Business Organization and High-tech Employment in the United States*, WE Upjohn Institute, 2009.

股东价值资本主义的兴起带来了经济不平等的恶果。一方面，从股东价值资本主义中获益的主要是富人、企业高管和金融机构。美国收入前10%的家庭持有上市公司85%的股权，这部分富人是分红和回购的主要受益者。随着金融市场成为收入分配的重要途径，金融机构占美国企业总利润的比率从1950年的10%左右急剧上升到2000年的45%。[1] 与股东合作的企业高管也获得巨大好处，因为股票回购可以推高每股盈余，使高管更易达到华尔街设定的季度目标，从而获得丰厚奖金。此外，越来越多的高管薪资以股权形式发放，不断拉升的股价便大幅提高了高管的薪资。根据标准普尔高管薪酬数据库（S&P ExecuComp），美国收入最高500名高管的平均收入从2009年金融危机后低点的1590万美元上升到2020年的4090万美元，其中以股票期权形式获得的收入占比从60%上升到超过80%。

受股东价值资本主义伤害最大的则是工人、制造业和纳税人。在战后管理资本主义时期，美国大企业中的职业经理人、工人与政府之间曾存在着一个隐性契约：职业经理人通过对生产设备不断投资，提供稳定就业岗位，获得对大企业的内部控制；工人以与管理层合作为条件，分享企业成长的好处；政府通过高税收提供高福利，投资基础设施，为大规模制造创造市场。因此，在管理资本主义时期，工人薪资与劳动生产率是同步增长的。1948—1979年间，美国工人劳动生产率提高了118.4%，同期平均工资增长了107.5%。而在股东价值资本主义时期，这种同步增长被打破，劳动所得份额快速下降。1979—2020年间，美国劳动生产率提高了61.8%，而同期工资只增长了17.5%。[2]

在股东价值论的指引下，经理人通过裁员、消减福利、外包等方式降低企业运行成本，将节省的资金转移给股东。在80年代以前，股市一般认为裁员是不好的信号，反映企业经营遇到了困难，会造成股价下跌。而从80年代后期起，裁员则被看作是有利于股东的信号，意味着股市可以对管理层施加压力，将裁员节省下来的资金回馈股东，因而不论企业的经营状况如何，裁员都能刺激股价上涨。

提高股东价值的另一个重要策略是外包。除了将非核心业务外包以节省工资与福利成本外，企业还将厂房、办公室、设备等设施外包。这样做的原因是，如果企业拥有这些设施的话，它们将在财务上被记为"资产"，进而在计算资产收益率时拉大分母。[3] 而

---

[1] Greta R. Krippner, "The Financialization of the American Economy," *Socio-Economic Review*, Vol. 3, No. 2, 2005, pp. 173-208.
[2] "The Productivity-Pay Gap," *Economic Policy Institute*, August, 2021.
[3] 资产收益率＝利润/平均资产总额。

如果企业以租赁的方式使用这些设施，则能大大提高资产收益率。这种对财务指标的追求，可以部分解释为何美企青睐重资产制造业业务外包。随着碎片化全球生产网络的成熟，一些美企外包了全部的生产制造环节。例如，耐克曾是一个垂直一体化的制造业企业，但如今它的业务只保留了产品设计和营销，以维持极高的利润率和资产收益率。

最后，基于股票的收入分配方式使得富人更易避税。在美国现行的税法中，政府仅对资产（包括股票）出售时的增值部分课税，但资本利得税不超过 23.8% 的最高税率。23.8% 远低于联邦个人所得税最高 37% 的边际税率。同时，富人与高管组成的利益集团更容易向政府施压，在税收上获得更多的让步。例如，在 2017 年特朗普政府对企业的大规模减税中，四分之三的减税金额被用于股票回购。这些都意味着中产阶级与工薪阶层承担了更多的税负，政府更难维持社会福利、医疗教育、基础设施建设等公共服务的开支。

三、"新经济"的政治反弹与长期影响

股东价值资本主义主导美国 40 年来，美国出现了贫富差距拉大、制造业空心化、基础设施破旧不堪等问题。理解这一变化的历史过程，可以让我们认识美国当前诸多问题的由来。例如，自 2016 年以来，美国连续选举了两位耄耋之年的老人当总统，特朗普更喊出了"让美国再次伟大"的口号。为什么美国人这么"怀旧"？部分原因是这反映了美国中下层对现状的不满，以及对管理资本主义黄金年代相对公平和安稳生活的向往。

然而，从技术变迁的角度来看，战后管理资本主义存在的技术条件和产业组织基础不复存在，它的辉煌也难以重现。碎片化的全球生产网络一旦建立，模块化分工就会对垂直一体化的单个企业产生巨大的竞争优势。随着劳动过程的改变，旧经济大企业中的科层制管理方式既无效率优势，也对新一代员工毫无吸引力。新经济中的高技能员工也很难会为了稳定的养老金而将职业生涯与一家公司锁定，因为他们掌握的通用技能在高度流动的劳动力市场上可以获得更高的回报。更何况股东价值资本主义对美国社会意识形态的掌控已经根深蒂固：随着大部分美国工人都通过养老金账户投资股市，越来越多的工人对股东价值产生认同，尽管他们从股市中获得的好处微不足道。

但是，美国社会对股东价值资本主义的反弹也在加剧。特朗普的关税与贸易战政策，

打破了美国政府支持自由贸易的神话,为产业政策的回归提供了铺垫。① 从 2021 年底起,拜登政府出台了一系列政策,试图扭转 40 年来的趋势。2021 年 11 月 15 日,约瑟夫·拜登(Joseph Biden Jr.)签署价值 1.2 万亿美元的《基础设施投资与工作法案》,以支持交通、环境、能源、通信、网络安全等领域的基础设施投资。2022 年 8 月 9 日,拜登签署《芯片与科学法案》,标志着产业政策正式回归。该法案计划在十年内对芯片产业补贴 527 亿美元,以促进芯片产业回流美国。值得注意的是,该法案特别添加了补充条款,禁止企业将补贴挪用于分红和回购。8 月 15 日,拜登又签署《通胀削减法案》,宣布美国政府将在削减医疗费用、补贴清洁能源的同时,提高对大企业利润的征税。

显然,拜登希望通过这一连串的法规达到罗斯福新政的效果,通过基础设施投资和收入分配调节结束美国镀金时代 2.0。然而,如前所述,美国战后的繁荣依赖于管理资本主义下经理人、工人与国家之间的合作。拜登的政策刚刚触及股东价值资本主义的皮毛,甚至对臭名昭著的 10b-18 号法令也无能为力,很难说未来能否构建新的社会同盟取代高管、股东与金融资本的合谋。实际上,《芯片与科学法案》的大量补贴本身就受到了新经济大企业游说的影响。这些企业不愿投资的真正原因恐怕并不是缺乏现金,而是股东价值。

股东价值论主导美国的 40 年,为中国的发展提供了一个窗口期。中国的改革开放与美企建立全球供应链的时机吻合,这使得中国可以利用自身已有的工业基础,迅速融入全球生产体系,实现全面工业化。部分美企在股东与高管的掠夺中失去竞争力,也为中国企业的赶超提供了机会。例如,华为在通信设备产业的崛起,一方面是由于自身坚持对技术创新不懈的投入,但另一方面也由于北美的电信设备巨头(如朗讯、北电、摩托罗拉、思科等)将大量现金浪费在股票回购上,错失新技术机会,以致退出市场甚至破产。美国大企业能否根本转变股东价值意识形态,重新聚焦于对创新和就业的投资,将是未来一段时间我国政府与企业需要密切关注的问题。

(本文原载《文化纵横》2022 年第 6 期,原标题为《当代美国经济不平等的缘起——"新经济"和信息技术革命的漫长阴影》,收入本文集有删改)

---

① 李寅:《重塑技术创新优势?——美国半导体产业政策回归的历史逻辑》,《文化纵横》2021 年第 4 期。

房地产税政府层级归属的理论依据与美国经验

复旦大学国际关系与公共事务学院教授　张　平

随着深化财税体制改革的逐步展开,中国开征房地产税已成为大势所趋。① 近年来,学术界和政策界对房地产税的改革均有诸多论述和讨论。对于是否应该开征房地产税依然存在着截然不同的两种观点:支持或反对。同时,房地产税在立法、设计、开征和使用等多个环节和维度也都存在或多或少的争论。而对于房地产税在政府层级中如何划分的问题,房地产税应作为地方税供基层政府征收和使用,似乎已经获得一定的共识。但是,对于为什么房地产税适合用作地方税,其理论和实践的依据是什么,仍未见深刻的讨论与分析。那么,为什么房地产税应该作为基层政府的税源而不是像所得税和增值税等其他税种一样作为中央与省或省与基层政府的共享税?房地产税作为地方税在财政、税收和政府治理等方面的理论依据是什么?现有多数发达国家的房地产税征收实践以及历史变迁能否在这一问题上提供实践支撑?本文以财税体系和政府治理的视角阐述房地产税作为地方税的理论缘由,说明房地产税作为地方税有着合理的理论支撑,同时亦是被实践所证实的最终选择。美国房地产税在政府层级间演变的历史以及美国财税体系的实践也证明了这一点。

房地产税在美国历史悠久,房地产税是当下美国地方政府最主要的收入来源,约占地方税收收入的 70%。但房地产税作为地方税的主体,在政府间财政关系中的这一格局并不是向来如此。房地产税在政府财政关系中的定位在美国历史上与当下的情形完全不同。那么,房地产税原来是怎样的,具有怎样的演化过程,为什么会如此演化?不同于

---

① 一般来说,房产税是指房产在保有环节的税收。房产税还有几个其他的称呼,如物业税、房地产税、不动产税和财产税等。在有些语境中,房产税的外延可能进一步被扩大为"房地产税费体系"的概念。诸如商用房地产保有环节的房产税、城镇土地使用税及耕地占用税和房地产交易环节的契税、土地增值税及其他相关税种,都可能被包含进来。在本文中,我们不做区分,将"房产税"和"房地产税"交互使用,含义相同,均仅指保有环节的税收。

多数对国外房地产税的财政收入分配或征收实践等方面的介绍性文章，本文从政府间财政关系的视角来介绍和解构房地产税制度在美国的演化过程和历史成因。这对中国房地产税的制度设计具有重要的意义。中国的房地产税不应以西方如何而就去模仿，也不该因西方没有而去刻意创造。我们应该从透彻理解的角度去分析"为什么"，不盲从亦不武断排斥，这应该是"西学中用"的基本态度。从西方房地产税历史的发展过程以及现实实践出发，以理论视角分析可以帮助避免这两方面的问题，从而深层次理解制度设计的原理和理论支撑。

一、财政分级制与公共选择

财政联邦主义理论认为对于政府的三个不同功能——经济稳定、资源配置和收入分配，应该由不同层级的政府来承担。① 建构各级政府的收支体系，需要同时考虑效率与公平，实现满足公民需求的同时提高政府治理能力。这里我们考虑支出责任划分和收入划分两个方面。对支出责任，从公共服务提供的角度看，需要充分考虑效率的同时，以服务民生为方向，回应公民需要，对公民负责，与公民共同决策。对收入划分，应当是有效率的，并且不应对税收政策和管理产生歪曲效应。收入划分应保证地方政府有充足的收入，以使其承担其支出责任。② 由于存在不同的居民偏好分布，而地方政府掌握着更多信息，由地方政府来提供相应的公共产品和服务也就更加高效。伴随着区域间异质性和复杂性的日益增加，房地产税地方化（分权化）为地方政府提供了充足的收入划分，从而满足其支出职责。地方政府可以更好地匹配满足与本地人口需求相一致的公共物品和服务的组合，最终提高政府效率。

一方面，从地方政府层面来看，居民在不同社区间的迁徙就是由需求所带来的行为选择。是否迁徙揭示了消费者和选民对公共物品的需求，这类似于在市场中通过对购买商品的意愿了解测试出消费者的偏好。就像查尔斯·蒂布特（Charles Tiebout）总结的一样："消费者在具有空间结构的经济中揭示自己的喜好是不可避免的，空间上的流动性使

---

① "Fiscal Federalism"常被直译为"财政联邦制"或"财政联邦主义"，其实这里的"联邦"并没有政治制度的含义，而是一种财政管理中的分级，侯一麟2009年第一次专门阐述了"Fiscal Federalism"为何译为"财政分级制"更为合适。下文沿用"财政分级制"译法。参见侯一麟：《政府职能、事权事责与财权财力：1978年以来我国财政体制改革中财权事权划分的理论分析》，《公共行政评论》2009年第2期。

② 张光：《中国政府间财政关系的演变（1949—2009）》，《公共行政评论》2009年第6期。

得对公共品的消费能够类似于在私人市场上的购物选择。"① 然而，居民偏好的异质性也产生了很多对于在蒂布特模型中公共物品供给的问题。另一方面，从公共选择的视角来看，大卫·斯乔奎斯特（David L. Sjoquist）发现跟支出的情况类似，税收的组成亦会对中间选民模型的效用作出反应。② 因此，房地产税的地方化且作为其主要收入来源的定位可以被看作是适应日益发展的差异性偏好的公共需求。而房地产税作为"受益税"的观点也认同，缴纳房地产税的成本亦接近于从公共项目上获得的利益。根据这一观点，无论是区域间还是区域内的异质性都需要房地产税地方化来提高效率和满足不同偏好。因此，财政联邦制理论和公共选择理论一起，为房地产税作为地方税与地区间异质性的匹配提供了理论基础。而房地产税本身的特征以及地区间异质性的加强则为房地产税成为地方税提供了充分的实践土壤。

此外，地方政府的财政自主权确实具有其合理性。在拥有自主收入来源的情况下，地方政府可以对居民或选民的需要负责，可以在不同的支出决策中提供有效的公共服务，还可以在有限的地理区域内匹配到支出受益者。卡特里娜·康诺利（Katrina D. Connolly）等还发现通过地方政府自身筹集的财政收入比重与地方自主权和地方负责任的程度密切相关。③ 由于这些原因，学者认为美国式的财政分级制仍然需要被保持，包括具有财政自主权的地方政府。而在较低的有效税率的前提下，房地产税似乎是大幅提高财政收入的最好工具。

二、房地产税的受益税特征

房地产税通常被认为是一种受益税（benefit tax），即房地产税一般用于当地的基本公共服务，居民缴纳房地产税的同时也可以享受这些公共服务。即使居民不享受相应的公共服务（如教育等），这些公共服务也会被资本化到房产价值中。因此，房地产税的最终受益者仍是房产拥有者。也有学者认为房地产税是将房产看成资本的资本税或是将房

---

① Charles M. Tiebout, "A Pure Theory of Local Expenditures," *Journal of Political Economy*, Vol. 64, No. 5, 1956, pp. 416-424.
② David L. Sjoquist, "A Median Voter Analysis of Variations in the Use of Property Taxes Among Local Governments," *Public Choice*, Vol. 36, No. 2, 1981, pp. 273-285.
③ Katrina D. Connolly, David Brunori and Michael E. Bell, "Are state and local finance becoming more or less centralized, and should we care?", in Michael Bell, David Brunori and Joan Youngman eds., *The Property Tax and Local Autonomy*, Boston: Addison-Wesley, 2010, pp. 69-1414.

产看成消费品的消费税。实际上，尽管这些观点在税负评价上存在一定的不一致，但没有改变房地产税作为受益税用于基本公共服务的事实。房地产税作为受益税可以成为财权与事权匹配的天然工具，形成地方财政收支相连的治理体系；从而降低税收的政治成本和管理成本，减少对经济行为的扭曲，提高经济效率。

受益税是对某些税种的征收和使用安排特征的概括：将纳税人与公共服务支出的受益者相匹配，使纳税人能切实感觉到赋税带来的收益。例如，燃油税也是一种受益税，其收入往往会使用在高速公路的修缮维护上。那么，为什么房地产税会被用作受益税而不是其他主要税种，例如所得税或销售税？① 房地产税的税基有一个很重要的特性：房产的不可移动。由于房产不可移动，相对于其他税种来说，房地产税的税基稳定且易识别，对纳税人和受益者的定位相对容易。因此可以较好地匹配缴纳的税收和获得的益处，真正体现受益税的特征。而对所得税和销售税来说，由于其税基的流动性很大，纳税人与公共服务受益者的匹配极其困难。一个人完全可能居住在 A 地，却在 B 地工作获得收入（所得税），在 C 地购物（销售税）；那么该居民享受的公共服务以及其子女在 A 地入学的学校质量均与其缴纳的税收无关。为了减少税收对经济行为的扭曲，所得税和销售税往往由更高层级的政府来征收。因此，房产的不可移动特性决定了房地产税最终被选择成为最主要的受益税税种。

房地产税作为受益税很大程度上进而决定了房地产税是地方税。地方政府的信息优势使得其匹配纳税人与受益人的能力远远强于高层级政府。同时，由于公共服务辐射的地区性或区域性，房地产税需要在一定的区域内征收和使用以达到受益税的作用。美国的房地产税在政府层级间的变迁过程表明，地方政府相较于州政府能以更低的政治成本使用房地产税。由于征收房地产税的同时能给当地带来更好的学校和道路等公共服务，纳税人直接享受了房地产税所带来的好处。即使是对这些公共服务并没有直接需求的纳

---

① 由于房产税改革存在一定的阻碍和不确定性，不少学者认为房产税未来不能成为地方政府主体税种。杨卫华和严敏悦等学者认为应将企业所得税作为地方税主体税种。朱青则认为，不能将房产税和企业所得税作为地方主体税种，他认为应当开征零售环节的销售税并划给地方；或者是改造消费税，将一部分定额征收的消费税划给地方；或者提高个人所得税地方分享的比例。参见白彦锋：《房产税未来能成为我国地方财政收入的可靠来源吗》，《经济理论与经济管理》2012 年第 5 期；杨卫华、严敏悦：《应选择企业所得税为地方税主体税种》，《税务研究》2015 年第 2 期；朱青：《完善我国地方税体系的构想》，《财贸经济》2014 年第 5 期。苏扬从参考特征和收入潜力的角度分析了选取地方税主体税种的总体思路。根据受益原则、避免恶性税收竞争、征管便利、税基宽厚和收入稳定等地方税原则，通过对比分析消费税、资源税和房产税，发现应根据各地税源特点确立各地区主体税种，逐步形成以房产税为代表的财产税作为地方税主体的收入格局。参见苏扬：《选取地方税主体税种：参考特征、潜力分析与总体思路》，《地方财政研究》2015 年第 8 期。

税人，更好的服务也可以使他们的房产升值，从而使得纳税人愿意缴纳房地产税。因此，更高层级的政府（例如美国的州政府和联邦政府）偏好不使用房地产税，而地方政府偏好使用房地产税的事实表明，地方政府拥有使用房地产税的一些独特好处。由于地方政府利用房地产税有这些有利因素，在可预见的未来，房地产税或将一直是地方政府最主要的收入来源。

三、支付意愿与支付能力

房地产税作为受益税，其理论本质即是将私人消费转化为公共品消费，如教育、医疗、道路基础设施和环境等。若以此为基础分析房地产税改革的居民福利效应：对多数人来说，由于住房的消费弹性较小，房地产税相当于将居民原本可以用于私人消费的收入转变为用于提供公共品消费。由于不同收入层次的居民具有不同的消费偏好，每单位公共品对不同发展程度地区的居民边际效用也会不同。收入较低的居民倾向于亟需的私人消费，如衣食住行等；高收入人群则会对公共服务有更好的要求，如高水平教育医疗条件和小区环境等。因此，不同地区的房地产税会对居民福利水平造成不同的影响。房地产税作为受益税的特点以及其相应的居民福利变化情况，决定了当房地产税在一些地区可以获得明显的正福利效应的同时，在另外一些地区将可能降低居民福利水平。

这种地区间福利效应差异的直接体现就是不同地区居民对房地产税有差别的支付意愿。支付意愿的不同直接体现在了微观主体（家庭）身上，而公共服务的辐射区域一般为基层政府或更小的社区，即同一社区的居民享受着同样水平的道路基础设施、周边环境和教育资源等。为了兼顾支付意愿的差异以及公共服务提供主体和规模效应，房地产税需要作为地方税。只有作为地方税，房地产税才能在税基定义、税率确定和税负豁免等各方面进行充分的差异化设计，而差异化的程度又与下文提到的社区异质性的程度密切相关。

支付能力则是房地产税设计中需要考虑的另一个重要因素。张平和侯一麟对中国城镇居民房地产税的支付能力进行了细致探讨。[①] 这项研究根据不同区域、住房类型、住房套数、是否仍有房贷以及社会经济地位等因素将家庭分成不同类别，对房地产税的支付

---

① 张平、侯一麟：《中国城镇居民的房地产税缴纳能力与地区差异》，《公共行政评论》2016年第2期。

能力进行多维度的比较。结果显示，不同区域和家庭的房地产税支付能力存在巨大的差异。由基尼系数衡量的支付能力差异甚至超过了收入差距，表明房地产税的设计需要充分考虑不同家庭的支付能力。这种地区间的巨大差异充分突出了房地产税的地方税特征。对于作为地方税的房地产税，地方政府可以采取不同的税收制度设计和以不同的税率征收。因此，支付意愿和支付能力两个方面均表明，房地产税在政府层级归属中应该且需要作为地方税而存在。

四、地区间异质性和偏好多样性

学者们倾向于运用财政分级制理论（fiscal federalism）和地方自治权的重要性来解释房地产税的地方化，认为地方依赖房地产税是由于对公众需求的回应和公民参与的激励。约翰·瓦利斯（John J. Wallis）将19世纪早期美国房地产税在州一级政府的减少归因于资产收入的上升；将20世纪州一级房地产税的消失归因于州政府控制房地产税的做法难以在更大的地理实体中实现房地产税与公共支出受益人之间的匹配。除了由于州政府引入其他收入来源（主要是销售税和所得税）的影响外，我们认为，房地产税的地方化也和更加复杂的经济结构导致的各地日益增加的地区间异质性有着重要的联系，这使得州政府更加难以满足房地产税的不同纳税人的差异偏好。正如理查德·伯德（Richard M. Bird）所认为的，"只要在偏好和成本上有变化，就存在通过开展公共部门行动，顺应分散趋势而提高效率的可能性。"[①] 华莱士·奥茨（Wallace E. Oates）认为从纯经济的角度来看，地方政府旨在对应不同的偏好和成本提供相应的公共服务水平来提高整个公共部门的效率水平。[②] 因此，日益增加的地区间异质性不断要求地方政府拥有自己的收入来源，而房地产税是自有收入来源中最重要的一种。异质性和多样化也就意味着对地方化的需求，要针对不同的人群提供个性化的公共服务，这一点只有具有信息优势的地方政府才能做到，也只有地方政府才具有效率优势。

在地方对税收和支出的自主权和地区间的异质性互相影响的过程中，政府间财政转移支付会被用于支持和控制地方政府。其功能和目的包括促进国家标准的建立，使州/省

---

① Richard M. Bird, "Threading the Fiscal Labyrinth: Some Issues in Fiscal Decentralization," *National Tax Journal*, Vol. 46, No. 2, 1993, pp. 207-227.
② Wallace E. Oates, "Local Government: An Economic Perspective," in Michael E. Bell, David Brunori and Joan M. Youngman, eds., *The Property Tax and Local Autonomy*, Cambridge: Lincoln Institute of Land Policy, 2010.

和地方政府之间更加平等，鼓励提供某些额外的服务，以及覆盖税收和支出上的纵向外部性等。一方面，地方自主权和异质性的结合会产生和扩大跨区域之间的不平等；①另一方面，政府间的财政补贴则会倾向于减小跨区域间不平等，从而减少跨区政策结果间的异质性。复杂的经济结构带来了日益增加的跨区间异质性，地方财政的自主权力亦随着房地产税的地方化趋势同步上升。伴随着这一过程，更多的地方财政自主权会强化地方权力，从而进一步扩大区域之间的异质性。因此，跨区域间的异质性和地区财政权力会得到相互强化。地方税收（财政自主权）将导致地方财政差异（区域间的异质性）；区域间的异质性有利于富裕地区保持其财政竞争力。针对这种互相强化的趋势，出于缩小财政差异目的的转移支付可以一定程度上减少地区间不平等，从而降低区域间的异质性。

第二次世界大战之后，美国经济在更加复杂的经济形势和生产要素的伴随下显著地高速增长。随着房地产税的地方化，在 20 世纪 70 年代末期各地普遍对房地产税进行限制的背景下，地方政府纳入并实施了销售税和地方所得税的征收来扩大和多样化收入来源。理论研究表明在同质的地区，对收入和支出均有地方自主权的财政联邦制在经济上是有效率的；而从历史的角度来说，区域间的异质性和地方财政自主权本身可能导致税收收入和公共支出方面更大的差异。地区间异质性和地方财政权力彼此强化，最终使得我们看到今天美国地方财政以房地产税为主要自筹收入的景象。随着以销售税为主的其他税种的引入，房地产税在地方税收收入中所占的份额可能会进一步减少。这些收入成分的改变可能也会对地方财政管理的不同方面有着潜在影响，这有待以后进一步研究。

五、房地产税在美国政府层级间的演变

美国是联邦制国家，有联邦、州和地方三级政府，其地方政府具有较强的自治特征，房地产税作为稳定的地方政府收入来源在其中起着重要作用。但房地产税在美国并不一直是地方税，而是经历了由州政府主体税种向地方税转变的过程。20 世纪以前，房地产税收入也是美国州政府重要的收入来源。进入 20 世纪，随着所得税收入和销售税收入的增加，房地产税收入占美国州政府税收收入的比重逐步下降。然而，与此同时，房地产

---

① 奥茨认为，即便统一的国家项目，当由地方政府管理执行时，也会产生截然不同的结果。参见 Wallace E. Oates, "Schwab R M. The window tax: A case study in excess burden," *Journal of Economic Perspectives*, Vol. 29, No. 1, 2015, pp. 163-180。

税在地方政府中则一直保持着相当重要的位置，20世纪至今美国房地产税收入占地方政府税收收入的比重始终维持在70%以上。

瓦利斯将美国公共财政的历史简要地分为三个阶段，房地产税的发展与演变和这三个阶段联系紧密。[①] 1790年至1842年为第一阶段，此时所有层级政府的规模都比较小。房地产税在19世纪初是州政府单一的最大的收入来源，到19世纪30年代末，它们的重要性急剧下降，尤其是在东部州。从1835年至1841年，在大西洋沿岸地区的东部州，房地产税只占州收入的2%；而西部州由于其他收入来源较少，房地产税仍占州收入的34%。

1842年至20世纪10年代初为第二阶段，这一阶段为房地产税财政时期，地方政府的重要性迅速提升。在1840年之后，地方政府接管的政府行为所占比例不断增加。相对于州政府的投入，地方政府对基础设施，尤其是铁路、供水和污水处理、公用事业的投入呈现出明显增长。至1902年，地方政府的债务已是州政府的八倍；地方政府的收入也几乎是州政府和联邦政府的收入总和。

大萧条与罗斯福新政被认为是开启了美国第三阶段的财政制度。房地产税在第三阶段的演变从1900年就已经开始，在1900年至1942年间，地方政府大约70%的收入来源于房地产税。由此，房地产税正式成为地方税，财政收支与政府间财政关系的格局在1940年之后基本形成，保持运行至现在。在这段时间，地方政府持续课征房地产税；房地产税作为地方税一直延续至今，最终是地方政府发现"房地产税是获得财政收入最有效的方式"。[②]

六、结　论

梳理房地产税在美国政府层级间的变迁历史的相关文献，我们发现当我们认为房地

[①] John J. Wallis, "American Government Finance in the Long Run: 1790 to 1990," *The Journal of Economic Perspectives*, Vol. 14, No. 1, 2000, pp. 61-82. John J. Wallis, "A History of the Property Tax in America," in Wallace E. Oates, ed., *Property Taxation and municipal Government Finance: Essays in Honor of C, Lowell Harris*, Cambridge: Lincoln Institute of Land Policy, 2001.

[②] 原文为"local governments still found property taxes to be the most effective way of raising revenues"。参见 John J. Wallis, "A History of the Property Tax in America", in Wallace E. Oates, ed., *Property Taxation and municipal Government Finance: Essays in Honor of C, Lowell Harris*, Cambridge: Lincoln Institute of Land Policy, 2001, p. 24.

产税是理所当然的地方税时，房地产税在美国历史上曾有相当长的时间是州政府最主要的收入来源。房地产税在美国有着一个从州税逐步下沉最终几乎完全由地方政府征收和使用的过程。针对这一变化过程，我们发现，房地产税作为地方税，作为地方政府最主要的收入来源，有着重要的理论基础，同时也是在发展过程中经过实践所检验的最终选择。

财政分级制和公共选择理论构成了房地产税作为地方税的理论基础。财政分级制说明不同政府层级需要有自己的收入划分和支出责任，地方政府的信息优势决定了其应为公共服务提供的主体，而房地产税的税基不可移动的特征决定了房地产税是地方政府财源的最优选择。公共选择理论则强调居民偏好异质性的重要性，房地产税作为受益税的特征在很大程度上决定了房地产税是地方税。不同居民对受益税的支付意愿不同以及支付能力的巨大差异，需要房地产税有针对性地对税基定义、税率确定和税负豁免等方面实施差异化策略。随着经济社会发展复杂性的加剧，纳税人和受益者的匹配，只有基层政府做起来才更有效率，高层级政府逐步放弃房地产税而转移到其他税种是一种必然选择。地区间异质性的提高进一步印证了不同地区需要差异化的税负以及相应不同的公共服务支出设计。

从完善财税体系，理顺政府间财政关系以及提升地方政府治理水平等多个角度来看，中国推进房地产税改革是大势所趋。房地产税在中国应归属于哪一层级或哪几个层级？归属于不同的层级又将如何影响房地产税政策的可行性以及在居民中的可接受度？这些都是以后需要继续深入研究的问题。同时，房地产税在其他国家的演变历史及其成因还值得进一步研究，这将对我们深刻理解房地产税这一税种以及房地产税在不同政府层级和政府间财政关系中的定位具有重要意义。

（本文原载《中国行政管理》2016年第12期，原标题为《房地产税的政府层级归属：作为地方税的理论依据与经验启示》，收入本文集有删改）

试析日本政党政治的危机

复旦大学国际关系与公共事务学院教授 臧志军

一

关于政党政治这一概念的含义存在着不同的理解。一种观点认为，政党政治指的是一个国家通过政党来行使国家政权的形式。按此理解，政党政治是现代各国较为普遍的政治形式。另一种观点认为，政党政治指的是由两个或者多个政党通过选举轮流或者共同执政的政治形式。按此理解，政党政治只存在于资本主义代议制民主政体中。本文所使用的"政党政治"概念属于后一种。

就世界史的角度来看，政党政治是伴随着近代资本主义议会制度的产生而产生的，到19世纪末20世纪初，英、法、美等主要资本主义国家都确立了政党政治体制。与欧美老牌资本主义国家相比，日本政党政治体制不仅确立时间晚，而且具有自身的特点。

至于政党政治危机，迄今为止其表现主要有两种类型。一种类型是因为一党独大长期执政（甚至于出现事实上的一党制）而导致政党轮替陷入停滞甚至被废止。另一种类型是由于社会政治环境的变迁或政党自身的因素，导致公众对参与政党主导的政治活动热情降低或者不满增加，使得政党政治难以继续提供政治体系运行所需要的民意基础和制度安排，难以为政党政策提供必要的合法性支撑，政党政治体系的结构、功能、威望、行动能力、运行秩序等濒于危机的状态。

就世界资本主义政治史来看，政党政治危机早已出现。例如1929年底至1933年的资本主义经济危机时期就曾经在德、美、日等国出现过政党政治危机。

第二次世界大战以后，尤其是20世纪六七十年代以来的政党政治危机与战前相比有很大的区别：一是危机主要表现为社会公众对于政治的冷漠、政党支持率的低下以及政党政治功能的障碍，而不是政党轮替的停滞；二是其结果主要是导致政治体系运行的迟滞，而不是极权独裁体制的建立；三是涉及面广，持续时间长。

二

与欧美资本主义国家相比，日本政党政治的发展道路较为特殊。

日本在明治维新后不久的19世纪七八十年代就产生了一批早期的近代政党。1898年日本第一次建立了政党内阁。不过在明治宪法体制下，国家由世袭的天皇统治，天皇依照宪法总揽统治权，内阁和议会只是辅弼天皇行使相关权力的机构，军队统帅权独立于立法机关和行政机关，直接归天皇，加之军部、枢密院等势力具有很大的政治权力，一个政党即便获得了议会中的多数席位、组成内阁上台，也不意味着其获得了政府的支配权。

1932年的"5·15"事件后，明治宪法体制下的政党内阁结束，日本在不断扩大对外侵略战争的过程中确立起了法西斯统治。政党内阁的再次上台是在第二次世界大战日本投降之后。

1945年日本投降后，根据盟国占领当局的指示开放党禁，一时间政坛上出现了众多政党相互竞争的格局；同时确立了由在众议院占据多数席位的政党出来组织内阁的制度。但是这并不意味着日本已经建立起了政党政治体制，因为日本处于被占领的状态。

1951年，日本与美国等国家签订了《旧金山和约》，基本结束了战后被占领的状态。此时国际上冷战爆发，日本国内被称之为"革新力量"的社会民主主义势力持续高涨，几乎可以与保守势力一决雌雄。如果任其发展下去，很有可能形成多党轮流执政，并且由"革新力量"首先执政的局面。当时的日本保守统治集团和美国对此极为恐慌。1955年，在美国以及日本财界首脑的大力撮合下，日本主要保守政党实现联合重组，建立了自由民主党。此后，该党利用执政党的有利地位，通过选举制度等一系列正式制度安排，"派阀政治"和"模拟政权交替"等非正式制度惯例的运用，以及对于来自中左和极右方面的政治主张的广泛吸纳，建立起了"多党并存、一党独大"的政党体制，维持了一党长期执政的格局模式。这种格局被称为"55年体制"。显然，"55年体制"从一开始就具有极强的封闭政党轮流执政的企图和功能，与前述的政党政治的一般特征存在较大乖离。

1993年自民党长期单独执政局面宣告结束。政党林立，政局不稳，内阁更迭频繁，这使得保守政治势力忧心忡忡。但是有一点让它们感到欣喜的，那就是随着冷战的结束，通过保守政治势力主导的众议院选举区制度的改革，以往长期占据大致三分之一议席的社会民主主义力量受到重大打击，最终失去了与保守势力抗衡的能力，日本政党政治终于实现了"总体保守化"。对于保守政治来说，接下来的目标就是尽快建立起由两大保守政党轮流执政的政党体制，以此重建保守政治的长期统治并提高统治的效能。但是，冷战后的日本政党政治并没有向着保守政治势力希望的方向演变，而是陷入了持续和深刻的危机之中。

三

20世纪90年代以来，日本政党政治的危机主要表现在以下几个方面。

（一）政治冷漠症蔓延

广泛的政治参与是政党政治运转的动力来源，然而20世纪90年代以来日本民众患上了严重的政治冷漠症。

这种政治冷漠症不仅表现在众议院议员选举中，在其他选举中也十分明显。日本各类主要选举中的投票率最低的年份均出现在冷战结束以后。

民众对于政治选举的冷漠与对政党的冷漠联系在一起，包括执政党在内的主要政党的支持率总体下降。以自民党为例，20世纪七八十年代，支持率在百分之三十几至百分之四十几，进入90年代后下降至百分之二十几。与此同时，无特定支持党派阶层迅速扩大。2009年以后的自民党、民主党的支持层极不稳定。

选举投票率和政党支持率的低下，反映出该国政党政治的功能出现很大障碍，有大量国民不认为现存政党能够反映他们的利益诉求。

政党在地方政治中的影响力下降。20世纪90年代以来，在都道府县知事选举中，出现了许多以无党派身份当选的知事。这些当选者中间有许多人婉言谢绝了来自政党的提名邀请。显然，他们之所以这样做的唯一理由是以无党派身份参选可以获得更加多的选票。

（二）政党分化重组频繁，政局动荡

冷战时期日本政坛上政党数量不多，"55年体制"时期在国会中拥有过席位的政党主

要有自民党、社会党、共产党、公明党和民社党。冷战结束后，日本政党数量急剧增加。2013年3月，在国会拥有席位的政党数量达到13个。政党之间频繁地合并、分化和重组，政治家不断跳槽。大党中的国会议员，一有机会便改换门庭或者另立门户，以求成为多党竞争中各方都要争取的"关键性的少数"。新建的小党往往在议会中只有一两个席位，根本无法履行政党的基本功能，其能做的只不过是待价而沽，争取在新一轮的政党重组或党派争斗中谋求自身利益的最大化。过去在日本常有人批评某些政党的政治家只考虑"党利党略"而置国民利益于不顾，在现在的日本政坛即便是关注"党利党略"的政治家也已是凤毛麟角了。如此状况势必导致政局的动荡。从1993年8月至2012年12月这233个月间，日本已经经历了15届内阁，平均每15个月换一届内阁。如此频繁的政权更迭，政治的"停滞"和大量社会政治问题的累积便是当然的结果了。

（三）政治对立轴的缺乏

政治对立轴的存在是政党政治得以正常运转的前提，如果政党之间不存在明显对立的政策主张，则政党轮替就失去了合理性和必要性。

日本政治中政治议题的对立向来不那么尖锐。在"55年体制"下，日本政治表面上呈现保守与革新对峙的格局，保守政治势力和以社会党为首的革新政治势力之间的在国家政策层面的对立轴似乎很清晰，但是在政治实践中双方并非一直处于尖锐对立的状态，所谓保守与革新的对立越来越形式化。

冷战结束以后，日本政党之间缺乏明显的政策对立轴的状况更加明显。几乎所有的政党都致力于将自己变成为一个"综合百货商店型"的政党，以期能够满足各方"顾客"的各种需求，由此造成主要政党政策之间缺乏明显的差别。意识形态方面的总体保守化加剧了各主要政党政策主张的一边倒和同质化。很多来自不同政党的政治家大致处于同一个坐标区间。在政治上坐标位置与其他主要政党明显不同的只有日本共产党、社会民主党等极个别政党，这些政党势力过于孤单，即使其政治坐标与其他政党相比有较大区别，也很难影响日本国家的未来走向。

政治对立轴的缺乏直接阻碍了政党轮替的顺利进行。在野党想不出动员选民支持自己、让执政党下台的有力的政策理由，不得不将要不要进行政权更迭本身作为议题，2009年8月进行的众议院选举便是如此。

其实日本政治并非不存在意见截然对立的议题。例如，日本今后走什么路就是一个存在着截然对立主张的议题。然而在总体保守化的氛围中，日本政坛有实力的政党均不愿意看到这一议题成为政党政治中的对立轴。

政治主张之间的严重的同质化，导致政党政治无法向国家和民众提供多样化的战略和政策选择，无法满足国家发展和民众生活所提出的多样化的需求，政党政治的功能出现了障碍，从这个意义上讲，政党政治对立轴的缺乏也是政党政治危机的表现。

（四）政党政治异化为朋党政治

所谓朋党指的是抛弃信仰、理念和政策主张之间的差异，为实现各自的私利苟合而成的政治集团；而朋党政治指的是政党之间抛弃自己的信仰、理念和政策主张，为实现各自的私利而不断进行的离散聚合。1993年以后的日本政党政治呈现出明显的朋党政治化的特征。

很多政治家频繁跳槽，过去在政治理念和主张方面互为水火者可以随时变成党内同志，同样，只要能够获取个人利益，政治家可以随时改变自己的政策主张。

政党本应是由具有相同政治信仰、理念和政策主张的人组成的政治集团。但是日本的诸多政党早已不是如此，以民主党为例，其党内既有市民派的政治家，也有国家主义者；既有保守主义的信奉者，也有自由主义的政治家；既有自民党的退党者，也有社会党的叛逆者，不同人物最大的交集只有一点，那就是获取和维持政权。

就政党关系来看，从由七党一派联合而成的细川内阁的建立，到为夺回政权而形成的自民党和社会党、新党先驱这些政治理念存在重大差异的政党之间的苟合，再到新进党的诞生和分裂、自民党和自由党的合作、自由党和民主党的合流、自民党和公明党的联合，政党的聚散离合只有一个目的，就是获取或维持政权。

政党政治的朋党化意味着政党的社会利益表达功能的丧失，政党成为自身利益的代表者和维护者，日本政治体系中由此遇到了结构性缺陷的障碍和扭曲。

（五）"剧场政治"盛行

"剧场政治"的主要特征是：政党和政治家无视或忽视政治所担负的维护社会正义、促进社会进步以及表达利益需求的功能，以获取更多数量观众的更大声的喝彩，从而获取政权（当选）、维持政权（连任）为最大的目的，并且为此而不择手段。

世纪之交，日本的"剧场政治"倾向日益明显，"刺客"之成为政党政治的惯用手段就是一例。自民党总裁兼内阁首相小泉纯一郎为了强行通过"邮政事业民营化相关法案",不仅取消对党内持反对意见的政治家的参选提名,而且"空降"多名"刺客"到那些政治家所在的选区与其竞选。民主党抄袭了这一做法,在2009年众议院选举中精心组织了一批美女、名人"刺客"用来对付自民党的大腕级政治家。这些"刺客"中的大部分人并没有受过必要的政治历练,缺乏政治基础和政治能力。他(她)们之所以被挑选为"刺客"首先是因为他(她)们在一般民众中的知名度,而这种知名度通常并不是来自他(她)们的政治主张和政治能力,而是来自他(她)们在其他方面的特长。

"人气政治"是"剧场政治"的孪生兄弟。所谓"人气政治"指的是这样一种现象:政党或政府的支持率主要取决于政党或政府中个别人物的个人魅力,而不是政党、政府和该人物的政治主张。

政治需要"表演",政治合法性离不开"人气",但是当表演成为常态,人气本身成为目的时,政党就偏离了其本来的使命。

(六) 极端主义渐行其道

资本主义政党政治的一般形态具有中道的色彩,虽不时有所摇摆,但却不走向极端;政坛上存在着左、中、右的分野,也存在着极端主义的势力,但是在正常情况下,极端主义势力的影响力极为有限,它们不仅不能左右国家政治和政策走向,甚至无力影响政治与政策话题的设定。

冷战时期的日本政党政治虽然与英美模式不同,但是即便是一党独大的执政党自民党也较少极端主义色彩,其他政党更不待言;政坛上虽然也有极端主义言行,但是总体而言其势力孤单,影响微弱。冷战结束以后,尤其是近年来情况却发生了很大变化。各种极端主义言行逐渐取得了政治和政策话语权,并形成政治集团,开始影响日本国家政治和政策的走向。

现实中的极端主义有的是基于某种政治理念,有的则与政治信仰无关而仅仅是一种机会主义的政治手法。作为机会主义政治手法的极端主义主要表现为:提出一些根本不具有现实可行性的理想蓝图或者是政策,以此为手段来动员民众,争取支持,以实现自己的政治目标。

极端主义势力的壮大和极端主义政治手法的泛滥不仅是特定政治人物政治谋略的结果,也因为现实中有许多日本民众对原有政党和政党政治深感失望,极端主义的渐行其道本身就是政党政治危机的表现。

（七）统治能力低下和非传统政治力量的兴起

日本"55年体制"下的统治结构被称为"政-官-财铁三角"。这一结构曾经有过很高的统治绩效。然而也正是在这一统治结构下，日本经济、社会、政治积累下了深刻的矛盾。

"55年体制"下统治的特征之一是经济增长优先。在日本，经济的增长的根本动力来自资本对于利润的追求。国民的整体社会福利和保障水准虽然随着经济的增长曾经有过大幅度的提升，但是与经济增长相比，既不同步，也不持续。尤其是进入20世纪90年代以后，当日本国内泡沫经济崩溃，劳动者的就业、福利等保障面临重大危机，人口老龄化的发展要求社会和政府投入更多的资源时，不断追逐利润最大化的资本却纷纷转向海外，由此加剧了日本国内经济的长期低迷以及各种社会问题的凸显。

"55年体制"下统治的特征之二是中央集权体制。在中央集权体制下，日本政府通过财政转移支付手段，在全国范围内实现了统一标准化的基础公共服务供给，改善了偏远和落后地区的生活、生产条件。然而，长期实行的僵硬的中央集权体制也遏制了地方的创造活力，降低了统治效能。

"55年体制"下统治的特征之三是利权交易。利权交易本来就是资本主义民主政治的基本特征，从某个角度而言，它有助于培养政党和政治家们的"敬业精神"。然而日本的一些政党和政治家们却不时将其玩到了极致，以至于违背了商品经济中等价交换的基本规则。在社会福利和社会保障水平增长的时候，日本民众对此总体上采取了容忍的态度，泡沫经济崩溃之后，民众对于政治腐败容忍底线变得越来越低。

20世纪90年代以来，包括既存政党在内的日本统治结构在解决上述经济持续低迷、社会矛盾日益凸显、地方活力不足以及遏制政治腐败方面虽然有过不少举措，但却难以见到成效。统治能力的持续低迷使得人们越来越对现存的政党和政党政治丧失了信心。

在传统政党（包括那些由旧政党改头换面或者重组而来的所谓新政党）和政党政治陷入持续和深刻的功能危机的背景下，人们不得不将目光转向一些新的政治行为体。这些行为体的政治行为方式和政策关注点较之传统的政治行为体有较大的不同，它们的发育和壮大也是政党政治危机的产物。

四

导致冷战后日本政党政治危机的因素很多,主要因素有以下几个方面。

(一) 保守政治势力长期追求实现"总体保守化"的影响

"55年体制"下的日本政治在实行保守集权统治的同时,存在着诸多双重结构:国家政治层面的"保革对立"结构,执政的自民党内部的派阀与党的正式组织之间的相互竞争结构,中央和地方关系上的集权与自治矛盾结构,政治和行政关系方面的相互博弈结构。冷战结束以后,这些结构的负面效应越来越大,直接降低了保守统治的效能。为此日本的保守统治集团实施了一系列重要的改革,如众议院选举区制度改革、政治资金规正法改革、地方分权改革、中央政府机关机构改革等。通过这些改革,再加上保守媒体的不断渲染,保守政治力量如愿以偿地削弱了双重结构,实现了国家政治和社会的总体保守化。但是随之负面效果也开始显现:政治的对立轴消失,政党轮替的理由和动力不复存在;政党政治的自我目的化倾向日益严重,获取和维持政权成为政党活动的唯一理由……,政党政治的危机由此产生并加重。

(二) 经济持续低迷、政治主题转化的影响

在"55年体制"下,日本的执政党就逐渐成为拉票组织,通过公共事业预算项目的实施换取相关地区、阶层的选票。政党的自我目的化的利益诱导政策不仅会牺牲长期的经济增长,而且在财政上也是不能维持的,利益诱导政策的困境由此产生。当泡沫经济崩溃、日本经济陷入持续的不景气之后,无论哪个党执政都不可能再像过去那样有充裕的资源可以用于公共投资来换取选票,失去了实行利益诱导政策所必须的财政资源,政党影响力的衰落就不可避免。

高速经济增长阶段结束后,尤其是泡沫经济崩溃后,日本经济长期低迷,由此导致税收收入减少。与此同时,伴随着人口老龄化的发展,政府支出却不得不增加,这就导致了巨额的财政赤字。为了减少赤字,政府不得不压缩福利、医疗、教育等方面的支出,换言之就是向国民分配负担。分配负担就是分配痛苦,这必然导致国民的不满。其实这也可以用来解释冷战后日本政党政治危机的原因。

2009 年以来政府一般会计收入中来自公债的比例高达百分之四十多,这就好比一户家庭日常生活所需要的费用将近一半依靠借债,在此状况下,日本政党政治的主题转变为分配负担-痛苦实属无奈。任何政党开出的任何政策空头支票都变得非常容易被人识破,无论哪个政党执政都不得不向国民分配负担-痛苦,政党的合法性基础由此遭到削弱,政党政治的危机由此产生和加重。

(三) 社会转型、原有政党的社会基础风化的影响

信息时代的到来,社会结构的扁平化和碎片化导致两个后果:一是政策需求的碎片化和流动化,既有的政党结构因其官僚制组织的特征难以适应政策需求的上述变化。二是个体化表达和行动时代的到来。通过发达的咨询网络,人们不仅可以快速获取大量信息,随时大范围地发布自己的需求,而且可以迅速集结志同道合者,组成类似于"马赛克"那样的临时性的结构,采取行动。比较而言,政府和主要政党却反应迟缓,遭到舆论的批评。

原有政党社会基础的风化也是导致政党政治危机的因素之一。以自民党为例,自民党原来的选举基础主要是以道路等基础设施建设为核心的土木建设业界、邮政业界、医师会,以及农业、渔业界,但是由于财政困难,自民党从小泉纯一郎内阁开始不得不大刀阔斧地实行所谓"结构改革"。随着公用事业的大幅度削减,邮政民营化、道路公团民营化、医疗费用削减等措施的实施,那些原本靠上述公共项目获取利益的阶层逐渐离开自民党,自民党逐渐丧失了原来的选举基础,不得不转向浮动票,成为一个不稳定的政党。

(四) 政党组织结构的影响

日本政坛上的各主要政党大部分是经过复杂的离散聚合过程之后合并重组而成,其内部长期存在严重的派系内斗。以自民党为例,派阀政治是其最大和持续时间最久的特色。派阀主要承担选举互助和政治职位经纪功能,通常并不具有固定的政策倾向,其成员的政策倾向也未必一致。但是,当派阀在党内为其成员的政治职位而与党的正式组织或者其他派阀展开争夺时,却每每以对某项政策的支持或者反对为要挟。由此政党的决策效能大受影响,久而久之,政党变得越来越难以高效应对环境提出的需求,其合法性也随之下降。政党内部的派系政治降低了政党的政治效能,当这种现象普遍存在于各个

主要政党时，政党政治的危机就会由此而产生。

（五）两院制国会的影响

日本国会实行两院制。众议院可以随时解散，参议院不能被解散。这一制度安排会导致出现众议院和参议院分别由执政党和在野党占据多数的局面，即所谓的"扭曲国会"。根据日本宪法的规定，当两院对某些议案的表决结果发生冲突时，众议院的决议具有优先地位。但是即便有此类规定，在程序上这些议案还是需要经过参议院的审议。因为如果参议院没有完成审议和表决，则无法判断两院的决议是否存在冲突，也就不能援引宪法的有关规定以众议院的决议为准。在上述两院制制度设计下，只要条件具备，任何政党都可以滥用程序性的规定，使得政治无法有效地运行，政党政治的危机由此产生和加重。

2012年12月自民党在众议院选举中大胜，不仅如此，在众议院中出现了自民党、日本维新会等保守政治力量占据绝对多数的局面，有人据此以为，只要实现了保守政党大联合就可以消除日本政党政治的危机。这一判断不准确。首先，引发日本政党政治危机的因素是复杂和多样的，上述因素在短期内不可能消失，因此，日本政党政治的危机还将延续。再者，即便实现了保守力量的大联合，那也不过是一种危机形式取代另一种危机形式而已，规范意义上的政党政治在日本仍然不可能实现。

[本文原载《复旦学报》（社会科学版）2013年第4期，收入本文集有删改]

贫困治理的渐进平衡模式及其国际启示

复旦大学国际关系与公共事务学院教授 郑 宇

一、引 言

自 20 世纪中期发展理论兴起以来，反贫困研究成为经济发展的重要议题之一，发展中国家对于减贫的愿望也越来越强烈。然而，现有理论普遍认为消除贫困如同摆脱地心引力一样困难。在低收入发展中国家，贫困大量存在，减贫政策难以持续。[①]

在过去的 40 年中，中国取得了突出的减贫成就，绝对贫困人口减少了约 8 亿，占全世界脱贫人口的 70% 以上，实现了全面脱贫的目标。[②] 中国的减贫成功对传统的发展理论提出了两个重要挑战。第一，中国的贫困率远低于与其经济发展水平相似的国家。即使是与创造了发展奇迹的其他亚洲新兴经济体相比，中国的减贫幅度也非常显著。[③] 第二，减贫政策贯穿中国经济发展全过程，减贫成效得以持续推进。对于中国的减贫经历，中国学者进行了充分总结和分析，提炼出许多独特的中国经验，特别是中国共产党的领导和社会主义制度优势，推动了反贫困理论的丰富与发展。然而，中西方理论对于贫困研究的不同视角依然存在学术争论：中国的减贫经验到底是特殊性的实践知识，还是遵

[①] 相关文献参见 Lucy Page and Rohini Pande, "Ending Global Poverty: Why Money Isn't Enough," *Journal of Economic Perspectives*, Vol. 32, No. 4, 2018, pp. 173-200.
[②] 中国的减贫总数因贫困线标准不同而有所差异。按照中国 2010 年贫困标准计算（每年 2 300 元），中国 7.7 亿农村贫困人口摆脱贫困。按照世界银行的每天消费 1.9 美元（购买力平价）的国际绝对贫困线计算，中国有超过 8 亿人摆脱了绝对贫困。参见国务院新闻办公室：《人类减贫的中国实践》白皮书，《人民日报》2021 年 4 月 7 日，第 9 版。
[③] 参见 Guanghua Wan and Chen Wang, "Poverty and Inequality in Asia: 1965-2014," *WIDER Working Paper* 2018/121, UNU-WIDER, Helsinki, 2018. p. 13.

循了普遍性的发展逻辑?[①]

既有研究通常把减贫当作是一个单维度的政策目标和专门性的政策工具。而本文将贫困治理定义为国家主导的系统治理工程,通过多种政策工具来协调政府、社会与市场之间的关系,从而实现可持续发展,最终达到消除绝对贫困和减少相对贫困的目标。因此,贫困治理是一个比减贫含义更广的概念,也具有更强的主动性和延续性。贫困治理不仅是国家治理的核心内容之一,也是实现可持续发展的全球治理的重要目标。

中国的贫困治理在汲取了众多国际减贫理论思想的基础上,通过实践创新形成了具有鲜明本国特色的减贫经验。这既是一个从普遍性到特殊性的知识生产过程,也是新的普遍性知识孕育的过程。本文正是在总结提炼中国特色的减贫经验的基础上,尝试建立一个一般性理论分析框架,以系统阐释发展中国家贫困治理的共同特征和个体差异。

二、贫困治理的渐进平衡模式

本文认为,贫困治理不是单维度的减贫政策,而是国家主导的系统治理工程,需要靠政府、社会和市场各方的合力持续推动。贫困治理的目标是实现可持续发展,最终消除绝对贫困和减少相对贫困。但需要注意的是,发展中国家囿于国家能力和资源的限制,只能通过确定优先目标次序,从最紧迫的问题入手来分阶段推进。渐进式改革就是中国经济发展过程中最重要的特征之一。政府通过增量改革和试点推广等方式,使经济得以在转型中持续增长并获得了广泛的社会支持。中外学界对此已有广泛共识。[②] 由此可见,贫困治理和以增长为核心目标的经济改革的逻辑相似,也需要在逐渐推进的过程中扩大

[①] 关于中国发展和减贫模式的特殊性和普遍性争论,参见郑永年:《国际发展格局中的中国模式》,《中国社会科学》2009年第5期;谢岳:《中国贫困治理的政治逻辑:兼对西方福利国家理论的超越》,《中国社会科学》2020年第10期;徐秀丽、李小云:《平行经验的分享:中国对非援助理论的探索性构建》,《世界经济与政治》2020年第11期;Yuen Yuen Ang, *How China Escaped the Poverty Trap*, Ithaca Ny: Cornell University Press, 2016; Barry Naughton, "Is China Socialist?" *Journal of Economic Perspectives*, Vol. 31, No. 1, 2017, pp. 3-24.

[②] 林毅夫、蔡昉、李周:《论中国经济改革的渐进性道路》,《经济研究》1993年第9期;Barry Naughton, *Growing Out of the Plan: Chinese Economic Reform 1978-1993*, Cambridge: Cambridge University Press, 1995, pp. 7-13. Lawrence J. Lau, Yingyi Qian and Gerald Roland, "Reform without Losers: An Interpretation of China's Dual-Track Approach to Transition," *Journal of Political Economy*, Vol. 108, No. 1, 2000, pp. 120-143.

受益群体,减少利益冲突,但贫困治理有更广泛的政策目标,不同群体间的利益诉求差异也更难以分辨。

(一) 贫困治理的三重机制

渐进式的贫困治理是一个从不平衡到平衡发展的过程。这个过程的完成不仅需要依靠国家资源的大力投入,而且需要市场联动、政府社会协同和目标演进这三重机制的共同作用。在不同的现代化理论流派中,这些机制都得到了相应阐释,但都聚焦于如何实现经济增长的核心目标。而对于贫困治理这一多目标的过程,实际需要三重机制的整合和互动。

首先是联动机制,是指产业、城乡、地区之间形成的要素流动关系。贫困治理应利用不同部门间的差异产生联动效应,从而扩大经济增长的受益群体规模。阿尔伯特·O.赫希曼(Albert O. Hirschman)认为,经济发展是一个非均衡的链条,非均衡产生的利润和压力是推动继续生产的动力。对于后发国家来说,实现经济增长需要保持而不是消除这种非均衡。不平衡增长(unbalanced growth)战略成功的关键在于建立产业之间的前向和后向联动(linkage),集中资源发展联动性强的产业以带动整体经济增长。[①] 不平衡增长理论因此成为了许多发展中国家制定产业政策的依据。但是,不平衡增长只是后发国家在经济追赶过程中的阶段性战略。而对于已经实现经济起飞的国家,产业间的联动效应已经形成,就需要进行增长阶段转换,追求经济结构的再平衡。

贫困治理同样要经历从不平衡到平衡发展的过程。联动关系实质上指在差异基础上形成互补关系,包括上下游产业之间的分工差异,城乡之间的人口结构差异和地区间的发展水平差异。贫困治理需要的不仅仅是在产业之间的联动,也包括城乡之间和地区之间的联动。产业联动是实现经济持续增长的重要动力。通过产业链的建立和扩张,经济增长才能创造大量就业机会,产生显著的减贫效果。城乡联动有助于形成统一劳动力市场,也可以推动建立覆盖面更广的社会保障制度,缩小城乡差距,进一步扩大减贫效果。地区联动是利用地区之间的发展水平差异形成比较优势互补,加强地区间生产合作,为定向转移的减贫政策提供资源和动力。联动机制通过优化资源配置,在水平层面形成减贫动力,放大了经济增长的减贫效果。

---

① Albert O. Hirschman, *The Strategy of Economic Development*. New Haven: Yale University Press, 1958, pp. 98-119.

其次是协同机制，是指政府和社会之间形成的资源调动和分配关系。贫困治理既需要政府的强力推动，也需要广泛的社会协同参与。国家能力对于经济发展有重要影响。无论是东亚的经济奇迹和非洲的发展困境，国家能力都是一个重要的解释变量。① 从韦伯式国家理论的视角来看，国家能力强弱主要取决于政府是否具备控制社会的基础结构权力。② 一方面，强国家能力意味着社会控制的加强。具有集中决策机制和高效官僚机构的政府可以汲取大量资源，自上而下推进产业政策，实现经济增长。另一方面，政府渗入社会和攫取资源的能力固然重要，但是如果不能有效地调节社会关系和配置资源，是难以制定和执行理性计划的。因此，彼得·埃文斯（Peter Evans）认为，发展型国家应当具备嵌入式自治（embedded autonomy）的特征，即政府既有较高程度的自主权力，又能嵌入社会并与之积极互动。③ 早期的发展型国家理论强调发展中国家可以通过"计划理性"来制定产业政策，实现经济增长的目标。④ 这是基于政府具有强大的信息收集和处理能力的假设来做出的。然而，当政府和社会之间的关系更复杂、互动更频繁时，发展型国家也需要超越嵌入式自治模式。⑤

贫困治理对国家和社会互动有更高的要求，主要体现在三个层面：贫困治理的政策目标更多元，不只是经济增长；贫困治理的政策手段更多样，不只是扶持特定行业的产业政策；受政策影响的不只是同政府关系密切的社会精英，而是一个需求复杂的广泛群体。因此，贫困治理需要的国家与社会的协同并非一个嵌入式自治的静态结果，而是一个不断试错反馈调整的动态过程。协同机制的形成需要推动国家与社会的双向赋权，提

---

① 关于国家能力的文献参见 [美] 乔尔·米格代尔：《强社会与弱国家：第三世界的国家社会关系及国家能力》，张长东等译，江苏人民出版社 2009 年版；王绍光：《国家治理与基础性国家能力》，《华中科技大学学报》2014 年第 3 期；张长东：《国家治理能力现代化研究——基于国家能力理论视角》，《法学评论》2014 年第 3 期；Daron Acemoglu, Camilo García-Jimeno, and James A. Robinson, "State Capacity and Economic Development: A Network Approach," *American Economic Review*, Vol. 105, No. 8, 2015, pp. 2364-2406; Timothy Besley and Torsten Persson, "The Origins of State Capacity: Property Rights, Taxation and Politics," *The American Economic Review*, Vol. 99, No. 4, 2009. pp. 1218-1244; Brian Levy, "Governance and Economic Development in Africa: Meeting the Challenges of Capacity Building," in Brian Levy and Sahr Kpundeh eds. , *Building State Capacity in Africa*, Washington DC: World Bank Institute, 2004, pp. 1-42.
② [英] 迈克尔·曼：《社会权力的来源》，刘北成、李少君译，上海人民出版社 2007 年版，第 211 页。
③ Peter Evans, *Embedded Autonomy: States and Industrial Transformation*, Princeton: Princeton University Press, 1995, pp. 10-18.
④ Chalmers Johnson, *MITI and the Japanese Miracle: The Growth of Industry Policy, 1925-1975*, Stanford: Stanford University Press, 1982, pp. 17-34.
⑤ Peter Evans and Patrick Heller, "Human Development, State Transformation, and the Politics of the Developmental State" in Stephan Leibfried et al. , eds. , *The Oxford Handbook of Transformation of the State*, New York: Oxford University Press, 2015, pp. 1-27.

升国家治理能力。① 一方面通过组织体系对基层社会深度嵌入，扩大经济增长的涓滴效应，另一方面通过合理的资源分配方案，激发社会力量的自主性，因地制宜地实施减贫政策，在垂直层面形成减贫动力。这样才能扩大受益群体，减少贫困治理的社会阻力。

再次是演进机制，是指治理目标、方式和结构的改进提升过程。联动和协同机制的形成需要政府、社会、市场之间的持续互动。如洪源远所言，中国的治理水平与经济发展提升是一个共同演化（coevolution）的过程，初始时期的弱制度环境有利于地方政府发挥自主性，引入市场化激励措施，从而推动经济增长。而经济增长又反过来推动了制度环境的改善，形成相互强化的机制。② 在这个过程中，政府先确立阶段性政策目标，然后选择性试点，最后广泛推广。这种试错反馈的方式具有很强的环境适应性，可以根据资源的多寡、环境的优劣、试点的成败来灵活调整。因此，贫困治理的目标演进不是平滑的线性过程，而是在反复试错后的逐渐提升。

演进机制不仅体现在治理目标的分解和渐进执行，也体现在治理方式和结构的平衡与转换。其一是从绝对贫困到相对贫困的治理目标转换。治理绝对贫困强调水涨船高，通过经济持续增长提升社会整体发展水平，从而实现大规模减贫。对于经济增长难以惠及的特定人群，则需要靠专项规划来协助减贫。治理相对贫困则注重社会公平，在经济增长的同时利用社会政策补偿弱势群体的能力和机会缺失，缩小贫富差距。其二是从单维度到多维度减贫的治理方式转换。单维度治理将目标聚焦于货币化形式的贫困线，重点通过提高收入水平来减少贫困人口，减贫成本相对较低，但减贫成果较脆弱。多维度治理将目标同时放在生活水平、健康和教育方面，注重减贫的整体性和持续性。其三是集权和分权的治理结构平衡。集权治理强调自上而下的统一计划和部署，通过试点推广进行实施，分权治理则强调因地制宜的微观方案。集权治埋注重整体效率，但忽视了贫困成因的复杂多样。在实现了大规模脱贫之后，更需要多样化的精准扶贫方案来解决深度贫困问题。顶层设计、逐级分解的混合治理的优势就更能体现出来。

总之，这三重机制构成了贫困治理的渐进平衡模式的动力：市场联动机制扩大经济增长的受益群体，产生了水平动力；政府与社会的协同机制调动各方的积极性和参与度，产生了垂直动力；治理演进机制通过不断的试错调整来积累资源、调适治理目标、方式

---

① 王浦劬、汤斌：《论国家能力生产机制的三重维度》，《学术月刊》2019 年第 4 期。
② Yuen Yuen Ang, *How China Escaped the Poverty Trap*, Ithaca Ny: Cornell University Press, 2016; pp.3-5.

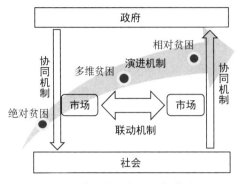

图 1 贫困治理渐进平衡模式

和结构,形成了上升动力。只有在这三重动力机制的联合影响下,发展中国家才可能实现增长、分配与减贫的平衡(见图 1)。

(二)贫困治理的政策实施次序

贫困治理的三重机制确立了政府、社会和市场之间动态平衡关系的基本框架。这些机制的作用则需要通过政策实施来体现。然而,在政策实施过程中,往往存在短期投入和长期收益之间,以及总体收益与局部损失之间的矛盾。如果联动机制产生的红利过早或过晚被用于提高社会福利水平,就可能造成政府与社会关系的不平衡,协同机制的作用难以发挥,从而导致贫困治理无法持续。因此,合理的政策实施次序对于三重机制的有效运转至关重要。从中国的政策实践来看,贫困治理是通过三个政策实施阶段得以推进的。

第一阶段是开发减贫。在 20 世纪 80 年代前期,通过农业体制改革促进农村发展是贫困治理的重点,减贫资金的投向目标也由分散救济型转向集中开发型,以激发重点贫困地区的增长动力。[①] 改革释放出的巨大增长动力使农村的减贫效果远高于城市。

第二阶段是保障助贫。到了 20 世纪 90 年代,经济高速增长使政府具备一定的财力来建立社会保障制度,对开发式扶贫进行了必要补充,从而从整体上改善了前期不平衡的减贫效果。

第三阶段是精准扶贫。在社会保障水平整体提高以后,绝对贫困人口显著减少,降低了实施对重点人群大规模转移支付的财政压力。2012 年以来,中国政府通过自上而下的全面动员,精准识别出贫困户并建档立卡,逐渐建立了联贫带贫的长效机制。

在这三阶段的政策目标演进过程中,产业政策、社会政策、帮扶政策分别是各阶段的主要政策工具。产业政策注重效率,通过增加对优势产业的投资拉动经济增长,提高整体收入水平并创造就业。社会政策强调兜底,通过建立最低工资标准和增加社会保障支出,提升了大部分人的福利水平,缩小贫富差距;帮扶政策强调平等,通过对贫困地区和人群进行定向转移支付和联结帮扶,争取实现全面脱贫。这些政策工具侧重不同的

---

① 中国财政科学院、联合国开发计划署驻华代表处:《中国扶贫可持续筹资报告》,联合国开发计划署,2016 年。

目标群体,且相互补充,如果能够同时推进,理论上可以实现显著的减贫效果。但是,所有这些政策都会产生实施成本。扶持优势产业的产业政策可能拉大收入差距,导致社会矛盾上升。高福利的社会政策会带来高负债和高通胀的压力,也会让未被社会福利覆盖的零工经济从业者更加脆弱。定点帮扶政策则对政府的治理能力要求更高,也可能进一步加大财政负担。这些潜在的政策成本都可能损害部分群体的利益,从而产生贫困治理的反对力量,使政府、社会与市场之间的关系更加复杂。

三、以发展中国家为例的理论检验

尽管渐进平衡模式发轫于中国的贫困治理经验,但它同时也是基于经济发展的普遍性逻辑,因此可以用来检验亚非拉地区发展中国家的贫困治理效果。特别是非洲。以非洲本土的贫困治理为例,不仅可以检验这一分析框架的解释力,同时还可以从发展中国家的多样化实践经验中发掘更多的普遍知识。而经验的多样性和知识的同一性之间的矛盾张力正是人类知识理论发展的内在动力。①

非洲一直是检验各种贫困理论和减贫政策的试验场。自 20 世纪 60 年代以来,独立后的非洲国家一直把经济增长当作国家发展的首要目标,但非洲国家经济增长缓慢,贫困问题反而更加严重。不过,一个值得注意的变化是,21 世纪以来撒哈拉以南非洲国家的减贫情况呈现出明显分化。

非洲国家的贫困问题既受制于地理位置、自然资源、人口、历史遗产等"先天条件",也会受经济增长、政治制度、治理能力等后天因素影响。但是,即使把这些因素都考虑在内,非洲国家之间的减贫差异仍然难以解释。基于此,我们需要把关注点转向非洲国家的贫困治理机制,进一步分析政府、社会和市场之间在经济发展过程中的互动关系。

为了检验联动、协同和演进这三重减贫机制是否有效,本文以埃塞俄比亚、加纳、尼日利亚为例,重点分析三个国家在工业化、社会保障和多维贫困治理方面的表现。联动机制强调产业对经济增长的带动能力,可以用工业化程度来衡量。工业化程度提高意味着产业联动能力的加强。协同机制强调政府和社会的平衡发展,可以用不平等程度来衡量。不平等程度高说明社会发展不平衡。演进机制强调减贫目标的提升和扩展,即从

---

① 韩震:《知识形态演进的历史逻辑》,《中国社会科学》2021 年第 6 期。

货币形式的显性贫困扩大到教育、健康、能力等方面的深度贫困。这个机制可以用多维贫困率和绝对贫困率的差异来衡量。当一国的多维贫困率显著高于绝对贫困率,则说明减贫目标只集中在单维度的显性贫困。尽管这三个非洲国家都有强烈的发展意愿,且经济增长持续时间较长,但贫困治理机制的效果不同,导致减贫效果大相径庭。

作为非洲最贫穷的国家之一,埃塞俄比亚经济发展的起点低,政府财政能力有限,福利支出比例也很低。但是,在埃塞俄比亚贫困治理过程中,联动和协同机制均已初步形成且发挥了作用。

作为经济发展水平相对较高的中等收入国家,加纳依靠产业政策来推动制造业的发展,发挥了产业联动机制的作用,在短期内产生了显著的减贫效果,但未能长期持续。

作为非洲人口最多且自然资源丰富的中等收入国家,尼日利亚的经济发展水平和加纳接近,自20世纪90年代以来一直保持较快的经济增长,但其经济增长主要得益于国际石油需求和价格上涨。由于缺乏相应的产业联动机制,财富过度集中,社会矛盾突出。

四、结 论

中国的减贫成就获得了国际社会的广泛认同,这是中国共产党领导下的中国社会主义制度和强大的国家能力所决定的。但在这一鲜明本土特色的基础之上,中国的贫困治理还显现了发展中国家的普遍特征。贫困治理不是一蹴而就的短期行动,而是需要不断调整改进的渐进过程,需要充分考虑社会分配过程中的资源和利益平衡,通过因地制宜的政策实践,不断扩大受益群体,减少政策阻碍、凝聚社会共识。

贫困治理渐进平衡模式符合经济发展的普遍性逻辑。减贫成功不仅取决于政府的高度动员能力,而且有赖于广泛的社会支持和有效的市场机制。唯其如此,消灭贫困这个宏大政治目标才不会发生偏离,并在持续增强的社会合力推动下稳步实现。这个模式对于理解贫困陷阱的形成和突破有普遍性意义,有助于拓展现有的国际减贫理论。这主要体现在三个方面。

首先是揭示了政府、社会和市场在贫困治理中的三重互动机制。第一重是产业、城乡和地区的联动机制,促进了要素流动,扩大了减贫政策的受益面。第二重是政府与社会之间的协同机制,凝聚了社会共识,降低了减贫政策的社会阻力。第三重是治理目标、方式和结构的演进机制,推动经济从不平衡增长过渡到平衡发展。这三重机制的合力使减贫成为了自我强化的过程:减贫既是经济增长的结果,也是可持续发展的前提。因此,在中国的脱贫攻坚战取得阶段性胜利之后,推动贫困治理重点从绝对贫困转向多维贫困和相对贫困,对于实现经济的高质量发展将是重要保障。

其次是强调贫困治理政策次序的重要性。传统的减贫理论强调资源禀赋、地理条件、历史遗产、制度、国家能力等因素的重要性,为减贫设置了前提条件,也将许多低收入国家置于贫困陷阱的宿命论中。中国经验证明,初始条件并非减贫的决定因素,合理的政策目标和次序才是影响贫困治理成败的关键因素。中国采取的渐进方式,按照开发减贫—保障助贫—精准扶贫的政策目标依次推进,利用了产业、社会和帮扶等政策工具,既保证了减贫资源的持续供应,又有效扩大了政策的受益群体,减少了社会阻力,最终取得了显著的减贫成效。对于许多发展中国家来说,即使没有有利的先天条件和强大的国家能力,只要根据自身条件量力而行地制定减贫战略,并随着环境变化调整政策目标和方式,扩大减贫的利益同盟,仍然有机会摆脱贫困陷阱。

最后是推动了国际发展的同一性和多样性知识生产的结合。21世纪以来,全球化的推进和科技进步使世界面临着许多前所未有的新发展问题,贫困问题的实质也发生了重要变化。而基于西方发达国家早期经验的发展理论体系并没有给出这些问题的答案,却坚持一元的思维体系,把减贫看作是一个单纯的技术问题,希望通过要素组合找到标准答案。从具体方法来看,近年来广受关注的随机试验方法(RCT)被越来越多地应用于减贫实践,并因此获得诺贝尔经济学奖,其似乎成为了减贫的最佳方案。[①] 但是,随机试验方法的效果受试验地区的环境和人口因素影响很大,无法形成规模效应,难以对整体减贫产生显著影响。[②] 而中国的减贫实践说明,贫困治理没有标准的成功配方和预设条件,而是一个在"干"中"学"的动态平衡过程。

渐进平衡的贫困治理模式展示了理解发展中国家贫困治理的一般性逻辑,同时也强调了因地制宜政策实践的重要性。每个国家的发展经历都是兼具特殊性和普遍性的,必须由发展中国家根据自身条件来探索,在实践中找到适合国情的有效方案。

(本文原载《中国社会科学》2022年第2期,原标题为《贫困治理的渐进平衡模式:基于中国经验的理论建构与检验》,收入本文集有删改)

[①] Abhijit V. Banerjee and Esther Duflo, *Poor Economics, A Radical Rethinking of the Way to Fight Global Poverty*, New York: Public Affairs, 2011, p. 14.

[②] Angus Deaton and Nancy Cartwright, "Understanding and Misunderstanding Randomized Controlled trials," *Social Science & Medicine*, Vol. 210, 2018, pp. 2-21.

8 世界体系与秩序

开启国际关系研究的新路径

复旦大学国际关系与公共事务学院教授　徐以骅

2013年8月7日,《中国民族报》刊登了中国社会科学院世界宗教研究所所长卓新平教授《科学研究马克思主义宗教观　发展中国宗教学》一文,其中提到了1963年12月30日毛泽东主席对开展世界三大宗教(时称耶稣教、回教、佛教)研究的批示。其实,毛主席所批示的是中央外事小组和中央宣传部根据毛主席和周恩来总理的指示,在1963年12月15日提交中央的《关于加强研究外国工作的报告》。该报告在指出国内"研究外国工作"所取得的成绩的同时,列举了该项工作所存在的五个方面的问题,认为该项工作"还远不能适应当前形势的需要,不能很好地为国际斗争服务"。毛主席在对该报告的上述批示中一开始就指出:"这个文件很好。但未提及宗教研究。"毛主席接着写道:"对世界宗教(耶稣教、回教、佛教),至今影响着广大人口,我们却没有知识,国内没有一个由马克思主义者领导的研究机构,没有一本可看的这方面的刊物",并且最后他还强调指出"不批判神学就不能写好哲学史,也不能写好文学史或世界史"。[①]

显然,毛主席把研究世界宗教作为"研究外国工作"的一个重要环节。根据毛主席和党中央的有关指示,1964年我国在正式设立中国社会科学院世界宗教研究所的同时,在高教界还创建了复旦大学国际政治系(主要任务是培养研究西欧、北美资本主义国家的人才)、北京大学国际政治系(主要任务是培养研究亚非特别是印度、阿拉伯国家的人才)和中国人民大学国际政治系(主要任务是培养研究国际共产主义运动史的人才),此三大院校至今仍是我国高校的国际关系研究重镇。上述世界宗教以及国际政治的科研和教学单位在同年建立绝非偶然,而是毛泽东主席、周恩来总理和党中央对国际问题研究整体布局的一个组成部分。因此,1964年不仅成为新中国成立以来我国正式开展建制性

---

① 《毛泽东文集》(第八卷),人民出版社1999年版,第353页。

世界宗教学术研究的元年,也蕴含或预示了宗教研究与国际关系研究两大学科未来相互接纳和嵌入的发展方向。

然而,尽管早在宗教复兴浪潮席卷全球之前的1964年,我国就已经有融合宗教与国际关系两大学科研究的顶层设计,但两大学科的实质性和机构性交汇,却姗姗来迟。就复旦大学而言,虽然校内一直有宗教以及国际关系研究的建制,分设于哲学系和国际政治系,两系一度还在同一幢大楼办公,但宗教与国际关系两大学科却仍似"两股道上跑的车",少有真正学科意义上的交集。因此。2004年复旦大学国际关系与公共事务学院(2000年由国际政治系改制而建)宗教与国际关系研究中心的成立,便颇有"救过补阙"的意味。而我国高校宗教与国际关系研究的发展,也是对全球宗教复兴和国际关系"宗教回归"的学术回应。

随着全球化进程的展开,国际宗教问题研究对我国对外关系和对外战略具有越来越重要的意义。自冷战结束尤其是"9·11"事件以来,宗教在国际关系中的地位急速提升,已然成为各国国家安全与对外战略考量中不可回避的重要因素。从我国历史看,宗教也是中外文化交流的重要载体与精神纽带,玄奘西游与鉴真东渡的佳话至今传颂。实际上,宗教交流是中国与外部世界在思想文化、价值观和情感层面的互动,其影响往往要比经贸等交往更为深刻和持久。

然而,就目前而言,宗教仍是中西之间相互认知水准最低、信任赤字最大、分歧最为严重的一个领域。由此造成的后果:一是尽管我国拥有极其丰富的宗教传统和资源,但我国在宗教领域的国际贡献却远未得到充分的承认与肯定;二是尽管我国各种宗教信仰在海外拥有庞大的信众群体,却未能成功地转化为维护与促进我国国家利益的因素;三是尽管我国在政治、经济、军事等领域的硬实力已举足轻重,但在宗教领域的国际话语权和影响力却明显不足,在对外交往中呈现出明显的"软硬失衡"的态势;四是尽管我国致力于营造和谐健康的政教和教教关系,却未形成向国际社会有效阐述真实宗教国情以及在宗教领域的政策论辩能力,常常在一些国家对所谓中国宗教问题的"政治化"以及政治(主权)问题的"宗教化"运作面前陷于被动。因此,在我国全方位"走出去"和国家利益全球化的背景下,实现宗教与国家总体外交的良性互动,便成为我国和平发展以及民族复兴进程中具有全局性意义且亟须面对的战略问题。

早在50年前,我国领导人就已清醒地认识到,不了解影响世界广大人口的宗教,我们就无法真正有效地开展学术和外事工作。在50年后的今天,我们更有理由认为,不了解当前世界宗教的发展及其对中国的影响，我们无法对我国所面临的国际形势以及我国的对外战略作出准确的研判。国内的国际关系研究界要紧紧抓住中国和平发展的战略机遇，在以下几个领域作出更大努力。

第一，形成对世界宗教发展的长期趋势和当前动态的分析能力。在近十多年间，国内学界对国际宗教问题的研究能力已有相当大的提高，有关机构、会议、课程、讲座、培训、项目、出版物等为数已相当可观，在相关学科内宗教研究已呈"主流化"趋势。但就整体而言，除某些涉华议题外，国内学界对国际宗教问题的研究还处于介绍、积累和起步的阶段，缺乏具有统摄性的"元理论"，对宏观层面的世界宗教发展趋势和微观层面的各国宗教状况均缺乏原创性和标志性的研究成果，尤其是缺乏地区乃至全球范围的大规模实地调查和资料收集工作、还不充分具备建设权威数据库和相应数据处理能力。这些短板或不足均成为制约我国开展相关研究的瓶颈，与中国作为具有深厚宗教传统以及全球利益的大国的地位是不相称的。

第二，形成向国际社会有效阐述真实宗教国情、政策和实践的论辩和设置议题的能力。由于受到体制性制约，我国在与外部世界的交往中对本国的事常常是只做不讲或多做少讲，在一些涉及中国的重要议题上集体失语，导致国际社会对我国发展的现状所知甚少，甚至蜚短流长。我国的真实国情与国际形象之间存在较大差距，这在宗教领域尤其如此，以至于民众覆盖面较窄的实地性观察和体验性接触，即"百闻不如一见"，成为国际社会了解我国真实宗教国情的有限渠道，而目前我国和合共生的宗教生态、宗教信仰自由不能脱离本国发展实际的历史观、以民生发展促进民主进步的人权观、以健康和谐作为政教关系更高追求的政教观，以及作为世界宗教产品主要提供者等"中国特色"和"中国方案"，基本上仍停留在实践和本国层面，而未成为国际性的理论议题。因此，在我国宗教问题日益具有国际效应的当下，"增强国际话语权、妥善回应外部关切"，充分论述和展现我国在宗教领域所取得的长足进步以及正视所存在的种种问题和不足，敢于发声和善于论辩，已成为国内宗教学界难以回避的使命。

第三，形成塑造我国国际宗教形象、参与宗教领域民间交流和公共外交的能力。当前我国的国际参与已经不再限于政治和经济领域，而且日益涉及文化和宗教领域。随着我国改革开放的深入发展，塑造大国形象已构成当前我国国家利益的要素。国际形象是一国软实力的重要来源，而宗教形象又是分量较重的国际形象要素，处理好国内外宗教问题因此也成为我国树立负责任大国形象的重要环节之一。

宗教向来是中外文化交流的重要组成部分，民间交流和公共外交无论是过去还是现在都是宗教和宗教团体介入我国对外关系的主要途径。在过去的十几年间，随着我国国力的对外伸展，中国宗教也日益走出国门，并且在"中国基督教《圣经》事工展""伊斯兰文化节""世界佛教论坛""国际道教论坛""中阿丝绸之路文化之旅"等活动中均可见到我国宗教学者的身影。2013年5月28日，习近平主席在会见美国洛杉矶市市长安东尼奥·维拉莱戈萨（Antonio Villaraigosa）时指出，推动中美关系发展，不仅要自上而下，也要自下而上，因为"中美关系根基在地方、在民间、在基层"。宗教作为中美关系最具地方性、民间性和基础性的因素之一，其对推动中美关系进一步向前发展的潜能和必要性都是不言而喻的。2013年9月7日，习近平主席在哈萨克斯坦纳扎尔巴耶夫大学发表演讲时，再次强调"国之交在于民相亲"的朴素道理，认为古丝绸之路留给后人的宝贵启示，就是"只要坚持团结互信、平等互利、包容互鉴、合作共赢，不同种族、不同信仰、不同文化背景的国家，完全可以共享和平，共同发展"。显然，那些动辄把宗教打入"另册"、斥为"鬼神信仰"的人士的做法不仅不符合党的宗教政策，而且与我国当前对外关系的大政方针格格不入。公共外交从由政府主导的传统公共外交向主要由非政府组织推进的新公共外交的过渡乃是世界各国公共外交的发展趋势，国内宗教学界无论作为研究者和参与者介入民间交流和公共外交领域都大有用武之地。

第四，形成引导公众舆论以及对政府部门建言献策的能力。由于现代资讯的发达和宗教的普遍存在，各国都出现了所谓"不差细节的无知"（detailed ignorance）现象，即包括学者和官员在内的大部分人士对国内外涉教事件尤其是涉教暴力事件的细节并不陌生，甚至耳熟能详，但却缺乏将这些事件置于整体背景下加以理解和诠释的知识框架。有国际学者根据美国的情况就提出这样的告诫："研究宗教好像不需要技术知识和专门研究的做法将带来非常不幸的后果。因为这意味着宗教——或宗教观点（作为更技术性的说法）——在没有受到大多数主张都受到的批评性评论和审查的情况下进入公共话语。如果人人都声称是专家，那么人人都可就该问题的真理或谬误发表最后的意见。"目前国内智库建设正在积极推进，本人所在的大学也在建设包括宗教对策研究在内的多个智库。国际学界关于智库的职能以及如何界定智库有各种说法，我以为所谓智库至少要起三种"桥梁"作用：一是智库要在学界和政界之间架桥，要把新的理念、思想和建议提供给政府决策者，以推动创新思维、国家治理（善政）以及社会进步；二是要在政府和民众之间架桥，促进政府与民众的互动和互相理解，引导社会舆论，通过发布权威信息和提供建议的方式使"下情上达"和"上情下达";三是要在中国社会与国际社会之间架桥,尤其是加强与国外同行的机构性、常规化交往,以学术交流的方式促进我国对外的民间交流和公共外交。宗教研究智库除了上述三大功能外,还要在政府、学界、社会和教会四者之间的互动中发挥智力服务、对话沟通、促进变革的作用。

宗教发展的国际政治化趋势,使结合神圣与世俗、身边和天边的学术研究更具有现实性和挑战性。一向受启蒙主义和理性主义统辖的国际关系学如何应对和处理宗教的国际政治化挑战,也已被提上了重要研究议程。在即将迎来本校国际政治系成立50周年之际,我们有理由相信,随着宗教复兴全球化以及中国对外开放进程的推进,国际关系研究和世界宗教研究,以及作为两者之结合的宗教与国际关系研究,也将会迎来更全面深入的推进。

(本文原载2013年9月24日《中国民族报》,原标题为《推进宗教与国际关系研究,助力中国对外关系新发展——写在复旦大学国际政治系成立50周年前夕》,收入本文集略有改动)

国家治理、全球治理与世界秩序构建

复旦大学国际关系与公共事务学院教授　陈志敏

在中国，全球治理的理念先于国家治理的概念进入了学界和政府的话语体系。随着中共十八大正式提出要实现国家治理体系和治理能力现代化，治理的国家层面也得到了高度重视。本文试图将国家治理、全球治理与世界秩序的建构联系起来，分析两种治理在世界秩序建构中所扮演的角色。同时，本文也将总结中国在两种治理中发展起来的独特模式，并探讨中国式治理对世界秩序建构的意义。

一、治理的世界秩序导向

在《没有政府的治理》一书中，詹姆斯·N. 罗西瑙（James N. Rosenau）提出，作为旨在规范维系世界事务相关安排的目的性行动，治理显然塑造着主导性全球秩序的本质，治理塑造着秩序。[1] 关于全球或世界秩序，罗西瑙将之划分为经验性秩序和规范性秩序，前者指全球事务随历史演进的相关安排，不论这种秩序是多么地不受欢迎；而后者则排除了历史上那些因战争等因素而陷入无序的时期。[2]

本文将世界秩序定义为国际体系中一系列有条理和可持续的安排，以保证体系内的各种行为体及个人能够分享和平、福利和正义。这一世界秩序的定义不仅关注到国家之间以及国家与其他行为体之间的国际秩序，还可以凸显国家内部秩序的重要意义。如同近年来的中东乱局所显示的，治理面临的挑战多源自国内失序或弱序。在这一点上，本文的界定比较对应于布尔早先的定义。在赫德利·布尔（Hedley Bull）看来，世界秩序

---

[1] James N. Rosenau, "Governance, Order, and Change in World Politics," in James N. Rosenau and Ernst-Otto Czempiel, eds., *Governance without Government: Order and Change in World Politics*, Cambridge: Cambridge University Press, 1992, pp. 8, 10–11.

[2] Ibid.

不仅包括国家间的秩序,而且还包括了国家内部的国内秩序以及涵盖了国家体系在内的世界政治体系的秩序。① 这种世界秩序是一种规范性秩序,需具备进步的特质,如和平、福利和正义。

人们通常对和平和福利的规范目标没有多少异议,但对是否需要把正义的价值视为秩序的一个当然组成部分却存在不同认识。亨利·基辛格（Henry Alfred Kissinger）曾经说过:如果一种选择是正义和无序,另一种选择是非正义和秩序,我始终都会选择后者。② 在基辛格的眼中,秩序首先是指和平和稳定,而和平比正义更为重要。不过,在社会主义、自由主义和世界主义的思想观念中,正义是秩序的应有之物,一个秩序如果没有一定程度的正义,这种秩序的合法性是存疑的,即使不去推翻它,至少要求去改变它。

依这一世界秩序概念来观照当下的世界,当前的世界秩序就是主权国家合作与霸权治理的混合体,前者以联合国体系为中心,奉行主权国家独立、平等和合作的原则;后者则以个别大国为核心,凭借其压倒性力量优势来实现对世界的主导。这个秩序能够带来一定的和平、福利和正义,但当霸权治理演变为秩序的主导特征时,世界秩序的缺陷也日益暴露出来:失败的国家、脆弱的和平、极化的福利分配和广泛的不公。因此,要建构一个更加进步的世界秩序,国际社会需要改进和完善现有的世界秩序,其途径是实现更为有效的国家治理和全球治理。

二、国家治理与世界秩序的建构

从本文界定的世界秩序概念出发,有效的国家治理便是世界秩序的核心要义。冷战结束后,国际社会出现的两种倾向使得西方学界和政府认为国家治理已不再是关键问题:一种倾向认为西方的民主制度和市场经济制度已经取得历史性胜利,只要大家照搬西方的制度,国家治理的问题就可以轻易解决。另一种倾向则认为,在全球化时代,传统的主权国家已经过时,不能有效解决其面对的问题和挑战,国家治理应让位于全球治理。受其影响,冷战后居于主导地位的美国及其西方盟国力推民主输出,以"人道主义"为名进行对外军事干预,制造了一批所谓的"失败国家"。意识到国家治理衰败对世界秩序带来的严重不利影响,历史终结论的最初提出者弗朗西斯·福山（Francis Fukuyama）也

---

① [英]赫德利·布尔:《无政府社会——世界政治秩序研究》,张小明译,世界知识出版社2003年版,第17页。
② John George Stoessinger, *Henry Kissinger: The Anguish of Power*, New York: W. W. Norton, 1975, p.14.

开始反省自己的理论并专门著书,以强调国家建构和国家治理的重要性。①

国家治理是建构世界秩序的基本要件。没有了国家治理所营造的国内秩序,世界秩序就没有了基本的依托。而要实现国家的有效治理,一国需要形成一种国家治理的体系,形成规范社会权力运行和维护公共秩序的一系列制度和程序;国家治理的理想状态是善治,即公共利益最大化的治理过程,其本质特征就是国家与社会处于最佳状态,是政府与公民对社会政治事务的协同治理;由于任何其他权力主体均不足以与政府相提并论,政府对人类实现善治仍然有着决定性的作用。②

国家治理是全球化世界中的国家治理。杨雪冬认为,在一个充满竞争的全球化世界中,国家将努力成为"竞争性国家",并因此更加重视国际竞争功能的发挥,以全面动员竞争资源。也就是说,国家将不能简单地依靠自然禀赋,而要根据自身在全球化进程中的位置以及自己的条件进行战略性选择,积极建构竞争优势,以此改变本国在国际分工中的地位,把握科技创新带来的新的增长机会。③

国家治理也是全球治理背景下的国家治理。高奇琦把这种国家治理看做是一种"国家自理",即"民族国家在全球治理背景下具备的一种高度自主性的治理方式"。这种"国家自理"的重要性在于:首先,全球规范的"落地"主要依靠民族国家来完成;其次,一些全球性问题的真正解决还是要回到民族国家的边界之内;最后,国家自理可以有效解决失效国家的问题。④

从世界秩序的角度来看待国家治理,国家治理应该包括国家对内部事务的有效治理,并以此来建构国内秩序,防止因内部失序或弱序而对外部世界呈现出负外部性;同时,有效的国家治理也包括采取负责任的对外政策,避免一国的对外政策和行动对外部世界产生负秩序效应。具体包括以下三个方面。

第一,国内失序带来的负秩序效应。如果一个国家不能实现有效国内治理而陷入国内失序的状态,那么世界秩序就会出现一个缺口。如果这个国家比较小,或不那么重要,这种失序也许是可以无关大局的,不妨碍整个世界秩序的基本运行和维系。但是,如果有一定数量的国家同时陷入失序,或者一个或数个体系内的大国陷入内部失序,那么,

---

① [美] 弗朗西斯·福山:《国家构建:21 世纪的国家治理与世界秩序》,黄胜强、许铭原译,中国社会科学出版社 2007 年版,"序",第 1 页。
② 俞可平:《推进国家治理体系和治理能力现代化》,《前线》2014 年第 1 期。
③ 杨雪冬:《全球化进程与中国的国家治理现代化》,《当代世界与社会主义》2014 年第 1 期。
④ 高奇琦:《试论全球治理的国家自理机制》,《学习与探索》2014 年第 10 期。

整个世界秩序便会摇摇欲坠。反之，一国如果有良好的国内治理，这个国家就有可能为世界秩序作出一部分贡献。

第二，国内失序或秩序的负外部性。负外部性是一个经济学概念，盛洪曾将外部性界定为：当一个（或一些）人没有全部承担他的行动引起的成本或收益时，反过来说，有人承担了他人的行动引起的成本或收益时，就存在外部性。① 外部性的概念也可以适用到国际关系领域。伊安·戈丁（Ian Goldin）就注意到，相互依赖的水平已经倍增。源自高速推进的全球化的外部性或溢出效应也在倍增。② 从国家治理的角度来思考一国行动或不行动的负外部性，我们可以把这类负外部性区分为三类。一是国内失序的负外部性。一个国家治理失败的国家，不仅国内失序，而且这种失序肯定会产生负外部性，通过各种途径向外部世界输出混乱，对外部世界秩序的稳定构成明显的挑战。如索马里因国内失序，不仅成为国际海盗的温床，还威胁着周边国家的安全。二是国内弱序的负外部性。一国尚未陷入全面的国家失序，但因国内治理乏力，导致"国家脆弱"。由于"治理洼地"的存在，一国无法对本国民众、非政府团体或企业进行有效的管控，使得一国成为跨境污染、传染病、非法移民等全球性问题的输出地。三是国内秩序的负外部性。即便一国实现了有效的国内治理，但如果这种国内治理完全从本国利益出发，而不考虑国内治理给外部世界施加的成本，其实现的过程就可能损害外部世界中其他国家及其民众的利益。这种国内治理就不是建构世界秩序所需要的国家治理，国内秩序与国际秩序的建构还会因此产生冲突。比如，欧盟的共同农业政策对欧盟成员国的农业和农村地区的发展帮助极大，但高额的农业补贴和进口壁垒妨碍了发展中国家对欧盟的农产品出口，损害了农产品出口国的利益。2007年肇始于美国的金融和经济危机爆发后，美国先后推行了数次量化宽松的货币政策，为本国经济注入巨量资金，推动本国经济走出危机，但却造成美元在世界上的泛滥，推高了新兴国家的货币汇率，对有关国家的经济产生了严重的负面冲击。

第三，国家对外行为的负秩序效应。国家治理也应该包含其对外行动的部分。如果一国有很有效的国内治理，在国内治理行动中也负责任地约束了其负外部性，但该国在对外政策中不负责任，如推行霸权政策，随意行使武力，采取以邻为壑的对外贸易政策，

---

① 盛洪：《外部性问题和制度创新》，《管理世界》1995年第2期。
② Ian Goldin, *Divided Nations: Why Global Governance is Failing, and What We Can Do about it*, Oxford: Oxford University Press, 2013, p.6.

或煽动他国政权改变，那么该国的对外行为就会成为国际秩序的动乱源头。如果这个国家还是国际体系中的核心大国，那么其不负责任的对外政策将会给世界秩序构成致命的威胁。纳粹德国推行对外扩张政策，最终导致了世界历史上最惨烈的第二次世界大战的爆发。

因此，一个有效的国家治理，如果要对世界秩序的建构有所贡献，它至少要在消极的意义上同时实现三个方面的目标：防止国内失序、控制国内行动的负外部性、不实行破坏性的对外政策。而在积极的意义上，一国的有效治理还要致力于一个更高标准的国内秩序建设，增强其正外部性，实行建设性的对外政策。

三、全球治理与世界秩序的构建

从世界秩序的视角出发，本文将全球治理界定如下：全球治理是国际体系中以主权国家为核心的各个行为体的共同合作，通过正式的制度和非正式的安排，协调各自利益和政策，以应对全球化时代人类社会所面对的各种跨国和国际挑战，并支持各个国家实现国家治理水平提升的活动。全球治理将建构国际秩序，并协助建构各个国家的国内秩序，进而建构世界秩序。

第一，全球治理的对象。全球治理有三类治理对象。首先是一国内部的不治理带来的国内失序，以及这种国内失序、国内弱治理和国内强治理所产生的负外部性。其次是一国不负责任的对外政策以及国家之间的政策冲突。比如，小布什政府期间，美国的单边主义外交和对外军事干预造成了国际社会的动荡，导致了更多的"失败国家"，并妨碍了国际社会在防止全球变暖等问题上的合作。最后是国家管辖范围之外的全球公域的治理，如极地、海洋公地、空间公地等。由于其无主性，全球公域的治理需要各国和其他国际行为体的合作治理，以实现资源开发的有序性、资源保护的可持续性，并防止公地的非公平占有。

第二，全球治理的主体。全球治理的主体是国际体系中的各个相关行为体，其中，主权国家特别是有关大国发挥着核心作用。巴里·布赞（Barry Buzan）等学者在研究国际体系的演变历史时提出，在古典国际体系中，体系的主导单位"首先是城邦国家、之后是帝国和蛮族部落"，而在现代国际体系中，主导单位则是"现代国家"。[①] 这是一个后

---

① [英]巴里·布赞、理查德·利特尔：《世界历史中的国际体系：国际关系研究的再构建》，刘德斌等译，高等教育出版社2004年版，第375页。

帝国的世界，没有一个大国可以在当今世界建立起如罗马帝国或大英帝国一样巨大的帝国版图，对世界实行垂直的集中统治。在一个无政府的世界中，治理自然涉及各种各样的行为体，包括各个主权国家，以及政府间国际组织、跨国公司、国际非政府组织等非国家行为体。尽管许多大型跨国公司和国际非政府组织在国际体系中具有不可忽视的重要作用，但其挑战并未撼动国家在体系中的主导地位。随着中国和印度等新兴大国的持续崛起，未来世界居于核心地位的大国将是较为主张主权的国家。约瑟夫·奈（Joseph Nye）就表示，如果人们预测在 21 世纪中期会出现一个美国-中国-印度的三极世界，那么，人们需要知道的是，这三个国家也是世界上人口最多、最保护本国主权的一类国家。①

第三，全球治理的模式。在冷战后的世界中，人们首先见证的是一种霸权治理的方式，也即一个国家依靠其压倒性的权力优势，在不对其他国家实施直接统治的前提下，支配其他国家的政策，从而实现世界性霸权，建立霸权秩序。不过，这一霸权治理模式已经因为霸权国本身的相对衰落、正当性缺失和新兴大国的群体性崛起而难以为继。国际社会需要思考一个后霸权的全球治理模式。

亨利·基辛格提出了可称为"规制均势"的秩序安排。这种秩序包含两个基本要素：一套被普遍接受的有关行动许可的规则；确保自我约束的权力均势，以便在规则失效时阻止一个政治单位主宰所有其他单位。② 换言之，基辛格更倾向于接受一个权力多极的世界，并希望通过权力均势以及东西方的磨合协调来建立具有普遍合法性的规则体系。巴里·布赞认为，未来的世界将是一个无超级大国而只有大国的多极世界。在一个多极世界中，各个地区将发展出各具特色的地区秩序，并通过全球性的规则制度而联系在一起，形成"去中心的全球主义"（decentered globalism）。③ 阿米塔夫·阿查亚（Amitav Acharya）在他的研究中提出了"地区世界"（regional worlds）的秩序构想。在他看来，即便美国自己不衰落，美国主导的世界秩序必将衰落。世界秩序的一个关键转型是地区秩序更少被用来服务于美国的权力和意图，而更多反映本地行为体的利益和认同，众多

---

① Joseph Nye, "The Future of Power," *Project Syndicate*, Oct. 8, 2010, http://www.project-syndicate.org/commentary/the-future-of-power.
② Henry Kissinger, *World Order: Reflections on the Character of Nations and the Course of History*, London: Penguin Books, 2014, p. 9.
③ Barry Buzan, "A World Order without Superpowers: Decentered Globalism," *International Relations*, Vol. 25, No. 1, 2011, pp. 3-25.

地区世界的出现将为世界秩序提供一个重要的基础。①

四、中国式治理的世界秩序意义

新中国成立以来，经过不断的探索，中国已经走出了一条具有本国特色的治理道路：负责任的国家治理和伙伴型的全球治理。

负责任的国家治理首先要求把本国的事情做好。从19世纪中期开始，中国逐步沦为西方列强的半殖民地，中国的发展出现了严重倒退。但是，以新中国的成立为契机，中国人民终于牢牢掌握了自己的命运，可以按照自己的意志来建设自己的国家。党的十一届三中全会确立了改革开放的总路线，把提高人民群众的物质文化生活水平作为国家的中心工作，对计划经济体制实行全面改革，逐步建立了有中国特色的社会主义市场经济制度，激发了社会活力。与此同时，顺应经济全球化的国际大势，中国实行了对外开放政策，积极融入世界经济，取得了经济的高速发展，并在2010年一举超越日本，成为世界第二经济大国。通过发展导向的改革开放，中国在实现国内社会经济发展这个核心国家治理目标方面取得了阶段性的成就，并通过中国这个世界第一人口大国的国内发展，为全球治理作出了巨大贡献。

负责任的国家治理还强调防止内外政策向外输出负外部性。在内部政策的决策中，中国一贯强调统筹内外两个大局，实现内部发展与世界发展的有机协调。中国强调共赢发展，在制定本国发展规划时尽量避免国内发展带来负面对外影响。在本国发展无法避免产生负外部性的情形下，如随着经济增长中国成为温室气体排放大国，中国也能在国内凝聚共识，采取积极主动的可持续发展战略，一方面设定目标提升能源使用效率，一方面大力开发可再生能源，使中国迅速成为世界上可再生能源的第一大生产国。② 在国内治理的依托下，中国在2014年11月做出了在2030年左右实现二氧化碳排放达到峰值然后下降的承诺，为2015年12月巴黎气候峰会达成全球协议奠定了基础。

为推进伙伴型的全球治理，中国着力承担了四方面的全球治理伙伴角色：全球合作

---

① Amitav Acharya, *The End of American World Order*, London: Polity Press, 2014, pp. 110-111.
② 到2013年底，中国已装机的可再生能源发电能力达到3.77亿千瓦，成为世界第一大可再生能源发电国家。仅2013年一年内，中国新增的可再生能源发电能力约占世界的45%。参见 InternationalRenewable Energy Agency (IRENA), Renewable Power Generation Costs in 2014, Jan. 2015, http://www.irena.org/documentdownloads/publications/irena_re_power_costs_summary.pdf, pp. 48-49, 52.

治理的伙伴、全球增量治理的伙伴、区域合作治理的伙伴、全球治理改革的伙伴。中国始终坚持国际问题需要国际社会通力合作。从20世纪90年代中期开始，中国开始推进与有关国家和国家集团的伙伴关系建设，并与部分国家建立了更密切的战略伙伴关系。随着中国国力的提升，中国提供国际公共产品的意愿和能力出现了飞跃，无论是在联合国的维和行动、国际货币基金组织的资本供应、对发展中国家的发展援助方面，中国都在不断提高资金、人力和智力资源的贡献力度，为全球治理带来了实实在在的增量资源。在区域合作方面，中国在2013年10月召开了新中国成立以来首次以周边外交为主题的中央工作会议，将周边外交提升为中国外交的重中之重，推出了"丝绸之路经济带"和"海上丝绸之路"两个倡议，以实现区域各国的共赢发展，营造和平与繁荣的地区秩序。此外，中国也正在成为关键的全球治理改革伙伴。中国是现有国际体制的受惠者，其本身的经济社会发展得益于国际多边组织提供的发展援助和规则环境。中国无意推动对现有全球治理机制的根本性变革，而希望改革其中不合理的成分。目前国际制度存在许多公认的弊病，需要改革是大多数国家的共识。中国倡议的亚洲基础设施投资银行得到众多国家的支持便是一个最有力的证明。

伙伴型的全球治理反对等级制的霸权治理和霸权秩序，特别是这种治理和秩序中的非正义性。在伙伴型治理秩序中，全球治理的参与者和领导者更加多元，各种国际行为体均能发挥其治理作用，有利于确立更为平等和有代表性的决策机制，形成包容性的普遍规则。此外，伙伴型治理也不是结盟型治理和基于结盟的均势型治理。从中国的角度出发，现存世界中的双边和多边安全同盟要么服务于核心大国主导世界的企图，要么具有产生安全困境的负秩序效应。而中国坚持实践并倡导不结盟的伙伴型治理，力图以新的合作安全观念以及伙伴关系的发展来实现本国安全和国际安全的共同促进。

毫无疑问，中国式的国家治理模式有其特殊性，较难成为其他国家整体效仿的对象。但是，这并不意味着中国的国家治理模式不存在任何普适性的经验。显然，通过基础设施的建设来带动整体经济的发展战略已经得到了国际上较为普遍的认可。这类经验可以更好地被总结提炼出来，以帮助其他后发国家更快地实现其发展的目标，提升国家治理的水平，减少失败国家、脆弱国家的数量，增进世界秩序的稳定性。同时，中国的伙伴型全球治理模式也为许多不结盟国家参与全球治理提供了一个可参照的案例，增强了各国走伙伴治理而不是走结盟治理和霸权治理老路的道路自信。此外，作为体系中的一个新的核心大国，中国式的治理实践将日益具有体系性的影响。特别是通过新一届政府的积极进取的外交举措,如"一带一路"倡议、新型大国关系建设、人类命运共同体建设的理念,中国的治理方式和理念将在塑造世界秩序方面发挥更为有力的积极作用。

五、结 论

联合国前秘书长科菲·A. 安南(Kofi A. Annan)曾经说过:"全球化和相互依赖促使我们去重新思考我们该如何管理我们的共同活动和共享利益,因为我们今天面对的许多挑战超越了任何一个国家可以独自解决的地步。在国家的层面,我们必须更好地治理;在国际的层面,我们必须学会一起更好地治理。有效的国家对两种任务而言都是必不可少的。"[①] 世界秩序的建设首先要从本国的国家治理出发,减少本国对世界秩序的负面影响,同时强化本国在世界秩序建构中的积极贡献。负责任的国家治理和伙伴型的全球治理形成了中国特色的治理模式:它一方面建构着有效的国内秩序,有意识地防止对外输出负面影响;另一方面,通过积极的对外作为,中国不断为全球治理提供增量治理资源,并寻求消解现有秩序中存在的种种弊端。如果其他国家都能以各自的方式做到这一点,那么,有效的国家治理和全球治理不仅都能够得到更好的实现,而且将为建设一个更为进步的世界秩序带来更大的可能。

(本文原载《中国社会科学》2016 年第 6 期,原标题为《国家治理、全球治理与世界秩序建构》)

---

① Kofi A. Annan, *"We the Peoples": The Role of the United Nations in the 21st Century*, New York: United Nations Department of Public Information, 2000, p. 8.

和平共处五项原则应该成为国际新秩序的基础

复旦大学国际关系与公共事务学院教授　颜声毅

由于苏联东欧发生剧变，德国实现统一，华沙条约组织不复存在，以雅尔塔体制为基本格局的旧的国际关系秩序宣告瓦解。在这旧的世界格局已经打破，新的世界格局尚未形成的过渡时期，建立什么样的国际新秩序问题关系到每个国家的前途和命运。因此，未来国际新秩序的构想，应当反映当今世界局势的客观发展趋势和本质特征，而不应当是一种主观蓝图和阶级偏见，更不应该重温大国霸权梦。

一

中国和印度、缅甸政府倡导的和平共处五项原则，科学地阐明了国家在当代国际关系中所应享有的基本权利和所必须承担的国际义务，用最简洁和科学的语言，把当代国际关系应有的本质特征作了最清楚的概括和描述。和平共处五项原则包含丰富而深刻的内容。其本质是反对侵略和扩张，否定霸权主义和强权政治，维护国家的独立自主权利，维护世界持久和平。"互相尊重主权和领土完整"是和平共处五项原则的首要原则。主权是国家的根本属性，也是国家独立的重要标志，国家享有主权（包括管辖权、独立自主权、平等权和自卫权，即对内管理本国人民、资源和政治经济生活的权力，不容他国染指；对外独立处理国际关系和制订外交政策的自主权，参与国际事务的平等权，不让他国插手，国防上防御外来侵略保卫领土完整的自卫权，不许他国干涉）是国际法最基本的权利。主权独立和领土完整是任何一个国家生存和发展的前提，也是各国间平等交往的必不可少的条件，它是和平共处的基础。"互不侵犯"是指国家之间不得以任何理由和借口使用武力去侵犯别国的主权独立和领土完整。侵略战争是破坏国际和平的严重罪行，互不侵犯原则就是反对这种罪行，主张用和平方法解决国际争端，即以谈判、调停、和解、仲裁、司法解决等办法，求得争端的和平解决。"互不干涉内政"是指任何国家不得通过政治、经济、军事、文化等手段干涉别国的内部事务。各国人民有权自己选择政治、经济制度和意识形态。各国的事由各国人民自己管，任何国家不得以任何借口强迫别国接受自己的政治和经济制度、价值观念和发展模式，不得组织、鼓励和怂恿旨在推翻他国政权的颠覆和恐怖活动。互不干涉内政是五项原则的核心。"平等互利"是指国家不论大小、贫富、强弱，一律平等。要求国家之间在各种交往中，彼此都以主权国家平等相待，反对以大欺小，以强凌弱，以富压贫。世界的事务由各国协商解决，不能由少数大国操纵和垄断，反对大国瓜分世界，建立势力范围。互利是要求国家在相互交往（特别是经济交往）中，要互惠、公正、合理，进行等价交换，反对损人利己，巧取豪夺，弱肉强食，剥削他国。平等和互利是密切联系的，平等是互利的条件，互利是平等的结果。"和平共处"是实行前四项原则的出发点和必然结果。由于世界存在多种社会制度、意识形态和发展层次，因此国家间矛盾、分歧难以避免，但相互间必须和平相处，求同存异，而不应互相攻击、干涉和侵略。如果彼此发生争端，应以和平方式解决，而不应诉诸武力或以武力相威胁。因此，越来越多的人认为和平共处五项原则应该成为建立国际新秩序必须遵循的基本准则。

二

长期以来，在国际关系舞台上，无论是拿破仑战争后的维也纳体系、第一次世界大战后的凡尔赛-华盛顿体系，还是第二次世界大战后的雅尔塔体制，都有一个共同特点，就是由一两个或几个强国操纵国际事务，推行强权政治和霸权主义，这是一切旧国际秩序的要害和本质特征。少数强国为了谋求地区和世界霸权，尔虞我诈，进行激烈的争夺，酿成两次世界大战和无数次地区性战争，使世界各国人民饱尝惨绝人寰的灾祸。二战后，美国凭借其强大的经济、军事实力和核武器的垄断地位，推行独霸世界的全球战略，发动冷战，挥舞原子大棒，大搞核讹诈，使整个世界笼罩在核战争的恐怖之中，各国人民对此忍无可忍，强烈要求改变这种状况，维护世界和平。于是和平共处五项原则应运而生，它完全符合世界人民的根本愿望、根本利益和根本要求。和平共处五项原则主张和平、主张平等、反对侵略、反对干涉，每一条原则都与霸权主义针锋相对，是反对强权政治和霸权主义的有力武器。

第二次世界大战后,亚非拉出现了空前广泛的争取民族独立和解放的斗争,猛烈地冲击着帝国主义的殖民堤坝,经过长期艰苦卓绝的浴血奋战,一批批昔日帝国主义的殖民地和半殖民地,终于挣脱了殖民统治的枷锁,实现了政治独立和民族解放,帝国主义殖民体系土崩瓦解。广大新兴独立国家作为一支崭新的独立力量登上国际政治舞台,这是战后世界最重要的变化。新兴独立国家在取得政治独立以后,渴望摆脱外国资本的控制,获得经济独立,通过与其他国家进行平等互利的经济交往和经济合作,发展民族经济。但是,少数发达国家控制着世界贸易、国际金融,左右着世界经济的发展,使发展中国家仍然受到旧的国际秩序的束缚和排斥,因此,维护和巩固已经取得的独立和主权,争取和平,发展民族经济成了发展中国家的当务之急和共同要求。和平共处五项原则反映了新兴独立国家的这些共同要求。所以,和平共处五项原则是顺应历史发展要求提出来的处理国际关系的新准则。

三

自从 20 世纪 50 年代初和平共处五项原则提出后,30 多年来,经历了各种国际风云的考验,显示出无比强大的生命力。实际上已成为公认的处理当代国际关系的共同准则、国际法的基本原则,并为不同社会制度和不同发展程度的国家共同接受。

第三世界国家由于它们的历史经历和处境,最能认清和平共处五项原则的重要性和正确性,因而积极支持和拥护和平共处五项原则。1955 年 4 月 6 日,16 个亚洲国家在新德里举行的亚洲国家会议的决议中指出,"完全支持中印两国总理宣布的并得到其他许多国家支持的五项原则","完全相信,这五项原则构成了各国相互了解与和平共处的坚实基础"。会议"要求亚洲和世界各国政府同意把这些原则作为它们同所有国家关系的基础"。1955 年 4 月在万隆召开的亚非会议通过的《国与国之间和平相处友好合作的十项原则》强调:尊重一切国家的主权和领土完整,不以侵略行为或使用武力来侵犯任何国家的政治独立和领土完整,不干预或干涉他国内政,承认一切种族的平等,承认一切大小国家平等,促进相互利益和合作,和平解决国际争端等。这十项原则是和平共处五项原则的引申和发展。1961 年 9 月在贝尔格莱德召开的第一次不结盟国家会议发表的宣言认为:"和平共处原则是代替'冷战'和可能发生的全面核灾难的唯一办法,这些原则必须成为一切国际关系的基础。"1964 年 10 月第二次不结盟国家会议通过的宣言要求联合国把和平共处原则法典化。

20世纪70年代，美国、日本、西欧等发达国家都明确表示接受和平共处五项原则。1972年2月发表的上海公报宣布："中美两国的社会制度和对外政策有着本质的区别，但是双方同意，各国不论社会制度如何，都应该根据尊重各国主权和领土完整，不侵犯别国，不干涉别国内政，平等互利，和平共处的原则来处理国与国之间的关系。"1978年12月中美建交公报和1982年8月17日的联合公报又一再确认了这些原则。1972年9月中日两国政府的联合声明中，明确规定以和平共处五项原则建立长久的和平友好关系。1978年8月签订的《中日和平友好条约》的第一条就重申，在和平共处五项原则基础上发展两国关系。1984年9月中英两国政府关于香港问题的联合声明指出，和平共处五项原则是处理国际关系问题的一个好办法。

国家关系的好坏，不在于是否有相同的社会制度和意识形态，而决定于是否切实履行和平共处五项原则。中国和苏联、越南两国曾经长期紧张对立，甚至爆发严重的武装冲突，后来正是和平共处五项原则促使中苏、中越实现关系正常化，结束过去，开辟未来。这说明和平共处五项原则同样适用于社会主义国家间关系的处理。

联合国大会通过的许多重要宣言和决议，都以不同形式和文字接受和采纳和平共处五项原则的内容和精神。如1965年12月联合国大会通过的《不许干涉各国内政和保护各国独立与主权的宣言》强调没有一个国家有权以任何理由直接或间接地干涉任何国家的内部或外部事务。1974年12月联合国大会通过的《各国经济权利和义务宪章》明确宣布，指导各国间经济、政治和其他关系的原则是：(1)各国主权、领土完整和政治独立；(2)所有国家主权平等；(3)互不侵犯；(4)互不干涉；(5)公平互利；(6)和平共处，等等。

总之，和平共处五项原则概括了国际法中最主要的原则，反映了新型国际关系最本质的特征和当今世界格局的发展趋势，完全符合时代的潮流，同霸权主义和强权政治针锋相对，受到大多数国家的支持和拥护，那些不愿执行和反对和平共处的势力也不得不在口头上承认和平共处五项原则，因而它完全应当成为国际新秩序的基础。

四

世界人民经历两次世界大战的浩劫，深深懂得和平的珍贵。国家的发展，人类的进步，需要有一个和平的国际环境。和平与发展是关系到整个人类前途与命运的两大根本问题，也是全世界人类普遍关注的最严重、最迫切的问题。这两大问题相互关联，互相渗透，相辅相成。要使经济得到发展，就要有一个相对稳定的和平局面，因为战争和动乱只会给经济带来停滞和破坏。同样，要使和平局面得以维持和巩固，有赖于经济的发展，特别是第三世界国家的经济发展。正如邓小平所说："如果下一世纪五十年里，第三世界包括中国有一个可喜的发展，整个欧洲有一个可喜的发展，我看那个时候可以真正消除战争的危险。"联合国关于《建立新的国际经济秩序宣言和行动纲领》也强调，世界经济的不公正对世界和平与安全的威胁，并不亚于军事与政治的紧张冲突对世界和平与安全的威胁。

怎样才能有效地维护真正的世界和平和安全呢？邓小平同志指出："处理国与国之间关系，和平共处五项原则是最好的方式，其他方式，如'大家庭'方式，'集团政治'方式，'势力范围'方式，都会带来矛盾，激化国际形势，总结国际关系的实践，最具有强大生命力的就是和平共处五项原则。""运用和平共处原则，甚至可以消除国际争端中的一些热点、爆发点。"这是对和平共处五项原则在当前国际生活中的巨大作用和意义的最好总结。由于多种社会形态和多种发展层次并存，国际间的各种矛盾、分歧在所难免，只有推行和平共处五项原则才能正确处理这些矛盾和分歧，维护各国间和平合作和共同发展。80年代，邓小平同志就根据和平共处五项原则的精神，提出了"一国两制"的新构想，使中英、中葡圆满解决了历史遗留下来的香港、澳门问题。1984年10月邓小平在会见缅甸总统吴山友时说："和平共处原则不仅在处理国际关系问题上，而且在一个国家处理自己内政问题上，也是一个好办法。""根据中国自己的实践，我们提出'一个国家，两种制度'的办法来解决中国的统一问题，这也是一种和平共处"。"这对全太平洋地区和世界的和平稳定是一件很好的事情"。它可以直接消除国际争端中的热点，为世界许多争端的解决提供了新的思路，在国际上产生了积极的反响。"一国两制"是对和平共处五项原则的创造性运用和重大发展。

世界经济是一个互相联系互相依存的整体。由于科学技术的飞速发展，一个与各国息息相关的世界市场已经取代了过去那种地区的和民族的自给自足、闭关自守的状态，国与国之间在经济方面比以往任何时候都更加相互影响和相互依赖。发展中国家需要发达国家的资金和技术，发达国家也离不开发展中国家的原料和市场。如美国和日本商品市场有40%—50%要依赖发展中国家。历史经验证明，在当今世界上存在多种社会形态和发展层次而只有一个世界市场的情况下,各国只有实现友好共处和互利合作,才能取得共同的发展和进步,因此,除了在和平共处五项原则的基础上进行最广泛的平等互利的经济交往外,别无其他选择。因为和平共处五项原则主张国与国之间积极开展各个领域的友好往来,特别是根据平等互利的原则扩大经济技术合作,促进各国的经济发展。

(本文原载《复旦学报》1992年第1期)

当代中国外交研究"中国化"

复旦大学国际关系与公共事务学院副教授　肖佳灵

随着中国逐渐从国际政治舞台的边缘走到聚光灯下，中国的政治与外交日益成为国内外社会科学界关注的焦点，中国的国际关系理论建设也日渐成为"显学"。然而，近年国内学界似乎仍没有把关注点投向一个基础的核心的领域，即对当代中国外交本身的研究。这个有意或无意的集体忽视，是令人遗憾的。很显然，没有对当代中国外交研究本身的知识体系和学科体系的建设，何以谈及中国的国际关系理论建设？

本文试从三个方面阐述对当代中国外交研究"中国化"的思考。第一部分说明问题的由来；第二部分集中探讨"当代中国外交研究"存在的学术困境；第三部分试图对如何实现当代中国外交研究"中国化"，提出一些非系统的点与块的思考。这些思考来自笔者多年来的教学体会，也出于笔者对当代中国外交研究学科建设的学术关怀。抛砖引玉，欢迎争鸣。

一、问题由来

当代中国外交研究的"中国化"问题，其实由来已久。成因有三。

其一，国内学界对当代中国外交的研究起步晚，长期积弱，迄今仍没有形成一个较为强势的学术阵营。

首先，在冷战时期，由于国际国内严峻的政治环境，中国外交长期被视为涉及国家安全的最神秘的领域，试图对当代中国外交进行学理上的研究，实际上冒有很大的政治风险。其次，中国在很长时期内没有明确的外交档案解密制度，加上几乎没有关于中国外交的回忆录的出版，这些因素无疑都成为对当代中国外交进行系统的学术研究的客观限制。当然，不可否认，即使是在艰难的环境中，国内学术界的前辈仍做出了很大的努力，并取得了一些重要的学术成果。冷战结束后，尤其是近20年来，得益于客观条件的改善，如外交档案解密制度的建立，外交回忆录、领导人重要外交文集、外交年鉴和外交辞典等的系统出版，当代中国外交研究逐渐"走下神坛"，国内学界对当代中国外交的研究也取得了一些突破性的成就。

不过，由于（下文将要分析的）种种原因，中国国内这些具有重要学术价值的基础性研究成果，还没有在国际关系学界引起足够的重视。在国际学界，中国学者在当代中国外交研究领域的学术影响力迄今仍然非常薄弱。

其二，相对于国内研究的薄弱状况，国外学界对当代中国外交的研究不仅抢占了先机，而且经年积累，占据了强势的学术高地。

如美国学界，自二战结束后就在一些著名大学和研究机构里相继设立了旨在对中国政治和外交进行全面、系统的跟踪研究的中国研究中心。迄今，在美国已经形成了一个庞大而稳定的研究队伍，研究所涉及的领域日渐宽泛，美国还通过不断出版大量专著和论文集，以及掌控一些具有国际影响力的权威专业期刊，牢牢占据了当代中国外交研究的国际学术制高点。欧洲和日本早在20世纪50年代也分别开始了对当代中国外交的关注和研究，发展至今，在研究成果的数量和质量上都有了明显提升，出版了一些有影响力的学术专著和学术期刊。此外，澳大利亚、韩国等国家对当代中国外交的研究也日益重视。

毋庸置疑，国际学术界的研究成果各具特色，在很多方面值得学习和借鉴，但存在的问题也同样非常明显，如自我中心、浓厚的冷战思维、不求甚解、隔靴搔痒，等等。

其三，问题生成。上述第一和第二个因素交汇，引发的问题是，长期以来，国内学术界和国际学术界对当代中国外交研究形成了一种畸形的严重不对称状况。近年，喧宾夺主之势还在日益高涨，以至于在国内学界关于当代中国外交研究，出现了从问题意识、研究方法、研究资料、议题设置、话语体系、研究队伍、成果评判等方面，都统统向"洋"看齐的现象。

这种现象，从学理层面讲，已经危及到当代中国外交学术研究的健康发展，更遑论在国际学术界占据应有的一席之地。另一方面，从现实层面讲，其也向国内学术界对中国外交理论和政策的贡献能力提出了挑战，因为，随着中国在国际社会影响力的扩大，国内学术界比以往更有责任对当代中国外交的理念、战略、原则、政策、实践等进行全面和透彻的研究，并用自己的思维和话语，对当代中国外交做出符合或接近事实的学理解读。

鉴于此，有学者呼吁：中国的国际关系研究到了需要"拨乱反正"的时候。本文认为，正视和解决问题，是实现当代中国外交研究的视点和学术主导权回归的第一步。

二、问题表现

当代中国外交研究在国内学界表现出的问题，具体来说，集中在以下七个方面：

（一）研究起点

存在的问题是，学科定位的逻辑起点模糊，学科建设思路不清晰。

据"外交是内政的延续"这一经典论断，可以认为，当代中国外交研究的逻辑起点应该是当代中国政治。然而，实际情况是，由于从1952年到1980年在中国（不含港、澳、台）的高校中没有设立政治学专业，因此"根据1963年中共中央发布的关于加强外国问题研究的文件而在三所高校建立起来的国际政治系"，从一开始就没有中国政治学或者外交学的学科基础可以依附，这就使得此后出现的当代中国外交研究，其学科定位的逻辑起点更加模糊不清。

目前，根据教育部学科分类指导，政治学下设国际政治、国际关系与外交学三个二级学科。照此分类，当代中国外交似乎可以被认为是一门三级学科，位于国际政治、国际关系和外交学三个二级学科的子方向。但问题是，单靠国际政治、国际关系与外交学这三门二级学科，远不足以支撑中国外交研究。教学实践表明，长期以来形成的从国际政治理论或国际关系实践出发而不是从中国政治与社会本身的发展逻辑出发，来分析和审视当代中国外交，这种本末倒置的教学和研究思路的后果之一就是，国际政治专业的本科学生未能得到系统和严格的政治学和中国政治等专业课程的训练，其往往对西方国际关系理论和外交体制相关基础知识的了解远甚于对中国外交体制相关基础知识的了解，甚至误以为当代中国外交研究就是等同于中国对外关系研究。所幸从1980年政治学专业重新设立至今，中国的政治学学科建设取得了长足的进步，为逐渐改变中国外交研究与中国政治研究的严重脱节的状况提供了良好的学理基础。

（二）研究方法

这里最突出的问题是，对西方流行的方法论和研究方法的盲目崇拜和教条主义运用。

近年来，国内学界对当代中国对外关系和当代中国外交研究，出现了言必称现实主义、言必称自由主义、言必称建构主义的现象，检索国际政治或国际关系专业本科生、硕士生和博士生的毕业论文以及相关学术期刊发表的论文，数据显示，现实主义和自由主义成为"时尚"，而建构主义则更是"在短短的四五年间迅速占据中国大学、研究所、杂志社的话语阵地"。

了解、学习和尝试运用西方成熟的社会科学研究的方法论和具体的研究方法，有一定的学术意义。问题是在社会科学研究中从来就不存在一种可以完整解释一切问题的方法论。一旦陷入对某种方法论的盲目崇拜或机械地照搬某种新的研究方法，可能就难免犯教条主义的错误。研究方法的选择和创新，通常由命题本身的性质所决定。当代中国外交的理论与实践，既有普遍性也有特殊性，对中国外交的研究，不能削足适履。在运用研究方法时，既要有学术宽容的精神，也要具备学术批判的慧眼，这样才能避免重蹈因教条主义式的崇拜而误导学术研究的覆辙。

(三) 研究资料

毋庸讳言，如前所述，长期以来外交档案解密制度缺失和具有学术价值的外交回忆录出版得不足，使得有关当代中国外交研究的中文原始资料严重稀缺，远远不能满足研究者的需求。但随着互联网的飞速发展，大量与中国外交密切关联的基础性原始文献，如新中国成立以来颁布的宪法及其修正案、党章及其修正案、历届党代会决议和政府工作报告中关于外交的部分、各种与外交相关的白皮书和蓝皮书、新中国成立以来历代党和国家领导人阐述外交的文选、在不同场合领导人关于中国外交的讲话集、中外条约文集，等等，都已经比较容易找到。但遗憾的是，在研究中国外交时，研读分析原始资料迄今仍没有得到充分的重视，反而是一些"进口的"或"出口转内销"的二手外文资料常常被视为最权威的文献，大量地出现在有关当代中国外交的论文注释中。

(四) 议题设置

国际政治和外交关系的议题设置，主导着国际政治、国际关系理论甚至现实外交政策的演进方向。长期以来，中国很少主动地为国际政治或外交关系的发展提出或设置议题，这使得中国外交长期以来基本上处于一种相对被动的状态，或者说，中国总是在被动地回应各种非内生、由外部预设或强加的外交议题。近年来，国际社会提出的各种针对中国的议题仍层出不穷。归结起来，大致有以下三类：

第一，矛头直接指向中国且倾向于对中国不友好的"激进议题"。如"中国非洲新殖民"和"中国援助债务危机"等，这类旨在"妖魔化"中国的议题，无疑对中国外交的理论和现实回应能力提出了明确的挑战。

第二，与中国相关但与中国外交关注重点有序位差别的"温和议题"。由西方学界或政界创制的这类国际议题往往以一个冠冕堂皇的概念或国际道义的高度出现，而且一些议题应该说也不悖于中国的国家利益，但问题是，西方发达国家创制的优先议题，不一定是中国的当务之急。这就需要中国用高超的政治智慧和灵活而恰当的外交话语予以有理有节的应对。

第三，在国际政治和外交关系中，无论是理论议题还是政策议题，其实质都具有价值判断和价值导向。一些议题往往具有"暧昧"的特点，如"北京共识"等。对于此类"暧昧议题"必须要准确辨别和剖析议题倡导者的真实背景和意图，分析议题导向的后台力量，把握议题发展的趋势，避免掉入陷阱。

（五）话语体系

与中国外交研究相关的话语体系，可分为理论话语体系和政策话语体系。对此，国内学界目前存在的普遍问题是：其一，二者混淆不清；其二，薄"中"厚"洋"。具体表现是：第一，把西方提出的政策话语当成理论话语，如人权外交等。第二，用西方的理论话语来生搬硬套地诠释或检讨中国的政策话语。把美国的"公共外交"与中国的"公众外交"张冠李戴即为典型案例。第三，迷信西方理论，缺乏批判精神。长期以来，美欧各国尤其是英语国家在学术用语中的话语霸权垄断，主导了由外而内的对中国外交话语的解读，不仅造成了一些话语误读，甚至出现了严重的话语歪曲。但国内大量的论文却都想当然地以西方理论中的概念和逻辑为标准，来衡量、诠释和批判中国外交，却很少反思西方理论的局限性。第四，对中国提出的理论话语缺乏足够的自信。尤其是当中国的外交话语不符合西方的政策期望，或者在西方理论中找不到相对应的概念时，没有足够的学术勇气坚持己见。

（六）研究队伍

严格地说，当代中国外交研究是一项跨学科的研究。优秀的学者除具备良好的外语能力和国际关系理论、国际关系史等从事国际关系研究所必备的基础知识以外，还需要有广博扎实的历史学（中国史、世界史、其他相关国家的国别史）、哲学（古今中外哲学）、政治学（中外政治思想史、政治制度史）、宗教学、国际法学、经济学和世界经济、国际金融、国际贸易等基础知识储备。

当代中国外交研究在国内起步较晚，虽然自20世纪90年代以降，在中国国内从事国际关系和外交研究的人数在迅速增加，但培养一批高质量的、具有扎实的文史哲理论功底，能够继承中国国际关系学界前辈们严谨治学的学风，自律自觉地将灵感、火花与脚踏实地的钻研结合起来，潜心从事当代中国外交研究的专业人才，已是当务之急。

（七）学术成果

目前，在国际学术界，关于当代中国外交研究的权威学术期刊主要集中在美欧国家，而外交研究本身的政治敏感性、微妙性和"冷战思维""意识形态"等客观因素的存在，事实上严重制约了中国学者的研究成果在这些国际学术期刊上的发表。

在国内学界，一方面，围绕着人文社会科学领域的科研成果是否"应该"以外文出版为最高级和是否"应该"以外语教学为最高级这一学术标准定位的问题，迄今仍存有争议；另一方面，在社会科学领域，如何创建中国权威的外文学术期刊，以及如何提高现有外文学术期刊的质量，扩大现有外文学术期刊的国际影响力，从而使更多的中国学者的学术研究成果能够受到更为广泛的国际关注，也是极为有益但仍待努力的工作。

三、问题思考：当代中国外交研究如何回到中国

正因为长期以来国内学界在当代中国外交研究领域积弱太深，反而为今后的研究留下了广阔空间。在当代中国的外交哲学、外交思想、外交体制、外交运作（实践）等各个领域都有很多兼具理论和现实意义的选题值得去潜心研究。

（一）历史与现状的关联

"所有的国际关系理论的出发点和归宿，都是国际政治实践，国际关系理论的贡献是将这些实践变成一种历史哲学。""中国是不能仅仅用西方术语的转移来理解的，它是一种与众不同的生灵。它的政治必须从它内部的发生和发展去理解。"

当代中国外交研究，绝不等同于对当下一些中国外交热点问题的研究。中华人民共和国的外交事业白手起家，外交资源从无到有，从少量到丰富，中国的国际地位不断提高。可以说，当代中国外交走过的每一步历程，都是波澜壮阔的当代中国精神史的一个缩影。但更全面的当代中国外交研究应该放在更宏大的整体的中国外交史中来考察。其跨度包括中华人民共和国近 60 年的外交史包括中共在建党之后到建国之前的 28 年间的对外关系史。并且，在探析当代中国外交理念的传统政治文化根源，或分析一些历史遗留的外交问题时，还必须将视角向前追溯到对中国近代外交史甚至中国古代外交史的研究中。只有从整体上把握历史与现状的关联，才能够透彻理解当代中国外交的历程，理性把握当代中国外交的现状。

（二）外交与内政的关联

当代中国外交与内政的关联体现在众多层面上。这里简单谈谈二者在战略层面和体制层面的关联。

首先，国家发展战略与外交战略的关联。在冷战时期和冷战后，二者的关联有不同的表现和特点。实践表明，中国的外交战略一直寓于中国的国家发展战略之中。比如，中国在 20 世纪 90 年代先后倡议设立"上海合作组织"和积极倡导"六方会谈"，就与中国国家的西部大开发战略和东北振兴战略关联密切，可以说，这两项外交举措实质上就是服务于国家的两大发展战略，或者说，是国家发展战略在外交领域的延续。由此可见，理解中国国家发展战略和外交战略之间的关联，才是解读中国的外交战略并有力驳斥所谓"中国扩张论"和"中国威胁论"的正解。

对当代中国外交体制与当代中国政治体制的关联性研究，目前依然是一个相当薄弱的领域。外交体制是政治体制的一个组成部分。随着当代中国宪法与政治体制的跌宕起伏的演进，当代中国外交的运作体制也经历了从建国前的组织准备，到建国后的初创、遭破坏、重建、制度创新等几个阶段的发展。每一个阶段都有其特定的历史内涵和特征。在学理上，清楚梳理、准确描述建国近 60 年来中国外交与内政的关联，无疑也是当代中国外交研究最应该认真完成的课题之一。

（三）中央与地方的关系

考察外交决策、运作过程中的央地关系，历来是对一国外交体制研究的重要内容。

中国具有独特的政治制度和民主制度。1949年以来，央地在外交外事领域的分工协作，有着非常独特而丰富的实践经历。尤其是改革开放30年来，地方参与国家外交、外事活动的空间和能力空前拓展和加强，无论是沿海城市、沿边省市、内地省份还是港澳特区，都在积极以不同方式参与国家的外交和外事实践，分担国家的外交和外事任务。在当代中国，中央与地方在外交外事领域的协作，为丰富"次国家行为体"外交角色理论提供了独特的分析样本。

（四）基础研究与政策研究的关联

当代中国外交的研究对象总体上包括外交哲学、外交思想、外交体制、外交实践等，具体内容的研究可在宏观、中观和微观等三个不同层面展开。本文认为，宏观层面和微观层面的研究大致属于基础研究的范畴，旨在探寻外交的规律，而中观层面的研究一般更倾向针对问题，提出对策，故属于政策研究范畴。当代中国外交的基础研究主要指对当代中国外交所涉及的相关知识进行系统梳理，在知识体系化基础上，与其他一级学科中的相关理论和基础知识进行跨学科整合，从而建立起完整的中国外交学科体系。基础研究是当代中国外交理论建设的不可或缺的前提。政策研究，则包括政策建言、政策反思、政策批判，等等。当然，无论是建言、反思还是批判，实证研究和实证评估都是不可或缺的程序，而不是一个简单的从问题到建议的逻辑推断。

虽然从理论上说，很难在基础研究和政策研究之间划出泾渭分明的界限，但研究的目的应该是可以清晰界定的。在中国外交迅速发展的今天，全面的基础研究和扎实的政策研究都不可偏废，二者的有机结合，才能为中国外交理论的健康生长提供优质土壤。因此，目前的政策研究门庭若市、基础研究门可罗雀的现象也是亟待改观的。

（五）与时俱进，巩固中国的话语体系

应该说，新中国在长期的外交实践中，在每一个特定的历史时期，都提出了自己的外交政策话语，比如，"打扫干净房子再请客""和平共处五项基本原则""求同存异""和谐世界"等。然而，目前中国的外交话语体系却面临着来自内外的双重挑战。当下的任务是：第一，既要敢于创新外交话语，同时也要敢于调整外交话语。近30年来中国的外交政策话语经历了几次重大调整，有被动型的外交话语的提出和调整，也有主动型的外交话语的提出和调整，这表明中国外交政治智慧更加成熟，对外交话语意义的理解也

在日益加深。第二，从"自言自语"的话语体系转向"对话沟通"的话语体系。从"宣言"式话语到"对话"式话语，标志着中国外交思维方式正发生从务虚到务实的转变。今后在提出中国的外交概念、政策、原则、理念时，不但要明白清楚地表达自己的意图，还要在话语中包含有广义的关怀，让对方能够明白、理解和接受。第三，建立或巩固话语体系，绝不等同于西方话语体系的中国化。在建立话语体系时，"中国需要建设中国思维的主体性。失去了这个主体性，思维被美国化或欧洲化，中国很难成为一个真正的大国，尤其是一个可持续的大国"。最后，从狭义的外交语言角度看，努力巩固和提升汉语在外交话语体系中的地位也具有特别重要的意义。比如，在国际交往中，若以中国外交为主题，尤其是在中国本土召开的会议或进行的交流活动，要逐步增加工作语言的双语使用。此外，有关中国外交相关词汇的翻译，也要掌握中译英的主动权。至于一些具有特定中国政治文化内涵的词汇，即使已经有了约定俗成的翻译，现在也有必要纠正一些不贴切的译法。

（六）研读当代中国外交的原始文献和经典文献

读经典文献，包括读中国的经典、马克思主义的经典、西方国际关系理论的经典，三者不可偏废。这其中，读中国的经典是核心，包括古代、近代和当代的经典外交文献。对每一类经典都需要进行认真的梳理、筛选。读原始文献，在当代中国外交研究中就是要研读宪法、党章、历届党代会决议、政府工作报告、外交档案，等等。

新中国成立以来的每一项外交政策、外交原则、外交战略的提出都有特定的时代背景。读经典文献和原始文献，旨在探寻特定外交话语所由产生的真实语境，这是正确解读外交政策、外交原则、外交战略、外交理念真实含义的学术正途。

四、结　语

对于当代中国外交研究的"本土化"或称"中国化"问题，本文的基本结论是：不应只盲目、机械、教条地照搬、运用既有的西方国际关系理论来解释中国外交，而应从马列主义关于国际关系的经典论述、从近现代以来的西方国际关系理论、从中国自古至今的经典外交文献这三大理论源泉中，均衡地吸取营养，并用现代中国人的问题意识、人文关怀、思维立场和话语体系，对1949年以来中国独特的外交实践，进行系统的知识化、学科化和理论化建设。只有把当代中国外交研究的视点首先投向当代中国外交的现实样本，才能扬长避短，去伪存真，才能为最终在国际学术界赢得当代中国外交研究的主导权奠定一个坚实的学术基础，才能最终改变中国外交在国际社会中"理"未屈而"词"穷的被动局面。

（本文原载《国际观察》2008年第2期，原标题为《当代中国外交研究"中国化"：问题与思考》，收入本文集有删改）

"势"及其对于理解国际政治和中国外交的独特价值

复旦大学国际关系与公共事务学院教授　潘忠岐

在中国历史悠久的文化传统中,"势"是非常重要的一个概念。尽管"势"本身并不是国际政治概念,但其适用范围极广,就像前人不断将"势"从一个领域扩展到另一个领域一样,从"势"的视角观察国际政治也可以给我们带来很多新的认识。因此,我们理应将"势"发展成国际政治学的一个概念。作为一个国际政治概念,"势"极具中国特色,是现有西方国际关系理论中没有的学术范畴。"势"的概念不仅不为西方国际关系理论学者所理解和接受,甚至匪夷所思地不为中国国际政治学者所青睐。就像张志洲指出的:"今天中国的国际政治学术研究还没有对'势'及类似具有中国特色的概念予以足够的重视。"[①]"势"对国际政治和中国外交具有强大的解释力,可以在一定程度上弥补现有西方国际关系理论过于注重"力"的不足。

一、"势"之说文解字:什么是"势"以及"势"从何而来?

大体上"势"的涵义主要涉及权力、地位、格局和发展趋向等维度。根据中国历代名家对"势"的诠释,如果在最一般的意义上给"势"下定义,且不以某种具体的"势"来说一般意义上的"势",那么"势"可以被界定为主体因权力、地位、格局和发展趋向等因素而生发出原本没有或相对于他者更强的变革能力的特性。获得这种变革能力的主体居于强势、优势、胜势、涨势、顺势、攻势、得势等,缺乏或丧失这种变革能力的主体则居于弱势、劣势、颓势、跌势、逆势、守势、失势等。

[①] 张志洲:《国际政治中的"势"》,《国际论坛》2008年第9期,第37—43页。

首先,"势"本身并不是一种本然的存在,而是物或人,即主体,在某种特定情形下获取某种独特能力且能引起一定变化的特性。主体原本就有的能力并不构成"势"本身,只有在它具有了原本没有或同类他者没有的变革能力的时候,才会形成"势"。《孙子兵法·计篇》明确指出:"势者,因利而制权也。"[①] 据此,根据有利的格局而进行变革的能力就是"势"。转于千仞之山的"圆石"之所以形成"势",是因为转于千仞之山使"圆石"具有了原本没有且其他同类圆石也没有的变革能力。

其次,权力、地位、格局和发展趋向等是使主体得以形成"势"的重要因素,是"势"的来源。主体要生发出原本没有或相对于他者更强的变革能力,即形成"势",具有"势"的特性,需要具有自身原本没有或同类他者没有的权力、地位、格局或发展趋向等。这些因素之间具有一定的不可替代性,如有地位不一定有权力,因此并不需要同时具备。重要的是,这些因素是否让主体获取了自身原本没有或同类他者没有的变革能力。

"势"的形成、发展与消亡是个非常复杂的过程。"势"一经形成,既可以是静态的,也可以是动态的。静态之势是指以静态结构存在的"势",如位于千仞之山的"圆石"一旦滚落,其蕴含的"势"就会随之丧失。动态之势是指以动态结构存在的"势",如风势。就像韩非子所说的:"夫势者,名一而变无数者也。"[②] 但万变不离其宗,判断"势"是否已经形成或是否已经消亡,最重要的是看主体是否已经具有原本没有或相对于他者更强的变革能力,也就是是否具有"势"的核心属性。

二、中国人的贵"势"思维与用"势"之道

"势"不仅是中华文化有别于其他文化的一个独特概念,而且在漫长的历史发展中,对中国人的战略思维产生了深远影响,使之打上了重"势"的深刻印记。在中国人的战略思维中,"势"的影响力几乎无时无处不在且常常不以人的意志为转移,"势"因此总是被看作成就某种既定战略目标的关键。不论在军事上,还是在政治和外交上,对"势"的准确把握和适当运用都是至关重要的。

中国历代思想家几乎无不强调"势"的重要性。老子通过"道生之,德畜之,物形

---

① 孙武:《十一家注孙子校理》,中华书局1999年版,第12页。
② 王先慎:《韩非子集解》,中华书局1998年版,第391页。

之,势成之"的说法将"势"与"道"和"德"相提并论。鬼谷子认为:"势者,利害之决,权变之威。"① 在中国人的战略思维中,"势"上占优是最重要的制胜之道。在军事上,中国人把"势"看作决定成败的关键。在政治上,"势"向来被看作君主治国的法宝。在外交上,"势"是决定如何与他国交往的重要因素。《管子·霸言篇》曾说:"夫善用国者,因其大国之重,以其势小之。因强国之权,以其势弱之。因重国之形,以其势轻之。弱国众,合强以攻弱,以图霸。强国少,合小以攻大,以图王。强国众而言王势者,愚人之智也;强国少,而施霸道者,败事之谋也"。②

但是,中国人在贵"势"的同时也深知"势"并不是万能的,甚至不是第一位的,只有将"势"与"道""法""理"统一起来,才能让它发挥积极效益。因此,中国人对"势"的认识是非常辩证的,不是把"势"当作某种既定的有利或有害的力量,而是将"势"与其他因素结合起来,在不同情况下采取不同的用"势"之道。

善于用"势"的首要环节就是"度势"和"辨势"。"势"是不断发展变化的,具有极大的不确定性。"势"的时间性和空间性要求人们必须准确把握"势"的发展进程和所处背景,明辨事物的基本"势"态,权衡"势"的变革能力,即"度势",惟其如此才能合理用"势"。由于"势"总是处于变动不居的状态,常常以对立统一的形态存在,且不同形态的"势"之间可以相互转化,物极必反,因此"辨势"就是要辨别强势与弱势、优势与劣势、胜势与颓势、涨势与跌势、顺势与逆势、攻势与守势、得势与失势等。

善于用"势"的核心原则就是"顺势""因势""随势""乘势""借势""任势",也就是,不与"势"相忤逆,不对抗"势"的变革能力,而是顺应事物发展的一般规律和基本趋势,利用"势"的变革能力使自己更省力地实现既定目标。孙中山从"天下大势"的角度提出:"世界潮流,浩浩荡荡,顺之则昌,逆之则亡"。说的就是"顺势"的道理。

善于用"势"的基本策略还包括"谋势"和"造势",也就是在处于弱势、颓势、劣势、逆势、失势的时候,应依据事物的基本格局和发展趋向确定自身的行为取向,不与处于强势、胜势、优势、顺势、得势的力量发生正面碰撞,同时致力于不断提升自身的变革能力,让"势"的发展对自己有利。由于"势"具有一定的不可逆性,因此在处于逆势、无势可乘时,应本着韬光养晦的原则致力于"养势"和"待势"。韬光养晦绝不是无所作为,而是等待时机,谋划和缔造于己有利之"势"。要在竞争中获胜,就必须想办

---

① 鬼谷子:《鬼谷子全集》,北京线装书局2008年版,第947页。
② 黎翔凤:《管子校注》,中华书局2004年版,第472—473页。

法通过"谋势"和"造势"在"势"上占优。中国人耳熟能详的古语"善弈者谋势,不善弈者谋子"说的就是这个道理。

三、国际政治中的"势"及其与"力"的不同

虽然英文中没有"势"的概念,西方国际关系理论中也没有关于"势"的理论,但"势"却广泛存在于国际政治中,对"势"的运用也普遍存在于包括西方国家在内的世界各国的对外战略中。因此,用"势"的概念来分析国际政治和国家外交,不仅有其正当性、合理性,而且可以得出一些新鲜的结论。"势"的概念因此应被视为中国人对国际政治理论的独特贡献。

在国际政治中,"势"既存在于国家层面,也存在于国际体系层面。在国家层面上,国家作为国际政治的主要行为体因权力、地位、格局和发展趋向等因素而生发出原本没有或相对于他者更强的变革能力的特性,这就是国家之"势"。其中,国家的权力之"势"是指国家权力上升到一定程度后获得对他国和整个国际体系发展的独特影响力。如二战后美国因实力大增而成为世界上影响力最大的国家,获得的就是权力之"势"。国家的地位之"势"是指国家因某种独特的地位而主要不是实力形成的"势"。如中国在1971年恢复联大席位和安理会常任理事国身份所获得的"势"就是地位之"势"。国家的格局之"势"是指一国经过国内变革或因倡导某种国际理念而变得声望大增所获得的"势"。如中国因改革开放而获得的"势",欧盟因一体化并倡导新的国际规范而形成的"势",就属于格局之"势"。发展趋向之"势"是指当一国的发展取向代表一种国际大势或与之相契合的时候所获得的"势"。如二战后的去殖民化运动使很多原本处于弱势的亚非拉被殖民国家成为得"势"国家。它们所形成或获得的"势"就属于发展趋向之"势"。在国际体系层面上,整个国际体系的基本结构因国家间权力对比、地位关系、总体格局和发展趋向等因素的改变而生发出原本没有的变革能力的特性,就是国际大势或称天下大势。如冷战期间美苏对抗形成的两极格局就是一种国际大势。

尽管在很多国家的战略思维中并没有"势"的观念,但他们的行为却常常与"势"相关,并表现为一定的用"势"之道。例如,美国在二战后利用其独特的优势,迫使英国放弃"凯恩斯计划",以美国的"怀特计划"为基础成立国际货币基金组织,并说服英国放弃用三个理事会来管理国际事务的"三角凳计划",转而支持由美国提出的"联合国

计划"，成立联合国。美国主导战后国际经济和政治秩序的构建过程，既是"乘势"之举，也是"谋势"之策。英国尽管有所不愿但最终还是追随美国的计划，则属于"顺势"而为。世界各国不仅在对外交往中会自觉不自觉地根据"势"来决定自己的行为，而且国家间交往也会因所处"势"的不同而形成不同的互动模式，"得势"的国家与"失势"的国家之间往往容易产生冲突，从而影响整个国际大势。因此，"势"对于国家和国家间互动来说是至关重要的。

在现有的国际政治理论中，"力"是与"势"涵义最为接近的概念。但由于"力"只是"势"的来源之一，尽管在一定程度上可以用"力"来表达权力之"势"，却不能将"力"简单地等同于"势"，因为它无法表达地位之"势"、格局之"势"和趋向之"势"。甚至"力"与权力之"势"之间也存在细微的差异。"势"并不完全等同于"力"，不仅"势"的含义比"力"更丰富、更复杂，而且"势"与"力"之间还存在彼此错位的可能。也就是说，尽管在绝大多数情况下"力"可以转化为"势"，"势"也可以转化为"力"，但有时候"势"与"力"无法互转，因此就会形成"势""力"相悖，包括"有势无力"或"势强力弱"和"有力无势"或"力强势弱"的情形。"势""力"相悖的形成在很大程度上是因为"力"只是"势"的来源之一，且与"势"的其他来源之间并不是并行不悖的。例如，当一国有足够的地位却缺少必要的权力，或有很大的权力却没有相应的地位时，"势强力弱"或"力强势弱"的错位现象就会形成。

"势""力"相悖和"势""力"错位的情形在国际政治的发展过程中也是屡见不鲜的。二战前的德国可以说是"有力无势"，国力很强但却没有获得与"力"相配的"势"。在一定程度上正是这种"势""力"相悖的尴尬局面促使德国了发动对外战争。与之相比，解体前的苏联尽管实力仍然强大，却因所谓"民主化"浪潮的"国际大势"而成为"失势"大国，仅靠自身实力已经无法继续维系原有的国家之"势"，因此最终不仅被迫接受东欧前社会主义国家纷纷离开自己的阵营，而且自身也走向四分五裂。由于"势""力"盛衰的过程并不总是同步的，历史上的大国很多都会经历"势盛力衰"和"势衰力盛"的阶段，因此形成"势""力"相悖和"势""力"错位的情形在所难免。而这对于任何一个国家的成长和整个国际体系的发展来说，无疑是影响深远的。

四、"势"之于国际政治

如果说"力"是使国家能够在国际政治中作为独立行为体行事的重要保障，那么

"势"就是决定国家行为取向和国家间关系基本状态的重要变量。二者密切关联,彼此互为手段和目的。"势"与"力"是否相称、能否相济在很大程度上决定一国对待现行国际体系和秩序的基本态度,及其对外政策的基本取向。国家间的"势"对比跟"力"对比一道决定国际体系的基本结构及其稳定性,二者是否一致既可以说明国家之间是否会发生冲突甚至战争,也可以解释国际体系的延续与变革。

"取势"和"增力"一样,都是国家行为的重要动机,"以势增力"和"以力取势"是国家行为的两种基本方式。欧盟在一体化过程中不断接纳新成员就是一种"以力取势"的行为,而反过来新成员不断加入欧盟则是一种"以势增力"的行为。

国家所处之"势"是否与"力"相称决定其对外政策的基本取向。应该说,所有国家都想在"势"和"力"上占优,都有"以势增力"和"以力取势"的动机。因此,当一国"势""力"相济的时候,既包括弱小的弱势国、失势国,也包括强大的强势国、得势国,其外交政策就会倾向于守成。既然现存国际体系的基本结构和运作规则能够反映和满足它们对势力相济的诉求,那么它们就更愿意奉行维持现状的政策,对国际体系的满意程度较高。但是,当"势""力"相悖的时候,国家的外交取向就会沿着两个不同方向发生改变。如果"有势无力",即弱小的强势国、得势国,就会致力于"以势增力",采取以发展自身实力为主要导向的进取政策。如果"有力无势",即强大的弱势国、失势国,则会致力于"以力取势",采取以提升自身位势为主要导向的进取政策。相比而言,后者比前者更具进攻性,对国际体系的满意程度最低。

国家发展之"势"是决定其国际地位和国家间"势"对比的重要变量。我们既可以用总体实力将国家区分为大国和小国,也可以用发展态势将国家区分为得势国家和失势国家。而国家之间在"势"上的对比及其变化同样可以说明国际体系的基本结构及其演变。国家间的"势"对比与"力"对比是否一致决定国家间是否会发生冲突和国际体系是否稳定。国家追求"势"与"力"的相辅相成、相得益彰,在"势""力"相称的情况下,国家对国际体系的满足感要高于"势""力"相悖尤其是"有力无势"的情况下。

冷战期间,美苏两个超级大国总体上处于势均力敌的状态。尽管它们势不两立,有时美国处于攻势,苏联处于守势,有时则攻守易势,且它们都想在占据优势的时候进一步巩固和扩大优势,在处于劣势的时候争取实现"势"的逆转,但是双方的"势"对比和"力"对比基本一致,没有发生大的悖离。这或许可以解释为什么冷战期间美苏两个超级大国没有发生直接冲突,甚至最有可能使之走向军事冲突的古巴导弹危机也以和平方式解决。

国家间的"势"对比与"力"对比形成高度悖离往往预示着国际体系即将发生结构性变革。国家间"势"对比的改变比"力"对比的改变更难觉察，因此，囿于"力"的视角就很难预测甚至解释冷战的结束。导致冷战结束的苏联解体之所以会发生，在很大程度上是因为苏联的"势"与"力"出现了越来越严重的悖离，形成"有力失势"的格局。尽管苏联的总体实力，尤其是军事实力仍然能跟美国平起平坐，但在"势"对比上，苏联却处于下风，不仅逐渐失去了传统盟国的信赖与支持，而且在国际上陷入严重的战略收缩状态，且没有办法通过"以力取势"来实现"势""力"相济。因此，如果"力"对比很难解释冷战期间两极体系的突然变革，那么"势"对比，尤其是"势"对比与"力"对比之间的悖离则能较好地说明苏联为什么会自行解体，并导致冷战和平结束。

五、"势"之于中国外交

贵"势"思维深刻地影响了中国对国际事务的处理。在发展对外关系的过程中，中国的很多战略选择都体现了某种用"势"之道。其中，"度势""随势"和"谋势"最为重要，直接事关中国外交战略的成败。新中国成立 70 年来，中国由积贫积弱的半封建半殖民地国家成长为国际影响举足轻重的发展中大国，书写了当代历史上最成功、最传奇的和平崛起故事。以"势"观之，中国之所以能够实现和平崛起，在于中国通过"度势"，准确把握了国际大势的发展趋向，并对自身发展做出了切合实际的定位；通过"随势"，抓住了实现国家发展的历史机遇，并借由改革开放充分做到了"顺势""乘势""借势"；并通过"谋势"，积极应对各种挑战，参与全球治理，为中国进一步推进和平崛起注入强大动力。

中国外交非常注重"度势"，即把握"势"的发展进程和所处背景，明辨事物的基本"势"态，权衡"势"的变革能力。中国外交中的任何重大举措和战略决策都在很大程度上源于对国际大势的判断。

中国实现和平崛起的关键在于"随势"，即不与"势"相忤逆，不对抗"势"的变革能力，而是顺应事物发展的一般规律和基本趋势，利用"势"的变革能力使自己更省力地实现既定目标。中国通过改革开放实现和平崛起，在很大程度上就是"随势"的结果。邓小平提出并为随后中国几代领导集体创造性践行的"韬光养晦、有所作为"的外交方针,以及有关国内发展的所谓"猫论"和"摸论",成为中国在改革开放、和平崛起进程中实施"随势"战略的典型写照。

中国进一步推进和平崛起需要"谋势",即通过提升权力,改善地位,调整格局,顺应发展趋向等,致力于不断提升自身的变革能力,让"势"的发展对自己有利。中国实现和平崛起既得益于"随势",在一定程度上也是"谋势"的结果。中国在冷战后期构建中美苏大三角战略格局,并在冷战后时代积极推动多极化进程,打造"以大国为关键、周边为首要、发展中国家为基础、多边为重要舞台"的对外关系框架,皆为"谋势"之举。随着和平崛起步入新的历史阶段,中国搭乘历史便车的机会也会相应减少。要开拓性推进和平崛起进程,中国必须在"随势"的基础上更加积极主动地"谋势"。

从"逆势"到"顺势"、从"随势"到"谋势"既是中国实现和平崛起的过程,也是中国参与世界秩序的过程;既是中国通过调整国家发展战略,开启并不断推进和平崛起进程的历史经验,也是中国在国际参与的过程中不断调整自身角色,转变对于世界秩序基本态度的历史写照。但不论对于国家发展战略还是国际参与取向而言,从"随势"到"谋势",并不是单纯的线性发展,而是彼此关联的辩证统一。"随势"中必然有"谋势",没有"谋势"就难以"随势",甚至可能"逆势"。"谋势"中也必然有"随势",没有"随势"的"谋势"有可能适得其反,走向"逆势"和"失势"。总之,在准确"度势"的基础上,将"随势"与"谋势"有机结合起来,是中国启动和不断推进和平崛起进程的最重要的历史经验。

六、结　论

中华传统文化用"势"的概念来诠释物或人因权力、地位、格局和发展趋向等因素而生发出原本没有或相对于他者更强的变革能力的特性。"势"的存在形态多种多样,包括静态之势和动态之势,其形成、发展与消亡的过程非常复杂。对"势"的把握和运用因此被中国人看作成就某种既定战略目标的关键。中国人在思维方式上贵"势"不贵"力",提出了系统的用"势"之道,包括度势、辨势、处势、任势、顺势、随势、乘势、借势、谋势、造势等。其中,"度势""随势"和"谋势"最为重要,并深刻地影响着当代中国外交的理论与实践。

尽管现有西方国际关系理论没有关于"势"的论述,但"势"却广泛存在于国际政治中，包括国家层面和国际体系层面，而且对"势"的运用也普遍存在于包括西方国家在内的世界各国的对外战略中。虽然"势"的涵义与"力"最为接近，但"势"并不完全等同于"力"。在国际政治的发展过程中经常会出现"势""力"相悖和"势""力"错位的情形。因此，用"势"的概念来分析国际政治和国家外交，不仅有其正当性、合理性，而且可以得出一些新鲜的结论。如果说"力"使国家能够在国际政治中作为独立行为体行事，那么"势"则决定国家行为取向和国家间关系的基本状态。"势"与"力"是否相称、能否相济在很大程度上决定一国对待现行国际体系和秩序的基本态度，及其对外政策的基本取向。国家间的"势"对比跟"力"对比一道决定国际体系的基本结构及其稳定性，二者是否一致既可以说明国家之间是否会发生冲突甚至战争，也可以解释国际体系的延续与变革。

因此，"势"的概念应被视为中国人对国际政治理论的独特贡献。"势"作为中华经典国际关系概念，极具中国特色，反映中国人战略思维，在当代仍然具有鲜活生命力，对理解当代国际政治和中国外交具有重要指导价值，且可以在一定程度上弥补现有西方国际关系理论的缺失。

(本文原载《国际观察》2020年第1期)

在公域领域中国必须有自己的战略考虑

复旦大学国际关系与公共事务学院教授　陈玉刚

目前人们对公域的界定存在着一些模糊的地方。

有的观点把国际公域概括为海洋、极地、太空、网络四大领域，严格说来，把网络空间列入公域范围并不合适。网络空间是否属于公域？这与美国在克林顿政府时期进行的战略推动有一定关系。克林顿政府推动网络自由化，把它作为美国重建全球领导地位的重要措施。客观地说，网络就是一个互联互通的概念，它本身就是从一个局域网发展起来的，原是美军的内部网，扩展到民用后，从美国开始，其他国家一个个接上去，形成了国际互联网。究其本质，这无非就是信息联络设施的互联互通。铁路公路这些领域也都可以互联互通。如果只是因为互联互通了，就作为一个公域概念来理解，那么是不是很多基础设施也可以成为公域？而实际上，只要有关国家愿意，它可以随时关闭国际联结。一经关闭，网络就是国家主权范围之内的事。这是与其他公域问题不一样的。网络治理是国家主权范围层面可以做的，一个国家有权力立法来管理自己的网络空间，其他国家对它的网络实施攻击，可以视作侵略行为。如果网络属于公域，其他国家对一个国家实施网络攻击，该国就难以认定这是侵略行为。所以，网络空间与其他公域领域有着本质区别。

在全球公域领域，中国必须有自己的战略考虑。

首先，我们必须认识全球公域问题的重要性。公域可以说是还没有被国家的主权所分割的区域。的确存在着这样一种趋势，即本应被视为公域的范围也在被国家主权所侵蚀。但是绝大部分公域还没有被国家主权所瓜分。这意味着，任何国家今后如果希望拓展自己的活动空间，公域就是一个方向。原因就是，如果要拓展到其他主权国家的疆域，会面临很多问题，例如要接受它的经济治理规则，或者说国际通行的国际规则。而公域则不同于此。从公域的发展看，之所以成为公域，在其第一个阶段肯定是处于绝对自由的状态，国家在公域范围的行动可以说是不受任何约束的。而在第二个阶段，在一些问题上开始出现领土主义化，较为明显的例子：一是已有一些国家对南极提出了"领土主权"主张；二是原来被认为公海的海域，随着《联合国海洋法公约》的施行，国家主权实际上正向这里拓展。现在正在进入第三个阶段，这就是在公域内进行公共秩序建构，这意味着公域越来越多地走向一种规制主义的治理。

公域为国家的生存发展提供了非常大的潜力或者说能力的供给，尤其是对大国来说。比如国家的安全能力。在太空，卫星构成国家安全的重要领域。在海洋，近海已经无鱼可捕，公海"海洋牧场"的概念已经越来越多地被确立起来，它对于国家食物安全也有重要作用。在主权区域内的矿物质大幅度消耗的情况下，人们已经明显把眼光转向了公域内的资源。不管现在怎么限制，如果主权范围之内的矿物资源消耗殆尽，人们肯定会去开采公域内的资源。所以从中长期来看，公域是给一个国家下一步的发展提供大量的资源和能力的区域，公域对于国家的生存与发展具有非常重要的意义。

其次，我们需要明确在战略上应做何考虑。一是要大力拓展在公域的活动领域。二是要尽快考虑公域规则的制订。对于国际上已经在谈论的规则制订，我们应参与进去，更重要的还在于，国际上还没有意识到的规则，我们要先制订起来。事实上，有的国家通过国内相关立法的形式来制定规则，然后运用到公域中去。这是否符合国际法是个问题，但如果在其他国家还没有相应规则时我们先制订出来，而且完全是站在公益角度来考虑，就会获得规则的先发优势。三是在战略上要大力培养公域问题专家。到目前为止，国际社会还是尽量防止公域问题政治化，或者说是用"去政治化"的方式处理公域问题。在去政治化的思路下，专家就成为一支非常重要的力量，专家或者是由专家组成的专家共同体的影响力和发言权会非常大。对公域研究我们起步较晚，我们的公域问题专家的数量和能力跟一些大国比还处在相对落后状态。所以我们应该尽快形成一个公域问题专家的培养计划。

最后，我们要扩大在公域问题上的公信力。尤其是对一些公域能力不强的国家提供一些帮助。这对于扩大我们在公域问题上的影响力是非常重要的。

(本文原载《世界知识》2015年第18期，收入本文集略有删改)

"改革方法论"与中国的全球治理改革方略

复旦大学国际关系与公共事务学院讲师　余博闻

一、引　言

全球治理的要义是通过构建全球制度和规范体系以及具有可操作性的治理方案解决全球性问题。全球治理具有明显的权力属性。多边国际机构中的决策权分配往往不均衡。规范作为对"正确"思想和行动的判定标准也受政治权力的塑造，进而会限制和建构被治理者的行为。具体治理方案定义了待解决问题的性质，并就此提供一系列相互联系、具体、可操作的规则、政策和治理方法。这些方案不仅仅是技术性的，还体现了方案供给者的知识、理念、利益和权力。[1] 以上述视角观之，当今全球治理的很多领域（如金融和发展等）有强烈的西方中心主义色彩。而作为一个物质实力迅速增长的非西方大国，中国具有推动全球治理深度变革的能力。但是，在如何认识中国的全球治理改革方略上，既有文献存在明显分歧。一些研究认为中国遵循整体主义改革逻辑，谋求按照自身利益和理念重塑全球治理各部分。[2] 另一些研究则强调中国全球治理改革实践的多样性，反对从宏观层面对中国的改革意图做总体性判断。[3] 这种非此即彼式的争论割裂了中国在不同

---

[1] Jacqueline Best, *Governing Failure: Provisional Expertise and the Transformation of Global Development Finance*, Cambridge: Cambridge University Press, 2014.

[2] 代表性研究参见 Yves-Heng Lim, "How (Dis) Satisfied Is China? A Power Transition Theory Perspective," *Journal of Contemporary China*, Vol. 24, No. 92, 2015, pp. 280-297; Randall L. Schweller and Xiaoyu Pu, "After Unipolarity: China's Visions of International Order in an Era of U. S. Decline," *International Security*, Vol. 36, No. 1, 2011, pp. 41-72; 贺凯、冯惠云：《领导权转移与全球治理：角色定位、制度制衡与亚投行》，《国际政治科学》2019年第3期，第31—59页。

[3] Scott L. Kastner, Margaret M. Pearson and Chad Rector, "Invest, Hold up, or Accept? China in Multilateral Governance," *Security Studies*, Vol. 25, No. 1, 2016, pp. 142-179; 朱杰进：《崛起国改革国际制度的路径选择》，《世界经济与政治》2020年第6期，第75—105页。

维度上的全球治理改革实践,不利于全面理解中国的全球治理改革方略。如果从权力、话语以及方案三个维度分别观察中国的全球治理改革实践,我们便会发现中国在权力和话语维度的改革努力可能已不再多样,而仅在具体方案创新方面维持多样性。

本文从中国改革开放历史经验中寻求启示,将改革开放经验所生成的"改革方法论"抽象化,并结合既有研究对全球治理体系的多维度认识,试图构建一个可以整合整体主义论和多样论的解释逻辑。

二、"改革方法论"及其世界意义

笔者认为,改革开放的伟大实践可被抽象化为一套"改革方法论",其要义在于权力、话语和具体方案三个维度上改革行动的分工与协调。思想解放和决策权力调整是相互促进的关系。二者共同构成方案创新的政治条件。同时,一旦方案创新实践启动并取得一定成效,这些实践就会对顶层改革施加积极反馈,进一步强化思想解放和权力层次的调整,并促进改革共识的凝聚。

(一) 权力和话语变革与改革空间的建构

关于社会变革的一般理论认为,共同体成员需要达成"治理失败"共识,变革方能启动。[1] 但是,治理失败共识的形成高度依赖争论。这种争论自然不只受到客观治理绩效的影响,也受到话语和权力等多种因素的影响。[2] 因此,在权力和话语都被传统势力垄断的状态下,反思并不随着传统政策的负面绩效自然产生。

中国"改革方法论"要求在改革初始阶段对权力和话语维度的结构性束缚发起冲击。一方面,改革的重要动力之一是权力维度的领导集体重塑。另一方面,中国的改革者积极和有针对性地推动全社会的思想大解放。1978年5月开始的"关于真理标准问题的大讨论"被誉为"撬动改革开放的哲学杠杆"。[3] 大讨论所推动的思想解放成为改革的重要

---

[1] Jacqueline Best, *Governing Failure: Provisional Expertise and the Transformation of Global Development Finance*, Cambridge: Cambridge University Press, 2014, p. 6.
[2] Jacqueline Best, "When Crises Are Failures: Contested Metrics in International Finance and Development," *International Political Sociology*, Vol. 10, No. 1, 2016, p. 4.
[3] 关铭闻:《坚定改革开放再出发的信念——纪念〈实践是检验真理的唯一标准〉刊发四十周年》,《光明日报》2018年5月11日。

启动机制，当然也支持了权力结构的进一步重组。

如果说中国在"破"旧上遵循了一般性改革逻辑，那么其对"缓立"的强调却超出了传统变革理论，体现了"中庸辩证法"。秦亚青指出，中庸辩证法所强调的变化是"在合作和竞争中生成新的合体生命……这种新的合体生命既保留了偶对两极各自的重要特征，但又不能还原为任何一极"。① 通过恢复实事求是原则的基础地位，邓小平既打破了当时"两个凡是"的支配地位，又肯定了作为既有秩序重要基础的毛泽东思想。此外，改革者对"缓立"的强调还体现为改革初期具体发展方案设计的慎重性。改革的顶层决策者将"立"的工作留给实践中产生的多样可能。这使中国避免了其他一些国家全盘接受西方经济学说所造成的恶果，走上了一条改革开放的正确道路。

（二）包容性、实用主义与方案创新

中国"改革方法论"中的方案创新方法特色鲜明：以实事求是这一马克思主义思想为指导，采用"摸着石头过河"的创新思路，并大量运用"试点-推广"模式来优选方案。作为极受中国改革者青睐的发展方案创新方法，"试点-推广"模式有三点主要特征：第一，改革的起点和突破方向通常是体系最薄弱的环节（农村）。这种先易后难的改革思路体现了改革的主要动力是因势利导的反思，而非基于权力的强行推进。第二，"人民首创、基层首创是中国改革的重要特点"。② 得益于相对宽松的创新和试错空间，改革的试点地区尤其是经济特区在创新方面享有很大自主性，这保证了创新实践的多样性和包容性。经济特区不仅是新的经济增长引擎，更是政策创新和试验的场所。经济特区被授权开展多样的创新尝试，甚至不同特区可能被鼓励采取不同类型的政策。同时，许多境外先进的理念和做法被引入特区的政策体系。第三，在实事求是精神指导下，对创新性方案的选择强调以审慎的绩效评估为依据。正如认知演化理论所言，相对理性的社会选择过程要求淘汰那些产生明显负面绩效、无法解决行为者面临的新挑战的治理方案。③ 邓小平为创新方案的选择设立了一些客观标准，既强调坚持社会主义制度不动摇，又鼓励人们大胆创新。早在1962年邓小平就指出："黄猫、黑猫，只要捉住老鼠就是好猫。"④ 随

---

① 秦亚青：《国际政治的关系理论》，《世界经济与政治》2015年第2期，第8—9页。
② 陶文昭：《伟大变革让我们收获了至简至深的真理——实事求是是改革方法论的精髓》，《北京日报》2018年12月17日。
③ 余博闻：《认知演化与全球气候治理的变革》，《世界经济与政治》2019年第12期，第115页。
④ 《邓小平文选》（第一卷），人民出版社1994年版，第323页。

着改革进程的深入，邓小平进一步明确了中国选择创新性治理方案的原则：该方案能否发展社会主义生产力，能否提升社会福利。① 尤其值得注意的是，在改革初期，新政策的推广是循序渐进的。邓小平曾多次提到，对于对新发展方案有疑虑的人，"中央的方针是等待他们，让事实教育他们"。②

（三）将"改革方法论"转化为全球治理改革方略

尽管中国的国内政治经济体系与全球治理体系是两个不同的体系，但两个体系的改革者面临相似的改革阻力。全球治理体系的第一种阻力来自其治理规范和方案的属性受相关国际机构中的决策权力分配的影响。例如，在全球经济治理体系中，主导规范和方案并不是由世界各国集体制定的，而是由西方大国所塑造的。作为阻滞改革的保守力量，西方大国运用政治权力限制了非西方治理方案创新的空间。全球治理改革的第二种阻力是西方自由主义意识形态的强势地位和西方对话语权的掌控。长期以来，世界银行和国际货币基金组织（IMF）遵循自由主义规范，提供了诸多带有浓厚西方色彩的治理方案，如推行资本账户自由化、以推动对象国治理模式的西化来促进发展等。在此过程中自由主义逐渐异化为一种价值判断标准，使西方能够压制和污名化与其全球治理方案不符的实践。③ 全球治理改革的第三种阻力是缺乏替代性治理方案。由于西方长期垄断全球治理的方案制定和评价权，许多全球治理领域缺乏鼓励创新和试错性试验的政治氛围。

基于中国"改革方法论"的全球治理改革方略应呈现两大特征：第一，中国将对权力结构和西方自由主义意识形态发起坚定挑战。第二，中国在进行具体治理方案创新时将继续强调包容和实事求是精神。一方面，必须战略性地选择创新的突破口，把重点放在全球治理中存在治理赤字的薄弱环节；另一方面，本着实事求是精神，中国不会强行推行自己的改革方案，更可能通过创建"治理创新试验区"的方式开展方案创新试验，并且依据经多边的程序确立的评判标准，审慎决定最优的全球治理方案。

三、理解中国的全球治理改革实践

本部分考察中国的全球治理改革实践是否体现了前文所总结的"改革方法论"的基

---

① 《邓小平文选》（第三卷），人民出版社1993年版，第241、265页。
② 同上书，第155、238页。
③ 张发林：《全球金融治理议程设置与中国国际话语权》，《世界经济与政治》2020年第6期，第106—131页。

(一) 争取国际制度权力

中国努力在全球机构中获取更多的决策权,这一权力维度的改革倾向愈发坚定。自2008年国际金融危机以来,中国极力要求对 IMF 和世界银行的投票权进行动态调整。在既有机构决策权调整极为缓慢的情况下,中国开始积极推动创建新机构(如亚投行和新开发银行)。[①]"一带一路"倡议更是显著增强了中国在全球治理尤其是国际发展合作领域的制度性权力。作为由中国发起的多边合作倡议,"一带一路"倡议以"一带一路"国际合作高峰论坛为重要合作平台,整合十余个区域合作机制和地区性组织,辅以超过100份双边合作文件。这些新平台和主场外交机遇使中国在治理方案倡议和制定方面获得了更多主动权。

上述提升中国权力的行动并不会自动引发全球治理方案维度的实质性改变。例如,中国仍然强调小多边金融安全网与 IMF 规则挂钩。"一带一路"框架下国际发展合作的许多创新都体现出中西方知识的交融和互鉴,而非一方知识对另一方知识的简单替代。

(二) 冲击西方话语霸权

在话语维度,人类命运共同体已成为中国为全球治理提供的最具标志性的新话语。人类命运共同体理念强调"平等相待""互商互谅""公道正义""和而不同"等关键元素。[②] 这使人类命运共同体区别于西方在定义"共同体"概念时所强调的共同体的社会化和去差异化功能。人类共同体成员分享共同的目标,如追求经济繁荣与可持续发展,但它们又不屈从于某些所谓"更先进成员"的社会化压力。[③] 此外,由于被定义为人类命运共同体理念的实践载体,[④] "一带一路"不仅提升了中国的制度性权力,也与改革性话语紧密结合。除了人类命运共同体这一核心理念,中国正有意识地建构一套话语体系,以削弱西方对于"秩序""国际规则"等问题的定义权。习近平在2015年博鳌亚洲论坛上的

---

① 孙吉胜:《当前全球治理与中国全球治理话语权提升》,《外交评论》2020年第3期,第1—22页。
② 《习近平谈治国理政》(第二卷),外文出版社2017年版,第523—524页。
③ 赵可金、马钰:《全球意识形态大变局中的人类命运共同体》,《国际论坛》2020年第2期,第3—17页;吴志成、吴宇:《人类命运共同体思想论析》,《世界经济与政治》2018年第3期,第4—33页;
④ 国家发展改革委、外交部、商务部:《推动共建丝绸之路经济带和21世纪海上丝绸之路的愿景与行动》,人民网,http://ydyl.people.com.cn/n1/2017/0425/c411837-29235511.html。

主旨演讲中指出:"作为大国,意味着对地区和世界和平与发展的更大责任,而不是对地区和国际事务的更大垄断。"① 这里直接使用了"垄断"一词指涉西方对全球事务的影响。如杨洁篪所言:"中方主张……维护以联合国为核心的国际体系、以国际法为基础的国际秩序,而不是以一小部分国家制定的规则为基础的秩序。"② 此类话语可被理解为中国对西方话语体系的抗争,即力图逐步消解霸权秩序的合法性基础。

然而,在冲击西方权力和话语垄断的同时,中国有意识地避免造成中国有意引导全球治理从"西方中心"转向"中国中心"的印象,将新秩序具体实现形式的定义权交给"共商、共建、共享"的动态进程。③

(三)"一带一路"倡议与包容性方案创新

在推动全球治理改革方面,"一带一路"倡议充分体现了中国"改革方法论"所强调的有限争论和实事求是创新的辩证统一。在方案维度,"一带一路"应被理解为"治理创新试验区"。

"一带一路"倡议选择国际发展合作领域作为全球治理改革的突破口,因为这是西方主导的全球治理体系中的薄弱部分。实践已经证明,西方自由主义、干预主义的发展合作模式并未产生理想的治理效果。④ 同时,由于发达国家提供官方发展援助的能力和意愿不断下降,国际发展融资缺口不断加大,中国等新兴援助国的介入并不必然削弱发达国家及其主导的国际机构的活动范围和利益,这也有助于降低治理创新的成本和阻力。

"一带一路"倡议在总体目标和侧重点方面为国际发展合作提供了明确指引,强调政策、设施、贸易、资金和民心五大领域的互联互通。但在更具体的治理方案维度,中国秉持了实事求是精神。"一带一路"倡议在两个层面强调了自下而上的方案创新:一是强调相关国家自下而上地共商、共建、共享;二是强调在双边、多边、全球层面与多元行为体的协作。在此基础上,包括一些西方方案在内的各种国际发展合作的理念都可以在"一带一路"这个平台上被纳入考察,方案选择的标准是该方案的治理绩效。这一包容和

---

① 习近平:《迈向命运共同体开创亚洲新未来——在博鳌亚洲论坛2015年年会上的主旨演讲》,《人民日报》2015年3月29日。
② 《杨洁篪在中美高层战略对话开场白中阐明中方有关立场》,中华人民共和国外交部网站,https://www.fmprc.gov.cn/web/zyxw/t1862521.shtml,最后浏览日期:2021年5月21日。
③ 秦亚青、魏玲:《新型全球治理观与"一带一路"合作实践》,《外交评论》2018年第2期,第1—14页。
④ 郑宇:《援助有效性与新型发展合作模式构想》,《世界经济与政治》2017年第8期,第135—155页。

实事求是的方案创新路径在诸多方面有所体现，这里仅举两例。

在"一带一路"框架下，"工业园+基础设施"这一更具整合性的项目设计方法正获得越来越多的重视，这是典型的中西方知识的合成体。一方面，在供给端成体系地进行项目规划是西方采用多年的发展合作模式，被证明能够提升项目的协调性。① 在"一带一路"倡议下，中国也开始适当吸收西方更具系统性的项目规划方法。② 另一方面，在"工业园+基础设施"模式中，中国动用援助类资金和优惠贷款为合作国提供基础设施，支持工业园的运转。对基础设施的重视显然源于中国国内的发展经验。

"一带一路"的融资方式延续了中国在双边发展合作为主的时代的做法，其特点是赠款、优惠性贷款、有发展属性的商业贷款和纯商业贷款的结合。从中国视角来看，这种整合多元资金的方法既成功解决了西方"输血"式发展融资的缺陷（即资金投入缺乏可持续性），又能够通过担保机制（主权+资源/制成品）保证中国资金的安全。③ 但同时，"一带一路"框架下的发展融资实践也吸纳了一些西方有益的知识和理念。长期以来，中国对发展合作项目潜在的社会和环境负面影响的敏感性一直低于西方援助国。④ 由于"一带一路"提升了中国决策者对长期发展绩效的重视，"一带一路"融资规则与环境相关的内容不断更新。中国决策部门越来越强调在审慎研究基础上借鉴传统多边开发银行的相关规则和做法。⑤ 当然，"一带一路"在项目设计时更为推崇"政策沟通"方式。

上述讨论说明，作为一个"治理创新试验区"，"一带一路"被有意设计为一个带有明确创新和改革使命的开放性平台，因为中国决策者和实践者的初衷就是以包容和实事求是精神摸索哪些方案能够为国际发展领域的全球治理改革提供最优解。

四、结 论

本文通过总结中国的"改革方法论"寻找一种理解中国全球治理改革实践的新视角。本文提出，中国"改革方法论"的内核是权力、话语和具体方案三个维度上改革行动的

---

① 毛小菁：《中国对外援助方式回顾与创新》，《国际经济合作》2012年第3期，第91页。
② 宋微：《中国对外援助意义的再思考》，《国际经济合作》2015年第1期，第81—84页。
③ 参见程诚：《"造血"金融："一带一路"升级非洲发展方式》，中国人民大学重阳金融研究院网站，http://rdcy.org/index/index/news_cont/id/35988.html，最后浏览日期：2021年5月20日。
④ DeborahBräutigam, "Aid 'with Chinese Characteristics': Chinese Foreign Aid and Development Finance Meet the OECD-DAC Aid Regime," *Journal of International Development*, Vol. 23, No. 5, 2011, p. 761.
⑤ 陶平生等：《共建"一带一路"国际规则研究》，中国发展出版社2020年版，第42—48页。

分工与协调。这种改革方略要求针对体系的不同维度发起不同类型的改革努力；要求改革者以积极而坚定的顶层改革努力冲破反对改革者对权力和话语的垄断；要求改革者预留灵活创新的余地，并以包容和实事求是的精神开展治理方案创新。以此观之，中国在正式制度和宏观话语层面的改革行动，同围绕"一带一路"倡议开展的包容性治理方案创新，就是一种相互配合、相互支持的关系。

（本文原载《世界经济与政治》2021年第10期，收入本文集有删改）

中国大国外交的政治学理论基础

复旦大学国际关系与公共事务学院教授 苏长和

一、引　言

中国是一个新型大国，其一言一行对世界政治、经济的影响越来越大。不仅中国的国内政治发展受到外界关注，中国外交的价值取向和实践也很为外界瞩目。在国际层面的中国研究中，对于中国的解释多在西方社会科学的概念和理论框架下进行。在其研究取向中，无论是中国政治发展还是中国外交行为，大多被用来检验已有西方社会科学理论，只是既有西方社会科学理论的一个经验案例或者注脚。因此，虽然中国政治与外交成为理论解释的对象，但是其中的经验并没有上升和抽象到既能解释自己也能解释他人的一般理论。这种现象导致了中国在国际学术对话中的被动地位，难有独立可言。在面对或者说服国际社会时，有时为了增强自身行为的合理性，或者为了让他者理解和接受自身行为，不得不从外来概念和理论中寻找正当性依据，自己的理论很少能够对外部产生正向说理和启发的作用。能否以及如何以中国自身历史和逻辑为本位形成一套自洽的政治和外交理论，以对中国在世界中的地位和作用予以恰当解释是亟待解决的理论问题。本文主要探究中国特色大国外交的政治学理论基础，尝试将中国的外交行为和实践放在中国政治学理论的整体背景下加以考察和理解，意在弥合外交理论和中国政治理论之间的隔阂，力图提供一个解释中国大国外交的政治学的初步框架。

二、中国大国外交的政统和政道资源

古今中外不同文明的知识体系都要解决政治体系的政统和道统问题。① 中国政治学知识体系的政统和政道资源从哪里来？这是中国政治学知识体系建设（包括国际关系和外交理论建设）必须首先面对的问题。政统和政道资源应当有四大来源。第一，马克思主义政治学的思想资源。马克思主义基本原理和思想是中国共产党立党建党的基础，中国共产党人的命运和使命同当代中国的命运和发展紧密联系在一起。马克思主义的原色和底色是中国政治学知识体系区别于其他任何政治学知识体系的根本特征。第二，中国传统政治和治国理政的思想资源。中国古代有一套独特的政治学知识体系，在人类古代政治文明中占有重要的一席之地，为东方的中华文明提供了合道、合理的政治解释。当代中国政治和外交实践乃至现代世界的一些政治和外交实践在古代中国政治和对外关系中都能找到渊源。第三，其他国家政治学成果的吸收、批判、转化和创造。中国政治学知识也是在同其他国家政治学成果的交流互鉴中发展的。这里的其他国家，并不限于西方国家，也包括世界上最早的社会主义国家苏联、其他发展中国家和周边国家等。第四，中国共产党人从建党特别是中华人民共和国成立以来在治国、兴国过程中的政治思想、政治理论和政治创造。这四部分内容大致构成了中国政治学知识的主要来源。

然而，问题的关键是如何按照一个连贯的逻辑将四个来源的内容转化为一个有机整体，成为一个知识体系。曹沛霖在谈到中国政治学体系建设的问题时指出："20世纪的中国政治学有三个来源，即中国传统政治思想、西方政治学、马克思主义政治学，每个思想来源都有一套相应的制度设计，但遗憾的是这三个来源至今并没有成为中国政治学的有机组成部分，仍然是分立的三块，换句话说没有创造出'中国政治学'。"② 因此，关于中国政治学知识体系的政统和政道之概念标识和逻辑确立，就成为贯通融合几大知识来源、"多义合一"的关键。换言之，中国政治学知识体系应当在坚持马克思主义政治学思想、中国特色社会主义政治学理论这个前提下，按照将中国传统政治学知识、马克思主义政治学知识、当代中国社会主义政治理论创新成果和实践、人类已有政治文明成果融

---

① 政统和政道经常体现在古今中外的檄文、宣言、宪法和外交声明等各类文本中。这类文本集中展现了一个文明或国家从至高的道义层面表达的对政治世界善恶、正邪的看法。
② 曹沛霖：《制度的逻辑》，上海人民出版社2019年版，第331页。

会贯通的叙事逻辑建构知识体系。

对不同来源知识的会通和转化，还需要与现实政治中的制度创新相结合，在此基础上提出逻辑自洽的概念体系，使知识来源和现实制度构成有机整体。中华人民共和国成立70年来，确立了社会主义的根本制度，在此基础上逐步发展和完善了基本制度、一般制度和具体制度，探索出了中国特色社会主义的政治发展道路，形成了中国特色社会主义道路。在政治和外交领域，天下为公的政治关怀、人民中心的政治思想、合作协商的制度体系、大一统国家及各民族团结、和平共处的国家间关系、人类命运共同体等核心概念都体现了中国政治学知识体系的政道内涵，它们的内在逻辑存在很强的关联性和自洽性。

就中国大国外交的理想与目标而言，能够概括中国大国外交理想且与中国政治思想内在一致的源头或标识性概念就是从"为公"出发认识和改造世界，最终建立一个天下为公的国际秩序。"为公"思想能够将中国政治学知识的主要来源以及现实政治中的制度设计初衷贯通为一个有机整体。"为公"的思想是马克思主义政治学思想的重要内涵，中国共产党作为一个马克思主义政党，立党的初心在公在民。中国传统政治文化中的优秀成分将"为公"视为政治之善。当代中国制度体系的设计和运行本着"为公"的政治理念。中国构建人类命运共同体的主张也包含建立一个天下为公的国际秩序。所以，以"天下为公"还是以"天下为私"来认识和改造世界，实际上体现的是两种不同的政治和外交哲学。

三、中国的政党制度与外交

政党是理解现代政治的关键。撇开政党理论中的争论，客观地说，要想理解世界上绝大多数国家内政和外交的关联，恐怕都离不开政党。首先从政党政治与外交的一般原理来看，一个国家同另一个国家打交道时，与其说是在同这个国家打交道，毋宁说是主要在同这个国家不同的政党打交道。国家是抽象的，但是政党却是具体的，长期或者轮流执政的政党的纲领、价值、立场、代表范围和利益基础等都会极大影响这个国家的对外关系。因此，在现代政治特别是在政党政治中，政党都将自身的意志通过国家行政或立法机关转化为国家意志。反过来说，一国政府的外交实际上更多是某个政党的外交。政党政治的这个一般原理既适用于竞争性政党制度国家，也适用于包括中国共产党领导的多党合作和政治协商制度在内的新型政党制度国家。从原理上说，竞争性多党制国家的某个政党在其赢得选举、开始执政以后就开始将自身的政治外交意志通过国家机构转化为国家的政治外交意志，这同中国共产党作为执政党在长期执政过程中将自身为公为民的政治理念以及追求和平的外交理想通过国家机构转化为国家的政治外交意志并无二致，所不同的只是不同政党追求的目标存在差异。明白了这个原理，才能够理解为什么中国政府在界定和解释中国特色大国外交的内涵时，首要强调的就是"党对外交工作的集中统一领导"，这一内涵是以普遍的政治学原理为基础的，并无特殊之处。

在国际关系中，人们愈来愈意识到，国家之间的外交往来以及国际合作深受竞争性政党政治的困扰。如果观察那些实行竞争性政党制度的大国，就会发现其外交行为几乎都具有一个共同特点，那就是多变性。政党的周期性轮替往往意味着该国外交政策的变化反复，在两党或多党之间不存在一致的外交立场和政策时尤为如此。竞争性政党政治是对抗式制度体系的重要组成部分，其使得要为国际合作寻求广泛的国内政治支持变得更加困难。党争政治恶化的国家常常陷入相互否决的状态，面对相同的国际关系议题，不同的政党立场和态度迥异，国际合作常常成为这类国家国内政党斗争的牺牲品。这种政党制度带来的外交难题及其对国际合作的消极影响正在今天一些西方大国的内部不断上演。作为国际关系学者，需要反思竞争性政党制度的这一面。该制度是否像有的西方政治学教科书认为的那样是人类政治文明的圭臬和方向，答案当然是否定的。

中国共产党领导的多党合作和政治协商是一种新型政党制度，其遵循整体和合作协商的逻辑，而不是根据部分和对立的原则来设计的，是合的，不是分的。这一点对理解中国特色大国外交具有特殊意义。第一，中华人民共和国宪法规定了中国独立自主外交的和平属性，中国共产党章程的总纲规定了党的对外工作是坚持独立自主的和平外交政策，推动构建人类命运共同体，同时确立了"独立自主、完全平等、互相尊重、互不干涉内部事务"的党际交往原则，发展同各国共产党和其他政党的关系。① 宪法和党章有关对外工作的原则和目标是一致的，将两者结合在一起才能理解中国特色大国外交的宪法性基础的全貌。第二，在互不干涉内部事务的前提下，通过交流互鉴治国理政经验，取长补短，共同促进政党治国能力的提升是新时期中国大国外交的重要内涵。第三，中国的新型政党制度避免了党争政治对外交政策连贯性和一致性的干扰，为中国这样一个新

---

① 《中国共产党章程》，人民出版社 2017 年版，第 16—17 页。

型大国提供了更为连贯的外交政策基础,为外界同中国打交道提供了更为稳定的预期。

四、中国的政府理论与外交

当今流行的政府学说多从代议政府的逻辑展开,其经过20世纪一些政治学家和经济学家的共同加工和改造,形成了一套较为完备的政府理论。对于这套政府论主要观点,人们已经习惯于不假思索地接受,奉之为政府理论的圭臬,鲜有批判和质疑。中国政治学知识体系中的政府理论有以下值得重视的观点。第一,"政之所要,在乎民心"。传统的中国政治和民间认识并不会从政府天然为恶的简单假设来认识政府,更多从政府的执政状况和民心向背来判断政府的优劣善恶,得民心的政府就是恪守政道的政府。第二,政府为公思想。政治以及政府是公和正的代表,政府应该是公道政府或者中道政府。第三,由于政府本身就是公和正的代表,因此肩负着仲裁判断的职能。在中国政治理论中,政和法均有公正含义。第四,政府为民或人民政府思想。中华人民共和国的缔造者在所有国家机构的名称中均加上"人民"二字,突出的是政府为民思想。"我们国家的名称,我们各级国家机关的名称。都冠以'人民'的称号,这是我们对中国社会主义政权的基本定位。"① 一个为公的政府否定了一些政治学理论中政府为私或者自利的假设,政府本身并不代表哪一党、哪一派、哪一部分人的利益,它代表了绝大多数的人民。第五,在当代中国政治中,中国共产党、政府、立法司法机关和监察监督机构是一个逻辑上的整体,这与现代西方政治中代议制逻辑下上述机构之间的分立制衡是不一样的。第六,在社会主义中国,会限制、隔绝资本和政治之间的勾连,确保人民政府的公道性和中道性,保证政府不被利益集团政治绑架,制定和执行面向最广大人民的公共政策。这同很多国家中资本俘获政府的政治模式截然相反。第七,政府和社会、市场是互补而不是对立关系,是合作而不是对抗关系,同时强调有为政府和有效市场。政府不是越大越糟,也不是越小越好。政府的治理能力和质量是衡量其优劣的关键标准。第八,中国共产党的长期执政决定了中国政府必然且内在地是一个承担完全责任的有担当的政府。中国政府近乎无限的责任与多党制逻辑下的政府只会承担有限和部分的责任形成了鲜明对照。在中国政治中,政府在理论上的责任还是跨代际的,其在行政上既要对之前的政府行为负责,

---

① 习近平:《在庆祝全国人民代表大会成立六十周年大会上的讲话》,载中共中央文献研究室编:《十八大以来重要文献选编》,中央文献出版社2016年版,第58页。

也要对之后的影响负责，因而政府的视野和规划要比选举政治下频繁更替的政府更为长远，行为也更为节制。

那么，中国政治学中的政府理论对于重新赋予世界政治中的政府以新的含义以及进一步理解这种新型政府的外交行为而言，又具有怎样的意义呢？

本质上，一个为公、为民、代表绝大多数人权益、承担广泛的施政责任且不被狭隘利益左右的人民政府是也必须是守公持正的公道政府。保证公道政府的关键在于存在一个居于长期领导地位的立党为公、执政为民的政党或者执政集团。这并不是说在竞争性多党政治环境下产生的政府就一定有失公道。公道思想是中国政治学思想的要义，其已经成为普通民众衡量和监督政府的基本政治文化标尺，同时也渗入到中国政府的骨髓之中。公道政府出发的外交理念、政策和行为至少具有如下特征。第一，公道政府在国际上会根据自身的国家利益与国际社会的共同利益相结合的原则判断国际事务中的是非曲直。第二，公道政府会始终站在国际公理一边，反对殖民主义、强权政治和霸权政治，坚信公理一定能战胜强权。第三，公道政府在外交上守公持正，这有三方面含义。其一是公道政府始终站在国际公理和正义的一方，在大是大非的问题上以公认的国际法与和平共处五项原则为准绳，反对危害国际和平、损害国际平等、破坏国际关系民主的行为。其二是当争取公道的国际政治斗争演变为争取霸道的阵营对抗而失去正当性的时候，公道政府会选择超越或脱离这种阵营对抗。其三是公道政府奉行不干涉内政原则，不卷入各国内部的派别之争，不利用别国内部政治争端，不会通过分而治之的方式激化别国矛盾，尊重多党制国家执政党的执政地位，将同在野党关系限定在一般党际交流的范围内。第四，公道政府的外交应恪守公认准则，承担国际责任。

五、中国的民主政治与外交

在当代政治学理论中，由于不同国家、不同理论流派共用"民主"这一概念，而其定义又各不同，造成了政治学叙事的极大混乱。在中国政治学理论中，中国的民主尽管与西方国家的民主共用"民主"这一名称，但并非同一事物。就民主的近代来源而言，中国民主承接的是马克思主义国家学说中的民主理论传统，而非近代资产阶级革命的民主传统，所以中国民主的近代传统和正统接续是在社会主义而非资本主义。社会主义的民主政治理论是在批判现代西方民主政治理论和坚持中国社会主义政治发展道路的探索中形成的。中国民主政治的思想资源、传统或者正统是从传统中国政治中优秀的民本民生资源、马克思等经典作家的正统民主资源、中国共产党建党以来关于民主政治的思想资源中确立起来的。社会主义民主政治理论有以下问题需要阐述：其一是人民民主思想。其二是社会主义民主政治是以合作协商为根基，而不是以分立对抗为导向。中国的合作协商政治在体制竞争中与对抗式制度相比显示出明显优势。其三是社会主义民主政治的制度安排和运行不是以相互制衡为逻辑，而是以相互监督为逻辑。现代西方政治理论将制衡视为民主政治的重要基础乃至重要标准，由此形成了利益集团理论、分权学说和政党理论。但是，这只是对其政治经验的理论概括，制衡绝非民主政治的唯一标准。其四是社会主义民主政治的经济基础是以公有制为主体、多种所有制共同发展的社会主义市场经济，这一经济基础有利于防止资本侵蚀人民民主、破坏社会主义选举制度，并在宪法和制度上防止资本攫取国家权力，从而与资本主义民主政治在根本上区别开来。其五是社会主义民主政治将选举民主和协商民主结合起来。其六是社会主义民主政治是广泛征集民意、科学决策的机制。其七是协商精神和协商民主并不仅仅体现在中国的国内政治生活中，也表现在中国的对外关系领域。其八是积极推动国际关系民主化。

理解了中国的民主政治与中国的大国外交之间的关系，对于中国特色大国外交特别是一个崛起的中国形成自身关于世界政治历史发展和趋势的叙事来说，其意义至少有如下几点。

第一，国际关系中的民主首先要维护主权国家国际体系中国家的独立性，如果主权和独立得不到维护，国际秩序就无从谈起，更不用谈国家治理中的基本安全保障。霸权主义、强权政治、干涉主义这些改变别国政治进程、损害他国主权和独立的行为是对国际关系中主权国家独立之民主的重大威胁。

第二，世界上的事由各国共同商量着办，这体现的就是国际关系中的民主。少数国家垄断和决定国际事务就违背和破坏了国际关系中的民主。"世界上的事情就是要商量商量。国内的事要由国内人民自己解决，国际间的事要由大家商量解决，不能由两个大国来决定。"[①] 小集团政治、少数国家决定多数国家的命运和霸权主义都违背了国际关系中的基本民主原则。

第三，民主的国际关系建立在主权国家的责任基础上，而不是像一些政治理论所声

---

① 中华人民共和国外交部、中共中央文献研究室编：《毛泽东外交文选》，中央文献出版社、世界知识出版社1994年版，第590页。

称的那样,必须建立在某种特定政体的基础上。国际政治实践表明,国际关系是否民主与西方民主政体的范围大小并无必然关联。良好的国际秩序也并非必须建立在各国普遍效法西方政体的基础上。恰恰相反,良好的国际秩序建立在尊重各国国内政治差异的基础之上。

第四,如果从国际关系民主本来含义——独立、平等、参与、协商和责任来理解20世纪以来的国际关系变迁的话,世界政治中的民主化可能呈现为另一幅图像。在20世纪的绝大部分时间中,得益于世界社会主义运动和民族解放运动的合力以及一些国家的声援和支持,一大批民族完成了独立建国的任务,极大地推动了国际关系的民主化和联合国成员结构的变化。在当代世界,随着更多国家政治自觉的增强,它们日益反对霸权主义和干涉政治、改革不公正的国际政治经济秩序、扩大发展中国家在国际机构中的代表权、坚持全球治理中的共商共建共享共治,正在塑造着一个新型的、民主的国际关系。因此,叙事的这种转换对重新理解战后世界政治史的本质是有启示意义的。

六、中国的制度体系与外交

按照对立制衡原则安排国家机构所形成的制度体系称为对抗式制度体系。在这套制度体系中,行政、立法与司法通常是分立的;在有的制度体系中,行政、立法机构可能是合一的,但是由于竞争性多党政治的缘故,议会和行政部门也并非总是一致;政治围绕政党对行政、立法和司法机构的权力争夺展开;利益集团政治滋生,各种利益集团或合法或非法地通过竞争性多党政治寻找政治代言人;地方之间形成排他性的竞争关系;选民被投票政治分割。之所以不像西方政治学理论那样将这套制度体系称为民主制度,是因为这套制度体系的精神是对立制衡。与之相对应,按照集中协调、合作协商、监督监察原理安排国家机构所形成的一套制度体系则称为合作协商的制度体系。在这套制度体系中,存在一个代表最广泛人民权益的政党或执政集团,行政、立法、司法、监督机构合作分工;制度体系不是建立在代表部分群体或者部分反对部分的基础上,而是建立在整体代表的基础上;制度体系不是按照对立制衡原则来设计的,而是按照协商监督原则创设;通过选举和协商相结合的方式实现统一民主,民主不是表现为部分反对部分、部分胜过部分、部分赢者通吃,而是维护最大多数人的权益。

合作协商的制度体系构成了中国政治学理论中的制度体系知识。这套制度体系致力于解决长期困扰政治学理论和实践的内政与外交相分离的难题。在对抗式制度体系中，建立在部分对立基础上的政治中充斥着内部对立、利益集团政治和政党轮替政治，难以保证外交政策的连贯性和一致性，进而提高了国与国交往的外交成本，降低了彼此间的外交预期。对于国际合作和全球治理来说，国家内部地方、派别、集团之间政治力量的此消彼长使得国际合作时常受到国内政治斗争的影响、频遭挫折。在这样的国际政治体系中，人们对国际合作失去信心，难有较为长远的规划。比较起来，合作协商的制度体系能够比对抗式制度体系更好地解决内政与外交分离的难题。在对外问题上，不是多元多头，而是一致向外。在合作协商的制度体系与对抗式制度体系的交往中，前者的外交拥有较为稳定的国内政治支持和保障，对外政策更具连贯性和一致性，能够提供更为长远和稳定的预期和承诺，但是容易为后者的反复无常所困扰。在一个国际政治体系中，如果更多国家以合作协商制度体系为国内政治特征，而不是以对抗式制度体系为国内政治的特征，显然在逻辑上更有利于持久稳定的国际合作。

对于理解中国大国外交的国内政治基础来说，就提供一致向外的外交政策和维持国际合作而言，合作协商的制度体系比对抗式制度体系要更为确定和有效。在中国的外交行为中，一旦国内制度体系选择了某项对外战略和政策，该战略和政策就会较为持久、连贯和稳定地得到执行。就参与国际合作和全球治理而言，中国的合作协商制度体系在履约、遵约上要比对抗式制度体系更为稳定和持久，很少出现对抗式制度体系下由于党派斗争而轻率退出或者否定国际协议的现象。当代世界，人们对国际合作的信任和信心不足多少与对抗式制度体系的流行不无关系。进一步而言，在外交活动中，同合作协商制度体系的国家打交道，其确定性和预期性更强；同对抗式制度体系国家打交道，其外交成本会更高，可预期性则更弱。

七、结　论

中国政治与外交的知识体系本质上是一套说明自身从何处来、怎么来、向何处去的解释和分析体系。不是所有国家都要有一套自身的知识体系，但是历史连贯、规模庞大、制度复合的文明自然会为成体系的知识创造提供必要的土壤和资源。具有文明特质的国家，其在世界中的存在和目的都需要一套知识体系予以解释和论证，从而赋予其不断再生产、再创造的精神动力。而如果拥有能够同时解释自身、理解世界的知识体系，国家在发展中就会有更强的政治定力和免疫力，即便在纷扰的国际环境中也不会人云亦云或者左右摇摆。在面对要做出重大选择的历史关口时，就能够始终保持沉着从容。

中国政治学在一些重要命题上形成的一些内生知识对于现代政治理论的发展具有重要启发意义。本文围绕政府理论、制度体系、国际关系民主的叙事转换等概念提出了一些初步的看法。从中国政治学的核心命题和内生知识出发，试图丰富和加深对中国大国外交的理解。本文至少具有以下一些启示：其一，中国大国外交的发展道路与政治发展道路在逻辑上是联系的和一贯的；其二，中国内生的政治知识包含着涉及中国大国外交的内容，这一点在过去并没有得到很好的认识和开发；其三，丰富中国大国外交理论还需要从更多角度特别是社会主义政治经济学的角度入手。随着中国逐步深入参与国际经济治理，社会主义政治经济学有关国际经济体系、企业、市场经济和发展的独特理论是理解中国大国经济外交的经济学基础。

（本文原载《世界经济与政治》2019年第8期，收入本文集有删节）

中美国际关系理论的比较研究

复旦大学国际关系与公共事务学院教授　倪世雄

作为一门独立的社会科学学科，西方国际关系理论形成于本世纪初（20世纪初，编者注）。以后它经历了两次"革命"（现实主义革命和行为主义革命）和三次"论战"（理想主义对现实主义、科学行为主义对传统主义和新现实主义对新自由主义），如今已成为一个非常重要的学术、科研、教学领域。

20世纪30年代末，国际关系理论领域出现了"现实主义革命"。英国著名学者E. H. 卡尔（Edward Hallett Carr）出版的《二十年危机——国际关系理论研究导论》，率先向理想主义提出挑战，触发了第一次论战。在论战中，现实主义学派产生了汉斯·摩根索（Hans Morgenthau）的扛鼎之作《国家间政治——为权力与和平而斗争》，汉斯·摩根索也因此被视为西方国际关系理论的"奠基之父"。60年代，一个新的学派——科学行为主义学派——在国际关系研究领域异军突起，与现实主义的传统理论和观点形成对峙，学术界称之为"科学行为主义革命"。1979年以肯尼思·华尔兹（Kenneth Waltz）的《国际政治理论》为标志，新现实主义应运而生，并在80年代形成第三次论战，新现实主义和新自由主义之间的争论仍在继续。

从西方国际关系理论的发展沿革来看，第二次世界大战是一个分水岭。二次大战后，西方国际关系理论研究的重点从欧洲转移到美国。如斯坦利·霍夫曼（Stanley Hoffman）所说："卡尔最初的努力未能在欧洲扎根，反而在美国结果了。"[①] 在西方国际关系理论领域，美国无疑是领先的，欧洲各国和日本的学者仅仅是或跟随，或解释，或评论或批评而已，无多创见。

我于1980—1981年赴哈佛大学进修国际关系理论。行前，我对西方国际关系理论了

[①] 参见倪世雄、冯绍雷、金应忠：《世纪风云的产儿——当代国际关系理论》，浙江人民出版社1989年版，第8页。

解甚少,认识肤浅。19世纪末晚清时期,林则徐等最早将西方的"万国法"和"均势论"介绍到中国。但100多年来,在中西国际关系理论研究的交流方面却出现了大大小小的"断层"。西方国际关系理论大发展,我们的确大为落后。

然而,改革开放以来,我国的国际关系理论研究发展迅速。邓小平同志曾说过:"政治学、法学、社会学以及世界政治的研究,我们过去多年忽视了,现在也需要赶快补课。"① 在过去的15年里,我们补了不少课,成绩斐然。不仅有许多文章、专著、译著问世,而且在大学和研究机构开设了这方面的课程,开展有关的研究,召开国内和国际学术讨论会。当代国际关系研究已经成为我国社会科学的一门十分活跃、大有作为的学科。

自80年代初,我国国际关系理论研究大致经历了三个阶段:(1)80年代初至1987年的恢复时期,重点是介绍西方国际关系理论;(2)1987年至1993年的介绍与创新结合时期,介评西方国际关系理论与创立中国国际关系理论相结合的最初努力,使国际关系理论研究在我国得到迅速发展;(3)1993年至今的重点转移时期,研究重点开始转向建立具有中国特色的国际关系理论,研究核心内容为冷战后国际关系的变化和迎接21世纪面临的挑战。当然,跟踪研究冷战后西方国际关系理论仍然是一项重要任务。

在过去15年我国国际关系理论研究发展的三个阶段里,有几件事值得一提:一是1987年8月在上海召开了第一次国际关系理论讨论会,汪道涵同志致词,宦乡同志作主题报告。宦乡同志提出了有关国际关系理论研究的七个重要问题:(1)国际关系理论已成为一门跨学科的交叉性综合学科;(2)它应重视对人的作用的研究;(3)它还应重视信息作用的研究;(4)它要为实际服务,指导今后的行为;(5)它要从苏联和西方国家的国际关系学中吸取我们所需的营养;(6)它需研究我国外交的历史经验;以及(7)它还需要研究国际关系的对象、框架和任务。② 这次会议总结了80年代初至1987年我国引进、介绍西方国际关系理论的成果,就重大国际问题进行了深入讨论,并提出了创建我国国际关系理论的任务。这次会议对我国国际问题研究的发展产生了积极的影响。二是1993年8月在山东烟台召开了"国际问题务虚会",这是又一次重要的研讨国际关系理论的会议。务虚会以邓小平同志南方谈话为指导,遵循理论与实践相结合的原则,更深入地探讨了冷战后国际关系的变化及建设具有中国特色的国际关系理论的初步框架。

此外,在发展国际交流与合作过程中,还成功地举办了两次有关的国际学术讨论会。

---

① 《邓小平文选》(第2卷),人民出版社1994年版,第167页。
② 上海市国际关系学会编:《国际关系理论初探》,上海教育出版社1991年版,第2—7页。

一次是1991年6月在北京举办的"跨世纪的挑战——中国国际关系学科的发展"国际讨论会，会议着重围绕三个问题开展了热烈的讨论：当前时代的特征；国际关系的基本概念与新问题；中国国际关系理论发展的问题。另一次是1994年11月在北京召开的"面向21世纪的中国与世界"国际学术讨论会，来自全国各地的与会者和国外学者一起就冷战后国际关系的格局、特征以及国际关系理论建设问题广泛交换了意见。这两次国际会议对树立和扩大中国国际关系学在世界上的影响，促进我国国际关系理论界的对外交流合作起到了积极的作用。从上述简单的回顾中我们不难得出几点初步的看法：

(1) 当代中国国际关系理论研究在过去15年里虽有突破性进展，但仍落后于人，目前正迎头赶上。改革开放为国际关系学研究注入了活力和生机，国际关系理论发展的三个阶段基本与改革开放同步。

(2) 通过国际交流与合作，中国学者在一定程度上参与了西方国际关系理论的第三次论战的讨论。他们不仅熟悉第三次论战中出现的新问题、新方法、新内容、新热点和新学派，而且就不少理论问题开始提出独到的见解。这一纵深发展已引起国际学术界的注目。

(3) 中外学者已逐步扩大双方共同的国际关系理论研究领域的合作项目，其中有：民族国家与国际组织；战争与和平；和平与发展；国际政治经济学（IPE）；国际安全研究（ISS）；区域政治；国际文化；全球问题；联合国与世界政府等。

在肯定中美国际关系理论研究的交流和合作对该学科发展所起的积极推动作用的同时，我们也应该看到双方的差异。从一定程度上来说，对这些差异的认识具有更重要的理论和实践意义。

首先，美国国际关系理论从本质上来说是以大国关系为主，在大多数西方学者看来，世界政治就是大国政治，而大国政治的核心是美国；国际关系理论应是以美国为中心的大国国际关系理论。有一位美国学者直言不讳地说，美国的国际关系教学是不可避免地以美国在世界上的作用为条件的。因此，在美国国际关系理论里找不到广大第三世界应有的地位，听不到它们的正义声音。强权政治理论不消说，就是利益论、均势论、体系论、相互依存论、国际政治经济学等也暴露出这一根本的阶级偏见。有的学者即使提及南北关系，也往往歪曲第三世界国家的要求和立场。一言以蔽之，美国国际关系理论是一种以美国为主的大国理论。正在崛起的中国国际关系理论则完全不同，它反对以个别大国为中心，主张在大小国家平等基础上建立新型的国际关系。中国国际关系理论既重视大国关系，同时也突出广大发展中国家的利益、要求和立场。因此，美国的国际关系理论是以美国为中心的大国国际关系理论，而中国国际关系理论则是主张各国平等的全球国际关系理论。

其次，20世纪60年代末至70年代，美国国际关系理论经历了科学行为主义时期。其背景是以"实证方法、技术手段、数量和价值确定、科学推论和信息处理"为特征的行为主义革命波及国际关系理论研究领域。结果是自然科学的若干学科（如物理学、数学、统计学、心理学、计算机学等）和"三论"（系统论、控制论和信息论）开始渗透到国际关系理论领域。美国该领域的科学行为主义者提倡实证和实验的研究方法，力求使国际关系理论研究更加"精确化"和"科学化"。应该承认，美国国际关系理论在行为主义学派推动下所形成的多学科的综合性、交叉性和互补性是我们不可与之相比的。我国国际关系理论则较为单薄，几乎与自然科学学科无缘，甚至连国际法和经济学与国际关系理论的结合也较差。美国学者重实证和实验方法以及国际关系理论研究中多案例分析和模式分析；而中国学者在这方面也比较薄弱，偏重政治分析和整体理论，不善于模式分析和实例分析，缺乏运用实证和实验方法的科学手段。

再次，美国的国际关系研究机构和大学国际研究中心及系、所与政府决策部门关系密切，人员流动频繁。大选年，大流动；平常年，小流动。我在哈佛期间结交的好几位朋友，如约瑟夫·奈、格雷厄姆·艾利森（Graham Allison），迈克尔·曼德鲍姆（Michael Mandelbaum）等，都曾到政府就职。今年三月我访美时，任助理国防部长的约瑟夫·奈在五角大楼他的办公室里接见了我。他高兴地告诉我，他现在能更好地把国际关系理论用于决策实践。今年二月公布的由他主持起草的《美国国家"接触和扩展"安全战略报告》和《美国东亚太平洋安全战略报告》就是这一结合的反映。此外，美国政府部门和国会每年拨款给国际关系研究机构和大学有关的系、所、中心，从事数以万计的研究项目。它们之间的关系之密切可见一斑。中国在这方面是不同于美国的。尽管毛泽东主席生前（1964年）曾提出人员交流的问题，但始终没有落实。这几年，国际关系研究教学单位与政府决策部门和实际部门的联系已比过去多了，这是值得称道的。

最后，美国国际关系理论领域学派林立，思想库、智囊团影响渐隆。据称，从事国际关系理论教学和研究的学者、教授达2.5万人。相比之下，中国国际关系理论的队伍刚刚建立，人数尚少，还未形成什么重要的学派或思想库。

中美国际关系理论研究的这些差异是客观存在的,并不奇怪。除了在历史、地缘、体制和意识形态上不同之外,西方文化与中国传统的差异也极大地影响着这一领域。为了建立中国的国际关系理论体系,我们应正确对待西方的理论。既不盲从,也不拒绝。应扬长避短,西为中用。经过比较分析和批判借鉴,奋起直追。马克思说过:"理论在一个国家的实现程度,决定于理论满足这个国家的需要的程度。"① 改革开放需要国际关系理论;正在迈向 21 世纪的中国需要国际关系理论;时代的发展呼唤中国国际关系理论走向世界。我们应加倍努力,使中国国际关系理论研究也能立足于世界学派之林,无愧于改革开放的中国,无愧于和平与发展的时代。

(本文原载《中美文化的互动与关联:中国哈佛-燕京学者第一届学术研讨会论文选编》,上海外语教育出版社 1997 年版)

---

① 《马克思恩格斯选集》(第一卷),人民出版社 1972 年版,第 10 页。

后西方国际体系与东方的兴起

复旦大学国际关系与公共事务学院教授　张建新

自从现代国际体系形成以来,西方霸权一直盘踞于该体系的中心,非西方国家则处于该体系的边缘。显而易见,现代国际体系是一个西方国际体系,反映了西方国家的特殊利益和支配性权力。乔治·莫德尔斯基(George Modelski)认为,现代国际体系的历史运动过程是"以 100 年为单位的世界性权力兴衰盛亡的世界政治体系的展开过程"。[①] 随着 20 世纪的结束,国际体系中的西方世界性权力正在逐渐衰减,东方世界性权力则处于群体性崛起的成长阶段,预示着即将展开的国际体系是一个自 1600 年以来史无前例的后西方国际体系(post-western international system)。

一、西方的兴起与西方国际体系的形成

"西方"和"非西方"看起来似乎只是一对地理学概念,实则有着极其复杂的含义。"西方"象征着一种资本主义意识形态霸权、一种压倒性的经济优势和政治制度、一种内在的文化优越感。"西方"被赋予如此特性,滥觞于"西方的兴起"。随着哥伦布发现新大陆,西班牙人轻而易举地征服了美洲,欧洲观念中第一次出现了所谓的"西方优越感"。工业革命之后,"西方的兴起"赋予欧洲文明现代性,"欧洲优越论"通过东西方对照而深深地嵌入欧洲观念之中,即普遍地相信西方是外向的、有活力的和进步的,而东方(即亚非拉)是专制、停滞和落后的。19 世纪欧洲经历了更加深刻的政治变革和社会进步,大多数亚洲国家却陷入内部衰落,西方对东方的偏见已经根深蒂固,就连亚当·斯密(Adam Smith)、托马斯·罗伯特·马尔萨斯(Thomas Robert

---

[①] Georgi Modelski, "The Long Cycle of Global Politics and the Nation States," *Comparative Studies in Society and History*, Vol. 20, No. 2, 1978, pp. 214-235.

Malthus）这样的经济学家，也认为"西方是朝气蓬勃的，目光向前的、进步的、自由的，而亚洲是停滞的、落后的、专制的"。① 此后100余年，这个观念作为东西方分野的一个重要测度标准，左右着欧洲对东方乃至整个国际体系的看法。

显而易见，滥觞于"西方的兴起"和"东方的衰落"的现代国际体系是一个以西方权力为中心的国际体系。"欧洲人通过把世界上各个角落的人们纳入到彼此有序的经济和战略联系中，从而创造了第一个全球体系，这一点看来几乎是不言自明的"。② 资本主义经济发展的逻辑就是资本与国家强权合二为一，正是资本的逐利本性驱使欧洲向世界范围扩张，从而形成了不平等的国际体系，整个美洲大陆被欧洲殖民主义国家占领和瓜分，它们划定领土界线，通过商业活动把分散的部分连成一个整体；欧洲以武力征服亚洲的帝国和王国以及非洲的部落国家，把它们统统变成殖民地和半殖民地，少数几个没有沦为殖民地的国家（如日本、土耳其等）被迫适应欧洲模式以保全自己。毫无疑问，在欧洲向外侵略扩张的过程中，征服者不可能领会欧洲之外世界文明的价值及其存在意义，它们自觉或不自觉地按照自己的价值观、国家利益和强权塑造了现代国际体系，这就是根深蒂固的欧洲中心主义观念广泛、持久地流行的根源。

现代国际体系有几个普遍而稳定的特征。

第一，现代国际体系是一个继承性霸权体系。从"西方的兴起"到20世纪结束，国际体系经历了四个霸权兴衰周期，在每个周期，都有一个西方强国充当世界霸主，因此所有霸权均具有继承性特点。16世纪的西班牙、17世纪的荷兰、18—19世纪的英国和20世纪的美国，无不如此。荷兰、英国和美国彼此变换权位，如荷兰取代西班牙，英国取代荷兰，美国取代英国。在这种继承性的霸权体系下，主要西方强国，包括衰落的霸主和失败的挑战者，自始至终盘踞在国际体系的中心，形成了一个国际统治集团。虽然体系存在不稳定性，即霸主享有对世界的支配性权力，而其他西方大国要么追随霸主分享权势，要么积蓄力量挑战霸主，但是历次霸权衰落和争霸战争都没有导致西方集体权力的坍塌，西方世界作为一股群体性势力一直主宰着东方世界。即使在美苏争霸、两大阵营对抗的冷战时期，这种世界格局也没有发生根本性变化，西方霸权的群体性优势始终是压倒性的。西方对东方、北方对南方的集体统治，一直是

---

① [美]罗伯特·B. 马克斯：《现代世界的起源：全球的、生态的述说》，夏继果译，商务印书馆2006年版，第9页。
② [英]巴里·布赞、理查德·利特尔著：《世界历史中的国际体系——国际关系研究的再构建》，刘德斌等译，高等教育出版社2004年版，第1页。

威斯特伐利亚体系的一个铁律。

第二，西方国际体系的维系有赖于主导单位（国家）之间发展的不平衡性。西方国际体系建立在资本主义经济体系的基础之上，根据伊曼纽尔·沃勒斯坦（Immanuel Wallerstein）的世界体系理论，国际体系被定义为资本主义经济体系的上层建筑，因此西方国际体系的秘密在于国家强权与资本的高度结合。在资本主义国家支持下，以资本积累为动力的世界经济体系不断向外围渗透和扩张，直到囊括所有前（非）资本主义地区，在把后者强行纳入资本主义世界经济体系之后，国际体系就形成了"中心—半边缘—边缘"的不对称权力结构，即一种全球范围内发展的等级化：工业化的中心地带、部分工业化的半边缘地带和不发达的边缘地带。这种不平衡发展是现代国际体系的一个重要特征。

无论中心地带的权力结构是否随着霸权更替而发生突变，全球范围的不平等结构一旦形成，就会在世界性权力（如霸权）的支配下自我维系和稳定，除非出现新生的干预性变量，否则体系是不可能自行调整和变革的，因为世界的平衡发展与永无止境的资本积累律相冲突，中心更大规模、更高质量的积累必须依靠全球范围的发展不平衡作为基本条件。现代国际体系中西方世界的权势正是依赖于全球性的不平衡积累，维持现状自然就成为西方世界的共同利益。

第三，第二次世界大战之前，霸权体系的权力分配沿着两条路线进行：一是体系中心进行空前激烈的霸权争夺，即围绕体系的最高控制权而竞争。德国在欧洲进行了精心的军事准备，企图一举摧毁英国的世界霸权；日本借助现代国际体系的欧洲中心发生反体系战争，趁机在东亚地区蚕食鲸吞西方的势力范围，继而又发动战争，企图建立一个军国主义的亚洲帝国。二是作为整体的西方国家全面控制着边缘地带的非西方国家。二战后，由于美国的超强地位和美苏两极格局的形成，西方国际体系的权力分配有所变化，即体系中心不再上演霸权争夺战，欧洲和日本接受了美国的支配性地位，满足于"追随者"的利益。对西方霸权来说，以苏联为中心的非西方国际体系构成了一个持久的挑战，因此边缘地带成为美苏极力争夺、拉拢和控制的对象。在美国霸权体系下，西方国家形成了整体性利益联盟，至少在伊拉克战争之前，西方维持现存体系的集体意识达到了史无前例的程度。这种集体意识之所以形成，就在于国际体系建立在不平等的国际政治经济秩序之上。美国一直在发号施令，于幕后拟定有利于西方利益的游戏规则，控制着国际货币基金组织、世界银行和世界贸易组织等重要的国际机制。同时，根据其霸权角色承担了国际公共物品的供给，一方面，它可以据此将自己的意志部分地强加于西方盟友；另一方面，由于其他国家从美国霸权中受益而心甘情愿地接受美国的领导。

迄今为止，国际关系理论对国际体系变革的解释通常聚焦于新旧霸权的替代过程。也就是说，国际体系变革仅仅被解读为世界支配性权力的大转移。从保罗·肯尼迪（Paul Kennedy）、伊曼纽尔·沃勒斯坦到罗伯特·吉尔平（Robert Gilpin），无不认为争霸战争和霸权更替是国际体系变革的标志。但是，从威斯特伐利亚体系、维也纳体系、凡尔赛-华盛顿体系、雅尔塔体系到美国霸权体系，国际政治的权杖只不过在西方国家之间相互易手，霸权兴衰周期并不意味着国际体系发生根本性变革。换言之，虽然霸权发生了转移，但整个现代国际体系的统治结构却没有发生变化，国际政治的基本逻辑始终是西方世界统治东方世界，北方国家控制南方国家。换言之，四百年国际体系是一个维持西方集体性权势地位的国际体系。

为什么说在历史上发生了多次霸权更替的背景下，现代国际体系仍然是一个维持现状的西方国际体系？这里所说的"维持现状"并不是指大国实力格局的稳定不变，在资本主义经济体系之内，发展不平衡是一个基本规律，大国力量对比的稳定几乎是一个神话，资本运动本身不断地推动着国际经济实力的变化，而这种变化反过来激发更大规模的资本运动，否则一切资本化的利益冲动都会窒息而亡。经济不平衡发展的国际政治后果就是新兴霸权的崛起和传统霸权的衰落，乍看起来，霸权更替似乎改变了国际体系的现状，但是如果从更深邃的全球主义视野来看，400年间西方主导的国际体系格局却没有发生任何的动摇，原因显然是公认的，并且可以轻易地从1600年以来世界历史发展的经验中得到证实。因此，现代国际体系始终是一个维持现状的西方国际体系。

二、东方的兴起和后西方国际体系

冷战结束后，现存的西方国际体系非但没有因为前苏联挑战失败而趋于稳固，反而进入了一个持续动荡、世界性权力重构的调整期。但是，国际关系理论对国际体系变与不变的认知和回应有着天壤之别，一方面，历史终结论和单极世界论甚嚣尘上；另一方面，一超多强和多极世界论也证据确凿，两派观点针锋相对，但"历史终结论"

和"单极世界论"似乎更占优势。直到 2008 年金融危机席卷全球,国际体系演变的迹象才渐渐清晰,其中两个相反趋势的并行发展,印证了历史终结论行将崩溃,国际体系变革时代已然到来。

世界历史上曾出现过两大相反趋势并行发展的情况,即 1600 年以来西方的兴起和东方的衰落,其后果是直接导致一个不平等的、权力失衡的国际体系的确立。一般来说,关于东西方权势的转移,西方学者普遍相信"西方的兴起"的庸俗解释,并且着重于描述西方为何必然取得成功。沃勒斯坦认为,世界体系存在一个普遍的"17 世纪危机",资本主义是作为解决这场危机的方案而登上历史舞台的。珍妮特·阿布-卢格霍德(Janet Abu-Lughod)则提出了一对对应的解析范畴,认为"东方的衰落"先于"西方的兴起"。安德烈·冈德·弗兰克(Andre Gunder Frank)在此基础上进一步论证后认为,所谓普遍的"17 世纪危机"根本就不存在,因为亚洲从 1400 年起开始的全球经济扩张至少持续到 18 世纪中期,当时亚洲居于世界体系的中心,在 1750—1800 年期间,这种长周期的上升阶段(A 阶段)达到了最高转折点,此后就转向长时间的下降阶段(B 阶段),大约从 18 世纪末,亚洲走向衰落,从而使当时还处于世界体系边缘的欧洲获得了进入体系中心的机会。弗兰克驳斥了西方兴起的必然性说教,欧洲不是因其优越性和独特性才获得成功的,而是因为当时世界体系的中心(即亚洲)发生了危机。世界体系的霸权转移,每一次都主要取决于体系中心发生波及整个体系的危机,而不是取决于原先的(半)边陲地区或其他新兴的领先部门的长期"准备"或可预见的"兴起"。①

当前国际格局演变的趋势正好相反,即东方的兴起和西方的衰落。正如亨利·基辛格(Henry Alfred Kissinger)所说,这是 400 年历史上未有之变局。新兴工业化国家的群体性崛起已经呈现出不可逆转之势,随着东方世界性权力的兴起,以西方为中心的国际政治经济秩序将不可避免地朝着东西方均势的方向发展,意味着国际体系即将发生实质性变革。显而易见,这个变革过程将宣告西方国际体系的历史性终结,世界正在进入后西方时代,现存国际体系即将让位于一种后西方国际体系。

(一)新兴大国的群体性崛起标志着东方正在回归国际体系的中心

1600 年以来,随着西方的兴起,西方国家实现了群体性崛起,而东方国家则出现

---

① 张建新著:《激进国际政治经济学》,上海人民出版社 2011 年版,第 272 页。

了群体性衰落。可以说，现代国际体系几乎所有的特征都是由这个变革过程塑造而成的。因此，当代国际体系的真正变革有赖于出现相反的趋势，即东方国家的群体性崛起和西方世界的普遍衰落，因为任何单个国家的崛起都无法根本性地改变现存国际体系的权力结构和运动形式。同样，霸权的衰落仅仅意味着国际体系的权力变奏，只有资本主义国家的群体性衰退，才能纠正国际体系的结构性失衡。

（二）西方大国的群体性衰落为西方世界向东方世界的权力让渡创造了条件

2008年的世界性经济危机对西方发达国家造成的影响是历史性的。这场危机虽然没有直接导致美国霸权的坍塌和西方国际体系的土崩瓦解，但在很大程度上改变了国际体系中力量不对称的格局。冷战结束后，现代国际体系变得更大，成为一个真正的全球性体系，体系变革不再是由外来挑战者推动的，而是由内生的颠覆性变量推动的，一方面，由于这个新变量的特殊性，西方国家不得不倚重于它，并且无法以政治、经济和军事手段除掉这个变量，只能任凭这个变量发挥作用，哪怕是逐渐地瓦解这个西方权力体系；另一方面，这个变量所具有的强大正外部性可以增加非西方世界的权力，从而在国际体系中自由地发挥着改造体系的作用。

（三）世界性权力的东移

在国际舞台上，发展中国家不再是"沉默的南方"。以金砖国家为代表的新兴经济体，以群体性崛起的姿态展现在国际政治的竞技场。新兴经济体的群体性崛起印证了这样一个趋势：19世纪东方大国群体性衰落的景象渐渐隐退，世界历史徐徐展现出一幅新的画卷，衰落的古老大国踏上了群体性崛起的征程。显而易见，东方正在找回它们曾经一度失去的世界性权力，重新回归国际体系的中心。

三、走向一个没有霸权的世界

当今国际体系正处于深刻的变动之中，一系列问题跟随变革而来。后西方国际体系是什么？中国、俄罗斯和印度等新兴世界大国的意图如何？群体性崛起是否导致国际体系的失序？新兴大国是否真正设想过要构建一个西方秩序的替代方案？新秩序可能采取什么形式？美欧对新兴大国的崛起如何反应？特别是当今的世界霸主是否准备好接受新的世界性权力中心？所有这些问题并不是都能从理论上获得清晰的解释，因为不确定性原理似乎还是国际体系的一个基本特征。但是，我们仍然可以概括一些基本的特征。

（一）后西方国际体系是一个过渡性体系

它是西方国际体系向新国际体系演变的过渡阶段，在新国际体系确立之前，我们姑且称之为后西方国际体系。国际关系理论中的国际体系本来就是一个欠完备的概念，"即使那些对国际体系所做的十分精深的解释，也未能解决一些最基本的问题"。[①] 体系演变已经显示出某些趋势和迹象，同时还出现了新的体系变量，这使我们可以做出一个判断，即西方正在失去部分权力，这些权力转向了东方，西方在国际体系中的主导地位正在削弱，并且还将继续削弱，因此，把后西方时代的国际体系称为后西方国际体系是顺理成章的。由于"人们一直以来正是从欧洲为中心的视角来研究国际关系的，与此相伴生的是，非欧洲的'他者'理解国际关系或组织它们世界的方法得不到认同"。[②] 显然，这个概念打破了欧洲中心主义的"第二十二条军规"。

（二）后西方国际体系将朝着一个没有霸权的国际体系的方向发展

新兴大国的崛起导致后西方国际体系的中心进一步膨胀，中心国家数量增多，过去国际体系中东西方力量高度失衡的现象将有所扭转和纠正，霸权将逐渐从国际舞台上隐退。21世纪初国际体系中大致有8个大国，即美国、中国、俄罗斯、英国、法国、德国、日本和印度，而巴西则是世界性大国的候选者，这说明国际体系中心国家的数量还会增加。中心国家数量越多，霸权或帝国统治世界的阻力就越大，并且它绝对统治的地理范围越来越小，霸权或帝国利用强权取得资源的能力也越来越小，这样就加速了它的衰落。

历史上每次大国数量的增加，都会引起权力的再分配。虽然权力分配总是不平衡的，但最终结果是国际体系中的霸权渐渐被稀释，因为此前主要权力汇聚于霸主之手，而所有大国都倾向于权威的均等化，所以每次权力再分配都导致霸权的削弱。在后西

---

① [英]巴里·布赞、理查德·利特尔：《世界历史中的国际体系——国际关系研究的再构建》，刘德斌等译，高等教育出版社2004年版，第1页。
② 同上书，第18页。

方时代,国际力量的异质化构造、全球性问题的兴起、全球治理体系的"黑洞"等,迫使霸主"心甘情愿"地和平移交一部分权力,这些权力将沿着经济和政治两条线渐进地转移出去,每次转移都会通过协调的方式进行。400年来以武力或武力相威胁的方式确立国家强权的观念,在经济全球化时代显然行不通了。

(三)后西方国际体系不是一个反西方国际体系

在国际体系中,当权力分配不均时,就会出现"极"的身份,"极"代表着国家或国家集团的权力以及行使权力的独立性达到了很高的程度。"极"的增加是导致冲突还是和平?新兴的"极"定然会挑战传统的极吗?就当前国际体系的转型而言,是否会形成一个反西方国际体系?

在第二次世界大战以前,现代国际体系一直存在着两大紧张关系:一是资本主义国际体系中心存在着内在的紧张关系,突出表现在霸权和挑战者之间的激烈冲突,其特点是争霸但不反霸,更不反体系。从历史上看,对霸权的挑战都来自资本主义国际体系的中心,这是因为自主性积累仅仅发生在体系的中心,其中一些国家的自主性积累速度超过了另外一些国家,造成经济实力的对比发生不利于霸权的重大变化,这时积累更快的国家不再满足于现有的国际政治地位,国际体系的紧张状态达到顶点,从而爆发争霸战争。所有这些挑战都是在资本主义国际体系的中心国家之间进行的,因为历史上只有中心国家具备改变经济发展不平衡的能力。二是资本主义国际体系中心与外围之间的紧张关系,表现为控制与反控制之间的对立与矛盾,其特点是反霸反体系,而争霸仅限于特例,如苏联对美国霸权的挑战。严格地说,所谓反体系运动或革命,仅仅适用于中心—外围的结构性冲突之中,换言之,只有外围国家对中心国家的反抗才具有反体系性质。问题在于,历史上外围反体系运动基本上是不成功的。中心国家的联盟可以轻而易举地控制外围地区,

虽然权力、利益和意识形态冲突广泛地存在于国际关系之中,但解决的方式同样是多种多样的。新兴大国不会选择发动战争,以武力争霸得不偿失,历史上大多数争霸战争大都以霸主和挑战者两败俱伤而告终。现在,争霸战争发生的概率更低,因为主要大国都拥有核武器,避免无限核战争已成为新兴大国的共识。因此,在相互依赖的后西方时代,国际秩序将有赖于实行全球共治的模式,为了维持均势,大国同意相互协调,在全球性问题上共担责任,在国际秩序稳定方面相互承担义务。合作共治将

成为后西方时代国际体系的题中应有之义。

（四）新兴大国形成了某种共同意识或利益

新兴大国致力于以和平方式改变现存体系中不平等的权力分配，也是后西方国际体系的重要特征之一。金砖国家最大的集体利益在于创造一个合作机制，实现共同崛起的目标。金砖国家都是非西方国家，在国际体系中都具有独立行动能力，它们都认识到本国在世界经济和全球治理中处于非支配性地位。金砖国家已成为现存西方秩序的批判者，它们没有颠覆西方霸权的意图，但正在拧成一股群体性势力，并且已经展现了和平渐进地改变世界权力结构的动机、能力和决心。如果金砖国家在多边问题上能够把国家利益汇聚成一个整体，形成共同利益或集体意识，那么金砖国家就有了一个权力倍增器，从而显著地增强东方国家的地位和权势。

（本文原载《世界经济与政治》2012 年第 5 期，收入本文集有删改）

作为帝国主义话语的新自由主义及其全球化神话构成的历史考察

复旦大学国际关系与公共事务学院教授 殷之光

一、导　言

在 20 世纪末，随着苏联解体与美国单极霸权形成，英语知识界重新开始对"帝国"问题产生出浓厚的兴趣。本文从"帝国主义"观念入手，将美国与英国的帝国秩序观放在延续的脉络中讨论。重新理解过去 20 年间右翼新自由主义、新保守主义者的帝国观有助于我们理解今天"美利坚和平"秩序观的历史起源及其"新自由主义全球化"叙述的逻辑困境。同时，过去 10 年世界的巨大变局，也使得大量西方的观察家们不得不对中国的快速崛起及"西方的衰落"问题做出回应。[1] 而在这类讨论中，中国在非洲等发展中国家所进行的一系列国际援助与合作项目，都被西方媒体乃至学界冠以"新殖民主义"与"新帝国主义"的污名。[2] 讨论"帝国主义"观念在 21 世纪的新生，并将西方新保守主义帝国史叙事放在一个从 19 世纪末 20 世纪初开始的长时段中理解，有助于帮助我们更好地应对这种挑战。

---

[1] Joseph S. Nye, *Is the American Century Over?*, Cambridge: Polity Press, 2015, pp. 16-22.
[2] Henning Melber, "China in Africa: A New Partner or Another Imperialist Power?", *Africa Spectrum*, Vol. 43, No. 3, 2008, pp. 393-402; Larry Hanauer and Lyle J. Morris, "Chinese Engagement in Africa: Drivers, Reactions, and Implications for U. S. Policy," Rand National Security Research Division, 2014; Herbert Jauch, "Chinese Investments in Africa: Twenty-First Century Colonialism?", *New Labor Forum*, Vol. 20, No. 2, 2011, pp. 48-55; Daniel Large, "Beyond 'Dragon in the Bush': The Study of China-Africa Relations," *African Affairs*, Vol. 107, No. 426, 2008, pp. 45-61. 关于西方媒体中对这类中国形象塑造的批判，参见 Emma Mawdsley, "Fu Manchu Versus Dr Livingstone in the Dark Continent? Representing China, Africa and the West in British Broadsheet Newspapers," *Political Geography*, 27, 2008, pp. 509-529。

二、大西洋主义与两个欧洲

2003年3月的第二次海湾战争遭到了诸如法国、德国等战后美国在欧洲传统盟友们的坚决反对。这同英国、西班牙等国迅速表态支持美国入侵伊拉克的态度形成了鲜明对比。事实上，伊拉克战争问题所造成的欧洲的分裂早在2003年初便形成了基本结构。2003年1月22日，在正式决定入侵伊拉克之前，时任美国国防部长唐纳德·拉姆斯菲尔德（Donald Rumsfeld）在回应记者提问时，将德法称为"旧欧洲"（old Europe）。相反，他将所有支持美国军事行动的国家称为"新欧洲"（new Europe）。拉姆斯菲尔德强调，今天北大西洋公约组织的欧洲（NATO Europe）其重心已经东移。①

就在拉姆斯菲尔德宣布了"旧欧洲"与"新欧洲"的分野之后一周，包括英国、西班牙、意大利、葡萄牙、丹麦等欧盟国家，加上波兰、匈牙利以及捷克等当时还未加入欧盟的东欧国家，共同签署并发表了所谓《八国公开信》（The Letter of Eight），宣布"欧洲与美国必须团结一致"。信中表示，将美国与欧洲联合在一起的核心价值是"民主、个人自由、人权以及法治"。② 很快，2003年2月6日，维尔纽斯集团（Vilnius Group）也追加了一封公开信，表示对美国对伊拉克军事行动的支持。③ 信中首先将对伊拉克军事行动描述为一个"民主国家"反对"暴政"、维护"共同价值观"的道德责任。随后才将行动的合法性诉诸联合国决议。④

回望这一事件，我们会发现，新老两个欧洲的分野与一个由北约东扩而形成的分裂的欧洲战略目标不谋而合，更与这几年来由英国退欧带动的反欧盟国家密切呼应。⑤ 2003年针对美国入侵伊拉克问题而造成的意见冲突，成为欧洲知识分子与政治精英们

---

① "News Transcript, January 22, 2002," U. S. Department of Defense, https://archive.defense.gov/Transcripts/Transcript.aspx?TranscriptID=1330, 最后浏览日期，2019年7月12日。
② "Europe and America Must Stand United," Global Policy Forum, https://www.globalpolicy.org/component/content/article/168/36565.html, 最后浏览日期，2019年7月12日。
③ 维尔纽斯集团国家包括阿尔巴尼亚、保加利亚、克罗地亚、爱沙尼亚、拉脱维亚、立陶宛、马其顿、罗马尼亚、斯洛伐克以及斯洛文尼亚。
④ "Statement of the Vilnius Group Countries," Sofia News Agency, https://www.novinite.com/view_news.php?id=19022, 最后浏览日期，2019年7月12日。
⑤ Inga Grote, "Donald Rumsfeld's Old and New Europe and the United States' Strategy to Destabilize the European Union," *Rivista di Studi Politici Internazionali*, Vol. 74, No. 3, 2007, pp. 347-356; Mia K. Davis Cross, *The Politics of Crisis in Europe*, Cambridge: Cambridge University Press, 2017, pp. 54-107.

在 21 世纪全球秩序中重新认识并定位自我身份的关键锚点。实际上，由美国入侵伊拉克引发的欧洲反战运动，可以被视为冷战后欧洲分裂，以及在全球化时代欧洲寻找自身政治经济主体位置的表象。

从美国中心的全球地缘政治视角出发，"新欧洲"的形成代表了大西洋主义（Atlanticism）步入了一个新阶段。这不但意味着欧洲的战略中心会进一步向东移动，也代表了欧洲将会在北约东扩与对俄以及对美态度这类问题上重新划分新旧与东西的界限。① 相比之下，影响更为深远的分裂体现在经济模式上。新旧欧洲的分野代表着两种不同市场组织形式理念的根本冲突。以盎格鲁-美利坚（Anglo-American）为中心的"新欧洲"强调大规模资本的流动性，以及由私营企业控制市场的重要性。而与此相比，"旧欧洲"则更热衷于坚持所有权的集中，同时上市公司在"旧欧洲"中所发挥的作用也远无法与它们在"新欧洲"中的地位同日而语。② 这两种资本主义组织市场的模式，前者被成为"新美利坚"（neo-American）模式，后者则被成为"莱茵"（Rhine）模式。③

这类讨论再次将"盎格鲁-美利坚"这一跨越大西洋的政治与经济联盟摆在了世人面前。从经济上，此联盟表现为对新自由主义全球化的坚定推崇，认为"盎格鲁-美利坚模式"是全球资源调配、组织经济生活、管理企业的最有效模式。并且，这一模式还强调全球化的唯一路径是自由资本主导的市场化进程的不断发展。此外，这种论述还声称，"盎格鲁-美利坚"模式能帮助从前苏联共产主义计划经济体制下脱离出来的中东欧国家快速转型。比起旧欧洲的市场组织方式来说，"盎格鲁-美利坚"模式影响下形成的"新欧洲"则更能代表冷战结束后全球化的总体潮流。

这种对于新旧欧洲的讨论还可以追溯至更远。在卡尔·施米特（Carl Schmitt）1932 年对美国"现代帝国主义"的讨论中，就已经回顾并批评过对"军事帝国主义"和"经济帝国主义"进行二分化理解的弊病。施米特的分析基于一个他认为是源自 19 世纪的迷思，即将经济视为是一种"理所当然的"（eo ipso）、非政治性的东西。而也正

---

① F. Stephen Larrabee, "'Old Europe' and the New NATO," The Rand Corporation, https://www.rand.org/blog/2003/02/old-europe-and-the-new-nato.html, 最后浏览日期，2019 年 7 月 12 日。以及 Geir Lundestad, *Just Another Major Crisis?: The United States and Europe since 2000*, Oxford: Oxford University Press, 2008, pp. 118-135.

② Michael Dunford, "Old Europe, New Europe and the USA, Comparative Economic Performance, Inequality and Market-Led Models of Development," *European Urban and Regional Studies*, Vol. 12, No. 2, 2005, pp. 149-176.

③ M. Albert, *Capitalisme Contre Capitalisme*, Paris: Editions du Seuil, 1991.

是在这种理解基础上,美国在世界范围内具有"帝国主义性质"的扩张,才会被视为是"非政治性的",更是"和平的"。施米特将这种"合乎法权"(Rechtfertigung)的论述视为一种意识形态的障眼法。其目的在于为其扩张编造一套"正当性原则"(Legitimitätsprinzip)。施米特的讨论其重点在于为德国厘清所谓"帝国主义方法的本质",即"军事和海洋的装备""经济的和金融的财富",以及"从自身出发规定政治和法律概念的内容的能力"三者的结合。① 在这个意义上,帝国主义则是国家通过对三方面实力的调配与应用,直接建构的全球霸权秩序。施米特认为资本与军事能力一样,属于国家能够任意调配的能力。因此,在其对"盎格鲁-撒克逊"自由帝国主义问题的分析中,他看到了一个具有明确标志的霸权中心转移。在施米特看来,19世纪末20世纪初"合众国帝国主义"的崛起,不但从形式上超越了19世纪欧洲以海外殖民为主的帝国主义形式,更重要的是它创造了一种"完全不同的国际法统治的概念和方法"。②

当代对于美帝国主义的讨论则更从历史层面上凸显出了这种跨越大西洋的霸权移动。③ 大卫·哈维(David Harvey)在《新帝国主义》中强调,"权力的领土逻辑"与"权力的资本逻辑"之间既有矛盾也有纠葛。④ 资本全球流动对地理空间具有强大的塑造性作用,在这一过程中出现的不对称与不平等交换构成了现代"帝国主义"的基本特征。⑤ 如施米特一样,哈维也注意到了"规定政治和法律概念的能力"在美国实现其全球霸权进程中的作用。不同的是,哈维将之描述为一种在国际上塑造认同的能力。其他国家与地区对美国生活方式、消费观、文化形态以及政治金融制度的"仿效"更有效地塑造了"新帝国主义"全球霸权。⑥

这种资本对国家政权的塑造,以及对全球秩序的重构可以追溯至18世纪末与19世纪初。其表现,便是在这段时期内英国重商主义的衰落与自由贸易话语的兴起。在这个过程中,资本、军事乃至"规定政治和法律概念"的能力逐步形成了一个相互交织的复杂全球网络。作为全球帝国的美国不但在"全球化"的大背景下作为"主权国家"

---

① [德]卡尔·施米特:《现代帝国主义的国际法形式》,选自[德]卡尔·施米特:《论断与概念:在与魏玛、日内瓦、凡尔赛的斗争中(1923—1939)》,朱雁冰译,上海人民出版社2006年版,第177页。
② 同上书,第162—178页。
③ [意]乔万尼·阿瑞吉:《漫长的20世纪:金钱、权力和我们时代的起源》,姚乃强、严维明、韩振荣译,江苏人民出版社2001年版。
④ [英]大卫·哈维:《新帝国主义》,初立忠、沈晓雷译,社会科学文献出版社2009年版,第26页。
⑤ David Harvey, *The New Imperialism*, Oxford: Oxford University Press, 2003. 中译本参见[英]大卫·哈维:《新帝国主义》,初立忠、沈晓雷译,社会科学文献出版社2009年版。
⑥ [英]大卫·哈维:《新帝国主义》,初立忠、沈晓雷译,社会科学文献出版社2009年版,第36页。

完成了自我变革,甚至能够超越全球化的假设,将"一系列国家和超国家的机体"在"统治的单一逻辑下整合",形成一个能够在全球范围内实践其主权的新型帝国。① 这种现状也使得"全球化时代"从开端时便蕴含了工业化国家与农业化国家之间的不平等关系。对绝大多数站在工业化进程开端,甚至尚未开始进行工业化的非欧洲社会来说,对19世纪与20世纪更普遍的体验则是在"自由贸易"的名义下,被迫开放市场的历史记忆。

三、自由贸易话语与帝国历史的再发明

自20世纪初以来,盎格鲁-撒克逊中心主义的帝国叙事便始终围绕着构建市场万能的普遍性展开。在这种叙事里,占据19世纪文明等级论核心的种族血统差异逐渐转化为一种看似更为"普世"的线性发展观。这种以"发展"为核心的叙事将帝国的扩张表达为一种所谓白人国家对全人类的"启蒙与引导"。是一种用"公开与简易的语言"来"去替别人谋福利、去为别人争利益"的神圣伟大的"白人的负担"。② 这一逻辑,在今天美国和英国的自我国家叙述中也占据着非常重要的位置。

1999年11月19日,时任德克萨斯州州长的小布什(George W. Bush)在位于加州西米谷的雷纳德·里根总统图书馆发表了题为《独特的美国国际主义》的演讲。作为他2000年总统竞选选战的一部分,小布什在该演讲中集中阐释了他对美国外交政策的意见及其对世界秩序的看法。在演讲中,小布什将俄国与中国这两个"欧亚大陆最强大的力量"视为未来世界秩序最大的不确定因素。小布什表示,"如果他们成为美国的朋友",那么"这种友谊便会为世界带来稳定"。而在两者中间,小布什更提醒听众们,需要格外注意崛起中的中国。在中国问题上,小布什表示,"要不带党派立场地去审视中国"。虽然"我们欢迎一个自由和繁荣的中国",但是种种迹象表明,"中国是一个竞争者,而不是一个战略伙伴"。小布什强调,"如果我成为了总统,中国会明白,美国价值观一直会是美国(全球)议程的一部分。……自由贸易是'自由的前进战略'中不可或缺的一部分……是一种道德准则"。③

---

① [美]麦可尔·哈特、[意]安东尼奥·奈格里:《帝国——全球化的政治秩序》,杨建国、范一亭译,江苏人民出版社2003年版,第2—3页。
② Rudyard Kipling, "The White Man's Burden," *McClure's Magazine*, Vol. XII, No. 4, 1899, pp. 1-2.
③ John W. Dietrich, ed. *The George W. Bush Foreign Policy Reader: Presidential Speeches with Commentary*, London: Routledge, 2005, pp. 26-31.

小布什所勾勒的世界图景呈现出以美国为中心的二元结构。在这一秩序观下，"自由贸易"非但是一种"战略"，更承载了维护人类整体"自由"的道德责任。作为肩负这一道德责任的美国，则有必要更有义务武装自己，在国内避免"保护主义与孤立主义回潮"，在国际问题上"避免随波逐流"，不惜一切代价战胜敌人。维护"由自由贸易联合在一起的西方民主世界"利益，此即美国的"国家利益"。

在这份通篇充斥着霸权主义的讲稿中，小布什却选择使用"国际主义"（internationalism）来指称他所构想的美国全球秩序观。在小布什的叙述中，同样作为一种世界秩序观的"帝国"与"帝国主义"是美国全球秩序的道德与现实的对立面。他强调，他所描绘的宏伟目标"不是帝国主义的"。美国"从未成为过帝国"，它"是历史上唯一一个有机会建立帝国，但却主动回绝了的强大国家"。

对美国的政客与智囊而言，1999 年的世界正处在一个相对和平的时代。此时，一个美国称霸的"单极性"世界已经运行了将近十年。① 2000 年 9 月发表的一份题为"新美国世纪"的战略报告中表示，美国的实力与影响"已经到了最高点"，一个"全球的美利坚和平"已经形成。这种美利坚和平"已经证明自己是和平的、稳定且持久的"。② 这份战略报告强调了维持一个强大的军事力量在维护这一"美利坚和平"时所扮演的绝对关键的角色。而对当时的诸多观察家们来说，苏联在 20 世纪 90 年代初的解体更确立了美国无可撼动的全球霸权地位。③

1999 年，著名的学术杂志《外交史》连续出版了两期特刊，集中讨论"美国世纪"的观念及其全球意义。主编迈克尔·霍根（Michael J. Hogan）重新将亨利·鲁斯（Henry Luce）摆在了美国学界面前。④ 讨论中，所有信奉新现实主义的学者们都不约而同地承认了鲁斯的这一关键命题，即 20 世纪已经是美国的世纪，从政治的民主原则到经济的自由主义原则，整个"发达世界"都在信仰并实践着美国的世界观。

---

① Charles Krauthammer, "The Unipolar Moment," *Foreign Affairs*, Vol. 70, No. 1, 1990/1991, pp. 23-33. 以及 Hal Brands, *Making the Unipolar Moment: U.S. Foreign Policy and the Rise of the Post-Cold War Order*, Ithaca, New York: Cornell University Press, 2016.
② Thomas Donnelly, *Rebuilding America's Defenses: Strategy, Forces and Resources for a New Century*, Wasington D. C.: Project for the New American Century, 2000, p. 1.
③ George C. Herring, *From Colony to Superpower: U. S. Foreign Relations since 1776*, Oxford: Oxford University Press, 2008, pp. 917-922. Peregrine Worsthorne, "The Bush Doctrine," *The Sunday Telegraph*, 3 March 1991. William Safire, "On Language: Hyper", *The New York Times Magazine*, June 10 2001.
④ Michael J. Hogan, "The American Century: A Roundtable (Part I): Introduction," *Diplomatic History*, Vol. 23, No. 2, 1999, p. 157.

正如特刊中一位作者所说，美国世纪的本质就是一场美国"被邀请成为帝国"（empire by invitation）的历史。整个"美国世纪"的开端因而被追溯到了1898年的美西战争，在第一次世界大战中随着欧洲"旧世界""向美国发出军政邀请"而逐渐壮大。① 在美国世纪的后半段中，世界强国之间出现了"前所未有的长期和平"。美国则取代了英国成为维护这一和平的关键力量。一些西方学者甚至声称，未来世界可能对这种和平造成挑战的便是中国和俄国的"崛起甚至联盟"。②

这场20世纪末美国出现的讨论几乎再现了19世纪末20世纪初英国知识分子们对同一个问题的热情。两者都是在本国全球霸权影响到达高峰时，对这种霸权状态进行的历史追溯与理论阐发。③ 两者都希望设计出保障全球和平、维护现有秩序的机制；希望为"不发达"的人群寻找并创造通往进步与发展的道路。这种对世界秩序图景的思考，都伴随着讨论者对自身所处国家未来命运及其在世界秩序中地位问题的思考。最后，英美两个时代的讨论者们也都必须面对帝国自我构成过程中所累积的历史与道德负担。他们甚至也还需要回应如何在承继了前代帝国的所谓"光荣历史使命"的同时，还能避免重蹈旧帝国毁灭的覆辙。④

四、"帝国美利坚"与新自由主义全球秩序

2000年11月11日，理查德·海斯（Richard N. Haass）在题为《帝国美利坚》的论文中提出，冷战后的国际社会应当建立在四块基石之上：减少使用武力、控制并削减大规模杀伤性武器、容许对别国进行人道主义干涉、实行经济开放政策。海斯强调，这种国际秩序需要美国这一世界上最强大的主体来推动。因此，在新的历史时期"美国需要从一个传统的民族国家转变为一个帝国力量"。并利用联合国安理会、WTO、国际原子能

---

① Geir Lundestad, "Empire by Invitation" in the American Century," *Diplomatic History*, Vol. 23, No. 2, 1999, pp. 189-217.
② Robert Jervis, "America and the Twentieth Century: Continuity and Change," *Diplomatic History*, Vol. 23, No. 2, 1999, pp. 219-238.
③ Michael Cox, "Empire, Imperialism and the Bush Doctrine," *Review of International Studies*, Vol. 30, No. 4, 2004, pp. 585-608.
④ Michael Ignatieff, "The American Empire: The Burden," *The New York Times Magazine*, Jan. 5, 2003. 以及 Julian Go, *Patterns of Empire, the British and American Empires, 1688 to the Present*, Cambridge: Cambridge University Press, 2011, pp. 5-12.

机构等现有国际组织，推动美国所勾勒的全球秩序图景。①

在"9·11"事件之前，英语主流学界几乎没人将美国称为一个"帝国"。毕竟，从第一次世界大战以来，随着欧洲殖民帝国走向自我衰亡，每一任美国总统都会明确表示，美国是帝国的敌人。在冷战时期，当被抨击为"帝国主义"时，美国也会急不可待地将这类攻击划归为共产主义阵营的虚伪宣传。②对普通美国民众来说，"帝国"无异于一种污名，一种仅仅与异域相连的观念。③美国政客也并不希望背负"帝国"这一字眼所承担的历史负担。对于20世纪60年代末期开始冒头的新保守主义者们来说，站在美国"国家利益"角度来讨论美国的"全球领导权"更具吸引力。④然而，也恰恰是20世纪美国政治话语中对自身全球帝国不遗余力地掩饰，反映出了西方在思考全球秩序时想象力的匮乏。换句话说，帝国是西方延续至今的政治传统中唯一可能的"全球"秩序想象。

"9·11"事件之后，关于帝国问题的讨论迅速从学术界蔓延到了大众媒体中间。⑤在此之前的近一个世纪里，"帝国"这一令美国政客与学者们避之不及的字眼，随着"反恐战争"的开始，很快被更多人捡起。⑥在这场讨论中出现的诸如美国作为世界唯一的"超级大国"以及美国霸权的"单极性"等观念成为国际关系学界耳熟能详的词语。在这其中，研究英帝国史出身的新保守主义史学家尼尔·弗格森（Niall Ferguson）对英帝国历史进行的再辩护格外值得注意。

与其前辈不同的是，弗格森没有将其帝国的霸权小心翼翼地隐藏起来，而是将帝国的暴力直接包装成了保障全球现代化发展的基本条件。这与20世纪末美国国际关系领域内兴起的新保守主义者的态度密切呼应。在2003年出版的《帝国》中，弗格森通过书写

---

① Richard N. Haass, "Imperial America," paper presented in *Atlanta Conference*, Nov 11, 2000. 全文参见：https://monthlyreview.org/wp-content/uploads/2003/05/Imperial_America_Richard_N_Haass.pdf. 对于海斯文章的解读与批判，参见 John Bellamy Foster, "Imperial America and War," *Monthly Review*, Vol. 55, No. 1, 2003。
② Richard H. Immerman, *Empire for Liberty, a History of American Imperialism from Benjamin Franklin to Paul Wolfowitz*, Princeton: Princeton University Press, 2010, pp. 1-19. Anders Stephanson, "Neo-Impressionist Hegemon?", *New Left Review*, Vol. 118, 2019, pp. 150-158.
③ Daniel Immerwahr, *How to Hide an Empire, a Short History of the Greater United States*, London: The Bodley Head, 2019, p. 13; Charles William Maynes, "The Perils of (and for) Imperial America," *Foreign Policy*, Vol. 111, 1999, pp. 36-48.
④ Robert Kagan, "Distinctly American Internationalism," *The Weekly Standard*, November 29, 1999.
⑤ Robert W. Merry, *Sands of Empire: Missionary Zeal, American Foreign Policy, and the Hazards of Global Ambition*, New York: Simon and Schuster, 2005, p. 218.
⑥ HarryMagdoff, *Imperialism without Colonies*, New Delhi: Aakar Books, 2007, p. 10.

一个具有明确国家主权形态的英帝国历史，为21世纪全球化的未来提供了另一种神话叙事。弗格森将19世纪的英帝国描述为一个能够在全球范围内有效配置资源、克服各种障碍推广自由贸易，促进全球经济一体化发展的力量。在他的笔下，帝国与多边合作模式一样，都是推动全球化历史进程的力量。甚至，相比后者，帝国用武力和枪炮推动全球变革，更被历史证明是行之有效的一种方式。它的建立"改善了全球的福利"，是"人类的福音"。① 随着"大英帝国"的衰落，现代世界中只有美国才能继续"扮演帝国的角色"。因此，美国必须迈出"政治全球化"的一步，转变为一个正式帝国，接续英国的事业，担负起塑造现代世界的责任。②

弗格森对英帝国历史的重述无疑书写了一个21世纪美国新自由主义全球化的前史。但其世界图景与逻辑并不新奇。早在1839年，赫尔曼·梅里维尔（Herman Merivale）在就任牛津大学政治经济学教授（Drummond Professor of Political Economy）时开设了一门名为"殖民与殖民地"的课程。他认为，全球"贸易"才是理解殖民与殖民秩序的核心。来自英国的贸易先锋们与早年那些西班牙美洲殖民者截然不同。这些英国白人贸易先锋是"和平殖民者"（peaceful colonists）。贯穿梅里维尔课程的是一个商业带来繁荣与进步的历史主题。③ 通过这类叙事，一个联通过去与未来的盎格鲁-撒克逊文明被新旧保守主义者们共同塑造成了整个人类现代化历史的主体。

五、结　语

在过去的20年里，来自西方政治光谱右端的讨论者们从历史与理论角度建构起了一个新时期的自由主义国家理论。而相反，在政治光谱左端的学者却纷纷走向了无政府主义，并将世界未来寄希望于面目模糊的诸众反抗。实际上，两种倾向都不约而同地表现出了对非西方世界现代化与反帝反殖民经验的淡漠。时至今日，来自新自由主义的全球化秩序叙述在日益变化的现实局势面前日渐显得力不从心。而由于主要的西方左翼在过去三十年间放弃了对于国家理论的建设，他们在解释21世纪头十年中诸多重大事件时也显得苍白无力。然而，倘若我们将视角真正转向第三世界的现代化经验，便能发现，在

---

① ［英］尼尔·弗格森：《帝国》，雨柯译，中信出版社2012年版，第XV—XVI页。
② 同上书，第319—322页。
③ 殷之光：《叙述世界：早期英帝国史脉络中的世界秩序观》，《开放时代》2019年第5期，第126—141页。

这些地区，如何完成工业化、建立有效政府、提高国民经济能力、消除贫困、改善医疗与教育条件等一系列现代性任务至今还远未完成。这些地区历史主体性意识的发端也深深建立在19世纪开始的反帝反殖民运动经验基础上。恰是在这一地区的现代化经验中，我们发现民族国家的主权既未能在20世纪完整建立，也未曾简单地由全球化的资本消解。因此，我们更应当具体地而非抽象地审视在民族解放的历史进程中，第三世界国家所伸张的诸种权利。

（本文原载《学术月刊》2020年第4期，原标题为《"美利坚和平"——作为帝国主义话语的新自由主义及其全球化神话构成的历史考察》，收入本文集有删改）

崛起国改革国际制度的路径选择

复旦大学国际关系与公共事务学院教授 朱杰进

一、引 言

作为一个崛起中的大国,中国特色大国外交的一个重要组成部分是推动国际制度改革,这包括改革的目标和路径两方面。在目标上,中国要提高自身在国际制度中的影响力和话语权,使全球治理中的制度性权力与日益增长的物质性权力相匹配。在路径上,中国采取何种类型的国际制度改革路径,既是国际关系研究中的一项重要理论命题,也是中国特色大国外交面临的一个现实难题。从国际关系理论的角度看,大国权力转移与国际制度变迁之间的关系是当前国际关系理论研究的前沿话题。国际力量对比的变化会促进国际制度的变迁,但实力对比变化不会自动导致国际制度变迁,既有研究对于大国权力转移究竟如何引发国际制度变迁的路径解释仍然不够清晰,多数研究关注的是在权力转移过程中霸权国的国际制度护持策略,而对于崛起国国际制度改革路径的研究则相对不足。[1]

从经验现实的角度看,同样是面对由美国主导的各类国际制度,中国却采取了不同类型的改革路径。在主权信用评级领域,针对美国三大评级公司在美国次贷危机以及随后欧洲主权债务危机中饱受批评的局面,中国减少了对国际评级机构的使用和依赖,属于对既有国际信用评级制度的规避型改革路径。在国际货币体系领域,中国积极推动人民币加入由美元等构成的国际货币基金组织特别提款权(SDR)货币篮子,并对篮子货币"可自由使用"的制度规则提出了不同以往的新解释,属于对既有国际储备货币制度

---

[1] 管传靖、陈琪:《领导权的适应性逻辑与国际经济制度改革》,《世界经济与政治》2017年第3期,第35—61页。

的叠加型改革路径。在区域贸易协定领域，针对美国主导推进的跨太平洋伙伴关系协定（TPP），中国则大力支持区域全面经济伙伴关系协定（RCEP），属于与既有国际制度展开直接竞争的替代型改革路径。在多边开发银行领域，中国倡议筹建了亚洲基础设施投资银行（简称亚投行）。一方面，亚投行在核心制度规则上与世界银行保持了一致；另一方面，亚投行在核心制度规则的应用上又与世界银行存在差异：世界银行侧重于减贫，亚投行侧重于基础设施投资。因而，中国在该领域的改革路径属于利用旧制度规则去实现新目标的转换型改革路径。

同样是面对由美国主导的国际制度，为什么中国会采取不同类型的改革路径？这是本文尝试解释的问题。历史制度主义的渐进制度变迁理论较好地融合了制度变迁过程中的战略情境因素和制度特征因素，对于解释崛起国改革国际制度的路径选择具有较强的说服力。因此，本文借鉴了该理论，并利用霸权国否决能力和国际制度弹性两个关键变量来解释崛起国改革路径的选择，以补充相关研究。

二、霸权国否决能力、国际制度弹性与崛起国的路径选择

在政治学的三大新制度主义理论中，对制度改革或者说制度变迁的研究在历史制度主义理论中占据了更加突出的位置，这与该理论秉持"制度是一种权力资源分配手段"的制度观有关。[①] 历史制度主义认为，制度变迁的压力一直内生于制度之中：那些主导制度并从中获益更人的行为体倾向于维护现有制度，而那些从现有制度中获益相对较少或者说获益程度不能与自身实力相匹配的行为体则倾向于改革制度，成为改革行为体。在制度变迁的过程中，拥有不同权力资源与偏好的主导行为体与改革行为体通常会追求不同形式的制度，最后的制度结果往往是各行为体之间政治博弈的产物。

凯瑟琳·西伦（Kathleen Thelen）和詹姆斯·马洪尼（James Mahoney）提出了渐进制度变迁理论模型。在自变量上，其认为制度内部主导行为体与改革行为体之间权力平衡的变化，以及制度运行过程中改革行为体对制度规则"策略性地"重新解释和执行，是导致渐进制度变迁的两个基本变量。在因变量上，替代型、叠加型、转换型和规避型四种制度变迁模式构成了改革行为体的可选路径。在理论框架上，两个基本自变量与四

---

① Peter Hall and Rosemary Taylor, "Political Science and the Three New Institutionalism," *Political Studies*, Vol. 44, Issue 5, 1996, pp. 936-957.

种制度变迁路径的因变量之间形成了一个包含因果机制的解释模型，解释了在何种条件下改革行为体会选择何种类型的制度改革路径。

（一）自变量：制度变迁的两大动力

从权力平衡变化的角度看，由于制度安排往往是各行为体之间政治博弈和妥协的产物，因而政治行为体之间力量对比的变化会导致制度变迁的发生。"路径依赖理论认为制度会通过正反馈效应实现自动维持和自我强化，但实际上，任何制度安排都是建立在力量对比的基础之上，需要不断地动员政治资源来支持该制度的运行。如果主导行为体与改革行为体之间的政治力量对比发生变化，支持该制度运行的资源分配就会发生变化，从而导致制度变迁的发生"。① 需要注意的是，制度内主导行为体与改革行为体之间力量对比的变化必须是情景性和动态性的，而非双方的静态力量对比，因而用主导行为体的制度否决能力（institutional veto capabilities）这一概念来描述这种力量对比的变化要更加准确。

乔治·策贝利斯（George Tsebelis）指出，所谓制度否决能力是指对改变制度现状而言，其同意是必不可少的行为体的能力。② 通常，主导行为体的制度否决能力越强，制度改革越难以发生。在制度变迁中，当改革行为体发起改革倡议时，如果主导行为体能够采取制度内或者是制度外方式来阻止改革倡议落实，那就说明主导行为体的制度否决能力较强。反之，则主导行为体的制度否决能力较弱。

如何测量主导行为体的制度否决能力？策贝利斯认为，尽管制度否决能力在经验上可以观察到，但在理论上不容易有明确统一的标准。一般而言，制度否决点越多，制度否决点的自我指向性（即制度维持现状的法律门槛）越高，则制度否决能力就会越强。③ 例如，对于改革行为体而言，如果建立新制度的门槛很高，或者即使改革行为体能够发起成立一个新制度，但新制度的有效运作却离不开主导行为体和既有制度的支持，那么在这种情况下，主导行为体的制度否决能力就较强。与之相反，如果建立新制度的门槛较低，改革行为体能够发起成立一个新制度，而且在没有主导行为体和既有制度支持的

---

① James Mahoney and Kathleen Thelen, *Explaining Institutional Change: Ambiguity, Agency and Power*, Cambridge: Cambridge University Press, 2010, p. 9.
② George Tsebelis, *Veto Players: How Political Institutions Work*, Princeton: Princeton University Press, 2002, pp. 19-20.
③ Ibid.

情况下，新制度仍然能够有效运作，那么主导行为体的制度否决能力就较弱。

此外，从制度实施的角度看，改革行为体在制度实施的过程中往往会策略性地重新解释和执行既有制度规则，这就导致制度实施的过程构成了渐进制度变迁的另一个来源。如前文所述，制度对权力资源具有分配效应，主导行为体和改革行为体会围绕制度的实施展开又一场讨价还价的政治博弈，改革行为体不会如理性选择制度主义所宣称的那样为了实现共同利益而自愿地去实施制度，也不会如社会学制度主义所说的那样因为制度是一个认知模板就会"想当然地"去实施制度。实际上，制度的实施需要一定的权威性和强制性。正是在这个意义上，西伦等人认为，"制度本质上是一种基于权威、强制和执行相结合的社会机制，分为制度规则和制度规则的实施两部分。只有同时关注制度规则及其实施，并发现两者之间的"缝隙"，才能够完整地理解制度变迁过程。① 因此，在分析制度变迁时，不仅要看制度规则是否发生变化，还要看制度规则的实施是否发生变化。

如何描述改革行为体在制度实施过程中对制度规则的"策略性"地解释和执行？历史制度主义提出了制度弹性的概念，即制度规则多大程度上具有可被重新解释和执行的模糊性和开放性，或者说是制度规则实施过程中存在自由裁量权。② 那么又如何衡量制度弹性的高低或者说自由裁量权的大小？这就需要对既有制度规则进行细致的文本分析。一般而言，如果在分析制度规则的文本后发现，既有制度规则基本上是为主导行为体量身定做的，只适用于主导行为体的特殊情况，那就说明既有制度规则的弹性较低。反之，如果既有制度规则能够广泛适用于各种不同情况，而不仅仅适用于主导行为体，那就说明既有制度规则的弹性较高。

(二) 因变量：制度变迁的四种路径

在不同制度下，主导行为体的否决能力以及制度实施中的制度弹性多种多样，这对改革行为体采用的制度变迁路径又有何种影响？这就涉及渐进制度变迁理论的因变量——制度变迁的路径。马洪尼和西伦从类型学的角度指出，按照是否创立新制度规则以及是否重新解释和执行旧制度规则，可以将改革行为体的制度变迁路径划分为替代、叠加、转换和规避四种类型。

---

① Wolfgang Streeck and Kathleen Thelen, eds., *Beyond Continuity: Institutional Change in Advanced Political Economies*, Oxford: Oxford University Press, 2005, pp. 9-16.
② James Mahoney and Kathleen Thelen, *Explaining Institutional Change: Ambiguity, Agency and Power*, Cambridge: Cambridge University Press, 2010, p. 10.

替代型制度变迁是指改革行为体通过引入新制度规则来替代旧制度规则。比如中国的经济改革是用市场经济制度来替代计划经济制度。叠加型制度变迁是指改革行为体引入新制度规则，但并不替代旧制度规则，而是让两者并存。比如中国为维护国家统一所采用的"一国两制"。转换型制度变迁是指改革行为体并不引入新制度规则，而是对旧制度规则加以全新的解释和应用，利用旧制度规则来实现新制度目标。规避型制度变迁是指改革行为体并不引入新制度规则，也不对旧制度规则进行重新解释，而是规避旧制度规则，以降低旧制度规则对自己造成的影响。需要指出的是，这四种制度变迁路径都是对现实世界丰富多样的制度改革实践的抽象化和概念化，类似于马克斯·韦伯所说的"理想类型"。在现实中，各种制度变迁路径往往会相互交叉、相互转化。

（三）理论分析框架

综合来看，马洪尼和西伦以主导行为体的制度否决能力和既有制度的弹性作为自变量，以改革行为体选择的制度变迁路径作为因变量，构建出一个"2×2"的理论模型。

在这个理论模型中，西伦和马洪尼先是从改革行为体与主导行为体的力量对比出发，指出在主导行为体的制度否决能力较强或较弱时，改革行为体分别有两种不同的路径选择，而具体选择哪种路径，则主要取决于主导行为体主导的既有制度的弹性高低。[1] 当主导行为体的制度否决能力较强时，改革行为体只能在叠加型和规避型改革路径中选择，而不可能采取替代型或者转换型路径，这是由改革行为体与主导行为体的力量对比结构所决定的。在这样的结构下，改革行为体究竟是选择叠加型还是规避型路径，就取决于改革行为体所要改革的既有制度规则的弹性。当既有制度弹性较高时，改革行为体能够对既有制度规则增加新的解释元素，改革行为体就会采取叠加型路径。但当既有制度弹性较低时，改革行为体无法对既有制度规则增加新的解释元素，那么就只能规避既有制度。

当主导行为体的制度否决能力较弱时，改革行为体则会具备采取替代型或者转换型路径的可能，这也是由改革行为体与主导行为体的力量对比结构所决定的。在这样的结构下，改革行为体究竟是采取替代型还是转换型路径，也取决于既有制度规则的弹性。当既有制度弹性较高时，改革行为体能够对制度规则提出全新的解释，那么就会采取转

---

[1] James Mahoney and Kathleen Thelen, *Explaining Institutional Change: Ambiguity, Agency and Power*, Cambridge: Cambridge University Press, 2010, pp. 18-22.

换型而非替代型路径,原因是维持现有制度的成本要远比创建新制度低。但当既有制度弹性较低时,改革行为体无法对既有制度规则提出新的解释,只能采取用新制度替代旧制度的替代型路径。①

三、国际货币体系改革与中国的叠加型路径

(一)中国改革路径的选择

2008年国际金融危机爆发并迅速蔓延,暴露了现行国际货币体系的内在缺陷和系统性风险。危机后,国际货币体系改革成为国际社会讨论的焦点问题。2009年3月23日,在G20伦敦峰会前夕,周小川发表了题为《关于改革国际货币体系的思考》的文章,提出了国际货币体系改革的"中国方案":推动国际储备货币朝着币值稳定、供应有序、总量可调的方向完善,应重建具有稳定的定值基准并为各国所接受的新储备货币,而在短期内,国际社会特别是国际货币基金组织(IMF)至少应当承认并正视现行体制所造成的风险,充分考虑发挥特别提款权(SDR)一篮子货币的作用,进一步完善SDR的定值和发行方式。SDR定值的篮子货币范围应扩大到世界主要经济大国。其中,作为主要经济大国中国的人民币加入SDR就自然成为改革目标。

为将这个改革方案转化成现实,中国随后利用G20和IMF的平台开展了一系列经济外交活动。2011年,法国担任G20的轮值主席国,将国际货币体系改革作为主要议题之一。中国积极与法国合作,于2011年3月在南京联合举办了国际货币体系改革高级别研讨会,提出了"影子SDR"的概念,并建议对新兴经济体的货币加入SDR进行模拟测算,为扩大SDR货币篮子做了铺垫。最终,在2011年11月的G20戛纳峰会上,中国推动G20各国领导人达成共识,一致同意应不断调整SDR货币篮子的组成,以反映各国货币在全球贸易和金融体系中的地位。

2015年3月,IMF总裁克里斯蒂娜·拉加德(Christine Lagarde)访华,中国正式向IMF表达了人民币申请加入SDR的决心和立场。随后,IMF成立了SDR货币篮子审查工作组,与中国人民银行之间建立了高规格、小范围的月度技术会谈机制。截至2015年10月,双方经过九轮磋商和谈判,最终为人民币加入SDR扫清了障碍。其中,2015年9

---

① 马得勇:《历史制度主义的渐进性制度变迁理论》,《经济社会体制比较》2018年第5期,第165—166页。

月,中国国家主席习近平访问美国,中美两国元首就国际货币体系改革达成共识,美国承诺支持人民币加入 SDR 货币篮子,这解决了最大的政治难题。2015 年 11 月 30 日,IMF 执行董事会讨论并全票通过了 SDR 审查报告,认定人民币已经满足了"可自由使用货币标准",决定将人民币纳入 SDR。SDR 货币篮子相应扩大至美元、欧元、人民币、日元、英镑五种货币。

值得注意的是,中国在推动人民币加入 SDR 的谈判过程中,对 SDR"可自由使用货币标准"提出了一系列不同以往的新解释元素,包括可自由使用货币不等于可自由兑换货币,可自由使用货币的衡量指标体系需要增加贸易结算的新指标,可自由使用货币的衡量数据需要增加增量数据等。因此,中国在国际货币体系改革中本质上采用的是一种对既有国际储备货币制度的叠加型改革路径。为什么中国会选择叠加型而非其他类型的制度改革路径?根据前文的理论框架,可以从霸权国否决能力和国际制度弹性两个方面来分析。

(二) 美国的否决能力

在霸权国否决能力方面,美国对国际货币体系改革高度敏感并拥有强大的制度否决能力,这体现为美元在国际交易支付和主要外汇市场交易中占据着突出的垄断地位。人民币与美元差距巨大,这使得中国难以在国际货币体系改革中采取替代型或者转换型的制度改革路径。

在国际交易支付中,一般用"在官方外币资产中的占比""在国际银行负债中的占比"和"在国际债务证券中的占比"等指标来衡量一国货币满足各国国际收支需要的程度。从官方外币资产占比来看,2014 年,美元为 63.7%,人民币为 1.1%;从国际银行负债中的占比来看,2014 年第四季度,美元为 52.1%,人民币为 1.9%;从国际债务证券中的占比来看,2015 年第一季度,美元为 43.1%,人民币为 0.6%。

在主要外汇市场交易中,一般用"全球外汇市场交易量的货币构成"来衡量一国货币在主要外汇市场交易中的活跃程度。根据国际清算银行每三年一次的中央银行调查,2013 年,美元在全球外汇市场交易量的货币构成中占比为 43.5%,人民币占比为 1.1%。虽然相比 2010 年,人民币占比已经从 0.4% 上升至 1.1%,取得了较大进步,但仍然与美元有着相当大的差距。

简言之,美元在国际储备货币体系中占据着比较明显的垄断地位。人民币的使用虽然在国际交易支付和外汇市场交易中呈现上升趋势，但由于人民币国际化刚刚起步，要想打破国际市场对美元的路径依赖和使用惯性，必然要经历一个漫长的历史过程。短期内人民币不具备对美元的国际储备货币地位进行替代或者转换的物质实力。因此，中国的改革路径也就只能在叠加型或者规避型中加以选择。究竟如何选择？这就与相关制度的制度弹性有关。

（三）SDR 的制度弹性

在制度弹性方面，以 SDR 货币篮子为代表的国际储备货币制度虽然强调可自由使用货币的标准，但是可自由使用货币的标准在定义和解释的过程中具有较大的开放性和包容性，这就为中国采取叠加型改革路径创造了条件。

从 2015 年 2 月到 2015 年 11 月，IMF 与人民银行就人民币加入 SDR 货币篮子展开了九轮谈判，谈判的核心是人民币是否满足可自由使用货币的标准。在与中国的谈判中，SDR 作为国际储备货币制度的弹性充分显现，在可自由使用货币的衡量标准、衡量指标和衡量数据三个方面均展现出了开放性和包容性。

第一，在衡量标准上，中国强调可自由使用不等于可自由兑换，且可自由兑换本身也存在较大的模糊性。2015 年 2 月，IMF 指出，资本项目可自由兑换虽然不是人民币加入 SDR 的必要条件，但可自由使用货币客观上对资本项目可自由兑换有一定要求。针对这种观点，中国人民银行提出，虽然人民币可自由使用与人民币资本项目可自由兑换存在一定关联，但中国提出的资本项目可自由兑换并非传统意义上的完全可自由兑换，而是在充分吸取国际金融危机教训基础上的有管理的可自由兑换。[①] 另外，周小川还指出，从可自由兑换的概念本身来看，IMF 并没有给出可自由兑换的严格定义，也没有规定一套一旦接受后就可以宣布本国货币为可自由兑换的条款。IMF 对资本项目可自由兑换所划分的 7 大类 40 项，也只是从技术角度做出的对照清单，每个项目的重要程度有大有小，对照清单并未对它们的重要性加以区分，只能看成是一套模糊的标准。就中国而言，中国已经有 35 项满足标准，因此，中国距离资本项目的可自由兑换并不遥远。[②]

第二，在衡量指标上，中国推动 SDR 增加了贸易结算的新指标，有利于更全面地评估各个领域人民币国际化的状况。与其他主要储备货币相比，人民币国际化具有独特性：

---

① 中国人民银行国际司编著：《人民币加入 SDR 之路》，中国金融出版社 2017 年版，第 88 页。
② 周小川：《推进资本项目可兑换的概念与内容》，《中国外汇》2018 年第 1 期，第 9—10 页。

人民币国际化从实体经济领域开始，中国经常项目的开放程度要大于资本项目的开放程度，这一特征意味着人民币在贸易和服务领域的使用较多。之前衡量货币可自由使用的指标重点关注货币在金融交易上的使用情况，忽视了货币在贸易结算上的作用，并不能准确反映人民币国际化的程度。

对此，人民银行在谈判中反复交涉，提出要增加新的指标，以反映各国货币国际化的多元路径的客观现实。最终，IMF同意增加货币"在跨境支付中的占比"和"在贸易融资中的占比"两项新指标，以更好地反映人民币国际化的实际情况。曾参与谈判的中国人民银行国际司司长朱隽指出，"IMF充分考虑了中国的特殊情况，因为人民币国际化走得比较快，更多地体现在贸易和投资领域，而IMF原有的指标不足以反映人民币可自由使用的程度，所以增加了跨境支付和贸易融资的指标，这反映了国际同行对我们的高度配合和大力支持"。

第三，在衡量数据上，中国推动IMF和BIS对人民币进行了特别数据调查，并增加了对增量数据的考察，这有利于更准确地反映人民币国际化的动态变化。人民币国际化是近年才开始迅猛发展的，而传统的SDR审查标准主要考察的是存量数据，更多体现了一国货币使用的惯性，因此会低估货币动态调整的程度。因此，中国人民银行提出：一方面，包括官方外汇储备币种构成调查在内的一些数据库没有包含人民币数据；另一方面，上一轮BIS关于外汇交易的三年期调查是2013年，下一轮调查为2016年，期间不能及时反映人民币国际化的最新情况。此外，对于新增加的跨境支付和贸易融资指标，也需要补充相关数据。①

在此背景下，IMF和BIS分别同意对人民币开展官方外汇储备币种构成特别调查和国际银行业负债特别调查，主要国家的央行均参加了此次调查，有效弥补了衡量人民币可自由使用程度的数据缺口。与此同时，IMF在对国际债务证券指标的评估过程中，除了考察存量数据，还增加了对增量数据的评估。相比存量数据，增量数据能够更准确地反映人民币的变化情况和趋势。时任中国人民银行副行长易纲指出，IMF、BIS与人民银行一起，有效弥补了人民币国际化的数据缺口，从而为衡量人民币可自由使用程度提供了有力的数据支撑。②

总体上，SDR制度具有较高弹性，尊重各国货币国际化的多元路径，这为中国提出

---

① 中国人民银行国际司编著：《人民币加入SDR之路》，中国金融出版社2017年版，第87—90页。
② 同上书，第1页。

关于可自由使用货币的新解释元素奠定了基础。

(四) 小结

在霸权国否决能力方面,美国在国际储备货币体系中仍占据着垄断地位,人民币无论是在国际交易支付还是全球外汇市场交易中,与美元差距巨大,这导致中国在国际货币体系改革中不具备采取替代型或者转换型路径的实力。在国际制度弹性方面,以 SDR 为代表的国际储备货币制度具备较高弹性,能够广泛适用于各国货币国际化的不同情况,而非仅仅适用于美元的特殊情况。在这样的条件下,中国选择推动人民币加入 SDR 货币篮子,并对篮子货币可自由使用的制度规则提出了新的解释元素,也就是采取了叠加型国际制度改革路径。这与前文关于"当霸权国否决能力强、既有国际制度弹性高时,崛起国更可能选择叠加型改革路径"的理论假设一致。

四、结 论

本文借鉴了历史制度主义的渐进制度变迁理论,利用霸权国否决能力和既有国际制度弹性两个自变量,构建了一个解释崛起国改革国际制度的路径选择的理论框架。具体来看,当霸权国否决能力较强,霸权国主导的国际制度弹性较小时,崛起国倾向于选择规避型改革路径;当霸权国否决能力较强,霸权国主导的国际制度弹性较大时,崛起国倾向于选择叠加型改革路径;当霸权国否决能力较弱,霸权国主导的国际制度弹性较小时,崛起国倾向于选择替代型改革路径;当霸权国否决能力较弱,霸权国主导的国际制度弹性较大时,崛起国倾向于选择转换型改革路径。

本文从崛起国是否创建新国际制度以及是否重新解释和应用既有国际制度的角度出发,将中国参与全球治理改革的路径分为替代、转换、叠加和规避四种类型,打破了以往西方学术界对中国在全球治理中的角色划分所采用的现状国—修正国的二分法。[1] 本文提出的四分法表明,与中国是何种类型的国家相比,中国与美国在全球治理中的互动对中国选择何种类型的全球治理改革战略影响更大。从国际政治的一般规律来看,任何大国的崛起必然会导致国际规则的改变,关键是崛起国选择什么样的路径来改变国际规则。

---

[1] 温尧:《理解中国崛起:走出修正—现状二分法的迷思》,《外交评论》2017 年第 5 期,第 27—52 页。

其路径选择通常与具体议题领域内霸权国的制度否决能力有关，也与霸权国主导的国际制度是否为崛起国提供了足够的弹性空间有关。当然，所有这些路径都只有在崛起国的物质性权力不断增强的条件下才能实现，而如何不断地提升崛起国的物质性权力，这构成了一个新的研究问题。

（本文原载《世界经济与政治》2020年第6期，收入本集有删改）

霸权国修正国际制度的策略选择

复旦大学国际关系与公共事务学院青年研究员　陈　拯

　　以唐纳德·特朗普（Donald Trump）推行的"退群外交"为代表，近年来美国自身越来越成为其所主导的"自由国际秩序"的破坏力量之一。①"退群外交"并非特朗普时期所特有，美国对国际制度的冲击也不限于"退群"这一方式。那么，作为霸权国的美国为什么会不满原本由其主导的国际制度，它在什么情况下会采取什么样的策略？

一、"退群外交"与霸权国的修正策略问题

　　国际制度也给霸权国带来了各种成本和限制。美国与国际制度的关系不时出现紧张，其采取各种策略对国际制度加以修正，其中就包括退出既有组织和规则协定的做法。这一问题由于特朗普的"退群外交"在近几年受到了普遍关注。② 实际上特朗普政府的"退群外交"并非孤立事件，而反映了美国的一种外交取向和行为模式。我们还需要在策略互动框架下，进一步考察霸权国如何修正国际制度及国际秩序这一更具一般性的学理问题。

　　对"修正主义"（Revisionism）的再讨论是世界政治研究的新热点。"修正主义-维持现状"的二分日益被打破。学者们也开始注意修正国际制度的策略问题。③ 既有解释普遍

---

① David A. Lake, Lisa L. Martin, and Thomas Risse, "Challenges to the Liberal Order: Reflections on International Organization," *International Organization*, Vol. 75, Special Issue 2: Challenges to the Liberal International Order: International Organization at 75, Spring 2021, pp. 225-257.

② 温尧：《退出的政治：美国制度收缩的逻辑》，《当代亚太》2019年第1期，第4—37页；王明国：《单边与多边之间：特朗普政府退约的国际制度逻辑》，《当代亚太》2020年第1期，第59—85页；周方银、何佩珊：《国际规则的弱化：特朗普政府如何改变国际规则》，《当代亚太》2020年第2期，第4—39页。

③ Stacie E. Goddard, "Embedded Revisionism: Networks, Institutions, and Challenges to World Order," *International Organization*, Vol. 72, No. 4, 2018, pp. 763-797.

采用了阿尔伯特·赫希曼（Albert Hirschman）提出的"退出、呼吁与忠诚"框架。① 相关研究认为国家在寻求国际组织、制度和秩序变革时，或推动既有制度的再谈判与改革（对应"呼吁"），或放弃或退出既有合作框架，包括建立或使用替代性机制平台（对应"退出"）。② 在国际关系研究中，"退出"多被认为是相对弱势、处于边缘地位或具有离心倾向的国家的无奈选择。但是，作为国际体系霸权国的美国在历史上就曾多次"退出"既有多边机制，那么美国为什么要选择和实践这一路径？为什么同样是"退群"，美国有时候却并不放弃谈判？

二、霸权国修正国际制度的策略选择

本文进一步探讨退出制度与谈判改制这二者间存在着怎样的联动，解释国家在它们间的取舍和混合，进而揭示影响霸权国制度修正策略选择的因素。

根据赫希曼经典的"退出-呼吁"模型的推导，"退出"作为威胁，其推动改制谈判的有效性要以谈判空间的存在为前提，而后者由求变方与守成方各自的退出选项以及再谈判本身的成本共同决定。要讨论某一因素的影响，必须统筹三个因素加以判断。首先，改制谈判需要"退出"威胁的有效支持。若"退出"选项弱于一定程度，构不成对守成方的有效压力，改制谈判要求大都不会被提出。只有在"退出"能力达到一定程度后，谈判才会成为一种现实的优先选择。但是，随着"退出"收益超过一定限度，吸引力甚至超过改制所得，"退出"将取代谈判。其次，"退出"相对于改制谈判具有一定的独立性。如果谈判空间存在，则再谈判能以"退出"为筹码，争取更多红利。于是，谈判成为主导策略，退出作为"威胁"不用实施，甚至不用发出便可达到目的。但当谈判空间不存在时，即便威胁是可信的，也可能无法促使对手让步。再谈判成本过高是谈判空间虽存在但"退出"仍被实施的关键原因。"退出"有时还有助于节约成本，并带来额外收益。结果，在"退出"能带来一定收益，成本能够承受，而风险又可控时，考虑到改制谈判中的成本，"退出"选择便有其独特的吸引力。一时"退出"不意味着放弃改制努

---

① ［美］阿尔伯特·O. 赫希曼著：《退出、呼吁与忠诚：对企业、组织和国家衰退的回应》，卢昌崇译，经济科学出版社2001年版。
② 参看 Bernhard Zangl, Frederick Heußner, Andreas Kruck and Xenia Lanzendörfe, "Imperfect Adaptation: How the WTO and the IMF Adjust to Shifting Power Distributions among Their Members", *The Review of International Organizations*, Vol. 11, No. 2, pp. 171-196.

力，追求改制不意味着就不会实施"退出"选项。不同战略背景下都可能出现"退群"，而"退群"在不同的战略背景下具有不同的含义。

考虑到信息不对称和谈判耐心等因素，"退出"的相对独立性更为明显，经常出现某种混合性策略。首先，考虑信息不对称问题的影响，单纯提出再谈判的要求很难奏效。相反，一定形式的实质性"退出"举动更为明确地展示偏好，显示决心，更能有效地达成自身目的。① 在这种情况下，采取一定限度的"退出"行动不一定意味着放弃谈判，而是更明确地传递信号。其次，"退出"的出现还同谈判耐心相关。考虑到谈判和落实过程中时常出现的拖延，一时的退出或许能帮助其增强承受力与忍耐力，提高在讨价还价中的地位。于是，"退出"可以采取各种形式，既包括建立竞争性的新制度，也包括杯葛和架空既有制度。

具体到霸权国修正国际制度的策略，美国的选择由退出和谈判这两种基本策略间的权衡决定。"退出"的吸引力取决于对成本与收益的统筹考量。收益就是不再受既有规则约束，展开单边行动的自由，以及相关投入成本的减少。"退出"成本则包括所需要克服的各种障碍以及连带而来的损失。改制谈判的阻力包含了两方面的来源：一是来自作为守成方的其他国家的抵制，二是谈判决策程序和过程。有些制度对变革设置了更高的门槛，存在更多的否决点，也就需要克服更多的阻力才能达成。综合上述讨论，霸权国的具体修正策略选择受到退出选项吸引力与再谈判成本两方面因素的影响，可以具体提炼出以下四个命题：

命题1. 当退出选项吸引力较高，同时再谈判障碍也较高时，直接退出某一多边框架，包括绕开既有规则的单边主义行动以及"另立新群"等，成为美国的主导策略。

命题2. 当退出选项吸引力较高，同时再谈判成本较低，谈判空间较大时，改制谈判成为美国的主导策略，而威胁退出有时成为其配合手段。

命题3. 当退出选项吸引力一般，但对其他国家能构成一定压力，同时谈判存在一定阻力，谈判空间虽存在但相对较小时，威胁退出包括某些情况下的实际退出成为推动制度修正的重要手段。

命题4. 当退出选项吸引力较低、威胁可信性差并且改制成本较高时，美国更倾向于采取背约策略、瘫痪组织职能来施加压力。

---

① 刘宏松、刘玲玲：《威胁退出与国际制度改革》，《世界政治研究》2019年第1期，第74—100页。

需要强调的是，上述各个命题在实践中并没有明确的区隔，而是一个连续的分布，特别是在混合策略与其他策略之间更是如此。以下我们将通过几个领域若干案例的比较对上述命题进行验证。这些案例涵盖了不同的问题领域、不同的国际组织以及不同时代美国政府的政策。在不同案例中，退出选项对美国政府的吸引力以及相应的谈判成本都存在差异，并导向了各异的策略选择，这些能够帮助我们就退出选项吸引力与再谈判障碍对美国制度修正策略的影响作出更好检验。

三、美国政府与联合国教科文组织关系的演进

2017年10月12日，特朗普政府宣布了退出联合国教科文组织的决定。根据相关条款，美国的退出于2018年12月31日正式生效。实际上，美国政府与教科文组织的关系此前就经历了分合波折。不同时期，美国政府对教科文组织采取了不同的策略，反映了退出选项吸引力与再谈判障碍的交互作用。①

美国是联合国教科文组织37个创始国之一。随着许多第三世界国家加入，美国的影响力几乎在所有方面都受到了冲击，无法阻止一些美国所反对的提案通过。美国政府试图对联合国教科文组织进行改革，包括曾要求为西方国家提供有效的否决权。在遭遇挫折之后美国威胁要减少支付会费，教科文组织在其压力之下做出了一定调整，但美国仍然很不满。1984年底，里根政府指责教科文组织政治左倾和在财政上不负责任，正式结束了美国在其中的成员身份，同时继续参加该组织的部分活动。②

美国在2003年重返联合国教科文组织，主要是因为美国在反恐战争背景下意识到了教科文组织的独特影响，希望借之修复国际形象。③ 重新加入后，美国确实在一定程度上影响了教科文组织的运作。但是，美国利益与教科文组织自身的倾向间几乎不可避免地存在差距。2011年10月，教科文组织大会表决通过接纳巴勒斯坦成为正式成员国。奥巴马政府宣布中止向该组织缴纳会费。2017年10月，因对联合国教科文组织决议称以色列

---

① 美国与联合国教科文组织关系的变动，参看刘铁娃：《霸权地位与制度开放性：解释美国对联合国教科文组织影响力的演变》，《国际论坛》2012年第6期，第14—20页。
② 刘铁娃：《霸权地位与制度开放性：美国的国际组织影响力探析（1945—2010）》，北京大学出版社2013年版，第280页。
③ "The United States Rejoins UNESCO", U. S. Department of State, https://2001-2009.state.gov/p/io/rls/fs/2003/24189.htm, 最后浏览日期：2021年4月12日。

为占领国等十分不满,特朗普政府宣布美国退出该组织。① 由于联合国教科文组织坚持一国一票原则,美国很难在该组织内实现自身意愿,推动所期待的变革。而退出对美国的战略影响很有限,且能影响该组织的经费运转,成为施压该组织运行的重要手段。此外,特朗普政府还退出了人权理事会等其他一些联合国分支机构。

同时,虽然抱怨不断,美国对联合国本身却难言退出,因为这无疑会在国际上造成明显的自我孤立,严重违背美国的核心国家利益,"退群"作为外部选项和威胁信号都是不可信的,同时改革谈判又极其困难。当然,美国政府也不甘于接受约束。削减资金支持和拖延缴纳会费就成为美国减少付出并向联合国施压的常用手段。②

四、特朗普政府在贸易领域的"退群"与谈判选择

特朗普政府时期,美国一再以现有规则对美国不公平为由,冲击既成多边贸易规则。特朗普在上台后几天之内就签署行政命令,宣布退出《跨太平洋伙伴关系协定》(TPP),指责它对其他国家让步太多,冲击美国的商业和本土制造业,损害美国利益。同时,虽然特朗普也曾向日本等国抛出有条件重返 TPP 谈判的信号,不过重新谈判却耗时漫长,而迅速退出 TPP 也让美国随后对日本等国施加压力时可更少顾忌。由于各国的立场差距以及再谈判成本,特朗普选择了直接退出 TPP 协定。

接着,特朗普又以退出协定为威胁,提出了重谈《北美自贸协定》(NAFTA)的要求,指责该协定造成了巨大贸易逆差,损害了美国国内就业,是美国签订过的最糟糕的协定。不过,毕竟牵扯到巨大的经贸利益,谈判空间依旧存在。三边谈判陷入僵局后,特朗普先与力量较弱的墨西哥谈判,再以此向加拿大施压。2018 年 8 月 27 日美墨首先达成协议。之后,加拿大被迫做出更多的让步。2018 年 10 月 1 日特朗普宣布,美国与墨西哥、加拿大达成了新的贸易协定。特朗普政府通过释放退出威胁,在协议谈判中掌握更多的主动权。③

特朗普政府在新兴的电子商务领域内也通过"退群"威胁推动规则改变。2018 年 8

---

① "The United States Withdraws From UNESCO", U. S. Department of State, October 12, 2017, https://2017-2021.state.gov/the-united-states-withdraws-from-unesco/index.html,访问时间:2021 年 4 月 12 日。
② 周方银、何佩珊:《国际规则的弱化:特朗普政府如何改变国际规则》,《当代亚太》2020 年第 2 期,第 32 页。
③ 参见刁大明、宋鹏:《从〈美墨加协定〉看美国特朗普政府的考量》,《拉丁美洲研究》2019 年第 2 期,第 80—94 页。

月23日特朗普签发备忘录，要求推动万国邮联采取措施改变小包产品分类，提高终端费。未果后，2018年10月，美国宣布启动退出万国邮联的程序，表示将最晚于2020年1月1日自行决定终端费率。借由这一举动，美国向万国邮联施加明确压力，产生了显著效果。万国邮联在美国的压力下事实上是修改了规则。

不过，面对其不满的经贸规则，特朗普对世界贸易组织（WTO）就采取了颇为不同的策略。特朗普一再攻击WTO，集中体现在世界贸易组织的争端解决机制上。不过，虽然特朗普也曾威胁要退出世贸组织，但是并没有采取具体的实际行动。美国很清楚退出世贸组织将产生不可估量的负面影响，同时也很难找到替代。威胁是不可信的，而改革的障碍与成本也是巨大的。特朗普政府施加压力的手段转化为瘫痪组织运作，如拒绝对世贸组织法官第二任期的任命，大幅减少对世贸组织的资金支持等。①

综上，同样在贸易领域，特朗普政府针对不同的多边制度采取了不同的修正策略，反映了退出选项吸引力与再谈判阻碍的双重作用。

五、特朗普政府在安全领域的"退群"与谈判选择

除了贸易领域，特朗普还在安全领域施压盟友调整同盟关系，并退出了一系列多边协议。② 对于北约而言，自其成立以来美国与盟国就碰撞不断，冷战结束后美国更是试图对之重新打造。特朗普一上台就扬言"我们有可能不得不放弃北约"，强调长期存在的盟国"搭便车"行为不再被允许。③ 不过，美国退出北约的可能性是微乎其微的。特朗普对北约等军事联盟的态度看似消极，其实还是想提高要价，让盟国付出更大成本，承担更多责任。

特朗普退群外交在安全领域的典型案例是退出伊核协议，转而通过单边主义制裁对伊朗施压。特朗普希望"以退为进"，通过加大对伊朗的压力迫使伊朗做出更大的让步。一开始特朗普先释放可能退出的威胁，但参与伊核协议的其他各方均认为该协议正在发挥预期作用，且即便各方都同意重新展开谈判，后续过程也将需要漫长时间，耗费巨大

---

① 石静霞：《世界贸易组织上诉机构的危机与改革》，《法商研究》2019年第3期，第150—163页。
② 沈雅梅：《特朗普"美国优先"的诉求与制约》，《国际问题研究》2018年第2期，第96—111页。
③ Randall Schweller, "Three Cheers for Trump's Foreign Policy: What the Establishment Misses", *Foreign Affairs*, Vol. 97, No. 5, September/October 2018, pp. 133-143；周方银：《有限战略收缩下的同盟关系管理：奥巴马政府与特朗普政府的政策选择》，《国际政治科学》2019年第2期，第1—34页。

外交资源。特朗普宣布退出伊朗核协议的做法本身就使伊朗无法对美国保持信任。另一方面对特朗普政府而言，退出伊核协议的障碍较低，伊朗方面的反应也会受到其他国家的限制。结果，退出协议给了美国政府更大的空间来通过单边制裁等加大对伊朗的压力。①

综上，在安全领域特朗普政府针对不同的多边制度采取了不同的修正策略，反映了退出选项与再谈判成本的双重作用。

六、小布什和特朗普政府在气候变化领域的单边退群

过去二十多年间，美国的全球气候合作政策一再出现反复。2001年3月，小布什政府宣布单方面退出《京都议定书》，其理由：一是美国实现议定书目标的减排成本太大；二是发展中大国没有以某种有效方式参与减排；三是在气候变化问题上尚存在科学不确定性。布什政府指责《京都议定书》本身存在严重缺陷，美国国会不会批准，且进一步的谈判不会弥合各方差距。② 美国最终成为了唯一未批准《京都议定书》的缔约方。

特朗普政府上台后，美国应对气候变化立场出现重大倒退。2017年6月，特朗普政府宣布美国退出《巴黎协定》，指责《巴黎协定》是"惩罚"美国的协议，表示美国将寻求谈判"公平对待美国"的新气候协议。2019年11月，美国正式启动退出《巴黎协定》的程序，在2020年11月4日最终完成退出。一方面，特朗普将《巴黎协定》与美国的经济问题挂钩，认为摆脱《巴黎协定》约束有助于降低美国制造的成本，提升美国制造的竞争力，实现美国的能源独立。另一方面，美国国内对于气候变化问题存在极化对立。对于特朗普政府而言，退出是有吸引力的选择。同时，气候变化相关协定涉及近200个缔约方，对小布什政府和特朗普政府而言，再谈判困难而退出成本较低。此外退出本身的障碍不高。对于这样的协议，特朗普便采取了直接退出的策略。虽然美国的实力地位不可同日而语，相似的权衡使得小布什和特朗普采取了相似的退出策略。

不同问题领域，不同美国政府针对不同国际组织、机制和规则的策略选择案例，再次验证了退出选项吸引力与再谈判障碍对修正策略的影响。

---

① 周方银、何佩珊：《国际规则的弱化：特朗普政府如何改变国际规则》，《当代亚太》2020年第2期，第27页。
② 薄燕：《国际谈判与国内政治：美国与〈京都议定书〉谈判的实例》，上海三联书店2007年版。

七、结 论

作为霸权国的美国经常性地成为挑战并修正国际秩序、制度与规范的力量。这不仅仅是某个个人、党派或是政府的问题,也不仅仅是某种权力格局状态的产物,而是反映了霸权国挑战国际秩序这个普遍现象的某些一般性特质。本文翻转刻板的"崛起国/修正国-霸权国/现状国"角色设定,延展有关特朗普退群外交的讨论,对接有关国际制度变革与再谈判的研究,从退出与谈判联动的视角,更系统地探讨霸权国修正国际制度的策略选择。

文章发现,基于对退出选项吸引力及谈判障碍高低的判断,美国针对不同的规则采取了不同的修正策略。当美方具备有吸引力的退出选项,同时谈判的障碍较小、成本较低时,美国的主导策略是在既有制度框架内推动改制谈判。当退出本身收益较高而成本有限,但开展再谈判的成本较高时,美国倾向采取直接退出、废弃或是绕开既有制度,迫使他国事实上接受其行为。当退出选项本身的吸引力有限,而各方存在谈判空间,改制成本一般时,美国可能采取部分退出的混合型策略。最后,当退出吸引力不足,作为威胁的可信性较低,而改制谈判的成本也较高时,美国政府更倾向于采取拒绝履行部分义务,瘫痪组织职能或降低组织能力的背约策略。文章通过对不同美国政府就不同国际组织或类似机制安排的策略比较,验证了上述命题。

国际秩序的演进正在进入一个关键性的历史阶段,国际制度竞争日益激烈。系统分析霸权国修正国际制度的策略选择,拓展对霸权护持与国际制度互动机理的认识,这对我们判断未来大国关系、国际形势与全球治理秩序的走向将大有裨益。

(本文原载《国际政治科学》2021年第3期,收入本文集有删改)

安理会气候变化与安全辩论

复旦大学国际关系与公共事务学院教授　薄　燕

安理会内关于气候变化与安全的辩论已经持续十几年之久。英国最早于 2007 年 4 月在安理会就气候与安全问题发起了首次公开辩论（安理会第 5663 次会议），德国则于 2011 年 7 月又发起了第二次公开辩论（安理会第 6587 次会议）。[①] 自 2018 年以来，安理会几乎每年都举行有关气候变化与安全的辩论。在 2021 年年底举行的安理会第 8923 次会议上，爱尔兰和尼日尔提出了一项气候变化与安全问题决议草案，呼吁将"气候变化对于（国际）安全的影响"纳入安理会管理冲突的战略以及维和行动或政治任务中，还要求联合国秘书长将与气候相关的安全风险列为预防冲突的"核心工作"。在对该决议草案的投票表决中，15 个安理会成员国中 12 个投出赞成票，俄罗斯投了否决票，中国在投票中弃权。[②] 因此，关于气候变化与安全问题的决议草案并未获得通过。这标志着安理会气候变化与安全辩论持续十几年，仍然没有通过具有约束力的普遍性决议。

既有的研究大多运用安全化理论分析安理会气候变化与安全辩论的进程。但是为什么旷日持久的气候变化与安全辩论并没有通过任何具有约束力的普遍性决议？导致这种局面的深层原因是什么？会员国之间存在怎样的分歧？既有文献利用安全化理论做了一些研究，但难以对上述问题做出令人信服的解释。本文分析了 2007—2021 年安理会气候变化与安全辩论的会议记录，提出辩论中会员国之间的分歧实际上反映了应对气候变化安全风险的两种话语实践，代表着应对气候变化安全风险的两种认知、两种路径和两种逻辑。

[①] 安理会第 5663 次会议，参见联合国安理会会议记录查询系统网址，https://www.un.org/securitycouncil/zh/content/meetings-records（以下安理会会议记录皆可通过此网址查询，不再一一注明）；安理会第 6587 次会议。

[②] 安理会第 8923 次会议，S/PV.8923，2021 年，参见联合国安理会文件查询系统网址，https://www.un.org/securitycouncil/zh/content/documents（以下安理会决议或主席声明皆可通过此网址查询，不再一一注明）。

一、安理会气候变化与安全辩论：有限共识和核心分歧

安理会气候变化与安全辩论围绕着两个方面进行：第一，气候变化对国际社会、国家和区域安全造成了什么威胁？第二，安理会是否应该在气候变化与安全方面发挥作用以及应该发挥怎样的作用？这些辩论取得了有限共识，但存在核心分歧。

（一）有限共识

几乎所有参加会议的国家和国际组织都认识到，气候变化已经和将要对自然系统和社会系统造成巨大的负面影响，带来安全风险。然而，这些会议并未达成任何具有约束力的普遍性决议，只在2011年的安理会第6587次会议后通过了一份主席声明。该声明的核心内容包括确认联合国大会和经济及社会理事会负责处理可持续发展问题，包括气候变化问题；重申《联合国气候变化框架公约》是应对气候变化的重要工具；重申安理会根据《联合国宪章》承担的维护国际和平与安全的首要责任，强调制定预防冲突战略的重要性，并请联合国相关机构酌情根据各自的任务，进一步努力审议和处理气候变化问题，包括它可能对安全产生的影响。该声明指出安理会的关切是，气候变化可能产生的不利影响的长期累积，可能会加剧国际和平与安全目前面临的某些威胁。为此，安理会指出："在安理会审议的涉及维护国际和平与安全的事项中，当气候变化可能引起的安全问题促成冲突，给执行安理会的任务带来挑战或危及巩固和平进程时，冲突分析和背景资料，特别是关于这一问题的分析和资料，甚为重要。为此，安理会请秘书长确保他给安理会的报告中有此类背景资料。"[①]

该主席声明是安理会第一项，也是2007—2021年唯一一项关于气候变化与安全的主题成果。多年来，该主席声明的执行情况并不理想，部分原因是秘书处难以落实这一要求。更重要的是，该主席声明虽然经安理会正式会议通过，并作为安理会正式文件印发，但不具有法律约束力。

此外，安理会关于非洲局部地区及其他地区的相关决议确认了气候变化等因素对地区稳定的不利影响，表明会员国在这些方面具有共识。安理会2017年3月31日通过了第

---

① 安理会主席的声明，S/PRST/2011/15，2011年，https://www.un.org/chinese/aboutun/prinorgs/sc/sdoc/2011/sprst15.html。

2349号决议,强调各国政府和联合国需要就乍得湖流域气候和生态因素的不利安全影响制定适当的风险评估和风险管理战略,"确认气候变化和生态变化等因素对该地区稳定的不利影响,包括缺水、干旱、荒漠化、土地退化和粮食不安全……"。① 该决议关于气候变化与安全的表述方式成为此后安理会几个有关非洲问题成果的范本,但具体表述方式依区域或国家而异。此外,安理会还认识到气候变化对西非及索马里、马里、苏丹、南苏丹、中非共和国、刚果民主共和国等地区和国家稳定的负面影响。②

(二) 核心分歧

安理会气候变化与安全辩论中,有两个核心分歧。

第一,气候变化对安全的影响是什么,特别是如何确认气候变化与冲突的关系。

欧美等发达国家虽然也认同气候变化对自然系统和社会系统的负面影响,但它们更强调以下两点。

一是气候变化对国际安全或者集体安全的影响。在安理会2007年的首次气候变化和安全问题会议上,主持会议的英国外交大臣玛格丽特·贝克特(Margaret Beckett)指出,气候变化已经成为一个安全问题,但并非狭义的国家安全问题,而是"在一个脆弱又日益相互依存的世界中,关系着我们集体安全的问题"。③ 美国则在第8923次会议上强调:"气候危机是一场安全危机。这是对国际和平的威胁。"④

二是强调气候变化与冲突的紧密关系,认为气候变化是冲突的倍增器,是一个地缘政治问题。英国在第8307次会议上还指出,气候变化将造成冲突和不稳定等后果。⑤ 法国则认为,因气候变化和环境退化而深受其害的人数与日俱增。极端气候事件常常最为明显,气候变化的影响正在使国际不稳定的风险倍增。⑥

中国在第5663次会议上提出,气候变化可能具有一定的安全影响,但它本质上是一种可持续发展问题。⑦ 2021年中国进一步指出"从气候变化到安全风险,到底有什么样

---

① 安理会第2349号决议,S/RES/2349,2017年。
② 安理会第2408号决议,S/RES/2408,2018年;安理会第2423号决议,S/RES/2423,2018年。
③ "Security Council Holds First-ever Debate on Impact of Climate Change on Peace, Security, Hearing over 50 Speakers," http://www.un.org/press/en/2007/sc9000.doc.htm.
④ 安理会第8923次会议,S/PV.8923,2021年。
⑤ 安理会第8307次会议,S/PV.8307,2018年。
⑥ 同上。
⑦ 安理会第5663次会议,S/PV.5663,2007年。

的传导机理，目前还远远没有搞清楚。分析气候因素对安全风险的驱动作用，一定要结合具体情况具体分析，才有可能得出有现实意义的结论"。中国不回避对这个问题的严肃探讨，但强调要避免把气候变化问题"泛安全化"。①

俄罗斯虽然"认为气候变化对各国都构成严重威胁"，但是认为"气候变化不是国际安全范畴内的普遍挑战"。② 俄罗斯在第 8864 次会议上表示，对于气候变化安全的讨论应"仅限于特定国家或地区背景"；③ 在第 8923 次会议上其又指出，恐怖主义与气候变化之间的直接联系尚不清楚。每个国家或地区都需要单独看待，也需要结合其他往往更重要的因素来看待。④

第二，安理会是否应该以及怎样应对气候变化的安全威胁。

首先，各国在安理会是否应该负责应对气候变化的安全威胁的问题上存在分歧。

英法美都主张安理会应该对气候变化与安全问题采取行动。英国首相鲍里斯·约翰逊（Boris Johnson）在 2021 年 2 月的安理会高级别辩论会议上提出："联合国安理会也必须采取行动。因为气候变化是一个地缘政治问题，与环境问题一样重要。安理会要成功地在全球范围内维持和平与安全，就必须激发整个联合国机构和组织迅速和有效的反应。"⑤

法国则表示，"应该将气候变化的影响充分纳入安理会的预防冲突办法"。⑥ 在安理会第 8923 次会议上，法国强调"安理会必须能够更好地评估和处理气候变化对国际和平与安全的影响，并就其议程上的问题，逐个区域和逐个主题得出所有必要的结论"。⑦

美国在 2007 年安理会第一次气候变化与安全的辩论中鲜有贡献，但在 2011 年的第二次辩论中，美国大使苏珊·赖斯（Susan Rice）大力支持将气候变化作为对国际和平与安全的威胁并交由安理会进行处理。⑧ 在 2021 年 2 月 23 日的公开辩论中，美国宣布"将与我们志同道合的同事密切合作，将安理会的注意力集中在气候危机及其对国际和平与安

---

① 《中国常驻联合国代表张军大使在安理会气候与安全问题决议草案表决后的解释性发言》，中国外交部网站，2021 年 12 月 13 日，https://www.fmprc.gov.cn/web/dszlsjt_673036/ds_673038/202112/t20211214_10469312.shtml。
② 安理会第 8307 次会议，S/PV.8307，2018 年。
③ 安理会第 8864 次会议，S/PV.8864，2021 年。
④ 安理会第 8923 次会议，S/PV.8923，2021 年。
⑤ 《安理会辩论：气候破坏是危机的放大器和倍增器》，联合国网站，2021 年 2 月 23 日，https://news.un.org/zh/story/2021/02/1078582。
⑥ 安理会第 8307 次会议，S/PV.8307，2018 年。
⑦ 安理会第 8923 次会议，S/PV.8923，2021 年。
⑧ Shirley V. Scott, "The Securitization of Climate Change in World Politics: How Close Have We Come and would Full Securitization Enhance the Efficacy of Global Climate Change Policy?" *Review of European Community & International Environmental Law*, Vol. 21, No. 3, 2012.

全的后果上"。①

中国在第 5663 次会议上表示，发展中国家认为"在安理会讨论气候变化问题并不能为各国在应对气候变化方面提供帮助，而且安理会也很难帮助受气候变化影响的发展中国家寻找到更有效的适应措施。安理会的介入并不会对达成普遍接受的提案产生帮助"。② 中国进一步强调，《联合国气候变化框架公约》和《巴黎协定》是气候变化国际合作的主渠道，"安理会作为取代国际社会集体决策的论坛是不适当的"。③

俄罗斯则在第 8307 次会议上指出："安理会正在处理气候问题，将立即带来一个转折点。这是一种危险的幻觉和明显的欺骗。……安理会既没有专门知识，也没有工具制定行之有效的解决方案，切实解决气候变化问题。" 2019 年的会议上，俄罗斯又强调，安理会审议气候变化问题未免过分，甚至适得其反。④

其次，会员国在安理会如何具体应对气候变化与安全的问题上也存在分歧。

在第 8923 次会议上，英国指出，联合国系统需要全面报告气候与安全之间的联系，以便掌握最佳信息，为安理会决定提供信息，并认为安理会反恐怖主义委员会执行局在这方面具有明确的作用，应继续审查恐怖主义扩张和蔓延的条件和环境。⑤ 美国在第 8864 次会议上主张联合国外地特派团应将气候变化的影响纳入其规划和执行工作。⑥ 美国还明确表示："只有安理会能够确保将气候变化的安全影响纳入预防与缓解冲突、维持和平、建设和平、减少灾害和作出人道主义反应这一至关重要的工作中。"⑦

虽然中国近些年来并非主张安理会在气候变化与安全问题上无所作为，但中国强调，安理会根据《宪章》规定的任务和现有议程，需要在参与讨论和解决气候与安全问题的方式和程度上做出正确的决定。⑧ 在第 8864 次会议上，中国指出，鉴于冲突国家缓解和适应气候变化的能力不足，安理会可将重点放在针对具体国家的议程项目下减少气候变化风险，并根据当地局势动员，国际社会更多地投入资源，支持联合国专门机构帮助冲

---

① 《安理会辩论：气候破坏是危机的放大器和倍增器》，联合国网站，2021 年 2 月 23 日，https://news.un.org/zh/story/2021/02/1078582。
② 安理会第 8923 次会议，S/PV.8923，2021 年。
③ 《中国常驻联合国代表张军大使在安理会气候与安全问题决议草案表决后的解释性发言》，中国外交部网站，2021 年 12 月 13 日，https://www.fmprc.gov.cn/web/dszlsjt_673036/ds_673038/202112/t20211214_10469312.shtml。
④ 安理会第 8451 次会议，S/PV.8451，2019 年。
⑤ 安理会第 8923 次会议，S/PV.8923，2021 年。
⑥ 安理会第 8864 次会议，S/PV.8864，2021 年。
⑦ 安理会第 8923 次会议，S/PV.8923，2021 年。
⑧ 安理会第 8864 次会议，S/PV.8864，2021 年。

突国家更好地应对挑战。①

俄罗斯反对在维和行动或特别政治任务中纳入气候变化，认为这将是气候议程的灾难性政治化，因为维和人员缺乏应对气候变化的专业知识，其结果也将适得其反，② 并会导致国际社会远离统一和真正的全球合作。③ 俄罗斯还主张仅针对具体国家和区域事项讨论这一问题，并且依靠经核实的科学数据，还要考虑到每一具体事件的全貌。④

二、不同路径背后的不同逻辑

安理会气候变化与安全辩论中各会员国的分歧是明显的。这些分歧实际上代表着两种路径：一种是气候变化的安全化路径；另一种是以发展气候变化威胁定义和实现气候变化安全的路径。这两种路径受到不同的逻辑支撑。

（一）气候变化带来的安全威胁：不同的逻辑起点

在气候变化带来的安全威胁方面，存在着不同的观点。一些学者认为气候变化会导致暴力冲突。例如环境与安全学者托马斯·荷马·迪克森（Thomas Homer Dixon）将气候变化可能导致的资源竞争和大规模移民描述为冲突的驱动因素。⑤ 这种观点的基本逻辑是，气候变化通过从地方到全球的多重联系与其他风险因素联系在一起。它对水、粮食和能源等自然资源造成压力，威胁到关键基础设施和供应网络的运作，引发生产损失、价格上涨和金融危机。在受影响最严重的区域热点地区，气候变化和当地环境退化可能加剧贫困和饥饿，同时破坏社会生活条件和政治稳定。它会加剧移徙和冲突局势。⑥ 此外，由于一些国家的领土完整受到威胁（例如由于海平面上升），移民问题会日益凸显，对可用资源的竞争和种族紧张局势就会发生，并预计将升级。因此，气候变化可以被视

---

① 《中国常驻联合国代表张军大使在安理会气候与安全问题决议草案表决后的解释性发言》，中国外交部网站，2021年12月13日，https://www.fmprc.gov.cn/web/dszlsjt_673036/ds_673038/202112/t20211214_10469312.shtml。
② 安理会第8864次会议，S/PV.8864，2021年。
③ 安理会第8923次会议，S/PV.8923，2021年。
④ 安理会第8864次会议，S/PV.8864，2021年。
⑤ Thomas Homer Dixon, "Terror in the Weather Forecast," The New York Times, April 24, 2007, https://homerdixon.com/terror-in-the-weather-forecast/.
⑥ Jürgen Scheffran and Antonella Battaglini, "Climate and Conflicts: The Security Risks of Global Warming," Regional Environmental Change, Vol.11, 2011, https://link.springer.com/article/10.1007/s10113-010-0175-8.

为威胁的倍增因素,增加了冲突的可能性,包括暴力冲突。①

从另一方面看,正像研究气候变化与冲突的权威学者艾迪恩·萨勒汉（Idean Salehyan）指出的那样,大部分学者现在都同意气候变化会对冲突行为产生影响。但是迄今为止,对于气候变量——不管是单独还是联合其他因素——如何或者为什么影响暴力冲突并不存在共识。②肯·康卡（ken Conca）指出:"虽然冲突建模者同意几个背景因素的重要性,但没有一个单一的、一致同意的'基础模型'可以简单地添加与气候相关的因素"。③可以说,气候变化与冲突之间的关系错综复杂,尚未在学理上形成共识。

一些研究检验了气候变化与冲突之间的经验关系。红十字国际委员会2020年发布了一项有关气候变化与冲突双重影响的报告——《当雨水变为沙尘:理解并应对武装冲突和气候及环境危机对民众生活所造成的多重影响》。报告基于在伊拉克南部、马里北部和中非共和国内陆地区的研究编写而成,探究了民众面临冲突与气候风险的遭遇及调整适应的方法。报告指出,在最易受到气候变化影响的20个国家中,大部分国家都在经历战争。预计到2050年,每年将有2亿人需要国际人道援助,是现在的两倍。④

另一些学者则质疑气候变化与冲突之间脆弱和模糊的联系。⑤挪威奥斯陆和平研究所的政治学家哈瓦德·布豪格（Halvard Buhaug）表示,最新的研究并没有改变他认为气候与冲突之间的联系脆弱的观点。他发现,尽管非洲气候明显变暖,但在过去几十年中,非洲的主要冲突有所减少,这与最新研究和早期类似研究所描绘的趋势背道而驰。⑥

进一步看,一些研究表明,气候变化是否诱发或加剧暴力冲突,取决于发生地的政治和社会经济条件。一些学者发现"人类发展水平较低的国家特别容易受到自然灾害和

---

① Thomas F. Homer-Dixon, *Environment, Scarcity, and Violence*, Princeton University Press, 1999.
② IdeanSalehyan, "Climate Change and Conflict: Making Sense of Disparate Findings," *Political Geography*, Vol. 43, 2014, https://www.sciencedirect.com/science/article/abs/pii/S0962629814000997.
③ Conca, Ken, "Is There a Role for the UN Security Council on Climate Change?" *Environment: Science and Policy for Sustainable Development*, Vol. 61, No. 1, 2019.
④ 红十字国际委员会:《当雨水变为沙尘:理解并应对武装冲突和气候及环境危机对民众生活所造成的多重影响》, https://www.icrc.org/sites/default/files/topic/file_plus_list/cn-4487-when-rain-turns-to_dust.pdf。
⑤ Halvard Buhaug, "Climate not to Blame for African Civil Wars," *Proceedings of the National Academy of Sciences of the United States of America*, Vol. 107, No. 38, 2010; Mathieu Couttenier and Raphael Soubeyran, "Drought and Civil War In Sub-Saharan Africa," *The Economic Journal*, Vol. 124, No. 575, 2014.
⑥ Lauren Morello, "Warming Climate Drives Human Conflict: Temperature and Rainfall Extremes Linked to More Frequent Feuds and Wars," *Nature*, August 1, 2013, https://www.nature.com/articles/nature.2013.13464.pdf.

武装冲突的影响",并认为有效的体制和治理机制对于预防气候引发的冲突非常重要。① 一份经验研究的发现是,与气候变化有关的暴力冲突是存在的,特别是在人口增长率高、发展水平低、经济增长慢、民主程度适中、政治不稳定以及周边地区先前存在紧张局势的地区。②

(二) 安理会处理气候变化与安全问题的恰当性

安全化路径认为气候变化与安全应该成为安理会议程上的重要问题。但发展路径质疑安理会本身在处理气候变化与安全问题上的恰当性。具体来说,可以区分为合法性、正当性、专业性和有效性。

在合法性方面,《联合国宪章》是评估安理会能否在气候变化和安全方面发挥作用的基本依据。由于《联合国宪章》相关条款含义的模糊性,会员国对于气候变化问题是否对国际和平造成威胁,应对气候变化是否符合安理会授权存在分歧。对于安全化路径来说,安理会在确定对国际和平与安全的威胁时拥有广泛的酌处权;安理会的相关议程和程序可以用来应对气候变化对安全的威胁,而第三十四条提到的"争端"和"情势"无疑也可以包括气候变化问题。但是坚持发展路径的国家从《联合国宪章》和安理会本身的权限出发,指出安理会的首要任务是维护国际和平和安全,不能随意扩展安理会权限,使安理会议程"泛安全化"。即使安理会参与应对气候变化问题,也应该谨慎决定其程度和方式。坚持发展路径的国家还指出,安理会在气候变化领域缺乏广泛代表性。安理会是一个只有15个会员国的机构,而《联合国气候变化框架公约》有197个缔约方,显然比安理会更具普遍性。

从公平性来看,安全化路径强调气候变化对安全的威胁并主张安理会介入进来,但是未指明谁应对气候变化问题负责,也没有提供因果逻辑和伦理逻辑来证明气候变化安全化进程的正当性。以《联合国气候变化框架公约》为基础的全球气候变化治理机制已经确立了重要的公平原则和共同但有区别的责任和各自能力原则。但是在安理会关于气候变化与安全的辩论中,发起者显然对气候变化的责任和公平问题避而不谈。

---

① Jürgen. Scheffran et al., "Disentangling the Climate-conflict Nexus: Empirical and Theoretical Assessment of Vulnerabilities and Pathways," *Review of European Studies*, Vol. 4, No. 5, 2012.
② Tobias Ide et al., "The Climate-Conflict Nexus: Pathways, Regional Links, and Case Studies," in Hans Günter Brauch et al., eds, *Handbook on Sustainability Transition and Sustainable Peace*, 2016, https://link.springer.com/book/10.1007/978-3-319-43884-9.

从专业性来看,气候变化是一个对科学评估要求极高的领域,具有高度的科学性、专业性,需要专门知识的支撑。安全化路径倾向于将其作为一个地缘政治问题和安全问题列入安理会议程,但发展路径认为安理会既没有专门知识,也没有必要的工具和机制来制定行之有效的解决方案,因此很难帮助受气候变化影响的发展中国家找到更为有效的适应性措施。①

在有效性方面,在气候变化的国际辩论中加入对冲突问题的讨论以及安理会的安全化进程,引起了部分国家的担忧,甚至导致部分国家间的分歧和关系紧张,并形成政治障碍,阻碍气候变化应对进程。② 不仅如此,对气候变化可能导致冲突的过分关注,可能会忽略气候变化带来的其他广泛影响,并限制政策选择范围,降低国际合作的可能性。

三、结　论

2007—2021 年,安理会关于气候变化与安全的辩论持续了十几年时间,但仅形成了有限共识,并未达成具有约束力的普遍性决议。会员国在辩论中显示出明显而深刻的分歧,表现在两个核心问题上:一是气候变化是否因为促发冲突而成为国际和平与安全的普遍威胁;二是安理会是否应该或者如何应对气候变化与安全问题。

通过分析这些辩论的会议记录,本文发现各会员国在气候变化与安全问题上持有两种认知,采取了两种路径,遵循了两种逻辑。英、法、美等国是安理会内气候变化与安全辩论的推动者,它们基本遵循了一种"安全化"的逻辑。作为一种替代性路径,发展路径主要遵循了以发展来界定气候变化问题的安全含义并以发展谋求实现气候安全的逻辑。中国将气候变化定义为发展问题和非传统安全问题,主张在可持续发展框架内采取整体办法来应对气候变化,最终依靠实现共同发展来解决气候变化问题可能导致的安全风险问题。在国际层次强调《联合国气候变化框架公约》在解决全球气候变化问题上的首要地位,而不主张安理会作为应对气候变化问题的主要机制。③

虽然存在共识,但是由于存在两种不同的路径和逻辑,分歧将长期存在。与其说安理会气候变化与安全辩论中体现的是安全化推动者与听众的关系,不如说是两种气候变

---

① 安理会第 8307 次会议,S/PV.8307,2018 年。
② Yan Bo, "Securitization and Chinese Climate Change Policy," *Chinese Political Science Review*, Vol. 1, No. 1, 2016.
③ 安理会第 8451 次会议,S/PV.8451,2019 年。

化安全范式的竞争。因为气候变化的发展路径不仅不接受气候变化安全化的逻辑，还提供了替代性的起点、概念、路径和逻辑，并导向了不同的政策含义。进一步看，与其说气候变化安全化推动者的言语行为很大程度上决定了气候变化安全化成功与否，毋宁说各会员国框定气候变化问题的不同方式、不同的发展阶段、基本国情、优先议程和安全理念的差异，从根本上决定了它们在辩论中的不同观点和不同逻辑。

未来，安理会内关于气候变化与安全的辩论还会继续进行。在气候变化与安全的问题上，既不能坚守传统安全概念，也不能过分扩展安全概念的边界。因此两种路径应该进一步探讨弥合分歧的可能性。但这将是一个长期的过程。中国作为安理会常任理事国，在加强本国气候变化治理能力的同时，应坚持《联合国气候变化框架公约》的主渠道地位，同时注重在安理会气候变化与安全辩论中及时回应相关国家的关切，进一步阐明应对气候变化与安全问题的发展逻辑，增强主动性，在提高应对气候变化问题紧迫性和有效性的国际合作中发挥更大的影响和作用。

（本文原载《国际安全研究》2023 年第 2 期，原标题为《安理会气候变化与安全辩论：共识、分歧及其逻辑》，收入本文集有删改）

后斯诺登时代的全球网络空间治理

复旦大学国际关系与公共事务学院教授 沈 逸

自 2010 年开始至今的 4 年多时间里,与互联网以及全球网络空间相关的议题迅速崛起,并逐渐从相对边缘的区域次第渗入国际舞台的核心区域:2010 年维基揭秘网站与美国国防部、国务院展开了信息公开与国家安全的博弈,谷歌公司则试图挑战中国对互联网的主权管理;2011 年有惊心动魄的所谓"阿拉伯之春",有全新出台的《网络空间国际战略》;2012 年到 2013 年有被渲染为美国国家安全的"中国网络间谍攻击"系列新闻;2013 年有惊爆内幕的中情局前雇员斯诺登披露"棱镜门";2014 年美国修改国家安全局存储数据的构想浮出水面,突然宣布的"放弃"对互联网名称与地址分配机构(ICANN)的"管理",更是直接将网络空间与不同行为体之间的关系推上了风口浪尖。

如何正确认识和理解上述系列事件的含义,特别是从国际关系的视角,理解上述变动对国家安全、国家间关系以及与各类行为体(包括国家与非国家行为体)密切相关的全球网络空间治理体系所带来的影响,显然有重要的理论价值与实践意义。在此发展变动的关键时刻,理解"数据主权"(Data Sovereignty)这个重要概念的含义,并以此构建分析、认识、理解问题的框架的起点,显然是非常重要的。

一、变动环境下的数据主权

自 20 世纪 60—70 年代至今,信息技术革命造就了一个几乎有效覆盖全球各地的网络空间,不同类型的行为体接入其中,并从事日趋频繁、形式多样的信息生产、交换、传输、存储和处理等相关的活动。[1] 在 20 世纪 90 年代,互联网刚刚启动实质性的商业化进

---

[1] Yochai Benkler, "From Consumers to Users: Shifting the Deeper Structures of Regulation Towards Sustainable Commons and User Access," *Fed. Comm. LJ* Vol. 52, 1999, p. 561.

程没多久,有关网络技术发展与管辖能力、管辖权的微妙关系,就引发了人们的关注;①进入21世纪之后,随着"云计算"(cloud compute)这一运用的兴起,"数据主权"的概念也逐渐引起了研究者的关注。"数据主权"概念的兴起,是"云计算"为代表的互联网最新应用刺激的结果,也是自互联网诞生之日起就内嵌其中的技术特征与客观特点使然,其最主要的表现形式就是数据所有者、使用者、存储者在地理位置上的分离,以及由此带来的权利/权力识别和有效行使的问题。②

对数据主权的理解,有学者指出,其最主要的问题,其实是数据的集中存储与分散的用户之间的权力博弈。③ 也有学者指出,可以通过提供更加有效的技术方案,来解决上述分散的用户与集中的组织、机构之间的权力不平等问题。④ 还有学者指出,网络空间自身的特定属性也开始展现这种特点,这既为推动网络空间权属的界定以及治理提供了便利条件,也提出了前所未见的全新挑战:网络空间最主要的特点,是无显著边界的空间属性;逻辑代码支撑的逻辑空间与线下某些规则确定的物理世界,形成彼此接近但仍然有实质性距离隔阂的状态;而在这个特殊的空间里建立主权,而且是参考现实世界中的主权在网络空间建立主权,正在成为国家间竞争的新领域。⑤

尽管有学者指出,真正的"网络空间"其实是难以被准确地感知并管理的逻辑空间,但"网络空间"从没能够真正脱离物理世界而实际生存,网络空间治理的难点之一就是如何在网络空间中凸显管理权限的存在,这种存在必须让尽可能多的各种行为体感知并认可,这种感知可以是对条文制度的感知,也可以是对网络空间某种存在的感知;这种感知必然是主观和客观的密切结合,是行为体依据客观框架产生主观判断的结果。⑥

---

① Marien, M., "New communications technology—A survey of impacts and issues," *Telecommunications Policy*, Vol. 20, No. 5, 1996, pp. 375-387.
② Peterson, Z. N., M. Gondree and R. Beverly, "A position paper on data sovereignty: The importance of geolocating data in the cloud," Proceedings of the 8th USENIX conference on Networked systems design and implementation. 2011.
③ De Filippi, P. and S. McCarthy, "Cloud Computing: Centralization and Data Sovereignty," *European Journal of Law and Technology*, Vol. 3, No. 2, 2012, http://ejlt.org/article/view/101/234,最后浏览日期:2014年4月10日。
④ Mosch, Marc, et al., "Automated federation of distributed resources into user-controlled cloud environments," 2012 IEEE Fifth International Conference on Utility and Cloud Computing, IEEE, 2012.
⑤ Barcomb, Kris E., et al., "Establishing cyberspace sovereignty," *International Journal of Cyber Warfare and Terrorism (IJCWT)*, 2.3, 2012, pp. 26-38.
⑥ Lyons, P. A., "Cyberspace and the law: Your rights and duties in the on-line world — Cavazos, EA, Morin, G," *Information Processing & Management*, Vol. 31, No. 6, 1995, p. 910.

相比此前互联网经历过的那些发展，当下发生的最新变化，就是网络空间的数据已经、正在而且还将持续转变成为一种战略资源，这一资源的分布与石油等资源存在显著差异，使用方式和可能的获益，也远比传统的资源要可观。①

数据的资源化发展又加剧了网络空间治理的竞争。目前比较一致的共识，是全球网络空间基本处于事实上的无政府状态。这种无政府状态指至少在形式上，不能存在单一的对网络能够实施强制性管理的主体。②

二、全球网络空间呈现不对称性

自20世纪90年代至今，全球网络空间取得了快速的发展，但这种快速发展造就的是资源与能力不对称的全球网络空间：现实世界中的发展中国家并没有因为网络技术的发展实现跨越式流动，反而在网络空间中进一步地被边缘化，进而还可能因为这种边缘化而固化其在现实世界中的地位；现实世界中的发达国家，尤其是产业能力和技术优势显著的发达国家，在网络空间中同样处于核心位置，并因为在技术研发与创新等诸多方面的显著优势，进一步拉开在现实世界中与发展中国家的差距。

具体来说，这种资源与能力的不对称表现在如下主要方面：

首先，从用户群体上看，用户群体的总量发生了显著变化，但不同国家内的相对比重与不同类别国家之间的整体分布存在显著的差异。

其次，在与数据相关的关键设施方面，发达国家与发展中国家也存在着显而易见的差距。

从某种角度可以说，今天的全球网络空间，发展中国家主要提供使用者，发达国家主要提供基础设施与关键应用，这一新的"中心—外围"架构已经初见端倪。2013年引发全球轰动的"棱镜门"事件，人们从中看到的，是未来大国博弈游戏的冰山一角。

---

① Brown B, Chui M, Manyika J., "Are you ready for the era of 'big data,'" *McKinsey Quarterly*, Vol. 4, 2011, pp. 24-35.
② Eriksson, J. and G. Giacomello, "Who Controls the Internet? Beyond the Obstinacy or Obsolescence of the State," *International Studies Review*, Vol. 11, No. 1, 2009, pp. 205-230.

三、美国网络安全战略凸显进攻性

关于美国国家网络安全战略的特性,直到 2013 年之前,始终存在某种争议。但"棱镜门"的出现,使人们充分看到了美国国家网络安全战略的显著特征,即进攻性。

2013 年 6 月 6 日,《美国华盛顿邮报》刊载题为《美国情报机构的机密项目从九家美国互联网公司进行数据挖掘》的文章,披露美国国家安全局从 2007 年开始执行代号为"棱镜"(PRISM)的信号情报搜集行动。该行动的信号情报活动代号(SIGINT Activity Designator,缩写为 SIGAD)是 US-984XN,2012 年美国总统每天阅读的《每日情报简报》中,有 1 447 项的引用来源指向了 US-984XN,因此,媒体报道中将"棱镜"视为美国国家安全局最重要的情报来源。

综合相关已经公开的资料,可以发现,"棱镜"系统本质就是一个超大规模数据系统,包含了近似覆盖全网的数据流搜集、存储、分类以及检索功能,具备存储 ZB(万亿GB)级别数据的能力,并且能够对音频、视频等非结构性的海量数据实时快速地分类查询。这是美国国家战略能力在网络安全领域的系统体现,而非一个单一的项目或者是个案。这种能力,对内表现为有效保障国家网络安全的协调-整合能力,最突出的表现,就是美国政府与公司之间微妙复杂的长期关系。这种关系并不是从棱镜项目才开始的,而是有着悠久的历史,可以被追溯到互联网正式诞生之前的"三叶草行动"(Project Shamrock)。①

棱镜系统的正常运作至少涉及 9 家互联网巨型公司(谷歌、微软、雅虎三家占据其中 90%以上数据来源)、4 个美国情报机构(联邦调查局、中央情报局、国家安全局、国家情报总监)以及 10 套子系统("打印光环""交通贼""剪刀""协议开发""余波""码头""主路""针鲸""运输工具"以及"核子")。

网络公司是"数据提供者",他们的数据直接被提交到美国联邦调查局数据拦截技术科(The FBI Data Intercept Technology Unit),该科室位于弗吉尼亚州的匡提科(Quantico),此地同时也是美国海军陆战队网络部队的基地所在地。

综合协调不同类型的行为体,共同保障美国国家网络安全的政府战略能力。由此,可以将棱镜系统看作是美国奉行的进攻性网络安全战略最为集中也是最具代表性的体现,

---

① McMillan, D. D., *Report on Inquiry into CIA-Related Electronic Surveillance Activities*, 1976, p. 266.

凭借自身压倒性的技术与实力优势，美国建立了全球范围最大、最全面、最复杂的网络空间监控系统，继而形成了美国谋求并尝试在全球网络空间确立压倒性霸权优势的内在战略冲动，这种冲动在冷战结束之后就始终存在。[1]

在当下的世界，因为棱镜系统的披露，引发全球对网络空间治理的关注，而这种关注，有可能催生出一套新的网络空间治理生态系统。通过有效保障数据主权，确立有别于美国的霸权战略同时符合网络空间发展客观需求的网络空间治理新模式，可能是唯一有效的解决方案。

四、以数据主权重塑网络空间治理

2014年3月，在棱镜系统曝光之后，明显感受到巨大压力的美国政府，宣布将放弃对互联网名称与地址分配机构（ICANN）的监管，并承诺将尽快把管理权移交给一个遵循"多边利益相关方"（Multi-Stakeholder）组建的私营机构。这一表态很快引发了各方的热烈回应和讨论，因为这是从2005年，联合国全球网络工作组出台报告，指出"国际域名系统"根区文件和系统（the root zone files and system）"事实上处于美国政府单边控制之下"。[2]

所谓多边利益相关方，是美国在20世纪90年代推进互联网商业化进程中采取的一种运作模式，将公司、个人、非政府组织以及主权国家都纳入其中，最高决策权归属于由少数专业人士组成的指导委员会（Board of Directors），相关的公司、个人、非政府组织在下属的比较松散的区域或者专业问题委员会开展工作，政策制定采取所谓"自下而上"的模式，由下级支撑委员会向指导委员会提出建议和草案，然后指导委员会加以通过；其他主权国家的代表则被纳入政府建议委员会（Government Advisory Committee），只具有对和公共政策以及国际法等相关的活动或者事项的建议权，而没有决策权，其建议也不具有强制力。[3] 一般研究认为，这种模式对掌握压倒性技术优势的一方也就是美国最有利，因为这种开放模式最有助于可能采取的在网络空间的扩张行径，有研究者直接将其

---

[1] Posen, Barry R., and Andrew L. Ross, "Competing visions for US grand strategy," *International Security*, Winter, Vol. 21, No. 3, 1996/97, pp. 5-53.

[2] De Bossey, Chateau, "Report of the working group on Internet governance," http://www.wgig.org/docs/WGIGREPORT (pdf), 2005 (last visit: Dec. 10th, 2015).

[3] Kruger, L. G., *Internet Governance and the Domain Name System: Issues for Congress*, Congressional Research Service, Library of Congress., 2013.

比喻为在网络空间实施的"门户开放"政策。①

需要指出的是,虽然美国政府在涉及全球网络空间治理时,基本不使用数据主权这种与主权有关联的概念来描述其政策,但这是因为美国自身的技术能力足以自保,不存在显而易见的对美国数据主权的实质性威胁;事实上,根据 2011 年颁布的《网络空间国际战略》,当美国的数据主权遭遇威胁,比如,关键基础设施遭到网络袭击时,美国的构想是可以使用包括精确制导武器在内的一切手段进行反击的。美国只是不希望其他国家运用数据主权这种观念武器来构建阻挡美国网络霸权扩张的壁垒,而不是真的不关注数据主权。美国看好"多边利益相关方"这个概念,关键也在于认定在此概念下,即使美国政府"放弃"了对 ICANN"监管",仍然有可以弥补的方式:美国公司可以凭借自己的优势确保自己在任何新组建的"多边利益相关方"机构中占据压倒性优势;而美国公司总是要受美国法律管辖的。这是一种更加间接和隐蔽的方式,可以更低的成本有效地实现美国国家网络安全战略。

对美国之外的其他国家来说,在后斯诺登时代的全球网络空间治理问题上,可有的选项不多。

第一种选项是无条件地追随,也就是选择无条件地认可美国的霸权战略,认可美国对自身技术优势的滥用,并对美国政府的意图保持无条件的信任。这种战略选择或许是华盛顿的决策者们所乐见的,但欧盟议会 2001 年成立的调查小组指出,其实,美国早就有滥用这种能力的先例,其可信度相当成问题。②

第二种选项是强硬的对抗,为自身的安全设定一个绝对标准,为此不惜付出巨大的代价,包括在网络空间重现冷战那种阵营对阵营的对抗,包括在必要时架设一整套与现有全球网络空间平行的网络(包含基础设施管线在内且与现有网络保持严格意义上的物理隔绝)。不考虑巨大的经济代价,其与当今世界整体经济、社会活动方式截然相反的内在思维逻辑,就足以将其排除出金砖国家可供选择的菜单之外了,毕竟金砖国家还是要成为整个世界体系中的大国的。

---

① Kiggins, R. D., "Open for Expansion: US Policy and the Purpose for the Internet in the Post-Cold War Era," *International Studies Perspectives*, 2013.
② European Parliament, Temporary Committee on the ECHELON Interception System, and Gerhard Schmid, *Report on the Existence of a Global System for the Interception of Private and Commercial Communications* (*ECHELON Interception System*) (*2001/2098*(*INI*)): *Motion for a Resolution*, *Explanatory Statement*. European Parliament, 2001.

第三种选项显然就是从"治理谋求安全"的思路出发,依托"人类共同遗产"原则,通过新兴大国之间的战略协调,凝聚团结具有相同处境的国家,比如,技术能力相对弱小,对网络空间存在高度依赖,又担忧来自美国滥用自身霸权优势的发展中国家,可以重新在此过程中找到强化自身合作的战略契机。

这种战略契机,其主要目标,就是以数据主权为核心,建立一套开放的网络空间治理生态系统,在动态开放、对等安全、有序发展的基础上追求全球网络空间治理质量的提升。在此过程中,仍然需要回答一系列难题。

首先,如何在美国政府"放手"之后,有效制约并监管那些实质性掌控关键基础设施/资源的私营公司;这意味着其他国家必须寻找到具有足够能力的非国家行为体,包括公司或者是私营机构,尽快地尝试去争夺填补美国留下的管理真空。

其次,如何在更加广泛的全球网络空间治理体系中,将数据主权作为一项原则纳入其中,并有效地加以体现?数据主权,不是要以主权原则来阻滞数据、信息的高速流动,而是要借助强调主权之间的平等性,为那些暂时在技术能力上处于弱势的行为体,保留其应得的从网络空间发展中获益的权利和可能,确保网络技术的发展,全球网络空间的拓展,以及最终确立的网络空间的治理秩序,能够让不同技术能力的个体享有同等收益的机会和可能。

最后,如何使除了 ICANN 之外的其他机构,比如互联网工程师任务组(IETF)等更加关键地掌握了全球网络空间关键技术与技术标准的组织,也能够推动反映数据主权原则的改革,建设相应的治理新秩序?以中国来说,加入 IETF 的中国工程师已经超过其工程师总数的 30%,但被接纳的技术提案(RFC)只有总量的 1%,治理结构与现状之间的脱节与不匹配显而易见。

随着时间的流逝,白宫的危机公关,以及强调政治正确的西方主流媒体的自我审查,斯诺登与"棱镜门"带来的直接冲击,必然呈现梯度下降的趋势,无视或者仅仅从"双重标准"的视角展开批判,本质上都于事无补,真正需要的是以此为契机提出基于数据主权保障的网络空间治理机制的新主张,从目前的发展态势看,这个窗口不会敞开太长时间,很快就会见分晓,中国必须迎头赶上,为建设信息强国而努力奋斗。

(本文原载《世界经济与政治》2014 年第 5 期,收入本文集有删改)

多边贸易体制变革下的区域公共产品供给与中国角色

复旦大学国际关系与公共事务学院教授　黄　河

近年来，随着大量区域贸易协定的落地，区域公共产品在全球及区域经济合作中的重要性不断提升。当前世界贸易体系正呈现两种相反的发展趋势：一方面，区域贸易集团纷纷兴起；另一方面，全球多边贸易体制却面临改革危机。区域公共产品能够在一定程度上弥补当前全球公共产品供应的不足，各国也陆续将更多的资源投入区域多边贸易机制的建设及区域公共产品的供应之中。在此背景下，如何化解区域贸易集团对全球多边贸易体制的冲击、实现区域公共产品的最大效用从而带动全球多边贸易机制改革，是当前全球经济治理的重中之重。中国作为全球公共产品和区域公共产品的重要提供者，推动区域贸易机制与全球多边贸易机制共同发展及世界贸易组织（World Trade Organization，WTO）改革，对中国营造良好发展环境、实现第二个百年奋斗目标以及维护总体外交大局至关重要。

一、区域公共产品供给增多成为国际经济合作的新态势

世界贸易组织、国际货币基金组织及世界银行是典型的全球公共产品，但在逆全球化趋势下其治理效能明显下降。美国作为曾经的全球公共产品提供者，逐渐转向单边主义和保护主义，其国际公信力和执行力遭受多方质疑，这使得以往依靠美国实力建立起的国际体系与全球治理价值观遭受重创，世界政治经济格局面临重组。整体而言，当今国际体系主要存在三大重要战略变动。一是西方国家不仅经济实力相对有所下降，而且政治自信心也出现部分动摇。在今后相当长的一段时间内，西方国家对全球经济治理投入资源的能力和意愿都可能下降。二是新兴经济体随着自身经济实力上升，其在全球政

治经济治理中不再是被动的接受者，而是转变为共同创造者。虽然新兴经济体的总体经济发展水平仍然较低，容易受到全球经济危机的负面冲击，相互间也是合作与竞争并存，但是其参与全球经济事务的决心和信心正不断增强。三是从区域层面来看，以亚太地区为代表的各个区域在全球经济治理格局的地位显著提升，影响力也在进一步扩大。

事实上，这些变动自冷战结束之后就已开始，逐步促进区域公共产品理论的产生和发展。在全球公共产品供应严重不足或无法满足个性化需求的情况下，只服务于特定区域或跨区域，且成本又是由区域内或区域间国家共同分担的"区域公共产品"应运而生。相较于全球公共产品，区域公共产品存在以下优势：第一，由于区域公共产品仅为有限的地区国家提供服务，各国能够明确自己在其中应负的责任和获取的利益，在一定程度上减少了"搭便车"的现象；第二，区域内更容易建立平等对话的合作机制，避免大国将合作机制"私物化"，成为其获利的工具；第三，由于成员国较少、利益一致、观念相似，成员间更容易就区域公共产品的供给达成共识。

从区域公共产品的现状来看，其供应呈不断增长趋势，但与区域或次区域经济发展的要求相比，这种供应增长还远远不能满足需求，一些关键领域的公共产品都存在未被充分利用或供应不足的情况。因此，区域公共产品的供给怎样实现，如何在区域内或区域间按比例分担成本，保障各成员国得到相应收益，就成为国际社会各个理性行为体共同关注的重点。

需要指出的是，区域化和全球化是一个事物的两个侧面，区域性力量不是对全球性力量的否定，而是对全球性力量缺失的补充。在全球公共产品供应严重不足的情况下，有关国家为了本地区的稳定和繁荣而联合起来共同提供和维护区域公共产品是必然趋势，也必将成为今后一个时期国际关系的基本特点。这也是全球范围内出现区域合作浪潮的根本原因。例如，在经济增长速度最快的亚太地区，《全面与进步跨太平洋伙伴关系协定》（Comprehensive and Progressive Agreement for Trans-Pacific Partnership, CPTPP）、《区域全面经济伙伴关系协定》（Regional Comprehensive Economic Partnership, RCEP）先后落地，就为该地区经济一体化发展增添了新活力。

过去10年间，中国提出"一带一路"倡议，倡导成立亚洲基础设施投资银行，与周边国家合作建立澜湄机制等，这一系列行动展现了中国在区域公共产品供给中的作用和贡献。其中，"一带一路"倡议秉持共商共建共享的原则，通过政策沟通、设施联通、贸易畅通、资金融通、民心相通五大手段推进区域经济一体化，在这一平台上所进行的多

二、区域公共产品对全球多边贸易机制的双重影响

区域经济公共产品具有自身的独特优势，对全球多边贸易机制变革的促进作用主要有以下两个方面。

第一，区域内部协定较容易达成，能够在全球公共产品供给不足时起到替代作用。区域贸易协定涉及的国家较少，协议内容往往围绕成员较为关切的领域展开。在谈判过程中，条款能够根据各方的政治体制、文化背景、经济发展水平及时作出调整，大都具有非约束、自愿性和差异化的特征，从而更契合各成员的实际需求。在这种情况下，成员的贸易谈判效率较高，达成一致的概率也大大提升。面对当前世界贸易组织仲裁机构停摆的现状，区域合作机制为机制内成员贸易纠纷的解决提供了替代性的谈判平台。在"小多边主义之下"，各国贸易政策较易受到监管，贸易合作的效率较高、交易成本较低。对于当前全球多边贸易体制中缺少数字经济等新内容的问题，《数字经济伙伴关系协定》（Digital Economy Partnership Agreement, DEPA）等区域合作机制能够在一定程度上弥补此类全球公共产品的不足。与此同时，面对突发的新冠肺炎疫情冲击，许多国家和地区的货物运输中断，出现了医疗用品、设备、粮食供应严重短缺等现象，在这种情况下，区域公共产品更是起到了重要的应急、协调作用。

第二，区域贸易协定具有扩散效应，能够提升全球多边贸易的自由度。一方面，当较少的国家率先签订自由贸易协定时，会激发他国签订贸易协定的热情，协议外的国家会考虑加入其中或与其他国家达成新的贸易协定，由此形成"多米诺骨牌效应"。区域贸易协定的签订，还能够大幅降低关税、削减非关税壁垒。交易成本降低会促使成员国积极开展经济合作与贸易往来，在推动地区经贸自由化的同时产生溢出效应。地区经济活力上升会扩大对外需求，吸引协定外国家加入，进而促进世界贸易额增长，最终提升全球多边贸易的自由度。由于区域经济一体化有利于推动区域市场一体化、生产一体化，因此区域贸易协定在一定程度上能够优化产业结构和资源配置，吸引更多国际投资。另一方面，许多区域协定、规则、制度较符合现实需要，涵盖各类世界贸易组织未涉及的热点经济内容。例如，相较于现有世界贸易组织条款，CPTPP 和 RCEP 在电子商务、知识产权等方面都增添了新内容，具有较强的适用性和可借鉴性。再如，DEPA 作为第一个

关于数字经济合作的制度安排，更是为全球多边贸易体制完善数字规则提供了借鉴。

作为与全球多边贸易体制并存的制度安排，由于参与国及内容、规则都存在重叠性，区域贸易机制将不可避免地冲击全球多边贸易体制，影响世界贸易组织改革。因此，区域经济公共产品的供给也会在一定程度上排挤全球经济公共产品，具体而言表现为以下三个方面。

第一，区域贸易协定在一定程度上会影响世界贸易组织的正常运作。一方面，区域贸易协定通常仅为其成员服务，只会在成员内部消除贸易障碍，从而导致成员与非成员之间的差别待遇，这有违世界贸易组织所规定的"最惠国待遇"原则及"非歧视"原则。例如，尽管世界贸易组织相关条款规定了对成立关税同盟、自由贸易区的限制，但由于条款的具体约束条件较为模糊，并不能完全阻止区域贸易协定建立对外贸易壁垒。同时，区域贸易协定产生的"贸易转移"现象也会降低资源配置效率。另一方面，区域贸易协定将冲击世界贸易组织功能的正常发挥。区域经济合作机制为各国提供了更高效率、更符合本国利益需求的贸易规则制定平台和争端解决机制，越来越多的国家将资金、人力等资源投入到区域经济公共产品的开发中，从而降低了继续推进世界贸易组织改革的动力。

第二，"意大利面碗效应"将增加贸易流通的成本。在"多米诺骨牌效应"之下，各国为防止被边缘化，通常会选择加入现有区域贸易机制或签订新的区域协定，最终导致大量相互重叠的区域贸易协定产生。各种成员资格与投资规则、原产地规则交叠在一起，不仅增加了政府的监管成本、税收成本，也提高了企业对外投资、对外贸易的交易成本，从而给多边自由贸易的运行增加了障碍，加重了各成员的负担，令区域经济公共产品的供给效能大大降低。

第三，带有排斥性的区域贸易集团将进一步削弱多边主义。一方面，一些发达国家主导的区域贸易集团在劳工、环境、透明度等方面制定了较高标准，其制度安排带有非中性的特征，使集团外部发展中国家的产品难以进入该区域市场，大量资金被滞留在集团内部，导致本来就资金匮乏的广大发展中国家陷入更加艰难的处境，阻碍了发展中国家经济贸易的发展和产业结构的优化升级。另一方面，一些国家开始将区域贸易合作视为获取地区霸权的工具，这些国家主导的区域贸易集团带有很强的政治色彩和排他性，仅对认同其价值观和霸权的国家开放，其根本目的并非开放市场、削减关税、消除贸易壁垒，而是借助经济手段扩张势力范围、主导地区经济秩序。例如，美国主导的"印太经济框架"（Indo-Pacific Economic Framework, IPEF）就既不是经济协议，也不是贸易协定，而是一个松散的框架。美国既不会受该框架的约束，也不会就提供区域贸易类公共产品作出可靠承诺。

三、中国在区域公共产品供给中的角色

21世纪以来，多边贸易体制的正常运行为中国经济快速发展创造了有利外部条件，而中国也一直在全面履行"入世"承诺，以自身稳健发展成为世界经济增长的"动力源"和"稳定器"。正如习近平主席所指出："中国的发展得益于国际社会，也愿为国际社会提供更多公共产品。"中国一直是世界贸易组织改革的积极推动者，也是区域多边经济合作的引领者与参与者。在世界贸易组织改革受阻的情况下，中国积极提供区域公共产品，既有益于弥补全球公共产品的不足、带动周边国家搭乘中国发展的"快车"，也有助于维护区域产业链和供应链稳定。

第一，在已有区域公共产品中发挥增量供给作用。当前亚太地区已经存在多种提供区域经济公共产品的平台和制度框架，如亚太经合组织（Asia-Pacific Economic Cooperation, APEC）、亚洲及太平洋经济社会委员会（Economic and Social Commission for Asia and the Pacific, ESCAP）、大湄公河次区域经济合作（Greater Mekong Subregion, GMS）等。中国作为亚洲第一大经济体，在现有的亚太多边区域经济合作机制中发挥着重要作用。以APEC为例，自加入APEC以来，中国国家领导人出席了历次APEC领导人非正式会议。在2022年APEC领导人非正式会议上，习近平主席呼吁建设和平稳定、共同富裕、清洁美丽、守望相助的亚太命运共同体，强调"要坚持真正的多边主义，维护多边贸易体制""要坚持普惠包容，实现互利共赢""要坚持开放区域合作，共促亚太繁荣"，为亚太地区的未来发展指明了方向。此外，中国先后倡议成立了APEC电子商务工商联盟、APEC可持续能源中心、亚太港口服务组织等一系列组织机构，扩展与APEC成员的合作范围。在2014年APEC贸易部长会议上，中方建议加强自贸区谈判能力建设，建立自贸区信息交流机制，为建立亚太自贸区提供了可行路径。但在大国博弈加剧和新的经济治理难题不断涌现的当下，APEC也面临同世界贸易组织一样的发展困境。鉴此，中国作为APEC的重要成员，可发挥引领作用，使之不偏离平等对话、互联互通的"航道"，同时引导APEC拓宽合作框架的广度和深度，就环境保护、基础设施、信息技

术、数字经济、网络空间治理等新议题与其他成员达成共识，规避亚太地区各种多边、双边合作带来的"碎片化"风险。

第二，与区域国家合作提供新型区域制度安排。在全球公共产品供应严重不足以及被"私物化"的背景下，共同需求和共同利益促使区域内国家或区域集团联合起来，合作创设出一套新型区域制度安排并为之分摊成本。其中，政策磋商与制度协调是新型区域制度安排的基石。目前，中国已经广泛开展同周边国家的区域制度化合作。例如，在湄公河次区域，域外国家长期以来不断介入该区域的开发合作，这在一定程度上冲淡了湄公河下游五国加强与中国合作的需求，增加了湄公河地区开发合作的复杂性和竞争性。"澜沧江-湄公河合作机制"的建立是中国与东南亚国家深化区域合作的一项重要举措。澜湄次区域内各国的国际开发合作具有典型的区域公共产品属性。中国通过澜湄合作机制提供区域公共产品，可推动区域内各国发展战略的对接与耦合，形成区域性的合作体系网络。RCEP、亚洲基础设施投资银行也都是中国同亚太地区国家经过多方协商达成的新型区域制度安排。其中，RCEP虽为东盟牵头发起，但中国在其构建过程中起了重要的推动作用。在RCEP建立过程中，中国积极参与了所有的部长级谈判和28轮技术谈判，并对制造业、农业、林业、渔业、采矿业5个非服务业领域的投资采取负面清单制，积极对接高标准条款，持续提高开放质量。

第三，为区域公共产品供给提供新理念。维系区域公共产品的供给协议有赖于各成员形成一致的供给理念。2008年国际金融危机以后，全球公共产品供需的巨大缺口及西方国家在公共产品供给中的"私物化"倾向日益阻碍区域合作的达成。例如，在东亚地区，美国等域外大国一直试图强势插入自己的区域公共产品，西方的区域公共产品往往附加具体、严格甚至苛刻的条件，具有相当大的强制性。美国在该地区主导的一些多边经济制度安排具有明显的排他性，其根本目标是维护自身的霸权利益。与此相反，中国在提供区域公共产品的过程中一直秉承平等互惠原则，在投资和贸易协定中从不附加政治条款，展现出负责任大国风范。例如，在推进"一带一路"倡议、中国-东盟自贸区等区域机制的过程中，中国一直倡导构建"中国-东盟命运共同体""亚太命运共同体"。中国一贯支持东盟在RCEP等区域合作中发挥中心作用，多次强调要尊重各国的差异性、主权与利益诉求，始终秉持与邻为善、以邻为伴，坚持睦邻、安邻、富邻，突出体现亲、诚、惠、容的理念，使双方成为兴衰相伴、安危与共、同舟共济的好邻居、好朋友、好伙伴。这种互利共赢、平等合作的理念在一定程度上有助于规避公共产品"私物化"的风险。

四、结　语

全球多边贸易体制是最重要的国际公共产品之一。历史上，这一国际公共产品的供给模式经历了从美国霸权供给到美欧合作供给的转换。目前，全球多边贸易体制的变革停滞不前，各国方案在议题层面分歧显著，说明以世界贸易组织为代表的美欧合作供给模式亟待改进，需要新兴力量的参与。鉴于当前全球多边贸易体制中全球主义与地区主义双重框架并存的事实，中国既可通过与欧盟等重要力量合作推动全球多边贸易体制改革，也可广泛参与地区层次的公共产品供给，以此促进多边贸易体制这一公共产品在世界范围的有效供给。例如，在地区层面，中国可通过 APEC、RCEP、亚洲基础设施投资银行、澜湄合作机制等平台促进更广泛的地区经贸合作，为区域内国家的共同发展提供有效的区域贸易制度类公共产品。这不仅有利于中国话语权的提升，而且也有利于世界贸易秩序的稳定。未来，中国如何引导塑造公共产品的统筹供给，构建开放合作的全球经济治理体系，推进多边贸易体制朝着更加公平、更具广泛代表性的方向发展，是值得深入探讨的重要问题。为了更好地参与乃至引领全球多边贸易体制变革，在国际与区域自由贸易制度类公共产品的供给中肩负起大国责任，中国既要积极探索大国合作的供给新模式，又要协调和完善区域机制，这对加强多边贸易领域的全球治理具有十分重要的意义。

（本文原载《当代世界》2022 年第 12 期）

制造业国际分工对发展中国家减排政策的双重影响

复旦大学国际关系与公共事务学院副教授　黄以天

一、引　言

在与国际产业分工密切相关的诸多环境问题中，发展中国家的温室气体排放因其与全球气候治理的密切联系而受到关注，同时也体现了发展中国家与发达国家利益的差异。例如，少数发达国家主张单方面实施"碳关税"以配合国内的减排措施，其理由即是高排放行业会受其国内减排政策影响而转移至发展中国家——即导致所谓的"碳泄漏"。[1] 而从发展中国家的角度来看，高排放行业的发展固然有拉动经济增长等收益，但由于发展中国家在全球气候治理中受到的国际压力不断上升，这些行业也带来了更高的潜在减排成本——在当前的国别责任划分模式下，成本仅由直接排放国承担：以中国为例，2013年有超过20%的碳排放与工业制成品出口有关。[2] 在全球气候谈判中，考虑到生产与消费过程跨国分布的影响，应该更为公平地体现各国对温室气体减排所应承担的责任。

本文试图通过理论分析与实证研究相结合的方式，为探讨制造业国际分工对发展中国家减排政策的影响提供一个初步的分析框架。首先，本文以分析发展中国家减排政策的影响因素和变化趋势作为基础，提出发达国家学者关注"竞底竞争"，理解"碳关税"等争议以及发展中国家在减排政策选择上的困境和局限性。其次，以全球经济一体化的"三难困境"为理论依据，结合前文的讨论，提出发展中国家的减排政策以及全球气候治理共同面临的"三难困境"——即制造业国际分工、减排责任的国别划分模式以及全球

---

[1] Helene Naegele and Aleksandar Zaklan, "Does the EU ETS cause carbon leakage in European manufacturing?" *Journal of Environmental Economics and Management*, Vol. 93, 2019, pp. 125-147.
[2] 戴彦德、王波、郭琳、赵忠秀等：《中国低碳经济发展报告（2014）》，社会科学文献出版社2014年版。

气候治理有效性之间的冲突，并分析其机理。再次，以国际民航和海运业减排机制等争议为例进行比较分析，探讨制造业国际分工对发达国家的制约。最后，本文从发展中国家的国内机制建设、国际合作和市场规则三个角度提出建议。

二、影响发展中国家减排政策的因素

（一）经济增长、独立性与公平性

在整体上，由于社会经济结构、发展水平等差异，发展中国家环境治理面临的挑战具有多样性。受制于资金缺乏、技术水平相对较低等因素，环境库茨涅兹曲线（Environmental Kuznets Curve）在诸多发展中国家的实证检验，说明严重的环境污染在经济增长的早期阶段并不少见。① 在可持续发展理念得到广泛传播的同时，经济增长的目标常被优先对待，② 甚至可能出现过于重视短期增长目标，以牺牲环境为代价追求短期经济增长的情况。③

当然，对环境保护与其他目标间张力的处理方式可能受到更为复杂原因的驱动。发展中国家在参与包括气候治理在内的全球环境治理时，为维护自身的合法权益，通常需要强调维护主权和政策独立性。巴西政府同一些发达国家以及社会组织就亚马逊热带雨林的管理和开发产生的争议就是一个例子。各方都有可持续利用雨林的意愿，但对具体措施存在较大分歧。其中，巴西政府强调在管理利用过程中主权权利的行使，在主权原则的基础上制定保护与开发目标。④

---

① David Stern, Michael Common and Edward Barbier, "Economic Growth and Environmental Degradation: the Environmental Kuznets Curve and Sustainable Development," *World development*, Vol. 24, Issue 7, 1996, pp. 1151-1160. David Pearce, Edward Barbier and Anil Markandya, "*Sustainable Development: Economics and Environment in the Third World*," London: Earthscan, 2013.
② 方行明、刘天伦：《中国经济增长与环境污染关系新探》，《经济学家》2011年第2期，第76—82页；Bruce Rich, "*Mortgaging the Earth: The World Bank, Environmental Impoverishment, and the Crisis of Development*," Washington: Island Press, 2013. Christopher Barr, Keith Barney, Sarah Laird, Chris Kettle and Lian Pin Koh, "Governance Failures and the Fragmentation of Tropical Forests," in Chris Kettle and Lian Pin Koh, eds, *Global Forest Fragmentation*. Wallingford: CABI International: 2014, pp. 132-157.
③ 张为杰：《政府分权、增长与地方政府行为异化——以环境政策为例》，《山西财经大学学报》2012年第7期，第16—25页。
④ Marco Vieira, "Brazilian Foreign Policy in the Context of Global Climate Norms," *Foreign Policy Analysis*, Vol. 9, Issue 4, 2013, pp. 369-386.

(二)新趋势：市场化导向和非国家行为体兴起

首先，通过建立各种碳排放权交易机制，一些发展中国家改变传统的节能减排模式，而更多采用市场化方式为温室气体定价，从而将减排成本在经济活动中内部化。例如，以大气和水体污染物总量控制治理模式为代表，中国的环境治理在传统上主要依靠"自上而下"的路径。[①] 但自20世纪90年代初期开始进行二氧化硫排放权交易试点，近些年在一些重点地区进行了规模更大的应用和推广。在此基础上，中国自2008年开始探索碳排放权交易机制的建设，并且在2013年正式启动了交易试点，2017年起向全国推广。

其次，随着发展中国家市场经济的发展完善和利益相关方的多元化，非国家行为体在减排等环境治理中表现得越发活跃。包括企业、环保组织等在内的非国家行为体采取的"私有治理"（private governance）行动包括通过发布企业社会责任报告、进行环保公益宣传、提出政策建议等。[②] 在涉及国际产业分工的领域，一些国际公司单独行动，或与国际环保组织进行合作，利用在市场上的优势地位，制定环保标准，并要求发展中国家供应商改进环保措施。

(三)问题塑造的重要性："竞底竞争"视角的局限

内生因素在发展中国家环境污染和温室气体排放问题的形成过程中扮演着重要角色。但包括温室气体排放迅速增加在内的环境问题和制造业国际分工之间的正相关同时也客观存在。传统上西方研究者将发展中国家环境污染与国际产业分工的关系主要塑造为"竞底竞争"（race-to-the-bottom）的问题——即发展中国家是否竞相降低环保标准，以打造"污染天堂"（pollution haven）、吸引发达国家高污染行业的转移。[③] 例如，制造业从发达国家的转入被认为跟印度的水污染等环境问题存在直接联系。[④] 一些发达国家所提出的"碳泄漏"在本质上采用的也是"竞底竞争"的论证思路。

---

① 张坤民：《中国环境保护事业60年》，《中国人口·资源与环境》2010年第6期，第1—5页。
② 国合会"中国环境保护与社会发展"课题组：《中国环境保护与社会发展》，《环境与可持续发展》2014年第4期，第27—45页。
③ David Konisky, "Regulatory Competition and Environmental Enforcement: Is There a Race to the Bottom?" *American Journal of Political Science*, Vol. 51, Issue 4, 2007, pp. 853-872; Harvey Lapan and Shiva Sikdar, "Strategic Environmental Policy under Free Trade with Transboundary Pollution," *Review of Development Economics*, Vol. 15 Issue 1, 2014, pp. 1-18.
④ Debesh Chakraborty and Kakali Mukhopadhyay, "Estimation of Water Pollution Content in India's Foreign Trade," *Global Issues in Water Policy*, Vol. 10, 2014, pp. 119-140.

从各国公平分担减排责任的角度来看,"竞底竞争"对理解国际产业分工给发展中国家减排政策的选择余地带来的影响,存在两方面不足。第一,外国直接投资(foreign direct investment,以下简称FDI)是衡量发展中国家资本流入和环境污染之间联系的重要指标,但在融入国际供应链的过程中,发展中国家建立了大量的配套工业,从而造成各种传统的环境污染以及温室气体排放的大量增加。以中国为例,众多内资中小企业活跃在外贸体系中,但很多非常显著的环境影响——如大气和水体污染等——难以反映在"竞底竞争"的估算中。① 温室气体排放的情形也同样如此。第二,在发展中国家进一步加入全球产业分工的过程中,环境污染和温室气体排放的迅速增加是客观事实。而诸多关于"竞底竞争"的研究主要关注发展中国家采用的环保标准以及FDI等指标的变化,对这些指标之外的情况缺乏理论和实证上的研究。②

三、发展中国家减排政策的"三难困境"

(一)理论基础:全球经济一体化的"三难困境"

丹尼·罗德里克(Dani Rodrik)提出了被称为"增强的三难困境"(augmented trilemma)的框架,认为在全球经济一体化、主权国家的运行以及大众政治(mass politics)之间存在张力。③ 如图1所示,第一种情形是在选择融入世界经济体系时,主权国家对国内的一些相关群体的直接利益要进行取舍,部分群体将直接面对国际竞争的压力。第二种选择是对国内相关群体的利益进行全面保护,并实质性地制约经济一体化程度。第三种情形是消除国别界限,并成立所谓的"世界政府",从而实现经济一体化和大众政治。这一框架虽然是范式化的假设表述,但反映了主权

图1 经济全球化的"三难困境"

---

① 傅钧文:《建国60年中国对外贸易述评——基于可持续贸易发展视角的分析》,《世界经济研究》2010年第7期,第3—8页;张艳磊、张宁宁、秦芳:《我国农资产品出口是否存在"污染天堂效应"——农资生产企业环境污染水平对其出口的影响》,《农业经济问题》2015年第2期,第88—94页。
② 陆旸:《从开放宏观的视角看环境污染问题:一个综述》,《经济研究》2012年第2期,第146—158页;Neelakanta N. T., Haripriya Gundimeda and Vinish Kathuria, "Does Environmental Quality Influence FDI Inflows? A Panel Data Analysis for Indian States," *Review of Market Integration*, Vol. 5, Issue 3, 2013, pp. 303-328.
③ Dani Rodrik, "How Far Will International Economic Integration Go?" *The Journal of Economic Perspectives*, Vol. 14, 2000, pp. 177-186.

国家和不同利益群体在全球经济一体化上的张力——即三者在兼容上存在的困难。

从多个国家已出现的反全球化浪潮可以看出，内部利益分配失衡已成为棘手的问题。① 这一矛盾当然与各国内部的利益分配机制密切相关，但同样值得注意的是，一国在国际产业分工中获得的利益多少能实质性地制约国内利益分配的灵活程度，进而反映经济一体化模式的公平性。由发达国家主导的经济一体化导致了发达国家与发展中国家之间利益分配的不均衡。② 而发展中国家由于从国际产业分工和贸易中所得有限，进行国内利益分配的空间受到很大制约。

（二）"三难困境"在减排政策中的具体化

在气候治理领域，各国需要在合作的同时分担减排的责任，这就使发展中国家在参与制造业的国际分工、按国别划分和承担减排责任，以及确保全球气候治理有效性三个政策目标之间面临矛盾。③ 如图 2 所示，对于人口密集、技术相对落后的发展中国家，制造业企业参与国际供应链中的代工和组件生产，有利于促进就业和经济增长，但同时由于 FDI 和国内制造业投资的增加，导致生产型的温室气体

图 2　发展中国家减排政策的"三难困境"

排放相应增加；按国别进行减排责任的划分，是平等的主权国家之间通过国际条约确定权利义务的传统模式，在全球气候谈判中也一直得到沿用；对温室气体排放进行有效的控制，则是衡量全球气候治理有效性的关键标准之一——而从各国的碳交易、碳税等减排政策的制定和实施来看，包括制造业在内的工业温室气体是重要的控制对象。

从发展中国家的具体国情和需求出发，让三者兼容是一项严峻的挑战。第一种情形是，由消除贫困、促进经济增长的需求所推动，如果由各国按境内排放承担减排责任，并优先考虑通过国际分工提高资源配置效率，那么大量的制造业减排成本将由广大发展中国家承担，显然这一路径对广大发展中国家的责任分配是不公平的。第二种情形则是

---

① 唐任伍、赵民：《"反全球化"由来及其学术论争》，《改革》2011 年第 11 期，第 105—109 页。
② 肖刚：《经济全球化的神话与不对称的相互依存》，《世界经济与政治》1999 年第 9 期，第 30—34 页；张丽：《经济全球化与中国——基于国际劳动分工与不平等交换的视角》，《世界经济与政治》2008 年第 6 期，第 66—73 页。
③ 供应链指的是在产品生产、流通和消费过程中涉及的原材料供应商、加工商、运输商、消费者等组成的网络，参见王金圣：《供应链及供应链管理理论的演变》，《财贸研究》，2003 年第 3 期，第 64—69 页。

假设按各国境内排放划分减排责任,并且能够在全球层面严格执行,这能提高气候治理的有效性,但在缺乏广大发展中国家认同的情况下,显然不具有可操作性,并且会给制造业的国际分工提供反向的动力。第三种情形则是不按国别划分减排责任,而是要求各行业的供应链通过提高能效、碳抵消等方式进行减排。发展中国家的市场化改革和非国家行为体的兴起,使得一定程度上,在政府间气候谈判与合作以外,对国际供应链上的企业采取减排措施成为可能。

四、制造业与非制造业的比较分析

(一) 案例简介

如上文所述,参与国际分工的制造业集中体现了发展中国家减排政策的"三难困境"。与之形成对比的是,国际民航、海运等运输类的第三产业则由相应的国际组织协助各国磋商,在各种争议中逐步建立可操作化的减排机制。主要排放国所考虑的利益和采取的立场既有共通之处又存在明显区别。

欧盟的数据显示,国际民航和海运业每年的碳排放占全球总量的2%和2.5%。① 在国际民航和海运业减排合作的推进过程中,以欧盟为代表的发达国家阵营向发展中大国施加了双边和多边的减排压力。欧盟认为国际民航组织下的谈判进展缓慢,在2011年声明计划将出入欧盟的国际航班纳入欧洲碳交易体系(EU Emissions Trading Scheme)。这一计划遭到了包括中国、印度、巴西在内的主要发展中国家的强烈反对。经过激烈博弈,各方达成的共识是在国际民航组织的框架内推动行业性减排机制的建设。

2013年9月,国际民航组织第38届缔约方会议通过决议,要求全球民航业在2020年前每年将能源效率提升2%,并且在2020年之后实现碳排放的零增长。为实现这一目标,国际民航组织同时要求采用全球性的市场化减排措施(global market-based measures)——碳交易即是主要的政策选项。在《巴黎协定》通过之后,国际民航组织与各缔约方加速了建立碳交易机制的进程。2016年第39届缔约方会议上通过了建立"国际民

---

① 参见 European Commission: Reducing emissions from aviation, 欧盟网络, https://ec.europa.eu/clima/policies/transport/aviation_en, 最后浏览日期: 2019年7月17日, 以及 European Commission: Reducing emissions from the shipping sector, https://ec.europa.eu/clima/policies/transport/shipping_en, 最后浏览日期: 2019年7月17日。

航碳抵消与削减机制"(Carbon Offsetting and Reduction Scheme for International Aviation，简称 CORSIA)的决议。由于主要发展中国家在国际民航业的增长潜力远大于发达国家，短期内的碳排放约束性目标显然对前者不利。尤为值得注意的是，"共同但有区别的责任和各自能力"原则在两届缔约方会议的决议中都未直接体现在机制设计中——以第 39 届决议为例，该原则只是作为"应当"考虑的原则之一被列入附件。① 从 CORSIA 设计的角度来看，发达国家强烈主张各国民航企业以市场化的方式竞争，增加了按国别划分减排责任的难度。

国际海事组织在发展碳交易机制的过程中也倾向于弱化"共同但有区别的责任和各自能力"原则。2003 年，国际海事组织通过决议要求其下设的海洋环境保护委员会（Marine Environment Protection Committee，简称 MEPC）建立市场化的减排机制。MEPC 认为提高能效和减排优先考虑的是不"歧视"国际航运市场的所有参与方，并且在 2008 年第 58 届会议上提出"共同但有区别的责任和各自能力"原则的适用存在争议。由于主要发展中国家的强烈反对，2013 年的 MEPC 第 65 届会议决定搁置关于市场化减排机制的讨论。在《巴黎协定》通过之后，国际海事组织以能效标准为主要目标，加速推动减排机制的发展。2019 年 MEPC 第 74 届会议通过了高标准的能效目标，并且将实施时间从 2025 年提前到 2022 年。与国际民航业的情况类似，发展中国家在国际航运业有着更大的潜力，忽视国别的差异显然不利于维护发展中国家的合法权益。

(二)"三难困境"视角的分析

从以上的案例对比分析可以看出，是否存在产业上下游的国际分工，是影响发展中国家和发达国家所能采取立场及策略的重要因素。发展中国家和发达国家都是制造业上下游国际分工的直接受益者，在总体上需要合作以维护这一模式。而按国别划分会由位于生产端的发展中国家直接承担碳排放的成本，并不符合"共同但有区别的责任和各自能力"原则——况且不同于行业性的减排博弈，在联合国气候谈判中，这一原则仍然是各方所公认和维护的基石。

国际民航与海运业则是发展中国家与发达国家企业直接竞争的服务业市场，各项措

---

① A39-2: Consolidated statement of continuing ICAO policies and practices related to environmental protection—Climate change。关于"共同但有区别的责任"和"各自能力"的条款，在气候谈判有关协议中的表述方式发生过一些变化，近几年的趋势是综合两者称为"共同但有区别的责任和各自能力"原则。为行文方便，本文统一称为"共同但有区别的责任和各自能力"原则。

施针对的是民航和海运企业，并不直接涉及飞机或船舶制造上下游的国际分工。这一特点使得"共同但有区别的责任和各自能力"原则直接受到了发达国家的质疑和挑战。在有关市场化减排措施的博弈中，保证措施的有效性一直是发达国家反对按国别划分减排责任的主要理由，并且在一定程度上得到了国际民航组织和国际海事组织的认可。

对照"三难困境"所提及的三个方面的传统政策目标，显然发达国家从减排目标和自身产业利益的角度出发，试图在国际民航和海运业确立优先追求气候治理有效性的新路径。主要发展中国家的民航和海运市场的迅速发展，以及企业角色的吃重，是发达国家采取这一策略的前提。当然值得注意的是，这一策略仍然是建立在主权国家之间博弈合作的基础上，不同于前文所谓的"私有治理"应对"三难困境"的方式。

五、结　论

本文试图通过结合理论演绎和案例探讨，初步构建关于制造业的国际分工对发展中国家减排政策双重影响的分析框架。初步的探讨说明，对发展中国家的生产型碳排放和国别责任划分之间的矛盾应给予更多重视。与此同时，国际民航和海运业的案例对比，则反映了制造业的国际分工与合作对发达国家策略的制约作用。以国际民航和海运业为代表，不仅在行业性减排机制的设立和运行上加速了，而且偏离了《联合国气候变化框架公约》所确立的各项基本原则，并且忽视发展中国家行业利益的倾向非常明显。

从不同角度看，"私有治理"以及国际民航和海运业的减排博弈进程为发展中国家应对"三难困境"提供了借鉴。加速产业升级从而向国际产业分工体系的中高端发展显然是不可或缺的措施，而加强政府部门与制造业企业以及环保社会组织的合作，维护全球气候治理体系的整体性也是应当采取的行动——即在适应市场化减排更加灵活分散的发展趋势的同时，有必要充分发挥政府部门、行业协会等机构能够在国际博弈中协调行业力量的优势。

（一）行业减排机制建设中的公私合作

在制造业的国际分工中，发展中国家企业的影响力远弱于发达国家的跨国公司。除市场主体以外，受到发达国家政府机构支持的一些团体或协会，如英国标准协会（British Standards Institution）和德国国际合作协会（German Society for International

Cooperation）等，也在积极推动跨国供应链低碳和减排标准的制定和实施。对主要发展中国家而言，在相关的制造业行业采取对等的方式，有助于促进公平分配减排成本和高效减排的实现。

中国已经通过与英国标准协会等团体合作，探索建立各方均能接受的减排标准和方案。然而与发达国家政府机构支持下的市场主体和环保社会组织的积极行动相比，系统性仍显得不足。而国内其他一些环境治理领域的路径已具有了一定的"合作治理"的雏形。

在制造业的减排领域，该类型的合作还比较有限。鉴于制造业国际分工的复杂性，有必要在更深的层次上推动"合作治理"。首先，吸引和协调更多的环保社会组织支持制造业企业的减排，并与发达国家跨国公司在成本分配上进行博弈。其次，从行业协调的角度看，加强政府有关部门与环保社会组织的信息共享与沟通，在同发达国家的跨国公司和标准化组织谈判行业减排规则时，就能显著提高博弈能力。

（二）国际合作与话语权

在多边层面，坚持联合国气候会议在全球气候治理中的引领角色，能为维护减排责任的公平分配提供重要支持。作为全球气候治理体系的基石，《联合国气候变化框架公约》所确定的原则应当广泛被用于各个行业，防止国际民航和海运业的行业性减排机制的出现可能带来的"碎片化"影响。

在生产型排放对发展中国家造成制约的同时，跨国供应链的上下游合作关系也同时制约了发达国家偏离"共同但有区别的原则"的能力——发展中国家则应充分发挥这方面的优势，促进制造业减排规则设计和执行的公平。在监督和评估制造业供应链减排表现的话语权上，发展中国家与发达国家的市场主体在合作的同时，还存在一定的竞争关系。除了上述的加强公私合作之外，在同发达国家的跨国公司以及环保社会组织的合作中，也有必要注意规则设计和运行的导向，积极争取和维护发展中国家制造业企业的合法权益。

（三）关于企业减排责任分配的市场规则

在发展中国家制造业减排的"三难困境"中，实际的碳排放行为在传统上决定了各排放国以及企业减排责任的边界。然而后者遵循的是跟国别责任划分不同的逻辑。公私合作以及争取话语权对发展中国家制造业之所以重要,正是因为在市场博弈中处于弱势地位的一方常需负担更多的减排成本。自20世纪80年代开始,发达国家为应对废弃电子产品造成的环境污染而发展出了"延伸生产者责任理论"(extended producer responsibility)。这一理论认为生产者应承担相关产品的回收利用等责任,因而在传统的契约责任基础上扩展了生产者的义务边界。[1] 在多数经济发展与合作组织(OECD)国家,"延伸生产者责任"已通过不同形式针对电子产品得以确立和实施。中国也已采纳该理论并建立相应制度。

尽管在短期内难以将"全生产者责任"的模式完整付诸实践,但发展中国家仍有可能采取一些间接的行动,以推动市场规则更为公平地反应减排成本的分担情况:例如参与制定和推广行业行为准则之类的指引性规范,对跨国公司的社会责任报告进行系统评估并鼓励上游企业承担更多减排责任等,从而构成软性约束,并在国际层面逐渐加强对供应链减排责任分配问题的关注,引导和推动话语转变。

(本文原载《复旦国际关系评论》2021年第29辑,原标题为《制造业国际分工对发展中国家减排政策的双重影响:一个分析框架》,收入本文集有删改)

---

[1] Reid Lifset, Atalay Atasu and Naoko Tojo, "Extended Producer Responsibility: National, International, and Practical Perspectives," *Journal of Industrial Ecology*, Vol. 17, Issue 2, 2013, pp. 162-166.

20世纪90年代后日本修宪论及其特点分析

复旦大学国际关系与公共事务学院教授　包霞琴

2003年11月2日，日本首相小泉纯一郎在日本富士电视台的新闻节目中说"自卫队或者是国家军队，或者是阻止侵略的基本集团。自卫队是军队，这是常识"，"为了避免出现自卫队违反宪法的议论，就要修改表达方式，要修改宪法第九条"。[①] 小泉上台执政后，已经多次表示要修改宪法，"修宪"问题已经成为日本政府面临的最重要政治课题之一，其走向直接关系到日本未来国家发展战略的抉择，关系到是否还要坚持战后以来的和平发展路线的本质问题。本文试对近年来日本的修宪动向、特点及其前景作如下分析和判断。

一、日本社会各界的宪法意识及其立场

冷战后的修宪高潮始于海湾战争后。由于受宪法制约，过去日本对"海外派兵"和参加"多国部队"一直持慎重态度。即使在1991年海湾战争期间，日本政府考虑到宪法禁止"海外派兵"的原则，拒绝了美国提出的要日本派自卫队参加"多国部队"承担后勤支援和扫雷的要求。为了缓和美国的不满，当时日本提供了130万美元进行资金援助，但结果非但没有得到美国的感谢，反而遭到"只出钱，不流血"的指责。小泽一郎等自民党保守势力利用这次冲击，掀起了修宪热潮。小泽在1993年出版的《日本改造计划》一书中，明确提出修改宪法、向联合国提供军事合作、做一个"普通国家"的目标。"普通国家论"及其修宪主张在日本列岛引起强烈反响，《日本改造计划》也成为一再重印的畅销书。但同时，"普通国家论"在当时也遭到很多人的反对和批判，《朝日新闻》资深

---

① ［日］《小泉首相强调"自卫队是国军"，主张修改宪法第九条》，《朝日新闻》2003年11月3日。

记者和评论家船桥洋一提出了针锋相对的"民生大国论"。"民生大国论"也主张作出"国际贡献",但这种"贡献"是建立在反省历史、尊重战后和平发展路线基础上的。在这里,"和平宪法"是日本成为"民生大国"的理念支柱。

可见,在未来日本国家发展战略问题上,20世纪90年代初就存在着激烈争论,其焦点是突破宪法限制成为"普通国家",还是依然在宪法框架内走和平发展道路,成为被尊敬的"和平大国"。这一战略讨论虽然至今还没有定论,但令人关注的是,十多年来由于日本社会的总体保守化,和平主义思潮已经大大衰落。关于修宪的立场和态度,日本社会各界都发生了新的变化,其主要表现在以下几个方面。

一是国会主要党派的修宪主张。国会是日本的国家最高权力机构,也是战后以来修宪和护宪两大势力斗争最为激烈的场所。"55年体制"崩溃后,自民党和社会党两大势力左右国会的局面已经一去不复返,众多新党派应运而生,关于宪法问题的态度和立场也因此出现重大变化。自民党是一贯坚定的修宪派。该党在其政治纲领中提出的奋斗目标之一,便是"谋求自主地修改宪法"。近几年来,自民党加快了党内的修宪议论,各大派阀纷纷提出各自拟定的修宪基本方针或者宪法修正案。2001年4月19日,自民党在综合党内意见的基础上决定独自拟定宪法修改草案,对以宪法第九条为主的条款进行修改。特别是小泉上台执政后,多次表示要修改宪法。2003年8月15日,小泉在首相官邸与自民党干事长山崎拓会谈时,明确表示,要在2005年11月自民党成立50周年之际,提出自民党的宪法修改草案。小泉的修宪主张显示了日本政府要将修宪问题提上政治日程、彻底改造战后和平宪法体制的决心和倾向。民主党作为日本最大在野党,一直以"论宪派"出场。1998年11月民主党成立了"宪法调查委员会",研究修宪事项。1999年6月通过的"安全保障基本政策"指出:"当宪法条文与现实发生乖离时,根据需要修改宪法,这才是真正的民主主义国家应该选择的道路。"① 2002年1月,民主党宪法调查会又确认了制定自己的新宪法试行草案以加速改宪讨论的方针。2003年1月众议院大选中,民主党提出了重视修改宪法问题的主张。特别是今年民主党与自由党的合并将会更深刻地影响其论宪、修宪主张,因为自由党是最为积极的修宪党。公明党一直是护宪政党。1999年7月公明党代表大会通过的"基本政策"提出:"坚持作为和平宪法象征的第九条。在确保国民主权主义、持久和平原则和保障基本人权三原则不变的前提下,至少要

---

① 鲁义:《日本修宪动向的由来与发展》,《日本学刊》2000年第3期。

用 10 年时间开展国民对宪法的大讨论。"近年来公明党的护宪立场有所动摇，2003 年众议院大选中，公明党党首神崎武法声明，两年内就修宪问题作出结论。共产党和社民党坚持护宪立场。社民党于 2000 年召开党代会时，党首土井多贺子强调："宪法目前处于危机，要把护宪作为当前最重要的斗争焦点。"大会通过的"斗争方针"指出："宪法改恶是战后政治的最大反动，要向国民宣传和平宪法的重要性。"① 但是，2003 年众院大选的惨败使社民党深受打击，护宪力量再次被大大削弱。2002 年 3 月，《读卖新闻》对国会议员的宪法调查结果显示，赞成修宪者占比为 71%，反对修宪者为 24%，要求修改第九条者占 55%。这一调查结果表明国会中赞成修宪的议员已经超过半数。由于社民党和共产党在国会中的席位锐减，以它们为代表的护宪势力已经变得十分软弱，难以形成强大的牵制力量。

二是学界与媒体的转向。在过去的几次修宪斗争中，绝大多数知识分子站在了维护宪法的立场上。但是，20 世纪 90 年代以后，一部分知识分子在思想上发生了转向。原东京大学教授佐藤诚三郎就认为，必要时行使武力是必不可少的，"不能一味地把行使武力看作是不好的东西"。他批评日本过去的"一国和平主义"缺乏领导意识，对日本和平宪法提出质疑，主张必须重新加以解释。著名的东京大学教授北冈伸一也在《This is 读卖》杂志上发表文章，阐述他对宪法第九条的看法。他指出：日本宪法条文中有许多规定不确切，其中最主要的是第九条，第九条的前半段和后半段相互矛盾，……后半段关于不保持战争力量的规定，不但世界各国绝无仅有，而且也违反联合国宪章的原则。联合国的主要作用就是维护世界和平，消除热点地区的纷争，如果各会员国都不拥有军事力量，维和部队就无法派遣，联合国的使命根本不能完成，他主张，解决矛盾的办法是要么删除、要么修改第九条的后半段即第二款。②

从媒体来看，《产经新闻》和《读卖新闻》支持修宪的态度最坚决。以《产经新闻》为首的媒体善于造势，不断刊登石原慎太郎之类右翼政客、学者的文章，鼓吹现行宪法是外人强加的，不是出自日本国民的愿望，必须重新修订。较为左翼的《朝日新闻》和《每日新闻》等媒体的修宪态度虽然较为慎重，但也不再一味坚持护宪，而是支持论宪，支持对宪法进行广泛讨论，并在此基础上进行修宪。

三是关于修宪的国民意识。20 世纪 90 年代后政界与媒体对宪法问题的大规模炒作和

---

① ［日］《土井多贺子在社民党大会上强调"4 月将举行大选"》，《朝日新闻》2000 年 2 月 26 日。
② ［日］北冈伸一：《摆脱宪法第九条束缚之时》，《This is 读卖》1999 年 3 月号。

报道，逐步影响到了国民的政治判断，民众当中支持修宪的人数呈上升趋势，赞成修宪者已经超过反对修宪者。据 1993 年《读卖新闻》调查统计，赞成修宪者占比为 50%，反对者为 33%；《每日新闻》调查统计，赞成者为 44%，反对者为 25%，导致这一结果的主要原因是受到了海湾战争期间批判"一国和平主义"思潮的影响。《朝日新闻》90 年代前半期没有进行关于修宪问题的调查，但 1997 年进行的调查结果也是赞成修宪者占比为 46%，反对者为 39%。也就是说，1993 年后媒体的调查结果都是赞成修宪者多于反对修宪者。2001 年各大报纸的调查结果如下：《读卖新闻》赞成修宪者占比为 54%，反对者为 28%；《朝日新闻》赞成修宪者为 47%，反对者为 36%；《日经新闻》赞成修宪者为 58%，反对者为 33%；《每日新闻》赞成修宪者为 43%，反对者为 14%。由此可见，90 年代后，赞成修宪者总是维持在 50% 左右，而反对修宪者则明显趋于下降，80 年代之前广泛存在于国民心中的对修宪问题的抵触感和警惕心已经明显消退。

二、"修宪论"抬头的背景分析

近年来日本"修宪论"的高涨，与日本国内政治力量和社会思潮及其国际格局的变化有密切的联系。

首先，左右两翼思潮互相制衡的格局被打破。宪法问题，一直是战后日本左右两翼社会思潮斗争的焦点，但到了 20 世纪 90 年代后，作为左翼势力代表的日本社会党的解体和衰弱，使革新力量对保守势力的制衡能力明显衰退。冷战结束后，传统的"保""革"对立失去了国际依据。与苏联解体、社会主义意识形态势力大为减弱相联系，社会党接二连三地放弃原来坚持的原则，先是承认《日美安保条约》，后又公开认同《联合国维持和平活动法案》。1994 年其与自民党、先驱新党建立联合政权后，更是全面继承了原自民党政权时代的内外政策，成为一支与自民党相差无几的政治势力。社会党政治立场的蜕变导致丧失原有的社会基础，很快在选举中失去了大量议席，从原来在国会中占有三分之一议席的大党沦为仅占 3% 的小党派。虽然后来改组的社会民主党重拾社会党的部分旗帜，在宪法问题上坚持护宪的立场，但如今日本政界几乎成为保守势力的天下，革新力量对保守势力的制衡能力早已大不如前。

其次，和平宪法对日本争当政治大国的束缚日益凸显。二战结束后，日本在"和平宪法"的制约下，埋头经济建设，注重社会发展，只花了 20 年时间就建成了现代化工业国家，成为世界上屈指可数的经济强国。但是，20 世纪 80 年代初，日本政府提出了新的国家发展战略，其核心内容是使日本在国际社会中获得与其经济大国地位相称的政治大国地位。为了实现这一目标，就必须改变战后推行的"重经济、轻军事"的不平衡发展路线。而要成为经济、政治、军事全面发展的世界强国，就必须修改宪法体制，彻底扫清军事、政治大国化的障碍。前首相中曾根提出的"战后政治总决算"就是要通过修改宪法第九条来摆脱国内法制对军事发展的束缚。冷战结束后，日本政府加快了"战后政治总决算"的步伐，其具体表现就是掀起了新一轮的论宪、修宪高潮。

再次，国际安全环境和国内社会意识的变化。20 世纪 90 年代后，日本周边的安全环境发生了巨大的变化，地区冲突的日益增多、中国的强大和台海局势的不确定因素以及朝鲜咄咄逼人的导弹威胁，加剧了日本国内的危机意识，引起了日本人防务观念和安全观念的转变，《日美安保条约》和自卫队在 90 年代后得到了不少国民的认可。据《读卖新闻》2002 年 5 月的调查，90 年代中期以后安全问题在普通民众关心的话题中占据了首位，达到 67%。日本外务省 2002 年 3 月 22 日关于安全保障的舆论调查中，"认为日本是安全的占 41.2%，而认为不安全的却占了 51.4%。"[①] 对周边环境的戒惧，对自身安全的关心以及防务观念的转变，使得日本民众在 90 年代以后逐渐接受了修改宪法来增强防卫力量的可能性，从安全保障角度对现行的宪法体制进行修改的讨论在普通民众中也日益活跃起来，危机感使日本国内一些人要求修改宪法，于是以强硬的姿态重塑日本大国形象的新民族主义思潮在日本民众中重新抬头，影响不断扩大，国民意识出现了"集体向右转"的趋向。

最后，美国对日本的监控力度大大削弱。冷战结束后，国际格局发生了很大的变化。由于前苏联解体，原来的美苏争霸演变为"美国独霸"。美国作为世界上唯一的超级大国，决心在全球范围内构筑起由它主导的单极体系。但是，在推进霸权主义过程中其又感到力不从心，所以需要借助日本等盟国的力量来实现领导世界的"美梦"。小布什政府上台后，进一步提升了日本在美国亚太战略中的地位与作用，反复强调与日本的军事同盟以及加强美日关系是美国亚太政策的核心。在此背景下，美国政府官员公开支持日本修改宪法以行使集体自卫权。2000 年 10 月，时任布什政府负责东亚事务的副国务卿理查

---

① 日本外务省：《关于安全保障的舆论调查》，2001 年 3 月公布。

德·阿米蒂奇（Richard Armitage）主持起草了一份题为《美国与日本——走向成熟的伙伴关系》的特别报告，按《世界周报》2001年1月30日的报道，该报告强调日本在美国全球安全政策中位于"核心地位"，是美国参与亚洲事务时"最重要的据点"。在该报告中，阿米蒂奇提出了应允许日本行使"集体自卫权"、建立"有事法制"、日本应融入美国的世界战略，成为"亚洲的英国"等建议。另据新加坡《联合早报》2001年7月23日报道，美国驻日本大使霍华德·贝克（Howard Baker）在针对日本修改宪法问题发表谈话时表示："当日本和美国共同研究战区导弹防御系统到了某个阶段时，不得不依照需要，对过去50年曾经对和平有贡献的宪法第九条做出修改。"美国对日政策的调整，为日本修宪起到了推波助澜的作用。

三、"修宪论"的新特点及其前景预测

修宪问题虽然得到日本社会的广泛赞同，但究竟该如何修宪？究竟要修改宪法的哪些内容？至今还没有形成统一的意见，目前涉及的修宪内容非常广泛，不仅仅限于第九条。据2000年《每日新闻》对支持修宪者进行的调查结果显示：支持"首相公选"者为55%，支持"国民投票制"者为41%，支持增加"知情权"条款者为38%，支持"用容易理解的日语"者为35%，支持"明确自卫队的地位"者为34%。《日经新闻》2000年关于"现行宪法存在问题"进行调查的结果是：认为缺少"符合时代变化的环境等条款"者为49%，认为"地方自治的观念不彻底"者为32%，认为"行政介入范围太广，经济活动自由不明确"者为29%，认为"两院制等关于国会的规定不恰当"者为23%，认为"规定放弃战争等内容的第九条与现实不符"者为22%。由此可见，日本国民要求修宪涉及的面非常广泛，这与整个日本社会处于全面改革的时代潮流密切相关，所以20世纪90年代后的修宪论具有以下几个鲜明的新特点。

第一，这次修宪与21世纪日本的国家发展战略密切相关。日本舆论普遍认为，50多年前制定的"宪法理念"与现实已经脱节，成立于2000年1月的参众两院宪法调查会就以"21世纪日本论"为主题展开讨论。修宪派主张建立"与新时代相符的宪法"，这种修宪意识在国民中具有相当大的渗透力和影响力。20世纪50年代的修宪论主要围绕天皇元首化、重整军备、重视国家与传统价值等内容，总体上是复古的修宪论。而90年代后的修宪论是所谓"新自由主义修宪论"，其论点主要围绕修改第九条的"普通国家化"，即

要摆脱战败给日本带来的种种限制，包括对军事力量的限制。所以，修宪成了面向未来、重塑日本形象的改革创举，而反对修宪则成了维持现状、墨守成规的保守举动。这种修宪意识与50年代修宪代表着复古、护宪代表着革新的特征是截然相反的。

第二，冷战结束后日本民众的战争观发生变化。据日本总理府调查，关于自卫队参加联合国维和行动的赞成者从1991年的占比46%上升到2000年的80%，反对者从46%下降到9%。这种变化的根本原因是冷战体制的崩溃与战争形态的变化。80年代前对日美安保体制持有强烈警惕感的国民意识，是基于害怕因美苏冲突而被卷入战争。但冷战结束后，被卷入战争的意识消退，90年代后的海湾战争、科索沃战争、阿富汗战争都不是对等的国家之间的战争，而且最终都是以美国为中心的单方面的绝对胜利。日本属于美国一方，国民无法感受到杀戮行为的残酷性。相反，其认为萨达姆、本·拉登、塔利班是"恶"的代表，讨伐"恶"是正义的象征。由此，战后以来否定"军队"、否定"行使武力"的和平意识急剧衰退，承认"正义的战争""正义的武力行为"的意识上升，对修改宪法的警惕性从而消退。

第三，对战后日本政治体制的强烈不满也是90年代后赞成修宪者增多的要因之一。政治腐败、政治无能、政治家的无原则性等，使国民对政治现状产生强烈的不满和反感，日本《放送研究和调查》2002年3月号登载的日本舆论调查会2002年国民政治意识的调查结果显示：国民对政治有些不满的占49%、非常不满的占23%，对日本政治持不满态度的比例合计已经达到了72%；期待政治有很大改变的国民比例为36%，一定程度改变的为52%，合计超过了87%。值得关注的是国民对政治不信任的最大理由是：当前政治不能反映国民心声的占86%，信任政党、国会和政府的占比分别为20%、37%和40%。因此民众的修宪主张更多地体现在要求引入首相公选制，以及国民投票权、扩大地方分权、情报公开以及改革国会等政治诉求上，这在很大程度上反映了民众对政治改革更深层次推进的要求，他们希望通过对现行国家政治体制包括宪法的修改来实现他们能够直接参与政治，对政党实行监督，对国会等部门机构进行改革，使民意能够更多地体现在现实政治过程中的目的。

考察20世纪90年代后日本的修宪新动向及特点之后，可以对日本的修宪前景作如下推测。首先，鉴于日本国内环境和国际局势的巨大变化，修宪已经成为一股不可逆转的趋势。特别是新一届小泉内阁成立后，已经将修宪问题提上政治议事日程。2005年参众两院的"宪法调查会"将提交最终报告，日本政府很可能以最终报告为蓝本，推出修宪草案。前首相中曾根康弘早就希望宪法调查会"花三年时间讨论,从第四年起各党起草宪法修改草案,在第五年着手进行宪法修改工作"。① 他预计的 2010 年实现修改宪法的目标有可能实现。其次,究竟将如何修宪?日本国宪法的三项基本原则是否还要坚持?宪法第九条是否要修改?又该如何修改,等等,围绕修宪问题的斗争仍将延续下去。战后 50 多年和平发展,使日本国民深深体会到了和平的珍贵。要想改变这一基本方向,不是轻而易举之事。媒体的舆论调查结果也显示,虽然赞成修宪的民众比例已经连续 5 年过半,但反对修改第九条的人数占比依然维持在七成左右。② 可见,虽然日本政府及右翼势力竭力想早日突破宪法框架,修改宪法第九条,但从舆论调查来看,维护宪法的和平主义原则仍然是多数日本国民的共识。但另一方面,对于日本的修宪动向还必须加以关注和警惕。修宪问题关系到 21 世纪日本的发展方向和战略定位,也关系到亚太地区的和平与稳定。作为一个独立的主权国家,随着时代的发展和形势的变化,对宪法做出一些相应的修改本来无可厚非。但在日本民族主义情绪日益高涨和右翼势力日益抬头的今天,人们对日本修宪动向的担心和疑虑是有充分理由的。特别是近年来,日本出现了一批新右翼势力,这些新右翼势力往往打着维护民族利益、实施国家战略等蛊惑人心的旗号,具有很强的欺骗性。同时,这些新右翼势力活跃于政界、文化界和部分研究机构,不仅对日本社会思潮的保守化,还会对日本政府的安全外交政策产生影响。所以,日本究竟将如何修宪?突破战后宪法体制的日本将走向何方?是"和平大国"还是"军事大国"?其未来发展方向是令人担忧的,也是需要关注和警惕的。

(本文原载《日本研究》2004 年第 2 期,收入本文集有删改)

---

① [日]《国会迈向"论宪"的两院宪法调查会首次召开》,《朝日新闻》2000 年 1 月 20 日。
② 《朝日新闻》1997 年 4 月 20、21 日的舆论调查显示,82%的人认为"放弃战争"和"不保持军队"条款"很好",认为"不好"的仅占 10%;2001 年 5 月 2 日,该报的调查结果显示,74%的人认为宪法第九条"不修改为好"。

"金智复合体"与美国外交政策的克制主义转向

复旦大学国际关系与公共事务学院青年副研究员　银培萩

在美国的决策过程中，不同的政策取向之间始终存在此起彼伏的竞争。这些观念竞争的本质是什么？哪些力量影响了这种竞争？这些力量的运作机制是什么？本文提出，当代政策观念竞争依托组织化的观念生产和稳定的资金保障。如果一个政治观点背后有一个稳定的"金智复合体"支撑，就更容易在当代政策辩论中保持韧性和优势。

一、美国精英政治的双重困境

(一) "观念-政治"的操作化困境

在20世纪的大部分时间里，观念对政治的影响长期遭到社会科学的低估。直到20世纪80年代后期，在新制度主义兴起的背景下，社会科学界发生了一场"反向行为革命"，观念重回社会科学的研究议程。[1] 然而，观念要对政治产生影响，存在不少实际操作上的困难。首先，观念生产在大部分时候是一种不赚钱、非营利的活动，学术界面临着"永恒的财政危机"。其次，观念与实际政策之间存在断层。弗里德里希·哈耶克（Friedrich Hayek）在《知识分子与社会主义》中便有论述：象牙塔中的观念必须依靠一些"中间商"（second-dealer）才能融入政治和公众生活的主流。[2] 再次，对观念的培育和资金投入需要较长的周期和一定程度上的"不计回报"。要让观念发挥出政治影响力，既需要资金的稳定和长期支持，也需要具备社会资源与政治视野的"中间人"，将学术产品与政治需求匹配起来。

---

[1] 唐世平：《制度变迁的广义理论》，北京大学出版社2016年版，第58—59页。
[2] F. A. Hayek, "The Intellectuals and Socialism," *University of Chicago Law Review*, Spring 1949, p. 418.

"观念-政治"的操作化在美国极其依赖金钱。在观念生产上，美国的主要研究型大学的教职人员从20世纪60年代开始就在激烈地争夺企业、政府和私人基金会的赠款。① 研究智库的文献也几乎都谈到了智库资金来源的竞争性。② 在观念的政治应用上，虽然思想观念进入美国决策过程的接口很多，但观念的社会传播主要由大型私人资本控制的传媒、出版、社交媒体等机构主导。草根的观念倡导也越来越专业化，不再是传统的公民志愿结社组织，而是广泛接受上游的资金资助。③ 简而言之，观念的操作化在美国逐渐成为一条产业，从生产到营销，从倡导到政策应用，每一步都需要相当规模的资金投入。④

（二）"金钱-政治"的合法化困境

不仅"观念-政治"关系的实践需要金钱，从理论上看，包括美国在内的所有资本主义民主政体都难以回避金钱的力量。自20世纪70年代以来，美国政治中的资本化趋势越来越严重。首先，美国国会和总统选举的开销都在不断攀升。⑤ 在最近的选举中，最有竞争力的候选人都拒绝了公共资金，从而不受竞选支出限额的限制。⑥ 其次，在大多数情况下，花钱越多的候选人越容易赢得选举，如1976年的吉米·卡特（Jimmy Carter）、1980年的罗纳德·里根（Ronald Reagan）、1988年的老布什，以及近年的巴拉克·奥巴马（Barack Obama）和唐纳德·特朗普（Donald Trump）。最后，大额捐赠者在竞选资金中承担首要角色。⑦

然而，"金钱-政治"关系在现代社会越来越危险，它已经激起强烈的民意反弹。⑧ 尽管金钱的大部分政治活动都在法律的约束之下，但合法的并不等于正当的。越是在法律容忍的范围内让富人通过金钱发挥政治影响，人们越是能感觉到美国制度和规则中内嵌

---

① Roger L. Geiger, "Academic Foundations and Academic Social Science, 1945-1960," *Minerva*, Vol. 26, No. 3, pp. 315-341.
② [美]詹姆斯·G.麦甘：《美国智库与政策建议：学者、咨询顾问与倡导者》，肖宏宇、李楠译，北京大学出版社2018年版，第65—77页；[美]威廉·恩道尔：《政府外脑：影响美国决策的智库》，梁长平译，中国民主法制出版社2018年版，第78、89、106、123页。
③ Theda Skocpol, *Diminished Democracy: From Membership to Management in American Civic Life*, Norman: University of Oklahoma Press, 2003, pp. 138-145.
④ Daniel W. Drezner, The Ideas Industry: How Pessimists, Partisans, and Plutocrats are Transforming the Marketplace of Ideas, New York, New York: Oxford University Press, 2017, pp. 60-71.
⑤ 在美国第一次引入公共财政体系来支持总统竞选人的时候，规定如果候选人遵守支出限额，那么政府可以从公共支出中对候选人从捐赠者那里得到的资金匹配相应的公共资金。
⑥ Michael J. Malbin and Brendan Glavin, *CFI's Guide to Money in Federal Elections 1974-2018*, CFI, January 2020.
⑦ Ibid.
⑧ 倪春纳：《政治献金与美国的选举政治》，《当代世界与社会主义》，2018年第5期，第134—142页。

的"富人友好性"。因此，尽管"金钱-政治"的关系链始终存在于美国政治，但这一关系日益面临合法性的危机。合法性和社会信任感是政治制度得以长久运转的关键。虽然说多元主义认可金钱对政治的影响，但这种影响如果过度伸展，对于以民主为基础政治原则的美国社会将构成严重的挑战。为了不打破多元主义与平等主义之间的均衡，在影响政治这件事上，金钱需要寻找更精巧、更隐蔽、更具有社会好感度的方式。

二、金智复合体：金钱与观念的力量融合

在物质繁荣和民主进步的"丰裕时代"，赢得政策竞争，必先赢得观念层面的竞争。在这个过程中，金钱与观念两种力量缺一不可。一方面，金钱是物质社会中最通用的资源，生产观念的知识精英需要稳定的财政支撑，也需要耗资巨大的营销、宣传、倡导来完成观念后续的社会化与政治化。另一方面，观念对金钱也很重要，因为现代化社会的政治、法律和媒体演化出一系列限制资本侵蚀公共权力的制度和措施，观念能为金钱影响政治提供辩护与合法化。金智复合体是顺应这种规律的精英政治新机制。

（一）理论基础："金钱-观念-政治"关系链

金钱和观念各自的不足恰好可以用另一方的优势进行弥补，这种互补关系使金钱和观念的力量相互靠近。在美国，金钱资助观念符合宪法第一修正案的"言论自由"原则，并被看作多元主义精神的体现。资助与观念相关的事业来间接影响政治，比直接投资选举和游说更具有合法性。而观念操作化所需的资源，恰恰又是金钱可以提供的。美国的知识生产体制保持了国家与私人资金混合支持的局面。[①] 于是，在美国精英政治中可以独立产生影响的金钱和观念，渐渐在实践中走向融合，形成了更加复杂隐蔽的三元关系链——"金钱-观念-政治"（见图1）。

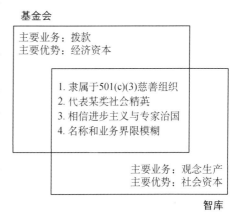

图 1　基金会与智库的相似性与互补性

---

① Stanley Katz, "Grantmaking and Research in the U.S., 1933-1983," *Proceedings of the American Philosophical Society*, Vol. 129, No. 1, 1985, pp. 1-2.

在三元关系链中，观念属于被金钱支配的一方，这可以借助皮埃尔·布迪厄（Pierre Bourdien）提出的经济资本与文化资本的关系来理解。布迪厄认为，社会由一系列相对自主，但具有结构同源性的场域组成。各种物质性或非物质性的资本，如商品、服务、知识、社会地位，可以在场域中再生产、流通和挪用，彼此之间像货币一样可以"兑换"。在现代资本主义社会里，经济资本与文化资本是两种起主要作用的资本。然而，这两种资本的"兑换率"是不对称的。经济资本是社会等级制中的"主导原则"，文化资本只是"次要原则"，文化资本在与经济资本面前是臣服性（subordinated）的。三元关系链缓解了精英在影响政治时单独调用金钱或单独运作观念所面临的困境。

（二）行为主体：基金会与智库

在操作中，金智复合体应该由金钱和观念上各自具有优势的行为主体组成，并且二者应该有合作的基础。在当前美国社会，基金会与智库是最常见的金智复合体伙伴，原因有以下几点。第一，基金会与智库都隶属于 501（c）（3）类慈善组织，共同的法律身份奠定了合作的基础。[①] 501（c）（3）类组织一方面在法律上享有最大程度的税收优惠，并能为捐赠它的公民减轻税率，具备吸纳资金的能力；另一方面其具有很强的公益性，它在教育、讨论和宣传等方面的支出可以与政治事务有关，但又与政治保持一定的距离。第二，基金会与智库一个负责拨款，另一个负责观念生产，在功能上匹配了金智复合体所需的要素。智库是"金钱-观念-政治"关系链后半段的主要操作者。基金会是"金钱-观念-政治"关系链前半段的主要操作者。第三，基金会与智库都推崇进步主义，重视自然与社会科学对政治的指导。智库的兴起最重要的背景是进步主义观念的兴起，使人们相信科学和专业的分析能为社会问题找到根源性的解决方案。[②] 第四，智库和基金会二者在名称和功能上的界限均是模糊的。在历史上，基金会和智库是同源的。20 世纪早期有许多并不叫"think tank"的机构实际上都是"原型智库"（proto-think tanks）。[③] 目前，人们对金智复合体"智"的一面感受较多，"金"的一面感受较少。基金会与智库是金智

[①] 收入超过 5 000 美元的非营利组织需要在国税局登记；收入超过 25 000 美元的组织必须填写美国国税局年度 990 表报告，汇报有关收入、支出和资产的详细信息。宗教教会和机构不要求强制注册，但近年来，主动注册甚至主动提交 990 表的宗教机构越来越多。

[②] [美]詹姆斯·G. 麦甘：《美国智库与政策建议：学者、咨询顾问与倡导者》，肖宏宇、李楠译，北京大学出版社 2018 年版，第 5 页。

[③] Priscilla Roberts, "A Century of International Affairs Think Tanks in Historical Perspective," *International Journal*, Vol. 70, No. 4, 2015, pp. 535-555.

复合体中互补的两种组织,可关于智库的研究热度远远超过基金会。事实上,基金会对智库来说至关重要。基金会的资助被认为是中立的,是智库营造独立形象的正面因素。基金会越来越成为财富精英运作金智复合体、实现个人政治意志的首要选择。①

(三)运作机制:观念有机化与精英社会化

基金会和智库是如何完成"金钱-观念-政治"之间的转化的?图2展示了金智复合体的两种具体运作机制:以观念为载体的"观念有机化"机制和以人物为载体的"精英社会化"机制。这两种机制是相互促进的关系,循环推进"金钱-观念-政治"关系链的操作。

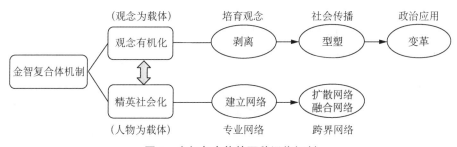

图 2　金智复合体的两种运作机制

观念有机化是指,将观念培育成熟,并赋予观念社会传播和政治应用效力的机制。这一机制可以分为三个过程:"剥离""型塑"和"变革"。在第一步"剥离"过程中,金智复合体将思想与行动剥离,支持知识分子纯粹地生产观念,使观念在内容上得以完善。在第二步"型塑"过程中,金智复合体为观念的社会传播造势,将已培育成熟的观念以研讨、教育、出版等形式推出,型塑专业群体的意见和大众群体的舆论。在第三步"变革"过程中,金智复合体赋予观念政治应用效力,以倡导、宣传、资助压力团体等方式,将已具备社会基础的观念推向政治领域,对政策变化产生最终的影响。

以20世纪后期美国保守主义金智复合体的观念有机化为例。1948年,理查德·韦弗(Richard Weaver)的著作《观念有其后果》由芝加哥大学出版社出版发行,这本书对保守主义金智复合体产生了重要影响,启发他们运作观念有机化机制。②礼来基金会、史密

---

① Kristin A. Goss, "Policy Plutocrats: How America's Wealthy Seek to Influence Governance," *PS: Political Science & Politics*, 49, Issue 3, July 2016, pp. 442-448.
② Richard M. Weaver, *Ideas Have Consequences: Expanded Edition*, Chicago: University of Chicago Press, 2013.

斯·理查森基金会、斯凯夫基金会等保守主义基金会都采纳了韦弗的策略，将资金投入胡佛研究所、美国企业研究所等机构，兴办了曼哈顿研究所、传统基金会等新智库，将观念作为扩大他们政治权力和公众影响力的杠杆。① 保守主义者一改过去疏于经营知识、文化和思想的做法，在观念领域发起一场"反建制运动"。② 保守派精英潜心在经济、政治、法律、外交和道德文化领域建立起一系列新的支柱性观念。这些观念在不同语境下被命名为"新自由主义"或"新保守主义"，但本质上都是古典自由主义在20世纪后期美国所处的经济、文化和外交条件下的变体。

精英社会化是指，推动关键的精英社群理解、接受和内化某些观念的机制。这一机制分为两个过程：建立精英网络，促进网络的扩散和融合。观念是主观上获得的，无论观念被打磨得多么精致，最后仍然需要说服关键人物去采纳观念。所以在上述的观念有机化机制的每一个环节，都需要学术、传媒、教育、社会运动，甚至政府官员等各种界别的精英支持。金智复合体会在与观念最直接相关的专业精英中建立网络，然后推动网络向其他界别的精英扩散和融合。在这个机制中，基金会和智库各有所长，基金会在高等教育和非营利部门有广泛的人脉，还能以无偿资助吸引到更多的精英；而智库在政界有广泛的人脉，智库专家被建构成以客观科学为立场的专家、顾问或"社会工程师"（social engineer），对政策制定施加影响。

同样以保守主义金智复合体的精英社会化为例。在保守主义运动的相关文献中，最多提到的有四个基金会群体：斯凯夫家族基金会（Scaife Family Foundations）③、布拉德利基金会（The Lynde and Harry Bradley Foundation）、奥林基金会（John M. Olin Foundation）和科赫家族基金会（Koch Family Foundations）④ 本文选取了这四家基金会为研究案例，对"保守透明度"和"DeSmog"两个数据库中四家基金会1985—2018年数字化的捐赠数据进行了社会网络分析（Social Network Analysis），并用gephi软件进行了可视化处理。图3是根据这四家基金会的捐赠数据绘制出的资助关系网络图。四个大圆

---

① Jennifer De Forest, "The Rise of Conservatism on Campus: The Role of the John M. Olin Foundation," *Change: The Magazine of Higher Learning*, Vol. 38, No. 2, 2006, p. 32-37.
② Donna J. Nicol, "Movement Conservatism and the Attack on Ethnic Studies," *Race Ethnicity and Education*, Vol. 16, No. 5, 2013, pp. 653-672.
③ 斯凯夫家族基金会是多个家族成员创办的一系列基金会：Allegheny Foundation, Colcom Foundation, Sarah Scaife Foundation, Scaife Family Foundation, The Carthage Foundation。
④ 科赫家族基金会是科赫两兄弟创办的一系列基金会：Charles G. Koch Charitable Foundation, Charles Koch Institute, Claude R. Lambe Charitable Foundation, David H. Koch Charitable Foundation, Fred C. and Mary R. Koch Foundation, Knowledge and Progress Fund, Koch Companies Public Sector。

点表示四家基金会，成团状分布的小黑点表示它们的 3 698 个资助对象，灰色线条表示基金会与对象之间存在资助关系。通过可视化的资助关系网络很容易判断出，保守主义基金会之间存在广泛的共同资助对象，这些重叠的资助关系构成了精英社会化的网络。

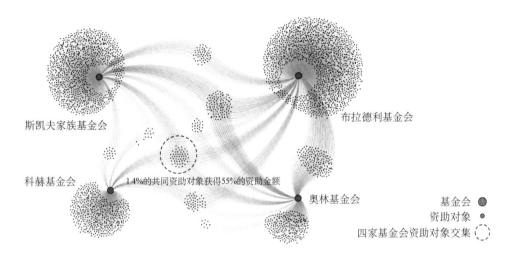

图 3　20 世纪后期四家重要保守主义基金会的资助网络（1985—2018 年）

数据来源：Conservative Transparency, http://conservativetransparency.org/donors/；Desmog, https://www.desmogblog.com/global-warming-denier-database。

三、外交政策中的金智复合体：克制主义

在所有的美国公共政策领域中，外交是受金智复合体影响最深的领域之一。鉴于美国在国际体系中的首强地位，管理美国外交需要具备大量背景知识与专业经验。美国外交政策的理论化程度较高，外交实践与战略思想的配合相当紧密。① 因此，"金钱-观念-政治"规律在其中的支配作用很明显。

自由主义者在最近 20 年结成的捐赠网络"民主联盟"（DA）与保守主义近年来最活跃的金智复合体"科赫网络"几乎在民间复刻了美国两大政党的政治极化局面。② "水火不容"的乔治·索罗斯（George Soros）和查尔斯·G. 科赫（Charles G. Koch）在外交

---

① George Will, "An Anti-Authority Creed," *The Washington Post*, Jan. 23, 2011.
② Alexander Hertel-Fernandez, Theda Skocpol and Jason Sclar, "When Political Mega-Donors Join Forces: How the Koch Network and The Democracy Alliance Influence Organized US Politics on The Right and Left," *Studies in American Political Development*, Vol. 32, No. 2, 2018, pp. 127-165.

政策上找到了共识——克制主义。克制主义是一种更谨慎的现实主义，它既不是放弃美国海外利益的孤立主义，也不是狂热地推行美国霸权的新保守主义，而是要美国克服狂妄心态与扩张主义，务实和谦逊地处理外交事务，特别是在海外军事力量投射上克制行事，注重军事行为的"成本收益分析"。① 在国内政策上，科赫与索罗斯是尖锐对立的，但在外交政策上，新保守主义是双方共同的敌人。索罗斯与科赫克服了左右两种意识形态的分歧，于 2019 年 8 月各出资 50 万美元，联手建立了外交智库"昆西研究所"（Quincy Institute for Responsible Statecraft），提出要将"克制主义"作为华盛顿外交政策的新方向。

观念有机化方面，克制主义金智复合体有两方面策略。一方面，在现实主义学者中寻求支持，尤其是支持均势、离岸平衡等思想的防御性现实主义者。科赫基金会资助巴里·波森（Barry Posen）与斯蒂芬·沃尔特（Stephen Walt）作为联合主任，在哈佛大学和麻省理工学院合作开设"大战略、安全和治国之道"学位。② 波森是第一个提出克制主义大战略的学者。③ 沃尔特是以"离岸平衡"战略闻名的防御性现实主义者，现是昆西研究所非常驻研究员。近期，沃尔特和兰德尔·施韦勒（Randall Schweller）多次通过《外交事务》发出支持克制主义的声音。④ 另一方面，通过智库和媒体积极影响华盛顿外交政策。正如沃尔特在新著中指出，"现实主义思想虽然在学术界颇具影响力，但已经很久难以在华盛顿找到听众"。⑤ 昆西研究所在外交政策圈中进行积极的倡导，已形成几个清晰的观点：第一，结束在中东地区的反恐战争。第二，缩减军事联盟，停止北约扩张，有序实现"离岸平衡"的局面。第三，以和平手段来解决伊朗问题。第四，谨慎处理与中国的关系，防止中美关系走向敌对。⑥ 除昆西研究所以外，"结束无休止的战争"已经在

---

① Rajan Menon and Andrew Bacevich, "U. S. Foreign Policy Restraint—What It Is, What It's Not," *The National Interest*, Aug. 9, 2021.
② 麻省理工学院"安全研究项目"，MITSSP, "Grand Strategy, Security, and Statecraft Fellows Program," https://ssp. mit. edu/about/fellowships/statecraft-fellows-program, 最后浏览日期：2021 年 8 月 28 日。
③ Barry R. Posen, *Restraint: A New Foundation for US Grand Strategy*, Ithaca, New York: Cornell University Press, 2014.
④ Stephen M. Walt, "The End of Hubris and the New Age of American Restraint," *Foreign Affairs*, May/June, 2019; Charles A. Kupchan, "Colossus Constrained Renewal at Home Requires Restraint Abroad," *Foreign Affairs*, March 2, 2021.
⑤ Stephen M. Walt, *The Hell of Good Intentions: America's Foreign Policy Elite and the Decline of US Primacy*, Farrar, Straus and Giroux, 2018, p. 121.
⑥ 昆西研究所主席安德鲁·巴塞维奇（Andrew Bacevich）在 2019 年 "中国并非敌人" 的社会各界致总统和国会公开信活动中署名。J. Stapleton Roy; Michael D. Swaine; Susan A. Thornton; Ezra Vogel, "Opinion: China is Not an Enemy," *The Washington Post*, Jul. 3, 2019.

它成立之前在卡托研究所、查尔斯·科赫研究所、《美国保守党》《国家利益》等智库和媒体上形成气候。①

在精英社会化方面，克制主义金智复合体对学术精英、政治精英以及下一代外交精英都有联络工作。首先，昆西研究所的 5 位创始人都在学术、政策或智库界有丰富的社会资源。其次，昆西研究所设立了"昆西奖"来表彰与外交政策有关的政策人士，2020 年的第一届奖颁给了华盛顿特区众议员芭芭拉·李（Barbara Lee），她是"9·11"事件后唯一投票反对授权对恐怖主义动武的国会议员。② 此外，可能在未来执掌外交政策的学生精英也是克制主义金智复合体的关注重点。自 2015 年以来，科赫基金会投入超过 2 500 万美元在哈佛大学、麻省理工学院、塔夫茨大学、加州大学圣地亚哥分校等精英大学资助外交方面的学术课程。③ 昆西研究所的姊妹组织"亚当·昆西俱乐部"（JQAS）也在智库成立以前就在美国精英学生中组织有关克制主义外交思想的活动，被称为"外交领域的联邦主义者协会"。④

不到两年时间，以昆西研究所为核心，已经初步形成了一个新金智复合体。索罗斯-科赫联盟的资金；昆西研究所、查尔斯·科赫研究所等智库；哈佛大学、麻省理工学院等院校；沃尔特、施韦勒等学者；《国家利益》《美国保守党》等媒体，以及联络各大学的 JQAS，构成了一个汇集资金、观念、人员的网络，在华盛顿外交政策周围施加克制主义的影响。

四、结　语

金智复合体既是一个理论性概念，也是一种涉及美国内外矛盾的真实现象。拥有财富的精英大量退居幕后，既合法又合理地资助知识精英，推动台前的观念辩论、政策选择和制度变迁。对于基层的社会集团来说，金智复合体被用于政治极化或许是一种抚慰，因为如果精英回到铁板一块，回到 19 世纪末的政党分肥时期，那么对立的双方可能不再

---

① Stephen Wertheim, "The Quincy Institute Opposes America's Endless Wars. Why Should that be a Scandal?" *The Washington Post*, Aug. 30, 2019.
② 芭芭拉·李议员官网, https://lee.house.gov/news/press-releases/congresswoman-barbara-lee-receives-first-quincy-award-for-responsible-statecraft, 最后浏览日期：2021 年 8 月 28 日。
③ Beverly Gage, "The Koch Foundation's Foreign Intervention," *New York Times Magazine*, Sep. 15, 2019, p. 68.
④ The John Quincy Adams Society, News/Events, https://jqas.org/news-and-events/, 最后浏览日期：2021 年 8 月 28 日。

是"左与右",而是团结的精英与碎片化的大众。金智复合体在不同政治经济体制下的意义有所不同,取决于"金"和"智"的权力掌握在谁的手里。美国的知识生产体制高度私有化,"金"和"智"的权力都由财富精英垄断。反例是,德国的基金会与智库发达程度接近美国,但德国政府与政党在社会组织的融资方面发挥着统筹作用。[①] 德国的政党充当着社会公平的"守门人"角色,政党主导型议会制度是典型的"以绩效换合法性",也就是通过政府执政效果来弥补民主程序上的不足。在德国,政府资助被视为确保智库独立性的手段,以确保客观的研究免受私人利益的影响。金智复合体对于政治合法性与社会正义性的影响取决于历史情境,对之尚有待更深入的比较研究和检验。从美德初步对比来看,或许在政府绩效和社会公平有保障的情况下,在知识生产体制更公有化的国家,金智复合体机制将能反映更广泛的社会利益。

(本文原载《外交评论》2021年第6期,收入本文集有删改)

---

① Helmut K. Anheier and Frank P. Romo, "Foundations in Germany and the United States," In Helmut K. Anheier and Toepler S. eds., *Private Funds, Public Purpose: Philanthropic Foundations in International Perspective*, Springer, 1999, pp. 79-118.

中国与中东国家的基础设施合作

复旦大学国际关系与公共事务学院副教授　张楚楚

作为文明古国与人口大国,中国素来关注水利、道路、桥梁设施等关乎国计民生的大型公共工程。早在先秦时期,中国都江堰等大型工程就已领先于世,并成为建筑奇迹。新中国成立以来,尤其是改革开放后,中国在短短 40 多年间跃升为全球工程机械最大的制造基地与世界基建大国。基础设施建设不仅成为推动中国国民经济增长的主力军,也成为新时代中国经济"走出去"的重要组成部分,还是建设高质量"一带一路"的核心领域。2020 年,党的十九届五中全会审议通过了《中共中央关于制定国民经济和社会发展第十四个五年规划和 2035 年远景目标的建议》,其中提出了"坚持实施更大范围、更宽领域、更深层次对外开放"的战略部署,并重点强调了"推进基础设施互联互通""构筑互利共赢的产业链供应链合作体系"。[①] 因此,中国与世界其他国家的主管部门和企业在建设港口、高铁、公路等基建工程时开展政策对话、技术交流和经验共享,有助于实现合作双方的互利与发展。

2017 年,中国参与的海外建设项目超过 1 000 个,遍布六大洲,占全球基建项目总数的 16%。[②] 从合作对象看,中东是仅次于亚太、欧洲的世界第三大基建市场,也是中国开展基建合作的重点地区之一。经过几十年的探索和实践,中国基建企业在中东国家积累了丰富的国际合作经验,承接的大型旗舰工程包括土耳其伊安高铁项目、阿尔及利亚东西高速公路项目、卡塔尔多哈新港项目等。但诸多中东国家基础设施人均占有量和密度较低,与中国在此领域的合作具有极大的发展潜力,是未来中国推动"一带一路"国际合作需要重点深耕的基建市场。在此背景下,本文拟进行中国与中东国家的基础设施

[①]《中共中央关于制定国民经济和社会发展第十四个五年规划和二〇三五年远景目标的建议》,参见人民网,http://cpc.people.com.cn/n1/2020/1104/c64094-31917780.html,2020-11-04。
[②]《中国引领全球基建投资,中国投资全球占比 31%》,参见海外网,http://m.haiwainet.cn/middle/3542291/2017/0922/content_31129261_1.html,2017-09-22。

合作开展现状梳理、特征归纳与前景展望，探究双方深化合作的路径。

一、概念内涵与研究述评

近年来，随着中国"走出去"步伐持续加快，"一带一路"国际合作不断深化，中国参与海外基础设施建设已成为国内外学界关注的重点。

按照发展经济学家艾伯特·赫希曼（Albert Hirschman）的定义，所谓基础设施，即社会间接资本，是支撑第一、第二和第三产业活动的必不可少的基础。[1] 广义上，基础设施包括公共卫生、交通运输、邮电通信、能源动力、供水供电、农业灌溉等所有公共服务。狭义上，基础设施主要指交通、房建、电力设施等。由于基础设施概念涉及范围较广，本文的研究对象主要聚焦三类项目：第一类指住宅、商场、写字楼、酒店、学校、医院等建筑项目，第二类指铁路、公路、航空、桥梁、港口、隧道等交通运输项目，第三类指火电厂、水电站、风力发电等电力工程项目。

中国参与海外基建是一种兼具对外援助、对外投资与对外贸易的复合型对外经济活动。中东地区是当代世界最具潜力的基建市场，基础设施是高质量共建"一带一路"的关键领域。

对于中国与中东国家基础设施合作的议题，中国国内相关的研究成果涉及多个学科，主要包括工程管理学、国际政治经济学与外交学等领域。西方国家有关中国参与海外基建的相关研究起步较早，文献颇为丰富，方法较为多样。然而，西方不少智库、高校及其他研究机构在探讨中国参与海外基础设施建设时，带有政治偏见与意识形态色彩，导致中国参与海外基础设施建设时常面临被妖魔化。西方学界对中国参与海外基建的偏见与误读主要可以划分为以下两类：其一是"地缘扩张论"，即认为中国参与海外基建并非单纯的经济交往，而是具有权力扩张的地缘战略意图。比如，伦敦国王学院研究员弗兰克·安巴赫（Frank Umbach）认为中国积极推动亚欧大陆的设施互通，旨在改变环地中海地区原有的地缘政治秩序，削弱美国与欧盟在该地区的影响。[2] 其二是"中国独大论"，即认为中国参与海外基础设施建设的过程中，中国与东道国的关系不平等，且中国的获

---

[1] [美]艾伯特·赫希曼：《经济发展战略》，曹征海等译，经济科学出版社1991年版，第73页。
[2] Frank Umbach, "China's Belt and Road Initiative and the Mediterranean Region," *Mediterranean Dialogue Series*, No. 14, 2018, https://www.kas.de/c/document_library/get_file?uuid=ea53ec38-ae98-ebe4-992b-c8ca8998fe3b&groupId=252038, 2020-09-10.

益大于其他相关国家。例如,新加坡南洋理工大学的安娜·艾维斯(Ana Alves)将中国与非洲国家的基建合作称为有利于前者的"基建换资源"模式。①

值得注意的是,此类误解与疑虑不仅在西方甚嚣尘上,而且影响到西亚和非洲国家。近年来,摩洛哥与阿尔及利亚影响力较高的报纸均提及对中国基建项目"雇佣大量中国劳工因而对东道国贡献有限"②与"致使非洲领导人无法偿还债务"③等方面的担忧。土耳其也受西方"债务陷阱论"的影响,对共建"一带一路"表现出疑虑。④

在参与海外基建过程中,中国政府与东道国之间如何协调关系?中国如何规避在参与海外基建过程中所面临的政治风险、安全风险、法律风险和舆情风险?中国如何消解外界对于中国参与海外基建动机的误读?本文在参考包括美国企业研究所开发的中国全球投资数据库、《中国对阿拉伯国家政策文件》、中国领导人有关中国与中东国家关系的系列讲话、中国商务部合作司发布的《承包工程市场国别报告》及中东国家对华政策报告等资料基础上,通过研究中国参与中东国家大中型基建项目的数量变化、空间分布、项目类别、合作方式与融资形式,试图对上述问题做出解答,并为中国在"一带一路"框架下加强海外基建合作提供政策建议。

二、中国与中东国家基础设施合作的基本特点

改革开放以来,中东地区是中国较早开拓的海外基建市场之一。从合作主体和客体相互作用的深度、框架、广度、方式和手段等维度看,40多年来,中国与中东国家的基础设施合作呈现以下突出特点。

(一)相互依存日益紧密

从全球视野看,尽管中东是中国基建企业在海外较早开拓的重要市场,但在较长的时间里,中国企业在中东基建市场的优势及后者对前者的重要性均处于较低水平。近年

---

① Ana Alves, "China's 'Win-win' Cooperation: Unpacking the Impact of Infrastructure-for-resources Deals in Africa," *South African Journal of International Affairs*, Vol. 20, No. 2, 2013, pp. 225-226.
② Abdenour Kashi, "Route de la Soie: Opportunités et Menaces," *El Watan*, November 18, 2019.
③ Ibrahim Anoba, "Prêts chinois: Opium de l'Afrique," *Libération*, September 25, 2018.
④ "Turkey Stays Away from China's Belt and Road Summit," *Intellinews*, https://intellinews.com/turkey-stays-away-from-china-s-belt-and-road-summit-citing-debt-trap-diplomacy-and-uighur-concerns-160249, 2019-04-25.

来,随着"一带一路"国际合作的逐步推进,中东地区地处丝绸之路经济带和21世纪海上丝绸之路的汇集之处,在中国特色大国外交布局中的战略地位不断凸显,中国与中东多国的伙伴关系不断发展。同时,随着《沙特2030愿景》等旨在实现经济多元化与增强经济发展动力的战略规划纷纷提出,中东国家的基础设施建设需求增大。在此背景下,中国的基建企业不仅继续保持在非洲与亚洲市场的优势,并且加大力度深耕中东市场。截至2019年,中国基建企业已跃升为中东地区的第二大基建工程承包商,并占据24.7%的市场份额,与第一大承包商欧盟的市场份额仅差3.8个百分点。①

(二) 合作机制日益完善

当前,中国和中东国家的基建合作既在双边与多边政府层面形成了日臻完善的顶层设计,又塑造了国企、民企共同参与的多主体互动模式。政府间的合作机制为企业对接创造平台与提供总体指导,为合作项目的顺利落实保驾护航。第一,中国领导人、外交部与商务部等部委在政府间合作过程中通过与东道国签署双边合作协定、避免双重征税协议、签证便捷化协定等合作文件,积极为中国基建企业拓展海外市场、寻找商机和融资渠道营造良好的政治合作氛围,实现"政府搭台,企业唱戏"。第二,在深化与中东国家务实合作的过程中,中国积极发挥中阿合作论坛、中非合作论坛等多边合作机制的作用,通过签订有关论坛的合作备忘录与发布行动执行计划,而后在中阿与中非合作论坛的框架下举办展览、企业家论坛及高层双边会面等活动,推进中国与中东诸国在特定领域的基建合作。

(三) 项目类别日益丰富

传统上,中国企业作为进入中东基建市场的后来者,主要作为劳务分包商参与中低端住房的建设。进入21世纪以来,随着中国基建企业技术水平与国际声誉的逐渐提高,以中国建筑、中信建设、中国土木为代表的中国企业承接大型的高端住宅与商业建筑项目增多。例如,2016年中国建筑成为派拉蒙大楼酒店及公寓的主承包商,负责达马克地产集团在迪拜的品牌项目。除了在传统优势领域继续深耕,中国企业致力于在原本并不擅长的宗教类建筑、体育建筑、文娱建筑等方面寻求突破。另外,中国交通类与电力类

---

① Peter Reina and Gary J. Tulacz, op. cit. , pp. 33-52.

企业积极参与中东多国的港口、铁路、公路、水电、火电等重点基础设施行业建设，承揽了诸如科威特巴比延岛海港项目、卡塔尔多哈新港项目、伊朗德黑兰—哈马丹—萨南达季铁路项目、以色列轻轨项目等国家重点工程项目。时至今日，尽管中国企业在中东各国投资与承建的基础设施项目各有侧重，但在政局较为稳定的地区各国基本覆盖所有重要的基建领域。

（四）合作方式日益灵活

在早期中国与中东国家基建合作的过程中，多由中央政府推动，中国国企为实施主体。进入21世纪以后，双方合作主体与方式呈现更为多样化的趋势。一方面，中国政府实行企业放权，在电力工业、交通运输等领域实行市场化改革，推动国企自主经营、自负盈亏与自由发展。2006年，中国交通建设集团重组改制并成立股份有限公司。次年，中国葛洲坝集团公司实现主业资产整体上市。这些改制后的中国基建国企在承接海外工程承包的同时，在开展海外投资方面具有更大的空间和自由度，并开始在中东国家直接投资具有所有权与经营权的基建项目。另一方面，在"一带一路"建设全面推进的背景下，中国加大力度为民营企业特别是中小民营企业提供政策支持，鼓励其成为"一带一路"国际合作的主力军。2017年，工业、信息化部等发布《关于开展支持中小企业参与"一带一路"建设专项行动的通知》，提出完善涉外法律服务、构建商事综合服务平台等措施。[①] 在"一带一路"倡议框架下，越来越多的中国民企成为拓展中东基建市场的重要力量。

（五）融资渠道日益多元

20世纪八九十年代，中国在中东国家投资的大中型基建项目主要的出资方为国家开发银行等中国金融机构与经济实力雄厚的中国企业。近20年来，中国投资中东基建的形式更为多样，包括中国金融机构或企业单独出资、中资银团抱团出资及中外合资等。中外合资方面，中国在与东道国共同投资的同时，积极与新加坡、德国等联合出资，提高了工程项目的透明度与资本市场效率。

此外，自"一带一路"倡议提出以来，中国设立了丝路基金、亚洲基础设施投资银行

---

① 《工业和信息化部、中国国际贸易促进委员会关于开展支持中小企业参与"一带一路"建设专项行动的通知》，参见中国政府网，http://www.gov.cn/xinwen/2017-08/04/content_5215990.htm，2021-01-29。

(简称"亚投行")等新型多边金融机构,丰富了发展中国家发展基建的融资平台。2017年以来,此类跨国金融机构为中东国家的基建提供大量的资金支持,并广泛与国际金融机构合作,从而促进了中东国家基建融资渠道的多样化。2018年8月,丝路基金、哈电集团与阿联酋投资机构共同投资哈斯彦清洁燃煤电站,成为丝路基金在中东的首单投资项目。

三、中国与欧美同中东国家基础设施合作的风格差异

中西方参与中东地区基础设施建设的偏好不一样,特色也不同。通过梳理中国在中东国家参加的基建工程及中国关于中东国家的政策文件与媒体报道,可以看出,新时期中国与中东国家基础设施合作的核心思想在于"以基建服务民生",强调在扩大中国经济存在的同时,为增进南南互助合作、减少世界政治经济体系中的不公正不合理因素做出贡献。这与传统上西方大国通过帮助发展中国家建立基础设施,旨在建立地区霸权,强化中心-边缘的不平衡结构,从而实现"以基建服务资本"的基建合作模式截然不同。

(一)西方的排他型合作与中国的包容型合作

从殖民时代开始,中东地区经历了从英、法成为地区主导到美国建立地区霸权等多次秩序变迁。受霸权主义和强权政治思维的影响,无论是英、法等老牌殖民大国,还是以美国为代表的新霸权力量,在与中东的交往过程中仍具有拉帮结派、划分势力范围等特征。就基建往来而言,当前英、法在中东投资与援助的基建项目主要集中在其前殖民地。例如,英国将埃及、伊拉克作为主要的中东基建伙伴,而法国则将摩洛哥、突尼斯、阿尔及利亚等北非马格里布国家视为本国的"后花园"。美国出于石油利益和地缘战略的考量,并为孤立伊朗,将沙特、阿联酋、科威特等海湾产油国视为主要基建投资对象。

另外,为增强对区域的掌控力,西方大国在与中东国家开展基建合作时,主要采取双边合作模式,重点关注某一国家内部交通网络或中东国家与西方国家间的运输网络,但为了强化东道国对西方国家的单方面发展路径依赖,避免增强中东诸国的整体议价能力,西方大国忽略中东国家之间的基础设施建设,致使中东诸国之间的互联互通严重滞后于欧洲、东亚与东南亚等地区。[①]

---

① Diogo Ives, Matheus Machado Hoscheidt, Bruna Jaeger, et al., "Infrastructure Investments in the Middle East and North Africa", *UFRGS Model United Nations Journal*, Vol. 1, 2013, pp. 310, 320.

不同于西方大国，中国主张通过协商对话解决中东冲突，反对偏袒或孤立任何一方。中国与所有中东国家均有基建合作，且中国参与的基建工程并不局限于某一区域，而是在阿拉伯半岛、沙姆地区与北非地区均有合作。作为与所有中东国家均保持友好关系的大国，中国主张求同存异，将深陷教派冲突的伊朗和沙特均视为重要的基建合作伙伴。

（二）西方的依附型合作与中国的互利型合作

冷战结束以来，西方国家推动新自由主义国际秩序下的全球化，在此背景下逐利而生的基建建设服务于资本主义全球价值链，强化了中心-边缘的不平衡结构。不同于西方国家将自身经济利益作为参与中东基建工程的首要考量因素，中国将东道国的民生福祉作为优先方向。2020年新冠肺炎疫情暴发后，大多数外国公司相继停工或撤出中东市场，而中国基建企业坚守岗位，做到防疫、生产两不误。例如，中国建筑埃及分公司在埃及新行政首都中央商务区项目工地上实行网格化封闭管理，制定防疫措施，确保施工的顺利推进。

同时，中国在中东国家推进基础设施合作时，竭力履行中国作为发展中大国的社会责任和道义立场，以改善东道国民生、造福当地民众为己任。从中国在中东各国的基建项目分布可以看出，中国从中东诸国的实际需求出发，各有侧重。例如，阿尔及利亚和埃及均存在住房供需矛盾和南北地区发展不平衡、乡村地区交通滞后等社会难题，因而中国在两国开展的大中型基建项目主要集中在住宅类建筑和高铁、公路等交通运输领域。

（三）西方的政治型合作与中国的发展型合作

从本质上说，西方大国与中东国家的基建交往是旨在增强对地区的控制力、确保本国经济利益与能源安全的政治型合作。在投资与援建中东国家基础设施项目时，西方大国往往具有明显的政治色彩与政治导向。一方面，西方大国与中东国家的基建合作常常以输出西方价值观和意识形态为目的，因而基建项目的优先方向包括学校、教堂、医院等软件设施，并在项目建成后从本国派驻管理人员与专业人才协助东道国运营。另一方面，西方大国的基建投资与援助往往伴随较为严苛的附加条件。2011年突尼斯爆发全国骚乱引发政权更迭后，以法国为代表的欧洲国家与美国并不认同伊斯兰政党掌权，因而纷纷大幅减少针对突尼斯的基建投资。2014年，以呼声党为代表的世俗派掌权后，欧美国家将突尼斯社会矛盾的激增与恐怖主义的蔓延归咎于经济结构，要求其推行自由化经济改革,进一步开放本国市场。①

相比之下,中国的基建合作本质上为促进双边与多边互利共赢的发展型合作。在与中东国家开展基础设施合作时,中国反对原有国际秩序中的不公平与不平等现象,主张在独立自主和平等互利的前提下,坚持共商共建共享的原则,以基础设施建设与民生工程为抓手,通过解决"发展赤字"的方式解决"安全赤字"。②

总之,中国着眼于国际政治经济秩序重构的发展大势,立足于"国不以利为利、以义为利"的义利观,在基建合作实践中彰显包容型、发展型、互利型的特征,与排他型、政治型、依附型的西方基建合作特色形成鲜明对比,二者在追求目标、依靠手段、治理理念、优先方向、思维模式与发展导向方面均有显著区别。

四、中国与中东国家基础设施合作的前景

新时期中国参与中东国家的基础设施建设积累了丰富的经验,也取得了丰硕的成果,但由于中东地区本身多为高风险地带,目前中国在中东地区进一步拓展基建市场也面临政治风险、安全风险、法律风险、舆情风险等多重挑战,需要通过中国政府、企业与媒体等各界相互配合加以缓解。

第一,增强风险可控性。为降低基建合作中潜在的政治、安全与法律风险,中国企业需要提高风险评估预警水平与风险控制能力。当前,国际评级机构与跨国企业的风险评估大多停留在国家层面,但宏观层面的风险评估因对风险大小和空间分布的结果要求精度较低,因而对于基建项目的参考价值颇为有限。鉴于高风险国家亦存在低风险区域,而低风险国家也有高风险区域,基于区域层面的高精度风险评估显得尤为重要。另一方面,大部分中国基建企业将提升技术作为第一要务,对东道国法律的研究、项目争端解决及项目索赔方面重视不足。为提高风险控制能力,中国基建企业有必要为境外施工项目部门配齐法律人才队伍,针对不同国家、不同项目开展法律研究,增强小成本解决争端的能力,提高索赔意识与索赔能力,并通过合理投保减少风险带来的损失。

第二,提升话语影响力。中国传统哲学强调,有实方能有名,名要由实来支撑,因

---

① Hamza Meddeb, "Tunisia's Achilles' Heel," *Carnegie Middle East Center*, https://carnegie-mec.org/diwan/79404, 2019-07-01.
② 孙德刚、张丹丹:《以发展促和平:中国参与中东安全事务的理念创新与路径选择》,《国际展望》2019年第6期,第109页。

而在行动上主张先求实后求名。然而，由于西方媒体仍然在全球舆论中占据主导地位，致使中国的海外基建出现"名弱于实"的现象。为此，中国在基建"走出去"的过程中，需要通过提高国际传播力打造与经济地位相匹配的文化实力。目前，中国对外传播存在传播语言、途径、方式较为单一等问题。在传播语言运用方面，当前中国对外传播主要使用汉语和英语。相比之下，运用阿拉伯语、波斯语、土耳其语等小语种开展针对中东诸国的传播显得较为薄弱。在传播途径方面，目前中国的对外传播工作将报纸、广播、电视等传统媒体作为主要阵地。然而，多数中东的年轻人并不以传统媒体为获取消息的主要渠道。

第三，促进双向互动。目前中国与中东国家的基础设施合作以中国基建企业"走出去"为主，而将中东国家基建企业"引进来"的进展相对缓慢。为避免被贴上"以抢夺资源和市场、输出过剩产能为目的的新殖民主义"标签，中国可以邀请和鼓励沙特、阿联酋、科威特等经济实力较强的中东国家在中国投资、与中国基建企业共同参与中国的基础设施建设。2019年，迪拜伊玛尔地产与中国大兴机场合作开发价值110亿美元的商务和旅游综合体，成为"一带一路"框架下"走出去"和"引进来"相结合的典范。

第四，完善三方合作机制。中国与西方企业在中东基建市场的竞争日趋激烈，不仅导致竞标企业之间相互竞价，也给中国与西方国家关系带来消极影响。在认识到中国与西方国家开展基建合作各有优势且特色迥异的同时，也应看到，中国与西方国家在中东的基础设施建设领域也具有一定互补性与合作潜力。2015年，中国与法国发表《中法关于第三方市场合作的联合声明》，首次提出了"第三方市场合作"的概念。迄今为止，中国已同日本、西班牙、比利时、荷兰、意大利、英国等国家签署了开发第三方市场的合作协议，并通过定期开会等方式建立了常态化的工作机制，且重点推动基础设施领域的投融资合作。此种新型的国际合作模式既有利于打破零和博弈思维，增加中国与西方国家的利益共同点，也有助于整合中国与西方基建企业的优势。

五、结　论

本文的研究发现，中国在参与中东国家基础设施建设实践中彰显出不同于传统西方大国开展基建合作的"新思维"。中国参与海外基础设施建设是以互利共赢为宗旨的商业行为，市场发挥主导作用，企业发挥主体作用，而非以建立地区霸权为目标的政治行为，所谓的"地缘扩张论"与"中国独大论"均属无稽之谈。同时，中国与西方在中东的基础设施建设领域存在合作潜力，双方具有互补性优势，尤其是中国的基础设施硬件与西方基础设施软件可以做到相互配合，取长补短。

2020年3月，中国政府提出了"新基建"概念，试图面向新的地区，鼓励民间资本与民营企业等新的主体，通过政府和社会资本合作等形式，在新的领域探索基础设施建设，包括特高压、新能源汽车充电桩、"5G"基站建设、大数据中心、人工智能、工业互联网和城际高速铁路和城市轨道交通等。这些领域将成为推动中国与中东国家未来基础设施合作的新的增长点，这有助于扩大中东国家的市场需求，释放该地区的经济增长潜力。时下，"一带一路"国际合作正在从总体布局的"大写意"进入高质量共建的"工笔画"阶段。在这一阶段，中国势必在基建合作等诸多领域面临更多挑战与压力，西方针对中国的歪曲与误读也将花样翻新。在此背景下，中国应当充分挖掘与"一带一路"沿线国家的合作潜力，正视中国参与海外基础设施建设面临的挑战，迎难而上，以实正名，为增强中国基建的竞争力与影响力而不懈努力。鉴于中东国家的电力供应、交通网络、住房建筑等领域仍存在较大缺口，加上该地区一些国家经济实力较强且不少国家实行"向东看"战略，中东地区是中国在海外重要的基建市场。因此，从中东国家入手，打造中国的基建品牌，推动"一带一路"沿线地区的互联互通，应当是未来中国对外经济合作的重要课题。

（本文原载《西亚非洲》2021年第4期，原标题为《以实正名：论中国与中东国家的基础设施合作》，收入本文集有删改）

东盟的规范性影响力及其在南海问题中的作用

复旦大学国际关系与公共事务学院青年副研究员　贺嘉洁

近年来，随着南海局势的发展，其性质也有所变化。除了双边层面依然是声索国围绕主权和历史性权利的纠纷外，南海日益成为区域层面安全秩序重构的焦点和全球层面中美战略博弈的场域。南海的紧张局势表现在两个方面：一是中国与其他声索国就特定岛礁主权归属及相应权利争议的局部升级；二是中美之间以"灰色地带"策略展开的战略博弈加剧。[①] 同时，区域内国家围绕南海问题正在形成一种对合作安全的稳定预期——不让双边纠纷和大国战略博弈破坏地区整体的安全秩序，在不断的合作与关系网络建构过程中逐渐建立并加深互信。这一进程正随着《南海行为准则》（以下简称COC）谈判的推进而逐渐机制化并有了一定的韧性。为什么南海地区的合作安全规范能够在声索国双边关系经历波折、大国战略博弈加剧的背景下越来越机制化并具有韧性？其背后的动力又是什么？

一、区域安全秩序建构中的大国与小国

中国作为南海主权声索国和区域大国，对于区域安全秩序的建构起着至关重要的作用。然而，由于受制于与周边国家的主权纠纷以及担心南海问题的扩大化和复杂化，中国在很长一段时间坚持南海问题的双边性质，以避免该问题扩大化和复杂化。[②] 2014年11月，李克强总理在出席东亚峰会时提出了解决南海问题的"双轨思路"。其中，除了有关具体争议由直接当事国通过谈判和协商解决外，他还强调南海和平稳定由中国和东盟

---

① 陈永：《精准修正主义与美国对华海上"灰色地带"策略》，《世界经济与政治》2019年第9期，第50—51页。
② 钟声：《没有一个好环境就不可能解决南海问题》，《人民日报》2011年7月20日。

国家共同维护。① 这也是中国首次明确表示在南海地区安全秩序建构上接受东盟的参与和推动。

此后，在东盟的协调和中国的支持下，不仅南海仲裁案结果的公布没有影响中国与东盟在南海事务上的合作，而且COC谈判也在美国的压力和阻挠下顺利推进。中国更是从多边区域秩序谈判的被动参与者成为了主导力量，而东盟也继续扮演着进程维护者的角色，南海地区安全秩序维持了总体的稳定。是什么促使中国不再担心东盟成为小国联合"讹诈"中国的工具，并认可了它在南海地区安全秩序构建中的积极作用呢？

东盟作为地区内中小国家的联合，自身的物质能力难以与周边大国匹敌。因此，无论是东盟对内的整合能力、对外的秩序塑造能力还是行为的被认可度和信誉度，其核心都在于它在南海问题上长期坚持的合作安全以及在此基础上所建立的制度框架，亦即规范性影响力。伴随着南海问题的升级，东盟的规范性影响力集中在区域层面的秩序建构问题上，对于双边层面的主权争议和全球层面的地缘政治竞争并不能产生直接影响。主导前者的是排他性的主权规范；而在日益激烈的地缘政治竞争中，实力的交锋亦始终围绕着被政治化的航行自由规范展开。

这并不意味着东盟的规范性影响力无足轻重。相反，基于南海问题的三个维度，我们可以构建出不同维度间规范互动的两种模式。在积极的互动结构之下，以合作安全为基础的区域安全秩序尽管不能取代双边主权规范所主导的岛礁权利纠纷，但能约束它的发展进程，避免其升级为军事冲突。同样，即便合作安全无法影响以"维护航行自由"为掩饰的美国对华战略挑衅，但如果它阻止了南海主权声索国在激烈的战略竞争中选边站并因此缓解了中国对于被遏制的安全担忧，那么它就有助于约束全球战略竞争局势的发展。反之，如果合作安全没有主导区域安全秩序，那么围绕主权规范的岛礁权利争议就会引发区域内部的动荡，美国以"维护航行自由"为借口的对华"灰色地带"行动也会促使区域国家选边站，进而导致区域安全秩序陷入"新冷战"。因此，东盟的规范性影响力以及合作安全规范对于南海问题不同维度的发展有着重要意义。

二、规范性影响力：定义与作用机制

本文结合建构主义国际关系理论以及东盟的外交实践提出了规范性影响力这一概念。

---

① 钟声：《坚持以"双轨思路"处理南海问题》，《人民日报》2014年11月17日。

它指施动者寻求潜移默化地影响对象国，使其在对自身利益作出重新评估的基础上逐步接受、认可规范，进而主动做出改变以适应新的身份；而后者的新身份又成为推动施动者继续发挥作用的动力。东盟对其成员国和对话伙伴的社会化过程就是规范性影响力发挥作用的模式。

东盟规范性影响力的作用机制包括（去）议题化、持续沟通和实践危机三个方面。第一，当遇到来自内部和外部的挑战时，东盟会将其中引发争议的议题纳入东盟的合作框架（即议题化），并随着外部环境的变化作出调整，从而寻求在这个过程中用东盟的规范影响相关行为体的行为。如果外部环境朝着不利于东盟的方向发展，同时针对这一议题的关系网络和互动进程加剧了局势的紧张，那么它也会适时将相关议题从东盟的合作框架中移去以弱化其重要性（即去议题化），确保它不成为破坏地区秩序的导火索。第二，东盟的规范性影响力也有赖于持续和高频率的对话和沟通。在东盟内部，它通过对话和沟通寻求成员国之间的协调与一致，从而强化其对外规范性影响力的基础；在东盟之外，它与对话伙伴国在以东盟为中心的制度框架下阐释对相关问题的立场和相应的规范，进而寻求突破权力结构的限制并改变对话国的认知。第三，它还通过实践危机发挥作用。作为社会实践进程的国际体系结构演变会受到习惯和危机作用的影响。当东盟在实践过程中遇到危机时，它就意识到需要改变已经成为习惯的实践。借助这一时机，东盟推动"重新思考行为模式，重新组合资源，创新观念和行为方式，从而开启了社会结构变革的进程"。[①]

通过上述三种机制，东盟在与对象国维持关系、展开论辩和接受反馈的互动过程中逐渐塑造了后者的利益认知，进而推动它们主动改变行为以适应东盟的规范。这种潜移默化的渗透与改变正是东盟规范性影响力发挥作用的方式。

三、东盟规范性影响力下的南海地区安全秩序

2009年以来，伴随着南海局势的升温，美国高调"重返亚太"并开始介入南海问题。南海问题因此从中国与相关声索国双边的岛礁主权争议性质升级为兼具区域安全秩序构建和中美战略博弈热点的多重性质。在南海问题复杂化的过程中，东盟开始积极推动

---

① 朱立群、聂文娟：《社会结构的实践演变模式——理解中国与国际体系互动的另一种思路》，《世界经济与政治》2012年第1期，第16页。

COC 进程的重启和深入,充分发挥其规范性影响力。

(一) COC 磋商的重启:防止主权规范破坏区域多边进程

随着南海问题的升级,COC 成为中国与东盟关系中的重要议题。然而,尽管东盟对 COC 有着很高的期待,但中国在一段时间内表现得较为审慎。① 与此同时,东盟内部也存在着分歧,尤其是个别声索国寻求单边行动并通过加强与美国的军事合作向中国施压。② 为此,东盟一方面要说服中国,使其相信东盟不是美国的"共谋者",南海问题的"多边化"不会损害它在南海的主权主张;③ 另一方面又要确保东盟国家在与中国谈判时保持团结,不因为主权争议破坏多边进程。在这个过程中,议题化、持续沟通和"实践危机"是东盟防止主权规范破坏区域多边进程的主要机制。

第一,从 2011 年 7 月中国与东盟签署《落实〈南海各方行为准则〉指导方针》到 2013 年 9 月 COC 磋商正式重启的两年时间内,东盟积极运用"议题化"的策略突出它对南海问题的重视,同时也向东盟内外的声索国表明 COC 在区域安全秩序建构过程中的现实意义。

第二,东盟接受中国关于主权争议必须双边解决的立场,但同时也通过高频率的交流沟通加深双方的互信,并说服中国认可南海问题在主权争议之外也是一项涉及多维度、多层面的复杂议程。正如印尼前外交部长马蒂·纳塔莱加瓦所说,COC 进程不能通过施压而只能在各方愿意的前提下自然而然地推进。④

第三,在推动重启 COC 磋商的过程中,东盟还成功化解了两次"实践危机"。第一次是在 2012 年 7 月。由于越南与菲律宾坚持要求在联合声明中提及南海争端和"黄岩岛争议"而遭到时任轮值主席国柬埔寨的反对,东盟历史上第一次没有在外交部部长会后发表联合声明。为此,印尼外交部长立即展开了密集的斡旋,说服成员国不要因为自己的立场而破坏东盟合作。东盟很快发表了"东盟关于南海问题的六条原则",其中第三条

---

① 张明亮:《原则下的妥协:东盟与"南海行为准则"谈判》,《东南亚研究》2018 年第 3 期,第 62 页。
② Aileen S. P. Baviera, "China-ASEAN Conflict and Cooperation in the South China Sea: Managing Power Asymmetry," in National Defense College of the Philippines, ed., *The Study of National Security at Fifty: Re-Awakenings*, Manila: National Defense College of the Philippines, 2013, p. 207.
③ Aileen S. P. Baviera, "South China Sea Disputes: Why ASEAN Must Unite," East Asia Forum, https://www.eastasiaforum.org/2012/07/26/south-china-sea-disputes-why-asean-must-unite/.
④ Yohanna Ririhena, "RI Circulates Draft Code of Conduct on South China Sea," *The Jakarta Post*, September 29, 2012.

明确提到要"尽快达成'南海行为准则'"。① 东盟内部的变化也促使中国做出了积极的调整和回应。在"六条原则"公布后，中国外交部发言人就表示，"中方注意到东盟方面就南海问题所作表态……中方对同东盟国家商谈'南海行为准则'持开放态度"。②

第二次"实践危机"发生在 2013 年 1 月。当时，菲律宾单方面就中菲在南海的有关争议提起仲裁。中菲关系陷入危机，南海局势骤然紧张。③ 面对这次危机，东盟对内积极推动成员国就尽快开始 COC 磋商达成共识，对外亦充分顾及中国的感受，避免在东盟层面的联合声明中提及仲裁案。东盟的态度对中国产生了积极的影响，促使后者在与菲律宾双边合作陷入困境的背景下保持了对东盟的信心，并主动寻求与东盟在多边层面上共同管控冲突，维护区域秩序。在一系列高频率的互动后，中国与东盟最终在 2013 年 9 月 14—15 日召开的落实 DOC 第六次高官会上形成了一致意见，正式在落实 DOC 的框架下就 COC 开始磋商。

（二）COC 磋商的推进：抵制"航行自由"规范的政治化

2013 年 9 月以来，美国为了能够持续介入区域事务，联合盟友批评中国"过度的海洋主张"，并从中延伸出所谓中国破坏南海"航行自由"的指控。东盟国家认同并支持中国在"航行自由问题"上的立场，努力通过发挥自身的规范性影响力避免破坏区域合作氛围，也拒绝为美国的政治化的"航行自由行动"背书，从而确保了 COC 磋商的进展。

第一，为了抵制美国将航行自由框定为针对中国的议题，东盟在有美国参与的区域合作进程中采取了去议题化策略，将有可能把航行自由与中国在南海的权利主张挂钩的内容排除在东盟与美国共同签署的正式文本中，以确保"航行自由问题"的中立性，避免它成为美国与东盟联合起来针对中国的一项议题。

第二，在 COC 谈判的过程中，美国一直以"维护航行自由"为名施压东盟，要求后者对中国强硬并确保美国在南海的权利不受影响。东盟一方面与中国保持沟通，将中国作为维护航行自由的合作方而非威胁者；另一方面不断向美国突出克制与非军事化的重要性。

---

① 张明亮：《原则下的妥协：东盟与"南海行为准则"谈判》，《东南亚研究》2018 年第 3 期，第 72 页。
② 《中方：对同东盟国家商谈南海行为准则持开放态度》，中国新闻网，http://www.chinanews.com/gn/2012/07-20/4048346.shtml。
③ Carlyle A. Thayer, "South China Sea in Regional Politics: Indonesia's Efforts to Forge ASEAN Unity on a Code of Conduct," Center for Strategic and International Studies, p. 8.

第三，东盟也在"实践危机"中抵制外部力量借"维护航行自由"破坏 COC 进程。2016 年 7 月 12 日，南海仲裁案裁决的公布让东盟维护地区安全秩序的努力陷入了危机。为了维持内部的合作与团结，同时避免与中国对立，东盟先是在南海仲裁案裁决公布次日放弃了发表支持裁决结果的联合声明；后又拒绝了美国、日本和澳大利亚等国关于在东盟外交部长会议联合声明中提及仲裁案的建议；同年 9 月召开的东盟领导人会议亦对南海问题措辞温和，并有意回避了仲裁案相关的内容。这些表现都体现了去议题化的策略。① 同年 7 月 25 日，东盟还与中国发布了关于全面有效落实 DOC 的联合声明，其中第一条明确了"各方重申尊重并承诺，包括 1982 年《联合国海洋法公约》在内的公认的国际法原则所规定的在南海的航行及飞越自由"。② 这一声明有力回应了西方国家试图借"航行自由"介入南海问题的企图。对东盟来说，"挑衅"中国不利于维护东盟内部的团结和南海区域秩序，更会破坏 COC 进程。因此，面对美国及其部分盟友的压力，东盟妥善处理了这次实践危机，并以此为契机向中国释放善意，推动了中国与东盟在南海问题上关系的缓和。③ 2016 年也成为了中国与东盟海洋合作取得突破的一年。

（三）COC 谈判氛围的塑造：合作安全规范的扩散

在 COC 磋商重启和推进的过程中，东盟还致力于在区域层面传播合作安全规范，为 COC 谈判创造有利的环境。尽管早期区域海洋合作的内容和层级都比较有限，但 2016 年后海洋合作有了较大的突破，合作安全逐渐成为区域安全秩序建构的核心规范。在这个过程中，"（去）议题化、持续和高频率的对话以及实践危机"同样发挥了重要的作用。

第一，在 COC 重启和推进过程中，东盟将海洋合作作为区域层面合作的主要议程，并围绕海洋发展和治理框定具体合作内容，引导区域国家采取实质性行动推动互信的构建（即议题化）；同时它也对某些可能引起争议的议程进行了有意识的回避，避免相关合作的政治化（即去议题化）。

第二，东盟还与中国就不断拓展海洋合作的领域进行沟通并达成了积极的合作成果。

---

① 查希：《东盟未就"南海仲裁"结果达成共识，放弃发表联合声明》，人民网，http://world.people.com.cn/n1/2016/0714/c1002-28555058.html；Alice Ba, "Southeast Asia in an Age of Strategic Uncertainty Legal Rulings, Domestic Impulses, and the Ongoing Pursuit of Autonomy," p. 5.
② 《中国和东盟国家外交部长关于全面有效落实〈南海各方行为宣言〉的联合声明》，《人民日报》2016 年 7 月 26 日。
③ Sourabh Gupta, "ASEAN and China Should Seize the Opportunity in the South China Sea," East Asia Forum, https://www.eastasiaforum.org/2018/09/11/asean-and-china-should-seize-the-opportunity-in-the-south-china-sea/.

根据东盟秘书处统计，东盟目前已经在共同体三大支柱所涉及的领域中建立了 13 个讨论海洋合作的平台。① 尽管这些平台没有海洋纠纷的解决机制，但它们为各方进行更聚焦的对话和实质性的合作提供了机会，也在区域层面传播了合作安全的规范。在与中国的互动中，东盟将有效的危机管控视作 COC 谈判的抓手，并在此基础上推动双方接受彼此在南海相关问题上的角色和立场。②

第三，在合作安全规范扩散的过程中东盟也经历了一次"实践危机"，即美日印澳四国共同支持的"印太战略"的出台。虽然它是中美地缘政治博弈的产物，但东盟作为连接印太地区的枢纽对"印太战略"的态度直接影响到中国对其的信任和未来南海地区安全秩序的走向。为了应对"印太战略"带来的"选边站"压力以及中国对双方关系不确定性的疑虑，东盟加强了与中美建立互信的措施，并突破了以往防务合作的禁忌，开始与大国进行军事演习。

尽管美国多次挑拨中国与东盟的关系，但东盟坚持与中国循序渐进地推进 COC 进程。双方不仅在 2017 年 5 月达成了 COC 框架文本，2018 年 8 月形成 COC 单一磋商文本，而且还于 2019 年 7 月底提前完成 COC 单一磋商文本的第一轮审读，并开始进行"二读"。截至 2021 年 6 月 7 日，东盟与中国已就落实 DOC 连续召开了 19 次高官会和 34 次联合工作组会议。③ 此外，东盟还通过出台《东盟的印太展望》提出了自己对海洋合作议程的设定和未来区域秩序的构想，以此对冲更具对抗性和冲突性的其他版本的"印太战略"。东盟的努力得到了中国方面的积极回应。中方认为，东盟的展望和设想中有"很多原则和理念与中方的想法是一致的……我们愿与东盟就此保持沟通协调，共同珍惜和维护好地区合作来之不易的良好局面，积极引导和推动合作朝着正确方向健康发展"。④

---

① "Maritime Cooperation in ASEAN," ASEAN Regional Forum, http://aseanregionalforum.asean.org/wp-content/uploads/2019/01/ANNEX-3-10th-ISM-on-MS.pdf.
② Marty Natalegawa, *Does ASEAN Matter? A View from Within*, Singapore: ISEAS-yusof Ishak Institute, 2018, p. 137.
③ 《落实〈南海各方行为宣言〉第 19 次高官会在重庆举行》，外交部网站，https://www.fmprc.gov.cn/web/wjb_673085/zzjg_673183/t1881826.shtml；《落实〈南海各方行为宣言〉联合工作组举行第四次特别视频会》，外交部网站，https://www.fmprc.gov.cn/web/wjb_673085/zzjg_673183/bjhysws_674671/xgxw_674673/t1879276.shtml.
④ 袁梦晨、陈家宝：《王毅谈对印太概念的看法》，新华网，http://www.xinhuanet.com/world/2019-07/31/c_1124822580.htm。

四、政策建议

东盟的规范性影响力对于建立稳定的南海地区安全秩序有重要影响。通过潜移默化的方式，东盟说服了声索国将主权争议与区域安全秩序的构建区分开来，确保了航行自由规范的中立化，并推动了合作安全成为主导南海地区多边安全秩序的核心观念。虽然既有的双边主权争议并没有解决，体系环境依然存在着不确定性，但中国与东盟在区域安全秩序建构过程中已经形成了具有一定韧性的合作安全文化。

东盟在南海问题上所能扮演的角色无疑是有限的，但却是积极和值得欢迎的。中国应该继续鼓励并支持东盟发挥规范性影响力，借助东盟的力量一方面抵制美国以"维护航行自由"为名介入和干预区域事务，另一方面也约束东盟内部声索国的单边行动，避免它们单方面升级岛礁主权争议并成为美国区域战略的棋子。对中国来说，一劳永逸地解决南海主权纠纷或将美国的影响排除出这一地区并不实际，确保区域秩序的总体稳定并尽可能地控制体系压力的传导效应才是当务之急。

（本文原载《世界经济与政治》2021年第7期，收入本文集有删改）

多样性世界秩序的形成及其未来

复旦大学国际关系与公共事务学院讲师　俞沂暄

作为当今世界最重要的特点之一，文化多样性已经得到绝大多数国家的承认。然而，承认文化多样性只不过是探讨多样性问题的第一步。费孝通2004年曾经有过一个判断："当今世界上，还没有一种思想或意识形态能够明确地、圆满地、有说服力地回答我们所面临的关于不同文明之间该如何相处的问题。"[1] "不同文明之间如何相处"，当然有文化的内涵在里面，但是最根本的基础在于政治。探讨多样性的政治意义，进而构思一种建立世界多样性政治秩序的途径，将是本文的主旨。

关于多样性的政治意义，尚没有进入西方学术界的视野，[2] 从而导致相关的研究异常薄弱。少量研究主要止步于文化层面，即将多样性仅仅视为文化多样性，稍加说明便当作既定事实推导其他结论；几乎没有对多样性本身作进一步的探讨。[3] 本文认为，在观察国际政治问题时，不能脱离政治维度探讨文化多样性，换言之，今天被承认的文化多样性并不是文化的自然结果，而与某些政治过程密切相关。为此，本文将自然存在的文化多样性称作"自在"的多样性，将当前被承认的文化多样性称作"自为"的多样性，将以政治制度多样性为基础来构建多样性国际秩序的行动称为"自觉"的多样性。从"自在"到"自为"再到"自觉"，是人类不同文明从各自自然生长到文化上相互承认，再到政治上相依存共命运的过程。费孝通所说的"不同文明之间该如何相处"，指向的就是这一根本问题。

---

[1] 费孝通：《"美美与共"和人类文明》，载费孝通：《文化的生与死》，上海人民出版社2009年版，第397页。
[2] 以"diversity"关键词进行的英文社科文献搜索中，与政治相关的几乎都是关于文化多元主义或多元文化主义的研究。
[3] 例如以文化多样性为起点讨论国际关系民主化与国际秩序的研究、专门研究文化多样性与人权的文章等。稍有例外的论文参见王辑思、唐士其：《三十年来的世界政治变迁：同一性与多样性并存》，《国际政治研究》2010年第1期。该文提到了意识形态多样性、制度多样性等与政治多样性相关联的问题，但是并没有就多样性问题本身进一步深入。

一、多样性的世界：从自在到自为

全球化与非殖民化是造就当今多样性世界的两大进程。全球化的积极后果有两个：一是建立了遍及全球的、普遍的联系，使得原先孤立地、互不相关地、自然地生长演化的不同文化和文明相互谋面；二是为不同文化的谋面和进一步相互作用建立了某种普遍的基础。但全球化同时也是一种同质化的力量，它会用压倒性的优势消磨甚至毁坏与之不相容的文化，从而对文化多样性带来消极的后果。全球化的消极后果恰恰由非殖民化运动部分抵消。正是由于非殖民化，获得政治独立的国家才有可能自觉地看待、保护、发展自身与众不同的文化。今天的多样性世界来自全球化与非殖民化的合力，下面分别述之。

一般理解的全球化，指的是资本主义的全球化。在资产阶级开拓出世界市场之前，各个民族或文明通过物质与精神生产创造的独特的生活当然已经存在了很长时间，但是由于相互之间没有经常性的联系，所以不同民族或文明都只是在自己眼界所及的范围内孤立地生活。越出这一范围、与其他民族或文明的交往尽管存在，但一般都是简单的、最终产品的货物贸易，以及伴随货物贸易发生的初步政治交往。这些交往总体而言是偶然发生的，没有在相互之间形成长期的、普遍的、具有相互依赖性质的联系。此时，人类的多样性和生物多样性具有最为相似的特性，即仅仅是作为自然状态存在，也就是本文所说的多样性世界的"自在"存在状态。

正是资产阶级发家致富的动力成为多样性世界从"自在"向"自为"转变的第一个推动力。在资本主义全球化时代，贸易的目的从满足最终的消费需求转变为服务于生产过程的资源配置，从而把全世界用生产的链条紧紧拴在了一起。这就是马克思和恩格斯所说的"地方的和民族的自给自足和闭关自守状态，被各民族的各方面的互相往来和各方面的互相依赖所代替了"，[①] 偶然的联系由此成为普遍的联系，地方和民族的多样性生活也在这种联系中形成了相互间不断接触的平台。

全球化不是简单地将原本各民族、各地方孤立存在的多样性生活联系在一起，而是为多样性的并存创造了先决条件和必要基础；这些条件和基础决定了多样性世界的特征，

---

① 马克思、恩格斯：《共产党宣言》，人民出版社2014年版，第31页。

同时也规定了多样性世界的边界。概括来说，条件和基础就是现代生产方式的要求和生产本身的内在关联。例如，现代生产需要打破前现代身份、等级等限制的自由的劳动者，需要满足劳动力再生产的社会条件，需要保障经济交往的法律与社会制度，等等。总之，这是一种建立在现代生产方式之上的多样性并存的状态，处于其中的地方的和民族的因素需要适应这一生产方式的基本要求，其中就包括摒弃对劳动者和经济交往的前现代约束。因此，全球化带来的多样性世界不是完全绝对的"多样"，而是带有一些普遍性基础的"多样"。这些普遍性基础在今天表现为被绝大多数国家所接受的、作为现代化成果的一些规范性共识，例如对基本人权的认识。正是由于多样性具有某种普遍性的基础，所以才有《共产党宣言》中"民族的片面性和局限性日益成为不可能"的判断。

然而，全球化的积极影响并不能抵消其对多样性世界的消极后果，这些消极后果同样是资本主义生产扩张的直接的产物。由于仅仅服从于资本增值的目的，资产阶级用强大的军事和经济能力打开美洲、亚洲、非洲曾经封闭的大门时，从来不会顾及当地的社会、文化和传统。相反，他们压迫各不相同的民族，让他们服从于自己的统治。由此，遍及全球的生产网络与联通，带来的并不是交融的世界，而是压迫性的殖民统治。殖民统治通过使东方从属于西方，剥夺了西方以外世界的自主性，反而成为破坏多样性地方传统的最可怕的力量。

摆脱殖民统治的枷锁，是非殖民化运动的使命。非殖民化进程摧毁了西欧几个世纪形成的、对亚非的殖民统治，并在原来的殖民地纷纷建立起政治上独立的现代主权国家。1955年在万隆召开的亚非会议正是由于宣告新亚洲和新非洲的诞生而载入史册。

政治独立的意义首先在于，由殖民统治者被动拖入全球化的民族和地区，有了自主掌控自身传统怎样与现代生产生活方式融合的权利。政治独立给予国家最基本的条件，能够在现代国土的范围内整合文化，从而在政治上确立自身文化的现代特性。在原则上，这样确立起的文化将是对传统的革故鼎新，是在当代经济社会条件下融会贯通传统的、统合性的、有活力的现代文化；而不是基于西方对东方征服的、将殖民地作为单纯考古或者异域猎奇的"东方主义"想象。这样的现代文化不仅具有文化意义，更重要的是具有政治意义；不仅在纯粹的文化领域融汇传统与现代，而且在政治领域将形成与各自民族传统相融的政治制度。尽管任重而道远，但是如果没有政治独立，就不会开创出这样的可能性。

政治独立的另一个意义在于，万隆亚非会议所昭示的由独立国家组成的新亚洲和新非洲，开启了一个多样性的国际关系前景。现代国际关系起源于西欧，是西欧统一基督教文明内部不同政治实体之间的关系；所形成的交往规则有着共同的文化背景。随着西欧国家的扩张，世界大部分地区，无论原有的文明、文化如何迥异于西欧，都成为欧洲国际关系的一部分。之所以说是"欧洲国际关系"的一部分，是因为这些非西方地区作为西欧的殖民地或半殖民地，在国际关系中并没有主体地位，只是作为欧洲列强调整各自关系的客体存在。① 因此，尽管19世纪末国际交往已经遍及全球，但从本质上讲，仍然是西方国家间的关系。获取主体地位的首要条件即是政治上的独立地位，这意味着这些非西方地区在国际关系中成为了自己的主人，不再作为别的国家调整、补偿各自利益的手段存在。这不仅是非西方平等参与国际交往的第一步，而且昭示着，主权国家体系这一现代政治成果，直到此时才真正获得了世界性的地位。

由迥然不同的主权国家组成的世界，一定是一个多样性的世界。由于全球化，这个世界建立了深刻的相互联系，曾经各自生长的多样性因此而接触与碰撞；由于非殖民化，多样性的传统以独立主权国家的身份赢得了政治上的承认，开启了将自己的传统特性与现代生产生活方式相结合的自觉意识。直到此时，前现代孤立在各地、自然存在的"自在"的多样性，基于政治独立所带来的自主意识与自主能力，才转变为能够规划自身未来、掌握自身命运的多样性政治主体，成为本文所说的"自为"的多样性。一个"自为"的多样性世界，潜藏着现代历史上从未有过的国际秩序变革的可能性。

二、西方对多样性世界的反应

西方国家并不愿意接受一个多样性的世界。第二次世界大战结束以后，法国在越南、柬埔寨、老挝进行的殖民战争，英法因苏伊士运河与埃及的战争，都是殖民者不愿意退场的写照。随着冷战的结束，当一个具有政治意义的、自为的多样性世界完全呈现在眼前时，西方立即感受到了切实的挑战，其突出表现就是塞缪尔·亨廷顿（Samuel Huntington）冷战刚结束时的著作《文明的冲突》。他在书的最后指出："文明的冲突是对世界和平的最大威胁，而建立在多文明基础上的国际秩序是防止世界大战的可靠保障。"②

---

① 例如著名的欧洲均势体系得以维持的原因之一便是：列强在欧洲的竞争可以通过瓜分广大的亚非地区而得到缓解。当20世纪初世界被瓜分完毕时，欧洲的传统均势也走到了尽头。相关研究可参见［美］戈登·克雷格、亚历山大·乔治：《武力与治国方略》，时殷弘等译，商务印书馆2004年版，第63—64页。
② 【美】塞缪尔·亨廷顿：《文明的冲突与世界秩序的重建》，周琪等译，新华出版社1998年版，第372页。

既然是"多文明基础上的"国际秩序，那么从原则上看，近代西方中心主义的惯常做法，即用西方的价值观、规范、制度改造非西方，已经不再适用。今天，声称西方文明高于非西方，几乎已被看作殖民主义时代的残留，基本上没有人会公开坚持。尽管如此，针对"如何建立一个多样性的国际政治秩序"这一问题，西方在理论和实践上并没有提出真正契合的思路。虽然强势的西方普世主义已经是明日黄花，但是在实践中，一种弱势的西方普世主义反应仍是当前的现实和主流。与强势的普世主义相比，这一弱势的普世主义并不否认非西方文化、传统的价值，但是，通过对主要国际机制、政治议题的主导，西方不断强化自身并非建立在公平和尊重多样性基础上的权力，这样的权力不仅在很大程度上损害了发展中国家的利益，而且与当今的世界多样性现状相背离。

这一西方弱势普世主义的实质，显著体现在多元主义的思想与实践中。"多样性"与"多元"完全不同。"多样性"，即 diversity，英文本意强调的是不同类别共存的状态。"多元"，即 pluralism，其词根为 plural，意为"复数"；众所周知，只有同类的东西才能以复数表示。由此可见，从词义上讲，"多样性"，指的是非同质的状态，既然是非同质，那么就无法用复数来表示；而"多元"，指的却是同质的状态；与"一元"相比，"多元"的"多"只具有不涉及本质差别的数量意义。

在当代政治语境中，"多元"或"多元主义"特指在基于平等公民权的统一政治体中，根据族群、阶层、利益甚至性别组成的相对自治的团体，都具有参与政治的同等权利并在实际上参与了政治运作，从而打破了传统上国家对政治的垄断。这样理解的多元主义就是罗伯特·达尔（Robert Dahl）所说的多头政治（polyarchy）。[①] 由此可见，"多元主义"是一个政治性的术语，其运用的语境是具有统一性的国内政治，所特指的是国内政治的一种运作方式。正是基于这一理解，"多元主义"之"多"其实以承认统一政治体之"一"为前提；在参与统一政治体运作的意义上，"多"强调的是复数意义上的相对独立的群体或组织，而不是自然意义上的绝对差异。与之相对照，"多样性"既可以在统一的政治体的语境下指人与人、群体与群体之间的自然差异性，也可以指不同政治体之间的自然差异性。

[①] 达尔说："术语多元主义（pluralism）……是指组织的多元主义，即在国家领域中大量相对自治（独立）的组织（子系统）的存在。"参见【美】罗伯特·达尔：《多元主义民主的困境》，周军华译，吉林人民出版社 2011 年版，第 5 页。

在多元主义基础上产生的多元文化政策，就是在统一的政治体内部解决文化、族群差异问题的政治途径，容纳多元文化的前提是承认同属一个统一的国家。换言之，无论给予不同文化族群多么大的自治和差别待遇，均不能危及国家统一这一底线；而不同文化、族群认同于同一个政治体的基础在于，所有人拥有平等的公民权利。在这个意义上，多元主义并不具备描述国际政治的能力。用"多元"来形容世界不同传统、文明、制度并存的现状，也是错误的。

但是，多元主义理论并没有在国界线前止步，而是有向外不断扩展的意图，甚至有推到所有边界、囊括全人类的指向。这一理论内涵比较明显地体现在尤尔根·哈贝马斯（Jürgen Habermas）的思想中：

"民主的自决具有一种包容意义，要把一切民众都平等包容到自我立法过程当中。包容意味着，这样一种政治秩序对于一切受到歧视的人都敞开大门，并且容纳一切边缘人，而不把它们纳入一种单调而同质的人民共同体当中。"①

"民主的自决"指的是公民在以大众传媒为中介的政治公共领域里通过自由参与对话和讨论，理性论证各自的意见，从而达成共识的过程。由于这一公共领域是以相互陌生的公民为主体，而不是以相互熟悉的族群共同体成员为主体，因而在外延上可以扩大到所有的人类群体。按照一位研究者的话来说："哈贝马斯则把'人民'理解为一个在政治过程中不断建构着的群体，是由诸多主体或'小我'所构成的一个主体间网络，它的成员是多样的，边界是开放的。这种意义上的'人民'与'人类'之间没有原则的界限；对受歧视者的'容纳'，对处于边缘者的'包容'，是这种意义上的'人民'的题中应有之义"。② 那么，通过这种主体间的交往网络，真的可以合法地把多样性的文化容纳进没有边界的人类共同体吗？回答是并非如此。

首先，提出"受歧视的人"和"边缘人"，意味着包容者处于主流地位，因此，容纳"受歧视的人"、包容"边缘人"实际上是一个处于主流地位的政治程序/政治文化扩展的过程。当然，这是包容性而非排斥性或侵略性的扩展，但是"受歧视的人"和"边缘人"的地位决定了他们对于被容纳和包容的过程的商讨地位和能力极为有限（如果是一个完全开放性的公共领域，何来"受歧视"和"边缘"一说呢？）；程序和商讨的规则都是既

---

① 【德】尤尔根·哈贝马斯：《包容他者》，曹卫东译，上海人民出版社 2002 年版，第 161 页。
② 童世骏：《多元主义文化条件下的普遍主义政治何以可能？——尤尔根·哈贝马斯政治哲学的核心问题》，《当代中国：发展·安全·价值——第二届（2004 年度）上海市社会科学界学术年会文集》（上），第 21 页。

定的，他们如果不想继续做"受歧视的人"和"边缘人"，最好是变得和主流一样，退而求其次——也就是在接受主流基本信条的前提下，设法保留住自己的一定特性。这与国内政策的多元主义殊无二致。

其次，哈贝马斯讨论的基本语境是欧洲问题，或者说是欧洲一体化的问题。"包容他者"的现实过程，就是欧盟囊括处于边缘的中东欧国家。对于欧盟的主流政治文化来说，中东欧的、移民带来的、其他宗教团体的政治文化原本就是"边缘的"甚至是"受歧视的"。作为大致属于同一文明圈内的政治一体化，如果哈贝马斯所谓的政治文化和理性商谈程序能够为绝大多数人接受，那么在一个有着基本共识的政治统一体中，把多样性转化为多元主义，并不是不可接受的。但是，如果这个扩展过程超出欧洲文明的范围，那么问题就来了：面对着另一个文明，欧洲人还能把他们当作"边缘人"对待，从而去包容吗？

由此可见，作为一种弱势的西方普世主义，将多元主义的适用范围扩展到国际政治层面，最终的结果将与多样文明并存的世界现实越行越远。然而，冷战后的一系列事件表明，多元主义或是弱势的普世主义恰恰是西方对这一世界的回应。西方在面对不同传统、文明、制度的兴起时，仍然想在控制国际政治、经济规则的条件下，重新获得对非西方的主导权。换言之，在非西方接受西方倡导的政治经济规范这个"一"的前提下，就可以保留与此"一"不发生冲突的"多"的特性。这当然也可以形成较为稳定的国际秩序，但非西方并没有参与对这一秩序基本规范的商讨，而只能简单地将其作为普遍价值接受，所形成的也只可能是一种磨去各个传统根本特性的多元主义秩序。在这种多元主义国际秩序中，多样性将失去政治意义，降格为文化层面的存在。

三、多样性的世界：如何从自为到自觉？

"自为"的多样性世界所蕴含的政治意义，在理论上已经通过主权国家体系的基本规范得到了保证，但实践中仍遭到有意无意的模糊对待。"历史终结于自由民主制度""民主和平论"是其理论上的声音，推动非西方国家建立西方式的自由市场经济和选举政治，乃至近十年的"颜色革命""政权更迭"等，则是其基本实践。在最根本的政治哲学层面，还有哈贝马斯关于"包容他者"的论证。而这些理论和政策的本质，都没有脱开多元主义的窠臼。无论出于什么样的现实目的，想要为独立的主权国家加一个普遍的处于上位的规范的企图，与承认这些国家在法律和事实上的独立自主，有着不可调和的矛盾。承认一个国家独立自主，就是承认该国有选择自己政治经济制度和发展道路的权利。这一权利内在于不同文化、传统与现代生产生活方式相结合的创造性活动，是全球化、非殖民化进程对多样性文化进行政治塑造的结果。这一权利不受外来干涉，正是对公民自主选择权的承认，是公民权利的基本落实。因此，"自为"的多样性世界首先需要确立的是对政治制度多样性的承认，而不能仅仅使多样性停留在文化领域。

不过，在政治层面而不仅仅是文化层面承认世界的多样性，只是解决问题的第一步。这一步回应了非殖民化的政治要求，即真正的独立自主的多样性国家，却没有回应全球化的政治要求——建立一个由独立自主的多样性国家组成的多样性国际秩序。全球化造就的各个政治单位之间通过生产组织起来的密切联系，必然要求在政治上建立相应的与之协调的国际安排。这是因为，如果没有国家之间规范性的政治联系，在全球化如此深入各个社会肌理的今天，其源自经济领域的"自然"的力量，将产生难以控制的后果。冷战结束后不断发生的区域性和全球性金融危机、各种跨越国界的新问题，都可以归结到这个方面。这就要求政治自主的国家协调合作、主动掌控全球化的进程。正是在产生联结起差异性政治单位的政治共识的意义上，本文把多样性国际秩序的形成看作多样性世界由"自为"到"自觉"的转变。

毋庸置疑，建立一个真正尊重多样性的世界秩序是历史上从未有过的事，这对所有的民族、国家、文明都提出了巨大的挑战。这一过程排斥了任何形式的"上位规范"，但是并不否认可以在"国家间"的层面上建立起联结多样性政治实体的规范纽带。换言之，独立自主的国家不允许"主体上"的规范，但是对于"主体间"的规范，无疑大门敞开着。

"主体间"层间的规范在国际政治讨论中并不陌生，它主要指主权国家通过平等的对话与协商，形成各方都可接受具有一定约束力的规则。多边主义就是构建主体间规范的一种主要方式，国际组织、国际制度则是多边主义商谈的相应结果。要形成一个自觉的多样性世界，除了主体间真正平等的交往以外，还需要通过各国共同参与全球或地区实际问题的解决来逐步形成。在独立自主的多样性国家之间建立新的政治共识及其架构，正是在全球性生产已经提出新问题的情况下，多样性世界在政治层面的回答。这需要各国的注意力放在解决实际的发展与福利问题上，从而为形成新的共识创造条件。而经济和社会领域的共识,将为建立政治领域的共识与规范奠定基础。在这个意义上,作为一种国际政治经济秩序的自觉的多样性世界,政治上的独立与差异、经济上的联通与共赢,两者不仅毫无妨碍,反而可以相辅相成,融为一体。

(本文原载《复旦国际关系评论》2019年第25辑,收入本文集有删改)

人类命运共同体的政治外交逻辑

复旦大学国际关系与公共事务学院教授　张　骥

人类命运共同体是进入新时代的中国关于中国与世界关系、关于世界秩序的一个伟大构想。自中共十八大明确提出人类命运共同体这一概念，经过5年的发展与探索，在中共十九大上，推动构建人类命运共同体被提升到新时代坚持和发展中国特色社会主义的十四条基本方略的高度，成为习近平新时代中国特色社会主义思想的重要组成部分。构建人类命运共同体已经成为中国国家治理的一个重要范畴。目前关于人类命运共同体的研究，基本上将其作为中国外交思想、对外战略的范畴。本文认为，人类命运共同体已经超越了单纯对外关系范畴，体现了中国国家治理理念、治理主题与治理范式的变革，需要超越单纯的外交逻辑，从政治外交价值逻辑的视角来认识和理解人类命运共同体。

一、人类命运共同体：范畴的演进

人类命运共同体思想是在十八大以后，以习近平同志为核心的党中央在开创中国特色大国外交的实践中逐渐发展形成的。尽管这一思想是在继承和发展新中国不同时期外交思想的基础上形成的，[①] 汲取了新中国成立以来对外战略理念的养分，[②] 但其直接发端是"利益汇合点""利益共同体"理念的提出。

进入21世纪第一个十年，中国面临逐渐强大起来后如何处理与国际社会，尤其是体系中原有大国关系的问题。在形成和平崛起战略思想的过程中，中国首先在与美、欧、日等大国战略界的对话中提出了"扩大利益汇合点""构建利益共同体"的构想，[③] 进而

[①] 杨洁篪：《推动构建人类命运共同体》，《人民日报》2017年11月19日，第6版。
[②] 吴志成、吴宇：《人类命运共同体思想论析》，《世界经济与政治》2018年第3期，第16—18页。
[③] 参见2003年至2012年间郑必坚的有关文章，郑必坚：《中国新觉醒》，上海人民出版社2015年版，第115—190页。

发展为全方位地构建不同领域、不同层次的"利益汇合点"和"利益共同体"的建议。①② 2010 年《中共中央关于制定国民经济和社会发展第十二个五年规划的建议》③ 以及 2011 年《中国的和平发展道路》④ 白皮书明确载入这一理念，使其成为重要的对外政策。

利益共同体是人类命运共同体思想的初步阶段，仍然建立在现实主义国际关系理论的基础上，着眼点也主要集中在双边关系和大国关系上。其贡献在于超越意识形态和社会制度寻求共同利益，"即正视地缘政治又超越了地缘政治"。⑤

2011 年 9 月，《中国的和平发展》白皮书中已经出现"命运共同体"的概念，⑥ 在共同利益的基础上增加了共同价值的范畴。一年后的十八大报告明确提出了"人类命运共同体"的概念。⑦ 这一时期，"人类命运共同体"概念主要是对外政策的范畴，尚未形成对整个国际秩序的系统性构想。

十八大后，在开辟中国特色大国外交实践和形成习近平外交思想的新历史进程中，"人类命运共同体"被不断深化、发展和系统化。2013 年 3 月，习近平主席首次出访即在莫斯科国际关系学院的演讲中提出，世界各国相互依存程度空前加深，"越来越成为你中有我、我中有你的命运共同体"。⑧ 在对新世界秩序的描述中，将相互依存的命运共同体作为一个重要特征。在随后几年时间中，习近平先后在不同地区提出了构筑区域命运共同体的主张，包括中国-东盟命运共同体、周边命运共同体、亚太命运共同体、中阿命运共同体、中拉命运共同体、亚洲命运共同体、中非命运共同体等。⑨

2015 年 9 月，在纪念联合国成立 70 周年的重要时刻，习近平在第七十届联大一般性

---

① 郑必坚：《全方位构建国际"利益汇合点"和"利益共同体"的几点思考》，《毛泽东邓小平理论研究》2011 年第 3 期，第 1—4 页。
② 戴秉国：《坚持走和平发展道路》，《当代世界》2010 年第 12 期，第 4 页；黄仁伟：《中国和平发展道路的历史超越》，《社会科学》2011 年第 8 期，第 12—13 页。
③ 《中共中央关于制定国民经济和社会发展第十二个五年规划的建议》，人民出版社，2010 年版。
④ 国务院新闻办公室：《中国的和平发展》白皮书，2011 年 9 月，中国外交部网站，http://www.fmprc.gov.cn/chn/gxh/tyb/zyxw/t855789.htm。
⑤ 郑必坚：《中流击水：经济全球化大潮与中国之命运》，外文出版社 2018 年版，第 136 页。
⑥ 国务院新闻办公室：《中国的和平发展》白皮书。
⑦ 《坚定不移沿着中国特色社会主义道路前进 为全面建成小康社会而奋斗——在中国共产党第十八次全国代表大会上的报告》，《人民日报》2012 年 11 月 18 日，第 1 版。
⑧ 习近平：《顺应时代前进潮流 促进世界和平发展——在莫斯科国际关系学院的演讲》，《人民日报》2013 年 3 月 24 日，第 2 版。
⑨ 习近平：《论坚持推动构建人类命运共同体》，中央文献出版社 2018 年版。

辩论中发表了题为《携手构建合作共赢新伙伴 同心打造人类命运共同体》的演讲，第一次系统阐述了人类命运共同体"五位一体"的内涵：平等相待、互商互谅的伙伴关系；公道正义、共建共享的安全格局；开放创新、包容互惠的发展前景；和而不同、兼收并蓄的文明交流；尊崇自然、绿色发展的生态体系。[①] 这实际上比较系统地提出了中国关于国际秩序的基本构想。之后，习近平在第二届世界互联网大会、华盛顿核安全峰会上先后提出了构建"网络空间命运共同体""核安全命运共同体"等领域命运共同体的主张。2017年1月，习近平在联合国日内瓦总部的演讲中进一步深化了对人类命运共同体"五位一体"内涵的阐释并提出了更加具体的实现路径。[②] 2017年2月，"构建人类命运共同体"被写入联合国社会发展委员会的《非洲发展新伙伴关系的社会层面》决议。人类命运共同体从对外政策的范畴发展成为关于世界秩序和人类社会发展路径的范畴，并逐步在世界上引起越来越广泛的反响。

到十九大，"坚持推动构建人类命运共同体"被列为坚持和发展中国特色社会主义的十四条基本方略之一，不仅与新时代中国特色社会主义的基本特征相联系，而且成为建设新时代中国特色社会主义所包含的目标和路径，已经成为中国国家治理的重要范畴。

二、人类命运共同体的政治逻辑：国家治理与全球治理的互构与统一

人类命运共同体范畴的演进，体现了中国崛起背景下国家治理逻辑与全球治理逻辑的交互影响。在国家与国际体系关系的调整中，国家治理与全球治理的关系得到了深刻调整。人类命运共同体的政治逻辑在于，在国家治理与全球治理的良性相互构建中形成了国家治理与全球治理的有机统一。

第一，人类命运共同体得以提出的条件是中国与世界关系新的历史方位。中国从国际体系的革命者和旧国际秩序的反对者，到适应者、融入者，再到参与者、改革者，[③] 直到成为维护者、建设者、贡献者和引领者。十九大报告将中国与世界关系新的历史方位

---

① 习近平：《携手构建合作共赢新伙伴　同心打造人类命运共同体——在第七十届联合国大会一般性辩论时的讲话》，《人民日报》2015年9月29日，第2版。
② 习近平：《共同构建人类命运共同体——在联合国日内瓦总部的演讲》，《人民日报》2017年1月20日，第2版。
③ 张宇燕：《中国对外开放的理论逻辑》，《中国社会科学报》2018年11月30日。

界定为"日益走近世界舞台中央、不断为人类作出更大贡献"①。"日益走近世界舞台中央"意味着国家能力和国际地位有了空前提升;"不断为人类作出更大贡献"意味着国际责任和提供国际公共产品的意愿也有了空前提升。中国的利益、主张、方案和行动越来越受到国际社会的重视,对国际事态的走向产生越来越大的影响。②只有在这样的条件下,中国在全球治理中才具有了真正的话语权和主体身份,所提出的关于全球秩序的构想和主张也才具有了现实意义。

第二,人类命运共同体的构想受到国家治理实践和理论的启示。人类命运共同体政治、安全、经济、文化、生态"五位一体"的体系构建受到国家治理探索中形成的经济建设、政治建设、文化建设、社会建设、生态文明建设"五位一体"总体布局的启示。国家治理体系基本框架的完善是在不断试错中调整发展模式和治理方式的结果。国家治理范畴的延展拓展了中国国际秩序构想的视野,对国家治理规律把握的深化对中国对人类社会发展规律的探索产生了重要启示。

另一方面,国家治理所取得的进步和成功使得中国的全球治理主张更加具有说服力和吸引力。西方国家曾经在国家治理中取得的成功使其发展模式、政治制度和国际秩序主张长期被奉为圭臬,也使得非西方国家的治理经验和国际秩序主张长期被漠视、低估,甚至被歪曲和贬损。自2008年全球金融危机以来,西方社会的治理赤字日趋显露,由此导致的国家治理、区域治理和全球治理的危机频现,在国家治理经验的中西对比中,中国国家治理的有效性越来越为国际社会所承认和重视。陈志敏认为,尽管中国的国家治理模式有特殊性,较难成为其他国家整体效仿的对象,但其成功也带来了一定的普适性经验。③苏长和则指出,西方国家对抗式制度体系的不确定性严重影响遵约效果,大幅降低了国际合作效率,极大增加了全球治理成本。④

第三,全球治理日益成为国家治理的一个重要范畴,国家治理的理念、主题和范式正在发生变革。随着全面开放格局的形成,经济、社会、安全、文化、生态的内外联系与相互影响空前加深,内政与外交的相互作用空前紧密。正是在这样的背景下,中国提出统筹国际国内两个大局,对其认识也从统筹和运用国内国际两个市场、两种资源发展

---

① 习近平:《决胜全面建成小康社会 夺取新时代中国特色社会主义伟大胜利——在中国共产党第十九次全国代表大会上的报告》,《人民日报》2017年10月28日,第1版。
② 张蕴岭:《中国对外关系40年:回顾与展望》,《世界经济与政治》2018年第1期,第9页。
③ 陈志敏:《国家治理、全球治理与世界秩序建构》,《中国社会科学》2016年第6期,第19—20页。
④ 苏长和:《对抗式制度体系导致西方之乱》,《人民日报》2018年1月21日,第5版。

到统筹和运用国内国际两类规则。①

从世界观之，随着国力的不断提升和对世界影响的不断加深，中国参与国际事务和全球治理的广度和深度空前拓展，承担的国际责任和义务也在空前增加。中国治理所面对的时空范围和领域议题已经远远超越一国的范畴。参与全球事务、提升全球治理能力和推动全球治理体系变革成为中国国家治理的新任务。

国家治理的体量与内涵、使命与责任、挑战与机遇都发生了根本性变化。② 国家治理体系和治理能力现代化目标的提出，正是基于中国发展新的历史定位、新的目标使命和新的空间环境。从这个意义上说，全球治理能力是国家治理能力现代化所不可或缺的，而全球治理也理应在国家治理体系现代化中占有重要地位。以此为基础，一个实现国家治理体系和治理能力现代化的中国才有可能"不断为人类作出更大贡献"。

综上所述，人类命运共同体思想的产生表明，中国国家治理的理念从封闭治理走向开放治理，国家治理的主题从内政主导型向内外统筹型转变，国家治理的范式从国家治理为主向国家治理与全球治理有机统一转变。

三、人类命运共同体的外交逻辑：主权国家有效治理、合作共赢基础上的全球治理

人类命运共同体既是中国在新的历史方位上关于世界秩序的构想，也是参与和引领全球治理，推动全球治理体系变革的现实方案。作为一个体系中正在崛起的国家行为体，中国所倡导的国际秩序及其实现方式既是超越现存秩序的，但又不是要完全推翻现有的国际体系和国际秩序。人类命运共同体的外交逻辑在于，在一个以主权国家为基础而又相互依赖的国际体系中，通过增量改革，以合作共赢的方式实现全球治理。

第一，人类命运共同体的前提和条件是全球化。人类命运共同体只有在一个人类社会密切联系、相互依赖的环境中才可能实现。这一理念的提出，基于中国承认、接受全球化的现实，基于中国从全球化的反对者、旁观者、徘徊者成为接受者、参与者、引领

---

① 《中央外事工作会议在京举行》，《人民日报》2014年11月30日，第1版。
② 林尚立：《借天下之势，做脚下之事》，《上观新闻》，2016年3月24日，https://www.shobserver.com/news/detail?id=11964。

者，基于中国开始主动推进和塑造全球化进程。

人类命运共同体的提出试图为全球化带来的问题提出解决之道。其理念就是要顺应人类社会普遍关联的特征，在政治、经济、安全、文化、生态相互关联的体系中，适应和引导全球化，消解全球化的负面影响，使其惠及各个国家和人民。

第二，人类命运共同体是一个以主权国家有效治理为基础的体系。其与以往的全球治理理论在治理主体上存在根本区别。全球治理理论一度认为需要依靠非政府组织和跨国网络来承担原本主权国家承担的管理职能，甚至将国家主权所固有的排他性作为问题的根源。[1] 与之相反，人类命运共同体是一个以主权国家为核心治理主体的体系，不是要构架一个超越国家主权的世界政府，也不是要将个人权利置于主权之上；其也区别于已经消灭了阶级、国家随之消亡的"自由人的联合体"。[2]

但其从两个方面超越以往的主权国家体系：一是强调主权的平等性，二是强调以主权国家的有效治理为基础。其主张的国际秩序以主权平等为基本原则，在根本上区别于霸权秩序、冷战秩序和等级秩序。人类命运共同体坚持各国人民享有自主选择社会制度和发展道路的权利，否定打着所谓"人权"的旗号通过干涉内政和政权更迭等方式实现所谓"治理"，坚持将和平共处五项原则作为基本的国际关系准则。

同时，人类命运共同体强调主权国家的有效治理是实现全球治理的基础。国家治理的水平与程度是决定全球治理水平与程度的最重要因素。

以主权国家为核心，并不是排斥国际合作。人类命运共同体强调要通过国家间的合作来实现治理，坚持多边主义，强调联合国在国际事务和全球治理中的权威地位，主张充分发挥多边机制在全球和区域治理中的作用。

第三，人类命运共同体是对国际秩序和国际体系的增量改革。不是要彻底推翻现行的国际秩序和国际体系。中国对其在国际体系中的角色有明确界定："世界和平的建设者、全球发展的贡献者、国际秩序的维护者。"[3] 中国作为"维护者"的国际秩序是有明确指向的，其核心是"中国将坚定维护以联合国为核心的国际体系，坚定维护以联合国

---

[1] 蒋昌建、潘忠岐：《人类命运共同体理论对西方国际关系理论的扬弃》，《浙江学刊》2017年第7期，第16—17页；苏长和：《互联互通世界的治理和秩序》，《世界经济与政治》2017年第2期，第29页。
[2] 陈锡喜：《"人类命运共同体"视域下中国道路世界意义的再审视》，《毛泽东邓小平理论研究》2017年第2期，第88页。
[3] 习近平：《决胜全面建成小康社会 夺取新时代中国特色社会主义伟大胜利——在中国共产党第十九次全国代表大会上的报告》。

宪章宗旨和原则为基石的国际关系基本准则，坚定维护联合国权威和地位，坚定维护联合国在国际事务中的核心作用"，[①] 而不是维护所谓的单极的国际体系和美国主导的国际秩序。

中国的发展和崛起得益于现存国际秩序，也是不断推动国际秩序改革的结果，不断对体系作出贡献的过程。中国崛起是在"体系内"实现的，利益已经深度嵌入国际体系。同时，体系的运转和秩序的维持也越来越依赖中国。它们之间形成了一种相互依赖和良性互动的关系。

现行国际秩序脱胎于二战后形成的国际秩序，国际权力结构和规则体系已不能反映国际力量对比的变化。全球治理中存在着民主赤字、治理赤字、信任赤字、和平赤字和发展赤字。中国寻求国际秩序和国际体系的增量改革而不是革命：一方面着力于既有国际制度的内部改革，逐步实现治理决策的民主化，治理规则的公正化和治理能力的现代化；另一方面在现有国际体制之外，在被现有体制忽略、现有体制不愿意或无力治理的领域，在地区和多边的框架下建立新的国际机制，与现有机制形成互补，同时通过发挥新的增量制度的效应，倒逼、引领既有国际制度的改革。[②]

第四，人类命运共同体的实现方式是合作共赢。中国倡导的新型国际关系的核心行为方式是合作共赢，其针对的旧式关系包括霸权的方式、冷战的方式，核心是零和博弈、赢者通吃。

合作共赢是国内治理中协商民主方式在国际关系中的体现。中国提倡的"共商共建共享"是在决策、责任、分配各个环节都贯穿合作和共赢原则。

合作共赢的行为方式体现在三个方面：一是在大国关系中倡导不冲突、不对抗、相互尊重、合作共赢；二是在大国与小国的关系中倡导新义利观，平等相待，义利相兼，以义为先；三是在文明和意识形态关系上倡导新文明观，尊重文明多样性，以文明交流超越文明隔阂，文明互鉴超越文明冲突，文明共存超越文明优越。它提供了一套建立在主权国家平等基础上，但又超越狭隘国家利益和意识形态纷争的国际关系行为准则。

[①] 习近平：《共同构建人类命运共同体——在联合国日内瓦总部的演讲》，2017年1月19日，人民网，http://politics.people.com.cn/n1/2017/0119/c1001-29033860.html。
[②] 陈志敏、苏长和主编：《增量改进——全球治理体系的改进和升级》，复旦大学国际关系与公共事务学院2015年印，第1页。

四、人类命运共同体的价值逻辑：文化自信的恢复与中国价值的世界性

没有文化自信的恢复，中国从自身治理实践和对外关系实践中得到的经验和启示不可能上升到人类社会的高度，从当代实践、历史传统和意识形态中凝结出的价值取向也不可能与国际社会既有的价值体系良性互动，并为国际社会所接受，从而体现出中国价值的世界性，这是人类命运共同体的价值逻辑所在。

国际政治中的观念结构往往是利益结构和权力结构的反映，而又相对滞后于权力结构的变化。近代以来西方国家在国际体系中的主导地位使得西方的知识体系、观念结构和价值导向也取得了压倒性的优势地位，甚至成为所谓"历史的终结"。向西方学习一度在中国的观念结构中占据主导地位。在文化上则体现为一些人对西方文化的崇敬和对传统文化的否定或贬低。中国在国际体系中的崛起使得这一状况开始发生变化，中国人开始重新审视自身的当代实践和文化传统，开启了恢复文化自信的进程。文化自信使得中国能够以自身的实践经验和价值取向去观察、认知国际秩序和国际体系，敢于在否定主导性秩序缺陷和错误的基础上提出自己的国际秩序构想。

更为关键的是，文化自信的恢复使得中国的价值取向能够平等地与人类共同价值进行良性的互构。这必须建立在打破西方对人类共同价值的垄断性实践和垄断性阐释的基础之上。没有这种打破和超越，中国的价值主张要么被否定，要么被内化为西方的价值主张而丧失主体性。因此，同样是对于"和平、发展、公平、正义、民主、自由"这些人类共同的价值追求，没有文化自信的恢复，中国的主张只能成为旧秩序的注脚，而不可能具有新秩序的内涵。

人类命运共同体的贡献不仅体现在对西方主导国际秩序中错误、过时观念的破；[1] 更体现在基于中国当代实践、优秀传统文化和马克思主义的立。人类命运共同体所蕴含的对人类命运的终极关怀和共同体的意识为国际秩序和国际关系注入了人文的内涵和民本的价值，这与中国传统文化的核心价值理念，与当代中国"以人民为中心"的发展思想，与马克思主义"实现全人类解放"的崇高理想相统一，并与人类共同的价值追求相契合，实现了四统相通。在这个意义上，我们可以说人类命运共同体是真正具有世界性的中国

---

[1] 杨洁勉：《试论习近平外交哲学思想的建构和建树》，《国际观察》2018年第6期，第9—10页；苏长和：《互联互通世界的治理和秩序》，《世界经济与政治》，2017年第2期，第33页。

价值观，是中国对人类共同价值的贡献。

五、结　语

中国已经处于与世界关系新的历史方位上，作为新时代中国的国际秩序构想，人类命运共同体的产生和发展表明，中国与世界的政治、外交和文化关系正在发生根本性变化，中国的国家治理与全球治理之间也正以一种新的逻辑展开互动。全球治理已经日益成为国家治理的一个重要范畴，国家治理将在人类社会更加普遍联系的条件和状态下进行，国家治理的主题将日益从内政主导型向内外统筹型转变，范式将日益从国家治理为主向国家治理与全球治理有机统一转变。同时，全球治理也将更加依赖于国家的有效治理，国家的有效治理不仅为探索人类社会发展和治理的规律提供新的经验和路径，也是为全球治理提供公共产品（包括物质供给、制度供给和价值供给）的国家能力和软实力的根本来源。因此，对于中国而言，人类命运共同体代表的是一种治理范畴、治理理念、治理主题和治理范式的根本性转变。

对于世界而言，人类命运共同体代表的是一种新的世界秩序。它虽然依然建立在主权国家的基础之上，并不是要建立一个超越主权的世界政府或者是消灭阶级和国家的"自由人的联合体"；但它却是否定和超越霸权秩序、冷战秩序和等级秩序的新秩序，并且将以一种增量改革而不是推倒重来的方式实现秩序的构建。这一秩序在实现方式上与以往国际关系的根本区别在于以合作共赢为核心的新型国际关系。这一新秩序构想不仅受到中国当代国家治理和对外关系实践的启示，而且是在中国文化自信恢复基础上中国经验的上升和中国价值与人类共同价值的平等互构。因此，人类命运共同体代表着中国对人类社会新的秩序贡献和价值贡献。它既是理想主义的，也是现实主义的，其现实基础就在于中国国家治理的进步与文化自信的恢复，从而在新的意义上界定中国作为共同体一员的中国与世界的关系。

（本文原载《复旦国际关系评论》2019年第2期，收入本文集有大幅删减）

图书在版编目(CIP)数据

政治世界的治理与秩序:纪念复旦大学政治学一百年教师文集/陈志敏,苏长和主编.—上海:
复旦大学出版社,2023.11
ISBN 978-7-309-16982-9

Ⅰ.①政⋯ Ⅱ.①陈⋯ ②苏⋯ Ⅲ.①政治学-文集 Ⅳ.①D0-53

中国国家版本馆 CIP 数据核字(2023)第 170154 号

政治世界的治理与秩序——纪念复旦大学政治学一百年教师文集
陈志敏　苏长和　主编
责任编辑　邬红伟
装帧设计　马晓霞

复旦大学出版社有限公司出版发行
上海市国权路 579 号　邮编:200433
网址:fupnet@ fudanpress.com　http://www.fudanpress.com
门市零售:86-21-65102580　　团体订购:86-21-65104505
出版部电话:86-21-65642845
上海雅昌艺术印刷有限公司

开本 787 毫米×1092 毫米　1/16　印张 40.5　字数 714 千字
2023 年 11 月第 1 版
2023 年 11 月第 1 版第 1 次印刷

ISBN 978-7-309-16982-9/D·1167
定价:150.00 元

如有印装质量问题,请向复旦大学出版社有限公司出版部调换。
版权所有　　侵权必究